Sachalin
Sungari
Ussuri
Sungari
Japanisches Meer
Hokkaidō
Lelang
Daifang
Seoul
Korea
Honshū
Tōkyō
Kyōto
Nara
Hakata
Shikoku
Nagasaki
Kyūshū
Pazifik
Ryūkyū Inseln
Große Mauer
Kaiserkanal
0 100 200 300 400 500 km

**Kai Vogelsang**, geb. 1969, ist seit 2008 Professor für Sinologie im Asien-Afrika-Institut der Universität Hamburg und Mitherausgeber der Zeitschrift *Oriens Extremus*. Er ist Autor der *Geschichte Chinas* (Reclam 2012) sowie der *Kleinen Geschichte Chinas* (Reclam 2014) und Übersetzer der *Schriften des Fürsten von Shang* (Kröner 2017).

Kai Vogelsang

# China und Japan

## Zwei Reiche unter einem Himmel

Eine Geschichte
der sino-japanischen Kulturbeziehungen

*Mit 25 Abbildungen und 9 Karten*

Kröner Verlag

Kai Vogelsang
***China und Japan. Zwei Reiche unter einem Himmel***
*Eine Geschichte der sino-japanischen Kulturbeziehungen*
Mit 25 Abbildungen und 9 Karten
Stuttgart: Kröner 2020
ISBN Druck: 978-3-520-25601-0
ISBN E-Book: 978-3-520-25691-1

Unser gesamtes lieferbares Programm sowie viele weitere Informationen finden Sie unter www.kroener-verlag.de



Klimaneutral
Druckprodukt
ClimatePartner.com/12514-2301-1007


Einbandgestaltung: Denis Krnjaić, Stuttgart, unter Verwendung von Shen Quan, *Kiefer, Pflaume, Kranichpaar*, 1759
Gesamtherstellung: Friedrich Pustet, Regensburg

*Für Sybille, Philine und Charlotte,*
*die sich mit mir*
*auf das Abenteuer Japan eingelassen haben*

# Inhalt

## Verzeichnis der Kastentexte



## Verzeichnis der Karten

*Es gibt kein Land der Welt, dem China sich freundlicher verbunden fühlen sollte als Japan, doch es gibt auch kein Land, dem sich China entschlossener widersetzen sollte.*

ZHOU ZUOREN

*Ohne Japan gibt es kein China, und ohne China gibt es kein Japan!*

SUN YAT-SEN

# Einleitung

Die sino-japanischen Beziehungen sind ein Paradox. Chinesen und Japaner waren im Laufe ihrer Geschichte die größten Freunde und die ärgsten Feinde; sie liebten sich und sie hassten sich; sie hatten höchsten Respekt voreinander und verachteten einander zutiefst; sie glichen sich an und grenzten sich ab; sie waren dem anderen Segen und Fluch. Doch nie konnten sie sich voneinander lösen. Zwei Jahrtausende lang haben sie so intensiven kulturellen Austausch betrieben, dass sie allenthalben aufeinander verweisen. So unentwirrbar sind ihre kulturellen Formen ineinander verstrickt, dass ein Land nicht mehr ohne das andere denkbar ist.

Schon in ihrer geographischen Lage ist das ambivalente Verhältnis beider Länder angelegt. China und Japan sind benachbart, teilen aber keine Grenze. Ihre Gebiete werden durch das Ostchinesische Meer getrennt und zugleich verbunden. Gut 500 Seemeilen liegen zwischen Kyūshū und der Küste von Jiangsu, ›ein schmaler Gürtel Wasser‹, wie die Chinesen sagen: nah genug, um beständige Kontakte zu pflegen, und fern genug, um einander in Ruhe zu lassen.

Auch historische Umstände haben lange dafür gesorgt, dass die Nachbarn sich nicht zu nahe kamen, denn das Verhältnis beider Länder war kaum je ein ebenbürtiges. Jahrtausendelang existierten China und Japan in der ›Gleichzeitigkeit des Ungleichzeitigen‹. Obwohl sie in derselben Gegenwart miteinander kommunizierten, standen sie in unterschiedlichen Stadien sozialer Entwicklung: Schon im 2. Jahrtausend v. Chr. entstanden auf dem Kontinent die ersten Hochkulturen, während Japan noch in der Steinzeit lebte; als in China ca. 500 v. Chr. die Bronzezeit durch die Eisenzeit abgelöst wurde, als die ›Hundert Schulen‹ der Philosophie blühten und Territorialstaaten mit Massenheeren und komplexen Bürokratien entstanden, gab es auf den japanischen Inseln nur kleine Dorfgemeinschaften, die in Erdhütten hausten und einfache Töpferware herstellten; als China bereits auf eine literarische Kultur von rund einem Jahrtausend zurückblicken konnte, war Japan noch schriftlos; als im chinesischen Kaiserreich schon ein Dutzend Dynastien einander abgelöst hatten, gab es in Japan noch keinen Staat; das japanische Mittelalter begann erst, nachdem das chinesische schon lange beendet war.[1]

Diese gesamte Zeit hindurch schien China Japan in seiner Entwicklung weit voraus, ja geradezu unerreichbar zu sein: denn China beanspruchte für seine Zivilisation eine eigene, unvergleichliche Qualität. Es verstand sich nicht als Staat neben anderen, sondern als *Reich*, das umgeben war von mehr oder minder rohen ›Barbaren‹. In dieser Logik erschien das chinesische Reich als Quelle aller Kultur, als Zentrum und Spitze einer Weltordnung, der alle anderen Gemeinwesen sich zu unterwerfen hatten. Chinas Beziehungen zu ihnen waren nur asymmetrisch vorstellbar: Was immer den ›Barbaren‹ an Wertschätzung zukam, bemaß sich einzig daran, wie bereitwillig sie sich chinesischen Normen unterwarfen. Das chinesische Reich kannte keine Grenzen, sondern nur Horizonte, welche die Reichweite seiner Ordnungsmacht markierten.

Japan lag genau am Horizont. Über Jahrhunderte fügte es sich in die chinesische Weltordnung, mehr noch: Es machte sich diese Ordnung zu eigen, indem es chinesische Kultur in mehreren Schüben übernahm. Kulturimporte vom Festland beförderten Japan aus der Steinzeit heraus; im 5. Jahrhundert lernten Japaner chinesische Schrift und Literatur kennen; ab dem 7. Jahrhundert schickten sie ›Studenten‹, Mönche und Gesandte in das Tang-Reich, die Recht, Religion, Wissenschaften, Technik, Literatur, Künste, staatliche Institutionen, Architektur, Kalender und vieles mehr aus China mitbrachten: Kulturgüter, die Japans klassisches Zeitalter prägten. Trotz aller Kriege und Herrschaftswechsel in beiden Ländern versiegte der Strom der Waren und Ideen nie. Das japanische Mittelalter entwickelte seine Formensprache unter dem Einfluss religiöser und künstlerischer Impulse aus dem Song-Reich, und noch in der Neuzeit entwarf Japan seine Staats- und Gesellschaftsordnung nach den Idealen des Neukonfuzianismus. Der kulturelle Einfluss Chinas auf Japan ist nur vergleichbar mit dem Griechenlands auf das antike Rom. Doch anders als dieser währte jener mehr als zwei Jahrtausende. Im Gegensatz zu Europa, wo sich kulturelle Zentren mehrfach verschoben, blieb China in Ostasien stets der Quell aller Kultur. Erst durch ihn entstand die traditionelle japanische Kultur; erst durch die Anregungen aus China wurde Japan Japan.

Dieses Japan verstand sich fortan ebenfalls – auch diesen Begriff hatte es aus China übernommen – als *Reich*. Damit wurden die Beziehungen zwischen China und Japan kompliziert, denn zwei Reiche unter einem Himmel durfte es nicht geben. Schon ab dem 10. Jahrhundert begann das Verhältnis zwischen beiden Ländern sich zu wandeln. Der Untergang der Tang-Dynastie und die Eroberung des Festlands durch die Mongolen ließen Chinas kulturelle Strahlkraft verblassen. Auch wenn der chinesische Einfluss ungebrochen blieb, entwickelten japanische Eliten ihm gegenüber ein zunehmend kritisches Verhältnis und hoben selbstbewusst die Eigenständigkeit ihrer eigenen Kultur hervor. Jetzt wurde China für Japan zu einem Horizont, von dessen Konturlinie sich eigenständige kulturelle Formen abheben konnten.

Der Austausch mit dem chinesischen Reich verlief nur selten einseitig. Wie die Gesandten, Pilger und Händler, die von ihren Überfahrten mit reichem Gepäck zurückkehrten, fanden auch viele Kulturgüter verfeinert und weiterentwickelt den Weg zurück in ihr Ursprungsland: Über Jahrhunderte brachten Reisende chinesische Bücher nach Japan – und Chinesen holten sie sich wieder, nachdem sie im eigenen Land verloren gegangen waren; Japaner perfektionierten Malkunst, Philologie,

Kunsthandwerk, Architektur und vieles andere, was sie einst von China gelernt hatten – und wirkten damit auf China zurück. Keine Kulturtechnik wurde in Japan schlichtweg kopiert, sondern sie alle erfuhren spezifische Anpassungen, Umformungen, Verbesserungen: Hinter jeder sino-japanischen Gemeinsamkeit steckt auch ein Unterschied.

Längst verstanden japanische Eliten sich nicht mehr als Vasallen und Schüler Chinas, sondern als ebenbürtig, als die letzte chinesische Dynastie, die Ming, im 17. Jahrhundert von Manjuren gestürzt wurde. China, das ›Kulturreich der Mitte‹, war von ›Barbaren‹ besetzt; zugleich eröffneten Portugiesen und Holländer den Japanern Zugänge zu neuem Wissen, das den chinesischen Lehren offenbar überlegen war. Jetzt schien der Zeitpunkt gekommen, da Japan selbst, das ›Land der Götter‹, das noch nie erobert worden war, die kulturelle Führung in Ostasien übernehmen musste.

Im 19. Jahrhundert schließlich nahm die ›Gleichzeitigkeit des Ungleichzeitigen‹ umgekehrte Vorzeichen an: Während China angesichts der westlichen Moderne an hergebrachten Strukturen festhielt, modernisierte Japan sich mit rasender Geschwindigkeit. Binnen weniger Jahrzehnte kehrte sich, wie manche Zeitgenossen feststellten, das Verhältnis zwischen China und den ›Barbaren‹ um, und Japan wurde zum Vorbild für China. Jetzt schickten die Qing Studenten nach Japan, um die moderne Zivilisation kennenzulernen. Zu Beginn des 20. Jahrhunderts übernahmen Chinesen sämtliche Begriffe der Moderne aus Japan; von dort importierten sie das Schulwesen, Polizei und Militär, Künste, das Recht und den Staat. Erst durch diese Importe entstand die moderne chinesische Zivilisation; erst durch die Anregungen aus Japan wurde China China.

So, wie das alte China einst die Zivilisation des vormodernen Japan inspiriert hatte, bot das moderne Japan die Anregungen für ein ›neues China‹. Die Japaner hatten einst das Rechtssystem der Tang adaptiert – und lieferten gut ein Jahrtausend später den Qing die Vorlage für eine Verfassung; sie hatten den Städtebau aus China gelernt – und lehrten die Chinesen später städtische Ordnung; sie hatten klassische Gelehrsamkeit aus China übernommen – und regten im 20. Jahrhundert die moderne chinesische Wissenschaft an. Und zwischen diesen Polen haben viele kleinere fruchtbare Zirkel chinesische und japanische Kultur unentwirrbar miteinander verstrickt. Wir halten Kimonos, Teezeremonie, Tatami-Matten, Zen-Buddhismus, das *go*-Spiel, *soba* und Bonsais für japanisch? Sie alle und viele andere Dinge, die wir mit Japan assoziieren, haben ihren Ursprung auf dem Festland. Wir glauben an die chinesische Moderne, in der sich die Han als Nation gefunden, die erste Republik Ostasiens gegründet und eine spezifisch chinesische Version von Staats- und Gesellschaftsordnung entwickelt haben? Ohne den Einfluss Japans, das den Chinesen das begriffliche und institutionelle Inventar der Moderne lieferte, wäre das nicht möglich gewesen.

Auch und gerade dort, wo sie einander am fernsten erscheinen, verweisen beide Kulturen aufeinander. Obwohl ihre Sprachen strukturell grundverschieden sind, erinnern unzählige Fremd- und Lehnwörter in beiden Sprachen daran, wieviel die eine der anderen verdankt. Gerade in der Zeit, in der Japan am stärksten von China isoliert war, vom 17. bis 19. Jahrhundert, erwachte dort das größte Interesse am Konfuzianismus; und als im 19. Jahrhundert die Verachtung Chinas in Japan einen Höhepunkt erreichte, erlebte ebenda die Dichtung im chinesischen Stil eine Blütezeit. Wenn sie einander verfluchten, erniedrigten und bis aufs Blut bekämpften, taten Chinesen und Japaner das vielleicht gerade deshalb so leidenschaftlich, weil sie einander so ähnlich waren.

Selbst in ihren dunkelsten Stunden blieben die beiden Völker sich untrennbar verbunden. Nach dem ersten Sino-Japanischen Krieg von 1894/95, in dem die Japaner die Qing militärisch gedemütigt hatten, strömten Tausende chinesische Studenten nach Japan, und beide Länder intensivierten ihre Zusammenarbeit stärker als je zuvor. Sogar nach dem Zweiten Weltkrieg, in dem Japaner große Teile Chinas besetzt, das Land geplündert, Kriegsgefangene zu Experimenten mit biologischen Waffen missbraucht und Millionen von Chinesen umgebracht hatten – sogar nach dieser Katastrophe führten Chinesen und Japaner ihre ›freundschaftlichen‹ Beziehungen fort. Schon in den 1950er Jahren gab es informelle Kontakte im Rahmen einer ›Volksdiplomatie‹, 1972 kam es zur politischen Annäherung, 1978 schlossen beide Länder einen Friedens- und Freundschaftsvertrag, und noch 1992 wurde die »lange und enge traditionelle Freundschaft zwischen China und Japan« in höchsten Tönen gepriesen.

Heute, eine Generation später, will kaum jemand etwas davon wissen. Stattdessen greifen sowohl in China als auch in Japan nationalistische Diskurse um sich. Zu deren Wesen gehört es, wie schon Ernest Renan festgestellt hat, »die Geschichte zu vergessen oder falsch darzustellen«. Vor allem die Gewalttaten des eigenen Volkes müssen kaschiert werden. Daher die Marginalisierung der Gräueltaten japanischer Soldaten im Zweiten Weltkrieg; daher die Unterdrückung der Erinnerung an die Verbrechen der Kulturrevolution, das Massaker vom Tian'anmen-Platz und andere dunkle Kapitel der chinesischen Geschichte. Die eigene Nation muss makellos und rein erscheinen. Deshalb sind auch alle Vermischungen und Fremdeinflüsse auszublenden: die koreanischen Anteile im Genpool der Japaner, die Brüche in der Genealogie des Kaiserhauses, die vielfältigen Einflüsse von Turkvölkern, Tungusen und anderen auf die ›chinesische‹ Kultur – und alle Wohltaten, die Chinesen und Japaner einander erwiesen haben.

China und Japan scheitern am Umgang mit der gemeinsamen Geschichte. Hartnäckig beharren die Chinesen auf einer offiziellen Entschuldigung für die Kriegsverbrechen, zu der sich japanische Politiker nicht verstehen; in grellen Tönen zeichnen chinesische Geschichtswerke die Schandtaten der Japaner, während deren Schulbücher sie verharmlosen; die einen huldigen ›Märtyrern‹, welche die anderen als Kriegsverbrecher verdammen. In China kommt es zu aggressiven antijapanischen Demonstrationen, in Japan zu sinophoben Polemiken; Chinesen verfluchen die japanischen ›Teufel‹, Japaner verachten die chinesischen ›Banditen‹. Die Chinesen feiern den Sieg über Japan im Zweiten Weltkrieg mit einer Militärparade, die Japaner denken über eigene Atomwaffen nach. Die Angst vor einem neuen Krieg in Ostasien wächst.

So eingefleischt scheint die Feindschaft zwischen China und Japan heute zu sein, dass selbst Wissenschaftler sich zur Rede von einem »ewigen Konflikt« versteigen, dessen Ursprünge Jahrhunderte zurückreichten und der »ohnegleichen in den Annalen der internationalen

Beziehungen sei« (Hsiung 2007, xi). Dabei ist nichts falscher als diese Behauptung: Mehr als tausend Jahre lang haben China und Japan miteinander in Frieden gelebt. Nicht ihr gegenwärtiger Konflikt ist beispiellos, sondern vielmehr der friedliche kulturelle Austausch zwischen diesen beiden Ländern, ihre gegenseitige Anregung und Bereicherung sowie die kreative Aneignung fremder Formen, die über Jahrhunderte das geschaffen hat, was wir unter ›chinesischer‹ und ›japanischer‹ Kultur verstehen.

All das wird erst sichtbar, wenn man die sino-japanischen Beziehungen nicht auf den engen Rahmen von *politischen* Beziehungen beschränkt. Über Jahrhunderte wirkten gänzlich unpolitische Transfers von Menschen und Techniken auf die Steinzeitkulturen Japans ein, und auch in späteren Zeiten trugen Mönche und Händler viel mehr zum gegenseitigen Austausch bei als Herrscher und Diplomaten. Sie fanden auch in Epochen politischer Abschottung zueinander, und selbst in Zeiten erbitterter Feindschaft pflegten chinesische und japanische Künstler und Intellektuelle freundschaftlichen Austausch. Während Politiker und Nationalisten beider Länder einander angiften, strömen chinesische Touristen in hellen Scharen nach Japan, Japaner rezitieren chinesische Dichtung, Jugendliche beider Länder verlieben sich und heiraten, Geschäftspartner arbeiten profitabel zusammen, Wissenschaftler kooperieren in internationalen Projekten. Hinter der vermeintlich großen Feindschaft zwischen China und Japan gedeihen nach wie vor unzählige kleine Freundschaften.

Das Bewusstsein für diese Aspekte der gemeinsamen Geschichte ist weitgehend abhanden gekommen. Während chinesische Geschichte in Japan noch vor einer Generation zum Allgemeinwissen gehörte und gebildete Japaner selbstverständlich klassische chinesische Texte lesen konnten, sind diese Kenntnisse heute stark zurückgegangen. Erst recht will in China kaum noch jemand etwas von der ›langen und engen traditionellen Freundschaft‹ mit Japan wissen, und wie stark Japan das moderne China geprägt hat, dürfte den wenigsten Chinesen bekannt sein. Dieses Desinteresse spiegelt sich auch in der Forschung wider. Die Gründe dafür dürften zum einen im methodischen Nationalismus zu suchen sein, der Einflüsse von außen weitgehend ausblendet; zum anderen liegen sie in der Fixierung auf *politische* Geschichte, die noch immer weite Teile der Forschung prägt. Daher gibt es zwar eine Flut von Literatur über chinesisch-japanische ›Beziehungen‹ – lies: politische und wirtschaftliche Beziehungen im 20. Jahrhundert –, aber kaum Spezialisten für die Geschichte der sino-japanischen *Kultur*beziehungen. Es gibt kein deutsch- oder englischsprachiges Werk, das einen Gesamtüberblick über diese Beziehungen bietet, und die wenigen chinesischen und japanischen Monographien zum Thema gehen unter in einer Flut von Nationalgeschichten.[2]

Dieses Buch will einen kleinen Beitrag dazu leisten, die überaus fruchtbare gemeinsame Geschichte dieser beiden Länder wieder ins Gedächtnis zu rufen. Es will eine Kulturgeschichte beschreiben, wie Stefan Zweig sie einst entwarf:

> Sie würde zeigen, nicht was eine Nation an der anderen verschuldete, sondern was eine der anderen verdankt. Sie würde zeigen, daß beinahe alles, was wir erfunden, erdacht, entdeckt, gedichtet, geglaubt haben, eine Kollektivleistung ist, daß jede Erfindung und Entdeckung schon irgendwo vorbereitet war und von einer Nation auf die andere übergriff, daß es gleichgültig war, wer siegte oder besiegt wurde, weil die Sieger oft gelernt haben von den Besiegten, und daß im letzten alle Völker und Nationen an dem Turmbau von Babel gemeinsam geschaffen haben. (Zweig 1988, 30 f.)

Kaum zwei andere Kulturen dürften reicheren Stoff für eine solche Geschichte liefern als die chinesische und die japanische. Und doch zeigt ihr Beispiel, dass selbst dieser Stoff nur ein Ausschnitt aus der Fülle der ›Kollektivleistungen‹ ist, durch die ostasiatische Kultur entstanden ist. Vieles, was über China nach Japan kam, war keineswegs chinesisch: Der Reis war eine pan-asiatische Kulturpflanze, die Bronze dürfte aus dem Vorderen Orient nach China gekommen sein, bevor sie Japan erreichte, und der Buddhismus war eine Weltreligion, die von Indien aus nach China und Japan gelangte. Ebenso hatten die Begriffe und Institutionen der Moderne, die China aus Japan übernahm, ihren globalen Siegeszug in Europa begonnen. In vielerlei Hinsicht waren China und Japan nur Stationen auf den Wegen eines weltweiten Kulturtransfers. Chang'an und Heian-kyō waren Knoten- und Endpunkte der Seidenstraße, die Ostasien mit dem Westen des Kontinents und mit Europa verband; Tōkyō und Shanghai sind Drehscheiben globaler Waren- und Ideenströme, die nationale Grenzen längst transzendieren.

Die vielen anderen Stationen, die dabei eine wichtige Rolle gespielt haben, kommen in einer Geschichte zweier Länder naturgemäß zu kurz. Das gilt besonders für die koreanische Halbinsel, deren enorme Bedeutung als kultureller Vermittler zwischen Festland und Inseln eine eigene Darstellung verdiente. Seit dem Altertum wanderte die Kultur des Kontinents über Korea nach Japan. Reis, Bronze, die Schrift, der Buddhismus, Kunst, Handwerk und Gelehrsamkeit: All das wurde von Koreanern nach Japan gebracht. Nicht nur diese Güter und Ideen, sondern die Menschen selbst, die sie brachten, prägten die japanische Kultur: denn sie blieben, wurden Teil der Eliten von Asuka, Nara und Heian und bestimmten den Lauf der Geschichte ganz wesentlich. Andererseits steht Korea nicht nur für die fruchtbaren, sondern auch für die furchtbaren Aspekte der sino-japanischen Geschichte. Die koreanische Halbinsel, eingekeilt zwischen zwei Reichen, wurde mehrmals Schauplatz von Kriegen zwischen China und Japan. Korea war der Nexus, der China und Japan verband – und zugleich trennte: eine Rolle, die in der vorliegenden Darstellung nur angedeutet werden kann.[3]

Doch selbst eine Geschichte von drei, vier oder fünf Ländern könnte den Prozess des Kulturtransfers in Ostasien nur unzulänglich beschreiben. Auch sie würde dem Mythos der ›Nation‹ erliegen. Begriffe wie ›China‹ und ›Japan‹ sind lediglich Abstraktionen, die für eine Vielzahl kleiner Regionen mit heterogener Bevölkerung stehen, zwischen denen jahrtausendelang beständiger Austausch stattfand. Landesgrenzen – sofern es sie überhaupt gab – spielten dabei kaum eine Rolle. Die Chinesische Mauer war stets ein Ort des Austauschs zwischen den Bauern Nordchinas und den Hirten der angrenzenden Steppe; im Changbai-Gebirge, an der Grenze Nordkoreas, machten sich Chinesen, Tungusen und Koreaner gemein; und zwischen Südkorea und Kyūshū gab es lange

Zeit eine regere Kommunikation als zwischen Kyūshū und dem Norden des japanischen Archipels.

All diese Aspekte können in dem vorliegenden Buch nur am Rande berücksichtigt werden. Eine sino-japanische Geschichte muss in vielerlei Hinsicht besondere Perspektiven einnehmen: Sie muss bisweilen ganze Jahrhunderte teleskopisch verkürzen, in denen China und Japan auf Distanz blieben, dafür lange bei einzelnen Jahrzehnten verweilen, in denen sich der gegenseitige Kontakt intensivierte; sie muss ausführlicher von dem Land handeln, auf das sich dieser Kontakt stärker auswirkte – für den Großteil dieser Geschichte war das Japan; sie muss Lücken in den indigenen Entwicklungslinien lassen, die keiner Nationalgeschichte zu verzeihen wären, dafür aber Details hervorheben, die in solchen kaum Erwähnung fänden. Wie alle historischen Darstellungen ist auch diese eine Abstraktion. Sie muss es sein: denn nur, indem sie von vielem absieht, kann sie den Blick auf genau die Aspekte chinesischer und japanischer Geschichte lenken, die sonst allzu oft übersehen werden.

## Technisches Vorwort

Chinesische Namen und Begriffe werden in der Pinyin-Umschrift wiedergegeben, japanische in der modifizierten Hepburn-Umschrift, koreanische in der McCune-Reischauer-Umschrift und Sanskrit-Wörter nach dem International Alphabet of Sanskrit Transliteration. Bei manchen Eigennamen (z. B. Sun Yat-sen, Peking, Seoul) werden geläufigere Schreibweisen gewählt. Während bei chinesischen Wörtern auf Tonzeichen verzichtet wird, werden diakritische Zeichen für japanische und sanskritische Wörter beibehalten (v. a. die Längestriche bei den Silben *ō* und *ū* sind ein nützliches Indiz, um japanische Wörter, in denen sie oft vorkommen, von chinesischen zu unterscheiden, in denen lange Silben nie vorkommen). Bei Begriffen, die in beiden Sprachen relevant sind, wird in der Regel zunächst die chinesische und dann die japanische Form angegeben, z. B. Bodhisattva (*pusa*/*bosatsu*). Bei Personennamen wird, wie im Chinesischen, Japanischen und Koreanischen üblich, zuerst der Familienname (oder, bei japanischen Adligen, der Clanname, gefolgt von ›no‹) und dann der Rufname genannt (z. B. Huang Zunxian, Abe no Nakamaro); bei Mönchen wird in der Regel nur der Dharma-Name (Ordensname) genannt. Um den Haupttext zu entlasten, werden Lebensdaten von Personen bzw. Regierungsdaten von Herrschern nur im Register angegeben. Alle Übersetzungen sind, soweit nicht anders angegeben, meine eigenen.

# Verwunschener Horizont: Japans Eintritt in die Geschichte

Am Anfang gab es weder ›Chinesen‹ noch ›Japaner‹. Als *homo sapiens* sich vor ca. 30.000 Jahren in Ostasien ausbreitete, waren es die gleichen Menschen, die sich auf dem Gebiet des heutigen China, der koreanischen Halbinsel und den japanischen Inseln niederließen. Der niedrige Meeresspiegel der letzten Eiszeit ermöglichte es, Japan trockenen Fußes über drei Landbrücken zu erreichen: (1) von der sibirischen Küste über Sachalin und Hokkaidō nach Honshū, (2) von Nordchina und der Manjurei längs über die koreanische Halbinsel bis in den Norden von Kyūshū oder (3) von der chinesischen Südküste über Taiwan und die heutigen Ryūkyū-Inseln in den Süden von Kyūshū. Mehr als zehntausend Jahre lang wanderten Tiere und Menschen über diese Routen. Erst als die Temperaturen vor ca. 20.000 Jahren zu steigen begannen und die Polkappen abschmolzen, überspülte das Meer diese Verbindungen und trennte die japanischen Inseln vom ostasiatischen Festland. Erst dann begannen auch die kulturellen Entwicklungspfade sich zu trennen und den Völkern Konturen zu verleihen, die wir heute ›Chinesen‹ und ›Japaner‹ nennen.

Im Gebiet des heutigen China bahnten sich ab dem 8. Jahrtausend v. Chr. dramatische Umbrüche an, welche die Kulturlandschaft völlig verändern sollten: die ›Neolitische Revolution‹. Begünstigt durch ein klimatisches Optimum, begannen Jäger und Sammler in verschiedenen Regionen sich auf Ackerbau umzustellen. Am Unterlauf des Yangzi bauten die Menschen der Hemudu-Kultur Reis an, auf dem Lößplateau Nordchinas wurde Hirse kultiviert. In verschiedenen Regionen des heutigen China entstanden jetzt sesshafte neolithische Kulturen, die Töpferei betrieben, befestigte Siedlungen bauten, ab dem 4. Jahrtausend v. Chr. sogar ummauerte Städte. Die Bevölkerung wuchs, und soziale Stratifizierung setzte ein: Bald bildeten sich religiöse und politische Führungsrollen heraus, deren Träger sich deutlich vom einfachen Volk absetzten. Fundamente von Tempeln und Palastbauten, gewaltige Stadtmauern – von Zehntausenden Zwangsarbeitern aufgeschichtet – und reich ausgestattete Gräber zeugen von der Macht dieser Eliten. Seit dem 2. Jahrtausend v. Chr. ließen sich diese Eliten überaus kunstvolle Bronzegefäße gießen: rituelle Objekte und zugleich Insignien fürstlicher Macht. Mit der Bronzezeit traten auch die ersten historischen Dynastien – Shang und Zhou – auf, Schrift wurde erfunden: China trat in das Licht der Geschichte. Dieses ›China‹ war noch kein einheitlicher Staat, sondern bestand aus einer Vielzahl autonomer Fürstentümer, die jedoch in engem – oft kriegerischem – Kontakt miteinander standen und sich parallel entwickelten. Mit der Verbreitung der Schrift kam es zum nächsten großen Umbruch, der ›Achsenzeit‹, wie Karl Jaspers sie genannt hat, in deren Zuge chinesische Literatur entstand und die ›Hundert Schulen‹ der chinesischen Philosophie blühten. Deren grundlegende Gedanken zur Gestaltung der Gesellschaft reflektieren den sozialen Wandel der Periode vom 5. bis zum 3. Jahrhundert v. Chr., einer Zeit, die bezeichnenderweise den Namen ›Kämpfende Staaten‹ (Zhanguo) trägt. Der Eisenguss, der sich ab dem 5. Jahrhundert v. Chr. verbreitete, ermöglichte effektiveren Ackerbau, die Bevölkerung wuchs rasant, große Städte entstanden, und aus den kleinen Häuptlingstümern früherer Jahrhunderte wurden mächtige Regionalstaaten. Jetzt entwickelten sich staatliche Institutionen: Bürokratien, die auf schriftlicher Aktenführung beruhten, allgemein verbindliche Gesetze, zentral verordnete Steuern und professionell geführte Massenarmeen. Die chinesische Geschichte steuerte konsequent auf die Gründung des Kaiserreichs im Jahre 221 v. Chr. zu.

Nichts von alledem geschah auf den japanischen Inseln. In all den Jahrtausenden, in denen die Kulturen des Festlands Äcker zu bestellen lernten, den Bronzeguss perfektionierten, Städte und Paläste bauten, Dynastien gründeten und Weltliteratur schrieben, verharrten die Bewohner des japanischen Archipels in tiefer Steinzeit. Seit dem 8. Jahrtausend v. Chr. – einer Warmperiode, in der die Bevölkerung auf den Inseln sprunghaft anstieg – hatten sich ihre Lebensformen kaum gewandelt: Stämme von Jägern und Sammlern wohnten in kleinen Dörfern mit Grubenhütten und stellten einfache Töpferwaren her, deren typischer Dekor dem Rillenmuster von Schnüren ähnelt. Nach dieser Schnurkeramik ist die Kultur benannt: Jōmon (›Schnurmuster‹). Die Jōmon-Leute hatten weder eine ›Neolithische Revolution‹ noch eine ›Achsenzeit‹ erlebt. Sie kannten keinen Ackerbau, sondern ernährten sich von Nüssen, Gemüse, Wurzeln, Fleisch und Fisch und betrieben allenfalls einfache Gartenwirtschaft; sie besaßen kein Metall, sondern benutzten die primitiven Steinwerkzeuge des Mesolithikums; Schrift war ihnen völlig unbekannt, so dass dauerhafte überregionale Kommunikation kaum möglich war.

Bis ins 3. Jahrhundert v. Chr. gab es kein ›Japan‹, sondern nur autonome Stämme der Jōmon-Kultur; keine ›sino-japanischen Beziehungen‹, sondern nur verschiedene Welten, die nichts voneinander wussten: gleichzeitige Kulturen in ungleichzeitigen Phasen ihrer Entwicklung. Erst zunehmende Kontakte ab dem 3. Jahrhundert v. Chr., der Transfer von Ackerbautechniken, Metallverarbeitung, verschiedenen Handwerken und schließlich der Schrift auf die japanischen Inseln schufen die Voraussetzung für kulturellen Austausch. Dem zivilisatorischen Gefälle folgend, strömten die Einflüsse vor allem vom Festland auf die japanischen Inseln. Sie brachten Japan auf den gleichen Entwicklungspfad, den China längst beschritten hatte. Die Verbreitung der genannten Kulturtechniken hatte dort den gleichen Effekt wie in China viele Jahrhunderte zuvor.

Im 3. Jahrhundert n. Chr. entstand auf Honshū das Fürstentum Yamatai, von dem chinesische Quellen ausführlich berichten. Jetzt begannen diplomatische Kontakte zwischen China und den ›Wo‹, wie die Einwohner Japans damals genannt wurden, und jetzt fanden auch politische Ideen ihren Weg nach Japan. Denn schon bald entstand in der Kansai-Ebene das neue Fürstentum Yamato. Monumentale Hügelgräber zeugen vom Machtanspruch seiner Herrscher: ›Großkönige‹, die nicht länger Regionalfürsten neben anderen sein wollten, sondern, modern gesprochen, *state building* betrieben. Das politische Gebilde, das sie schufen – eine eigentümliche Mischung aus autochthonen und festländischen Elementen –, war der erste Versuch, die chinesische Form zentraler Herrschaft in Japan zu verwirklichen. Erst seitdem kann man von einem japanischen ›Staat‹ sprechen, ja erst seitdem kann man von ›Japan‹ sprechen. So, wie das Wort ›China‹ vom Namen der ersten Kaiserdynastie, der Qin, abstammt, wurde ›Yamato‹ später zum Synonym für Japan schlechthin.

| | China | Japan |
|---|---|---|
| ca. 10.000 v. Chr. | | Ende der Eiszeit: das Meer trennt Japan vom Festland |
| ab ca. 8000 v. Chr. | Neolithische Revolution: Ackerbaukulturen an Huanghe und Yangzi, erste Städte | **Jōmon-Steinzeitkultur** |
| ab ca. 2000 v. Chr. | Bronzezeit: Hochkulturen in der Lößebene, am Yangzi und in Sichuan | |
| ca. 1300 v. Chr. | Erfindung der Schrift | |
| ca. 1050 v. Chr. | **West-Zhou** | |
| ab ca. 600 v. Chr. | Eisenzeit, Bildung von Flächenstaaten | |
| ca. 300 v. Chr. | Klassische Philosophen, Manuskriptkultur, Massenarmeen, große Städte | **Yayoi-Kultur**: Bronze und Eisen, Reisanbau |
| 221 v. Chr. | Reichseinigung der **Qin** | |
| ab 202 v. Chr. | **Han-Dynastie** | |
| 108 v. Chr. | Han-Präfekturen in Nord-Korea | |
| 57 n. Chr. | Han vergeben Siegel an Wo-Leute | |
| 107 n. Chr. | Wo-König Suishō bringt 160 Sklaven als Tribut | |
| 220 | Ende der Han | |
| 220–280 | Drei Staaten: Wei, Wu, Shu | |
| ab ca. 222 | | Königin Himiko (Yamatai) |

| | China | Japan |
|---|---|---|
| 238 | | Wei vergeben Siegel an Wo-Leute |
| 240 | Chinesische Gesandtschaft nach Yamatai | |
| 240–47 | Gesandtschaften aus Yamatai in Wei | |
| ab ca. 250 | | Fürstentum in Yamato<br>**Kofun-Periode** (270–539) |
| 265–316 | West-Jin | |
| 403? | Wani bringt chinesische Bücher nach Yamato | |
| 413–502 | 13 Gesandtschaften der Wo nach China | |
| 478 | Throneingabe des Königs Yūryaku an den Song-Kaiser | |

## Die Inseln der Unsterblichen

Vor über 2000 Jahren, als die Welt noch voller Geister und Mythen war, erzählten sich die Chinesen von den Inseln der Unsterblichen, die weit im Osten, jenseits der ›Wogenden See‹, lagen. Ihre Namen – Penglai, Yingzhou und Fangzhan – besaßen einen magischen Klang: Dort wuchsen goldenes Gemüse und jadegleiches Korn, Fusang-Bäume von tausenden Klaftern Höhe. Wenn die Unsterblichen von deren prallen Beeren aßen, nahmen ihre Körper einen goldenen Glanz an und erhoben sich zu ihren Palästen in die Lüfte. Vor allem aber gedieh dort das Kraut der Unsterblichkeit, das Tote durch bloße Berührung wieder zu beleben vermochte. Schon vor hundert Jahren seien Chinesen auf der Suche danach in See gestochen, und manche, so hieß es, hätten das Kraut der Unsterblichkeit tatsächlich gefunden. Auch für den Ersten Kaiser von China, Qin shi huangdi, der zeitlebens vom Gedanken der Unsterblichkeit besessen war, waren die Inseln der Unsterblichen ein Sehnsuchtsort. Kurz nachdem er 221. v. Chr. das chinesische Reich gegründet hatte, schickte er eine Expedition unter Leitung eines gewissen Xu Fu mit mehreren Tausend Mädchen und Knaben, ausgestattet mit Saatgut und Werkzeugen für Handwerker, auf See, um nach dem Kraut

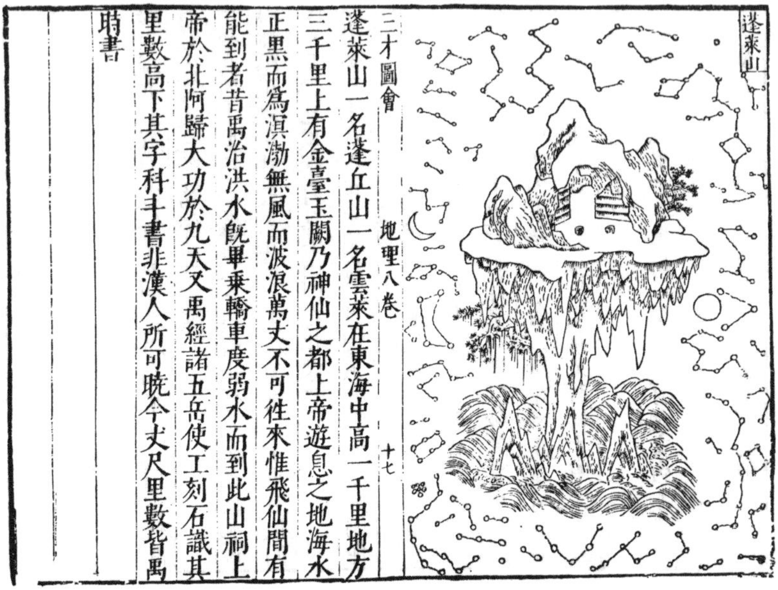


Noch im 17. Jahrhundert schwebte den Chinesen Penglai als wundersame Formation im »Ostmeer« vor, umgeben von den Wogen, den Wolken und den Sternen. Abb. aus dem *Sancai tuhui*, »Dili« 8, 17.

der Unsterblichkeit zu suchen. – Sie kehrten nie zurück. Vielleicht sind ihre Schiffe, wie so viele nach ihnen, in den Stürmen des Ostchinesischen Meers untergegangen; vielleicht aber – so will es eine Legende – haben sie das japanische Archipel erreicht und sich dort mit all ihren Gaben niedergelassen.[1]

Was auch immer dran ist an dieser Erzählung – sie ist eine treffende Allegorie auf die Vorgeschichte der chinesisch-japanischen Beziehungen. Weitab der chinesischen Zivilisation gelegen, mag Japan im 3. Jahrhundert v. Chr. als Insel der Glückseligen erschienen sein, wo noch ein unverdorbener Naturzustand waltete: als ein Land, reich gesegnet von der Natur, in dem eine kleine, egalitäre Gesellschaft ohne Herrschaft und Hierarchien schriftlos und friedlich in sich ruhte. Im *Daode jing*, das dem Weisen Laozi zugeschrieben wird, wird eine solche Gesellschaft beschrieben, in der die Menschen

> Geschmack an ihren Speisen finden, Schönheit in ihrer Kleidung, Ruhe in ihren Hütten und Freude an ihren Gebräuchen. Die Nachbargemeinden mögen in Sichtweite liegen, das Bellen ihrer Hunde und Gackern ihrer Hühner hörbar, und doch verkehren ihre Menschen nicht miteinander, bis sie alters sterben.
>
> (*Laozi* 80)

Auch wenn das prähistorische Japan wohl kaum so idyllisch gewesen sein dürfte – in etwa lässt es sich so vorstellen: als segmentäre Gesellschaft geringer Komplexität, die in gleichartige, aber weitgehend voneinander isolierte Gemeinschaften gegliedert war. Die einzelnen Regionen verkehrten wenig miteinander – und noch weniger mit dem asiatischen Festland. Zwar dürfte die Verbindung zu den japanischen Inseln nie vollständig abgebrochen sein. Auch nachdem am Ende der letzten Eiszeit, vor rund 10.000 Jahren, die Landverbindungen in den Fluten versunken waren, folgten Menschen den alten Routen, selbst wenn diese nun über das Meer führten. Schon im Paläolithikum hatten die Bewohner der japanischen Inseln einfache Boote, mit denen sie bis auf die koreanische Halbinsel übersetzen konnten. Aber diese Kontakte waren zu spärlich, als dass sie die Jōmon-Kultur spürbar verändert hätten. Landwirtschaft, Bronzeguss, Städtebau, Schrift: Keines dieser Kulturgüter erreichte das japanische Archipel. Und warum auch? Selbst wenn sie kein »goldenes Gemüse und jadegleiches Korn« hervorbrachte, hat die Natur die Sammler und Jäger der Jōmon-Periode reich beschenkt. »Sommers und winters essen sie frisches Gemüse«, berichteten die ersten chinesischen Japan-Reisenden, und die moderne Archäologie hat dieses Bild bestätigt: Antilopen, Bären, Wildschweine und Hasen in den großen Ebenen, Schwärme von Fischen und Muscheln in den Küstengewässern sowie mehr als 180 Sorten von essbaren Pflanzen – wilde Beeren, Gemüse, Nüsse, Wurzeln und andere – boten eine üppige Lebensgrundlage. Die Lebensweise der Jäger und Sammler war keineswegs defizitär, ganz im Gegenteil: Die Jōmon-Leute hatten alles, was sie brauchten. Sie dürften kaum versucht gewesen sein, ihre ausgewogene Ernährungsweise gegen die Schufterei und einseitige Kost des Ackerbaus zu tauschen.[2]

Selbst wenn sie gewollt hätten – die Jōmon-Leute hätten gar keinen Ackerbau betreiben können, denn sie kannten kein Getreide, das sich dafür eignete. Sie kannten keinen Reis. Die Reisart, die heute ›Japonica‹ genannt wird, war ursprünglich nicht in Japan heimisch, sondern auf dem asiatischen Festland. Schon im 7. Jahrtausend v. Chr. wurde sie in der Hemudu-Kultur, in der Nähe des heutigen Hangzhou, angebaut. Von dort breitete die Reiskultur sich allmählich nach Norden aus: entlang der Ostküste Chinas auf die Shandong-Halbinsel, über den Gelben Fluss in den Nordwesten der koreanischen Halbinsel und weiter nach Süden, übers Meer bis nach Kyūshū. In Itazuke, bei Fukuoka, wurden Anlagen von Reisfeldern sowie hölzerne Ackergeräte aus dem 8./7. Jahrhundert v. Chr. gefunden.

Sie waren die Vorboten eines epochalen Umbruchs, der gegen Ende der Jōmon-Periode – etwa in der Zeit des Ersten Kaisers von China – stattfand: einer Revolution von Technik und Wirtschaftsweisen, welche die Steinzeitkulturen der japanischen Inseln radikal veränderte und allererst die Voraussetzung für die Entstehung ›Japans‹ schuf. Ab dem dritten Jahrhundert v. Chr. setzte sich nicht nur der Reisanbau großflächig durch, sondern auch die Metallverarbeitung. Saatgut und Werkzeuge: Die Gaben des Xu Fu verhalfen nicht etwa den Qin zur Unsterblichkeit, sondern bereiteten den Jōmon-Leuten den Untergang. Die Steinzeit war zu Ende. Während die Jōmon-Kultur allmählich in den Norden von Honshū und nach Hokkaidō zurückgedrängt wurde, verbreitete sich auf Kyūshū und im Süden Honshūs eine neue Kultur, welche die japanische Geschichte in den nächsten Jahrhunderten prägen sollte: Yayoi.[3]

Die Yayoi-Kultur zeichnete sich nicht nur durch Ackerbau, Metallgeräte und neue Keramikformen aus, sondern vor allem durch neue *Menschen*: Es waren höchstwahrscheinlich Einwanderer vom Festland, welche die neue Kultur mit sich brachten und die alteingesessenen Jōmon-Leute verdrängten. Xu Fu und seine Besatzung, so reizvoll der Gedanke sein mag, dürften es wohl kaum gewesen sein. Vermutlich waren es Flüchtlinge, die Bevölkerungsdruck, Ressourcenstress und die Kriege der ›Kämpfenden Staaten‹ aus ihrer Heimat getrieben hatten: Zwischen dem 4. und 2. Jahrhundert v. Chr. war die Bevölkerung am

Huanghe und Yangzi sprunghaft angewachsen, was nicht nur zu Kriegen führte, sondern auch zu großen Migrationsbewegungen. Der Staat Qin erschloss die Ebene von Sichuan, die Leute aus Chu drangen vom Yangzi in die Nordchinesische Ebene vor, die Staaten des Nordens expandierten nach Zentralasien und auf die koreanische Halbinsel. Auf diese Weise dürften Menschen aus verschiedenen Regionen – vielleicht, darauf deuten gewisse mythologische Elemente hin, sogar aus Südostasien – auch auf die japanischen Inseln gekommen sein. Wer auch immer diese neuen Menschen waren – ›Chinesen‹ waren sie sicher nicht. Weder von ›China‹ noch von ›Chinesen‹ konnte zu jener Zeit die Rede sein. Das Gebiet des heutigen China zerfiel damals in sieben große und einige kleinere Staaten, die zwar durch gemeinsame Traditionen verbunden waren, sich jedoch gegenseitig als ›Ausland‹, bisweilen sogar als barbarisch betrachteten.

Auch die Bezeichnung für die Yayoi-Leute in frühen chinesischen Quellen hatte einen abschätzigen Klang: ›Wo‹ wurden diese Menschen dort genannt. Mag sein, dass der Name auf eine Selbstbezeichnung der Yayoi-Leute, ›Wa‹, zurückging; die Chinesen jedenfalls wählten für die Wiedergabe ein Wort, das ursprünglich soviel wie ›Wichte‹ bedeutete: kleine, verächtliche Kreaturen, vielleicht geradezu ›Gewürm‹. In einer frühen Beschreibung fremder Regionen, dem *Kanon der Berge und Meere*, taucht dieser Name erstmals auf: »Das Land Gai [wohl in Nordkorea] liegt südlich des großen Yan und nördlich der Wo. Die Wo gehören zu Yan« (*Shanhai jing* 13). Die Spur führt also über den Staat Yan, dessen Gebiet sich vom Norden des heutigen Hebei bis in den Süden der Manjurei erstreckte, wo es an die koreanische Halbinsel grenzte. Tatsächlich scheint sich der Einfluss Yans bis nach Südkorea erstreckt zu haben: Viele Gräber auf der Halbinsel enthielten Münzen aus Yan, in Korea sowie auf Kyūshū sind eiserne Messer, Schwertklingen, Äxte und Lanzen gefunden worden, die vergleichbaren Stücken aus dem Gebiet von Yan sehr ähnlich sind.

Die Immigranten vom Festland brachten nicht nur den Reis nach Japan, sondern auch das Metall. Sowohl der Bronze- als auch der Eisenguss kamen mit der Yayoi-Kultur auf die japanischen Inseln: Sie markieren einen zivilisatorischen Sprung, der diese Gebiete im 3. Jahr-

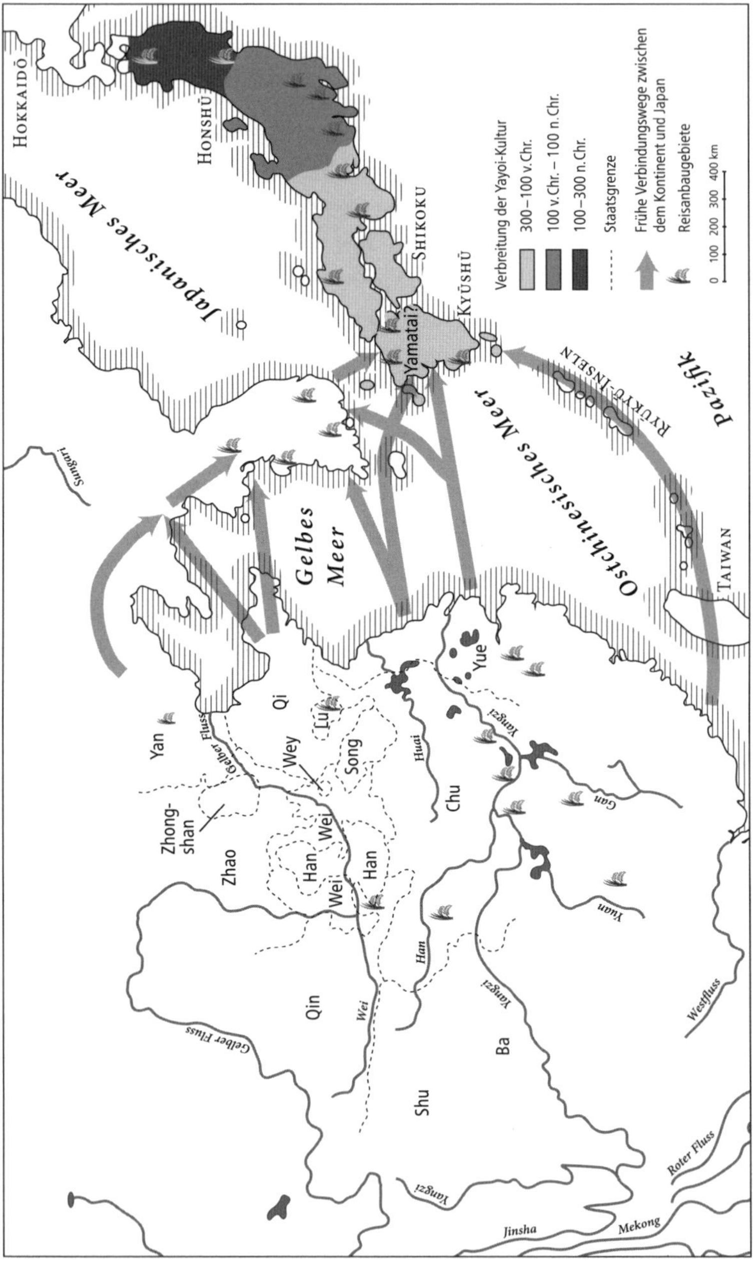

Vor- und frühgeschichtliche Verbindungen zwischen China und Japan

hundert v. Chr. von der Steinzeit direkt in die Bronze- und Eisenzeit beförderte. Auf dem japanischen Archipel fand die Entwicklung, die auf dem Festland Jahrtausende gedauert hatte, binnen weniger Jahrhunderte statt. Der Nassfeldanbau von Reis, der sich in der Yayoi-Zeit nicht nur auf Kyūshū, sondern auch auf Shikoku und große Teile von Honshū ausbreitete, sorgte für Bevölkerungswachstum und soziale Differenzierung. Jetzt entstanden stratifizierte Agrargesellschaften, deren Eliten in erhabenen Pfahlhäusern wohnten und wertvolle Bronzegegenstände besaßen: Münzen, Waffen, Schnallen, zahlreiche Spiegel und – besonders in der Gegend um Ōsaka – große Ritualglocken. Diese Bronzen dienten zum einen religiösen Zwecken; zum anderen dürften sie wichtige Statussymbole gewesen sein, Insignien der Macht, mit denen Stammesführer sich gegenüber ihren Angehörigen, aber auch untereinander auswiesen. Vor allem die weite Verbreitung von gleichartigen Bronzespiegeln deutet auf zunehmende Kontakte zwischen den einzelnen Stämmen hin. Diese Kontakte waren keineswegs immer friedlich: Funde von Waffen, Verteidigungsanlagen und Skeletten gewaltsam getöteter Menschen zeigen, dass die Segnungen der Zivilisation zugleich Macht- und Verteilungskämpfe mit sich brachten. Das Japan der Yayoi-Zeit war nicht mehr die Insel der Glückseligen.

Gleichzeitig ging auch in China eine Epoche zu Ende. Im 3. Jahrhundert v. Chr. gelang es dem Staat Qin, ganz im Westen der Nordchinesischen Ebene gelegen, in rascher Folge die übrigen ›Kämpfenden Staaten‹ vernichtend zu schlagen und ganz China unter seine Herrschaft zu zwingen. 221 v. Chr. nahm der Herrscher von Qin den Kaisertitel an. Aus einem Flickenteppich eigenständiger Regionalstaaten war das chinesische Reich entstanden: ein Imperium mit dem Anspruch, die Welt zu beherrschen. »In allen Richtungen ist das Land des Kaisers«, verkündete eine Inschrift der Qin,

> westlich überquert es die Sandwüste, südlich erstreckt es sich bis dorthin, wo die Häuser nach Norden zeigen, östlich umfasst es das Ostmeer, nördlich reicht es bis jenseits von Daxia [Shanxi?]. Soweit menschliche Spuren führen, ist keiner, der ihm nicht untertan ist. (*Shiji* 6, 245)

Auch wenn die Qin selbst schon nach 15 Jahren in Rebellionen untergingen, blieb ihr Reich bestehen. Die Dynastie Han, die 202 v. Chr. gegründet wurde, erbte das größte Reich, das Asien je gesehen hatte: Es erstreckte sich vom Sichuan-Becken bis zum Gelben Meer und von der Ordos-Wüste bis ins Tiefland südlich des Yangzi. Im Norden des heutigen Vietnam griffen die Han sogar über das Gebiet des heutigen China hinaus, und 108 v. Chr. drangen sie bis nach Nordkorea vor, wo sie in Lelang (kor. Nangnang, jap. Rakurō), nahe dem heutigen Pyongyang, eine Kommandantur etablierten. Mehr als 400 Jahre lang sollte dieser Außenposten des chinesischen Reichs einen Brückenkopf für die Kontakte mit den Wo-Fürsten bilden. Auch das Imperium der Han ›umfasste das Ostmeer‹, und das heißt: Japan.

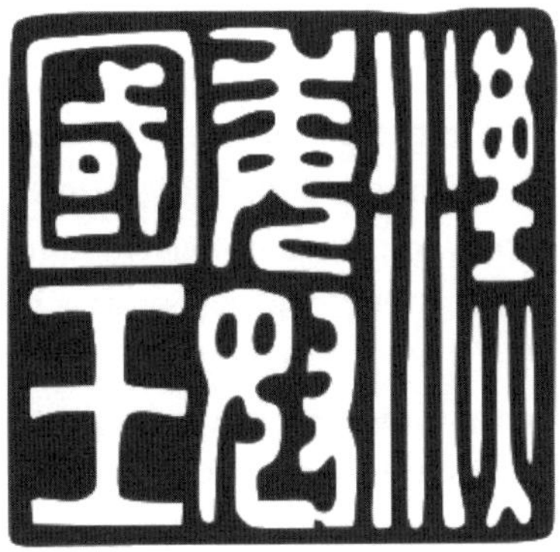

Abdruck des goldenen Siegels von Hakata: Das rechte Drittel wird ganz von dem Schriftzeichen für ›Han‹ eingenommen, in der Mitte übereinander die Zeichen für ›Wo‹ und ›Nu‹, ganz links ›Land‹ und der Titel *wang*, ›König‹.

Der Fund eines goldenen Siegels bei Hakata im Jahr 1784 hat diese Ambitionen auf spektakuläre Weise verdeutlicht. Das Siegel, 2,4 cm im Quadrat, trägt eine chinesische Inschrift: »König des Landes Nu von Wo der HAN«.[4] Offensichtlich gehörte das Siegel einem Regionalfürsten (Nu/Na, dürfte der Name seines Fürstentums gewesen sein) in Nord-Kyūshū, gut 2500 km entfernt von der Hauptstadt der Han. Dennoch betrachtete der Han-Kaiser diesen »König« als Vasallen der HAN – das übergroße Schriftzeichen auf dem Siegel lässt keinen Zweifel an der Hierarchie –, und der Siegelträger selbst sah seine Legitimität durch den Bezug auf die chinesische Dynastie verbürgt.

Offenbar sind Gesandte der Wo schon im 1. Jahrhundert v. Chr. nach Lelang gereist, um den Han ›Tribut‹ darzubringen, und im Jahr 57 n. Chr. gelangte eine Delegation erstmals sogar bis in die Hauptstadt Luoyang, zu Kaiser Guangwu. »Das Land Nu von Wo brachte Tribut dar und erhielt eine Audienz am Hofe«, heißt es in der Dynastiegeschichte der Späteren Han, »die Gesandten nannten sich selbst ›Würdenträger‹, sie kamen vom südlichsten Ende des Landes Wo,« und sodann: »Kaiser Guangwu gewährte ihnen ein Siegel am Seidenband« (*Hou Hanshu* 85). – Womöglich ist hier genau das Siegel gemeint, das mehr als 1700 Jahre später in Kyūshū gefunden wurde. Es ist die früheste schriftliche Quelle für sinojapanische Beziehungen – und in vielerlei Hinsicht bezeichnend für ihre Beschaffenheit. Denn von Beginn an waren diese Beziehungen asymmetrisch, geprägt durch völlig unterschiedliche Perspektiven auf die Welt.

Für die Han war ihr Reich die Welt. Es umfasste, ganz wörtlich, alles ›unter dem Himmel‹ (*tianxia*). Seine Grenzen waren nicht definiert durch die Territorien ebenbürtiger Nachbarstaaten, sondern durch ein zivilisatorisches Gefälle: Umliegende Völker galten als mehr oder weniger ›barbarisch‹, je nachdem, wie fügsam sie sich der Ordnung des chinesischen Reichs unterwarfen. Der politische Mechanismus, mit dem diese Weltordnung sich Geltung verschaffte, war das Tributsystem: Wer sich den Han symbolisch unterwarf und ihre Macht anerkannte, indem er – wie die Leute aus Wo – Tribut darbrachte, wurde fürstlich entlohnt. Er erhielt nicht nur reiche Gegengeschenke, welche die Tributgaben meist weit übertrafen (ja, weit übertreffen *mussten*, sollten sie doch die Überlegenheit des Han-Kaisers demonstrieren), sondern bisweilen auch offizielle Titel: »König von Dian«, »König von Nanyue« oder eben »König des Landes Nu von Wo der HAN«. Diese eigenständigen Herrscher an den Grenzen der chinesischen Welt erhielten nicht nur dieselben Titel wie Regierende im Han-Reich, sondern auch ebensolche goldenen Siegel. Die Han subsumierten sie schlicht unter ihrer Herrschaft, deren symbolische Strahlkraft sie damit vergrößerten.

Die Wo-Leute dürften die Sache ganz anders gesehen haben. Sie verstanden wenig von der imperialen Kosmologie der Han, und die Inschriften ihrer Siegel konnten sie nicht einmal lesen.[5] Für sie dürfte China kein Reich gewesen sein, dessen Ordnung überall galt, sondern allenfalls ein Hegemon, dessen Gunst sich nutzen ließ, um die eigene Herrschaft zu stärken. Das Tributsystem war ein findiges Konstrukt, das beide Perspektiven ermöglichte: Die Wo-Leute würdigten die der Han, indem sie Tribut brachten, die Han anerkannten – stillschweigend – die der Wo, indem sie sie in Ruhe ließen. Die räumliche Distanz zwischen Japan und China garantierte, dass die beiden Sichtweisen nicht in Konflikt gerieten, und das Siegel beglaubigte ihre Geltung: Den Han symbolisierte es die Durchsetzung ihrer Weltordnung, den Wo legitimierte es autonome Machtansprüche. Diese gegenseitige Anerkennung ganz unterschiedlicher Weltentwürfe bildete die Basis für die sino-japanischen Beziehungen der nächsten Jahrhunderte.

## Von Spiegeln und Schwertern

Viel wissen wir nicht über die sino-japanischen Beziehungen jener Zeit. Da die Wo noch keine Schrift besaßen, sind die spärlichen Einträge in chinesischen Dynastiegeschichten fast unsere einzigen schriftlichen Zeugnisse für die ersten Jahrhunderte. Dort ist im Jahr 107 n. Chr. lediglich die Gesandtschaft eines Wo-Königs mit Namen Shuaisheng (jap. Suishō) verzeichnet, wahrscheinlich nach Lelang, die 160 Sklaven als Tribut überbracht habe (*Hou Hanshu* 85). Danach schweigen die Quellen. Die Han waren im 2. Jahrhundert n. Chr. mit anderen Dingen beschäftigt: Religiöse Aufstände erschütterten das Reich, Hofintrigen und Machtkämpfe zwischen Eunuchen, Kaiserinnen und Beamten zersetzten die kaiserliche Autorität, und jenseits der Hauptstadt ging die Macht in die Hände von einflussreichen Sippen und Generälen über. Der Zentralstaat, der für einige Jahrhunderte die segmentären Strukturen der chinesischen Gesellschaft überdeckt hatte, zerfiel – und damit verlor China die Anziehungskraft, die es einst für die Herrscher der Wo gehabt hatte.

Erst im 3. Jahrhundert n. Chr., nach dem Untergang der Han-Dynastie, verzeichnen die Dynastiegeschichten wieder Wo-Gesandtschaften. Sie kamen an den Hof von Wei, der Dynastie, die damals in Nordchina herrschte. Diese Gesandten müssen einen wunderlichen Anblick geboten haben. »Die Männer, ob groß oder klein, tätowieren sich allesamt

Gesicht und Körper«, vermerkt die offizielle Geschichte der Wei-Dynastie. Ähnliches war allerdings aus der chinesischen Geschichte bekannt. Als ein Fürst der Xia, der ersten ›chinesischen‹ Dynastie, nach Süden zog,

> da schnitt er sich die Haare und tätowierte sich den Körper, um der Bedrohung durch Wasserdrachen zu entgehen. Ebenso haben sich die Schwimmer der Wo, die tief tauchen mussten, um Fische und Muscheln zu fangen, den Körper tätowiert, um große Fische und Wasservögel abzuschrecken. Später wurde daraus allmählich ein Schmuck. Die Tätowierungen sind in den einzelnen Ländern jeweils unterschiedlich: bald links, bald rechts, bald groß, bald klein, zudem gibt es Unterscheidungen je nach Status. (*Sanguo zhi* 30, 855)

Die Wo machten es also genauso wie die Xia – und tatsächlich: »Gemäß ihren alten Erzählungen bezeichnen sie sich als Nachkommen des Taibo.« Sie waren Verwandte! Die Wo stammten von einem Sohn des altehrwürdigen Königs Tai von Zhou ab, des Ahnvaters jener Dynastie, die vom 11. bis zum 8. Jahrhundert v. Chr. – nominell sogar noch 500 Jahre länger – in Nordchina herrschte. König Tais ältester Sohn, Taibo, soll im 12. Jahrhundert v. Chr., als ihm die Thronfolge verweigert wurde, mit seinem Bruder nach Südosten ausgewandert sein: »Sie flohen zu den Jing- und Man-Barbaren, tätowierten ihre Körper und schnitten sich die Haare ab« (*Shiji* 31). Dort, in der Nähe des heutigen Wuxi (Jiangsu), habe Taibo das Fürstentum Wu gegründet. Als Wu im 5. Jahrhundert v. Chr. vernichtet wurde, seien die Nachfahren des Fürstenhauses »in See gestochen und zu Wo geworden« (*Tongjian qianbian* 18).

Es gibt mehrere derartige Überlieferungen, die verwandtschaftliche Beziehungen zu ›Barbaren‹ beschreiben. Als Teil der chinesischen Weltordnung waren diese Völker gleichsam Teil der Familie: keine echten Chinesen zwar, aber ferne, etwas aus der Art geschlagene Verwandte. »Ihre Sitten sind nicht liederlich«, stellt die Dynastiegeschichte der Wei im *Sanguo zhi* (*Aufzeichnungen der Drei Staaten*) gönnerhaft fest und betont die regelmäßigen Kontakte zwischen den Wo und chinesischen Herrschern: »Früher waren es über 100 Länder, von denen einige in der

Han-Zeit zur Audienz kamen; heute sind es 30 Länder, die [uns] durch Gesandte und Übersetzer verbunden sind« (*Sanguo zhi* 30). Auch die Wei selbst schickten offenbar Gesandte auf die japanischen Inseln. Sie lieferten eine – wiewohl recht ungenaue – Beschreibung der Reiseroute von der Kommandantur Daifang in Nordkorea in die Länder der Wo und zugleich die umfangreichste Beschreibung des Alten Japan, die wir besitzen.[6] Zum ersten Mal wurde dort, im 3. Jahrhundert n. Chr., das Fürstentum Yamatai erwähnt, in dem eine Königin geherrscht haben soll. Über die Sitten Yamatais und der Wo erfahren wir dort Folgendes:

> Die Männer tragen ihr Haar unbedeckt in einem Knoten, den sie mit Bastfasern am Kopf festbinden. Sie legen ihre Kleidung quer um den Körper, die durch Bindungen, fast ohne Nähte zusammengefügt ist. Die Frauen lassen ihr Haar offen nach hinten hängen oder binden es zu einem Knoten; sie machen ihre Kleider aus einem einfachen Tuch mit einem Schlitz in der Mitte, durch den sie den Kopf stecken, um es anzuziehen. Sie bauen Reis an sowie Hanf zum Weben und Maulbeerbäume zur Seidenherstellung. Sie spinnen und weben, stellen feine Hanf- und Seidenstoffe her. In ihrem Gebiet gibt es weder Büffel noch Pferde, Tiger, Panther, Schafe oder Elstern. Als Waffen benutzen sie Speere, Schilde, hölzerne Bögen, die unten kurz und oben lang sind, und Bambuspfeile mit eisernen oder knöchernen Spitzen. In allem, was sie besitzen, gleichen sie den Völkern der Dan'er und Zhuyai.
>
> Im Gebiet der Wo ist es feucht und warm, sommers und winters essen sie frisches Gemüse und gehen allesamt barfuß. Sie haben Häuser, in denen Eltern und Kinder separat schlafen. Ihre Körper bestreichen sie mit Zinnober, so wie man sich im Reich der Mitte pudert. Sie benutzen Schüsseln für Speisen und Getränke und essen mit den Händen. Ihre Verstorbenen erhalten einen Sarg ohne Außensarg, ihre Gräber werden mit einem Erdhügel bedeckt. Nach Todesfällen halten sie eine mehr als zehntägige Trauerzeit ein, in der sie kein Fleisch essen. Die hauptsächlichen Trauernden klagen und weinen, während die anderen singen, tanzen und trinken. Nach der Beerdigung begibt sich die ganze Familie zu einem Gewässer, in dem sie sich badet und reinigt.
>
> Wenn sie übers Meer setzen, um das Reich der Mitte zu besuchen, bestimmen sie stets einen Mann, den sie ›Unheilsbewahrer‹ nennen: Er kämmt sich weder

die Haare noch lässt er sich entlausen, trägt verdreckte Kleidung, isst kein Fleisch und hält sich von Frauen fern, wie ein Trauernder. Wenn die Reise glücklich verläuft, bedenken sie ihn mit Sklaven und Gütern; wenn sie aber von Krankheit oder anderem Unglück heimgesucht werden, töten sie ihn, da er sie nicht pflichtgetreu vor Unheil bewahrt habe. …

Ihre Sitte ist, dass sie bei allen Unternehmungen, wo immer es um Worte oder Taten geht, Knochen erhitzen, um aus deren Sprüngen Glück oder Unglück vorherzusagen. Sie formulieren dabei ähnlich wie beim Schildkrötenorakel und betrachten die Risse, die durch das Feuer entstehen, als Zeichen für die Vorhersage.

In ihrem gemeinschaftlichen Verkehr machen sie keinen Unterschied zwischen Vater und Sohn, Mann oder Frau. Sie lieben den Alkohol. Wenn sie hochstehende Männer treffen, klatschen sie als Ehrbezeugung anstelle eines Kotaus lediglich in die Hände. Die Menschen dort werden sehr alt: manche 100, manche 80–90 Jahre.

Ihre Sitte ist, dass die hochstehenden Männer des Landes vier bis fünf Frauen haben, die niedrigeren zwei bis drei. Die Frauen sind nicht liederlich und nicht eifersüchtig. Es gibt dort weder Raub noch Diebstahl und nur wenige Streitfälle und Klagen. Wenn es zu Verstößen gegen das Gesetz kommt, so wird in leichten Fällen der Straftäter nebst Frauen und Kindern versklavt und in schweren Fällen die gesamte Familie ausgelöscht. Sippen und Clans unterscheiden sich im Ansehen, so dass manche den anderen untergeben sind. Steuern und Abgaben werden erhoben, und es gibt Getreidespeicher. In jedem Land gibt es Märkte, auf denen Güter unter Aufsicht eines Groß-Wo ausgetauscht werden.

Nördlich des Landes der Königin ist eigens ein Kommandeur stationiert, der sämtliche Länder überwacht: Vor ihm haben sie alle Ehrfurcht. Er verwaltet das Land Yizhu [jap. Ito], wo es zudem so etwas wie einen Gouverneur gibt. Wenn die Königin Gesandte in die Hauptstadt [der Wei], in die Kommandantur Daifang oder die koreanischen Länder schickt oder wenn Kommandanturen Gesandte zu den Wo schicken, werden sie alle im Hafen inspiziert, so dass Dokumente und Geschenke ohne Fehl an die Königin überliefert werden.

Wenn Niedere hochstehenden Männern auf der Straße begegnen, weichen sie in das umliegende Gelände aus; und wenn sie Botschaften zu überbringen oder Dinge zu besprechen haben, hocken oder knien sie sich nieder, wobei beide Hän-

> de den Boden berühren, um ihnen Respekt zu zollen. Wenn sie antworten, sagen sie ›ah‹, was Zustimmung ausdrückt.
>
> Das Land hatte ursprünglich auch einen Mann als König, doch in den letzten siebzig, achtzig Jahren herrschte in Wo Anarchie, so dass es Jahr für Jahr zu Angriffen und Überfällen kam. Daraufhin setzten sie gemeinsam eine Frau mit Namen Bimihu [jap. Himiko] als Königin ein. Sie pflegt den Umgang mit Geistern und vermag die Massen zu betören. Obwohl sie schon erwachsen ist, hat sie keinen Ehemann. Ein jüngerer Bruder assistiert ihr bei der Regierung des Landes. Seitdem sie Königin ist, hat sie kaum jemand gesehen. Sie hat tausend Dienerinnen, die ihr aufwarten, aber nur einen Mann, der ihr Speis und Trank serviert und ihre Botschaften übermittelt. Sie residiert in den Hallen und Türmen ihres Palastes, umgeben von Mauern und Zäunen und streng bewacht von bewaffneten Garden. (*Sanguo zhi* 30, 855 f.)

Eine Flut von gelehrter Literatur hat sich über diesen faszinierenden Bericht ergossen. Vor allem japanische Wissenschaftler haben die früheste Darstellung ihres Landes philologisch durchleuchtet, mit archäologischen Funden verglichen und an späteren Quellen gemessen. Dennoch ist diese Beschreibung stets problematisch geblieben: nicht nur, weil viele Details bis heute ungeklärt sind, sondern vor allem, weil es eine *Fremdbeschreibung* ist. Sie zeigt uns das Alte Japan durch die chinesische Brille. Alles an diesem Bericht ist chinesisch gefärbt. Sei es, dass Unterschiede zur chinesischen Kultur betont werden – Kleidung und Haartracht, Tischsitten und (fehlende) soziale Hierarchie (kein »Unterschied zwischen Vater und Sohn«, kein Kotau) sind klassische Distinktionsmerkmale der Chinesen gegenüber anderen Völkern –, sei es, dass auf Gemeinsamkeiten – das Knochenorakel, die Seidenherstellung – hingewiesen wird: Immer ist das ›Reich der Mitte‹ der Maßstab. Wo immer die Wo diesem Maßstab nicht nahekommen, ›fehlt‹ ihnen etwas: seien es Tiere, Nähte oder Außensärge. Der spezifische Eigenwert der Wo-Kultur kommt nicht in den Blick.

Vieles an diesem Bericht ist stereotyp. Es geht ihm nicht um die Eigenheiten des Wo-Volkes, sondern um dessen Kategorisierung als »Ost-Barbaren«, wie es im Kapiteltitel heißt. »In allem, was sie besitzen, gleichen sie den Völkern der Dan'er und Zhuyai« – zwei Völkern, die weit im Süden, vermutlich auf der Insel Hainan, lebten, 2500 km entfernt von Kyūshū! An anderer Stelle werden diese mit fast denselben Worten beschrieben: Auch sie trügen Ponchos »aus einfachem Tuch mit einem Schlitz in der Mitte, durch den sie den Kopf stecken«, auch sie »bauen Reis an sowie Hanf zum Weben, und ihre Frauen kultivieren Maulbeerbäume zur Seidenherstellung«, auch ihnen »fehlen Pferde und Tiger« usw. (*Hanshu* 28B). All das sind Versatzstücke, die weniger über Japan aussagen dürften als über den Barbarendiskurs der Chinesen. Die Alterität der Wo (und anderer ›Barbaren‹) diente dazu, die Identität der chinesischen Elite zu definieren. Die chinesische Beschreibung Japans war daher nichts anderes als ›Orientalismus‹ *avant la lettre*: ein hegemonialer Diskurs, in dem Gelehrte ein Bild des ganz Anderen entwerfen – und sich in Abgrenzung dazu selbst darstellen. Das stereotype Bild der Wo diente der Selbstvergewisserung der Chinesen.[7]

Zudem scheint der Text aus verschiedenen Quellen zusammengefügt worden zu sein, die bisweilen ein widersprüchliches Bild zeichnen: Bald werden die Wo als Gesellschaft mit minimalen Hierarchien dargestellt – ohne Unterschiede zwischen Vater und Sohn, Mann oder Frau; man klatscht statt eines Kotaus –, bald als stratifizierte Gesellschaft, in der »manche den anderen untergeben sind« und »Niedere« vor »hochstehenden Männern« auf dem Boden knien, bald als Clangesellschaft, bald als Staat mit einer zentralen Herrscherin, Steuern, strengen Gesetzen und bürokratisch geregelten Außenkontakten. Diese Widersprüche mögen soziale Umbrüche in Yamatai reflektieren. Die Expeditionen der Wei waren auf ein Land gestoßen, das einen dramatischen Wandel durchmachte. Der Reisanbau und das Metall hatten in Japan den gleichen Effekt wie Jahrtausende zuvor auf dem asiatischen Festland: Sie begünstigten die Herausbildung sozialer Hierarchien und die Entstehung von Eliten, deren Machtansprüche über den eigenen Clan hinausreichten. Jetzt entstanden Ranggesellschaften, die zwischen »hochstehenden« und »niedrigen« Männern unterschieden, offenbar sogar Sklaven hatten und einen *paramount chief* anerkannten, einen Oberhäuptling, der Abgaben (»Steuern«) einzog, in »Hallen und Türmen« eines »Palastes« wohnte, der die Vorherrschaft über andere Clans ausübte und seine Machtposition vererbte.

Archäologische Funde deuten auf mehrere Herrschaftszentren in der späten Yayoi-Zeit hin: in den Ebenen von Kansai und Kantō, in Nordwest-Honshū um Izumo, wo Hunderte von Bronzeschwertern gefunden wurden, und in Nord-Kyūshū. Ebenda vermuten manche Wissenschaftler das Fürstentum von Yamatai. Seine charismatische »Königin« Himiko war offenbar eine Schamanin, die »Umgang mit Geistern« pflegte. Politik und Religion waren in Yamatai nicht klar differenziert: Bezeichnenderweise bedeutet das alte japanische Wort für ›Regierung‹, *matsurigoto*, nichts anderes als ›Opferdienst‹. Auch das mag chinesische Beobachter an ihre eigene Geschichte erinnert haben, denn im chinesischen Altertum – ein gutes Jahrtausend früher – spielten Schamaninnen eine wichtige Rolle; auch die Herrscher der Shang und Zhou waren zugleich Priester, die ihre Entscheidungen vor den Geistern der Ahnen zu verantworten hatten, ihre Paläste waren zugleich Tempel – und auch sie waren, wiewohl die Tradition sie ›Könige‹ nennt, nichts anderes als *paramount chiefs*, die Kraft ihres Charismas die Vorherrschaft über andere Gruppen ausübten.

Himiko gebot angeblich über 30 solcher ›Länder‹, unterhielt protobürokratische Außenposten und pflegte diplomatische Kontakte mit den Wei, um ihre Macht zu stärken. Im Jahr 238 n. Chr. soll sie dem Wei-Herrscher vier männliche und sechs weibliche Sklaven sowie zwei Ballen mehrfarbigen Leinens geschickt haben, was dieser als Zeichen ihrer »Treue und Ergebenheit« verbuchte. »Wir sind dir sehr zugetan«, ließ er Himiko in einem Schreiben wissen, »und machen dich zur ›mit Wei alliierten Königin der Wo‹, verleihen dir ein goldenes Siegel am purpurnen Seidenband« (*Sanguo zhi* 30). Wie frühere Herrscher wurde Himiko für ihre Ehrenbezeigung reich belohnt. Neben dem goldenen Siegel erhielt sie vom Kaiser der Wei folgende Gaben:

> fünf Ballen Brokat mit Drachenmuster auf rotem Grund, zehn Bahnen roter Crêpe-Wollstoffe, fünfzig Ballen roten Stoffs, fünfzig Ballen violetten Stoffs, um

> dem Wert deiner Tributgaben zu entsprechen; darüber hinaus schenken Wir dir drei Ballen Brokat mit Wellenmuster auf violettem Grund, fünf Bahnen fein geblümter Wollstoffe, fünfzig Ballen weißer Seide, acht Unzen Gold, zwei fünf Fuß lange Schwerter, hundert Bronzespiegel sowie jeweils fünfzig Pfund echte Perlen und Zinnober. … All das magst du den Leuten in deinem Lande präsentieren, so dass sie erkennen, wie Mein Staat dir zugetan ist! (*Sanguo zhi* 30, 857)

Es war nicht nur lukrativ, mit chinesischen Kaisern Güter zu tauschen, sondern auch überaus prestigeträchtig. Auch wenn die Wo-Leute mit den konfuzianischen Vorstellungen von »Treue und Ergebenheit« wohl kaum etwas anfangen konnten, dürften die Luxusgüter ihre Wirkung nicht verfehlt haben. Über hundert Bronzespiegel sowie Schwerter, Jadestücke und andere Prestigeobjekte sind in Nord-Kyūshū gefunden worden, die von der Prachtentfaltung der Wo-Fürsten – vielleicht derer aus Yamatai? – zeugen.[8] Nach ihrem Tod, so berichtet die Geschichte der Wei, soll Königin Himiko unter einem Grabhügel von mehr als hundert Metern Durchmesser bestattet worden sein – und mit ihr über hundert Sklaven.

## Krieger und Könige

Himikos Grabhügel markiert das Ende einer Epoche. Mit dem Tod Himikos, deren Nachfolger ihre Machtposition nicht halten konnten, sank der Stern von Yamatai, und die Yayoi-Zeit ging allmählich zu Ende. Zugleich ging auf dem Festland die Wei-Dynastie unter, und obwohl die Jin-Dynastie kurzzeitig die Herrschaft über ganz China erlangte, brach die imperiale Ordnung der Qin und Han bald endgültig zusammen. Im Jahr 313 n. Chr. verloren die Jin-Herrscher die Kontrolle über die Kommandanturen Lelang und Daifang und damit auch die Verbindung zu Korea und den japanischen Inseln, und drei Jahre später, 316, zersplitterte das chinesische Reich endgültig in ›Südliche und Nördliche Dynastien‹. Eine lange Kälteperiode trieb mehrere Wellen von Völkern –

Xiongnu, Di, Jie, Xianbei, Qiang und andere – aus der nördlichen Steppe über China hinweg: berittene Eroberer, die Chinas alte Hauptstädte in Schutt und Asche legten und in den nächsten Jahrhunderten selbst in der Nordchinesischen Ebene herrschten. »Die Fünf Barbaren stürzten China ins Chaos«, berichten chinesische Geschichtswerke: Ihr Vordringen stieß im 3./4. Jahrhundert in Ostasien eine ähnlich gewaltige Migrationswelle an wie die germanische Völkerwanderung, die fast zeitgleich die Landkarte Europas veränderte. Während die ›Barbaren‹ in die Nordchinesische Ebene vordrangen, flohen Nordchinesen nach Süden, wo sie die fruchtbaren Gebiete am Yangzi besiedelten, andere zogen auf die koreanische Halbinsel oder setzten nach Japan über.

Wieder zogen neue Menschen durch Nordchina und Korea, bis auf die japanischen Inseln, und wieder wurden sie zu neuen Herrschern. Auf der koreanischen Halbinsel entstanden mit Koguryŏ im Norden sowie Silla und Paekche im Süden drei Herrschaften, die stark von der Kultur der Steppenvölker beeinflusst waren, in Japan bildete sich im 3./4. Jahrhundert im Gebiet von Yamato, in der heutigen Präfektur Nara, eine neue Herrschaft. Die Anfänge dieser Herrschaft liegen im Dunkeln. Die chinesischen Quellen schweigen über diese Zeit, und die japanischen Berichte darüber wurden erst Jahrhunderte später fabriziert. Dafür sprechen archäologische Funde aus der Zeit eine umso deutlichere Sprache: denn die neuen Herrscher veränderten nicht nur soziale und politische Strukturen nachhaltig, sondern auch das Landschaftsbild.

Auf der koreanischen Halbinsel und auf Honshū entstanden ab dem späten 3. Jahrhundert monumentale Hügelgräber, die das Land überragten. So prägend waren diese ›alten Gräber‹, *kofun*, dass sie der neuen Zeit ihren Namen gegeben haben: Kofun-Periode. Zehntausende solcher Grabanlagen wurden allein in Japan vom 3. bis zum 6. Jahrhundert angelegt; die größten, deren Umrisse Schlüssellöchern ähneln, erreichten gigantische Ausmaße: Ein Grabhügel aus dem 5. Jahrhundert in der Gegend des heutigen Ōsaka ist 486 m lang, 243 m breit und 35 m hoch – eine Nekropole, größer als die Pyramiden von Gizeh! Eiserne Rüstungen, die in diesen Gräbern gefunden wurden, Pferdegeschirre sowie Darstellungen von Pferden und Kriegern bezeugen den Wechsel der Elite. Das Land, das einst »weder Büffel noch Pferde« besessen hatte, durchzogen jetzt Reiter; und wo einst eine Schamanin regiert hatte, herrschten nunmehr Krieger. Vermutlich waren sie keine ›Japaner‹ und gewiss keine Chinesen. Vielmehr dürfte es sich um Angehörige von altaischen Steppenvölkern gehandelt haben, die über Korea nach Kyūshū und in die Kansai-Ebene gekommen waren. Was sie brachten, war nicht ›chinesische‹ Kultur – was immer das heißen mag –, sondern ein Amalgam verschiedenster Einflüsse aus Zentral- und Ostasien.

Dennoch ist das chinesische Beispiel aufschlussreich, um zu verstehen, was das Auftauchen der Hügelgräber in Korea und Japan bedeutete. Auch wenn die ›Schlüsselloch-Gräber‹ kein direktes Pendant in China hatten, waren ähnlich monumentale Grabanlagen dort seit rund einem Jahrtausend bekannt. Seit dem 7. Jahrhundert v. Chr. entstanden in der Nordchinesischen Ebene Herrschergräber von gigantischen Ausmaßen: Gruben von bis zu 300 m Länge, über 20 m tief, ausgestattet mit Tausenden Grabbeigaben und überwölbt von weithin sichtbaren Hügeln. Die Nekropole des Ersten Kaisers von Qin, eine 8 $km^2$ große Anlage mit Palästen, Tempeln, vielen Nebengräbern und der weltbekannten Terracotta-Armee, deren Grabhügel nach zwei Jahrtausenden noch 50 m hoch ist, bildete den Höhepunkt einer jahrhundertelangen Entwicklung, die auch von den Han und späteren Dynastien fortgeführt wurde. Sie war Ausdruck eines politischen Systems, das den Herrscher buchstäblich über alle Welt erhob. Die Fürsten, die in diesen Gräbern bestattet wurden, verstanden sich nicht mehr als *primi inter pares*, sondern als Souveräne, die nicht mehr ihresgleichen hatten. Die monumentale Grabarchitektur der Chunqiu- und Zhanguo-Zeit begleitete die Entstehung des souveränen Staates in China.[9]

Die Parallelen zu den neuen Entwicklungen in Japan und Korea sind nicht zu übersehen. In der Kofun-Periode scheint, ausgehend von der Kansai-Ebene, der gleiche Prozess stattgefunden zu haben wie in China etwa ein Jahrtausend zuvor: Aus einer Vielzahl kleiner, autonomer politischer Gebilde, die unter der losen Vorherrschaft eines Fürstentums – hier Zhou, dort Yamatai – standen, entwickelten sich politische Zentren, die über eine wesentlich größere Machtfülle verfügten als ihre Vorgänger. In beiden Fällen musste es den neuen Herrschern vor allem darum gehen, die Macht der lokalen Eliten zu brechen und sie der Zentrale unterzuordnen. Die Landesfürsten im Alten China konnten ihre Gebiete keineswegs flächendeckend durchherrschen. Ihre Macht endete in den Domänen lokaler Adelshäuser, die politisch autonom agierten und ihr jeweils spezifisches Recht durchsetzten. Erst allmählich konnte der Zentralstaat die Rechte der Lokalfürsten absorbieren und seine Ordnung gegen deren Souveränitätsansprüche durchsetzen: ein Prozess, der Jahrhunderte andauerte und in der Reichsgründung der Qin, 221 v. Chr., kulminierte. Ganz ähnlich verlief die Entwicklung in Japan: Auch die ›Könige‹ von Yamatai und Yamato herrschten keineswegs zentral über ihr Land, sondern mussten lokale Herrschaft den großen Clans (*uji*) überlassen. Die *uji* hatten jeweils eigene Sitten und Regeln, und sie verehrten ihre eigenen Götter: *kami*, die mit Naturerscheinungen, Bergen, Bäumen, Tieren, aber auch Gebäuden, Booten, Herdstätten u. a. assoziiert wurden.

In ihrer lokalen Gebundenheit symbolisierten die *kami* die segmentäre Struktur der Yamato-Gesellschaft. Erst in einem langen Prozess, in dem sich die Zentrale immer mehr Kompetenzen anmaßte, steigerten die Herrscher von Yamato ihre Machtfülle gegenüber den Clans. Dabei ähnelten ihre Methoden denen chinesischer Landesfürsten: So wie diese neue Verwaltungskreise geschaffen hatten, die nicht lokalen Machthabern, sondern direkt der Zentrale unterstanden, etablierten die Yamato-Könige spätestens seit dem 6. Jahrhundert in verschiedenen Teilen ihres Landes zentral verwaltete ›Kammergüter‹. Sie versuchten die lokalen Clans botmäßig zu halten, indem sie ihnen – auch das gute chinesische Tradition – Titel verliehen, die sowohl Prestige als auch Bindung an den König ausdrückten; und so, wie bei der Entstehung des chinesischen Staates innere Konsolidierung mit äußerer Expansion einhergegangen war, begannen auch die Herrscher von Yamato bald, sich militärisch auszubreiten: Sie eroberten nicht nur große Teile von Honshū und Kyūshū sowie ganz Shikoku, sondern griffen erstmals auch auf das Festland über. Von einem Bündnis zwischen Yamato und dem koreanischen Paekche zeugt noch heute ein kunstvoll geschmiedetes eisernes Schwert, dessen Inschrift aus dem Jahre 369 besagt, dass der Kronprinz von Paekche es für den König der Wo gefertigt habe, auf dass dieser es späteren Generationen präsentiere. Hatte Himiko ihren Leuten noch einen Spiegel präsentiert, war es nunmehr ein Schwert, das die Macht von Yamato symbolisierte. Mag sein, dass sich darin ein weiterer Differenzierungsschub andeutet, den China auf ähnliche Weise gut ein halbes Jahrtausend zuvor erlebt hatte: die Trennung von Politik und Religion. Die früheste japanische Literatur berichtet vor allem für die Herrscher des 5. Jahrhunderts weniger von rituellen Handlungen als von Gesandtschaften, öffentlichen Bauten, Nachfolgestreitigkeiten und der Niederschlagung von Rebellionen: Die Fürsten von Yamato waren offenbar säkulare Herrscher geworden, die den Spiegel gegen das Schwert getauscht hatten.

Mit dem Schwert dürften Yamatos Herrscher auch auf der koreanischen Halbinsel ihren Einfluss geltend gemacht haben, wo sie ein Bündnis mit Paekche schlossen und womöglich eine Zeitlang das Gebiet von Mimana (chin. Ren'na), an der Südspitze der Halbinsel, direkt kontrollierten. Eine Stele aus Koguryŏ aus dem Jahr 414 berichtet, dass Truppen der Wo 399 sogar in Silla eingefallen seien; nur durch militärische Intervention Koguryŏs seien sie wieder vertrieben worden. Von Korea aus kamen im 4. und 5. Jahrhundert Wellen von chinesischstämmigen Einwanderern nach Yamato: teilweise Flüchtlinge, die direkt aus Nordchina kamen, vor allem aber Angehörige chinesischer Gruppen, die sich schon am Ende der Qin- oder zur Zeit der Han-Dynastie in Korea angesiedelt hatten. Wie so viele anonyme Prozesse hat die historische Imagination auch diese Migrationen konkreten Personen zugeschrieben: Ein gewisser ›König Rongtong‹ (jap. Yuzuki no kimi), ein Nachfahre des Ersten Kaisers von Qin, soll die Einwohner von 120 Landkreisen aus Paekche nach Japan geführt haben; und ein gewisser ›Führer Azhi‹ (jap. Achi no omi), seines Zeichens Nachfahre eines Han-Kaisers, soll kurz darauf mit einer großen Gruppe von Chinesen von der koreanischen Halbinsel nach Japan übergesetzt sein.

Natürlich ist diesen Personifikationen des Exodus ebenso wenig zu trauen wie der Legende von Xu Fu (S. 5). Beides sind ätiologische

Sagen: Sie sollen den Ursprung von Immigranten erklären, die in Yamato noch Jahrhunderte später ›Leute der Qin‹ (Hata) oder ›Han‹ (Aya) genannt wurden – Bezeichnungen, die später zu Clannamen wurden. Viele dieser Einwanderer – japanisch: *toraijin* – gehörten zu Handwerkerfamilien, die fortschrittliche Techniken vom Festland mitbrachten: in der Seidenherstellung, in Spinnerei und Weberei, Landwirtschaft, Töpferei, Eisenverarbeitung u. a. Sie wurden seit dem 5. Jahrhundert in Berufsgruppen – Töpfer, Schneider, Schmiede, Steinmetze, Gerber, Sattler, Weber, Musikanten, Maler usw. – eingeteilt und dem Hof dienstbar gemacht. Auf diese Weise bereicherten Handwerkstechniken vom Festland nicht nur die Kultur Yamatos, sondern trugen auch entscheidend zu dessen Machtentfaltung bei. Die eisernen Pflugscharen, die Yamatos Versorgung sicherten, und die scharfen Schwerter seiner Soldaten verdankten sich der Schmiedekunst der *toraijin*. Manche Schwerter unterstrichen diesen Machtanspruch zusätzlich durch Inschriften, die einen »Großkönig« (*ōkimi*) rühmen: Der Titel ›König‹ war den Herrschern von Yamato nicht mehr genug. Anders als die Fürsten von Yamatai begnügten sie sich nicht mit Hegemonie, sondern strebten nach territorialer Expansion und bauten ihre Macht mit allen Mitteln aus.

Zugleich versuchten die ›Großkönige‹, ihr eigenes Prestige auf dieselbe Weise zu erhöhen, wie es schon die Herrscher von Yamatai getan hatten: durch Titel aus China. Fünf »Könige von Wo« verzeichnen die chinesischen Dynastiegeschichten, die zwischen 413 und 502 n. Chr. insgesamt 13 Gesandtschaften nach China schickten, allein zehn davon zur Dynastie Song, deren Hauptstadt am Yangzi, im Gebiet des heutigen Nanjing, lag. Im Gegensatz zu den Gesandtschaften aus Yamatai wandten sich die Yamato-Könige nicht an die Dynastien des Nordens, denn die waren mit Koguryŏ und Silla verbündet. Der Weg über Nordkorea war ihnen versperrt, daher mussten ihre Gesandtschaften erstmals über das Ostchinesische Meer an die Mündung des Yangzi segeln.

Wie die Herrscher von Yamatai brachten auch die Yamato-Könige Tribut, um im Gegenzug den Titel ›König von Wo und General zur Befriedung des Ostens‹ zu erhalten. Die Gesandten von Yamato beherrschten das diplomatische Protokoll des chinesischen Kaiserhofs, sie hatten

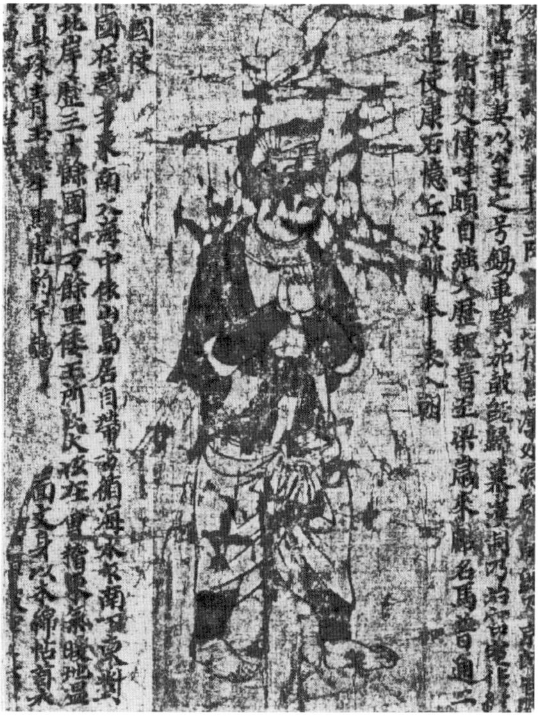

Chinesische Darstellung eines Wo-Gesandten als bärtiger, barfüßiger Bittsteller. Im Begleittext heißt es: »Die Männer sind alle im Gesicht gebrandmarkt und am Körper tätowiert, sie binden sich Bastfasern um den Kopf, legen ihre Kleidung quer um den Körper, die keine Nähte hat, sondern nur durch Bindungen zusammengehalten wird« – fast wörtlich wie in *Sanguo zhi* (S. 16). Abb. aus einer Song-zeitlichen Kopie des *Zhigong tu* (6. Jh. n. Chr.)

sogar gelernt, den Kaiser in seiner Sprache anzuschreiben. Die Dynastiegeschichte der Song enthält eine Throneingabe des Yamato-Königs Wu (jap. Bu) aus dem Jahr 478, den japanische Historiker mit Yūryaku identifizieren. In geschliffenem Chinesisch trägt er sein Anliegen vor:

> Unser Lehnsstaat ist weit abgelegen und dient Euch als äußerer Schutzwall. Seit alters haben unsere seligen Ahnen »sich persönlich Rüstung und Helm angelegt, Berge bestiegen und Flüsse durchquert«, ohne zu rasten oder zu ruhen. Im Osten sind sie gegen die 55 Länder der Mao-Leute zu Felde gezogen; im Westen haben sie 66 Länder der Barbaren unterworfen; sie haben das Meer überquert und im Norden 95 Länder befriedet. Der königliche Weg erstrahlte klar und mächtig, und das Herrschaftsgebiet wuchs weit über die Domäne hinaus. Über Generationen sind sie zu Hofe gekommen, ohne ein Jahr zu verpassen. Auch wenn

> ich, Euer Untertan, niedrig und unwissend bin, folge ich meinen Vorfahren und richte mich nach Ihrer Führung, um Eurer Himmlischen Hoheit Ehre zu bezeigen. Wir hatten eine Flotte ausgerüstet, um uns über Paekche auf den Weg zu machen, doch Koguryŏ plante wider jeden Anstand, sie zu kapern, plünderte und mordete ohne Unterlass an den Grenzen, so dass wir stets aufgehalten wurden und die günstigen Winde verpassten. Selbst wenn sie versprachen, uns den Weg zu gewähren, war darauf kein Verlass. Mein seliger Ahnherr, Ji [jap. Sai], war erbost darüber, dass die Banditen den Weg zum Himmlischen blockierten, bot eine Million Bogenschützen auf und wollte, getrieben von seinem Sinn für Gerechtigkeit, gerade einen großen Angriff beginnen. Doch der Tod meines Vaters und meines Bruders brachte das Unternehmen um seinen Erfolg. … Wenn wir mit Hilfe Eurer alles umfassenden Kaiserlichen Tugend diesen starken Feind vernichteten und die Unruhen in der Gegend unterdrückten, könnten wir die Dienste von einst fortsetzen. Ich ersuche Euch daher, mich zum Kommandeur im Ministerrang zu ernennen und auch meinen anderen Mitstreitern Titel zu verleihen, um uns in unserer Treue und Entschlossenheit zu ermutigen.
>
> (*Songshu* 97, 2395)

Der Verfasser des Edikts – wahrscheinlich ein Chinese im Dienste Yamatos – beherrschte die Klaviatur des Literarischen Chinesisch. Die Throneingabe ist voller gelehrter Wendungen und literarischer Anspielungen, bisweilen mit viel Bedacht gewählt. Der Satz etwa, die Ahnen hätten »sich persönlich Rüstung und Helm angelegt, Berge bestiegen und Flüsse durchquert«, ist ein Zitat aus einem alten Geschichtswerk, und zwar aus einem Passus, in dem sich ebenfalls ein Herrscher aufmacht, um »gegen die Lehnsfürsten im Osten ins Feld zu ziehen« (*Zuozhuan* 8.13). Hier schreibt kein kulturloser Barbarenfürst, sondern der Herrscher eines aufstrebenden Staates, der sich auf die Feinheiten des diplomatischen Diskurses versteht: ein Herrscher, der gegenüber dem Kaiser in China genau den richtigen Ton trifft, während er zugleich in Korea seine eigenen Ambitionen – mehr als 200 eroberte ›Länder‹, eine Million Bogenschützen! – verfolgt. Die Wo-Leute hatten Schrift und Sprache des Imperiums gelernt – und zugleich seinen Geist übernommen.

## Das Reich der Zeichen

Auf keine ihrer zahlreichen Erfindungen sind die Chinesen stolzer als auf die Schrift, und keine Gemeinsamkeit hat die Länder Ostasiens stärker verbunden als ebendiese Schrift. Erst die chinesischen Zeichen ermöglichten die Herausbildung von Hochkulturen und Staatlichkeit in Ostasien; erst sie erlaubten es den Trägern dieser Hochkulturen, deren Sprachen ja grundverschieden waren, regelmäßig miteinander zu kommunizieren: denn mit der chinesischen Schrift lernten sie zugleich die chinesische *Literatursprache*, ein Medium, das – ähnlich dem mittelalterlichen Latein – die unterschiedlichen Regionalsprachen überbrückte. Auch nachdem Japaner und Koreaner die chinesische Schrift längst durch selbst geschaffene Zeichen ergänzt hatten und in ihren eigenen Sprachen schrieben, bildeten der gemeinsame Lektürekanon, das gemeinsame Vokabular und die gemeinsame Begriffswelt ein Erbe, das den ›Kulturkreis der chinesischen Zeichen‹ noch heute verbindet. Die Verbreitung der Schrift war ein epochaler Prozess, der die Geschichte Chinas, Japans und Ostasiens entscheidend geprägt hat.

Und doch wissen wir kaum etwas über die Anfänge der Schriftlichkeit: Niemand hat es aufgeschrieben, als in China und in Japan die Schrift eingeführt wurde – und hier wie dort hat lange Zeit niemand das revolutionäre Potential der Schrift erkannt. Wir können nur vermuten, dass die chinesische Schrift im 13. Jahrhundert v. Chr. erfunden wurde. Wahrscheinlich diente sie zunächst ausschließlich zum Protokollieren religiöser Zeremonien: Die Priester der Shang-Dynastie hielten damit Orakelfragen fest, die sie an ihre verstorbenen Ahnen richteten, bisweilen auch deren Antworten. Doch was diese Spezialisten in ihren Tempeln trieben, ging das übrige Volk nichts an: Nichts weist darauf hin, dass die Schriftzeichen der Shang jemals dem literarischen Ausdruck, der Verwaltung oder anderen nicht-sakralen Zwecken gedient hätten. Außerhalb der Tempel dürfte kaum ein Shang-Mensch überhaupt gewusst haben, dass es Schrift gab. Und selbst wenn sie es ahnten – wer hätte sie lesen sollen? Und was hätte man damit anfangen können?

Daran änderte sich in den folgenden vier Jahrhunderten wenig. Die Eliten der nächsten Dynastie, der Zhou, übernahmen zwar die Schrift (konkret heißt das wohl: die Schreiber) der Shang, benutzten sie aber weiterhin ausschließlich im politisch-religiösen Kontext. Sie produzierten lange Inschriften, die oft von Kriegen, Mandatsverleihungen, Rechtsstreitigkeiten und anderen weltlichen Ereignissen handeln – aber an die Ahnen gerichtet waren. Sie waren nicht außen, sondern an der Innenseite von bronzenen Ritualgefäßen angebracht, offenkundig nicht für die Lektüre der Lebenden, sondern zu rituellen Zwecken. So in sich gekehrt wie diese Inschriften dürften auch die Gemeinwesen gewesen sein, die sie in Bronze gossen: weitgehend autonome Fürstentümer, die mit dem Zhou-›König‹ zwar einen *paramount chief* anerkannten, untereinander jedoch kaum Kontakte pflegten. Die Gesellschaft der frühen Zhou-Zeit war nach wie vor ein Flickenteppich regionaler Herrschaften mit jeweils eigenen Rechten und Sitten. Diese Gesellschaft war noch nicht ›China‹.

All das änderte sich erst, als die Regionalfürsten Nordchinas begannen, das Potential der Schrift zu erschließen. Während die Bronzeinschriften – mehr noch: die gesamte Formensprache und das Inventar bronzener Ritualgefäße – sich schon im 9. Jahrhundert v. Chr. veränderten, wurde Schrift spätestens seit dem 8. Jahrhundert nicht mehr nur für rituelle Zwecke verwendet, sondern zur *Kommunikation*. Jetzt knüpften Regionalfürsten untereinander diplomatische Kontakte und tauschten regelmäßig schriftliche Nachrichten aus, die sie in Annalen verzeichneten. Erst die Schrift ermöglichte Kommunikation über Raum und Zeit hinweg, die nötig war, um überregionale soziale Zusammenhänge zu festigen, Regeln und Konventionen dauerhaft zu fixieren und staatliches Handeln flächendeckend zu koordinieren. Erst die Schrift ermöglicht die *Abstraktion*: vom unmittelbar Gegebenen, von Interaktion, Sprechern, Gegenwart und räumlicher Umgebung. Schriftliche Kommunikation erfordert allgemeine Kriterien für gut und böse, wahr und unwahr, richtig und falsch. Mit der Schrift entstand Literatur, die für einen gemeinsamen Bildungshorizont sorgte, abstrakte moralische Normen wurden formuliert, die Handeln koordinierten, Recht wurde festgeschrieben. Erst diese Abstraktionen schufen die Voraussetzung für den geregelten Umgang mit Fremden. Jetzt wurde erstmals vorstellbar, dass ›zusammenwuchs, was zusammengehörte‹, und die Fürstentümer am Huanghe und Yangzi unter einer Herrschaft vereint würden. Die Schrift lieferte zugleich die Mittel für eine effektive Konzentration von Herrschaft: Sie ermöglichte bürokratische Verwaltung, die auf schriftlichen Akten basiert, und allgemeine Gesetze, die in Anweisungen und Codices fixiert wurden. Diese dauerhafte schriftliche Kommunikation veränderte die gesamte Gesellschaftsstruktur. Sie vereinte die regionalen Eliten in einer Adelsschicht, die regionale und familiäre Grenzen transzendierte, und erschloss einen nie dagewesen Raum kommunikativer Erreichbarkeit: Die alten Chinesen nannten ihn das Reich ›unter dem Himmel‹, wir nennen ihn ›China‹.

Auch in Japan zeitigten die frühesten Schriftzeugnisse zunächst kaum nennenswerte Wirkung. Die Japaner kannten Schriftzeugnisse schon seit dem 1. Jahrhundert n. Chr.: Münzen und Siegel, die aus China kamen, trugen Schriftzeichen, und auch einige chinesische Schwerter und Spiegel, die Archäologen in Japan gefunden haben, waren mit Inschriften versehen. Doch für die Wo-Leute dürften diese Zeichen kaum mehr als dekorative Verzierungen gewesen sein: Ornamente, die Prestigeobjekten Wert verliehen, aber gewiss nichts mit Sprache zu tun hatten. Und selbst wenn sie ahnten, dass diese Zeichen Worte wiedergaben – wer hätte sie lesen sollen? Und was hätte man damit anfangen können? Jahrhundertelang hatten die Eliten von Yamatai und Yamato Schrift vor Augen, ohne ihr Potential zu erkennen oder gar zu nutzen. Man mag anderen Fürsten Inschriften »präsentiert« haben, um sie zu beeindrucken, aber zur regelmäßigen Kommunikation trug Schrift nicht bei. »Sie kennen keine Schrift«, vermerkten die Chinesen noch Jahrhunderte später, »sondern lediglich gekerbte Hölzer und geknüpfte Schnüre« (*Suishu* 81).

Mehr als 1500 Jahre nach ihrer Erfindung war die Schrift, das zentrale Kulturgut Chinas, noch immer nicht nach Japan gelangt! Wie lässt sich diese enorme Verzögerung erklären? Ein Grund dürfte darin liegen, dass die Chinesen anderthalb Jahrtausende lang fast ausschließlich auf relativ harten, schweren Materialien schrieben: Bronze, Stein, Bambus und Holz. Auf diesen Stoffen – vor allem auf Bambus und Holz – ließen sich zwar lange Texte schreiben, aber nur schwer transportieren: Selbst ein kurzes Buch wie die *Urteile und Aussprüche* des Konfuzius hätte eine schwere Kiste gefüllt, für längere Werke mussten ganze Ochsenkarren beladen werden. Erst im 3./4. Jahrhundert wurden Bambus und Holz allmählich durch das Papier ersetzt, wodurch Bücher wesentlich leichter und mobiler wurden. Im Jahre 404 verbot ein chinesischer Kaiser per Edikt den Gebrauch von Bambus und Holz als Schriftträger – vielleicht ist es kein Zufall, dass wenig später die ersten Bücher bis nach Korea und Japan gelangten.

Es gibt noch eine zweite, wichtigere Erklärung für die Verzögerung, mit der die chinesische Schrift nach Japan gelangte: Bis dahin hatte es keinen *Bedarf* für Schrift gegeben. In der segmentären Gesellschaft der Yamatai- und frühen Yamato-Periode hatte Kommunikation unter Anwesenden für alle Belange ausgereicht. Innerhalb des Clans oder Dorfes gab es nichts, was nicht in direkter Interaktion geregelt werden konnte; und selbst für die Fürsten gab es keinen Anlass für weitergehende soziale Koordination. Die regionalen Herrschaften von Yamatai blieben weitgehend autonome Fürstentümer, die wohl eine Königin anerkannten, untereinander jedoch kaum Kontakte gepflegt haben dürften. Da es noch keine clanübergreifende Elite gab, musste nicht auf Distanz kommuniziert werden; und solange Macht nicht dauerhaft zentralisiert wurde, reichte es, sie punktuell und konkret zu bestätigen: Charismatische Herrschaft wirkte vor allem durch persönliche Präsenz. Diese Gesellschaft hatte kaum Bedarf an Abstraktionen wie Geld, Maßen, Moral, Gesetzen oder Schrift. Diese Gesellschaft war noch nicht ›Japan‹.

Erst im frühen 5. Jahrhundert n. Chr. schien sich das zu ändern. Im 15. Jahr der Herrschaft des Kaisers Ōjin, 404 n. Chr., so berichtet die *Chronik Japans* (*Nihon shoki*), sandte der König von Paekche einen Mann namens Achiki nach Yamato. Er brachte zwei Rassepferde als Tribut dar und wurde sogleich zum Stallmeister befördert, um sie zu pflegen. Auf Empfehlung Achikis kam im folgenden Jahr ein Gelehrter aus Paekche namens Wani an den Hof und – das erfahren wir aus den *Aufzeichnungen alter Begebenheiten* (*Kojiki* 2.15) – legte zwei chinesische Bücher vor: die *Urteile und Aussprüche* des Konfuzius (*Lunyu*/*Rongo*) sowie den *Tau-*

*send-Zeichen-Text* (*Qianzi wen/Senji mon*). Erstmals sind hier nicht nur kurze Inschriften bezeugt, die nach Japan gelangten, sondern literarische Werke. Daraufhin nahm der Kronprinz Wani als Lehrer und studierte bei ihm die klassische Literatur, bis es »nichts gab, was er nicht durchdrang.«

Auch wenn einiges an dieser Überlieferung zweifelhaft ist,[10] sagt sie viel über japanische Geschichte aus: Sie bündelt den Übergang von der Krieger-Aristokratie – die Pferde des Achiki – zu einer Elite, deren Herrschaft auf Schrift basierte – die Bücher des Wani –, in einer einzigen Episode. Mit der Einführung der Schrift änderte sich die Welt von Yamato: denn die Schrift kam nicht ›unschuldig‹ nach Japan, nicht als abstrakte Liste von Zeichen und Wörtern, sondern in der konkreten Form von Texten: und zwar chinesischen Texten. ›Schrift‹ war für die Leute von Yamato gleichbedeutend mit *chinesischer* Schrift – eine andere gab es nicht. Lesen zu lernen bedeutete zugleich Chinesisch zu lernen, und das heißt: sich eine völlig neue Vorstellungswelt anzueignen. Schrift bot viel mehr als nur literarische Erbauung. Hinter jedem Zeichen stand ein fremdes Wort, ein neuer Begriff, eine andere Welt. »The medium is the message«: Nirgends findet der Satz von Marshall McLuhan eine überzeugendere Bestätigung als in der Episode um Wani.[11]

## Sprache 語言

Die Übernahme der chinesischen Schrift durch die Japaner darf nicht darüber hinwegtäuschen, dass Chinesisch und Japanisch völlig unterschiedliche Sprachen sind. Sie unterscheiden sich in mehreren Aspekten radikal. Erstens ist die japanische Phonologie wesentlich einfacher als die chinesische: Japanisch hat nur 88 verschiedene Silben, während das Moderne Hochchinesisch (inklusive Töne) 1300 verschiedene Silben kennt, ältere Sprachstufen noch wesentlich mehr. Auch die Struktur der Silben ist anders: Das Japanische kannte ursprünglich nur ›offene‹ Silben, die auf Vokale enden, das Alt- und Mittelchinesische hatte auch konsonantische Endungen; im Japanischen gab es keine Konsonantenverbindungen im Anlaut, im Chinesischen sehr wohl; das Japanische unterscheidet zwischen kurzen (›einmorigen‹) und langen (›zweimorigen‹) Silben, im Chinesischen dagegen sind die Silben durch verschiedene Tonverläufe differenziert. Zweitens ist die Wortbildung grundverschieden: Das Japanische ist eine agglutinierende Sprache mit komplexen Verbalendungen, während Chinesisch keinerlei Flexionsendungen kennt. Drittens werden Sätze anders geformt: Das Japanische stellt etwa das Objekt vor das Prädikat, das Chinesische dahinter.

Die Unterschiede sind so ausgeprägt, dass die beiden Sprachen ›antithetisch‹ genannt worden sind.[12] Historische Verwandtschaft ist jedenfalls ausgeschlossen. Während Chinesisch der sino-tibetischen Sprachfamilie angehört, weist Japanisch viele typologische Gemeinsamkeiten mit dem Koreanischen sowie den altaischen Sprachen auf: just den Sprachen der Reitervölker, die sich ab dem 4. Jahrhundert n. Chr. in Ostasien ausbreiteten. Chinesen und Japaner konnten nicht miteinander sprechen (es sei denn, sie hatten die andere Sprache gelernt), aber sie konnten dennoch miteinander kommunizieren: schriftlich. Denn mit der chinesischen Schrift kam zugleich die chinesische Literatur nach Japan, und sie gehörte mehr als ein Jahrtausend lang zum Bildungskanon der Elite. Bis ins 20. Jahrhundert führten gebildete Japaner und Chinesen stumme ›Pinselgespräche‹ (*bitan/hitsudan*) in Literarischem Chinesisch, wobei sie abwechselnd auf ein Stück Papier schrieben und es sich hin- und herreichten.

So groß war der Einfluss der chinesischen Literatursprache in Japan, dass Tausende von chinesischen Wörtern ins Japanische übernommen wurden: Dieser sino-japanische Wortschatz – hauptsächlich Nomina – wuchs mit der Zeit derart an, dass er schließlich den japanischen Grundwortschatz weit übertraf. Kein Wunder, dass der Publizist Liang Qichao im späten 19. Jahrhundert meinte, man könne die japanische Sprache »innerhalb eines Jahres erlernen … und japanische Texte zu lesen, lernt man schon in ein paar Tagen ein wenig, vollends aber in ein paar Monaten« (S. 301). Wie sehr er sich täuschte, mussten viele chinesische Studenten in seinen Tagen leidvoll erfahren. Die oberflächlichen Gemeinsamkeiten zwischen beiden Sprachen vermehrten sich noch einmal, als im 20. Jahrhundert Hunderte von Lehnwörtern aus dem Japanischen ins moderne Hochchinesisch übernommen wurden. Vieles sieht vertraut aus, wenn Japaner chinesische Texte ansehen und umgekehrt. Wie unterschiedlich die beiden Sprachen tatsächlich sind, wird erst deutlich, wenn man sie *spricht*.

Es waren nicht irgendwelche Werke, die Wani an den Hof von Yamato brachte: *Lunyu* und *Qianzi wen* dienten in China für den Elementarunterricht, als Einführungen in die Gesellschaftslehre und als Lehrbücher für den Schrifterwerb. Kinder lernten zunächst, die Texte auswendig herzusagen, und dann erst, sie zu lesen: Sie ›erkannten‹ dabei die Zeichen, deren Aussprache sie bereits verinnerlicht hatten. Besonders der *Tausend-Zeichen-Text* war auf das Erlernen der Schrift ausgelegt, denn er besteht aus genau tausend *verschiedenen* Zeichen. Doch beide Werke sind weit mehr als Zeichenbücher; sie sind regelrechte Handbücher chinesischer Tradition. Die *Urteile und Aussprüche* bestehen aus kurzen Dialogen, in denen Konfuzius seine Lehre von der Ordnung der Gesellschaft darlegt; der *Tausend-Zeichen-Text* verbindet in vierhebigen, gereimten Versen – fast durchweg Zitate aus der klassischen Literatur – historische, geographische, politische und ethische Lehren mit einer ganzen Kosmologie. »Finster der Himmel und gelblich die Erd, / Die Welt war am Anfang wüst und entleert«, so lautet sein erster Satz. Er eröffnet buchstäblich eine neue Welt. Welch gewaltige Kluft den schriftunkundigen Ōjin von seinem Kronprinzen trennte, lässt sich nur erahnen. Während Ōjin, den erst die spätere Geschichtsschreibung ›Kaiser‹ nannte, ein wohl mächtiger, aber doch regional gebundener *paramount chief* war, eröffneten sich für den Bücher lesenden Kronprinzen viel weitere Horizonte: Mit der Schrift wurde erstmals ein clanübergreifender sozialer Zusammenhang denkbar, den wir ›Japan‹ nennen, und es wurde denkbar, diese clanübergreifende Gesellschaft als *Staat* zu regieren.

Tatsächlich begannen die ›Großkönige‹ von Yamato im 5./6. Jahrhundert ihre Herrschaft weit über die eigene Domäne hinaus auszudehnen und einen regelrechten Staat aufzubauen. Ein Staat aber, der sein Gewaltmonopol über ein großes Gebiet durchsetzen will, kann sich nicht mehr auf Interaktion verlassen; er braucht Schrift. Ab dem 5. Jahrhundert mehren sich die Hinweise darauf, dass Schrift in Japan nicht mehr bloß rezipiert, sondern aktiv gebraucht wurde: Davon zeugen Inschriften auf Schwertern aus der 2. Hälfte des 5. Jahrhunderts, die nicht bloß Importe oder Imitate chinesischer Originale sind, sondern offensichtlich in Japan angefertigt wurden; Yūryakus chinesische Throneingabe aus dem Jahr 478 belegt, dass Schrift im außenpolitischen Kontext genutzt wurde; schon im frühen 5. Jahrhundert sollen »Ereignisse und Zustände« in verschiedenen Regionen aufgezeichnet worden sein; im frühen 6. Jahrhundert kamen weitere Spezialisten für die *Fünf Kanonischen Schriften* (*wujing/gokyō*) »als Tribut« aus Korea nach Japan; und die Yamato-Herrscher begannen, das eigene Volk schriftlich zu registrieren. Das Amt des Schreibers erlangte jetzt hohes Ansehen: auch dies ein Handwerk, das fast ausschließlich von Immigranten aus Korea ausgeübt wurde. Wani gilt als Ahnherr aller japanischen Schreiber, die für den diplomatischen Verkehr, Finanzverwaltung, Bevölkerungsregister, Chroniken und andere Aspekte der zentralen und lokalen Administration zuständig waren. Mit der Übernahme der chinesischen Schrift und dem *state building* der Yamato-Herrscher begann eine Revolution. Sie sollte die japanische Gesellschaft und die chinesisch-japanischen Beziehungen grundlegend verändern. Mehr noch: In gewissem Sinne wurde beides durch die Schrift allererst geschaffen.

# Verschmelzung der Horizonte: Die Kultur der Tang

Bis zur Mitte des 1. Jahrtausends n. Chr. konnte von ›chinesisch-japanischen Beziehungen‹ in einem ernsthaften Sinne nicht die Rede sein. Abgesehen von vereinzelten Gesandtschaften, zwischen denen Jahrzehnte lagen, gab es kaum Berührungspunkte zwischen beiden Kulturen. China und Japan bildeten getrennte Welten, die einander zutiefst fremd gewesen sein dürften: Ihre Sprachen, sozialen Strukturen, politischen Systeme, Glaubensformen und Lebensweisen waren grundverschieden, und das Ostchinesische Meer bildete einen kaum überwindbaren Graben zwischen ihnen.

Was die Wo-Leute – wenn überhaupt – von China wussten, lässt sich mangels schriftlicher Quellen nicht mehr rekonstruieren: Wahrscheinlich kannten sie nicht einmal die Namen der Dynastien, die in Nord- und Südchina herrschten.[1] Die chinesischen Eliten wiederum richteten ihre Aufmerksamkeit nach dem Untergang der Han weniger gen Osten als gen Norden und Westen. Die Eroberer, die in mehreren Wellen in Nordchina eingefallen waren (S. 21 f.), hatten nicht nur Krieg und Zerstörung gebracht, sondern auch Kulturgüter. Mit ihnen etablierte sich der Buddhismus in Nordchina, neue Kunstformen verbreiteten sich, die Kleidung der Steppenvölker kam in Mode, exotische Gerichte bereicherten den chinesischen Speisezettel, fremde Tiere und Pflanzen wurden heimisch. Über die Seidenstraße brachten Händler die geistigen und materiellen Schätze Mittelasiens nach China und veränderten die ›chinesische‹ Kultur dauerhaft. Buddhistische Mönche übersetzten indische Sūtras ins Chinesische, und chinesische Pilger wie Faxian und Zhimeng reisten nach Indien, um Kunde aus der Heimat des Buddha zu bringen.

Nach Japan jedoch reisten sie nicht. Von den Wo kannten die Chinesen weiterhin nur die Allgemeinplätze, die ihre Dynastiegeschichten über Jahrhunderte wiederholten. Alles andere war Phantasie: die magischen Inseln jenseits der ›Wogenden See‹, die aus der Ferne aussahen wie schwebende Wolken, auf denen märchenhafte Wesen lebten und goldene Pfirsichbäume wuchsen, deren Früchte ein ganzes Pfund wogen, wo ineinander verschlungene Fusang-Bäume in den Himmel ragten, umschwebt von funkelnden Unsterblichen, die sich an ihren Früchten labten. Japan – ›Fusang‹ – lag in weiter Ferne, verhüllt von einem Nebel aus Mythen.

Die Situation änderte sich erst am Ende des 6. Jahrhunderts. Nach fast 400 Jahren politischer Zersplitterung hatte die Dynastie Sui 581 zunächst Nordchina und 589 schließlich ganz China unter ihre Kontrolle gebracht. Eine großangelegte Hauptstadt, der 1800 km lange Kaiserkanal, der Nord- und Südchina verband, ein ausgefeilter Rechtskodex und ein mächtiger Militärapparat unterstrichen den Anspruch der Sui, an die großen Einheitsreiche der Qin und Han anzuknüpfen. Fast zur gleichen Zeit, 587, war in Yamato der Clan der Soga an die Macht gelangt. Mit ihnen begann eine neue Zeit, die oft – nach ihrem Machtzentrum in der Asuka-Ebene bei Nara – als ›Asuka-Aufklärung‹ bezeichnet wird. Im ›langen‹ 7. Jahrhundert erlebte Japan eine Welle von Reformen, die zur Rationalisierung aller Lebensbereiche beitrug. Rationalisierung: Das meint einen universalen Sinnzusammenhang jenseits aller Partikularismen, eine ›vernünftige Ordnung‹, die das Objektive dem Subjektiven vorzieht und das Allgemeine dem Besonderen. Ein solcher Zug zur Abstraktion lässt sich in der Asuka-Zeit allenthalben beobachten: Mit der Schrift stand ein allgemeines Kommunikationsmedium zur Verfügung, das vom Kontext direkter Interaktion befreit war; der Buddhismus trat als universale Religion auf; die Macht des Zentralstaates überlagerte alle partikularen Ansprüche der Clans; seine Bürokratie funktionierte ohne Ansehen der Person; moralische Prinzipien und abstrakte Normen besaßen allgemeine Gültigkeit.

Der Inbegriff solcher umfassenden Geltungsansprüche war der *Zentralstaat* mit einem Kaiser an der Spitze, einem Gesetzeskodex, bürokratischer Verwaltung, einem Steuersystem und einer Staatsreligion. Dieses ›Kaisersystem‹ wurde in der Zeit vom frühen 7. bis ins 9. Jahrhundert konsequent ausgebaut. Japan bietet ein Paradebeispiel für die

›sekundäre‹ Entstehung eines Staates, denn die Yamato-Herrscher schufen keine eigenständigen Institutionen, sondern folgten dem einzigen Staatsmodell, das sie kannten: dem chinesischen. Dieses Modell, das gerade einen neuen Höhepunkt erlebte, eigneten sie sich in staunenswerter Gründlichkeit an. Der Zeitpunkt war gewiss kein Zufall. Denn obwohl beide Länder auf ganz anderen zivilisatorischen Entwicklungsstufen standen, erlebten sie die gleiche politische Tendenz: die Bewegung von einer dezentralen Adelsherrschaft zu einem Zentralstaat, der alle regionalen Machtzentren überformen sollte.

Nachdem es fast ein ganzes Jahrhundert lang keinen diplomatischen Austausch zwischen China und Japan gegeben hatte, schickte Yamato ab 607 in kurzer Folge mehrere Missionen an den Hof der Sui. Doch diesmal kamen sie nicht als unterwürfige Gesandte eines ›abgelegenen Lehnsstaates‹, wie noch unter Yūryaku (S. 27), sondern als Vertreter eines aufstrebenden Staates, der entschlossen war, sich die Hochkultur Chinas anzueignen.

Dieses Unternehmen wurde konsequent verfolgt, nachdem in China die Sui 618 von der Tang-Dynastie abgelöst wurden. Die Tang etablierten sich in Ostasien und Teilen von Mittelasien als unbestrittene Großmacht. Mit ihnen erreichte nicht nur chinesische Staatlichkeit ihren höchsten Gipfel seit der Han-Zeit, auch die chinesische Kultur – bereichert durch alle Gaben der Seidenstraße – gelangte zu einer Blüte, die weithin ausstrahlte. Die Regierungsperioden der Kaiser Taizong und Xuanzong gehören zu den ruhmreichsten der gesamten chinesischen Geschichte. Kein Wunder, dass die Japaner der Strahlkraft der Tang-Kultur nicht widerstehen konnten. Nicht weniger als 15 große ›Tang-Gesandtschaften‹ (*kentōshi*) schickten sie zwischen 630 und 838 nach China: Mönche, Gelehrte, Diplomaten, Studenten, die alles lernten und sammelten, was die chinesische Kultur zu bieten hatte: Religion, Recht, Philosophie, Kunst, Architektur, Wissenschaft, Literatur und vieles mehr. Sie vollbrachten einen systematischen Kulturimport, der in der gesamten Weltgeschichte kaum seinesgleichen hat. Die Faszination der Japaner für alles Chinesische lässt sich nur vergleichen mit der ›hellenischen Sehnsucht‹ der alten Römer.[2] So begierig, wie in Rom Schrift,

Literatur, Geschichtsschreibung, Kunst, Staatslehre, Mathematik, Medizin, Naturkunde, Geographie, Musik und Astronomie der Griechen adaptiert wurden, so eifrig übernahm Japan die chinesische Schrift, importierte ganze Bibliotheken chinesischer Literatur, adaptierte chinesische Technik, Stadtplanung, Architektur, Kleidung und Sitten. So, wie Römer die griechischen Philosophen verehrten, sog Japan Einflüsse des Daoismus, Konfuzianismus und Politischen Realismus auf; so, wie Römer die Gesetze Solons studierten, machten die Japaner sich den Kodex und die staatliche Organisation der Tang zu eigen; beide gingen sogar so weit, die gesamte Götterwelt ihres Vorbilds zu übernehmen: Während die griechischen Götter latinisiert wurden, importierte Japan das gesamte buddhistische Pantheon, Götter des Daoismus und eine Schar von mythischen Wesen aus China. Ihre Hauptstädte bauten die Japaner im Stil der Tang, sie schrieben ihre Geschichte nach chinesischen Vorbildern und umgaben sich in allen Lebensbereichen mit chinesischen Kulturgütern. Diese ›Tang-Güter‹ (*karamono*), wie sie bis heute heißen,[3] haben Japan für immer verändert: Aus dem Fürstentum Yamato wurde Nihon, ein zentral regierter Staat nach Vorbild der Tang, in dem nicht mehr ›Großkönige‹ ihre Domäne regierten, sondern ›Kaiser‹ (*tennō*) über ein Reich (*tenka*) herrschten. Fortan gab es zwischen Sonnenaufgang und Sonnenuntergang zwei Reiche unter dem Himmel.

| | **China** | **Japan** |
|---|---|---|
| | | **Asuka-Periode (539–710)** |
| | **Sui-Dynastie (581–618)** | |
| 587 | | Machtübernahme der Soga |
| 607/08 | Missionen von Ono no Imoko | |
| | **Tang-Dynastie (618–907)** | |
| 624 | Tang-Kodex | |
| 627–649 | Regierung Taizongs | |
| 630 | erste Gesandtschaft zu den Tang | |

| | China | Japan |
|---|---|---|
| 645 | | Taika-Reformen |
| 673–686 | | Regierung Temmus |
| | | **Nara-Zeit (710–794)** |
| 713–756 | Regierung Xuanzongs | |
| 718 | | Yōrō-Kodex |
| 755 | Rebellion des An Lushan | |
| | | **Heian-Zeit (794–1185)** |
| 838 | letzte offizielle Gesandtschaft zu den Tang | |
| 842–45 | Buddhistenverfolgungen | |

# Japans Entdeckungsreisen

Im Jahr 607, die Sui-Dynastie stand auf dem Höhepunkt ihrer Macht, kam eine Gesandtschaft aus Yamato an den Hof des Kaisers Yang. Seit vielen Jahren hatten die Wo-Leute China nicht mehr besucht. Jetzt meldete der Gesandte Ono no Imoko dem Kaiser zunächst höflich, er habe »gehört, dass westlich des Meeres ein Bodhisattva-Himmelssohn das Dharma des Buddha verehre und fördere«: Deshalb sei er mit einigen Dutzend Mönchen gekommen, »um das Dharma des Buddha zu studieren.« Sodann übergab er ihm einen Brief seiner Königin Suiko, in dem es hieß:

> Das Himmelskind vom Sonnenaufgang sendet dem Himmelskind vom Sonnenuntergang ein Schreiben in der Hoffnung, dass es sich wohl befinde …
>
> (*Suishu* 81, 1827)

Infamie! Nicht nur die saloppe Erkundigung nach dem Wohlbefinden des Sui-Kaisers war ein Verstoß gegen die Etikette, vor allem die

Dreistigkeit, sich denselben Titel – *tianzi/tenshi*: ›Himmelskind‹ oder ›Himmelssohn‹ – wie dieser anzumaßen, war aus Sicht der Sui nicht hinzunehmen. Sie bedeutete nicht nur Majestätsbeleidigung, sondern einen Affront gegen das imperiale System. »So, wie es am Himmel keine zwei Sonnen gibt, gibt es auf der Erde keine zwei Könige«, heißt es in den kanonischen *Aufzeichnungen der Riten* (*Liji* 7): Dieser Grundsatz stand in China seit der Reichsgründung unerschütterlich fest. Das Imperium duldete keine zweite Quelle der Autorität. Das Schreiben der japanischen Königin stellte mithin die gesamte Struktur der chinesischen Weltordnung in Frage. Erstmals trat Japan nicht als fügsamer Vasall auf, sondern versuchte – entgegen jahrhundertealter, fraglos gültiger Etikette –, auf Augenhöhe mit dem chinesischen Reich zu kommunizieren. Kaiser Yang war »not amused«.

Königin Suiko erhob sich nicht nur auf dieselbe Stufe wie der Kaiser von China, sondern benutzte erstmals auch eine neue Bezeichnung für ihr Land: nicht mehr ›Wo‹, das seine abschätzige Konnotation nie verloren hatte, sondern ›Sonnenaufgang‹ (*richu/hi'izuru*). Damit war der Name vorformuliert, der sich künftig durchsetzen sollte: Schon bald nannten beide Seiten Japan nicht mehr ›Wo‹, sondern ›Riben‹, japanisch ›Nihon‹ oder ›Nippon‹: ›Ursprung der Sonne‹. Der Brief Königin Suikos, 607 n. Chr., markiert die Geburt von ›Japan‹.[4]

Der Name dürfte ursprünglich wohl nicht aus Japan selbst, sondern aus Korea stammen: denn nur von dort aus gesehen geht die Sonne über Japan auf und über China unter. Vielleicht war er mit einer neuen Welle von Immigranten aus Koguryŏ und Paekche – Mönche, Gelehrte, Handwerker – gekommen, die im 6. Jahrhundert auf die japanischen Inseln übergesetzt waren. Diese sogenannten ›Neuankömmlinge‹ – *imaki*, im Gegensatz zu den ›alteingesessenen‹ *toraijin* (S. 26) – trugen viel zur Verbreitung chinesischer Kultur in Japan bei: Männer wie die buddhistischen Mönche Eji und Esō, die in Japan als ›Stützen der Drei Schätze‹ des Buddhismus verehrt wurden; wie Donchō, der um 610 in Yamato nicht nur seine Auslegung der *Fünf Kanonischen Schriften* lehrte, sondern angeblich auch die Techniken zur Herstellung von Papier, Tusche und Wassermühlen einführte; oder Kanroku, der neben daoistischen und buddhistischen Lehren auch Schriften zum Kalenderwesen, zu Astrologie und Geographie, zur Lehre von Yin und Yang, zu Alchimie, Wahrsagerei und anderen Künsten nach Japan brachte.

Die Eliten Yamatos stammten zu einem großen Teil vom ostasiatischen Festland: Ein chinesischer Gesandter, der 608 nach Japan reiste, stellte fest, dass im Westen von Honshū »die Menschen die gleichen sind wie in China – warum man das für eine ›Barbareninsel‹ halten sollte, will mir nicht einleuchten« (*Suishu* 81). Auch die Soga, die ab 587 die Macht in Yamato übernommen hatten, hatten engen Kontakt mit den ›Neuankömmlingen‹. Unter ihrem Einfluss nahmen sie wieder direkten Kontakt mit dem Kontinent auf: Schon 608 erreichte eine zweite Mission unter der Leitung von Ono no Imoko das chinesische Reich, deren Mitglieder – etwa die gelehrten Mönche Min und Takamuko no Kuromaro – großenteils von Immigranten abstammten. Ihnen ging es nicht mehr, wie früheren Missionen, um klangvolle Ehrentitel, sondern eben darum, sich systematisch die chinesische Kultur anzueignen. Sie blieben 30 Jahre im Land und erlebten China an einem der großen Wendepunkte seiner Geschichte.

Die junge Dynastie Sui, die ihren Machtanspruch durch maßlose Bauprojekte und riskante Feldzüge untermauern wollte, brach schon bald unter der Last ihrer Ambitionen zusammen. Nachdem die Sui-Truppen von Koguryŏ vernichtend geschlagen wurden und der Staat ruiniert war, brachen im ganzen Land Aufstände gegen Kaiser Yangs Despotie aus. Einer der eigenen Generäle, Li Yuan, gab der Dynastie den Todesstoß: Er eroberte die Hauptstadt und machte sich dort selbst zum Kaiser einer neuen Dynastie, der Tang.

Die Tang sollten – zumindest nominell – fast 300 Jahre über ein Weltreich herrschen, wie Ostasien es noch nicht gesehen hatte. Li Yuans Sohn und Nachfolger, Li Shimin, einer der strahlendsten Herrscher der chinesischen Geschichte, befriedete das Reich, besiegte in einer großen Schlacht die Türken und dehnte seine Herrschaft weiter nach Norden und Westen aus als je zuvor: Taizong, wie er als Kaiser hieß, war nicht nur Himmelssohn von China, sondern auch Khan der Türken, seine Macht reichte bis nach Zentral- und Mittelasien. Kaiser Taizongs Herrschaft, die von 627 bis 649 währte, gilt als goldenes Zeitalter chinesischer Staatlichkeit. Er und seine Nachfolger vollendeten das System bürokratischer Verwaltung, ›gleichmäßiger Landverteilung‹ und Besteuerung, das die Sui geschaffen hatten, sie etablierten den Daoismus als Staatsreligion, förderten buddhistische Gemeinden, pflegten ›konfuzianische‹ Gelehrsamkeit und schufen mit dem Gesetzeskodex von 624 eine Summa des chinesischen Rechts, die über Jahrhunderte maßgeblich bleiben sollte. Der Glanz der Tang strahlte weit über die Grenzen des chinesischen Reiches hinaus. Ihre Hauptstadt, Chang'an, war mit ein bis zwei Millionen Einwohnern nicht nur die größte Metropole ihrer Zeit, sondern eine wahre Weltstadt, in der Menschen aus allen Gegenden zusammenkamen: Araber, Türken, Mongolen, Perser, Juden, Tibeter, Koreaner, Sogder – und Japaner. Chang'an war Knotenpunkt der Seidenstraße und kulturelles Zentrum der Welt.[5] Kunst, Architektur, Religion, Musik und Literatur erreichten dort neue Höhen. Vor allem die lyrische Dichtung erlebte in der Tang-Zeit ihr goldenes Zeitalter: Mehr als 50.000 Gedichte sind aus diesen drei Jahrhunderten überliefert, die Verse von Dichtern wie Meng Haoran, Wang Wei, Li Bo, Du Fu und Bo Juyi drückten das Gefühl von ›Chinas goldenem Zeitalter‹ aus. Sie gingen in das kulturelle Erbe Ostasiens ein.

All das erlebten die Gesandten aus Yamato. Was sie in China sahen, muss ihnen buchstäblich eine neue Welt eröffnet haben. »Die große Tang ist eine edle Dynastie, die ein vollständiges Rechtssystem etabliert hat«, schwärmte einer von ihnen, der Mediziner Enichi, nach seiner Rückkehr: »Wir müssen dauerhaft mit ihr in Verbindung bleiben!« (*Nihon shoki* 22) – Die Verbindung mit den Tang sollte zu einem Großunternehmen werden, das japanische Herrscher in den nächsten 200 Jahren beschäftigte. Insgesamt 15 Missionen schickten sie bis 838 nach China, meist große Gesandtschaften von 200 bis 500 Mann.[6] Dazu gehörten nicht nur Seeleute, Mönche und Diplomaten, sondern auch Übersetzer, vielerlei Handwerker, Ärzte, Künstler, Orakelpriester, Gelehrte und andere: Ihnen ging es nicht mehr allein darum, »das Dharma des Buddha zu studieren« – sie sollten sich die gesamte geistige und materielle Zivilisation der Tang aneignen.

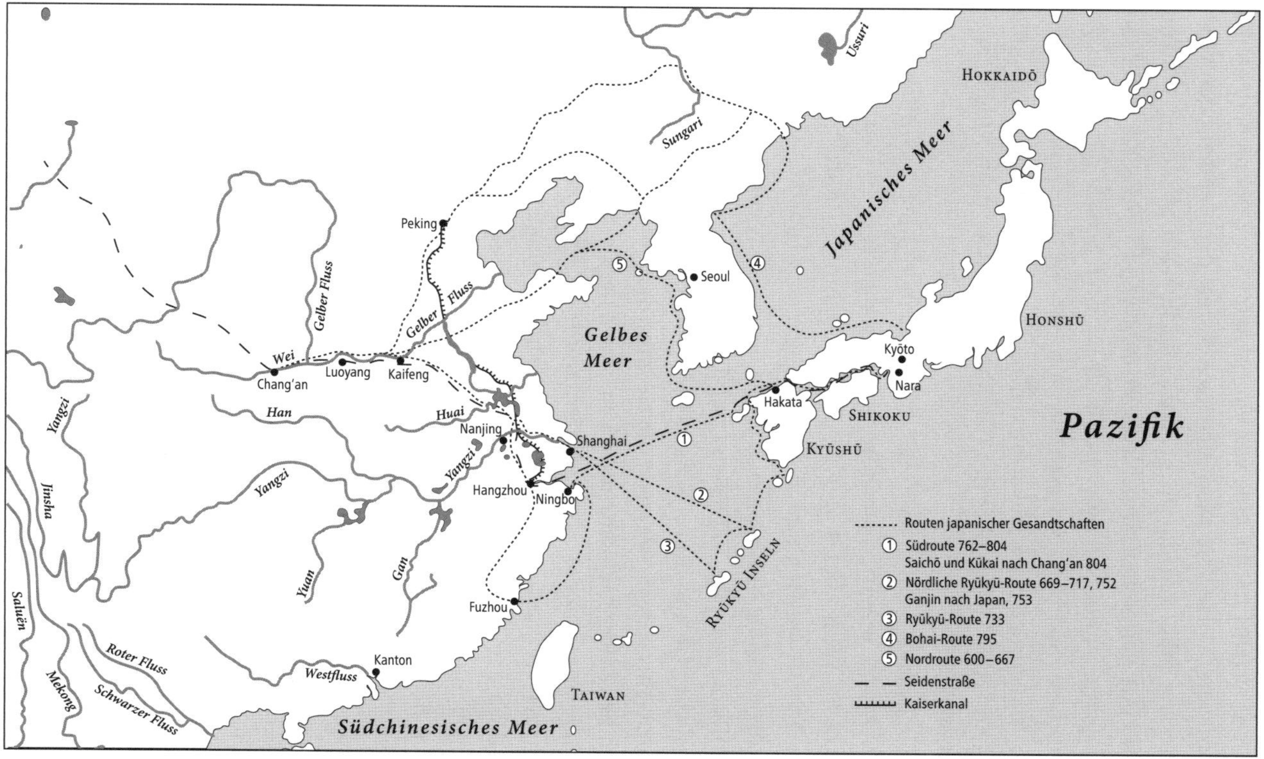

Routen der Tang-Gesandtschaften

Die Überfahrt nach China war ein riskantes Unternehmen, denn die ›Nordroute‹ – über die Meerenge nach Korea, dann entlang der Westküste von Silla und durch die Bohai-Bucht nach Shandong – stand nach einer verlorenen Seeschlacht im Jahr 663 (S. 61) nicht mehr zur Verfügung. Stattdessen mussten die japanischen Schiffe die weitaus gefährlichere ›Südroute‹ nehmen, die von Naniwa (bei Ōsaka) über das Seto-Binnenmeer nach Hakata und dann – zunächst einigen Inselketten folgend – 500 Meilen über das Ostchinesische Meer nach Ningbo oder Suzhou führten.

Die Japaner hatten zwar seit Jahrtausenden Küstenschifffahrt betrieben und waren regelmäßig nach Korea gesegelt – aber die unermessliche Weite dieses verwunschenen Ozeans zu durchqueren, auf dem Taifune wüteten und in dessen Tiefen man Drachen und Monster fürchtete – ohne Kompass zumal, nur den Sternen folgend –, war eine formidable Aufgabe. »Die Reise auf dem großen Meer ist voller unermesslicher Gefahren und Schrecken«, schrieb ein Gesandter noch 883 an den Thron, »wie könnten wir sie ohne die Hilfe der Geister erfolgreich bewältigen? Ich bitte um einen Erlass, dass in allen Provinzen das *Mahāprajñāpāramitā sūtra* rezitiert werde« (*Shoku kōgi*, Jōwa 5/5/3). Mehrmals ordnete der Tennō solche Sūtra-Lesungen im ganzen Land an; doch damit war es nicht getan. Vielmehr wurde jede Überfahrt zusätzlich mit Gebeten und umfangreichen religiösen Zeremonien vorbereitet: Beim Bau der Schiffe wurden den *kami* der Bäume, Wälder und Berge Opfer dargebracht, der ›Drachenkönig des Meeres‹ wurde um Schutz angefleht, an den Sumiyoshi-Schreinen, die dem Schutz von Reisenden und Seefahrern gewidmet sind, wurden Seide und andere Stoffe dargebracht, weitere *kami* wurden mit Speisen und anderen Opfergaben bedacht, die in den Gesetzen Yamatos minutiös aufgelistet sind.

Die japanischen Seefahrer mussten auf die Götter vertrauen, denn auf die Stabilität ihrer Schiffe allein war wenig Verlass. Wahrscheinlich waren diese den chinesischen Dschunken recht ähnlich: Zweimaster mit hochgezogenem Bug und Heck, flachem Rumpf und wenig Tiefgang, ohne Kiel, mit verstärkten Planken und einem großen Heckruder, welches das Manövrieren auf hoher See ermöglichte. Die größten dieser

Schiffe dürften 25–30 m lang gewesen sein und bis zu 150 Passagiere getragen haben – Nussschalen im Vergleich zu den chinesischen Ozeanseglern späterer Jahrhunderte. Bei günstigem Wind konnten diese Schiffe die Überfahrt auf der Südroute in 8–10 Tagen bewältigen – doch wehe, wenn die Stürme kamen: 653 ging ein Schiff mit über 100 Mann auf See verloren; 659 wurde ein Schiff im Sturm auf eine Insel weit im Süden verschlagen, wo Einheimische fast die gesamte Besatzung umbrachten; 733 erlitten zwei von vier Schiffen Schiffbruch; 778 kenterten alle vier Schiffe der Mission auf dem Rückweg nach Japan; die Gesandtschaft von 752 wurde auf der Heimreise von widrigen Winden an die Küste Vietnams getrieben und von Einheimischen fast vollständig niedergemetzelt; andere Schiffe liefen auf Grund, wurden durch Feuer zerstört oder von tödlichen Krankheiten heimgesucht. Die letzte Mission wäre nach zwei katastrophalen Fehlversuchen mit hohen Verlusten fast gescheitert, und im dritten Versuch liefen zwei von drei Schiffen auf Sandbänke auf:

> Weil das Ruderblatt im Meeresgrund feststeckte und das Schiff auseinanderzubrechen drohte, fällten wir den Mast und schmissen das Ruder fort. Sofort begann das Schiff, mit den Wellen zu treiben. Wenn die Wellen von Osten kamen, kippte das Schiff nach Westen, und als sie von Westen kamen, neigte es sich nach Osten. Unzählige Male überspülten sie das Schiff. Alle an Bord setzten ihre Hoffnung auf Buddha und die *kami*, und es gab niemanden, der nicht betete. … Da das Schiff in der Mitte auseinanderzubrechen drohte, rannten wir zum Heck oder zum Bug, und jeder von uns suchte nach einem unbeschädigten Platz.
>
> (*Nittō gyōki* 1, 838/6/28)

Erst in höchster Not konnte die Besatzung von chinesischen Booten gerettet werden. – Es erscheint fast wie ein Wunder, dass unter diesen Umständen dennoch zwölf Missionen im Reich der Tang ankamen. Dort wurden sie zunächst dem Provinzgouverneur gemeldet, der für Unterkunft und Versorgung der Teilnehmer sorgte und die Mission in der Hauptstadt ankündigte. In der Regel durften dann ein paar Dutzend Gesandte – die Missionsleiter, hochrangige Mönche und Gelehrte – die Reise über den Kaiserkanal, durch Kaifeng und Luoyang bis nach Chang'an fortsetzen. Dort wurden sie mit diplomatischen Ehren empfangen und nahmen – höchste aller Auszeichnungen – an der kaiserlichen Audienz zur Wintersonnenwende und an festlichen Empfängen in den Ministerien teil. Die Gaben der japanischen Gesandten – Messer mit silbernen Intarsien, Felle, kostbare Gürtel, Lack, Kamelienöl, Schmucksteine u.a. – wurden als gebührender Tribut verbucht. Der getrocknete Seetang aus Japan bereicherte die chinesische Küche, wahrscheinlich unterhielten japanische Musikanten und Tänzerinnen die Herrscher, und besondere Wertschätzung dürften einige urchinesische Waren gefunden haben, die in verfeinerter Form wieder ins Reich kamen: Die Japaner hatten die Papierherstellung, Seidengewinnung und Schreibkunst vom Festland gelernt, jetzt lieferten sie ein besonderes, aus Pinienrinde gewonnenes Papier, Rohseide und feinhaarige Schreibpinsel an den Hof der Tang. Es sollte nicht das letzte Mal sein, dass chinesische Kulturgüter nach einer fruchtbaren Rundreise zurück in ihre Heimat gelangten.

Doch das, was japanische Gesandte mitbrachten, waren Kleinigkeiten im Vergleich zu dem, was sie aus dem Tang-Reich mitnahmen. Natürlich übertrafen die kaiserlichen Gegengeschenke die ›Tribute‹ bei Weitem – sie mussten schließlich die Überlegenheit des chinesischen Reichs demonstrieren. Der Kaiser überhäufte die Gesandten mit Seidenstoffen, Brokat und Damast, Parfüms und Räucherstoffen, Kostümen, Waffen – Schwertern, Pfeilen, Lanzen –, Gongs und Flöten, Heilkräutern, Ritualgegenständen und anderen Preziosen. Einige davon sind noch heute im Shōsō-in, der Schatzkammer des Tōdai-ji in Nara, erhalten: Unter den rund 9000 Objekten, die dort verwahrt werden, finden sich nicht nur chinesische und japanische Gegenstände, sondern auch byzantinische Gläser, Teller mit griechischen Traubenornamenten, Vasen im persischen Stil und Schüsseln mit Tierdekor nach Art der Skythen. Sie erinnern daran, dass der Austausch zwischen China und Japan nie auf zwei Kulturen beschränkt, sondern stets Teil der Handelsströme war, die Ostasien mit Mittelasien, Indien, Persien und sogar Europa verbanden.[7]

Nicht nur um kaiserliche Geschenke ging es den japanischen Gesandten; sie wollten alles über die Kultur der Tang lernen. Sie durchstreiften die Märkte von Chang'an, ließen sich den Konfuzius-Tempel sowie die daoistischen und buddhistischen Heiligtümer der Hauptstadt zeigen, und vor allem besuchten sie Bibliotheken: die kaiserliche Sammlung in der ›Akademie aller Würdigen‹ (*Jixian yuan*) mit ihren knapp 90.000 Rollen sowie andere Institutionen, die den Japanern als regelrechte Schatzkammern erschienen sein müssen. Der Wert dieser Bücher lässt sich kaum ermessen: In der Tang-Zeit, als der Buchdruck noch in den Kinderschuhen steckte, war fast jedes Buch ein Manuskript, das heißt ein Unikat; und jedes dieser Rara barg einen Teil des großen Wissensschatzes, den die Japaner in China suchten. Sie kopierten sie eigenhändig, ließen sie abschreiben oder kauften sie auf den Märkten des Reiches zusammen. »Alles, was er vom Hof verliehen bekam«, heißt es etwa von einem Gesandtschaftsleiter, »hat er benutzt, um Bücher zu kaufen« (*Jiu Tangshu* 199A). Kistenweise verschifften die Gesandtschaften Bücher aus dem Tang-Reich nach Japan: kanonische und klassische Werke, Dichtung, Geschichtswerke, buddhistische Sūtras, Gesetzestexte, Verwaltungshandbücher, Kalender, Abhandlungen über Musik, astrologische und medizinische Kompendien. Ein Katalog aus dem Jahr 891 nennt 1759 chinesische Titel in 16.790 Rollen – schätzungsweise ein Fünftel der damaligen Literatur Chinas war nach Japan gelangt: das Fundament einer staunenswerten Übernahme chinesischer Kultur.

Doch die japanischen Gesandten waren mehr als nur Überbringer von Waren. Viele von ihnen blieben als ›Auslandsstudenten‹ (*liuxuesheng/ryūgakusei*) ein Jahrzehnt oder länger in China. Sie gingen in Klöster und Schulen, bekleideten Ämter, verkehrten mit der gelehrten Elite und wurden selbst Teil dieser Elite. Das multikulturelle Reich der Tang stand nicht nur Händlern und Diplomaten offen, sondern auch Mönchen, Künstlern und Gelehrten aus aller Welt. So studierte der Musiker Fujiwara no Sadatoshi im 9. Jahrhundert bei Liu Erlang, einem Meister der chinesischen Laute (*pipa/biwa*): Sadatoshi brachte es dabei zu derartiger Kunstfertigkeit, dass sein Lehrer ihm die eigene Tochter zur Frau gab und zum Abschied zwei Lauten aus Edelholz schenkte. Zurück in Japan, reüssierte Sadatoshi als Hofmusiker, stieg zum hohen Beamten auf und diente drei Kaisern in Folge. Eine Schriftrolle mit Lautenstücken, die er aus China mitbrachte, wird noch heute im Kaiserlichen Hofamt zu Tōkyō verwahrt. Andere Gesandte studierten bei chinesischen Meistern Medizin, die Lehre von Yin und Yang oder andere Künste. Zu wahrhaft enzyklopädischer Gelehrsamkeit brachte es Kibi no Makibi, der 717 mit der 9. Mission nach China kam. Er blieb 17 Jahre dort und soll die kanonischen Schriften, Geschichte, die Riten, das Recht, Mathematik, Astronomie, Musik, Kalligraphie und vieles andere studiert haben. Die Überlieferung sagt ihm geradezu übermenschliche Fähigkeiten nach: Das *Wenxuan*, eine umfangreiche Anthologie chinesischer Literatur, soll er in einer einzigen Nacht vollkommen durchdrungen haben, ebenso das *go*-Spiel und andere Künste; und als die Tang, begeistert von seinen Fähigkeiten, ihn nicht ziehen lassen wollten, habe er Sonne und Mond verdunkelt, bis sie ihn freigaben. Bei seiner Rückkehr brachte Makibi wahre Schätze nach Japan: Musikinstrumente, Waffen, Messgeräte, das *go*-Spiel sowie ein vollständiges Kompendium der Tang-Riten, Kalender und viele weitere Bücher. Auch er stieg zum hohen Beamten und Berater des Tennō auf: Wie so viele andere China-Reisende wurde er in Japan zur Stütze eines neuen Systems.

Manchen Japanern gelang es sogar, in der chinesischen Bürokratie Karriere zu machen. In Chang'an und anderen Städten gab es spezielle Schulen, in denen ausländische Studenten – ausgestattet mit Stipendien der Tang – die Weihen chinesischer Kultur erhalten und sich für den öffentlichen Dienst qualifizieren konnten. Es passte zum kosmopolitischen Geist der Zeit, dass ›Ausländer‹ nicht ausgegrenzt, sondern integriert wurden, und zwar bis in die höchsten Ebenen. Der Literat Chen An hat diese integrative Offenheit auf den Begriff der ›kultivierten Geisteshaltung‹ (*huaxin*) gebracht:

> Wenn es um Gegenden geht, da gibt es ›kultivierte‹ und ›barbarische‹; aber wenn es um Lehren geht, sollte es da auch ›kultivierte‹ und ›barbarische‹ geben? Der Unterschied zwischen ›kultiviert‹ und ›barbarisch‹ liegt in der Geisteshaltung. Um die Geisteshaltung zu erkennen, muss man die Neigungen betrachten. Da

> gibt es Menschen, die in den mittleren Regionen geboren sind, aber in ihrem Verhalten gegen Sitte und Anstand verstoßen: Die sind äußerlich kultiviert, aber im Geist barbarisch. Und es gibt Menschen, die in Barbarengebieten geboren sind, aber in ihrem Verhalten mit Sitte und Anstand konform gehen: Die sind äußerlich barbarisch, aber im Geist kultiviert.
>
> (»Huaxin«, *Quan Tangwen* 767, 27ab)

Die ›kultivierte Geisteshaltung‹ war das Prinzip einer Elite, die von nationaler Abgrenzung noch nichts wusste und jeden zu den Ihren zählte, der die rechte Bildung besaß.[8] So konnten Araber, Koreaner, Perser und andere es in der Tang-Zeit zu hohen Verwaltungsposten oder bis an den Hof bringen, und ebenso einige Japaner. Awata no Mahito etwa, der 702 an den Hof von Wu Zetian kam, soll von der Kaiserin persönlich empfangen und direkt zum Beamten im Ritenministerium ernannt worden sein. Und kein Geringerer als Kaiser Xuanzong selbst soll dem Leiter der Mission von 752, Fujiwara no Kiyokawa, attestiert haben:

> »Ich habe gehört, dass es in eurem Land viele würdige Fürsten gibt. Nun, da ich euch, den Gesandten, sehe, so seid ihr tatsächlich besonders ehrerbietig.« Daraufhin nannte er Japan ›das Land der gesitteten Edelleute‹.
>
> (*Dai Nihonshi* 116)

Sogar ein Gedicht soll der Kaiser Kiyokawa gewidmet haben, der unter den Tang dann zu hohen Würden aufstieg: Er erhielt den Titel eines ›Direktors der Palastbibliothek‹, nahm den chinesischen Namen Heqing an und blieb bis zu seinem Tod im Jahre 778 in China.

Der berühmteste Reisende aber war Abe no Nakamaro, der 717 nach China aufbrach und 53 Jahre dort verbrachte. Abe no Nakamaro – oder, wie er auf Chinesisch hieß: Chao Heng – war vielleicht der erste Japaner, der zu einem wahren chinesischen Literaten wurde. 727 bestand er die Reichsprüfung mit Auszeichnung, erhielt eine Reihe hoher Posten in der Hauptstadt und diente von 761 bis 767 als chinesischer Generalgouverneur von Annam in Hanoi. Chao Heng war befreundet mit Wang Wei und Li Bo, den allverehrten Dichterfürsten der Tang, und er selbst wurde in China zum Dichter:

Wenn ich emporblicke
Zum Himmelsplan –
Seh ich denselben Mond, der aufgeht
Am Berg Mikasa
in Kasuga? (Zit. nach: Rickmeyer 1985, 50)

Dies ist das berühmteste Gedicht von Chao Heng: wehmütig, melancholisch, Ausdruck tief empfundener Sehnsucht nach der Heimat – zugleich aber eine literarische Pose. Denn nicht nur den japanischen Gesandten quälte in Chang'an das Heimweh, sondern alle großen Tang-Dichter empfanden diese Entwurzelung in der geschäftigen Hauptstadt, die Einsamkeit auf entlegenem Beamtenposten. Auch sie verbrachten ihr Leben, nicht anders als Abe no Nakamaro, viele Tages- oder Wochenreisen von ihrer Heimat entfernt. »Einsam hier, an fremdem Ort, bin ich ein fremder Gast / Und jedes Mal am Feiertag, ersehn ich mehr die Lieben«, schrieb Wang Wei (*Quan Tangshi* 128). Die *Rückkehr* – ins Heimatdorf, zur Natur, zur Einfachheit – war das große Thema dieser Dichter. Sie alle blickten schwermütig zum Mond empor, dem Symbol der Stetigkeit in einer flüchtigen Welt:

Vor dem Bett des hellen Mondes Glanz,
Oder Bodenfrost, kaum erst erkannt?
Steigend trifft der Blick den Hellen Mond
Sinkend sucht er nach dem Heimatland.
(Li Bo, Übers. Frank Kraushaar)

Es war derselbe Mond, den Abe no Nakamaro sah. Gewiss, er war Japaner, und sein Gedicht ist auf Japanisch geschrieben. Doch in seinem Heimweh kultivierte er dasselbe Gefühl wie seine chinesischen Freunde, und er wählte dasselbe Medium, denselben Topos, um dieses Gefühl auszudrücken. Mehr als ihm selbst vielleicht bewusst wurde, war Nakamaro in seinen innersten Gefühlen zum chinesischen Literaten geworden. Vielleicht war es seine Bestimmung, dass er nie nach Japan zurückkehren sollte. Als er es versuchte, 753, geriet sein Schiff in einen schweren Sturm und verschwand. Li Bo, der meinte, sein Freund sei gestorben, widmete ihm ein schmerzerfülltes Abschiedsgedicht:

> Minister Chao aus Japan hat der Kaiserstadt entsagt,
> Er segelte gen Penglai fort, ein Blatt, vom Wind verweht.
> Sein heller Mond kehrt nie zurück, er sank ins blaue Meer,
> Der weißen Wolken Trauerflor verhüllt die dunklen Klippen.
>
> (*Quan Tangshi* 184, 1886)

Doch Nakamaros Schiff konnte sich nach Annam retten. Von dort kehrte er zurück nach Chang'an und blieb, jetzt endgültig Chao Heng, bis zu seinem Tod in China. Die Chinesen haben ihn als einen der Ihren angenommen. Im Jahr 1979 wurde in Xi'an eine fast 4 m hohe Gedenkstele für Abe no Nakamaro aufgestellt, auf der sein eigenes Gedicht sowie das von Li Bo eingraviert ist.

Schließlich gewannen japanische Gesandte auch chinesische Mönche, Gelehrte, Handwerker und Künstler dafür, ihrerseits nach Japan zu reisen, um dort ihr Wissen zu verbreiten. Im Jahr 736 kamen die Musiker und Gelehrten Yuan Jinqing und Huangfu Dongchao nach Japan, wo sie sich um die Tang-Musik sowie die zeitgenössische ›Han-Aussprache‹ (*Kan-on*) chinesischer Wörter verdient machten; mit ihnen reisten der persische Arzt Li Miyi – ›Li, der Heiler‹ – sowie indische und chinesische Mönche; und mit derselben Flotte, die Abe no Nakamaro 753 nach Japan bringen sollte, segelte der Mönch Jianzhen nach Japan, der den Buddhismus in Nara zur vollen Entfaltung bringen sollte (S. 103 f.).

Die Missionen zu den Tang waren epochale Ereignisse in der japanischen Geschichte: Die Gesandten erlangten unsterblichen Ruhm, die Lehren und Kulturtechniken, die sie nach ihrer Rückkehr in der Heimat verbreiteten, veränderten Japan für immer. In der chinesischen Geschichte hingegen bildeten sie nicht mehr als eine Randnotiz. Japan war für die Tang-Eliten ein geringer Tributstaat, der durch seine Aufwartungen versuchte, etwas vom Glanz der chinesischen Kultur zu erhaschen. Was die Japaner brachten, waren erfreuliche Kuriositäten, aber kein Vergleich zu den Kulturgütern der Tang. Gewiss, einige ihrer Gesandten waren bemerkenswerte Persönlichkeiten, aber nur deshalb, weil sie sich so artig auf chinesische Kulturtechniken verstanden. Lediglich Anekdötchen haben die chinesischen Aufzeichnungen über sie zu berichten: von dem japanischen Holzschnitzer Kara Shiwa (ch. Han Zhihe) etwa, der Vögel aus Holz schnitzte, die tatsächlich fliegen konnten, und Katzen, die Mäuse fingen. Für den Tang-Kaiser Muzong soll er einen veritablen Flohzirkus geschnitzt haben mit über hundert Springspinnen, die in Reih und Glied zur Hofmusik des Kaisers tanzten. Oder von der *go*-Partie eines japanischen Prinzen gegen den größten *go*-Meister der Tang, Gu Shiyan, die Letzterer erst nach langem ausgeglichenen Spiel durch einen genialen Zug gewann. Man hatte dem japanischen Prinzen vorgetäuscht, dass Gu Shiyan nur der drittbeste *go*-Spieler der Tang sei, woraufhin jener seufzte: »Dass die Nummer eins aus einem kleinen Land der Nummer drei aus einem großen nicht gleichkommt, ist wohl nur natürlich« (*Duyang zabian* 3).

Die Japaner erschienen als unterhaltsame Gäste, die den Tang aber nicht das Wasser reichen konnten. Wie alle anderen ›Barbaren‹ mussten sie sich dem chinesischen Einfluss beugen, ›wie das Gras, über das der Wind geht‹. Während die Chinesen in derartigen Selbstgefälligkeiten schwelgten, bekamen sie kaum mit, wie die Japaner mit Hilfe der Informationen aus China, die sie von ihren Gesandten erhielten, eine Zivilisation schufen, die der chinesischen kaum nachstand.

## Herrschaft durch Gesetze

Von all den Wundern, welche die ersten japanischen Gesandten im Reich der Tang kennenlernten, scheint sie vor allem das ›vollständige Rechtssystem‹ der neuen Dynastie beeindruckt zu haben. Tatsächlich bildeten Gesetze schon seit einem Jahrtausend den Grundpfeiler chinesischer Staatlichkeit. Der souveräne Staat war vor allem ein Gesetzgeber: Diese Erkenntnis hatten politische Realisten bereits in der Zhanguo-Zeit formuliert, und schon im 3. Jahrhundert v. Chr. verfügte der Staat Qin über detailliert ausformulierte Straf- und Verwaltungsgesetze. Dieses Erbe wurde von nachfolgenden Dynastien übernommen: Die Han und Wei bauten den Qin-Kodex weiter aus, die Jin (265–316) schufen mit einem Gesetzeswerk von 3300 Paragraphen einen weiteren Meilenstein der chinesischen Rechtsgeschichte, und auch der erste Sui-Kaiser setzte diese Tradition mit einem neuen Kodex fort, in dem er angeblich »die grausamsten Gesetze tilgte und sich um Milde und Gerechtigkeit bemühte« (*Jiu Tangshu* 50). Doch den unbestrittenen Höhepunkt dieser Entwicklung markierte der Tang-Kodex von 624. Er war das einflussreichste Gesetzeswerk in der Geschichte Ostasiens: maßgeblich nicht nur für die Rechtsprechung der Tang, sondern auch für spätere chinesische Dynastien sowie für Korea, Vietnam und Japan.[9]

Die Idee gesetzlich fundierter Staatlichkeit traf in der ›Asuka-Aufklärung‹ den Nerv der Zeit: An ihrem Anfang standen »17 allgemeine Gesetze«, die erstmals eine zentralstaatliche Ordnung postulierten, in ihrer Mitte wurden mit den Taika-Reformen die Institutionen dieses Staates geschaffen, und an ihrem Ende entstanden die großen Gesetzeswerke, die dem folgenden Jahrhundert seinen Namen geben sollten: *ritsuryō*, die Zeit der ›Strafgesetze und Erlasse‹.

## *Die ›17 allgemeinen Gesetze‹*

Eines der frühesten Schriftzeugnisse aus Japan darf geradezu als Gründungsurkunde des Staates gelten: die berühmten »17 allgemeinen Gesetze« (*jūshichi jō kenpō*), die Prinz Shōtoku, ein Schwiegersohn der Königin Suiko, schon im Jahr 604 erlassen haben soll.[10] Die »allgemeinen Gesetze« verpflichteten Beamte und Adlige im Land zu Harmonie, Frömmigkeit und vor allem: Unterordnung unter den Zentralherrscher. »Die Harmonie sei das Wertvollste«, so hebt dieser Text an, und »Verzicht auf Widerstand das Grundprinzip«:

> Wenn die Menschen alle zu ihren Gruppen halten, bringt es wenig Erfolg. Dann werden sie ihren Vätern und Fürsten nicht folgen, und mit ihren Nachbarn hadern. Wenn aber die Obrigkeit harmonisch ist und die Untertanen einträchtig

> sind, wenn die Aufgaben einvernehmlich beraten werden: Dann erschließt sich der Sinn der Aufgaben von selbst, und es gibt keine, die nicht vollendet würde.
>
> (*Jūshichi jō kenpō* 1)

Die Stoßrichtung dieser Anweisung ist deutlich: Es geht darum, die Aristokratie, in der »die Menschen alle zu ihren Gruppen halten«, zu ersetzen durch ein zentrales, strikt hierarchisch geordnetes Herrschaftssystem, das alle Partikularismen überlagert. Der ›weise Herrscher‹ an der Spitze duldet keine lokalen Machthaber mehr neben sich: »Im Staat soll es nicht zwei Fürsten geben, das Volk soll nicht zwei Herrscher haben!« (Nr. 12) Der Alleinherrscher steigt zu überragender Höhe auf: »Der Herrscher soll der Himmel sein«, der alles überspannt, »und die Minister die Erde«, auf der alles ruht. Aus diesem universellen An-

Mit diesem Porträt von Prinz Shōtoku und zwei Prinzen »beginnt die Geschichte der japanischen Malerei als eigenständiger Kunst« (L. Binyon). Das Bild zeigt den Prinzen auf der Höhe seiner Macht: mit Amtsstab in den Händen, Schwert am Gurt sowie Kappe und zeremonieller Robe, die zweifellos chinesisch inspiriert sind. Auch die Kinder tragen keinen Poncho mehr, sondern Gewänder im kontinentalen Stil. Hängerolle aus dem 8. Jh.

spruch erwächst, so zwingend wie ein Naturgesetz, die Pflicht zum Gehorsam: »Was der Herrscher sagt, das akzeptieren die Minister, und was die Obrigkeit ausführt, das befolgen die Untertanen« (Nr. 3).

Kurz, »Schlechtes zu bestrafen und Gutes zu fördern, entspricht den guten Normen des Altertums« (Nr. 6) – allerdings nicht des japanischen Altertums, sondern des *chinesischen*. Punkt für Punkt nennen die ›allgemeinen Gesetze‹ die Elemente zentraler Herrschaft, welche die chinesische Tradition Jahrhunderte zuvor entwickelt hatte: die grundlegende Rolle der Riten (Nr. 4), die Verurteilung von Schmeichlern und Schönrednern (Nr. 6), Pünktlichkeit und Zuverlässigkeit der Amtsführung (Nr. 8, 9), »angemessene« Strafen und Belohnungen ohne Ansehen der Person (Nr. 11) sowie Vorrang des Öffentlichen vor dem Privaten (Nr. 15). Viele Teile dieser ›Gesetze‹ sind in der klassischen Literatur Chinas vorformuliert: Dass »Harmonie das Wertvollste« sei, steht in den *Urteilen und Aussprüchen* des Konfuzius (*Lunyu*); das Bild vom Herrscher als Himmel und den Ministern als Erde stammt aus der Textsammlung *Guanzi*, die Maxime, dass es keine zwei Herrscher geben dürfe, erscheint in den *Aufzeichnungen der Riten* (*Liji*), dass »Schlechtes zu bestrafen und Gutes zu fördern« sei, liest man auch im Geschichtswerk *Zuozhuan*, und dass »Strafen und Belohnungen angemessen« sein müssen, lehrt schon das *Shuoyuan*.[11]

Mehr als ein Dutzend chinesischer Texte zitiert dieses kurze Dokument: Schon daran wird deutlich, wie intensiv chinesische Literatur am Hof von Yamato rezipiert wurde – und zwar keineswegs nur die ›konfuzianische‹ Tradition. Die dominante chinesische Lehre, die aus den Anweisungen des Prinzen Shōtoku spricht, ist eine andere: der Politische Realismus. Er handelt nicht von Gutmenschentum, persönlichen Tugenden und familiären Banden, sondern vom *Staat*, der mit unpersönlichen Institutionen und universellen Gesetzen seine Macht durchsetzt. Nicht ›Herrschaft durch Menschen‹ ist sein Credo, sondern ›Herrschaft durch Gesetze‹. Prinz Shōtokus Erlass führt nicht von ungefähr ebendieses Wort – ›Gesetze‹ – im Titel. ›Allgemeine Gesetze‹ (*xianfa*) waren schon im alten China mit der Staatsräson assoziiert worden: »Die Guten zu belohnen und die Bösen zu bestrafen, das sind die allgemeinen

Gesetze des Staates«, heißt es in einem Geschichtswerk (*Guoyu* 15) und im bereits erwähnten *Guanzi*: »Wo die Regierung eine einheitliche Gestalt hat, können Befehle ausgegeben werden und allgemeine Gesetze ausstrahlen« (*Guanzi* 7). – Genau um diese »einheitliche Gestalt« der Regierung ging es Prinz Shōtoku. Über seine ›allgemeinen Gesetze‹ »war die Kaiserin hocherfreut und ließ für alle Herrscher und Minister jeweils eine Kopie davon machen, um sie im ganzen Reich vorzulesen und zu verbreiten« (*Denryaku* 1). Im ganzen *Reich*: Schon in diesem Begriff deutet sich der Anspruch an, den die japanischen Herrscher jetzt erhoben. ›Alles unter dem Himmel‹ (*tianxia/tenka*) sollte ihre Herrschaft überspannen, nicht weniger als die der Kaiser von China.

## *Die ›Große Umwandlung‹*

Prinz Shōtokus Projekt wurde nach seinem Tod von anderen fortgeführt. Im Jahr 645 wurde das Haupt der Soga, das sich zunehmend Herrscherrechte angemaßt hatte, in einem Staatsstreich ermordet und sein Clan entmachtet.[12] Jetzt übernahm Kaiser Kōtoku, unterstützt vom Fujiwara-Clan, die Macht. Dessen Gründer, Nakatomi Kamatari, hatte von zwei Mönchen, die aus dem Tang-Reich zurückgekehrt waren, die chinesischen Lehren der Staatskunst gelernt. Sie wurden zur Grundlage von umfassenden Reformen, der ›Großen Umwandlung‹ (*taika*), die aus Yamato einen zentralisierten Staat nach Vorbild der Tang machen sollte. In ihrem Kern standen (1) die Verstaatlichung von Grund und Boden sowie die Abschaffung privater Leibeigenschaft, (2) die Einrichtung einer zentralen Verwaltung mit Kanzler und öffentlich bestallten Beamten, (3) eine Volkszählung, verbunden mit einer Neuverteilung von Ackerland und der Festlegung von Bodensteuern. Genau so hatten chinesische Herrscher seit gut einem Jahrtausend versucht, zentralistische Strukturen zu schaffen: Bodenreformen, direkte Besteuerung und staatliche Bürokratie waren Instrumente, um die Macht der Clans zu brechen. Nach den Taika-Reformen sollten diese als ›Ministerialfamilien‹ ihre eigenen Ländereien im Auftrag des Staates verwalten, der nunmehr direkt über das Volk regieren sollte. Ebendas wurde dem Tennō schon 646 von einem Prinzen bestätigt:

> So, wie es am Himmel kein Paar Sonnen gibt, gibt es im Staat keine zwei Könige. Daher ist der einzige, der das Reich einen und das zahllose Volk führen kann, allein der Kaiser. (*Nihon shoki* 25)

Auch dieser Grundsatz chinesischer Staatlichkeit war also in Japan angekommen. Der epochale Charakter der Reform wurde dadurch unterstrichen, dass Kaiser Kōtoku die Hauptstadt nach Naniwa (in die Gegend des heutigen Ōsaka) verlegte und Taika zu einer Regierungsdevise machte, wie sie in China erstmals unter der Dynastie Han eingeführt worden war: Mit der ›Großen Umwandlung‹ sollte eine neue Zeitrechnung beginnen.

## Kalender 暦

Im 10. Jahr der Königin Suiko, 602 n. Chr., soll der koreanische Mönch Kwallŭk (jap. Kanroku) nach Yamato gekommen sein. Er überreichte Königin Suiko Werke zur Astrologie und Geographie, zur Yin-Yang-Lehre, zu Magie und Kalenderwesen. Damit habe Japan erstmals Kunde von der chinesischen Zeitrechnung erlangt, deren Anfänge damals bereits zwei Jahrtausende zurückreichten. Schon die Knocheninschriften der Shang-Dynastie aus dem 13. Jahrhundert v. Chr. waren datiert: Dabei wurden die Tage in einem 60er-Zyklus gezählt, der aus der Kombination zweier Reihen von Zeichen – den zehn ›himmlischen Stämmen‹ *tiangan/jikkan* und zwölf ›irdischen Zweigen‹ *dizhi/jūnishi* – bestand. Nach jedem vollen Zyklus begann ein neuer, oder besser: begann der gleiche Zyklus aufs Neue. Denn bei dieser Zeitrechnung ging es nicht um die chronologische Folge, sondern um die kairologische *Qualität* der Tage: Jeder Tag im Zyklus war jeweils günstig oder ungünstig für bestimmte Aktivitäten, und diese Konstellation wiederholte sich alle 60 Tage.

Einige Jahrhunderte später, in den Bronzeinschriften der Zhou-Zeit (11. – 8. Jh. v. Chr.), sind auch Jahres- und Monatszählungen belegt. Die Zhou benutzten einen Mondkalender, der das Jahr in zwölf Monate zu 29 oder 30 Tagen aufteilte, wobei alle paar Jahre ein Schaltmonat eingefügt wurde, um den Kalender dem Sonnenlauf anzupassen. Vielleicht ist in dieser Zeit auch die Verbindung der zwölf ›irdischen Zweige‹ mit Tiernamen (Ratte, Rind, Tiger, Hase, Drache, Schlange, Pferd, Schaf, Affe, Huhn, Hund und Schwein) aufgekommen, die dann auch für die Jahreszählung benutzt wurden: eine Tradition, die noch heute lebendig ist.

Mit dem Regierungsantritt eines jeden Fürsten begann die Zeitrechnung seines Staates aufs Neue mit dem ›ersten Jahr‹ dieses Herrschers. Seit dem 2. Jahrhundert v. Chr., unter der Dynastie Han, wurden dann Regierungsdevisen – ›Großer Anfang‹, ›Gelber Drache‹, ›Ewiger Friede‹ u.ä. – eingeführt, mit denen die Zeitrechnung weiter parzelliert wurde: Jetzt konnte auch innerhalb einer Herrschaft die Jahreszählung mehrmals neu beginnen.

In Japan wurde dieses System 604 n. Chr. offiziell übernommen und rückwirkend zur Datierung der eigenen Geschichte verwendet: So wurde das Jahr von Kwallŭks Ankunft zum ›10. Jahr der Königin Suiko‹ und die ›Große Umwandlung‹ (645–650) zur ersten Regierungsdevise. Der Jahresbeginn wurde, ebenso wie in China, am zweiten Neumond nach der Wintersonnenwende (zwischen dem 21. Januar und dem 20. Februar) gefeiert, und der chinesische Tierkreis wurde getreu übernommen, um Jahre zu bezeichnen. Sogar mehrere Revisionen des Kalenders, die in der Tang-Zeit vorgenommen wurden, übernahmen die Japaner: China gab Japan buchstäblich den Takt an.

Über ein Jahrtausend lang blieb es dabei: Die gemeinsame Zeitrechnung symbolisierte die Phase der ›Gleichzeitigkeit‹ in Chinas und Japans Entwicklung. Erst die Moderne brachte auch eine neue Zeit. 1872 übernahm Japan den Gregorianischen Kalender: Unter dem Meiji-Kaiser überholte es China nicht nur wirtschaftlich, technisch und militärisch, sondern war auch in der Zeitrechnung ›voraus‹. 1912 führte auch die Republik China – dem japanischen Vorbild folgend – den Gregorianischen Kalender ein, aber vollständig durchgesetzt hat er sich erst 1928.

Vollständig? Auch nach mehr als einem Jahrhundert der Modernisierung sind die alten Zeitanschauungen in China und Japan lebendig. Noch immer zählt man die Jahre in Japan nach Regierungsdevisen und auf Taiwan nach der Staatsgründung: 2020 ist das 109. Jahr der Republik China und in Japan das zweite Jahr der Ära ›Reiwa‹, ›Gedeihliche Harmonie‹. (Auch wenn Japaner betonen, dass diese Devise erstmals nicht aus einem chinesischen, sondern aus einem japanischen Text gewählt wurde – die Praxis, Regierungsdevisen zu benennen, führt eine chinesische Tradition fort.) Weiterhin wird in China das Neue Jahr nach dem Mondkalender gefeiert, noch immer leben in Japan die jahreszeitlichen Feste zum Frühlings- und Herbstanfang fort und wird am siebten Tag des siebten Monats das Tanabata-Fest gefeiert, das an die alte chinesische Legende vom Hirten und der Weberin erinnert, die sich am Himmel treffen. Hier wie dort wird der Tierkreis weiter verwendet – 2020 ist das Jahr der Ratte –, und sowohl in China als auch in Japan werden alljährlich Almanache gedruckt, die den Tagen gemäß dem 60er Zyklus bestimmte Qualitäten zuschreiben, astrologische Informationen bieten, die Lehre von Yin und Yang sowie den Fünf Wandelphasen erklären und Anleitungen zu mantischen Verfahren liefern. Die Verbindung von Zeitrechnung, Astrologie und Magie, die einst der Mönch Kwallŭk verkörperte, ist in China und Japan nie abgerissen.

Die einschneidenden Reformen der Taika-Ära sind nur vor dem Hintergrund der übermächtigen Tang-Dynastie zu verstehen. Sie übertrugen den bürokratischen Absolutismus des chinesischen Reiches auf Yamato. Nicht zufällig wurden zwei Rückkehrer der Sui-Mission von 608 – der Mönch Min und Takamuko no Kuromaro – damit beauftragt, die Institutionen der neuen Bürokratie aufzubauen. Ihre Berichte aus dem Reich der Tang wirkten in zweifacher Weise: als Vorbild, dem die Yamato-Herrscher nacheifern wollten, aber auch als Warnung, sich vor den Tang zu hüten. Denn die militärische Expansion, die unter Li Shimin begann, dürfte kaum beruhigend auf seine Nachbarn gewirkt haben. Spätestens als die Tang auf die koreanische Halbinsel übergriffen, war Japan in Alarmbereitschaft. Als Tang-Truppen, zusammen mit dem verbündeten Silla, in Paekche einfielen, mobilisierte der Hof im Jahr 663 eine riesige Flotte zur Verteidigung von Paekche. Sie wurde vernichtend geschlagen: 400 Schiffe wurden versenkt, Tausende japanische Soldaten getötet, das Meer färbte sich »rot von Blut« – es war die größte militärische Niederlage in der vormodernen japanischen Geschichte. Während die Tang ein paar Jahre später auch Koguryŏ eroberten und sich die gesamte koreanische Halbinsel untertan machten, zog sich Japan völlig vom Festland zurück: Fast ein Jahrtausend lang sollte es keine militärische Kampagne mehr in Korea unternehmen, fast ein Jahrtausend lang sollte auch zwischen China und Japan Frieden herrschen.

Die japanischen Herrscher hatten die Stärke der Tang gleichsam am eigenen Leib erfahren, und sie hatten gelernt, dass sie sich vor dieser Großmacht nur schützen konnten, wenn sie ihr System übernahmen. Das Paradoxon der sino-japanischen Beziehungen: Japan wollte den Tang ähneln, um sich von ihnen zu unterscheiden, es wollte sich China annähern, um es auf Distanz zu halten. Die Verkörperung dieses Paradoxons haben Archäologen in den 1970er Jahren in der Präfektur Fukuoka gefunden: Überreste eines 1,2 km langen Schutzwalls, 13 m hoch und an der Basis 85 m breit, davor ein Wassergraben von 60 m Breite und 4 m Tiefe. Diese ›Wassermauer‹ hatte Yamato 664, nach der Niederlage in Korea, zum Schutz gegen eine Invasion der Tang gebaut: eine ›chinesische‹ Mauer zur Abwehr der Chinesen! Solche und andere Wehranlagen wurden an mehreren strategischen Punkten errichtet – und man darf annehmen, dass Ingenieure vom Festland dabei eine führende Rolle gespielt haben.

Doch die Tang ließen sich nicht abwehren. Schon 671 landete eine Gesandtschaft mit 47 Schiffen und 2000 Männern in Japan, die sich zwei Jahre lang am Hof von Asuka einquartierte: eine Demonstration der Macht. Spätestens damit dürfte den japanischen Herrschern klar geworden sein, dass militärische Aufrüstung allein nicht genügen würde, um ihre staatliche Integrität zu wahren. Die Reformen im Sinne chinesischer Staatlichkeit mussten intensiviert werden, um nicht nur militärische Stärke, sondern vor allem politische Kontrolle zu erreichen. In dieser Situation starb Kaiser Tenji, und ein Nachfolgekrieg um den Thron entbrannte, aus dem Kaiser Temmu als Sieger hervorging: ein neuer Kaiser, mit dessen Herrschaft das *state building* in Japan eine neue Qualität erreichen sollte.

## *›Kaisersystem‹ und Strafgesetze*

Auch wenn rückblickend alle japanischen Herrscher, beginnend mit dem legendären Jimmu-Tennō im 7. Jahrhundert v. Chr., als ›Kaiser‹ bezeichnet werden, war Temmu wahrscheinlich der erste, der tatsächlich den Titel Tennō, ›Himmlischer Erhabener‹, annahm. ›König‹ oder ›Großkönig‹ war nicht mehr genug für die imperialen Ambitionen eines Gebieters über ›alles unter dem Himmel‹.

Mit dem neuen Titel war ein ungeheurer Machtanspruch verbunden. Seine Bedeutung war aus der chinesischen Geschichte bekannt: Schon der Herrscher von Qin hatte, nachdem er 221 v. Chr. alle seine Feinde besiegt und ein Reich gegründet hatte, wie es China noch nie gesehen hatte, einen Titel angenommen, der seiner neuen Machtfülle würdig war: Nicht mehr ›König‹ (*wang*) nannte er sich fortan, sondern ›Erster erhabener Göttlicher von Qin‹ (Qin shi huangdi). Göttlicher! Der ungeheuren Anmaßung, die in diesem Titel liegt, wird die Übersetzung ›Kaiser‹ nicht gerecht. Denn die höchsten Götter der Qin, die jeweils mit einer Himmelsrichtung assoziiert waren, hießen auch *di* – aber der ›Erhabene Göttliche‹ regierte über *alle* Himmelsrichtungen: Er war der Gott des Reiches, der über sämtlichen regionalen Göttern stand.

Seitdem führten alle chinesischen Kaiser den Titel *huangdi* – bis auf einen. Im Jahr 674 nahm Kaiser Gaozong der Tang den Titel *tianhuang*, ›Himmlischer Erhabener‹, an. Er leitet sich ab vom Namen des höchsten Gottes im Daoismus, des Jadekaisers, der auch ›Himmlischer erhabener großer Göttlicher‹ (*tianhuang dadi*) genannt wurde. Er war das ›Höchste Eine‹, Achse und Lenker der Welt, der Polarstern, um den sich der Sternenhimmel drehte. Es dürfte kein Zufall sein, dass Temmu zu genau dieser Zeit genau diesen Titel für sich wählte: Auch er verstand sich als Lenker der Welt, der dem Reich ›unter dem Himmel‹ seine Ordnung gab.[13]

Vor allem eine Institution bestimmte diese Ordnung: ein Kodex von *Gesetzen*. Schon im Jahr 668 soll der Befehl zur Erstellung eines systematischen Gesetzeswerks ergangen sein, in dem alles geregelt werden sollte: von staatlichen Organen über Benimmregeln für Mönche bis hin zu Formvorgaben für Dokumente und der Farbe der Strümpfe von Beamten. Spätestens seit der Regierungszeit des Temmu-Tennō wurden diese Gesetze so bestimmend für das öffentliche Leben, dass die Phase von 673 bis zum Kammu-Tennō, 806, als Zeit der ›Strafgesetze und Erlasse‹ (*ritsuryō*) bezeichnet wird. Wie chinesische Dynastien wollten auch die japanischen Kaiser ihre Herrschaft mit gesatztem Recht durchsetzen.

Der sogenannte Yōrō-Kodex von 718 – der älteste, der sich rekonstruieren lässt – liefert ein eindrucksvolles Zeugnis davon, mit welch beispielloser Gründlichkeit die japanische Gesellschaft im 7. und 8. Jahrhundert umgeformt werden sollte. Das gesamte Strafgesetzbuch der Tang wurde in Bausch und Bogen übernommen: Der Yōrō-Kodex war in dieselben 12 Abschnitte zu Strafgesetzen gegliedert wie der Tang-Kodex: Nach (1) allgemeinen Grundsätzen folgten Gesetze zu: (2) Betreten von Palästen, Grenzanlagen usw., (3) Amtspflichten, (4) Ehe, Familie, Grundbesitz, (5) staatlichen Speichern, (6) Militär und Kriegführung, (7) Straftaten gegen Personen und Besitz, (8) Straftaten bei Streitfällen, (9) Fälschung und Betrug, (10) Münzfälschung, Sachbeschädigung, Unzucht u.a., (11) Festnahme von Straftätern, (12) Strafvollzug. Eine zwingende Logik wohnt dieser Systematik wohl kaum inne – und doch haben die japanischen Gesetzgeber keinerlei Anstalten gemacht, etwas daran zu verändern. Mit anderen Worten: Sie haben noch nicht zwischen Recht und *chinesischem* Recht unterschieden. Der Tang-Kodex war schlicht ›Recht‹, das einzige, das in Ostasien bekannt war. Genau so, wie Schrift immer *chinesische* Schrift war, untrennbar mit chinesischer Sprache verbunden, schien es offenbar undenkbar, das Recht von seiner chinesischen Ausformulierung zu trennen und grundlegend auf japanische Verhältnisse zu übertragen. Der Katalog der ›Fünf Strafen‹ war im Yōrō-Kodex der gleiche wie bei den Tang: leichte und schwere Prügelstrafe (mit dünneren bzw. dickeren Stöcken), Zwangsarbeit, Verbannung und Tod durch Erdrosseln oder Enthauptung. Selbst die einzelnen Straftaten wurden exakt gleichartig definiert:

| Tang-Kodex: | Yōrō-Kodex: |
| --- | --- |
| Verstößt man bei der Bereitung der Speisen des Kaisers versehentlich gegen die Meidungsregeln, wird der Chefkoch erdrosselt. Wenn schmutzige, abscheuliche Dinge in Speise und Trank sind, wird er mit zwei Jahren Zwangsarbeit bestraft. … | Verstößt man bei der Bereitung der Speisen des Kaisers versehentlich gegen die Meidungsregeln, wird der Tafelwart mit drei Jahren Zwangsarbeit bestraft. Wenn schmutzige, abscheuliche Dinge in Speise und Trank sind, wird er mit 100 Hieben bestraft. … |
| Ist das Schiff, mit dem der Kaiser reist, versehentlich nicht fest und stark, wird der Zimmermann erdrosselt. … | Ist das Schiff, mit dem der Kaiser reist, versehentlich nicht fest und stark, erhält der Zimmermann eine Strafe von drei Jahren Zwangsarbeit. |
| Astronomische Gerätschaften, himmelskundliche Karten und Schriften, Schriften mit Voraussagen, militärwissenschaftliche Schriften, Kommentierte Kalender und Geheimschriften zur Divination darf es nicht in Privathäusern geben. Verstöße [gegen dieses Verbot werden bestraft mit] zwei Jahren Zwangsarbeit. … Die Apokryphen und das *Lunyu chan* fallen nicht unter dieses Verbot. | Astronomische Gerätschaften, himmelskundliche Karten und Schriften, Schriften mit Voraussagen, militärwissenschaftliche Schriften, Kommentierte Kalender und Geheimschriften zur Divination darf es nicht in Privathäusern geben. Verstöße [gegen dieses Verbot werden bestraft mit] einem Jahr Zwangsarbeit. … Die Apokryphen und das *Lunyu chan* fallen nicht unter dieses Verbot. |
| Wenn Großeltern, Eltern oder der Ehemann ein todeswürdiges Verbrechen begingen und eingekerkert wurden, aber man macht Musik, ist die Strafe anderthalb Jahre Zwangsarbeit. | Wenn Großeltern, Eltern oder der Ehemann ein todeswürdiges Verbrechen begingen und eingekerkert wurden, aber man macht Musik, ist die Strafe ein Jahr Zwangsarbeit. |
| Wer Gegenstände in eines Menschen Ohren, Nase oder andere Körperöffnungen steckt, so dass es Behinderungen gibt, wird mit 80 Hieben bestraft. | Wer Gegenstände in eines Menschen Ohren, Nase oder andere Körperöffnungen steckt, so dass es Behinderungen gibt, wird mit 60 Hieben bestraft. |

… und so weiter: Wort für Wort schrieben die Gesetzgeber der Yōrō-Zeit – selbstverständlich auf Chinesisch – die Paragraphen des Tang-Kodex ab, wobei sie lediglich das Strafmaß etwas verringerten.[14] Nichts davon hatte Wurzeln in der japanischen Tradition, kaum eines der beschriebenen Vergehen dürfte eigenen Erfahrungen entsprochen haben (ob es z. B. in Japan überhaupt eine Kopie des eigens erwähnten *Lunyu chan* gab, ist zweifelhaft). Die *ritsuryō*-Gesetzgebung war kein gewachsenes, sondern *gesatztes* Recht in verblüffender Reinform. Gewiss, auch in China waren Gesetze nicht aus dem Volk erwachsen. Sie waren nichts anderes als verstetigte kaiserliche Befehle, d. h. Instrumente zur Durchsetzung von Herrschaft, nicht zum Schutz des Volkes vor herrscherlicher Willkür; auch in China galt nicht *rule of law*, sondern *rule by law*. Aber diese Gesetze waren Reaktionen auf soziale Realitäten. Schon die frühesten chinesischen Gesetzgeber wussten, dass »ein Weiser bei der Regierung des Staates die Gebräuche [beachtet], um Gesetze aufzustellen« (*Shangjun shu* 6.8), und über Jahrhunderte hatte sich das chinesische Recht immer wieder sozialen Gegebenheiten angepasst. Der Yōrō-Kodex aber war eine oktroyierte Satzung, die aus keinerlei religiösen Regeln, Natur- oder Gewohnheitsrecht der japanischen Gesellschaft abgeleitet war: der frappierend konsequente Versuch, ein fremdes System fast unverändert zu übernehmen.

Ähnliches gilt für den großen Teil des Yōrō-Kodex, der dem Verwaltungs- und ›Zivilrecht‹ gewidmet ist. Dort wird ein Regierungssystem beschrieben, das unverkennbar an dem der Tang orientiert ist: An der Spitze steht der Kaiser, dessen Macht theoretisch unbeschränkt ist. Ihm ist ein Verwaltungsapparat unterstellt, dessen höchste Ebene der Staatsrat (*shangshu sheng/daijōkan*) mit einem Kanzler und zwei leitenden Ministern bildet. Die Nomenklatur der zentralen Ministerien unterschied sich leicht von der chinesischen:

| Tang-Ministerien | Japanische Ministerien |
|---|---|
| | Zentralverwaltung (*nakatsukasa-shō*) |
| Personal (*libu*) | Zivilverwaltung (*shikibu-shō*) |
| Riten (*libu*) | Zeremonien (*jibu-shō*) |
| Finanzen (*hubu*) | Bevölkerung (*minbu-shō*) |
| Justiz (*xingbu*) | Justiz (*gyōbu-shō*) |

| Tang-Ministerien | Japanische Ministerien |
|---|---|
| Militär (*bingbu*) | Militär (*hyōbu-shō*) |
| Öffentliche Arbeiten (*gongbu*) | Staatshaushalt (*ōkura-shō*) |
| | Kaiserlicher Haushalt (*kunai-shō*) |

Rund 10.000 Beamte dürften allein in der zentralen Bürokratie gearbeitet haben; weitere 3000 in Behörden außerhalb der Hauptstadt. Ähnlich, wie die Tang ihr Reich in über 300 Präfekturen und rund 1500 Kreise eingeteilt hatten, definierten die Herrscher Japans 66 Provinzen und 592 Distrikte als lokale Verwaltungseinheiten. Denn auch diese Regel chinesischer Staatskunst hatten die Japaner gelernt: Alles Land gehört dem Staat. Wie chinesische Dynastien seit den Jin es getan hatten, teilte der japanische Staat der Landbevölkerung nach einem Schlüssel Parzellen zur Bewirtschaftung zu, von deren Erträgen Steuern zu entrichten waren. Auf diese Weise sollte das ›vollständige Rechtssystem‹ der Tang auf Japan übertragen werden: ein Staat mit einem Kaiser an der Spitze, der kraft allgemeiner Gesetze und gestützt auf eine zentralisierte Bürokratie über ein Land herrschte, dessen Steueraufkommen die staatlichen Institutionen finanzierte. Und noch etwas gehörte zu diesem System: eine Hauptstadt, die der Machtfülle des Zentralstaates angemessen war.

## Städte für den Tennō

Im Jahre 684 wurden Handwerker gemeinsam mit Yin-Yang-Meistern in die Ebene von Asuka ausgesandt, »um einen geeigneten Ort für die Hauptstadt zu erkunden und durch das Orakel zu bestimmen« (*Nihon shoki* 29). Nachdem ein günstiger Ort gefunden war, im Norden, Osten und Westen von Hügeln eingerahmt, bewässert vom Asuka-Fluss und nach Süden hin offen, begann dort der Bau der ersten festen japanischen Hauptstadt, Fujiwara-kyō.

Nicht nur eine Hauptstadt, sondern Städte überhaupt waren etwas völlig Neues: Bis ins 7. Jahrhundert hatte es in Japan noch keine Städte gegeben. Japanische Herrscher hatten in Palästen regiert, die nach ihrem Tod verlassen wurden: Der jeweilige Nachfolger ließ sich einen neuen Palast an einem anderen Ort bauen. All das sollte sich jetzt ändern. Fujiwara-kyō war nach dem Vorbild von Luoyang angelegt, der Hauptstadt der Nördlichen Wei-Dynastie in China. Als die Wei – keine Chinesen, sondern Tuoba, eine Stammesföderation aus der östlichen Mongolei – im Jahr 494 ihre Hauptstadt vom Rand der Steppe nach Luoyang verlegten, setzten sie einen Meilenstein in der Geschichte der chinesischen Stadtplanung. Luoyang war nicht nur rechteckig angelegt, wie frühere chinesische Hauptstädte, mit dem Haupttor im Süden und einer Palastanlage im Zentrum der Stadt, sondern auch innerhalb seiner Mauern streng geometrisch gegliedert: Ein Gitternetz von Nord-Süd- und West-Ost-Straßen teilte die Stadtfläche von 10 km$^2$ in 220 quadratische Wohnblöcke sowie den Palast, Behörden, Tempel und den kaiserlichen Park. Die Stadt war das steingewordene Symbol kaiserlicher Ordnung, welche die gesamte Gesellschaft durchzog. Denn die Wohnblöcke dienten dazu, unterschiedliche soziale Gruppen auseinander zu halten, so dass »vor allem die Beamten und das einfache Volk getrennt sind und nicht vermischt wohnen und Künstler, Handwerker, Schlachter und Höker jeweils ihre Quartiere haben« (*Weishu* 60).

Der Entwurf von Luoyang machte Schule. Die Sui, die 582/583 innerhalb von sechs Monaten eine neue Hauptstadt aus dem Boden stampften, orientierten sich daran, und die Tang perfektionierten das Modell, als sie Anfang des 7. Jahrhunderts die prächtigste Stadt bauten, die die Welt je gesehen hatte: Chang'an. 37 km lange Mauern umfassten diese Metropole, im Inneren war sie durchzogen von 14 Ost-West- und 11 Nord-Süd-Straßen – die größte, die ›Magistrale des Roten Vogels‹, die zum Palast führte, war 5 km lang und 150 m breit! –, welche 108 Stadtviertel voneinander abgrenzten: eine heilige Zahl des Buddhismus. Zentral im Norden lag die Kaiserstadt, im Westen und Osten, symmetrisch angeordnet, lagen zwei Märkte, beide ca. 1 km$^2$ groß, über die ganze Stadt verstreut Tempel verschiedenster Religionen. Chang'an war die Haupt-

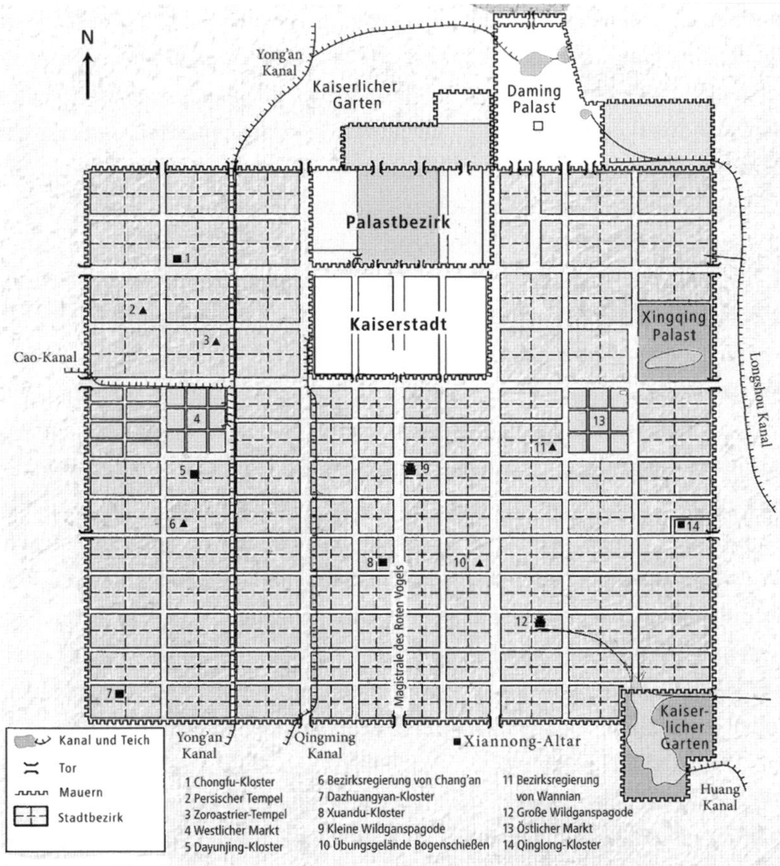


Grundriss von Chang'an im 7./8. Jahrhundert

stadt Ostasiens. Mehr als eine Million Menschen aus aller Herren Länder wimmelten auf ihren Gassen und Märkten: indische Mönche, persische Priester, armenische Kaufleute, sogdische Kameltreiber, tibetische Prinzen, Händler aus Ceylon, Malaysia und Java, Christen vom Mittelmeer, Juden, Araber, Uighuren, Türken, Mongolen, Gesandte aus Bali, Koreaner und Japaner. Sie brachten ihre Sprachen, Religionen und Speisen, ihre Moden, Musik und Gebräuche nach Chang'an und schufen eine kosmopolitische Atmosphäre, wie China sie noch nie erlebt hatte. Umso rigider musste diese Vielfalt wieder eingeschränkt werden: Chang'an übernahm das Schachbrettmuster der Wei-Hauptstadt und separierte die verschiedenen Ethnien und Berufsgruppen – Juden, Perser, Händler, Handwerker, Bettler und viele andere – in ummauerten Quartieren; Torschlusszeiten regelten die Mobilität, berittene Patrouillen sorgten für Disziplin. In der kosmologischen Ordnung, welche die geometrische Anlage der Hauptstadt widerspiegelte, hatte jede Gruppe ihren festen Platz. Wie das Luoyang der Tuoba war Chang'an nicht nur Schmelztiegel der Kulturen, sondern auch ein Instrument sozialer Kontrolle.

Genau diese soziale Kontrolle – die Herrschaft über Clans und Volk – strebten auch die japanischen Kaiser an. Die Architektur chinesischer Hauptstädte lieferte ihnen die Formensprache dafür. Ausgrabungen aus jüngster Zeit zeigen, wie genau Fujiwara-kyō die kontinentalen Vorbilder nachbilden sollte:[15] Es war rechteckig angelegt, nord-südlich ausgerichtet, mit Hauptachsen von mehr als 5 km Länge, was auf eine Stadtfläche von 25 km² schließen lässt. Auch wenn Fujiwara-kyō wahrscheinlich keine Stadtmauer besaß, reichte sein Gitternetz von Nord-Süd- und Ost-West-Straßen an die Dimensionen von Chang'an heran. Der Palastbezirk im Zentrum von Fujiwara-kyō, umragt von fünf Meter hohen Mauern, dürfte gut einen Quadratkilometer groß gewesen sein. Die Säulen seiner Palasthallen ruhten, wie die chinesischen Pendants, auf steinernen Fundamenten, ihre Dächer waren mit chinesischen Ziegeln bedeckt. Die 53 m breite Thronhalle hieß, wie die der Wei-Kaiser, ›Halle des höchsten Pols‹ (*taiji dian/daigoku den*). Sie stellte das Zentrum des Universums dar, das Fadenkreuz der vier Himmelsrichtungen, in denen die Hauptstraßen von Fujiwara-kyō verliefen: die ›Magistrale des weißen Tigers‹ nach Westen, die ›Magistrale der schwarzen Schildkröte‹ nach Norden, die ›Magistrale des blauen Drachen‹ nach Osten und die ›Magistrale des roten Vogels‹ nach Süden. Diese grandiose Hauptstadt dürfte nicht nur die eigenen Untertanen, sondern auch Reisende vom Festland zutiefst beeindruckt haben: Kein Zweifel, hier mussten die Herrscher über das ganze Reich ›unter dem Himmel‹ residieren.

Dennoch verließen die japanischen Kaiser Fujiwara-kyō schon 710 wieder, nur 16 Jahre, nachdem sie es bezogen hatten. Göttliche Omina hätten die Gegend von Heijō, dem heutigen Nara, als besonders glückbringend ausgewiesen. Dort, rund 20 km nördlich von Fujiwara-kyō, wurde die neue Hauptstadt Heijō-kyō errichtet, die der alten in keiner Weise nachstand: Deren Paläste wurden getreulich nachgebaut, und die Straßen der neuen Hauptstadt verlängerten die der alten in direkter Linie. Damit hatte sich das architektonische Vokabular chinesischer Hauptstädte in Japan endgültig durchgesetzt. Es sollte auch zwei weitere Hauptstädte prägen, die im 8. Jahrhundert kurzfristig geplant wurden, vor allem aber die Stadt, die mehr als ein Jahrtausend lang, 794 bis 1868, Sitz der japanischen Kaiser sein sollte: Heian-kyō, das heutige Kyōto.[16]

Der Name Heian-kyō verweist auf die zwei Vorbilder der neuen Hauptstadt: Heijō-kyō und Chang'an. Ihre Lage war nach den Regeln des Fengshui perfekt: Auf drei Seiten umgeben von ›purpurnen Bergen‹ und bewässert von den ›kristallenen Flüssen‹, lag es in einer fruchtbaren, geschützten Ebene. Auch Heian-kyō war nach dem Muster einer chinesischen Hauptstadt angelegt: streng symmetrisch, durchzogen von einem gitterförmigen Netz aus Ost-West- und Nord-Süd-Straßen. Die zentrale Nord-Süd-Achse, eine fast 100 m breite Prachtstraße, trug denselben Namen wie die von Chang'an: ›Magistrale des Roten Vogels‹ (Suzaku ōji). Sie führte im Norden auf den Palastbezirk zu, ein ummauertes Gebiet von mehr als einem Quadratkilometer. In dieser ›Stadt in der Stadt‹ befanden sich die Residenz- und Regierungsgebäude, manche im chinesischen Stil mit rot lackierten Säulen, steinernen Böden und ausladenden Ziegeldächern, andere aber aus schlichtem Holz, mit Dielenböden und mit Zypressenrinde gedeckten Dächern. Südlich des Palastbezirks befand sich ein kaiserlicher Park, weitere Residenzen von Hofdamen und Adligen lagen im Umfeld des Palastes. Den West- und den Ostteil der Stadt dominierte, wie beim chinesischen Vorbild, jeweils ein großer Markt; die übrige Fläche war in 1250 gleichförmige Wohnblocks eingeteilt, in denen das Volk hausen sollte, ähnlich kontrolliert wie im Chang'an der Tang. – Und doch kam Heian-kyō dem Vorbild nicht gleich. 100.000 Einwohner dürfte die Stadt gezählt haben – mehr als jede europäische Stadt zu jener Zeit, aber viel weniger als Chang'an: Schließlich hatte Japan in der Heian-Zeit nur etwa fünf Millionen Einwohner, das Tang-Reich aber zehnmal

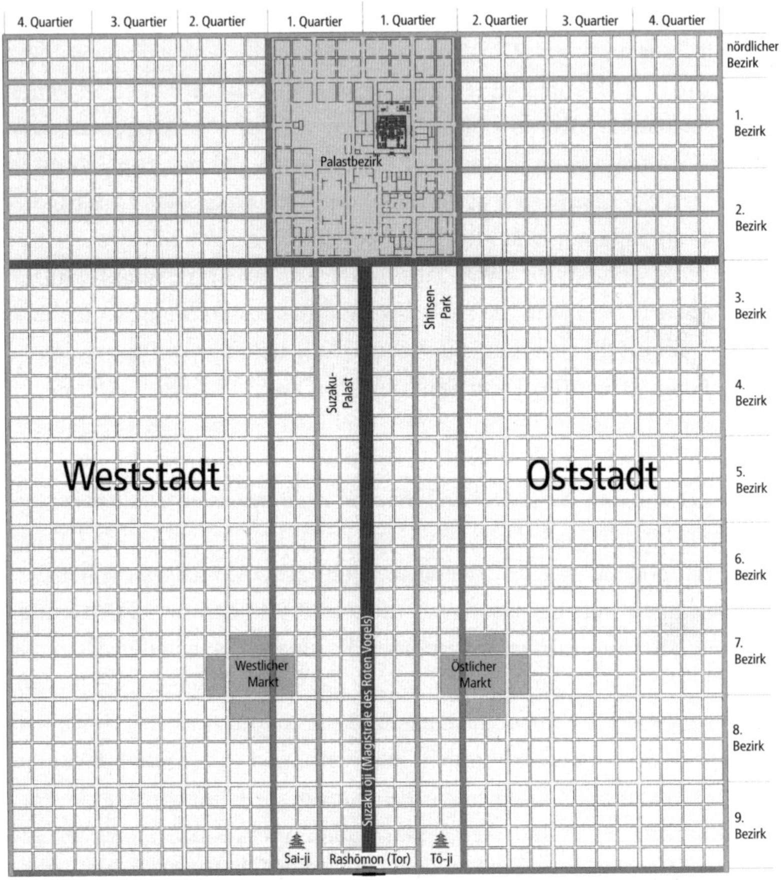


Grundriss von Heian-kyō im 9. Jahrhundert

so viele, und während in Chang'an Menschen aus aller Herren Länder zusammenkamen, gab es in Heian-kyō, wie überhaupt in Japan, kaum Ausländer. Die Hauptstadt war schlicht zu groß für den Heian-Staat, und ihr Westteil war schon bald weitgehend entvölkert: »Es gibt kaum noch Häuser in der westlichen Hälfte der Stadt, sie ist fast gänzlich verlassen,« klagte ein Zeitgenosse im 10. Jahrhundert, »Menschen packen ihre Sachen und gehen, aber niemand kommt; Häuser verfallen, aber es werden keine gebaut« (Morris 1964, 27).

## Kyōto 京都

Längst haben die Heimsuchungen der Geschichte fast alle Spuren des Tang-zeitlichen Städtebaus ausgelöscht. Luoyang und Chang'an wurden in mehreren Kriegen zerstört, Fujiwara-kyō von einer Feuersbrunst vertilgt, von Heijō-kyō blieben nur Tempel erhalten, und auch Heian-kyō, das heutige Kyōto, wurde von Erdbeben, Feuersbrünsten und Kriegen vielfach verheert. Kaum ein Gebäude aus der Heian-Zeit – mit der Ausnahme des Byōdō-in in Uji – ist heute noch erhalten. Dennoch bewahrt diese Stadt, die mehr als ein Jahrtausend lang Sitz des Tennō war, besser als jeder andere Ort das Andenken an die chinesischen Einflüsse, die japanische Kultur so nachhaltig geprägt haben. Noch heute erinnern dort die Berge im Norden, Osten und Westen, das gitterförmige Straßennetz und vor allem der Kaiserpalast (wiewohl nicht mehr am ursprünglichen Ort) an die chinesische Stadtarchitektur der Tang-Zeit. Tempelanlagen wie der Kiyomizu-dera im Osten oder der Tō-ji im Süden der Stadt spiegeln die Sakralarchitektur des chinesischen Mittelalters wider, der Schrein für den großen Yin-Yang-Meister Abe no Seimei (Seimei-jinja) erinnert daran, wie groß der Einfluss chinesischer Kosmologie auf Stadtplanung und Alltagsleben im alten Japan war; das Enryaku-Kloster auf dem Hiei-Berg, der die Stadt von Nordosten überblickt, gemahnt an den Tendai-Buddhismus, der als Tiantai einst unter den Sui und Tang florierte. Im Sekizan-zen'in, am Fuß des Hiei, werden nicht nur die Mönche des Enryaku-Klosters verehrt, sondern auch Laozi; im Shiramine-jingu wird der Ball beim *kemari* (S. 113) noch immer so gekickt wie einst am Hof der Tang; Musik und Tänze der Geishas von Gion haben chinesische Reisende ebenso an die Kultur der Han und Tang erinnert wie die schlichte Holzarchitektur der Stadthäuser (*machiya*); die Zen-Gärten und die Teezeremonie sind Elemente der Song-Kultur, die in Kyōto zu besonderer Blüte gelangt sind; beim ›Kamm-Fest‹ im Yasui Konpira-gu werden Haartrachten gezeigt, die vor Jahrhunderten aus China kamen, und jahreszeitliche Feste in Kyōto setzen chinesische Traditionen fort.

»Die Kultur der Han und Tang lebt fort in Japan«: Nirgends ist dieses Sprichwort wahrer als in Kyōto. Doch zugleich zeigt sich gerade in Kyōto allenthalben, wie stark alles Chinesische in Japan verändert wurde. Die alte Kaiserstadt hatte nie eine Stadtmauer, einen Konfuzius-Tempel oder kaiserliche Altäre; ihre daoistischen und buddhistischen Heiligtümer sind umgeben von den *kami* des Shintō; unweit des Kaiserpalastes steht die trutzige Burg des Shōguns; statt chinesischer Ehrenbögen (*pailou*) prägen Schrein-Tore (*torii*) das Straßenbild; die buddhistisch inspirierte *shinden*-Architektur hat sich deutlich vom Stil chinesischer Wohnhäuser entfernt; Teezeremonie und Gartenanlagen haben in Kyōto längst eigenständige Formen entwickelt. Kyōto ist kein japanisches China *en miniature*, sondern ein Symbol dafür, wie Japan kulturelle Anregungen aus China nie bloß übernommen, sondern stets kreativ fortentwickelt hat. Nur deshalb konnte chinesische Kultur in Japan über Jahrhunderte bewahrt werden: weil sie nicht chinesisch blieb, sondern japanisch wurde.[17]

Am 4. Montag im September findet im Yasui Konpira-gu das ›Kamm-Fest‹ – *Kushi matsuri* – statt, bei dem Haarschmuck und traditionelle Frisuren gezeigt werden. Die ältesten sollen noch auf die Mode der Tang zurückgehen.

In ihrer maroden Funktionslosigkeit erinnert die Weststadt von Kyōto daran, welche merkwürdigen Fremdkörper die Kaiser von Yamato aus China übernommen hatten: Gesetze, die nicht auf eigener Erfahrung beruhten, monumentale Paläste, die ihrer eigenen Macht kaum entsprachen, Hauptstädte zur Kontrolle einer multikulturellen Gesellschaft, die es in Japan nicht gab. Die Übernahme chinesischer Kultur mag maß- und bedenkenlos erscheinen, eine Selbstüberrumpelung ohne jede Rücksicht auf bestehende Strukturen. Doch diese grandiose Metamorphose dürfte eben deshalb möglich gewesen sein, weil es in der Asuka- und Nara-Zeit *keine stabilen Strukturen gab*. Es war gerade die Aufweichung alter Sozialgefüge, die den neuen Formen Einlass bot. Die japanische Gesellschaft machte in diesen Jahrhunderten einen Wandel durch, der alle Bereiche erfasste: Die segmentäre Struktur der Clans formierte sich zu einer Adelsgesellschaft, die auf hierarchischer Ordnung beruhte, die Schrift machte dauerhafte intra-elitäre Kommunikation möglich, und ein politisches Zentrum bildete sich heraus, das sich als Spitze der neuen Gesellschaft verstand. Diese Transformationen bedeuteten nicht weniger als die Geburt Japans. So, wie ein gutes Jahrtausend zuvor die Geburt Chinas völlig neue Begriffe, Institutionen und Kommunikationsformen mit sich gebracht hatte, erforderte auch der Strukturwandel der japanischen Gesellschaft eine Umwertung aller Werte. Dass das chinesische Modell maßgeblich für diese Umgestaltung war, kann nicht überraschen: Es war schlicht das einzige, das es gab. Dennoch darf die atemberaubend schnelle und gründliche Übernahme chinesischer Vorbilder nicht als platte ›Sinisierung‹ der japanischen Gesellschaft verstanden werden. Vielmehr erscheinen viele Neuerungen dieser Zeit ›antizipatorisch‹, noch nicht mit sozialen Funktionen abgestimmt. Man fing mit dem chinesischen System an, um dann zu sehen, was man damit anfangen konnte.

## Fremde Lehren

Mit den Institutionen der Tang übernahm Japan auch die Lehren, die Chinas Staat und Gesellschaft prägten. Schon im frühen 5. Jahrhundert sollen die *Urteile und Aussprüche* des Konfuzius nach Japan gekommen sein (S. 32), und in der Nara-Zeit wurden ›konfuzianische‹ Lehren mit Nachdruck verbreitet. Schon ab dem Jahr 701 wurden zweimal jährlich Staatsopfer an Konfuzius – Opfer des *japanischen* Hofs an einen *chinesischen* Denker! – durchgeführt, und wie die Tang ehrten die Nara-Kaiser Konfuzius offiziell als ›Kultivierten, Ruhmreichen König‹. So, wie Kaiser Xuanzong der Tang verfügt hatte, dass jeder Haushalt eine Kopie des *Daode jing* besitzen müsse, ordnete Kaiserin Kōken im Jahr 757 an, dass sich in jedem Haushalt im Reich ein Exemplar des *Kanons der Folgsamkeit* (*Xiaojing*/*Kōkyō*) befinden müsse. Die ›Folgsamkeit‹ – gegenüber den Eltern und gegenüber dem Herrscher – wurde in Nara zur obersten Tugend ernannt: Auf lokaler Ebene sollten besonders ›folgsame Söhne‹ zur Beförderung empfohlen, ›unfolgsame‹ verbannt werden, und das Tang-Gesetz, das für Familien mit offiziell registrierten ›folgsamen Kindern‹ oder ›keusche Frauen‹ einen Steuererlass und ein Ehrenbanner vorsah, wurde unverändert in den Yōrō-Kodex übernommen. Damit war ein Begriff zu höchster Bedeutung aufgestiegen, der zwar in den *Urteilen und Aussprüchen* des Konfuzius keine sonderlich prominente Rolle spielt, aber in den Han-zeitlichen *Aufzeichnungen der Riten* klar definiert wird: »Folgsamkeit ist das, womit man dem Fürsten dient« (*Liji* 42). Es war nicht primär die Tugendlehre des Konfuzius, die in der Nara-Zeit rezipiert wurde, sondern der staatstragende Konfuzianismus des chinesischen Kaiserreichs.

Das Gedankengebäude, das sich in China über mehr als ein Jahrtausend schichtenweise aufgetürmt hatte, lässt sich nicht auf eine ›Schule‹ reduzieren. Vieles von dem, was oft pauschal als ›konfuzianisch‹ bezeichnet wird, geht eigentlich auf den Politischen Realismus zurück; und neben nüchternen Vernunftprinzipien gelangten auch kosmologische Spekulationen, mystische Lehren und Geisterglaube nach Japan. Wie all das zusammenging, mag das Beispiel des Adligen Fujiwara Muchimaro veranschaulichen. In seiner Familienchronik wird er als Inbegriff der ›Folgsamkeit‹ beschrieben, der nach dem Tod seiner Mutter »Blut geweint« und sich fast zu Tode gehungert habe. »Er betrachtete Treue und Zuverlässigkeit als höchste Gebote,« steht da, und »in seinem Umgang war er menschlich und rechtschaffen.« Aber auch:

> Er ergründete die Prinzipien der Hundert Schulen, die Bedeutung der ›drei Mysterien‹ [*Laozi, Zhuangzi, Yijing*] und hatte besondere Achtung vor dem Buddhismus sowie eine Vorliebe für daoistische Pillen des langen Lebens. Er ehrte das Dao, respektierte die Tugend, hatte Mitleid mit Armen und Mitgefühl mit Waisen. (*Kaden*, zit. nach: Holcombe 1997)

Fujiwara Muchimaro war alles andere als ein schmalbrüstiger ›Konfuzianer‹. In seiner geistigen Breite repräsentiert er die gebildete Elite der Nara-Zeit, die nicht bloß eine ›konfuzianisch‹ verengte Sittenlehre von den Tang übernahm, sondern das ganze Spektrum chinesischen Denkens.

## *Die Bildung der Beamten*

Bildung begann bei den Beamten. Denn der Schlüssel zur Zentralisierung der Herrschaft, in China wie in Japan, war eine professionelle Bürokratie. Die Tang hatten begonnen, das mittelalterliche System, in dem Regierungsämter aufgrund erblicher Privilegien mit den Söhnen des Adels besetzt wurden, schrittweise in eine Bürokratie umzubauen. Ämter wurden aufgrund von persönlichen Fähigkeiten vergeben, die in staatlichen Schulen zu erwerben und durch Prüfungen zu dokumentieren waren. Im 7. Jahrhundert studierten Tausende von Studenten in Chang'an. An Schulen für Recht und Kalligraphie wurden Fachbeamte im mittleren Dienst ausgebildet, am humanistischen Institut studierten die Söhne der Elite klassische Literatur, um sich auf hohe Ämter vorzubereiten. Diese Ämter – klassifiziert in neun Beamtenränge mit 30 Abstufungen – wurden staatlich und *ad personam* verliehen. Das gesamte System war darauf angelegt, die Privilegien des Adels zu unterlaufen.

Ein ähnliches System von Beamtenrängen soll schon Prinz Shōtoku eingeführt haben: sechs Ränge, jeweils mit zwei Stufen, die nach Begriffen der konfuzianischen Morallehre benannt waren: ›Tugend‹, ›Menschlichkeit‹, ›Anstand‹, ›Riten‹, ›Klugheit‹ und ›Zuverlässigkeit‹. Doch die erbaulichen Titel täuschen: Die Beamtenränge bedeuteten keine konfuzianische Ethisierung der Politik, sondern eine Rationalisierung ganz im Sinne des Politischen Realismus, die den Zentralstaat stärken sollte.[18] Dieses System wurde im späten 7. Jahrhundert reformiert, so dass es in Yamato ab 701 zehn Beamtenränge mit 30 Abstufungen gab, was dem Tang-System fast exakt entsprach. Dennoch unterschied sich die japanische Bürokratie signifikant von derjenigen der Tang, indem sie den Adligen erheblich mehr Privilegien einräumte: Die höchsten Ämter der Verwaltung blieben Angehörigen des Hofadels vorbehalten, und auch deren Kinder erhielten automatisch hohe Ränge. Ebenso wurden über das staatliche Hochschulsystem, welches Japan jetzt nach Vorbild der Tang einrichtete, fast ausschließlich Sprösslinge des Adels rekrutiert. Gegen Ende des 7. Jahrhunderts wurde eine kaiserliche ›Hochschulbehörde‹ gegründet, die für Ausbildung und Prüfung von Beamtenanwärtern zuständig war. Rund 400 Schüler wurden dort von spezialisierten ›Professoren‹ in chinesischer Sprache, chinesischer Schrift, den kanonischen Werken, Mathematik, Recht, Geschichte und Literatur unterrichtet. Chinesische Sprache, Schrift und Literatur: Das ›Trivium‹ der Yamato-Zeit war vollständig chinesisch.[19] Jahrelang musste die Elite von Yamato den Kanon der Tang studieren, die Zeiten waren genau festgelegt:

- den *Kanon der Wandlungen* (*Yijing/Ekikyō*) in 310 Tagen,
- den *Kanon der Dokumente* (*Shujing/Shokyō*) in 200 Tagen,
- die *Riten der Zhou* (*Zhouli/Shurai*) in 480 Tagen,
- die *Zeremonien und Riten* (*Yili/Girai*) in 480 Tagen,
- die *Aufzeichnungen der Riten* (*Liji/Raiki*) in 770 Tagen,
- den *Kanon der Lieder* (*Shijing/Shikyō*) in 480 Tagen,
- die *Frühlings- und Herbstannalen mit Zuo-Kommentar* (*Chunqiu Zuoshi zhuan/Shunjū Sashiden*) in 770 Tagen,
- den *Kanon der Folgsamkeit* (*Xiaojing/Kōkyō*) in 60 Tagen,
- die *Aussprüche und Urteile* (*Lunyu/Rongo*) in 200 Tagen.

Zwei bis fünf Titel aus dieser Liste konnten die Studenten auswählen, die letzten beiden waren Pflicht für alle. Wie in China (vgl. S. 35) musste der Text dabei zunächst auswendig gelernt und dann – unter

Berücksichtigung der wichtigsten Kommentare – interpretiert werden. Musik und Vergnügungen waren den Studenten verboten, lediglich die Zither – das traditionelle Instrument chinesischer Gelehrter – durften sie spielen und Bogenschießen üben. Im Frühling und Herbst hatten sie an Opferzeremonien »zu Ehren des frühen Weisen Konfuzius« teilzunehmen (*Ritsuryō* 3).

In alledem war das Curriculum der ›Hochschulbehörde‹ eng an das der Tang angelehnt, und wie dieses war es offensichtlich nicht darauf angelegt, Fachbeamte für Verwaltungsaufgaben zu schulen. Wichtiger als das Fachwissen dürfte der ›heimliche Lehrplan‹ gewesen sein, der aus Adelssöhnen pedantische Buchmenschen machte, ihnen den Glauben an Autoritäten, Präzedenzien und Vorschriften einimpfte, sie ideologisch auf Linie brachte und in die politische Hierarchie einordnete, kurz: der sie zu treuen Staatsdienern im Sinne des Staatskonfuzianismus machte. Wenn sie dann die Beamtenprüfungen bestanden hatten, erhielten sie die gleichen Titel wie die Absolventen im Tang-Reich: ›Blühendes Talent‹, ›Kenner des Kanons‹, ›Promovierter Gelehrter‹ oder ›Kenner des Rechts‹; sie erhielten, wie ihre *peers* in China, niedrige Beamtenränge und durften, ebenso wie diese, blau-grüne Amtsroben aus Seide tragen.

Dass es sich bei diesem System: seiner Sprache, seinen Texten und seinen Werten, um einen fremdländischen Import handelte, scheint kaum eine Rolle gespielt zu haben. Ähnlich wie die griechisch-römische Antike in Nordeuropa galt die chinesische Kultur in Yamato schlicht als *klassisch*, und das heißt: zeit- und ortlos. Sie war weniger chinesische als Elitekultur, daher konnte der japanische Adel sie sich ebenso zu eigen machen wie die Elite der Tang. Tatsächlich war diese Kultur für beide gleichermaßen fremd: denn auch die Studenten der Tang mussten die Sprache der klassischen Werke erst *lernen*. Auch für sie, deren Muttersprache einer der zahlreichen Dialekte des Mittelchinesischen war, war Klassisches Chinesisch eine Fremdsprache. Gerade diese Aneignung des Fremden, die Abstraktion vom Eigenen und unmittelbar Gegebenen, machte ihre Bildung aus: Sie definierte die ostasiatische Bildungselite, ganz gleich, ob sie auf dem Festland oder den japanischen Inseln zu Hause war.

## *Kosmologie*

Neben der kühlen Logik des Politischen Realismus und der Ethik des Konfuzianismus gab es noch ganz anderes Wissen, das koreanische Einwanderer und heimkehrende Tang-Gesandte nach Japan brachten: kosmologische und astrologische Spekulationen, Divinationslehren, Alchimie, Exorzismen und andere okkulte Techniken. Die früheste »Bibliographie gegenwärtiger Buchbestände in Japan« (*Nihonkoku genzaisho mokuroku*) aus dem späten 9. Jahrhundert führt 85 Titel in 461 Bänden zur Astronomie, 55 Titel in 167 Bänden zum Kalenderwesen und 156 Titel in 919 Bänden zu Exorzismen und Wahrsagerei auf.

Seit alters hat die Chinesen nicht nur die Harmonie in der Gesellschaft beschäftigt, sondern auch die Harmonie von Mensch und Kosmos. In der Zhanguo-Zeit wurden kosmologische Theorien entwickelt, die den Seins- und Wirkzusammenhang der Welt erklären sollten. Die Lehre von den Fünf Wandelphasen (*wuxing*) – Erde, Holz, Metall, Feuer, Wasser – ordnete alle Dinge – Jahreszeiten, Himmelsrichtungen, Staaten, Farben, Organe, Geschmäcker, Ämter usw. – einem Element zu und beschrieb die Struktur der Welt durch ihre gegenseitige Ablösung. Die Yin-Yang-Lehre hingegen, die vor allem in den Orakeltexten im *Kanon der Wandlungen* entwickelt wird, geht von zwei komplementären Kräften – Yin, der weiblichen, dunklen, kalten, schwachen, und Yang, der männlichen, hellen, warmen, starken – aus, die in allen Dingen wirken und somit ihre Qualität im Wandel ausmachen. Doch letztlich seien alle Erscheinungen in einem Urprinzip begründet, das alle Gegensätze in sich vereint, dem Dao: »Ein Yin, ein Yang, das ist das Dao« (*Yijing* 8). Tatsächlich wurden unter diesem Begriff die diversen philosophischen, religiösen, magischen und prognostischen Lehren des Alten China vereint: ›Daoismus‹ wurde zum Inbegriff aller Lehren und Praktiken, denen es um die »Integration in die tiefsten Realitäten des Lebens« ging (Kirkland 2004, 75).

Die Lehren von den Fünf Wandelphasen, von Yin und Yang sowie vom Dao hatten sich schon in der frühen Kaiserzeit so eng ineinander verschlungen, dass sie kaum sinnvoll zu trennen waren. Sie bildeten den mystischen Gegenpol zur Rationalität des Konfuzianismus und des Politischen Realismus, manche sagen sogar: die Achse, um die sich die chinesische Kultur drehte. Tatsächlich hat die Lehre von einem organischen Kosmos, in dem alle Dinge miteinander korrelieren, das chinesische Denken über Jahrhunderte geprägt: Die Zeichen des *Kanons der Wandlungen* bilden die Struktur der Welt ab und folgen denselben Gesetzen; die Kräfte von Yin und Yang wirken in allen Dingen gleichermaßen; die himmlischen Erscheinungen entsprechen irdischen Ereignissen; und die Unendlichkeit der Dinge lässt sich in Analogie zum System der Fünf Wandelphasen erfassen.

Diese Korrespondenzlehren wirkten nicht nur als Philosophie, sondern durchdrangen fast alle Bereiche des Lebens: Naturkunde, Kunst, Technik, Ackerbau, Militärwesen, Zeremonien und Gebräuche, Religion – und die Politik. Denn auch der Kaiser war Teil des großen universalen Zusammenhangs; sein Handeln wurde durch seine Position im System bestimmt und fand Resonanz im Kosmos. Und wehe, wenn Herrscher von ihrer vorbestimmten Rolle abwichen: Jedes Fehlverhalten konnte zu Erdbeben, Fluten, Heuschreckenplagen oder anderen Naturkatastrophen führen. Die chinesischen Dynastiegeschichten verzeichnen zahlreiche unheilvolle Omina – Dürren, Feuersbrünste, Erdrutsche, monströse Wesen, schlangenförmige Kometen – und liefern zugleich deren Interpretation:

> Wenn der rechte Weg des Fürsten waltet, finden Pflanzen und Insekten allesamt ihren Ort. Doch wenn der Fürst nicht tugendhaft ist, zeigt sich Unheil am Himmel oder auf der Erde: Katastrophen oder außergewöhnliche Erscheinungen treten vermehrt auf, um von der Missregierung zu künden. (*Hanshu* 10 , 307)

Hunderte solcher »Katastrophen oder außergewöhnlichen Erscheinungen« verzeichnen die chinesischen Dynastiegeschichten – viele davon offensichtlich Erfindungen der Beamten, um Fehlverhalten des Kaisers zu kritisieren. Umgekehrt »stellen glückverheißende Zeichen sich ein, wenn höchster Friede im Reich herrscht.«

> Sie alle reagieren auf die Tugend [des Herrschers]. Wenn seine Tugend zum Himmel reicht, scheint der Polarstern hell, Sonne und Mond erglänzen, und

> süßer Tau fällt herab. Wenn seine Tugend zur Erde reicht, wächst das gute Getreide … Wenn seine Tugend zu den Tieren reicht, schweben die Phönixe, der *luan*-Vogel tanzt, und das Einhorn stellt sich ein, weiße Tiger kommen, ebenso wie neunschwänzige Füchse und weißköpfige Fasane, weiße Hirsche erscheinen und weiße Krähen kommen herab. (*Bohu tong* 6, 283 f.)

Die Welt war voller Zeichen, Wunder und Fabelwesen: Sie gehörten ebenso zur chinesischen Kultur wie Moralfibeln und Gesetzeswerke. Der Glaube an Geister und magische Wirkkräfte war bis in die höchsten Kreise verbreitet: Die Kaiser der Qin und Han scharten Alchimisten, Wahrsager und Schamanen um sich, die Eliten glaubten an Geisterbeschwörer und Regentänze, Voodoo-Zauber konnte den Hof in Angst und Schrecken versetzen, Dämonen und übernatürliche Erscheinungen bevölkern die Literatur des gesamten chinesischen Mittelalters. Der religiöse Daoismus – formal organisiert über Klöster, Kleriker und ein großes Pantheon – wurde von den Tang geradezu zur Staatsreligion erhoben: Ihre Herrscher erklärten sich zu Nachfahren des legendären Laozi, förderten daoistische Klöster und ordneten an, dass jeder Haushalt eine Kopie des *Daode jing* besitzen solle. Unter dem Schirm eines überaus rationalen Rechts- und Regierungssystems wurden in allen Gesellschaftsschichten der Tang okkulte Praktiken gepflegt: Am Hof der Tang gingen Meister des Daoismus und des tantrischen Buddhismus ein und aus, die dem Kaiser mit Heilkünsten, Magie und esoterischen Körpertechniken zu Diensten waren. Die Tang-Kaiser veranstalteten Opfer für Berggötter, ihre Lokalbeamten verfassten Gebete für Regen, und das einfache Volk lebte in täglicher Furcht vor Totengeistern und Dämonen.

All das erreichte jetzt auch Japan. Dort hatte es zwar schon seit Langem Techniken der Weissagung wie das Knochenorakel gegeben, aber die chinesischen Lehren eröffneten ganz neue Dimensionen. Als der Mönch Min, ein Mitglied der Mission von 608, im Jahr 632 aus China zurückkehrte, brachte er nicht nur buddhistische Sūtras nach Japan, sondern auch das *Yijing* und andere prognostische Schriften. Rasch stieg er zum Tutor hoher Adliger des Fujiwara- und des Soga-Clans auf, denen er die wichtigsten Lehren der chinesischen Philosophie offenbarte: nicht nur menschliches Wissen, sondern Einsichten in den Zusammenhang von Himmel und Erde. Das *Yijing* und andere Werke lieferten die Schlüssel, um die Wirkkräfte der Welt zu erschließen und vorherzusagen. Und siehe da: Schon für das Jahr 628 ist eine Sonnenfinsternis verzeichnet, die offenbar den Tod der Königin Suiko ankündigte, 634 und 635 wurden auffällige Kometen gesichtet, und im Jahr 642 trat ein Komet vor den Mond, ein weißer Sperling wurde gefangen, und eine große Dürre suchte das Land heim, gegen die die Beamten kein Mittel fanden:

> Wir haben gemäß den Anweisungen der Dorfpriester bald Rinder, bald Pferde geschlachtet und sie den Göttern geopfert, wir haben regelmäßig die Märkte verlegt, haben den Flussgott angebetet, doch ohne Erfolg. … Sie schmückten im Südhof des großen Tempels die Statuen von Buddha, Bodhisattvas und den Vier Himmelskönigen und baten die Mönche, das *Daiun-sūtra* zu rezitieren. … Es fiel kaum Regen. (*Nihon shoki* 24)

Erst als die Kaiserin selbst sich zum Minabuchi-Fluss begab, sich gegen die vier Himmelsrichtungen verneigte, zum Himmel aufblickte und betete, grollte Donner und schwerer Regen ging hernieder, der fünf Tage lang anhielt – »und alles Volk im Reich wünschte ihr ›zehntausend Jahre‹ und pries die ›Kaiserin von höchster Tugend‹.« Fast alle Topoi dieses Berichts – der weiße Sperling, der Flussgott, die Verlegung der Märkte, die buddhistischen Zeremonien, die Verehrung der Himmelsrichtungen, die ›zehntausend Jahre‹ sowie die ›höchste Tugend‹ – stammen vom Festland. Spätestens im 7. Jahrhundert sind sie zu Elementen der japanischen Kultur geworden, deren Wirkkraft außer Zweifel stand. Auch in Japan galt seither: Wer ein Land regieren wollte, musste den ›Weg der Divination‹ verstehen.

All das durfte nicht dem Zufall überlassen, sondern musste – auch das entsprach guter chinesischer Ordnung – bürokratisch organisiert werden. Das japanische Regierungssystem sah nicht nur einen ›Rat für *kami*-Angelegenheiten‹ (*jingikan*) vor, der dem Staatsrat gleichgestellt war – dieser war für weltliche Angelegenheiten zuständig, jener für göttliche –, sondern auch eine ›Yin-Yang-Behörde‹ (*onmyō ryō*) für Divination. Ihre zahlreichen Mitarbeiter waren zuständig für Himmelskunde, Geomantik, Zeitrechnung und den Kalender: »Wenn etwas Außergewöhnliches vorliegt, [war] es streng vertraulich seiner Majestät zu Gehör zu bringen« (Dettmer 2009–14 I, 197 f.). Allein in den 15 Regierungsjahren des Kaisers Temmu vermeldeten Beamte der Yin-Yang-Behörde 72 Omina, fast jeden zweiten Monat eines. Seitdem sind auch die japanischen Chroniken mit achtbeinigen Pferden, weißen Krähen, Glückssternen, Drachen, Phönixen, dem Einhorn (*qilin*/*kirin*) und anderen mythologischen Wesen bevölkert, die vordem nur in China aktenkundig gewesen waren.

Mit der chinesischen Kosmologie übernahmen die Japaner auch alle Erscheinungen und Riten, die dazu gehörten: Am letzten Tag des Jahres fand am japanischen Hof eine ebensolche rituelle Geisteraustreibung statt wie am Hof der Tang; Exorzismen, Traumdeuterei und andere magische Praktiken gehörten zum Alltag der Yamato-Leute; die Geister von ruhelosen Toten suchten die Hinterbliebenen heim; neunschwänzige Fuchsgeister durchspukten das Land, verhexten die Menschen und verwandelten sich in bildhübsche Frauen, um leichtfertige Männer zu verführen. Einer der überraschendsten neuen Mythen handelt von einem Mann namens Urashimako, der einst zum Fischen aufs Meer fuhr:

> Er fing eine Riesenschildkröte, die sich alsbald in eine Frau verwandelte. Urashimako, von seinen Gefühlen überwältigt, nahm sie daraufhin zur Frau. Gemeinsam tauchten sie ins Meer und erreichten die Insel Penglai, wo sie eine Schar von Unsterblichen trafen. (*Nihon shoki* 14)

Auch der Mythos von den Inseln der Unsterblichen hatte Japan erreicht – und genau dort, wo die Chinesen Penglai eigentlich vermutet hatten, in Japan, zogen die Menschen jetzt selbst aus, um sie zu suchen![20] Diese bemerkenswerte Überlieferung mag andeuten, dass auch die daoistischen Vorstellungen von Unsterblichkeit schon in der Asuka-Periode in Japan angekommen waren. Von Kaiser Temmu ist bekannt, dass er sich kurz vor seinem Tod um ein lebensverlängerndes Elixier bemühte, wie es in daoistischen Texten verschrieben wird; Gedichte erwähnen Unsterbliche, die auf Kranichen zu den Sternen fliegen; und Kaiserin Jitō reiste Dutzende Male nach Yoshino, wo diese Unsterblichen leben sollten.

Selbst wenn wenig über die Rezeption daoistischer Literatur in dieser Zeit bekannt ist, waren die Lehren des Daoismus in Japan allgegenwärtig: Der Wechsel von Yin und Yang gab den Takt des Alltags vor. Der chinesische Kalender von 60 Tagen – jeweils mit einer bestimmten Qualität – musste vor jeder wichtigen Entscheidung, jedem Unternehmen und jeder Reise konsultiert werden; selbst die geringsten Verrichtungen wurden nach Vorgabe ›glücklicher‹ oder ›unglücklicher‹ Tage terminiert: Fingernägel sollten nur an einem ›Tag des Rinds‹ geschnitten werden, Fußnägel hingegen an einem ›Tag des Tigers‹; Baden war höchstens alle fünf Tage opportun, Haarewaschen im 9. und 10. Monat überhaupt nicht angängig.[21] Zur Zeitmessung nutzten die Japaner die neueste Technik vom Festland: Wasseruhren. Ursprünglich aus dem Nahen Osten nach China gekommen, wurde die Wasseruhr im 7. Jahrhundert an der japanischen Yin-Yang-Behörde eingesetzt, wo die Beamten alle halbe Stunde die Zeit vermeldeten – nicht, um den chronologischen Verlauf der Zeit zu messen, sondern um die Geister zur gegebenen Stunde von Missetaten abzuhalten. Auch der Raum war nie neutral: Er war nicht geographisch zu vermessen, sondern geomantisch zu beurteilen. Die chinesischen Lehren des Fengshui (jap. *fūsui*) waren maßgeblich für die Anlage von Städten, Palästen, Gärten und Gräbern; jede Himmelsrichtung hatte ihre besondere Qualität (der Nordosten etwa war kreuzgefährlich). Manche Richtungen waren in bestimmten Lebensphasen zu meiden, andere – aufgrund umherziehender Geister – für einige Stunden oder Tage: Diese Richtungen waren ›tabu‹, was bei Reisen oder anderen Unternehmungen erhebliche Umwege und Verzögerungen bedeuten konnte.

Die fünf (!) Himmelsrichtungen waren in Japan, ebenso wie in China, mit den fünf Wandelphasen assoziiert: Osten mit Holz, Westen mit Metall, Süden mit Feuer, Norden mit Wasser und die Mitte mit Erde. Auch in Japan wurde die Welt fortan in Fünfergruppen erfasst: fünf Tugenden, fünf Strafen, fünf Farben, fünferlei menschliche Beziehungen, fünferlei Begräbnisse und viele andere Kategorien, die an den fünf Wandelphasen orientiert waren, bezeugen den allgegenwärtigen Einfluss der chinesischen Korrespondenzlehre. Die kosmologischen Lehren Chinas bestimmten die Gestaltung von Gräbern, sie diktierten Platzierung und Konstruktion von Tempeln und Palästen, die Anlage ganzer Hauptstädte, und sie lieferten den Japanern sogar ein Modell für die Entstehung ihrer Welt. Die *Aufzeichnungen alter Begebenheiten (Kojiki)* von 712, das erste mythologisch-historische Werk Japans, lässt alles beginnen, als »Yin und Yang sich entfalteten«, und im *Nihon shoki*, der *Chronik Japans*, die 720 vollendet wurde, findet sich eine erstaunliche Darstellung der Kosmogonie:

> In alter Zeit, als Himmel und Erde noch nicht getrennt, Yin und Yang noch nicht unterschieden waren, war alles wüst und wirr wie in einem Hühnerei, doch das Chaos enthielt schon den Keim. Sodann schwebte das Klare und Helle empor und wurde zum Himmel; das Schwere und Trübe sank herab und wurde zur Erde. Das Reine, Feine fügt sich leicht zusammen, doch das Schwere und Trübe gerinnt nur schwer: Darum wurde zuerst der Himmel vollendet, dann die Erde gefestigt, und schließlich wurden darin die Götter und Weisen geboren.
>
> (*Nihon shoki* 1)

All das ist fast wörtlich aus der chinesischen Literatur, vor allem aus dem daoistischen Werk *Huainan zi* (2. Jh. v. Chr.), übernommen:[22] »Himmel und Erde« seien aus der Unterscheidung von Yin, dem ›Schweren und Trüben‹, und Yang, dem ›Klaren und Hellen‹, entstanden, deren Zusammenspiel alles Sein bestimme. Auch in der japanischen Götterwelt, die im *Nihon shoki* eingehend beschrieben wird, lässt sich – bei aller Eigentümlichkeit des Stoffes – die Struktur chinesischer Kosmologie erkennen: »Insgesamt acht Götter« stehen an ihrem Anfang, »die sich durch die Verbindung der Prinzipien des Himmels und der Erde herausgebildet hatten: So entstanden diese männlichen und weiblichen Götter« (*Nihon shoki* 1). Die »acht Götter« entsprechen den acht Trigrammen (*bagua/hakke*), den Grundzeichen im *Kanon der Wandlungen*, deren erstes und letztes ›Himmel‹ und ›Erde‹ heißen und die jeweils mit »männlichen und weiblichen« Eigenschaften – Yang bzw. Yin – assoziiert werden.

Das Gewimmel von lokalen Gottheiten der japanischen Vorstellungswelt wird in diesen Mythen überwölbt von der symmetrischen Harmonie der chinesischen Weltsicht. Auch die Götterwelt wurde einem universellen System unterworfen: Sie wurde rationalisiert und auf den Einheitsgedanken gebracht, der dem Wesen des Staates entsprach.

## *Literatur*

Die eben zitierten Geschichtswerke *Kojiki* und *Nihon shoki* markieren den Beginn von Literatur in Japan. Drei Jahrhunderte lang, nachdem chinesische Schrift angeblich eingeführt worden war (S. 32 f.), haben die Japaner sie nicht genutzt, um eigene Literatur zu schaffen. Reisende brachten Kisten voller Bücher aus China mit, Studenten büffelten in der Hochschule die chinesischen Klassiker, Beamte wälzten Gesetzestexte, Schreiber kopierten Anweisungen, Mönche kantilierten Sūtras – aber eigene Werke produzierten die Japaner nicht. Vielleicht hing das damit zusammen, dass die meiste Literatur, die aus China kam, *kanonisch* war, das heißt: unveränderlich gültig. Dem Kanon war nichts hinzuzufügen, an Gesetzen durfte nicht ein Zeichen verändert werden, und in den Sūtras war das Dharma vollkommen ausgedrückt. Diese Umstände waren kaum dazu angetan, das volle Potential der Schrift zu offenbaren. Sie wurde in bestimmten Kontexten angewendet, in anderen war sie fremd, und lange scheint sie die Domäne von Spezialisten gewesen zu sein: ein Handwerk wie so viele andere, dessen Funktionsbereich begrenzt war.[23]

Erst allmählich begannen japanische Gelehrte, Chinesisch nicht nur zu lesen, sondern auch zu schreiben. Es dürfte kein Zufall sein, dass sie sich nicht an philosophischen Werken oder philologischen Kommentaren versuchten, sondern an einem weniger gravitätischen Genre: der Dichtung. Seit dem 7./8. Jahrhundert gehörte es in japanischen Adelskreisen zum guten Ton, ›Han-Gedichte‹ (*kanshi*) zu schreiben. Die chinesische Lyrik, die in der Tang-Zeit gerade ihren Höhepunkt erreichte, verband formale Klarheit mit unendlichen Möglichkeiten des Sprachspiels und der kunstvollen Improvisation. Konnte es bessere Fingerübungen des Pinsels geben als diese literarischen Kleinodien?

Allein zwischen 751 und 827 wurden vier Kompilationen von *kanshi* zusammengestellt. Sie enthielten Gedichte von Kaisern, Hofleuten und sogar – ganz im Gegensatz zu den Tang – von vielen Hofdamen. Alleine zehn Gedichte von Prinzessin Uchiko sind überliefert, der Tochter des Kaisers Saga, darunter das folgende:

> Erstmals regt sich Frühlingssonne, die Kälte ist noch starr;
> Einzig eine Pflaumenblüte öffnet sich im Schnee.
> Ich stell mir vor, wie im Palast die schönen Frauen wohnen;
> und insgeheim, wie die Pirole sich gegenseitig necken.
>
> (*Keikokushū* 11)

Kein Zweifel, Prinzessin Uchiko beherrschte die Klaviatur des poetischen Ausdrucks. Nicht nur Versmaß und Reime (in der Übersetzung nicht wiedergegeben) sind *comme il faut*, auch die Symbolsprache zeugt von tiefer Kenntnis der chinesischen Literatur. Die Pflaumenblüte im Schnee, die unerreichbaren Schönheiten, die Pirole: All das waren Topoi, deren Bedeutung jeder Tang-Dichter verstanden hätte. Auch die Gefühle, die dieses Gedicht ausdrückt, hätten sie wiedererkannt: die – durchaus erotische – Sehnsucht nach den Schönheiten im Inneren des Palastes, die der Dichter sich nur vorstellen, aber nie sehen oder gar erreichen konnte. Sollte aber Uchiko selbst, die Prinzessin am Hof, ähnlich gefühlt haben? Wohl kaum: Hier schrieb eine japanische Frau wie ein chinesischer Mann. So wie Kinder chinesische Texte auswendig rezitierten, bevor sie ein Wort davon verstanden, spielte Uchiko mit Ausdrucksmitteln, die nicht ihrer Erfahrung entsprachen. Ähnlich wirken viele Stücke, in denen nicht japanische, sondern *chinesische* Helden, Mythen, Gedächtnisorte, Pflanzen, Flüsse und Berge besungen werden. Bei aller Virtuosität haftet den japanischen *kanshi* dieser Zeit etwas Äußerliches, Angelerntes an. Sie übernahmen die Formensprache der Tang-Dichtung, machten sie sich aber nicht *zu eigen*.

Dichtung erfüllte nicht nur literarische, sondern offenbar auch praktische, konkret: politische Zwecke: »Literarische Werke erfüllen die höchsten Leistungen bei der Ordnung des Staates«, hatte der chinesische Kaiser Cao Pi – selbst ein großer Dichter – einst geschrieben (*Wenxuan* 52). Der Ausspruch wird nicht von ungefähr im Vorwort einer *kanshi*-Anthologie zitiert, der Titel einer weiteren, *Keikokushū*, bedeutet übersetzt nichts anderes als ›Sammlung zur Ordnung des Staates‹. Literatur sollte zivilisatorisch wirken, denn »um die Sitten zu harmonisieren und die Gewohnheiten zu verändern, gibt es nichts Besseres als Literatur« (*Kaifūsō*, Vorwort): *chinesische* Literatur, wohlgemerkt, die mit jedem Pinselstrich die Moralvorstellungen einer hierarchischen Gesellschaft vermittelte. So, wie japanische Dichter sich dem Versmaß und den Reimschemata der Tang-Lyrik unterwarfen, machten sie sich mit jeder Metapher und jeder Anspielung die Ordnungsmuster der chinesischen Welt zu eigen.

Die politische Funktion der Literatur wird überdeutlich in den ersten historischen Werken Japans, den *Aufzeichnungen alter Begebenheiten* (*Kojiki*) von 712 und dem *Nihon shoki* von 720. Dort wird nicht nur die Erschaffung der Welt in den Begriffen der chinesischen Mythologie erzählt (S. 86), sondern auch die Gründung und Genealogie des japanischen Kaiserhauses: Eine ungebrochene Linie, so die Erzählung, führe von der Sonnengöttin Amaterasu über den ersten japanischen Kaiser, Jimmu, der im Jahr 660 v. Chr. das japanische Reich gegründet habe, bis hin zum gegenwärtigen Kaiser. Ähnlich wie im ersten großen Werk der chinesischen Geschichtsschreibung, dem *Shiji*, gehen im *Kojiki* und im *Nihon shoki* Mythen und Geschichte fließend ineinander über.[24]

Beide Werke bedienen sich chinesischer Topoi: Die Göttin Amaterasu und ihr Bruder, der Störenfried Susanoo, mögen in ihrer Polarität den Einfluss der Theorien von Yin und Yang widerspiegeln; der Begriff des ›Reichs‹ (*tianxia*/*tenka*), über das schon Jimmu-Tennō geherrscht habe, ist chinesisch, ebenso der Kaisertitel; selbst die Missetaten schlechter Herrscher gleichen denen chinesischer Despoten: So soll Buretsu, der 25. japanische Herrscher, seine Gegner gefoltert, schwangeren Frauen den Bauch aufgeschnitten und andere

Gräueltaten begangen haben – genauso wie der letzte Herrscher der Shang-Dynastie. Andere Passagen des *Nihon shoki* sind wörtlich aus chinesischen Dynastiegeschichten kopiert: Die japanische Geschichtsschreibung hat chinesische Vorbilder übernommen, im Guten wie im Schlechten, und sie teilt deren Funktion, die Legitimation von Herrschaft: Nur, wer in der ungebrochenen Linie des Kaiserhauses stand, konnte Anspruch auf rechtmäßige Herrschaft erheben, und diese Linie war in den frühesten Geschichtswerken dokumentiert. »Literarische Werke erfüllen die höchsten Leistungen bei der Ordnung des Staates« – auch in Japan.

## Das Reich des Buddha

Konfuzianismus, Politischer Realismus und Daoismus haben die japanische Gesellschaft seit der Asuka- und Nara-Zeit tief geprägt. Doch ihr Einfluss verblasst gegenüber der einen Lehre, die Japan von Grund auf verändern sollte: dem Buddhismus. Auch der Buddhismus kam über China und die koreanische Halbinsel nach Japan. Doch er hatte eine viel weitere Reise hinter sich als die chinesischen Lehren, und er bot weit mehr als eine Religion, ein Herrschaftsmodell, eine gesellschaftliche Ordnung oder selbst eine Kosmologie: Er bot ein universelles Paradigma, das sich in allen Bereichen des Seins widerspiegelte. Der Buddhismus formte Kunst, Literatur, Architektur, Politik, Wirtschaft, Gelehrsamkeit, Sitten, Kleidung und Küche, er ergriff die Körper wie die Seelen.[25]

### *Die neue Religion*

Im Reich der Han war der Buddhismus bereits im 1./2. Jahrhundert bekannt; es dauerte rund 300 Jahre, bis er in Koguryŏ und Paekche eingeführt wurde; und erst weitere 150 Jahre später erreichte er Japan. Im

Jahre 538 oder 552 soll der König von Paekche eine bronzene und goldene Buddha-Statue, Flaggen und Schirme sowie einige Schriftrollen mit buddhistischen Sūtras an den Hof von König Kimmei in Yamato geschickt haben. In einem Begleitschreiben rühmte er die ›neue‹ Religion aus Indien:

> Unter allen Ordnungslehren ist diese die allerbeste. So schwer zu erklären und zu erschließen, dass selbst der Herzog von Zhou und Konfuzius sie nicht verstehen konnten, vermag diese Ordnungslehre grenzenlosen Segen sowie reiche Belohnung bescheren, bis hin zur allerhöchsten Erleuchtung. Es ist, als hütete man Schätze nach eigenem Belieben und könne sie allesamt nach Wunsch einsetzen. Genauso ist es mit dem Schatz dieser wundervollen Ordnungslehre: Sie erfüllt jedes Gebet nach Wunsch, und es mangelt an nichts. Sie ist aus dem fernen Indien bis in die drei Reiche Koreas gelangt, und alle, die ihre Lehren empfangen, ehren sie und huldigen ihr. (*Nihon shoki* 19)

Tatsächlich hatte sich der Buddhismus auf seinem Weg vom »fernen Indien« über China und Korea nach Japan grundlegend gewandelt. Der historische Buddha, Siddhārta Gautama Shākyamuni, der etwa 450–370 v. Chr. in Indien lebte, hatte gelehrt, dass alles Sein ein Kreislauf des Leids sei. Nur durch ein mönchisch diszipliniertes Leben sei dem Rad der Wiedergeburten zu entkommen: Durch die Überwindung aller Begierden und die Erkenntnis, dass alle Substanz illusorisch sei, könne man das ›Verlöschen‹ – Nirvana – erreichen. Schon um die Zeitenwende war diese entsagungsvolle Lehre in Indien erweitert worden durch die Schule des ›Großen Fahrzeugs‹, Mahāyāna, die nicht nur Asketen Heil versprach. Jeder, ob Mönch oder Laie, konnte durch gute Taten Erlösung erlangen – und zwar für sich und für andere: Der Mahāyāna-Buddhismus lehrte, dass karmische Verdienste nicht allein persönlich zugerechnet würden, sondern übertragbar seien. Das ›Große Fahrzeug‹ konnte jeden aufnehmen, denn die Welt war voller Bodhisattvas (*pusa*/*bosatsu*), erleuchteter Wesen, die ihren Eingang in das Nirvana verschoben, um andere zu retten. Während der historische Buddha nicht figürlich dargestellt oder gar als Gott verehrt worden war, entstand jetzt ein buddhistisches Pantheon; und schon die Verehrung von Bodhisattvas – der Weihrauch, die Sūtra-Lesung, die Spende – galt als gute Tat.

Erst mit dieser Entgrenzung in allen Dimensionen entfaltete der Buddhismus sein ganzes Potential als Weltreligion. Als er in den ersten Jahrhunderten n. Chr. über Mittelasien und die Seidenstraße China erreichte, war er nicht mehr die weltentsagende Religion der frühen Schulen, sondern eine weltgestaltende Lehre, die jedem etwas zu bieten hatte: Händlern versprach sie Profit, Reisenden Schutz, Gelehrten Erkenntnis, Bauern Regen, dem Volk Gesundheit und den Herrschern Macht. Es dürfte kein Zufall sein, dass es der Legende zufolge ein *Kaiser* war, der den Buddhismus nach China holte. Kaiser Ming der Han soll im Jahr 65 n. Chr. vom Buddha geträumt und daraufhin eine Gesandtschaft nach Westen geschickt haben, die mit einem Sūtra, zwei Mönchen und einem Schimmel zurückgekehrt sei. Das ›Kloster des Weißen Pferdes‹ (Baima si) östlich von Luoyang erinnert noch heute an dieses Ereignis. Wie in Japan ein halbes Jahrtausend später, markierte die Einführung des Buddhismus in China das Ende des Altertums, und wie dort hat er die Gesellschaft des Mittelalters stärker geprägt als jede andere Lehre.

## *Buddhismus und der Staat*

Auch wenn zunächst vor allem Händler, Mönche, Übersetzer und fromme Laien den Buddhismus in China verbreiteten, machten chinesische Herrscher ihn sich bald zunutze. Die Lehre des Buddha hatte *universalen* Anspruch – und darin war sie dem Staat verwandt. Schon im 3. Jahrhundert v. Chr. war in Indien unter König Aśoka die Vorstellung vom *cakravartin* entstanden, dem ›König des Dharma-Rads‹, der über alle Welt gebietet. So, wie die Lehre des Buddha, das Dharma, immer und überall galt, war der *cakravartin* ein universaler König, Herrscher und Heiliger zugleich. Dieses Ideal wurde in China ab dem späten 4. Jahrhundert enorm einflussreich, als der Buddhismus an Herrscherhöfen übernommen wurde. Kaiser mehrerer Dynastien erhoben ihn gleichsam zur Staatsreligion und inszenierten sich selbst als Bodhisattvas: Buddhas Stellvertreter auf Erden, Hüter der Lehre, Gebieter über die Menschen und Erlöser aller Wesen. In Südchina ließ sich Kaiser Wu der Liang-Dynastie offiziell zum ›Kaiserlichen Bodhisattva‹ (*huangdi pusa*) ordinieren, veranstaltete Versammlungen mit Hunderttausenden Teilnehmern, vor denen er Sūtras rezitierte, überhäufte die Mönchsgemeinde mit Geschenken, ließ großartige Klöster bauen, stiftete Buddha-Statuen – die größte soll über 20 m hoch gewesen sein –, entsagte mehrfach der Welt und ›gab seinen Körper hin‹, um sich dann gegen großzügige Spenden an Klöster wieder freizukaufen. Insgesamt soll es fast 3000 Klöster unter den Liang gegeben haben, die Kaiser Wu mit vielen Millionen aus dem Staatsschatz förderte. Er war weltlicher und geistlicher Herrscher zugleich. Noch heute erinnern die steinernen Säulen an den Grabwegen seiner Familienmitglieder daran, wem Kaiser Wu der Liang nacheiferte: Aśoka, dem ›König des Dharma-Rads‹.

In Nordchina waren es vor allem die Tuoba-Herrscher der Nördlichen Wei-Dynastie (386–535), die den Buddhismus etablierten. Die Tuoba, Angehörige einer Stammesföderation aus der mongolischen Steppe, nutzten die Religion als Mittel zur Zentralisierung einer tribalen Gesellschaft: Nachdem sie Ende des 4. Jahrhunderts Nordchina erobert hatten, bauten sie nicht nur eine neue Hauptstadt, schufen einen Hofstaat mit professioneller Verwaltung und führten Agrarsteuern ein, sondern erhoben auch den Buddhismus zu einer Art Staatsreligion. 3000 Mönche siedelten die Tuoba-Herrscher in ihre Hauptstadt Pingcheng (heute Datong) um und gründeten eine buddhistische ›Staatskirche‹, deren höchste Götter sie selbst waren. Der erste Kaiser der Nördlichen Wei ließ sich im Jahr 416 als Reinkarnation des Buddha heiligsprechen, und seine Nachfolger taten es ihm gleich. Sie errichteten Tempel und Pagoden, gründeten Klöster, ja sie prägten das Antlitz ihres Landes mit den Symbolen ihrer neuen Religion. In den heiligen Bergen von Yungang, dort, wo sie früher den Himmel um Regen angefleht hatten, ließen sie Dutzende Grotten mit über 50.000 Buddha-Statuen in die Sandsteinfelsen graben: steinerne Monumente des Glaubens, aber auch der Macht. Denn die fünf kolossalsten dieser Buddha-Statuen, die mit

15 m Höhe alle anderen weit überragen, tragen das Antlitz der ersten Wei-Kaiser:

> Der Kaiser hatte befohlen, steinerne Statuen anzufertigen, die der Gestalt des Kaisers ähneln sollten. Als sie fertig waren, wurden auf der Stirn und unten am Fuß jeweils schwarze Steine eingefügt, entsprechend den Muttermalen, die der Kaiser oben und unten hatte. (*Weishu* 114, 3036)

Jeder Gläubige, der die Buddhas von Yungang anbetete, verehrte zugleich den Kaiser und seine Vorfahren: eine geniale Verbindung des Buddhismus mit der chinesischen Ahnenverehrung und dem Kaiser-Kult.

Der maßlose Aufwand, den die Tuoba-Kaiser in ihrer Patronage des Buddhismus betrieben, deutet zugleich auf die Gefahren hin, die ihrer Herrschaft aus der Religion erwuchsen. Denn nicht alle Buddhisten ließen sich staatlicher Kontrolle unterwerfen, und unabhängige buddhistische Gemeinden drohten stets zu einer Gegenmacht zu werden: autonome Organisationen mit einer eigenen Hierarchie, deren Mitglieder dem Staat weder Steuern zahlten noch Arbeitsdienst oder Gefolgschaft leisteten. Schon im Jahr 438 verordnete der Wei-Kaiser, dass Männer unter 50 nicht Mönch werden durften, und zwischen 446 und 452 kam es zu massiven Buddhistenverfolgungen, Klöster wurden aufgelöst, Mönche laisiert, Statuen zerstört: ein Menetekel für das, was China 400 Jahre später erleben sollte.

Doch die Tuoba kehrten sich nicht ab vom Buddhismus, im Gegenteil. Als sie im Jahr 494 ihren Sitz nach Luoyang verlegten, die alte Hauptstadt der Han, und die Zentralisierung des Staates weiter forcierten, erreichte auch ihre Förderung des Buddhismus einen neuen Höhepunkt. In Longmen legten sie ähnlich grandiose Felsentempel an wie in Yungang – mehr als 2000 Höhlen und Nischen mit über 100.000 Figuren entstanden dort in den nächsten Jahrhunderten –, und Luoyang selbst machten sie nicht nur zur Hauptstadt des Reiches, sondern auch des Buddhismus. In den 40 Jahren, in denen Luoyang unter den Wei blühte, sollen dort mehr als 500 Klöster und 1367 Tempel entstanden sein: Buddhistische Anlagen sollen ein Drittel der Stadtfläche eingenommen haben. Monumentale Buddha-Statuen aus Kupfer und Bronze zogen die Gläubigen an, Pagoden überragten weithin sichtbar das Land: Sie kündeten von der Größe des Dharma – und des Kaisers.

Gerade in diesem historischen Moment, als das Bündnis zwischen Reich und Religion in China seinen Höhepunkt erreicht hatte, kam der Buddhismus nach Japan – und König Kimmei soll vor Freude gehüpft sein, als er im Jahr 538/552 Nachricht davon erhielt.[26] Am religiösen Gehalt des Buddhismus wird es nicht gelegen haben, denn die Mahāyāna-Terminologie, die in Japan noch unbekannt war, kann der Kaiser wohl kaum verstanden haben. Vielmehr dürfte es eine ganz andere Lesart gewesen sein, die seine Freude erregte: denn der zentrale Begriff ›Dharma‹ (*fa*/*hō*), der im Buddhismus die Struktur der Wirklichkeit schlechthin, das universelle Gesetz, die Lehre Buddhas u. a. meint, lässt sich im Sinne von ›Ordnungslehre‹ auch als Prinzip weltlicher Herrschaft verstehen. Da diese Ordnungslehre zudem ›grenzenlosen Segen‹ versprach, ließ sie sich leicht auf die Herrschaft über ein *Reich* beziehen – ein Traum, den König Kimmei angeblich schon in frühester Jugend gehegt haben soll.

Die Weltreligion war das ideale Pendant zum Zentralstaat. Ebenso wie die zentralstaatliche Ordnung alle Partikularismen bezwingen musste, sollte das Dharma alle lokalen Kulte überstrahlen. Die zahlreichen Gottheiten hatten sich dem Buddhismus ebenso unterzuordnen wie die Clans dem zentralen Herrscher. Vor allem die Soga, die enge Verbindungen zu Immigranten aus Paekche pflegten, förderten den Buddhismus, während andere mächtige Clans wie die Mononobe und die Nakatomi ihre eigenen *kami* gegen das Pantheon der fremden Religion verteidigten:

> Diejenigen aus unserem Staat, die über das Reich herrschten, waren stets bedacht darauf, den 180 Göttern des Himmels und der Erde, des Bodens und der Hirse in allen vier Jahreszeiten Opferdienst zu leisten. Wenn nun stattdessen die Götter der Barbaren verehrt werden, steht zu befürchten, dass das den Zorn unserer Götter heraufbeschwört. (*Nihon shoki* 19)

Schon diese Rede lässt erahnen, dass die Verteidiger der traditionellen Ordnung auf verlorenem Posten standen, denn selbst sie kommen in ihrer Argumentation nicht ohne die chinesischen Begriffe ihrer Gegner aus: Die ›Götter des Bodens und der Hirse‹ sind Symbole des Staates, die ›Barbaren‹ das Gegenbild des kulturellen Zentrums. Vollends wurden sie dann im Jahr 587 besiegt, als die Soga – unter dem Schutz der ›Vier Himmlischen Könige‹ des Buddhismus – die Mononobe militärisch vernichteten und sich die Macht am Hofe sicherten: In den folgenden Jahren installierten sie Kaiser von ihren Gnaden, verheirateten sie mit ihren Töchtern und bestimmten auf diese Weise die Geschicke des Yamato-Staates. Auch Königin Suiko, die 593 den Thron bestieg, und ihr Regent, Prinz Shōtoku, waren Verwandte der Soga: Sie führten das Programm der Zentralisierung, der Übernahme chinesischer Zivilisation und der Förderung des Buddhismus mit Verve fort. Schon der zweite Paragraph der oben (S. 55 f.) zitierten ›Allgemeinen Gesetze‹ stellt die geistliche Herrschaft der weltlichen zur Seite:

> Bleibt fest in der Verehrung der Drei Schätze! Die Drei Schätze [Buddha, Dharma, *sangha*] sind das Ziel der viererlei Geburten und das ultimative Grundprinzip aller Staaten. Welche Zeit und welcher Mensch würde diese Ordnungslehre nicht wertschätzen?! (*Jūshichi jō kenpō* 2)

Auch für Prinz Shōtoku war der Buddhismus nicht nur eine Religion, sondern, neben Schrift und Staatslehre, ein weiteres Instrument der Herrschaft, das Japan aus China übernommen hatte. In den folgenden Jahren wurden in der Ebene von Asuka nicht weniger als 46 buddhistische Tempelkomplexe erbaut, darunter die des Asuka-dera, des Arahaka-ji und des Ikaruga-ji (später Hōryū-ji). Die Tempel von Asuka waren die ersten großen Anlagen im kontinentalen Stil, sie glichen denen im Luoyang der Nördlichen Wei, der Stadt der tausend Tempel. Umgrenzt von einer schützenden Mauer, waren Einzelgebäude symmetrisch um eine zentrale Achse herum gruppiert; ein Haupttor im Süden sowie ein ›Mittleres Tor‹ führten in den Tempelhof, dessen vornehmste Gebäude die Buddha-Halle mit den heiligen Kultfiguren und eine mehrstöckige

Pagode waren, umgeben von Wandelgängen sowie verschiedenen Nebenbauten: Pavillons für Glocke und Trommeln, einer Predigthalle und Versammlungs- und Wohnräumen für die Mönche. Das Fundament der Tore und Hallen bildeten erhöhte steinerne Plattformen, darauf standen tragende Holzsäulen, auf deren kunstvollen Konsolen der Dachstuhl und schließlich das wuchtige Dach ruhten. Dächer mit glasierten Ziegeln und ausladend gekrümmten Traufen krönten die prächtigen Anlagen. Diese Architektur hatte keine Vorläufer in Japan. In der Ebene von Asuka, wo es zuvor nur Grubenhütten mit einfachen Strohdächern gegeben hatte, muss ihre Wirkung überwältigend gewesen sein.

Viele der bronzenen Buddha-Statuen, die in den Schatzkammern dieser Anlagen stehen, wurden von Kuratsukuri no Tori, dem Enkel eines Immigranten aus Südchina, gefertigt: Angelehnt an die Steinskulpturen von Longmen und Yungang, führten auch sie einen völlig neuartigen ikonographischen Stil – den ›Tori-Stil‹ – in Yamato ein. Toris Meisterwerk ist die bronzene Statue des Buddha Shākyamuni, flankiert von zwei Bodhisattvas, aus dem Jahr 623, die noch heute in der ›Goldenen Halle‹ des Hōryū-ji steht. Eine Inschrift auf ihrer Rückseite verrät, dass Prinz Shōtoku erkrankt war und die Buddha-Statue »in der Größe des Prinzen« gestiftet wurde, um ihn gesunden zu lassen – doch »am folgenden Tag schied der Dharma-König (*hōō*) dahin« (Walley 2015, 46 f.). Der »Dharma-König«! Auch Prinz Shōtoku wurde als Herrscher und Heiliger verehrt, als König und Bodhisattva: In den Statuen und Bauwerken von Asuka wurden diese Ambitionen symbolisch verdichtet. Nicht zufällig waren die Tempelanlagen weitgehend identisch mit denen von Palästen: Wo im Tempel der Buddha verehrt wurde, thronte im Palast der Kaiser. Und nicht zufällig stand im heiligen Bezirk dieser Tempelanlagen stets eine Halle, die den ›Vier Himmlischen Königen‹ geweiht war: den Schutzgöttern des Staates, die seine Macht im Inneren sicherten und seine äußeren Feinde unterwarfen.

Hölzerne Pagoden, einst in China aus dem indischen Stūpa entwickelt, sind heute fast nur noch in Japan erhalten. Die fünfstöckige Pagode des Hōryū-ji, eines der ältesten Holzgebäude der Welt, soll das Fragment eines Buddha-Knochens beherbergen. Rechts daneben das zweistöckige ›Mittlere Tor‹, das, von muskulösen Wächterfiguren flankiert, in den inneren Hof führt.

## Hōryū-ji 法隆寺

Die prächtigsten Zeugnisse mittelalterlicher chinesischer Architektur stehen nicht in China, sondern in Japan. In der Ebene von Asuka, in der heutigen Präfektur Nara, wo die Herrscher der Yamato-Zeit im 6. und 7. Jahrhundert residierten, entstanden Dutzende buddhistische Tempelanlagen im Stil der Nördlichen Wei (386–535). Zimmerleute, Töpfer, Steinmetze und Bildhauer, Kunstschmiede und Maler aus *toraijin*-Familien schufen dort Gebäude und Kunstwerke, die ihre chinesischen Vorbilder weit überdauerten. Unter den großen Tempelanlagen von Asuka ragt der Hōryū-ji (ursprünglich: Ikaruga-ji, 7. Jh.) heraus als die einzige, die an ihrem Ursprungsort erhalten ist, und als eines der glanzvollsten Beispiele chinesisch inspirierter Baukunst in Japan. Elf Gebäude des Hōryū-ji stammen aus dem 7. oder 8. Jahrhundert, darunter eine fünfstöckige Pagode und die ›Goldene‹ Haupthalle, die zu den ältesten erhaltenen Holzgebäuden der Welt zählen. Die massiven Holzsäulen auf steinernen Sockeln sowie das ›wolkenförmige‹ Gebälk des Dachstuhls, das sie tragen, bezeugen einen Stil, der in der Han-Zeit entwickelt, in den Dynastien der Nördlichen Wei und Nördlichen Qi fortgeführt wurde und schließlich über Korea auch Japan erreichte.

Die heiligen Hallen des Hōryū-ji beherbergen zahlreiche Meisterwerke religiöser Kunst: eine überaus fein geformte hölzerne Standfigur der Kannon (chin. Guanyin, S. 170) im Stile der Nördlichen Wei; Skulpturen der ›Vier Himmlischen Könige‹, in einer Schlämmtechnik hergestellt, die wohl via Paekche von den Nördlichen Qi und Nördlichen Zhou übernommen wurde; die bronzene Shākyamuni-Statue mit der oben zitierten Inschrift, flankiert von zwei Bodhisattvas, die Kuratsukuri no Tori 623 für den verstorbenen Prinzen Shōtoku im Stile der Felsstatuen von Longmen fertigte; die bronzene Statue des Yakushi-Buddha von 607 mit einer der ältesten sino-japanischen Inschriften und – eine besondere Perle – ein hölzernes Tabernakel mit Malereien aus dem 7. Jahrhundert, das mit den glitzernden Flügeln des ›Jadekäfers‹ bedeckt ist.

Von den über 1000 buddhistischen Kunstwerken des Hōryū-ji werden in Japan 768 Stücke als ›Nationale Schätze‹ verehrt. Sie sind einzigartige Zeugnisse der japanischen Kunstgeschichte, mehr noch: nicht bloß Schöpfungen ›nationaler‹ Kunst, sondern Erbstücke asiatischer Kultur, die auf ihrem Weg von Indien über

Mittelasien, China und Korea nach Japan vielfach variiert und bereichert wurde. Die Kulturtechniken, die chinesische und koreanische Architekten, Künstler und Handwerker nach Japan brachten, kannten ›nationale‹ Grenzen ebensowenig wie der Buddhismus selbst.[27]

## *Buddhismus für den Staat*

Die Instrumentalisierung des Buddhismus durch den Staat war mit den Taika-Reformen (S. 58) weiter intensiviert worden, als Kaiser Kōtoku die Religion dem Kaiserhaus unterstellt und zehn Mönche bestimmt hatte, die dem *sangha*, der Mönchsgemeinde, vorstehen sollten. Auch seine Nachfolger hatten Sūtra-Lesungen und Zeremonien organisiert, Buddha-Statuen in großer Zahl schnitzen lassen, und Kaiser Temmu hatte 685 sogar verfügt, dass in jedem Haushalt ein Buddha-Schrein aufzustellen sei. Doch Ende des 7. Jahrhunderts sollte die Verstaatlichung des Buddhismus nochmals eine neue Qualität annehmen.

Wieder ging die Entwicklung vom Festland aus. Dort hatte nach dem Tod des Tang-Kaisers Gaozong seine Witwe, Kaiserin Wu Zetian, den Thron usurpiert und im Jahr 690 eine eigene Dynastie ausgerufen: eine Ungeheuerlichkeit, denn nie zuvor (und nie danach) hatte eine Frau in China eine Dynastie begründet.[28] Doch Wu Zetian verstand es geschickt, ihre Macht zu legitimieren, u. a. durch den Buddhismus. Sie förderte die Übersetzung und Vervielfältigung – vielleicht erstmals: den Druck – von Sūtras, stiftete Statuen und Buddha-Skulpturen in den Grotten von Longmen, die einst von den Tuoba angelegt worden waren. Die größte dieser Figuren aber, einen 17 m hohen Vairocana, stiftete sie sich selbst. Der Sonnenbuddha, der in der Huayan-Schule das Zentrum des Universums verkörpert, wurde wahrscheinlich als Abbild Wu Zetians geschaffen: die Kaiserin als ›lebender Buddha‹, der die zentrale Macht im Reich innehatte. Es kam nicht ungelegen, dass just zu dieser Zeit im *Sūtra der Großen Wolke* (*Dayun jing*) eine prophetische Passage gefunden wurde, die von der unmittelbar bevorstehenden Reinkarnation des Buddha Maitreya in weiblicher Gestalt kündete, die zum Herrscher über alle Welt werden sollte. Wu Zetian ließ sich diese Steilvorlage nicht entgehen und gründete in jeder Präfektur des Reiches staatliche ›Klöster der Großen Wolke‹ (Dayun si), die der Verehrung von ›Maitreya, der Einzigartigen‹, geweiht waren. Ein landesweites Netz staatlich gestifteter Klöster zu Ehren der Kaiserin: Damit war eine neue Stufe politischer Vereinnahmung des Buddhismus erreicht.

Es war nur eine Frage der Zeit, bis auch diese Entwicklung Japan erreichen würde, denn im 7.–9. Jahrhundert erreichte die Ausbreitung des Buddhismus von Indien nach China und Japan ihren Höhepunkt. Sie glich einem frommen Staffellauf, der über alle Landesgrenzen hinwegging: Während chinesische Mönche ins heilige Land nach Indien pilgerten, von dort Sūtras mitbrachten und ins Chinesische übersetzten, reisten japanische oder koreanische Mönche in das Reich der Tang, um die heiligen Schriften weiter nach Osten zu tragen. So hatte etwa der chinesische Mönch Xuanzang im indischen Nālandā die Lehren des Yogācāra-Buddhismus studiert, nach seiner Rückkehr dessen Grundwerke ins Chinesische übersetzt und die Faxiang-Schule begründet. Seine Lehren wurden dann ab Mitte des 7. Jahrhunderts vom japanischen Mönch Dōshō, der bei Xuanzang persönlich gelernt hatte, und anderen nach Japan gebracht und dort als Hossō-Schule etabliert. Auf diese Weise etablierten sich in der Nara-Zeit die gleichen sechs Schulen des Buddhismus, die das religiöse Leben unter den Tang bestimmten.[29]

Unter ihnen nahm die Huayan-Schule eine besondere Rolle ein. Schon in China war sie unter dem sogdischen Mönch Fazang und der Patronage von Kaiserin Wu Zetian enorm einflussreich: Der gigantische Vairocana-Buddha von Longmen zeugt bis heute davon. Nachdem Mönche wie der Inder Bodhisena, der Japaner Genbō und Shinjō aus Silla die Lehre des Huayan (jap. Kegon) nach Nara gebracht hatten, wurde sie dort zur wichtigsten buddhistischen Schule ihrer Zeit – und auch hiervon zeugt eine gigantische Vairocana-Statue.

Schon ab 741 hatte Kaiser Shōmu in allen Bezirken seines Reichs Staatstempel (*kokubun-ji*), nicht unähnlich denen von Wu Zetian, errichten lassen. Dort war es nicht das *Sūtra der Großen Wolke*, das die Verbindung von weltlicher und religiöser Herrschaft verbürgte, sondern das *Sūtra vom Goldenen Glanz* (*Konkō myōkyō*, sanskr. *Suvarṇaprabhā sūtra*). Dieses Sūtra, das der Mönch Yijing 703 ins Chinesische übersetzt hatte, war 725 nach Japan gelangt. Jetzt mussten die Mönche der Staatstempel es regelmäßig rezitieren – kein Zweifel, weshalb, denn dort gibt Buddha den ›Himmelskönigen‹, Schützern der Welt, folgende Anweisung:

> Ihr vier Himmelskönige mit eurem zahllosen Gefolge an Geistern und Dämonen! Wenn ein König über die Menschen diesem Sūtra mit ganzen Herzen zu lauschen vermag, wenn er ehrfürchtig Opfer darbringt und Lobpreis spendet, ihr vier Himmelskönige: dann sollt ihr ihn beschützen, alles Unheil von ihm abwenden und ihm Glück und Frieden spenden! (*Konkō myōkyō* 6)

Der Buddhismus mit seinen Heerscharen als Schützer des Staates: Diese Botschaft machte das *Konkō myōkyō* zum wichtigsten Sūtra seiner Zeit. Im Jahr 743 beschloss Kaiser Shōmu dann, dieses System auf spektakuläre Weise durch die Symbolik des Kegon zu ergänzen. Er befahl, im Tōdai-Tempel von Nara eine 16 Meter hohe bronzene Statue des Vairocana zu errichten: die größte bronzene Buddha-Statue, die jemals gegossen wurde. 338 Tonnen Bronze und 60 kg Gold wurden in ihr verarbeitet; um sie zu herum wurde das größte hölzerne Gebäude der Welt errichtet: 90 m breit, 50 m tief, getragen von 30 m hohen, massiven Holzsäulen, das Dach gekrönt von zwei vergoldeten Hörnern. Zwei Pagoden von über 100 m Höhe flankierten die Anlage. Acht Jahre dauerte die Arbeit an der Statue, mehr als zwei Millionen Menschen trugen mit Spenden und ihrer Arbeitskraft zu dem Projekt bei. Sie alle sollten durch ihren Beitrag – und sei es »nur ein Grashalm oder ein Erdklumpen« – der Buddha-Natur teilhaftig und vor allem: Teil des zentralisierten Systems des Staatsbuddhismus werden.

Die Einweihung des ›Großen Buddha‹ im Jahr 752 war ein Ereignis, das in ganz Ostasien wahrgenommen wurde, eine religiöse Massenveranstaltung, wie es sie noch nie gegeben hatte. 17.000 Menschen – aus

Japan, China, Korea, Indien und anderen Ländern – nahmen an der Zeremonie teil. Kaiserin Kōken – ihr Vater, Shōmu, war aus gesundheitlichen Gründen zurückgetreten –, der Adel und die gesamte Beamtenschaft aus Nara waren anwesend. 4000 Tänzer führten zeremonielle Tänze auf; 10.000 Mönche umkreisten die Statue, streuten Blumen und kantilierten Sūtras. Sie alle wurden Zeugen, wie auf dem Höhepunkt der Zeremonie der Mönch Bodhisena die Statue vollendete, indem er ihr von einem Gerüst aus mit einem riesigen Pinsel die Pupillen aufmalte. Jetzt blickte Vairocana über das Reich und seine Tempel, deren Schutz ihm befohlen war.[30]

Damit war Nara – der Palast im Westen, der Tōdai-ji im Osten – endgültig zum politischen und religiösen Zentrum Japans geworden, ja vielleicht ganz Ostasiens. Es passt in dieses Bild, dass nur ein Jahr später einer der berühmtesten Mönche seiner Zeit, Jianzhen, nicht von Japan nach China, sondern umgekehrt: von China nach Japan reiste. Jianzhen war schon als junger Mönch der Vinaya-Schule (Lü/Ritsu) beigetreten, deren Lehrtexte sich mit monastischen Regeln und mönchischer Disziplin beschäftigten. Das Augenmerk der Vinaya-Schule lag nicht auf philosophischer Einsicht oder meditativer Praxis, sondern auf den Geboten und Verboten, die das Leben von Mönchen und Nonnen regelten. Die Herrschaft des Gesetzes: Gerade das scheint diese Schule auch für japanische Herrscher interessant gemacht zu haben. Denn nicht die Entfaltung des Dharma, sondern die Kontrolle durch und über den Buddhismus war ihr wichtigstes Anliegen.

Schon im Jahr 742 – Jianzhen hatte in China bereits einen Ruf wie Donnerhall – hatten japanische Gesandte ihn erstmals gebeten, seine Lehre in Japan zu verbreiten. In den folgenden zehn Jahren versuchte Jianzhen fünfmal, nach Japan zu reisen. Es wurde eine Odyssee: Mehrmals gerieten seine Schiffe in Seenot, erlitten Schiffbruch – einmal wäre Jianzhen fast verdurstet –, kamen vom Kurs ab und mussten nach China zurückkehren. Erst 753 gelang Jianzhen, mittlerweile alt und erblindet, die Überfahrt nach Japan. Er wurde in Nara empfangen wie ein Bodhisattva – »die Wagen strömten wie ein Fluss, die Pferde flogen wie Drachen ihm entgegen« – und alsbald mit der Gründung der Ritsu-Schule betraut. Im Tōdai-ji ließ Ganjin, wie er in Japan hieß, einen Ordinationsaltar errichten und führte erstmals geregelte Ordinationsriten ein. Kaiserin Kōken selbst und ihr Vater, Shōmu, waren unter den Ersten, die sich dort feierlich ordinieren ließen – aber in Wirklichkeit waren sie es, die ordinieren ließen. Mit den neuen Ordinationsregeln setzte der Staat seinen Anspruch auf Kontrolle der Ordenseintritte durch. Ganjins Beitrag vollendete ein System, das Politik und Religion in Nara gleichschaltete: So, wie die lokalen Verwaltungsbehörden einen politischen Raum definierten, schufen die Staatstempel einen heiligen Raum, der ganz Japan umfasste; so, wie der Staat durch ›Strafgesetze und Erlasse‹ (*ritsuryō*) geregelt wurde, sorgten ›Ordensregeln‹ (*ritsu*) für die Disziplin im Klerus – und beide gingen gleichermaßen vom Zentrum in Nara aus.[31]

## Die ›Sinisierung‹ des Alltags

Großprojekte wie die Anlage von Hauptstädten, allgemeine Gesetzgebung, die Verbreitung des Buddhismus oder der Aufbau einer staatlichen Bürokratie mögen den chinesischen Einfluss in der Zeit des ›Kaisersystems‹ besonders augenfällig machen. Doch blieb er keineswegs auf diese Bereiche beschränkt. Es gab kaum eine Nische der japanischen Kultur, die im 7. bis 9. Jahrhundert nicht von ›chinesischen‹ Einflüssen geprägt wurde. Sie veränderten alle Gewohnheiten und Verrichtungen des Alltags: Die Tang inspirierten die Moden der Kleidung, sie gaben den Ton bei Musik und Tänzen an, variierten den Takt des Alltags und der Arbeit, lieferten die Spiele und Feiern, bei denen sich die japanischen Eliten vergnügten. Chinesische Ästhetik umgab die Adligen in der Hauptstadt allenthalben. So, wie die Tang-Dichtung durch Parallelismen der Verse und symmetrische Entsprechung ihrer Glieder gekennzeichnet ist, bezeugt auch die bildende Kunst der Nara-Zeit einen Sinn für »klare Ordnungen, einfache Maße und Verhältnisse, die sich meist in wenigen geraden Zahlen ausdrücken lassen« (Speiser 1956, 158): In der geometrischen Anlage von Städten, den klaren Linien des Mobiliars und der symmetrischen Ornamentik des Kunsthandwerks drückt sich der gleiche ›kontinentale‹ Geschmack aus. Chinesische Maße und Techniken bestimmten auch die Arbeitsweisen der japanischen Handwerker, die all die ›Tang-Güter‹ bald selbst herstellten, und sogar das Leben des einfachen Volkes, das von chinesischer Hochkultur nichts wusste, wurde durch Anbau- und Produktionstechniken vom Festland nachhaltig verändert. Die Neuerungen aus China durchwirkten jede Faser der japanischen Gesellschaft.[32]

## *Das Leben à la chinoise*

Seit der Asuka-Zeit gab der chinesische Kalender in Japan den Rhythmus des Lebens vor (S. 59). Seine Zyklen von 60 Tagen mit ihren glückverheißenden oder unheilvollen Qualitäten, die Tierkreiszeichen, die Festlegung der Monate und Jahreszeiten sowie der 24 Jahresabschnitte, welche die Mikrorhythmen der Natur anzeigten (und zwar gemäß dem Klima der Nordchinesischen Ebene), und sogar die Doppelstunden, die den Tag strukturierten. All das übernahmen die Japaner, ebenso wie viele jahreszeitliche Feste: Am Neujahrstag, zu Buddhas Geburtstag am 8. Tag des 4. Monats, beim Tanabata-Fest am 7. Tag des 7. Monats, beim Betrachten des Herbstmondes am 15. Tag des 8. Monats, dem Chrysanthemenfest am 9. Tag des 9. Monats, beim Erntefest am Doppelzehnten, den Exorzismen am Jahresende und manchen anderen Gelegenheiten feierten die Japaner ebenso wie die Chinesen. Doch nicht nur im Lauf des Jahres, sondern buchstäblich von der Wiege bis zur Bahre begleiteten die Japaner vom Festland inspirierte Riten: Sowohl in China als auch in Japan wurden der siebte Tag, der erste volle Monat und die ersten hundert Tage nach der Geburt mit – regional unterschiedlichen – Riten zelebriert; wie in China wurden jungen Männern mit Vollendung des 20. Lebensjahres die Haare auf dem Vorderkopf geschoren, und ihnen wurde eine Kappe aufgesetzt, um den Eintritt ins Mannesalter zu markieren; so wie chinesische Mädchen mit Vollendung des 15. Lebensjahres durch eine Haarnadel als heiratsfähig ausgewiesen wurden, steckten die Eliten der Nara- und Heian-Zeit ihren Töchtern mit 15 Jahren die Haare in einem Knoten hoch; nach der Hochzeit, die an einem glückverheißenden Tag des chinesischen Kalenders vollzogen wurde, waren die japanischen Frauen ihrem Ehemann ebenso untertan, wie es die Tang-Gesetze wollten, und dieselben sieben Gründe, eine Ehefrau zu verstoßen, die in China seit alters galten, wurden jetzt – zumindest offiziell – auch den Japanerinnen zugemutet: Unfruchtbarkeit, Respektlosigkeit gegenüber den Schwiegereltern, Eifersucht, Geschwätzigkeit, Diebstahl, Ehebruch und schwere Krankheit. Die Toten wurden hier wie dort von ganz ähnlichen buddhistischen Ritualen begleitet, und noch im Grab umgaben die Japaner sich mit den Symbolen der chinesischen Kosmologie, wie zwei spektakuläre Funde von Grabanlagen in Asuka zeigen: Beide Grabkammern waren nord-südlich ausgerichtet, die Wände mit den chinesischen Wesen der vier Himmelsrichtungen dekoriert: dem weißen Tiger im Westen, der schwarzen Schildkröte im Norden, dem blauen Drachen im Osten und dem roten Sperling im Süden. An den Decken fanden sich Sternenkarten, in einem Grab zudem die zwölf Tiere des chinesischen Tierkreises.

Auch die Heilkunde der Japaner – seit dem frühen 7. Jahrhundert offiziell an einer medizinischen ›Fakultät‹ der staatlichen Hochschule etabliert – war rein chinesisch. Sie beruhte auf dem Dualismus von Yin und Yang, die in einem gesunden Organismus ausgeglichen sein mussten, und den Fünf Wandelphasen, die mit einzelnen Organen korrelierten: Holz mit der Leber, Feuer mit dem Herzen, Erde mit der Milz, Metall mit der Lunge und Wasser mit den Nieren. Ärzte diagnostizierten Krankheiten, wie ihre Kollegen auf dem Festland, indem sie diese Assoziationen feststellten, die Balance von Yin und Yang prüften und den Puls ertasteten. Für die Behandlung standen die in China bewährten Methoden der Akupunktur, der Moxibustion sowie ein reicher Fundus an Kräutermedizin zur Verfügung. Auch der Tee, der im 9. Jahrhundert in Japan eingeführt wurde, diente zunächst nicht als Genussmittel, sondern – wie in China lange Zeit – vor allem als Medikament.

Dabei bildeten ausgerechnet Speisen eine bemerkenswerte Ausnahme von der China-Begeisterung der Japaner. Zwar machten sie sich das Essgerät der Chinesen zu eigen: Während die Yamato-Leute nach Ausweis chinesischer Berichte zuvor »weder Teller noch Schüsseln« hatten, stattdessen Blätter als Unterlage benutzten und »ihre Speisen mit den Händen aßen« (*Suishu* 81), setzte sich in der Nara-Zeit der Gebrauch von Stäbchen durch. Jetzt wurden auch die in China üblichen tablettartigen Einzeltische eingeführt, an denen – von Geschirr aus Keramik oder Holz – jeder seine Speisen individuell zu sich nahm: Tischsitten, die in Japan noch heute üblich sind, nicht aber in China (S. 110). Doch so vornehm es bei Tisch zuging, so dürftig blieb der japanische Speisezettel. Die zwei Mahlzeiten, die Adlige täglich zu sich nahmen, waren überaus frugal: weißer Reis, gekocht oder gedünstet, mit anderem Getreide, Süßkartoffeln, Kastanien, Bohnen, Bambus, Auberginen, Rettich oder anderem Gemüse zu einem Kuchen oder Brei vermengt. Früchte und Nüsse sowie verschiedene Sorten Fisch, meist getrocknet, ergänzten die magere Kost. Fleisch fehlte dagegen – abgesehen von Fasanen und gelegentlichem Wild – fast völlig. Weder Butter noch Milch standen auf dem Speiseplan; die Japaner tranken außer Sake fast nur Wasser.

Der Kontrast zur Vielfalt der Tang-Küche könnte kaum größer sein. Die Chinesen genossen schon damals den ganzen Reichtum ihrer natürlichen Umwelt. Neben den Grundnahrungsmitteln Hirse, Gerste, Weizen, Reis sowie – im Süden – Yams- und Tarowurzeln wurden buchstäblich alle Tiere gegessen: Schweine- und Lammfleisch (sowie Innereien) gab es überall im Reich; hinzu kamen lokale Spezialitäten wie Kamelhöcker, Bärentatzen, Elefantenrüssel, fette Bambusratten, Murmeltiere, Hunde, Affen, Seeotter, sogar Schlangen, Frösche, Hornissenlarven, Kakerlaken und andere Insekten. Vor allem im Süden standen zudem Fische, Schildkröten, Quallen und andere Meeresfrüchte auf dem Speiseplan. Die Vielfalt einheimischer Obst- und Gemüsesorten wurde ergänzt durch die Exotika der Seidenstraße: Trauben, Pfirsiche, Granatäpfel, Pistazien, Datteln, Feigen, Ginseng, Mangos, Spinat, Kohlrabi, Oliven, Pfeffer, Rohrzucker und vieles andere.

Kaum etwas von diesen kulinarischen Reichtümern wurde in Japan übernommen. Eine Ausnahme bildet die Sojasoße, die im 8. Jahrhundert vom Festland gekommen sein dürfte und Würze in die japanischen

Speisen brachte, vielleicht auch der Tofu, der angesichts der fleischarmen Ernährung der Japaner zu einer wichtigen Proteinquelle wurde. Vor allem aber waren die Süßigkeiten der Tang in Nara und Heian-kyō beliebt: ›Tang-Törtchen‹ (*karagashi*) aus Reismehl, gefüllt mit Bohnenmus, Gemüse, Birnen, Pflaumen, Erdbeeren oder anderen Früchten, bereicherten die japanische Küche zu besonderen Gelegenheiten. – Aber sie blieben eine Ausnahme. Trotz aller Begeisterung für Tang-Dinge fand die japanische Oberschicht nie rechten Geschmack an chinesischem Essen. Auch wenn späterhin einzelne Gerichte – etwa Maultaschen (*jiaozi*/*gyōza*) oder Nudelsuppen (*lamian*/*rāmen*) – in Japan heimisch wurden, blieben die Unterschiede zwischen beiden Küchen markant: in Japan leichte, schwach gewürzte, oft rohe Speisen, in China in Öl gebratene, stark gewürzte Gerichte; hier die kleinen, separat servierten Häppchen, dort die schweren Schüsseln; in Japan Fisch, in China Fleisch; hier die diskrete Reduktion auf das Wesentliche, dort die üppige Steigerung der Aromen.

Manche mögen hierin den Ausdruck einer kulturellen Tiefenstruktur sehen, die Japaner und Chinesen im Innersten unterscheidet, den Urspalt eines Grabens, der beide Völker einmal voneinander trennen sollte.[33] Doch im 7. bis 9. Jahrhundert konnte davon noch keine Rede sein. Vielmehr waren die kulinarischen Unterschiede eine bemerkenswerte Ausnahme in einer Zeit, in der den Japanern alles Chinesische als Maßstab des guten Geschmacks galt.

## *Chinesische Moden*

Im Jahr 817 erging ein Erlass des Tennō, dass »Männer und Frauen bei allen Zeremonien im Reich Kleidung im Stile der Tang zu tragen haben« (*Shoku kōgi* 12). Schon Jahrhunderte zuvor hatte die Elite von Yamato ihre »Kleider aus einem einfachen Tuch mit einem Schlitz in der Mitte« (S. 16) abgelegt. Bereits von Kaiser Ōjin heißt es, er habe im 5. frühen Jahrhundert Gesandte »nach Wu geschickt, um Näherinnen anzufordern« (*Nihon shoki* 10), in die Gegend am Yangzi also, die als Heimat des guten Geschmacks galt: »In Wu machten sie schmuckvolle Gewänder, … die in allen Gegenden geschätzt wurden« (*Songchuang mengyu* 4). Lange, seidene Roben waren das, die bis zu den Knöcheln hinabreichten und in der Hüfte mit einem Gürtel zusammengehalten wurden, mit weiten Ärmeln, welche die Hände bedeckten. Die Seiden- und Brokatstoffe wurden nach Japan importiert oder – oft mit traditionell chinesischen Mustern – nachgewebt. Schon eine zeitgenössische Abbildung von Prinz Shōtoku zeigt ihn in einem ›Gewand aus Wu‹ (S. 56). Diese Gewänder, zu denen damals noch ein Schwert getragen wurde, sollten sich in Japan so verbreiten, dass sie späterhin schlicht ›Kleidungsstück‹ genannt wurden: Kimono. Auch die hölzernen Sandalen mit erhöhter Sohle und zwei Stoffriemen mit Zehensteg, wie man sie in China trug, wurden jetzt Teil der japanischen Garderobe. Während sowohl die ›Wu-Gewänder‹ als auch die Holzsandalen in China wieder aus der Mode gerieten, blieben Kimono und Geta in Japan erhalten und wurden zu typisch ›japanischen‹ Kleidungsstücken.

Viele weitere chinesische Moden eroberten die japanische Oberschicht: Schmuck, Haartrachten, Schminke und vieles andere, was die Eliten in Chang'an trugen, wurde begierig übernommen. Das Ideal weiblicher Schönheit orientierte sich an dem der Tang: pausbäckige Gesichter, üppige Brüste und ausladende Hüften galten als attraktiv. Die Mode, sich die Augenbrauen zunächst zu rasieren und dann künstlich aufzumalen – mehr als ein Dutzend verschiedene Stile sind aus der Tang-Zeit überliefert – war unter den Hofdamen von Nara und Heian-kyō der letzte Schrei. Sie steckten sich kostbare Kämme aus Holz, Elfenbein oder Metall – oft mehrere zugleich – ins Haar, um kunstvolle Hochfrisuren *à la chinoise* zu kreieren, und auch die irisierenden Flügel des ›Jadekäfers‹, mit denen chinesische Frauen ihre Kleider und Frisuren schmückten, kamen als modisches Accessoire nach Japan (man sieht sie noch am ›Jadekäfer-Tabernakel‹ des Hōryū-ji, S. 99). Nachts betteten Japanerinnen ihre derart geputzten Köpfe auf hohe Kissen aus Holz oder Keramik, wie sie auch auf dem Festland benutzt wurden; tagsüber schützten sie Haut und Haar mit faltbaren ›Tang‹-Regenschirmen aus

Bambus, bespannt mit geöltem Papier, und verschafften sich Kühlung mit Fächern aus Palmblättern, wie sie in China schon seit Jahrhunderten verbreitet gewesen waren.

Überall umgaben sich japanische Adlige mit ›Tang-Gütern‹: Ihre Häuser waren dekoriert mit chinesischen Gemälden, Kalligraphien und Blumenarrangements, die mit dem Buddhismus nach Japan gekommen waren; Stellschirme aus China fungierten als Raumteiler, importierte Lackgefäße und Truhen bildeten das erlesene Mobiliar, aus kupfernen Räuchergefäßen duftete chinesisches Räucherwerk aus Aloeholz, Zucker und Pflaume. Bei ihrer Begeisterung für chinesische Raumgestaltung verschmähten die Japaner nur ein bedeutsames Möbelstück, das sich in der Tang-Zeit verbreitete und das häusliche Leben in China entscheidend verändern sollte: den Stuhl.

## Stühle 椅子

Vom Altertum bis in die Tang-Zeit war es in China üblich gewesen, auf geflochtenen Matten zu sitzen, und zwar indem beide Knie den Boden berührten, während man sich auf die nach hinten gewandten Fußsohlen setzte – keinesfalls aber mit ausgestreckten oder gar gespreizten Beinen. Von Konfuzius hieß es, er habe sich nur gesetzt, wenn die Matte gerade gelegen habe, und selbst Kaiser saßen, lediglich durch ein Podest erhöht, auf Bambusmatten. Diese Matten waren ein so wesentlicher Einrichtungsgegenstand, dass die Größe der Räume nach ihnen bemessen wurde.

Der Stuhl wurde erst im Mittelalter in China eingeführt. Das ›Barbarenbett‹ (*huchuang*), wie er zunächst genannt wurde, kam wahrscheinlich mit dem Buddhismus nach China: Skulpturen des sitzenden Buddha Maitreya aus dem 5. Jahrhundert sind wohl die frühesten Zeugnisse des Stuhls in China. Er dürfte zunächst in Klöstern in Gebrauch gekommen sein, bevor er sich im 9./10. Jahrhundert im Volk verbreitete. Der Stuhl veränderte das gesamte Leben in seinem Umfeld: Einrichtung, Architektur, Kunst und Sitten, ja in einem ganz konkreten Sinne die Weltsicht der Chinesen.

Mit dem Stuhl musste auch das übrige Mobiliar in die Höhe wachsen: Hohe Schränke und Vitrinen kamen auf, Tische ersetzten die niedrigen Tabletts, die früher üblich gewesen waren. Diese Tische, an denen viele Menschen beisammen sitzen konnten, wurden entsprechend anders gedeckt: Statt individuell portionierter Speisen wurden nun große Schüsseln und Platten serviert, aus denen sich jeder mit seinen Stäbchen bediente. Die chinesische Tischkultur, die heute so selbstverständlich erscheint, kam erst in der Song-Zeit auf. Mit der erhöhten Position änderte sich auch die Gestaltung der Räume, ja es entstanden allererst klar abgegrenzte Räume: Wo früher kleine Tabletts und Armlehnen nach Bedarf aufgestellt und der momentan benötigte Raum durch Stellwände markiert wurde, schufen die größeren Möbel feste Strukturen. Durch sie wurden Räume funktional bestimmt und nunmehr auch durch feste Wände abgetrennt. Decken wurden höher, Fenster nach oben verlegt, alles wuchs in die Vertikale. Jetzt wurde es üblich, Bilder auf Seide zu montieren und senkrecht an die Wand zu hängen. Auch die Umgangsformen änderten sich: Wo die Menschen nicht mehr auf ihren Fußsohlen saßen, behielten sie ihre Straßenschuhe an. Die Matten verschwanden aus den Häusern und wurden ersetzt durch robustere, besser zu reinigende Fußbodenbeläge. Statt sich, wie einst, im Knien tief zu verbeugen, falteten die Chinesen nun die Hände vor der Brust und verbeugten sich im Stehen.

Ganz anders in Japan. Während der Stuhl kaum Aufnahme in das japanische Mobiliar fand, wurden chinesische Matten – jap. *tatami* – zum prägenden Bestandteil der Inneneinrichtung. Anfangs noch als vereinzelte Sitzunterlagen auf Holzböden verteilt, wurden sie in der Muromachi-Zeit (1336–1573) zum durchgehenden Bodenbelag und definierenden Element von Räumen: Die Größe von Zimmern wird heute noch in *tatami* gemessen. Auch die Nutzung und Ausstattung der Räume richtete sich nach den *tatami*: Man kniete auf dem Boden, aß von individuellen Tabletts und schlief nicht in festen Betten, sondern auf dünnen Matratzen (*futon*), die je nach Bedarf umgeräumt werden konnten. Bewegliches Mobiliar bestimmte die spärliche Einrichtung: kleine Truhen, Kohlebecken, leichte Regale und dekorative Paravents, mit denen Räume flexibel abgegrenzt werden konnten, leichte Schiebetüren, die Räume eher verbanden als abgrenzten. Die Miniaturisierung des Raums und der Minimalismus der Einrichtung fanden ihren Höhepunkt in den 4 ½ *tatami* kleinen Teehäusern der Sengoku- und Edo-Zeit, durch deren Eingang man kriechen musste und deren einziger Dekor in einer Hängerolle und einem Blumengesteck bestand.

All das wäre mit der Verbreitung des Stuhls undenkbar gewesen. Die Einführung bzw. Nichteinführung des ›Barbarenbetts‹ brachte chinesische und japanische Inneneinrichtung auf so unterschiedliche Entwicklungspfade, dass chinesische Studenten im 19. Jahrhundert mit *tatami*-Räumen nichts mehr anfangen konnten (S. 304) und auch Europäer diese ursprünglich chinesischen Matten für ›typisch japanisch‹ halten.

Auch chinesische Gärten, wie sie in Jiangnan angelegt wurden, wurden jetzt in Japan nachgestaltet: Mehr als 1000 Kilometer entfernt von den Ufern des Yangzi entstanden Landschaftsgärten mit Nachbildungen des heiligen Sumeru-Bergs, kunstvollen Wasserläufen und geschwungenen ›Wu-Brücken‹, die ihren südchinesischen Vorbildern wohl kaum nachstanden. Wie ihre chinesischen Peers weideten sich die Adligen von Heian-kyō dort am Rund des Mondes, und an mäandernen Bächen spielten sie dieselben Trinkspiele, bei denen ein Becher Wein im Wasser trieb und jeder, den er erreichte, trinken und ein Gedicht rezitieren musste.

Auch andere Spiele übernahmen die Adligen in Nara und Heian von den müßigen Schichten in Chang'an. Nicht nur im *go* (chin. *weiqi*) brachten es Japaner zu großer Meisterschaft (S. 54), sie lernten auch chinesisches Schach und andere Brettspiele: Im kaiserlichen Schatzhaus Shōsō-in (S. 427, Anm. 7) sind zwei Spieltische aus Sandelholz mit Elfenbein- bzw. Muscheleinlagen sowie Spielsteine aus Kristall, Bernstein und Elfenbein erhalten. Auch bei Glücksspielen der Tang wie dem Würfelspiel ›Doppelsechs‹ amüsierten sich die japanischen Eliten – sehr zur Unbill der Behörden übrigens, die ›Doppelsechs‹ mehrmals verbieten mussten. Ein kleiner Krug aus Bronze und Gold im Shōsō-in, in dem lange, bemalte Holzpfeile stecken, zeugt von einem harmloseren Vergnügen: dem ›Topfwerfen‹, das in China schon im Altertum bezeugt ist. Dabei ging es darum, aus einer gewissen Entfernung mit Pfeilen in ei-

Eine *kemari*-Zeremonie im Shiramine-Schrein (Kyōto). Im Shiramine-Schrein spielt der Ballsport eine besondere Rolle: Neben der Pflege des *kemari* wird dort auch für den Erfolg der japanischen Fußball-Nationalmannschaften der Männer und Frauen gebetet.

nen Topf zu treffen. Vermutlich mussten auch die japanischen Adligen, deren Pfeile den Krug verfehlten, zur ›Strafe‹ einen Becher trinken, wie es in den *Aufzeichnungen der Riten* überliefert ist (*Liji* 41). Besonderer Beliebtheit erfreuten sich die Ballspiele des chinesischen Hofes: Polo, das zu Beginn der Tang-Zeit aus Persien über Mittelasien nach China gekommen war, wurde ebenso am Hof von Heian-kyō gespielt; vor allem aber der chinesische ›Fußball‹ (*cuju*/*kemari*), der in Chang'an allenthalben – unter Soldaten, am Hofe und auf den Spielfeldern der Adligen – gespielt wurde, schlug in Japan ein. Das ruhige, würdevolle *kemari* – weniger ein Sport als ein Ritual – traf so recht den Geschmack der Oberschicht, und so wurde in den Gärten des Kaiserpalastes und den Anwesen der Adligen eifrig gekickt.[34]

Auch die Musik des Kontinents erklang jetzt in Japan. In den Adelskreisen von Nara und Heian-kyō gehörte die Beherrschung eines chinesischen Instruments zum guten Ton. Man traf sich zu Hauskonzerten, um gemeinsam die sechssaitige Zither (*qin/koto*), die dreizehnsaitige Zither (*zheng/sō*) oder die vierseitige Laute (*pipa/biwa*) zu spielen und zu tanzen; oder man bewunderte die großen Musikaufführungen am Hof. Über Paekche waren weitere südchinesische Instrumente – Flöten, Trommeln, Saiteninstrumente, Gongs – nach Japan gelangt, dazu Musiknoten und Tänzer. Die ›elegante Musik‹ und Tänze der Tang – oft indischen oder mittelasiatischen Ursprungs – wurden in Nara und Heian ebenso beliebt wie in Chang'an. Wahre Weltmusik war das: Das Musikdrama *Kalavinka* etwa, das aus Indien über Champa nach China gekommen war, wurde 861 im Tōdai-ji unter Mitwirkung eines chinesischen Meistertänzers und eines japanischen Flötisten aufgeführt. Pantomimische Tänze, die ebenfalls mit dem Buddhismus aus Indien gekommen waren, wurden in Heian-kyō mit komplett chinesischer Instrumentierung – Querflöten, Oboen und Mundorgeln für die hohen Stimmen, Gongs und Trommeln für den Rhythmus sowie Lauten und Zithern für die tiefen Stimmen – aufgeführt. Ein ganzes Repertoire an Pantomimen, Maskentänzen und Musikdramen vom Festland wurde am Kaiserhof gepflegt; einige davon, die in China längst untergegangen sind, werden in Japan bis heute aufgeführt.[35]

## *Handwerk und Technik*

Die vielfältigen Bedürfnisse des Adels wurden von unzähligen Menschen bedient, die von den ›Guten Menschen‹ kaum wahrgenommen wurden: Töpfern und Schmieden, Steinmetzen und Tischlern, Gärtnern, Webern, Schneidern, Färbern, Schustern, Juwelieren und vielen anderen Handwerkern, deren Namen wir nicht mehr kennen. Schon die *toraijin*, die im 5. Jahrhundert nach Japan gekommen waren, hatten die neuesten Handwerkstechniken vom Festland mitgebracht (S. 26): Die Seidenherstellung etwa oder der Bronzeguss waren schon früh in Japan heimisch geworden. Und mit den Missionen des 6. bis 9. Jahrhunderts fuhren nicht nur Mönche und Gelehrte ins Tang-Reich, sondern auch

Handwerker. Sie brachten eine neue Welle technischen Wissens nach Japan, die Produktions- und Wirtschaftsweisen des Landes grundlegend veränderte.[36]

Die Technik der Papierherstellung, die im Jahre 105 offiziell dem chinesischen Kaiser vorgestellt worden war, gelangte über Korea nach Japan; eine eigene Produktion dürfte im 8. Jahrhundert begonnen haben. Den Pinsel sowie die Technik der Tuscheherstellung – ein komplizierter Vorgang, bei dem Ruß mit tierischen Bindemitteln und Duftstoffen vermischt wird –, die in China seit fast 2000 Jahren bekannt waren, soll der Mönch Kūkai nach Japan gebracht haben. Auch die Technik des Buchdrucks hatte Japan bereits im 8. Jahrhundert erreicht. Zwischen 764 und 770 ließ Kaiserin Shōtoku angeblich eine Million hölzerne Pagoden schnitzen, die jeweils eine Rolle der buddhistischen Gebetstexte des *Mukujōkō darani* enthielten: Die wenigen erhaltenen Exemplare zählen zu den weltweit ältesten Druckerzeugnissen überhaupt.[37] Doch dieses gewaltige und äußerst kostspielige Projekt dürfte in seiner Zeit eine Ausnahme gewesen sein. Auch der Buchdruck war eine ›antizipatorische‹ Neuerung: Wie in China, sollte er auch in Japan erst viel später gesellschaftsweite Wirkung entfalten.

Eine andere Drucktechnik zeigte schnellere Wirkung: der Textildruck, bei dem mittels geschnitzter Holzplatten Stoffbahnen eingefärbt wurden. Wie die Chinesen bedruckten die Japaner jetzt Kimonos oder Stoffbezüge für die faltbaren Stellwände, die als dekorative Raumteiler fungierten. Die chinesische Lackkunst wurde in Japan mit Begeisterung übernommen, um edle Schalen, Tabletts, Kisten u. a. herzustellen. Vor allem bei Lackmalereien und Einlegearbeiten mit Silber und Perlmutt brachten japanische Handwerker es zu großer Meisterschaft: So fein waren ihre Produkte, dass der Song-zeitliche Gelehrte Fang Shao meinte, die Perlmutt-Intarsien hätten ihren »Ursprung bei den Wo« (Dai/Zhang 1984, 162).

Auch die japanische Töpferei, die sich seit der Jōmon-Zeit (S. 3) nur unwesentlich verändert hatte, entwickelte sich jetzt sprunghaft. Über Korea kamen neue Techniken der Keramikherstellung nach Japan, bei denen die Tongefäße in großen Tunnelöfen bei über 1100 °C gebrannt wurden. Auf diese Weise ließen sich wasserdichte und höchst elegante Gefäße herstellen: Schalen, Flakons, Vasen und andere Beispiele dieser sogenannten Sueki-Keramik sind vor allem in Gräbern aus dem 7. Jahrhundert gefunden worden. Während diese Gefäße noch unglasiert waren, kam im 7./8. Jahrhundert die buntglasierte *sancai*-Keramik der Tang hinzu, einer der wichtigsten chinesischen Exportartikel. Nicht nur wurde Tang-Keramik jetzt in großen Mengen nach Japan verschifft, auch die Herstellungstechnik wanderte gen Osten. Japaner brannten farbige Dachziegel für die Tempel von Asuka, und sie entwickelten mit dem ›Nara-*sansai*‹ bald einen eigenen Stil. Die grünbeigen Schüsseln und Vasen, die im Shōsō-in verwahrt werden, sind nicht nur frühe Zeugnisse einer genuin japanischen Töpferkunst; sie lassen auch erahnen, wie tiefgreifend die Techniken vom Kontinent Japan verändert haben müssen: Allein der Bau dieser Öfen – sie werden teilweise noch heute verwendet – bedeutete einen Quantensprung im japanischen Handwerk; ihre Befeuerung, die Temperaturregelung, die Zusammensetzung von Tonerde und Glasur erforderte Spezialisten, die Koordination von Massenproduktion, Lagerung und Transport eine professionelle Organisation.

Die Keramikindustrie ist nur ein Beispiel für die Komplexitätssteigerung, die das japanische Handwerk in der Zeit vom 7. bis 9. Jahrhundert erlebte. China-Reisende brachten neue Techniken zum Brunnen- und Brückenbau nach Japan, welche fortan die Landschaft veränderten. Der Bergbau scheint sich, zweifellos von chinesischen Techniken inspiriert, im 8. Jahrhundert systematisch entwickelt zu haben; hydraulisch betriebene Gebläse, die wahrscheinlich im 7. Jahrhundert nach Japan gelangten, bewirkten einen Qualitätssprung in der Metallverarbeitung. Kanäle, Stauwehre und Bewässerungsanlagen nach chinesischen Modellen – Kūkai persönlich soll ihren Bau gefördert haben – regulierten die Bewässerung von Feldern. Die Wassermühlen, die der Staat vor allem im 9. Jahrhundert bauen ließ, sowie Mahl- und Hammerwerke nach chinesischem Vorbild trugen zur Mechanisierung der Landwirtschaft bei. Hinzu kam eine zunehmende Spezialisierung durch den Anbau neuer Pflanzen vom Kontinent wie Tee und Mandarinen oder die

Holzwirtschaft, welche die Bedürfnisse des Schiff- und Städtebaus bediente. All diese Techniken steigerten nicht nur die landwirtschaftliche Produktivität, sie verwandelten auch das Antlitz Japans ähnlich radikal wie die Einführung des Reisanbaus und der Metallverarbeitung in der Yayoi-Zeit (S. 8). So, wie die neuen Techniken ein Jahrtausend zuvor die Entstehung einer stratifizierten Gesellschaft begleitet hatten, schien der Entwicklungsschub des 7. bis 9. Jahrhunderts auf eine umfassende ›Sinisierung‹ der japanischen Gesellschaft hinzudeuten.

## *Japan: Eine ›sinisierte‹ Gesellschaft?*

Die Kulturimporte aus dem Tang-Reich waren so zahlreich, dass man sich das Japan der Nara- und Heian-Zeit als durch und durch ›sinisierte‹ Gesellschaft vorstellen möchte: ein zweites China *en miniature* jenseits des Meeres. Doch eine solche Beschreibung hält näherer Prüfung nicht stand. Tatsächlich übernahmen die Japaner schon in der Blütezeit der Tang keineswegs alles aus China; sie mögen nicht sonderlich wählerisch gewesen sein, waren aber auch keineswegs wahllos. Das chinesische Essen, das die Japaner verschmähten, und der Stuhl, den sie stehenließen, sind nur zwei herausragende Beispiele für Übernahmen, die *nicht* stattfanden. Trotz des gewaltigen Transfers buddhistischer Kunst wurden die großartigen Grottentempel und Felsenstatuen, welche die Spuren des Buddhismus in China markierten (S. 93), in Japan nie imitiert (wie auch steinerne Skulpturen sich dort – im Gegensatz zu hölzernen und bronzenen – nicht durchsetzten); der Islam, der sich in Chang'an neben dem Buddhismus fest etabliert hatte, wurde in Japan überhaupt nicht rezipiert; und viele mittelasiatische Moden, die im Tang-Reich *en vogue* waren – Filzhüte etwa, lederne Reiterstiefel, Leopardenhäute oder uighurische Frisuren –, kamen in Japan nicht an. Neben den chinesischen Festen und Übergangsriten haben die Japaner stets ihre Volksfeste, shintōistische Rituale und andere heimische Traditionen bewahrt; sie putzten und frisierten sich ganz nach chinesischer Manier, schwärzten sich aber zugleich nach einheimischer Tradition die Zähne; bei der

Übernahme des Rechts verringerten sie durchweg das Strafmaß; ihre Städte blieben ohne Mauern, ihre Herrscherdynastie ohne Namen; ihre Kaiser mussten sich nicht auf das ›Mandat des Himmels‹ berufen, und ihre Beamten brauchten sich in der Regel nicht über Prüfungen zu qualifizieren: Nie gab es auch nur den Versuch, eine meritokratisch besetzte Verwaltung aufzubauen.

Während manche dieser Abweichungen zufällig sein mögen, verweisen die letztgenannten auf fundamentale Unterschiede zwischen beiden Gesellschaften. In China setzte sich der Zentralstaat langsam, aber sicher gegen die Aristokratie durch: Die Beamtenprüfungen waren das Mittel, um die Eliten »in den Sack« zu bekommen, wie Kaiser Taizong es ausdrückte, die ummauerte Hauptstadt war die steingewordene Differenzierung zwischen Zentrum und Peripherie, und der Name der Dynastie stand für die Allmacht ihrer Herrschaft. In Japan hingegen ließ der Adel sich nie ein Prüfungssystem oktroyieren, sondern bewahrte die Kontrolle über seine Privilegien; das politische Zentrum war weder physisch noch sozial rigide von den Machthabern der Peripherie abgegrenzt; und die Namenlosigkeit der Dynastie ist bezeichnend für ein Kaiserhaus, das kaum je in eigenem Namen herrschen konnte.

Wo immer die Japaner chinesische Vorbilder importierten, gaben sie ihnen zugleich eine spezifisch japanische Ausprägung. Auch als ›sekundärer‹ Staat hat Japan sich *selbst* organisiert – und in dieser Eigenständigkeit war immer auch die Abgrenzung von China angelegt. Diese Differenzen deuteten sich in der Asuka- und Nara-Zeit nur eben an. In der Heian-Zeit aber, in der China den Übergang von Tang zu Song durchmachte, wurden sie unübersehbar: Während in China die Zentralisierung immer festere Formen annahm, bestand in Japan die Adelsgesellschaft fort. Die Eliten, die sich zuvor wenigstens punktuell so nah gewesen waren, wurden sich fremd, und die beiden Länder, die für über zwei Jahrhunderte so eng verbunden gewesen waren, verschlossen sich ab dem 9. Jahrhundert gegeneinander: China wandte sich nach innen, und Japan pflegte seine Insularität.

# Verengung der Horizonte: Die Heian- und Song-Zeit

Am Ende des chinesischen Mittelalters stand eine *femme fatale*. Die populäre Imagination hat den Niedergang der Tang, wie so oft, einer Frau zugeschrieben: Die bildhübsche Konkubine Yang Guifei habe den alternden Kaiser Xuanzong so bestrickt, dass er ihr völlig verfiel, alle politische Vernunft fahren ließ und schließlich von Rebellen aus seiner Hauptstadt vertrieben wurde. Auf der Flucht zwangen ihn seine Höflinge, die geliebte Yang Guifei erdrosseln zu lassen. Die tragische Geschichte dieser Liebe, die noch heute jeder Chinese – und jeder Japaner – kennt, wurde von dem Dichter Bo Juyi in seinem *Lied des ewigen Leids* verewigt:

Im Frühlingslicht stieg sie zum Bad in einen blütenklaren Teich,
den heiße Quellen mit sehr sanftem Wasser speisten.
Der Kaiser sah ihr zu. Und er sah nur ihr Wolkenhaar,
das, halb gelöst, noch goldenes Geschmeide hielt, und halb
von Perlen schwer herunterhing.
Seit diesem Tag erfuhr sie seine Gunst.
Die Stunden flogen hin, und in der Frühe ging
der Kaiser nicht mehr zur Audienz.
Beim Festmahl diente sie an seiner Seite. Im Frühlingspark
war sie ihm nah. Und er
empfand in ihrer Anmut den Reiz von tausend Schönen.
…
Doch eines Tages unterbrach das Trommeln der Soldaten, das
wie Erdbeben klang, die Melodie
vom Feder-Kleid und Regenbogen-Mantel.
Die Residenz versank im Rauch.
Mit tausend Wagen und Berittenen verließ der Herrscher seine Stadt.
Der Wind zerriß das Eisvogelbanner; unendlich mühsam war der Weg.

Nach kurzem Marsch ergriff der Aufruhr auch die kaiserliche Garde,
und vor den Reitern starb, durch Schlamm und Staub gezerrt,
das Mädchen mit den zarten Augenbrauen.
Am Boden lag der feine Schmuck, der ihre Haare hielt;
doch niemand hob ihn auf.
Geblendet von bitteren Tränen, verbarg der Kaiser das Gesicht.

Der Kaiser, von Kummer gebrochen, kehrte zwar schließlich in seine Hauptstadt zurück, doch Yang Guifei konnte er nicht vergessen. Er schickte einen daoistischen Priester aus, über die Wolken zu reiten und nach dem Geist der Verstorbenen zu suchen:

Doch hoch im weiten Blau und bei den Schatten unten,
im Finsteren, war alles leer.
Da hörte der Schamane von einer Insel der Unsterblichen.
Die Insel lag am Rand der großen Meere, im Unermeßlichen, im Nichts.
Die bunten Regenbogen-Wolken umsäumten ihre Balustraden.
Dort wohnte unter schönen Feen ein Mensch mit einem Blütenantlitz …

(*Changhen ge*, Übers. Donath 1960)

Doch Yang Guifei kehrte nie zurück: Wie ein Baumpaar, dessen Stämme ineinander verschlungen seien, so ließ sie dem Kaiser ausrichten, würden sie gemeinsam wachsen, doch ihr ewiges Leid werde nie vergehen …

Ob Bo Juyi geahnt hat, wie genau sein Gedicht den Geist der Zeit traf? Tatsächlich schien es für einen weltgeschichtlichen Moment, Mitte des 8. Jahrhunderts, als würde die Führungsrolle der ostasiatischen Welt von China an Japan übergehen, so wie Yang Guifeis Geist auf die Inseln der Unsterblichen. Denn während das Nara-Reich mit der Einweihung des Tōdai-ji und der Ankunft Ganjins gerade den Höhepunkt seiner Strahlkraft erreichte, ging der Stern der Tang-Dynastie unter. 751 verloren die Tang in der Schlacht am Talas-Fluss gegen die Abbassiden ihre Verbindung nach Mittelasien und wurden im Südwesten ihres Reiches vom Königreich Nanzhao vernichtend geschlagen; 755 ereilte sie die Katastrophe, die auf ewig mit dem Namen Yang Guifeis verbunden sein wird, als ein Rebellenheer unter der Führung An Lushans die Hauptstadt Chang'an eroberte. Das ›goldene Zeitalter‹ Kaiser Xuanzongs war vorbei. Auch wenn die Tang sich noch einmal erholten, gewann die Dynastie nie wieder ihre einstige Pracht: Im Jahr 907 stürzte sie endgültig, China zerfiel in mehrere kleinere Staaten und wurde erst 979 unter der Dynastie Song wieder vereint.

Doch dieses China der Song war ein ganz anderes als das der Tang. Denn nicht nur die politische Lage hatte sich geändert, die gesamte Sozialstruktur verschob sich zwischen dem 8. und 12. Jahrhundert dramatisch. Eine wirtschaftliche Revolution veränderte alle Bereiche des Lebens: Die Landwirtschaft wurde technisiert und spezialisiert, Erträge stiegen, Geldwirtschaft kam auf, Wissenschaft und Technik gediehen, Transportwege wurden ausgebaut, große Städte entstanden und die Bevölkerung wuchs rasant. Diese Umbrüche gingen mit dem Niedergang der alten Adelsgesellschaft und dem Aufstieg einer *bürokratischen*, durch Prüfungen legitimierten Elite zur neuen Führungsschicht einher: Literatenbeamte, die als ›Mandarine‹ in Regierungsämtern wirkten und als ›Gentry‹ die Lokalpolitik ihrer Heimatkreise bestimmten.

Dieser soziale Strukturwandel markiert den Beginn der chinesischen Neuzeit: einer Zeit, die gesellschaftlich durch die zunehmende Differenzierung von Zentrum und Peripherie, politisch durch den bürokratischen Absolutismus und geistig durch den Neukonfuzianismus gekennzeichnet war, der den Buddhismus verdrängte. Mit dem Untergang der Adelsgesellschaft endete auch Chinas kosmopolitisches Zeitalter: vorbei die Zeit der Pilgerfahrten nach Indien, vorbei auch die Hochzeit von Chang'an als Schmelztiegel der Kulturen. Spätestens ab der Song-Zeit wendete China sich zunehmend nach innen. Die chinesische Elite grenzte sich nicht nur dezidiert von den altaischen Völkern ab, die das Reich von Norden bedrohten, sondern von allen ›Barbaren‹ – auch von den Japanern.

Zugleich machte auch die japanische Gesellschaft einen Wandel durch. Die Nara-Schulen des Buddhismus waren schon im 8. Jahrhundert zu einer so bedrohlichen Gegenmacht im Staat geworden, dass der Tennō die Hauptstadt 784 nach Nagaoka und 794 nach Heian-kyō verlegte. Die

Zeit des Nara-Imperiums und des Staatsbuddhismus war vorbei, und mit ihr endete auch die Zeit des ›Kaisersystems‹ und seiner Herrschaft durch Gesetze. Schon im 8. Jahrhundert waren vermehrt ›außergesetzliche Ämter‹ eingerichtet worden, durch die sich die Machtbalance von der Bürokratie zum Adel verschob. Erblichkeit von Ämtern innerhalb des Hochadels und vor allem die faktische Privatisierung von Landbesitz – im Gegensatz zum Staatsland – bedeuteten nicht nur eine Änderung der politischen Lage, sondern eine Verschiebung der gesamten Sozialstruktur.[1]

Innerhalb eines formal zentralisierten Systems bestimmten ab dem 8./9. Jahrhundert die großen Clans, gestützt auf private Latifundien, die Politik. Vor allem die Fujiwara hatten die Kaiser in der Heian-Zeit durch geschickte Heiratspolitik völlig in der Hand. Ihr Aufstieg markiert das Ende des Altertums; jetzt begann Japans klassische Epoche, geprägt durch neue Schulen des Buddhismus und eine Adelskultur, die distinkt japanische Formen annahm. Mit der Erosion der Herrschaft durch ›Strafgesetze und Erlasse‹ endete auch Japans ›chinesisches‹ Zeitalter: vorbei die Zeit der ›Tang-Gesandtschaften‹, vorbei auch die pauschale Übernahme alles Chinesischen. Spätestens ab der Heian-Zeit entwickelte Japan bewusst eigene kulturelle Formen, die sich dezidiert von chinesischen unterschieden.

China und Japan waren in einer historischen Übergangsperiode zusammengerückt, in der sich ihre Gesellschaften gleichermaßen in der Schwebe befanden: Hier wie dort hatte der Staat versucht, gewachsene Strukturen einer Adelsgesellschaft durch zentrale Institutionen zu überwinden. Für rund zwei Jahrhunderte schienen sich beide auf demselben Entwicklungspfad zu befinden. Doch dann trennten sich die Wege: In China setzte sich der Zentralstaat durch, in Japan hingegen, wo dieselbe Entwicklung gleichsam den Sprung vom Altertum in die Neuzeit bedeutet hätte, behauptete sich der Adel. Jetzt entfalteten sich die feinen Unterschiede, die Japan sich bei aller China-Begeisterung schon in den Jahrhunderten zuvor bewahrt hatte: So, wie die Chinesen zwischen ›China und den Barbaren‹ (*huayi*) unterschieden, differenzierten die Japaner fortan zwischen ›japanisch und chinesisch‹ (*wakan*). Während in

China die Gentry-Gesellschaft, das politische System des Kaiserreichs und die Lehre des Neukonfuzianismus ihre Reifezeit erreichten, bildeten sich in Japan die buddhistische Weltsicht sowie ein spezifisch ›japanischer Geist‹ (*Yamato damashii*) heraus.

Nicht, dass es keinen Kontakt zwischen China und dem Japan der Heian-Zeit gegeben hätte. Auch nach dem Ende der ›Tang-Gesandtschaften‹ fuhren japanische Mönche ins Song-Reich, und auf dem Ostchinesischen Meer entstand ein reger privater Handel. Trotz der Besinnung auf einheimische Kultur hatten die ›Tang-Güter‹ ihren Reiz für die japanische Elite nicht verloren. Doch die Aneignung geschah nicht mehr pauschal, sondern selektiv, und immer machten sich die Japaner diese Importe zu eigen, indem sie sie kreativ umformten – und nicht selten in verfeinerter Form nach China re-exportierten. Trotz der Horizontverengung auf beiden Seiten setzte sich der kulturelle Austausch lebhaft fort – aber die Anregungen verliefen nicht mehr einseitig, sondern gegenseitig. Die traditionelle ›chinesische‹ bzw. ›japanische‹ Kultur ist ein Produkt dieser gegenseitigen Befruchtung.

<table>
<tr><th></th><th>China</th><th>Japan</th></tr>
<tr><td></td><td>Tang-Dynastie (618–907)</td><td></td></tr>
<tr><td>755–63</td><td>Aufstand des An Lushan</td><td></td></tr>
<tr><td></td><td></td><td>Heian-Zeit (794–1185)</td></tr>
<tr><td>804</td><td colspan="2">Saichō und Kūkai fahren nach China</td></tr>
<tr><td>842–45</td><td>Buddhistenverfolgungen</td><td></td></tr>
<tr><td>894</td><td colspan="2">Ende der Tang-Gesandtschaften</td></tr>
<tr><td>907</td><td>Ende der Tang</td><td></td></tr>
<tr><td></td><td>Nördliche Song (960–1126)</td><td></td></tr>
<tr><td>953</td><td></td><td>Verbot von Seereisen</td></tr>
<tr><td>984</td><td colspan="2">Chōnen im Song-Reich</td></tr>
<tr><td>1008</td><td></td><td>Genji monogatari</td></tr>
<tr><td>1072</td><td colspan="2">Jōjin im Song-Reich</td></tr>
</table>

## Der Buddhismus strömt gen Osten

Der Buddhismus war, in China wie in Japan, die Religion des Adels und seiner Zeit. Seine Verbreitung markierte in China den Beginn des Mittelalters, und die großen Buddhistenverfolgungen des 9. Jahrhunderts läuteten sein Ende ein. Doch während der Buddhismus in China seine Dominanz verlor, empfing er in Japan neue Impulse, die ihn auch in der Heian-Zeit zur bestimmenden Lehre machten. Die Propheten der neuen Zeit in China waren Angehörige der neukonfuzianischen Bildungselite wie Han Yu, der große Polemiker gegen den Buddhismus. In Japan hingegen standen buddhistische Mönche wie Ennin, Saichō und Kūkai für das Ende einer alten und den Beginn einer neuen Zeit, die auch das Verhältnis zwischen China und Japan neu ordnete.

### *Die chinesische Katastrophe*

Im Jahr 838 schiffte sich der japanische Mönch Ennin mit der allerletzten ›Tang-Gesandtschaft‹ nach Yangzhou ein. ›Auf der Suche nach dem Dharma‹ verbrachte er neun Jahre in China, von denen er in einem detaillierten Tagebuch berichtete. Ennins Tagebuch ist ein einzigartiges Dokument: Vier Jahrhunderte vor Marco Polo war er der erste Ausländer, der das Leben in China beschrieb. Seine Aufzeichnungen, mit dem Blick des neugierigen Reisenden geschrieben, sind ein Füllhorn von Informationen über den Alltag der Tang-Zeit: Ennin beschrieb Straßen und Gefährte, die er benutzte, Unterkünfte, in denen er rastete, die Städte und Klöster, Kleidung, Speisen und Gebräuche der Zeit, buddhistische Regeln und Feste, den Umgang mit Volk und Beamten, Güter und Preise sowie historische Ereignisse im Herbst des chinesischen Mittelalters.[2]

Ennin kam in ein China, in dem der Buddhismus allgegenwärtig war. In jedem Ort, den er besuchte, gab es Klöster und Tempel, in allen Schichten der Gesellschaft war der Glaube verwurzelt: Kaiser und Beamte spendeten für buddhistische Bauprojekte, Mönche und Laien wanderten auf Pilgerfahrten durch das Land, Scharen nahmen an Sūtra-Lesungen teil, und die buddhistischen Feste zogen ganze Volksmassen an. Mönchen – seien sie chinesisch, koreanisch oder japanisch – wurden allenthalben Respekt und Gastfreundschaft zuteil. Ennin berichtet mehrfach von frommen Beamten, die ihn beschenkten, beherbergten und eifrig mit ihm über buddhistische Lehren diskutierten. Das frühe 9. Jahrhundert war eine Hochzeit des intellektuellen und volkstümlichen Buddhismus in China.

Doch während Ennin noch die religiöse Hingabe seiner Gastgeber erlebte, begann bereits der Niedergang des Buddhismus in China. Schon Jahrzehnte zuvor war die ›fremde Religion‹ in Literatenkreisen angefeindet worden, am ätzendsten in einer Throneingabe, die Han Yu im Jahr 819 verfasst hatte, als ein Fingerknochen des Buddha mit Pomp in die Hauptstadt gebracht werden sollte. »Buddha war ein Barbar, der die chinesische Sprache nicht beherrschte und sich anders kleidete«, polemisierte Han Yu:

> Er führte nicht die vorbildlichen Worte der früheren Könige im Mund und folgte nicht deren vorbildlichen Taten, kannte weder den Anstand zwischen Fürst und Untertan noch die Gefühle zwischen Vater und Sohn. Angenommen, er lebte noch und käme als Gesandter seines Landes in die Hauptstadt, so würden eure Majestät ihm wohl nicht mehr als eine Audienz, ein Bankett und eine Garnitur Kleidung als Geschenk gewähren und ihn dann wieder an die Grenze eskortieren lassen, so dass er das Volk nicht verwirrt. Wie könntet ihr dann, da er lange tot ist, seine verwesten Knochen und verrotteten Überreste in eure Paläste hereinlassen?! (*Han Changli wenji* 8, 640)

Auch wenn die Throneingabe ohne Wirkung blieb – sie war ein Menetekel für die Katastrophe, die 25 Jahre später folgen sollte. Am 18. November 842 notierte Ennin in seinem Tagebuch den Inhalt eines Edikts, das Kaiser Wuzong kurz zuvor erlassen hatte: Alle Mönche und Nonnen des Reichs, die magische Praktiken betrieben, sich anderer Vergehen schuldig gemacht oder die buddhistischen Regeln nicht eingehalten hätten, seien zu laisieren; alle Mönche und Nonnen, die Ländereien oder andere Güter besäßen, hätten diese dem Staat zu übergeben. Dieser Erlass bildete den Auftakt zur größten Buddhistenverfolgung, die China je erlebt hatte: Buddhistische Schriften wurden verbrannt, Statuen des Buddha oder anderer Heiliger eingeschmolzen oder vergraben, buddhistische Stelen wurden zerschlagen, Klöster enteignet und geschlossen, Sklaven daraus ›befreit‹ (d. h. verkauft oder anderweitig versklavt), Nonnen und Mönche wurden laisiert, misshandelt oder ermordet.

Zweifellos spielten wirtschaftliche Gründe eine wichtige Rolle bei der Buddhistenverfolgung: Die Klöster waren sagenhaft reich geworden, ihre steuerbefreiten Ländereien und die zahllosen Mönche kosteten den Staat Millionen an Steuereinnahmen. Doch auch religiöse Konkurrenzkämpfe standen hinter den Exzessen. »Der gegenwärtige Kaiser glaubt nur an den Daoismus und hasst den Buddhismus«, notierte Ennin verzagt (*Nittō gyōki* 4). Tatsächlich hatten daoistische Berater am Hof so viel Einfluss auf den Kaiser gewonnen, dass sie ihn zu einseitiger Förderung des Daoismus und irrwitzigen Großprojekten wie dem Bau einer gigantischen ›Terrasse der Unsterblichen‹ überredeten. Diese Konstruktion, ein künstlicher Berg mit massiven Felsbrocken, Grotten und künstlichen Wäldern, sollte daoistischen Priestern dazu dienen, Lebenselixiere zu brauen, in die neun Himmel aufzusteigen und auf andere Weisen die Unsterblichkeit des Kaisers zu bewirken (ebd.). Ein Gerücht besagte, dass die ungeheure Grube, die für den Berg ausgehoben worden war, mit den abgeschlagenen Köpfen buddhistischer Mönche und Nonnen gefüllt werden sollte.[3]

Zu diesem Massenmord kam es nicht. Dennoch steigerte sich Wuzongs Buddhistenverfolgung bald zu einer regelrechten Vernichtungskampagne: 845 stellte ein kaiserlicher Erlass die Zerstörung von 4600 Klöstern und 40.000 Tempeln, die Laisierung von 260.000 Mönchen und Nonnen sowie die ›Befreiung‹ von 150.000 Sklaven fest. »Da die Ausländer uns fremde Religionen vor Augen führen« (ebd.), wurden auch 3000 Nestorianer und Zoroastrier Opfer der Verfolgungen. Auch Ennin musste 845 als Ausländer und Buddhist aus der Hauptstadt fliehen. Mit der Hilfe von Freunden und gläubigen Beamten gelang es ihm, China unbeschadet zu verlassen. Einer von ihnen sagte ihm zum Abschied:

> Der Buddhismus existiert in diesem Lande nicht mehr. Aber er strömt gen Osten: So heißt es seit alter Zeit. Ich hoffe, dass du dein Bestes tun wirst, um dein Heimatland zu erreichen und den Buddhismus dort zu verbreiten.
>
> (*Nittō gyōki* 4, 845/6/9)

›Der Buddhismus strömt gen Osten‹: Das ist die metaphorische Verdichtung der Zeitenwende, die sowohl China als auch Japan erlebte. Als Ennin China verließ, war es nicht mehr das gleiche Land, das er neun Jahre zuvor betreten hatte. Sein Tagebuch sowie die Lehren und Schriften, die er nach Japan brachte, waren letzte Zeugnisse einer vergangenen Zeit.

## *Saichō und Kūkai*

Nicht nur die Tang hatten ein Problem mit der Macht des buddhistischen Klerus. Auch in Japan war die Religion schon im 8. Jahrhundert zu einem Konkurrenten für den Staat geworden. Das System der Staatstempel und der zentralen Ordinationsriten (S. 104) war bereits eine Reaktion auf die zunehmende Macht des *sangha*. Nachdem unter Kaiserin Shōtoku dann ein Mönch zum Großkanzler aufgestiegen war und schließlich sogar den Titel eines ›Dharma-Kaisers‹ erhalten hatte, wurde der Buddhismus als Gegenmacht zum Staat immer bedrohlicher. Daraufhin beschloss Kaiser Kammu in einer dramatischen Geste, dem Einfluss der Mönche zu entgehen: Er verlegte seine Hauptstadt 784 zunächst nach Nagaoka und dann, 794, nach Heian-kyō. Während die Tang auf die Bedrohung des Buddhismus mit Verfolgung antworteten, reagierte der Tennō mit Flucht.

In Heian-kyō aber etablierte sich nicht nur der Kaiserhof, sondern auch der Buddhismus organisierte sich neu. Diese religiöse Erneuerung ist vor allem mit zwei Namen verbunden: Saichō und Kūkai, zwei herausragende Persönlichkeiten des ostasiatischen Buddhismus, stehen am Anfang des klassischen Zeitalters in Japan. Beide wurden in der Hochzeit des *ritsuryō*-Systems geboren und starben, als dieses System bereits *passé* war. Sie erlebten den Umzug der Hauptstadt, die Herausbildung eines neuen Buddhismus und einer neuen Gesellschaftsordnung. Beide erhielten ihre wesentlichen Impulse aus China: Sie trugen mehr noch als Ennin dazu bei, den Buddhismus nach Osten strömen zu lassen. Und doch begründeten sie spezifisch japanische Formen des Buddhismus, die sich sowohl von kontinentalen Vorgaben als auch vom Zugriff des Staates lösten. Saichō und Kūkai stehen für die *Autonomie* des japanischen Buddhismus.[4]

Ihre Karrieren verliefen weitgehend parallel. Saichō, Sohn einer alteingesessenen Einwandererfamilie, wurde 785 in Nara ordiniert, verließ die Stadt aber bald darauf, desillusioniert von der Dominanz staatstragender Rituale im Nara-Buddhismus, und bezog eine Hütte auf dem Berg Hiei, nordöstlich von Heian-kyō. Kūkai wurde als Sohn einer Adelsfamilie zunächst in den chinesischen Klassikern unterwiesen und besuchte sogar die staatliche Hochschule zu Nara, wandte sich aber bald dem Buddhismus zu. Auch er zog sich, statt Mönch in einem Staatskloster zu werden, zur Meditation und Rezitation von Mantras in die Berge zurück. Im Jahr 804 schifften beide sich mit derselben Gesandtschaft zu den Tang ein. Zwei der vier Schiffe gerieten bei einem Sturm in Seenot, und nur die Schiffe, auf denen Kūkai und Saichō saßen, erreichten die chinesische Küste. Beide Mönche blieben nur kurz in China, wurden in dieser Zeit aber in Formen des Buddhismus initiiert, die in Japan noch weitgehend unbekannt waren. Saichō reiste zum Berg Tiantai (im heutigen Zhejiang), wo er bei Daosui, dem 7. Patriarchen der Tiantai-Schule, studierte, und später nach Yuezhou, wo er in den esoterischen Buddhismus eingeweiht wurde. 805 kehrte er, mit zahlreichen Abschriften von Sūtras im Gepäck, zurück nach Japan und gründete ein Jahr darauf das Kloster Enryaku-ji.

Das Enryaku-ji sollte zum Zentrum des Tendai-Buddhismus und wichtigsten Klosterkomplex Japans werden: In seiner Blütezeit umfasste es sage und schreibe 3000 Tempel und eine höchst schlagkräftige Armee. Schon bald lief es den Nara-Klöstern den Rang ab und erhielt 822 vom Tennō das Ordinationsrecht. Dennoch war das Enryaku-ji alles andere als ein Staatskloster. Saichō verlangte von Mönchen, dass sie 12 Jahre in strenger Abgeschiedenheit auf dem Berg Hiei verbrachten, denn Bodhisattvas, so heißt es im *Lotos-Sūtra*, »sollen sich allzeit von Königen, Prinzen fernhalten, von Ministern und Amtsvorstehern, von solchen, die üble und gefährliche Vergnügungen ausüben« (Deeg 2007, 211).[5] Die Mönche des Enryaku-ji machten ernst mit der Trennung von Politik und Religion.

Wenn Saichō für die institutionelle Autonomie des Buddhismus sorgte, steht Kūkai für die Eigenständigkeit seiner Lehre. Nach seiner Ankunft in China begab er sich nach Chang'an, wo er Sanskrit lernte und von Meister Huiguo in den esoterischen Buddhismus eingeweiht wurde. Innerhalb weniger Monate hatte Kūkai die Lehre durchdrungen: »Ob auf Chinesisch oder Sanskrit, er hat alle meine Anweisungen in seinem Geist aufgenommen«, sagte Huiguo angeblich auf seinem Sterbebett: »Es war, als ob man Wasser von einer Vase in die andere gösse« (Abe 1999, 126). Seine letzte Anweisung an Kūkai lautete, in seine Heimat zurückzukehren und dort die Lehre zu verbreiten.

So reiste Kūkai 806 zurück nach Japan, beladen mit Ritualgegenständen seines Meisters und 216 buddhistischen Texten, davon 42 auf Sanskrit. Damit gelangte erstmals ein großes Korpus von nicht-chinesischen Texten nach Japan. Die Sanskrit-Texte eröffneten japanischen Mönchen ganz neue Einsichten in die buddhistischen Lehren. Sie lehrten die korrekte Aussprache und Interpunktion, ungebrochen durch chinesische Interpretation, mehr noch: Sie führten den Japanern ein neues Schriftsystem vor Augen, dessen rein phonetische Zeichen Laute wesentlich präziser abbildeten als das chinesische. Es gab noch andere Schriften als die chinesische – ›Schrift‹ war nicht mehr gleichbedeutend mit *chinesischer* Schrift! Vielleicht gelang japanischen Gelehrten diese Abstraktionsleistung erst angesichts der Sanskrit-Literatur. Jedenfalls fiel die Erfindung einer genuin japanischen Silbenschrift, der *hiragana*, just in die Zeit nach Kūkais Rückkehr nach Japan.[6] Die Legende besagt, dass er selbst sie erfunden habe – wer auch sonst?! Kūkais Name steht stellvertretend für ein ganzes Zeitalter.

Die *hiragana* bedeuteten einen Quantensprung in der japanischen Schriftkultur. Die chinesischen Zeichen waren zwar geeignet, um chinesische Texte zu schreiben; für japanische hingegen waren sie keineswegs ideal, da sie weder Suffixe noch Kasuspartikel oder andere japanische Funktionswörter abbilden konnten und zudem die Lautung japanischer Wörter nicht wiedergaben (S. 431, Anm. 23). Anders die *hiragana*: Mit nur mehr 47 Zeichen – Abstraktionen von chinesischen Zeichen, die aber nicht mehr für ein Wort standen, sondern nur für eine Silbe – ließen sich sämtliche Laute des Japanischen schreiben. Damit war es möglich, nicht nur Suffixe und Funktionswörter wiederzugeben, sondern theoretisch konnten ganze Texte auf Japanisch geschrieben werden, ohne ein einziges chinesisches Schriftzeichen. Ebenso, wie Kūkais Sanskrit-Texte den japanischen Buddhismus von seinen chinesischen Interpreten unabhängig machten, emanzipierten *hiragana* die japanische Schrift von ihrem chinesischen Korsett. Sie eröffneten neue Möglichkeiten des Ausdrucks, die bald zu einer genuin japanischen Literatur führten (S. 144).[7]

Die enge Beziehung der *hiragana* zu buddhistischen Lehren bezeugt auch der älteste Merkvers für die neue Silbenschrift. Das *Iroha*, so genannt nach seinen ersten drei Silben, verwendet jede der 47 Silben genau einmal:

| | |
|---|---|
| Iro ha nihoheto | So blühend die Farben auch seien, |
| chirinuru wo | Werden sie doch sich verlieren |
| wa ka yo tare so | Wer ist in unserer Welt, |
| tsune naramu | Der ewig währte? |
| uwi no okuyama | Über die tiefen Berge der unsteten Welt |
| kefu koete | Bin ich heute hinweg, |
| asaki yume mishi | Nehme weder seichte Träume |
| wehi mo sesu | Noch Berauschung mehr wahr. |

Auch die japanische Schrift kam nicht unschuldig daher. Mit dem Inventar der Silben lernte jeder Schüler zugleich einen Grundgedanken des Buddhismus: die Vergänglichkeit aller Dinge. Das nostalgische Bewusstsein von der Unbeständigkeit aller Dinge (jap. *mujōkan*) wurde in der Heian-Zeit zur Grundstimmung der japanischen Elite – eine Stimmung, die sie deutlich von ihren Zeitgenossen in China unterschied.

In mehrerlei Weise bewirkten Kūkais Gaben eine Befreiung von chinesischen Vorgaben: indem sie chinesische Texte durch indische ergänzten und chinesische Schrift durch japanische Zeichen, ja indem sie chinesische Sprache selbst hinter sich ließen. Denn trotz der Last an Büchern, die Kūkai nach Japan gebracht hatte, lag der Schwerpunkt seiner Lehre keineswegs auf diesen Schriften. Der Shingon-Buddhismus (chin. Zhenyan), den Kūkai in Japan begründete, lehrte, dass die wahre Buddha-Natur unaussprechlich sei: Sie lasse sich nicht in Worte fassen.

> Herr der Geheimnisse, was ist Erleuchtung? Es ist nichts anderes als die Erkenntnis des eigenen Geistes, wie er wahrhaft ist. Um diese unübertroffene, perfekte Erleuchtung zu erreichen, muß ein Adept nicht einmal eine Haaresbreite an Neuem lernen: Denn die Erleuchtung hat keine Form außer der Form des leeren Raums. (*Mahāvairocana sūtra* 1, zit. nach: Abe 1999, 131 f.)

Auch und gerade sprachliche Formen können die Erleuchtung nicht abbilden. Stattdessen sind es nonverbale, esoterische Rituale, die dorthin führen: Mantras – nichts anderes bedeutet ›Shingon‹ –, Mudras und Mandalas standen im Mittelpunkt von Kūkais Lehre. Der Shingon-Buddhismus »ging so weit, schriftlicher Überlieferung ihre Gültigkeit abzusprechen«, bemerkte Saichō.[8] Diese Lehre war der Rationalität chinesischer Staats- und Gesellschaftslehren diametral entgegengesetzt: hier die Formalisierung aller Lebensbereiche, dort die Formlosigkeit; hier der Logos, dort die wortlose Lehre; hier die Permanenz der Schrift, dort die Unbeständigkeit aller Dinge. Der Shingon-Buddhismus steht nicht zufällig am Anfang von Japans klassischer Epoche: Er symbolisiert die Emanzipation japanischer Kultur von der chinesischen.

## Die feinen Unterschiede

Während in Heian-kyō Adel und Klerus ihre Machtstellung gegenüber dem Tennō festigten, wurde in China in der späten Tang- und frühen Song-Zeit der Adel von einer neuen, literarischen Elite verdrängt. Die sozialen Formationen gingen mit ganz unterschiedlichen Geisteshaltungen einher: Während Tendai- und Shingon-Buddhismus sowie ein grassierender Ästhetizismus Japan in ihren Bann zogen, bildete sich unter den neuen chinesischen Eliten eine dezidiert rationale Denkungsart heraus, die sich explizit vom Buddhismus distanzierte: der ›Neukonfuzianismus‹. Beide Entwicklungen, so unterschiedlich sie waren, bedeuteten einen Schritt in dieselbe Richtung: von Offenheit zu Geschlossenheit, von einer multikulturellen zu einer patriotischen Gesellschaft. Je fester die chinesischen Gelehrten sich in ihre Klassiker verbissen, desto mehr ging ihnen der Sinn für alles Andersartige verloren, und je sorgsamer japanische Adlige ihre eigenen Werte pflegten, desto fremder wurde ihnen die chinesische Kultur. Mag sein, dass sich die äußeren Formen der beiden Gesellschaften – ihre Kunst, ihre Architektur – noch ähnelten, aber im Geiste entfernten sie sich in diesen Jahrhunderten voneinander.

## *Der Neukonfuzianismus*

Die aufstrebende literarische Elite, die sich nicht auf Abstammung berufen konnte, legitimierte sich stattdessen durch eine erfundene Tradition, die weit hinter die Genealogien des Adels zurückging: eine Tradition des ›rechten Wegs‹, des *Dao*. Die klassische Formulierung dieser Tradition lieferte kein Geringerer als Han Yu, jener Eiferer wider den Buddhismus, der zugleich einer der größten Literaten des 8. Jahrhunderts war:

> Das Dao, das ich meine, ist keineswegs das sogenannte Dao des Laozi und des Buddhismus. Yao hat es dem Shun überliefert, Shun dem Yu und Yu dem Tang, Tang überlieferte es den Königen Wen und Wu sowie dem Herzog von Zhou, der überlieferte es Konfuzius und Konfuzius dem Menzius. Seit Menzius gestorben ist, wurde es nicht weiter überliefert. (*Han Changli wenji* 1, 18)

»… Bis Han Yu und seinesgleichen es wiederentdeckten«, ließe sich ergänzen. Die ›Neukonfuzianer‹, wie sie später genannt wurden, stellten der Weltsicht des mittelalterlichen Adels einen völlig anderen Wertekanon entgegen: Sie ersetzten den Buddhismus, den Han Yu als »Barbarenkult« verunglimpfte, durch eine eng verstandene ›konfuzianische‹ Tradition und den Kosmopolitismus des Adels durch einen *Kulturalismus*, der alles Fremde ausgrenzte. Tatsächlich nahm der Begriff *wen*, der sich lose mit ›Kultiviertheit‹ übersetzen ließe, eine zentrale Stellung in der Lehre des Neukonfuzianismus ein. Er fungierte als Distinktionsbegriff, der die neue Elite gegen den Lebensstil der Aristokratie abgrenzte.[9]

Zugleich deutete *wen* auf die Sphäre der *Literatur*: denn über literarische Bildung definierte sich die neue Elite. »Literatur ist das Vehikel des Dao«, so drückte es Zhou Dunyi aus; sie war das zentrale Medium der Tradition des ›rechten Wegs‹. Das geschriebene, oder besser noch: das gedruckte Wort zählte. Es ist kein Zufall, dass der Buchdruck in China ab dem 10. Jahrhundert einen enormen Aufschwung nahm. Zwischen 932 und 953 wurde der konfuzianische Kanon erstmals gedruckt, kurz darauf auch die buddhistischen und daoistischen Kanones. Nicht zuletzt verwies der Begriff *wen* auf *zivile* Tugenden: Auch darin unterschied er sich deutlich vom militärischen Ethos des alten Adels. Mit dem Aufstieg der literarischen Elite wurde in China alles Militärische entwertet: »Aus guten Männern macht man keine Soldaten, so wie man aus gutem Eisen keine Nägel macht«, formulierte es der Volksmund. Der erste Kaiser der Song institutionalisierte diese Rangordnung schließlich, indem er den militärischen Zweig der Verwaltung dem zivilen formal unterstellte: ein logischer Schritt in der Entwicklung von der Aristokratie zur Bürokratie.

Ein integraler Bestandteil der neuen Gesellschaftsstruktur war das Prüfungssystem, das jetzt zur zentralen Institution für die Rekrutierung von Beamten avancierte. Zwar hatte es Prüfungen auch in der Tang-Zeit gegeben; aber während sich damals nur 10 % der Beamten auf diesem Wege qualifiziert hatten, waren es im 11. Jahrhundert schon mehr als 50 %, und in der späten Kaiserzeit führte kein Weg mehr am Prüfungssystem vorbei. Die Beamtenprüfungen waren zugleich ein effektives Instrument des Staates, um die Eliten zu kontrollieren und ›auf Linie‹

zu bringen: Wer jahre- oder gar jahrzehntelang die Klassiker studieren – und das heißt: in langsamer, wiederholender Lektüre auswendig lernen – musste, wurde zwangsläufig zum gefügigen Element der imperialen Hierarchie. Der Kaiser, der weit über allem thronte, bildete die Spitze dieses Systems. Aber gerade seine entrückte Stellung machte ihn abhängig von der gelehrten Elite, die ihn mit wahren Sätzen und moralischen Leitlinien versorgte. Der Neukonfuzianismus entwickelte eine Kosmologie, in der die fünf Wandelphasen, Yin und Yang, die Natur und der ganze Kosmos eine Einheit mit dem Menschen bildeten. Diesem müsse es also darum gehen, die kosmischen Prinzipien zu erkennen und sein Handeln danach zu richten: Das galt für den Kaiser, aber auch für die Gelehrten selbst. Denn die Literaten der frühen Neuzeit waren keineswegs Stubengelehrte, sondern sie bildeten eine politische Klasse, die in der Hauptstadt die Geschicke des Reichs bestimmte und sich als lokale Gentry um ihre Heimatkreise verdient machte. Aus ihrer Kenntnis des Dao zogen sie das Recht, ja die Pflicht zum politischen Handeln. Die rechten Prinzipien, ihr literarischer Ausdruck und ihre praktische Anwendung waren eins:

> Die Verhältnisse zwischen Fürst und Untertan sowie Vater und Sohn, Menschlichkeit und Anstand, Sitten und Musik, die im Laufe der Zeit unwandelbar bleiben, bilden die Prinzipien. Die kanonischen *Lieder* und *Dokumente*, die historischen, philosophischen und literarischen Werke, die der Nachwelt zum Vorbild gereichen, sind ihr literarischer Ausdruck. Die Fähigkeit, sie im Reich einzusetzen, das Volk zu bereichern und sie der kaiserlichen Ordnung zuzuführen, ist ihre praktische Anwendung. (*Song Yuan xue'an* 1)

So vielschichtig die neukonfuzianische Philosophie war, die sich mit Namen wie Zhou Dunyi, Zhang Zai, den Brüdern Cheng Hao und Cheng Yi sowie mit Zhu Xi, dem großen Vollender des Systems, verbindet, so komplex und vielschichtig waren die Charaktere dieser Literatenbeamten. Als Steuereintreiber und Kreisrichter führten sie ein strenges, oft hartherziges Regime, doch zugleich schrieben sie zartfühlende Gedichte; sie wälzten staubtrockene Akten und verfassten

Essays, die vor Witz sprudeln; sie waren Kunstsammler und Gourmets, Maler, Kalligraphen, Historiker, Schürzenjäger und Lästermäuler. Während sie die konfuzianische ›Güte‹ und ›Empathie‹ ständig im Munde führten, hatten sie nichts als Verachtung für die ›barbarischen‹ Randvölker ihres Reichs übrig. Von der ›kultivierten Geisteshaltung‹, die Chen An beschrieben hatte (S. 50), war nicht mehr die Rede. Der verstörendste Aspekt ihrer Kultur aber ist die Art, wie diese empfindsamen Feingeister ihre Frauen behandelten: In der Song-Zeit setzte sich der Brauch durch, jungen Mädchen die Füße zu brechen und so eng einzuschnüren, dass sie im Erwachsenenalter das Idealmaß von drei Zoll erreichten. Frauen wurden systematisch verkrüppelt, um sie vom öffentlichen Leben fernzuhalten.[10] Es war diese diabolische Sozialtechnik, welche die Song-Elite wohl am deutlichsten von ihren japanischen Zeitgenossen unterschied, denn dort waren es gerade Frauen, die den guten Ton angaben.

## *Der ›japanische Geist‹*

Wenn Kūkai und Saichō die religiösen Symbolfiguren Japans im 9. Jahrhundert waren, war es auf dem Gebiet der Politik und Gelehrsamkeit Sugawara no Michizane: Eine der schillerndsten Persönlichkeiten der japanischen Geschichte, steht er wie kein zweiter für die Transformation japanischer Politik und Gesellschaft in der frühen Heian-Zeit. Michizane war ein Kind des Establishments, Sohn einer hochmögenden Akademikerfamilie, der die kaiserliche Hochschule durchlaufen hatte, Beamter am Hof wurde und hohes Ansehen als *kanshi*-Dichter genoss. Sugawara no Michizane war in mehrerlei Hinsicht der letzte große Vertreter des alten Systems. Ein erbitterter Gegner des aufstrebenden Fujiwara-Clans (S. 122), wurde er 901 von diesem ins Exil getrieben: Sein Sturz besiegelte das Ende des ›Kaisersystems‹. Als führender klassischer Gelehrter seiner Zeit war er 894 zum Leiter einer Tang-Gesandtschaft erkoren worden, die jedoch – auf Michizanes eigenen Wunsch – abgesagt wurde. Ihr Scheitern bedeutete das Ende der großen

›Tang-Gesandtschaften‹, und das heißt: das Ende diplomatischer Kontakte. Ein halbes Jahrtausend lang sollte es praktisch keinen offiziellen Austausch zwischen China und Japan mehr geben.

Es gibt verschiedene Erklärungen dafür, warum die Gesandtschaft von 894 abgesagt wurde. Der Machtzerfall der Tang und ihre nachlassende kulturelle Strahlkraft, die enormen Kosten der Missionen, sogar die mangelnden Chinesischkenntnisse Michizanes mögen eine Rolle gespielt haben; aber der eigentliche Grund liegt tiefer: Die historische Übergangszeit, in der China und Japan sich auf demselben Entwicklungspfad zu befinden schienen, ging zu Ende. Nicht nur in China endete eine Epoche, sondern auch in Japan begann eine neue Zeit, die nicht mehr durch Anleihen bei den Tang geprägt war, sondern durch die autonome Entfaltung ›japanischer‹ Kultur.

Sugawara no Michizane selbst soll das Motto dieser Zeit geprägt haben: *wakon kansai*, ›japanischer Geist und chinesische Fertigkeiten‹ sollten die kulturelle Orientierung vorgeben. In vier Silben bringt das Schlagwort die Emanzipation der japanischen Kultur auf den Punkt: Der ›japanische Geist‹ *unterschied* sich von den ›chinesischen Fertigkeiten‹; pointierter ausgedrückt: Sie waren *gegensätzlich* – und eben deshalb ergänzten sie einander. ›Chinesische Fertigkeiten‹ waren äußerlich und rational, ›japanischer Geist‹ hingegen innerlich und emotional, jene maskulin, dieser feminin, dort Form und Verstand, hier Inhalt und Geschmack. – Auch wenn diese radikale Gegensätzlichkeit erst Sache späterer Interpretation sein dürfte, ist in dem Motto *wakon kansai* die Gegenüberstellung der beiden explizit angelegt. Mehr noch, auch die Rangfolge der beiden Sphären ist unmissverständlich: Der ›japanische Geist‹ steht nicht nur syntaktisch, sondern auch in der Wertschätzung an erster Stelle.

Diese geistesgeschichtliche Wende bedeutete keine Abkehr von China, aber doch eine Neubewertung chinesischer Kultur. Noch immer umgab sich der Adel von Heian mit den Luxusgütern der Tang: Der Hochadel ließ sich in hohen ›chinesischen‹ Wagen mit grünem Giebeldach und aufwendigem Dekor durch die Straßen ziehen, Hofdamen schmückten sich mit Brokatgewändern aus China, chinesische

Melodien entzückten die Heian-Elite, auf chinesischem Papier schrieb sie ihre Briefe, und die Kenntnis von Tang-Gedichten war nach wie vor der ultimative Ausweis von Kultiviertheit. Es gab sie noch, die guten Dinge.

Doch der Enthusiasmus der Asuka- und Nara-Zeit war verflogen, die politisch schwache Song-Dynastie nur mehr ein Abglanz der Tang. Die Japaner sogen die *karamono* nicht mehr heißhungrig auf, sondern wählten mit Bedacht aus: die Gedichte von Bo Juyi, aber nicht von Li Bo oder Du Fu, monochromes Song-Porzellan, aber nicht die bunte Tang-Keramik. Und sie stellten den chinesischen Importen japanische Pendants zur Seite: Man hatte die Wahl zwischen importiertem und einheimischem Papier, chinesischen und japanischen Fächern, Lackarbeiten der Tang oder den vortrefflichen *maki-e* japanischer Kunsthandwerker. Maler schufen neben klassisch-zurückhaltenden ›chinesischen Bildern‹ (*kara-e*) in der Heian-Zeit auch ›japanische Bilder‹ (*yamato-e*): farbenprächtige narrative Bildrollen, die in kräftigen Pinselstrichen das Leben am Hofe, Geschichten über Tempel oder Karikaturen zeitgenössischer Charaktere abbilden. Das berühmteste Beispiel ist die *Genji monogatari emaki* aus dem 12. Jahrhundert: ›japanische Bilder‹ zum Roman, der selbst wie kein zweiter die Emanzipation japanischer Kultur von der chinesischen verkörpert.[11]

In der lyrischen Dichtung entwickelte sich neben den ›chinesischen Gedichten‹ (*kanshi*) mit den ›japanischen Liedern‹ (*waka*) eine autochthone literarische Form. Diese Kurzgedichte in fünf Zeilen mit 31 Moren (5/7/5/7/7) lösten sich von chinesischen Vorbildern, um den Eigenheiten der japanischen Sprache gerecht zu werden. Denn japanische Lyrik konnte weder vom Effekt der Silbentöne Gebrauch machen wie die chinesische, noch konnte sie Reime verwenden: Da das Japanische praktisch nur ›offene Silben‹ kennt, fast alle Wörter also auf *-a*, *-i*, *-u*, *-e* oder *-o* enden, sind Reime so häufig, dass sie als Stilmittel sinnlos wären. Um Lyrik im Japanischen von Prosa zu unterscheiden, mussten die Dichter auf andere Mittel zurückgreifen: eine betont poetische Wortwahl, syntaktische Extravaganz und eine extreme Verdichtung des Ausdrucks. All das kommt in den *waka* zusammen.[12]

Wen wohl sollte ich
Als meinen Freund noch zählen?
In Takasago
Sind die Pinien mir nicht mehr
Kameraden so wie einst … (*Kokin wakashū* 17, 343)

Das *Kokinshū* von ca. 905, aus dem dieses *waka* stammt, ist die erste kaiserliche Anthologie japanischer Dichtung, die in vielerlei Hinsicht ästhetische Standards setzte. Ihr Vorwort charakterisiert diese Dichtung gleich im ersten Satz: »Japanische Lieder haben ihre Wurzel im menschlichen Herzen« – im Gegensatz zu chinesischen, ließe sich ergänzen (zu welchen sonst?), die wesentlich im Verstand begründet seien. Japanische Dichtung – ebenso wie andere Kulturformen – gewann ihren spezifischen Sinn erst in Relation zur chinesischen. Genau dieses Spannungsfeld, in dem Japanisches stets auf Chinesisches bezogen wurde und nur in diesem Bezugssystem zu verstehen war, drückt der Begriff *wakon kansai* oder kurz *wakan*, ›japanisch-chinesisch‹, aus. ›Japanische‹ Kultur verdankte ihre Bedeutung, ja: ihre gesamte Existenz der Beziehung zur ›chinesischen‹ Kultur.[13]

## *Die Welt des Prinzen Genji*

Diese Spannung, die das gesamte Leben der Adelsgesellschaft von Heian-kyō durchzog, findet ihren schönsten Ausdruck in der *Geschichte vom Prinzen Genji* (*Genji monogatari*), verfasst von der Hofdame Murasaki Shikibu, einem Meisterwerk der Weltliteratur und Spiegel der Heian-Zeit. Gleich am Anfang wird dort die Liebe des Tennō zu der rangniedrigen Hofdame Kōi Kiritsubo, die den Neid des Hofes auf sich zieht, mit der chinesischen Geschichte verwoben:

> Er schloß sie immer zärtlicher in sein Herz, mißachtete das Gerede der Welt und liebte sie so sehr, daß zu befürchten war, man könnte einst tadelnd auf sein Beispiel weisen. … es war wahrhaftig eine Leidenschaft, die alle bestürzte. In immer

> weiteren Kreisen beklagte man sich schließlich darüber und wies angstvoll darauf hin, daß in einem gleichen Fall in China das Reich in furchtbare Unordnung geraten sei. Ja man neigte ganz offen dazu, die vom Herrscher so bevorzugte Gemahlin mit Yang Kuei-fei zu vergleichen, und es häuften sich die peinlichen Vorfälle. (*Genji monogatari* 1, Übers. Benl 1992, 5)

Yang Guifei, die Geliebte des Tang-Kaisers Xuanzong, die so ein trauriges Ende gefunden hatte, als historische Folie für die Mutter des Prinzen Genji: Damit wird *wakan* zum erzählerischen Prinzip erhoben, das den Roman bestimmt. Referenzen auf China bilden ein Leitmotiv des *Genji monogatari*, das die Ereignisse in den Adelskreisen von Heian-kyō immer wieder mit Themen der chinesischen Kulturgeschichte unterlegt: Briefe werden auf chinesischem Papier geschrieben und mit chinesischen Parfums bestäubt, chinesische Brokatstoffe schmücken Räume und Menschen, überaus häufig werden Tang-Gedichte zitiert – allein Bo Juyi mehr als 90 Mal –, und jeder kennt die Heldinnen und Helden der chinesischen Geschichte: das tragische Schicksal der schönen Yang Guifei, die den Subtext des ersten Kapitels bildet, die unsägliche Trauer der Wang Zhaojun, die einem ›Barbaren‹-Häuptling zur Braut gegeben wurde, die Zhou-Könige Wen und Wu, den Dichter Qu Yuan, der sich in einem See das Leben nahm, und natürlich Bo Juyi, der die

Das Byōdō-in mit der »Phönixhalle« aus dem 11. Jh. n. Chr., ein einzigartiges Zeugnis der chinesisch inspirierten Heian-Architektur, gehört nicht nur zum Weltkulturerbe, sondern auch zum literarischen Erbe Japans. Die letzten Kapitel des *Genji monogatari* spielen dort: Sie führen gleichsam aus der diesseitigen Welt in das Paradies des ›Reinen Landes‹, dessen Abbild die »Phönixhalle« ist.

Stimmung der Zeit einfing wie kein zweiter. Bos *Lied des ewigen Leids*, das die Tragödie Yang Guifeis und den Untergang der Tang beklagt, entsprach dem larmoyanten Grundgefühl der Heian-Zeit, der düsteren Melancholie und dem Bewusstsein der Unbeständigkeit aller Dinge (*mujōkan*).[14] Die Verbannung des Prinzen Genji an den Strand von Suma ist ganz der des Bo Juyi nach Südchina nachempfunden: Genji nimmt nur wenige Dinge mit, »etwa die Gedichte von Bo Juyi« und eine Zither (Bo hatte eine Flöte und wenige Rollen Bücher mitgenommen), und bezieht sein Haus im Exil, genauso wie Bo, am 27. Tag des 3. Monats. Obwohl er nur eine Tagesreise von der Hauptstadt entfernt ist, seufzt er pathetisch: »Zweitausend Meilen weit sind die Herzen der alten Freunde entfernt« – ein Zitat von Bo Juyi –, und als ein Freund ihn im Exil besucht, singen sie beide, von Wein und Schmerz übermannt, die Verse Bo Juyis: »In den Frühlingsbecher strömen die Tränen trunkener Trauer …«[15] (Benl 1992, 404).

Das *Genji monogatari* ist voll von solchen intertextuellen Verweisen. Es lässt sich nur verstehen, wenn man die Anspielungen erkennt, ja – das ist eine Botschaft des Romans – das gesamte Leben der Heian-Zeit lässt sich nur in Relation zu seinem chinesischen Vor- und Gegenbild verstehen: nicht, weil die japanische Adelskultur der chinesischen so ähnlich gewesen wäre, sondern gerade deshalb, weil sie sich so dezidiert von ihr unterschied. Prinz Genji und seine Damen leben in einer streng hierarchischen Gesellschaft, eng begrenzt und selbstbezogen, in der literarische Bildung, Esprit, Schönheit und guter Geschmack die höchsten Werte sind. Es ist eine Welt der Müßiggänger und Melancholiker, Träumer und Tänzer. Konfuzianische Sittlichkeit, moralische Werte und politisches Engagement spielen darin kaum eine Rolle – Schönheit ist ihr ein und alles!

Japanische Kultur wurde in der Heian-Zeit in doppelter Hinsicht autonom: Sie koppelte sich von chinesischen Vorbildern ab *und* sie emanzipierte sich von der Staatsräson. Wo Religion, Kunst und Literatur vornehmlich politische Funktionen erfüllten, konnten sie keine spezifischen Eigenlogiken entwickeln; sie blieben fremdbestimmt. Erst als sie ihre Selbstständigkeit gewannen, konnten sich diese Sphären entfalten und die *japanische Kultur* hervorbringen: ›japanisch‹, weil sie sich unabhängig vom Festland entwickelte, und ›Kultur‹, weil sie ihre Autonomie gegenüber der Politik behauptete. Diese Entkopplung von politischen oder moralischen Zumutungen brachte eine umfassende Ästhetisierung der Welt mit sich: Das Ideal des *miyabi* – der Eleganz und Verfeinerung – bestimmte nicht nur die Künste, sondern buchstäblich jeden Schritt und jede Geste des täglichen Umgangs. Die Farbnuancen der Kleidung und die Duftnoten, mit denen man sich umgab, jede literarische Anspielung, die Sorte des Papiers und die Art, wie man die Briefe faltete, die Blüten, die man ihnen beigab, der kalligraphische Ausdruck, die Melodien, die man anstimmte, die Instrumente, die man wählte: Alles wurde dem Diktat des guten Geschmacks unterworfen.[16]

Auch Gelehrsamkeit war nur insofern akzeptabel, als sie nicht gegen den guten Ton verstieß. Prinz Genji, die Hauptfigur des *Genji monogatari*, beschreibt seine Erziehung in einem sentimentalen Moment wie folgt:

> Da ich von frühester Jugend an die Wissenschaften liebte, glaubte mein Vater wohl, ich würde mein Talent einmal in diese Richtung entfalten, und so sprach er eines Tages: ›Die Wissenschaften werden bei uns im allgemeinen von der Welt so hoch bewertet, weil es nur wenige gibt, die sich darin auszeichnen und sich gleichzeitig auch eines langen Lebens und des Reichtums erfreuen. Wer aus sehr vornehmem Hause stammt, aber auch Leute von nicht so hohem Range, sollten nicht durch allzu vieles Lernen ihr Leben abkürzen!‹ Und so ließ er mich weniger in den Wissenschaften als in verschiedenen Künsten ausbilden, in denen ich mich dann auch nicht eben ungeschickt erwiesen habe, doch auch nie Bedeutendes leistete. (*Genji monogatari* 17, Übers. Benl 1992, 521 f.)

Die ›verschiedenen Künste‹, die hier gegen klassische chinesische Gelehrsamkeit ausgespielt werden, sind Dichtung und Malerei, das Go-Spiel sowie das Musizieren auf Zither, Laute, Querflöte. Zudem ist Prinz Genji ein vollendeter Kalligraph, eleganter Tänzer und Connaisseur; seine Briefe – das Papier, die Schrift, die Lyrik – sind kleine Kunstwerke, seine Kleidung stilvoll dem Anlass angemessen, seine Parfums exquisit komponiert. Prinz Genji ist ein Schöngeist und Bohemien – Chinesen würden sagen: ein Décadent.[17] Gewiss, auch die Literatenbeamten der Song-Zeit waren ausgesprochene Ästheten: feinnervige Kunstliebhaber, Dichter, Gourmets, Kunstsammler und Kalligraphen. Aber sie waren all das nur *nebenbei*. In erster Linie waren sie Gelehrte und Beamte. Der Rat von Genjis Vater, »nicht durch allzu vieles Lernen ihr Leben abkürzen«, wäre ihnen völlig widersinnig erschienen; sie wären befremdet gewesen von der Vorstellung, dass allein Geburt, nicht aber persönliche Fähigkeiten den Zugang zu Hofrängen sicherte; geradezu entsetzt gewesen wären sie angesichts des unbedingten Primats der Ästhetik gegenüber der Ethik; und nichts hätte ihnen ferner gelegen als das müßige Leben des Heian-Adels, dem es nicht um Ämter und Würden zu tun war, sondern darum, »die Kirschblüten im Frühling und das Herbstlaub, alles, was die Natur während eines Jahres hervorbringt und wieder vergehen läßt, und auch den Himmel täglich mit ganzer Inbrunst zu genießen« (Benl 1992, 571).

Japanische Adlige kannten den chinesischen Lektürekanon sehr wohl, aber er bedeutete ihnen etwas ganz anderes als den Gelehrten der Song. Unter den Tang-Dichtern vergötterten sie Bo Juyi, während sie von den Säulenheiligen der chinesischen Rezeption, Li Bo und Du Fu, kaum Notiz nahmen. Am Niedergang Kaiser Xuanzongs interessierte sie weniger die politische Katastrophe als die menschliche Tragödie der schönen Yang Guifei. Diese Re-Interpretation chinesischer Tradition zeigt sich in vielen Details. So wurde etwa das Zitat eines alten chinesischen Haudegens in einem weiteren großen Roman der Heian-Zeit, Sei Shōnagons *Kopfkissenbuch*, auf bezeichnende Weise umgeformt. Im chinesischen Original heißt es: »Ein Krieger stirbt für den, der ihm Anerkennung zollt, so wie eine Frau sich für den schminkt, der sie liebt« (*Zhanguo ce* 18), während man im *Kopfkissenbuch* liest: »Eine Frau schminkt sich für den, der sie liebt, so wie ein Krieger für den stirbt, der ihm Anerkennung zollt« (*Makura no sōshi* 35). Nicht die Ehre des Kriegers steht an erster Stelle, sondern die Schönheit der Frau, nicht die Moral, sondern die Liebe: Diese Lesung stellt die chinesische Rezeption buchstäblich auf den Kopf.

Die moralisierenden, sittensteifen Gelehrten kamen in der Heian-Gesellschaft denkbar schlecht weg. Im *Genji monogatari* machen sie sich mit ihrer »unansehnlichen Gestalt, der ausgeliehenen und schlechtsitzenden Kleidung« und »wichtigtuerischen Miene« zum Gespött der adligen Gesellschaft: »Es war ein fast traurig stimmender, ja, plumper Anblick«, den sie boten (Benl 1992, 604) – ein vernichtendes Urteil. Nicht, dass der Heian-Adel Gelehrsamkeit an sich verachtet hätte, aber sie durfte nicht zum Beruf werden. Genji selbst hat ja in den »Wissenschaften« dilettiert und sieht sie als durchaus nützlich an. »Wer aber gediegenes Wissen zu seiner Grundlage gemacht hat«, sinniert er einmal, »in dessen Leben wirkt der ›japanische Geist‹ machtvoll und hohen Nutzen spendend« (ebd., 602). Der ›japanische Geist‹! Dieser Begriff, *Yamato damashii*, ist an dieser Stelle erstmals belegt – und wohl nicht zufällig im unmittelbaren Zusammenhang mit dem ›gediegenen Wissen‹ Chinas. Der ›japanische Geist‹ ist ohne chinesisches Wissen nicht denkbar: Dieses bildet die »Grundlage« dafür, dass jener sich überhaupt entfalten kann. Die Verbindung von *wakon kansai*, ›japanischem Geist und chinesischen Fertigkeiten‹, ließ sich nicht lösen.

So, wie Sugawara no Michizanes Formulierung es nahelegt, wird auch im *Genji monogatari* dem japanischen Geist der Vorzug gegeben. Man schätzt die chinesische Kultur, setzt ihr aber stets etwas noch Vortrefflicheres Japanisches entgegen: Die Maler von *kara-e*, die phantastische Dinge abbilden – »ein wildes chinesisches Tier oder ein Dämonengesicht, das wachen Augen noch nie erschienen ist« (ebd., 43) –, werden gegen die Maler »vertraut aussehender, hübscher« japanischer Sujets ausgespielt; der maskulinen, Respekt gebietenden chinesischen Literatursprache wird die feminine, gefühlvolle japanische Schriftsprache entgegengestellt; und selbst die Jahreszeiten erhalten eine spezifische Wertigkeit: »In China hieß es, nichts erreiche an Schönheit den Brokat der Blüten, und in unserem Land sagt man, es spreche der Herbst am meisten zu Herzen« (ebd., 571).

Der Begriff ›Herz‹, der schon als Wurzel japanischer Dichtung genannt wurde, bündelt vieles, was den ›japanischen Geist‹ von China abhebt: Gefühl vs. Verstand, Innerlichkeit vs. Äußerlichkeit, *vita contemplativa* vs. *vita activa*, Intuition vs. Reflexion, Weiblichkeit vs. Männlichkeit.[18] Es ist gewiss kein Zufall, dass nicht nur Murasaki Shikibu, sondern praktisch alle bedeutenden japanischen Autoren im 10./11. Jahrhundert *Frauen* waren: ein markanter Unterschied zur chinesischen Tradition. Während chinesischsprachige Literatur, wie etwa die Geschichtsschreibung, eine Männerdomäne blieb, mussten – nein: konnten – Frauen freien Gebrauch von *hiragana* machen und damit die gesprochene japanische Sprache abbilden: ein unschätzbarer Vorteil, denn mit der ›Frauenhand‹ (*onnade*), wie die Schrift bald genannt wurde, wurde es möglich, eine genuin japanische Literatur zu schaffen. Die leicht hingehauchten *hiragana*-Linien auf schwerem Tang-Papier verbildlichen den ›japanischen Geist‹, der sich von seiner chinesischen Grundlage abhebt. Die ›Frauenhand‹ setzte das lebendige, japanische Wort gegen das tote, chinesische Schriftzeichen. Und war es nicht die Schrift, die den ›japanischen Geist‹ eigentlich von sich selbst entfernt hatte?! Schon der Herausgeber des *Kojki*, Ō no Yasumaro, hatte dieses Problem bemerkt:

> In alten Zeiten waren die Worte und ihre Bedeutungen noch gleichermaßen schlicht. Sie in einem Text darzulegen, mit Sätzen, die aus Schriftzeichen konstruiert sind, ist problematisch. Wenn man alles gemäß den Bedeutungen [der Zeichen] erklärt, so treffen die Ausdrücke nicht das Herz der Sache.
>
> (*Kojiki*, Vorwort)

Da ist es wieder: das ›Herz‹ der Sache. Es liegt in den japanischen ›Worten und ihren Bedeutungen‹, die noch ungeschieden seien. Die Worte *sind*, was sie bedeuten, die Präsenz des Sprechers verbürgt ihre Authentizität. Erst mit der Schrift treten Zeichen und Bedeutung auseinander: Die Ausdrücke, aus dem Kontext direkter Interaktion gelöst, treffen nicht mehr »das Herz der Sache«, sie geraten unter den Verdacht, *unwahr* zu sein. Umso angestrengter müssen schriftliche Texte sich um Wahrheit bemühen: Yasumaro schreibt ausdrücklich, er wolle im *Kojiki* »das Falsche ausmerzen und die Wahrheit feststellen«. Mit der Schrift kommen Wahrheit und Lüge in die Welt.[19] Während die japanische Sprache »schlicht« und unverfälscht daherkommt, bringt die Schrift

Raffinesse, Kunstfertigkeit und eben Künstlichkeit ins Spiel. All das wird durch die ›Frauenhand‹ wieder zurückgenommen, die keine chinesischen Begriffe, sondern die Lautwerte des gesprochenen Japanisch wiedergibt. Das *Genji monogatari* muss keinen Anspruch auf ›Wahrheit‹ erheben, denn es spricht zum Herzen.

In alledem distanzierte sich die japanische Oberschicht in einem Maße von China, wie es noch im 8. Jahrhundert undenkbar war. China lieferte nicht mehr die neuesten Gedanken, Techniken und Moden, denen man folgte, ja China an sich war in der Heian-Zeit nicht mehr neu. Während der Heian-Adel sich an allem berauschte, was neu und modisch war, repräsentierte China das *Alte*, die Folie, von der das Neue sich abhob. Bezeichnenderweise ist das Wort für ›China‹ im *Genji mongatari* immer noch ›*Morokoshi*‹ oder ›*Kara*‹, d. h. ›Tang‹ – ein Jahrhundert nach dem Untergang der Dynastie! Die Zeit war stehengeblieben. Für Murasaki Shikibu und ihre Zeitgenossen waren die Tang ›China‹: Sie schwelgten in alten, längst vergangenen Zeiten, während das gegenwärtige China der Song-Dynastie sie kaum interessierte. ›China‹ war zu einer Utopie geworden, die außerhalb der Zeit lag, ein entfernter Spiegel, in dem die Japaner ihre eigene Schönheit ermessen konnten.[20]

Niemand betonte den Unterschied zwischen japanischer und chinesischer Kultur übrigens schärfer als die Chinesen selbst, für die Japan auch nach drei Jahrhunderten intensiven Kulturtransfers noch den Status eines ›barbarischen‹ Landes besaß. Japanische *kanshi* waren in den Augen der Song-Literaten rhetorisch zwar recht artig, als Dichtung aber letztlich ›seicht und wertlos‹. Und über die japanische Malerei (*yamato-e*), die in der Heian-Zeit ihre erste große Blüte erlebte, urteilte ein zeitgenössischer chinesischer Kritiker:

> Man mag es der Darstellungsmethode anrechnen, dass sie ihren Zweck erfüllt: für die Art, wie sie die Menschen und Sitten eines fremden Landes und unbekannter Gegenden zeigt, eines rohen, abgelegenen Landes, unzivilisiert, und ohne Form und Anstand. Aber wie könnte man ihre Vorzüge und Unzulänglichkeiten irgend näher betrachten angesichts der glanzvollen Kulturschöpfungen, die China seit so langer Zeit hervorgebracht hat?! (*Xuanhe huapu* 12)

Vorbei die Zeiten, in denen Japan als »das Land der gesitteten Edelleute« bezeichnet wurde (S. 51), in denen Männer wie Abe no Nakamaro als Teil der chinesischen Elite aufgenommen wurden und es absurd erschien, Japan für eine »Barbareninsel« zu halten (S. 43). Während der japanische Adel seine Distinktionsgewinne feierte, versteiften sich die chinesischen Gelehrten auf die wesenhaften Unterschiede zwischen ›Chinesen‹ und ›Barbaren‹. Es waren denn auch nicht sie, die Eliten, die den Kontakt zwischen China und Japan aufrecht erhielten, sondern Mönche und vor allem Händler.

## Von Händlern und Mönchen

Auch wenn die Eliten einander wenig zu sagen hatten – die Händler konnten ihre Waren und ihr Geld sprechen lassen: Sie kamen immer miteinander ins Geschäft. Schon seit Jahrhunderten waren Güter zwischen China und Japan ausgetauscht worden, aber dieser Warenverkehr hatte sich stets im Rahmen staatlicher Diplomatie abgespielt. Gesandte hatten ›Tribut‹ nach China gebracht, waren im Gegenzug reich beschenkt worden und hatten zudem Gelegenheit gehabt, auf den Märkten des Reichs chinesische Waren zu erstehen. Mit dem Abbruch des diplomatischen Verkehrs zwischen China und Japan im 9. Jahrhundert aber entstand etwas Neues: Das Ende des staatlichen Gabenaustauschs wurde kompensiert durch ein umso stärkeres Wachstum privaten Handels. Die Sammelleidenschaft der Mönche und Gelehrten wurde abgelöst vom Warenumschlag professioneller Händler. Die 500 Jahre von ca. 850 bis 1350 waren das große Zeitalter des privaten Seehandels in Ostasien.

Die Regierungen in Kaifeng und Heian-kyō beobachteten diese Entwicklung mit Misstrauen. Nicht nur, dass privater Handel die Macht des Staates nicht förderte, er schien sie geradezu zu untergraben: Je mehr die Eigendynamik der Wirtschaft sich politischer Kontrolle entzog, desto schwächer, so schien es, wurde die Position des Herrschers.[21]

Zwar versuchten sowohl die chinesische als auch die japanische Regierung, den freien Handel zu kontrollieren und – durch Steuern und staatliche Vorkaufsrechte – selbst davon zu profitieren: Die Song gründeten in Kanton, Hangzhou, Ningbo und Quanzhou Ämter zur Regelung des Seehandels; und in Japan wurde die Aufsichtsbehörde in Hakata (*dazaifu*), die in der Nara-Zeit zur Abwicklung diplomatischer Missionen eingerichtet worden war, umfunktioniert, um Preise, Lizenzen und Handelstermine zu kontrollieren. Beide Regierungen schränkten zudem den Außenhandel gezielt ein: Die Song gewährten Handel nur über die vier eben genannten Häfen, später auch über Shanghai; die japanische Regierung beschränkte den Seehandel weitgehend auf den Hafen von Hakata, und Händler durften dort höchstens alle zwei Jahre anlegen. Zudem verbot sie ihren Untertanen 953 offiziell, das Land zu verlassen, und erneuerte dieses Verbot 1047 und 1094. Doch die Wiederholung dieser Verbote bezeugt nur ihre Ineffektivität.

## *Der Seehandel*

Das starke Wachstum der chinesischen Wirtschaft zwischen dem 8. und dem 13. Jahrhundert – die ›Mittelalterliche Wirtschaftsrevolution‹ (S. 121) – wirkte weit über China hinaus als Motor für den Handel. Song-Porzellan wurde nach ganz Asien verschifft: Mehr als 16.000 Gefäße, die Archäologen bislang geborgen haben, zeugen noch heute von dieser Exportlawine. Chinesischer Tee war weithin begehrt und die Seide ein so wichtiges Handelsgut, dass sie bisweilen als Währung benutzt wurde. Im Gegenzug bezogen die Song von den Völkern der Manjurei Pferde, Schafe, Kamele, Pelze, Teppiche, Gold und Ginseng; von den Xixia im Nordwesten Salz, Kamele und Rinder; aus Südostasien kamen Pigmente, Dufthölzer, Arzneien, Korallen, Schildkrötenpanzer, Rhinozeroshörner und vieles mehr; mehrere Dutzend ›Tributstaaten‹ brachten ihre Waren regelmäßig auf die Märkte von Kaifeng.[22]

Dschunken der Song, beladen mit Dutzenden Tonnen wertvoller Fracht, segelten auf den Meeren zwischen Korea und Südostasien. Die

Wracks gesunkener Schiffe geben heute noch einen Eindruck vom Volumen dieses Handels: Eine Dschunke mit einem Ladegewicht von rund hundert Tonnen wurde 1974 vor Quanzhou gefunden, und ein Schiff aus Ningbo, das auf seinem Weg nach Hakata vor der Küste Koreas gesunken ist, trug 28 Tonnen chinesischer Münzen und mehr als 24.000 Porzellan- und Keramikgefäße, sorgsam verpackt in mehr als tausend Holzkisten, dazu Metallgegenstände, Dufthölzer, Waffen, Gewürze, Lackarbeiten, buddhistische Statuen u. a. Man kann sich vorstellen, welch ein Großereignis es war, wenn solche Schiffe etwa einmal im Jahr in Hakata anlegten. Die chinesischen Händler, die sich in der Stadt niedergelassen hatten, strömten zum Hafen, die Beamten des *dazaifu* begannen aufwendige Inspektionen, lokale Machthaber schickten ihre Unterhändler, und aus dem 600 km entfernten Heian-kyō kamen die Abgesandten des Hofes, um von ihrem Erstkaufrecht Gebrauch zu machen.

Den chinesischen Händlern war es nicht gestattet, nach Heian-kyō zu reisen. Stattdessen wurden sie in einem luxuriösen Gästehaus in Hakata – ursprünglich für diplomatische Missionen der Tang gebaut – untergebracht, während sie ihre Geschäfte abwickelten. Ab Mitte des 11. Jahrhunderts, als die Bedeutung des *dazaifu* nachließ und der Handel von mächtigen Familien dominiert wurde, ließen sich immer mehr Händler, vor allem aus Ningbo, in Hakata nieder. Die ›Song-Leute‹ (*sōjin*), wie die Japaner sie nannten, betrieben Gasthäuser, Lagerhallen und andere Etablissements: In Hakata entstand das erste ›Chinatown‹ Japans. Allerdings hatte es noch wenig mit den isolierten Chinesenvierteln späterer Jahrhunderte gemein. Die chinesischen Händler waren aktive Mitglieder der Gemeinde von Hakata: Sie förderten Mönche, bauten Straßen und investierten in andere gemeinnützige Projekte; manche nahmen japanische Namen an, viele heirateten japanische Frauen und verheirateten ihre Töchter wiederum in japanische Familien; und sie finanzierten Tempel und Klöster, die das Stadtbild von Hakata veränderten: darunter das erste japanische Zen-Kloster, Shōfuku-ji, und der Jōten-ji, die den architektonischen Stil der Song-Klöster nach Japan brachten. Diese Anlagen waren nicht nur Zentren des Zen-Buddhismus, sondern auch des Handels. Dort wurden Waren umgeschlagen, die mit den Dschunken aus China kamen: Keramik, Tee, Weihrauch, Duftstoffe, Seide, Brokat und Bücher. Hakata war mehrere Jahrhunderte lang die ›chinesischste‹ Stadt und das Einlasstor für *karamono* in Japan.[23]

## Nudeln 麵

Auf dem Gelände des Jōten-ji stehen nebeneinander zwei Gedenksteine, welche die Inschriften »Ursprung von *udon* und *soba*« bzw. »*manjū*-Lokal« tragen. Sie erinnern daran, dass der Mönch Enni, der Gründer des Klosters, von seinem Aufenthalt in China nicht nur die Lehren des Rinzai-Buddhismus mitgebracht hatte, sondern auch die Kunst der Nudelherstellung: Die Rezepte für Weizen- (*udon*), Buchweizen- (*soba*) und Dampfnudeln (*mantou*/*manjū*) werden Enni zugeschrieben. Das ist zwar ebenso zweifelhaft wie die Legende, dass Marco Polo die Pasta nach Italien gebracht habe, aber der Kern dürfte wahr sein: Sowohl die Europäer als auch die Japaner (und Koreaner) verdanken ihre Nudelgerichte den Chinesen. Seit mindestens tausend Jahren waren Nudeln – aus Weizen-, Buchweizen- oder Reismehl – in China bekannt gewesen. Vor allem in Nordchina waren Nudelgerichte weit verbreitet, und die Restaurants der Song-Zeit servierten gedämpfte, gekochte oder gefüllte Nudeln verschiedenster Art. Erst in dieser Zeit fügten auch die Japaner sie ihrem Speisezettel hinzu; zum volkstümlichen Gericht wurden sie in der Edo-Zeit. Die chinesischen ›Ziehnudeln‹ (*lamian*/*rāmen*) wurden gar erst im 19. Jahrhundert in Tōkyō eingeführt. Heute gehören diese Teigwaren zu den populärsten japanischen Gerichten überhaupt: *rāmen*-Imbisse findet man in japanischen Städten auf Schritt und Tritt – allein in Tōkyō sind es 5000 –, *soba*-Restaurants gibt es sogar in vielen Bahnhöfen, die feinen *sōmen* sind ein beliebtes Geschenk zu besonderen Gelegenheiten, und in der letzten Nacht des Jahres werden, symbolisch für ein langes Leben, traditionell *soba* gegessen. All diese Nudelgerichte sind ein fester Bestandteil der japanischen Kultur geworden, auch wir kennen sie nur unter ihrem japanischen Namen, und dennoch können sie ihren chinesischen Ursprung nicht leugnen. Es passt ins Bild, dass es ein Taiwanese mit japanischer Staatsbürgerschaft war, Andō Momofuku (geb. Wu Baifu), der 1958 die moderne Fast-Food-Version der *rāmen* erfand: die trockenen Fertignudeln, die, in Plastikbecher verpackt oder in Ziegelform gepresst, die Supermärkte Ostasiens (und weltweit) überschwemmen. Die Chinesen mögen die Nudeln erfunden haben, aber ihre Entwicklung ist Teil der sino-japanischen Geschichte.

Vor allem das Porzellan der Song, das von Quanzhou aus verschifft wurde, wurde in Japan zum Exportschlager. 1978 wurden bei U-Bahn-Arbeiten in Hakata 35.000 Keramikstücke aus dem 9. bis 12. Jahrhundert gefunden, viele versehen mit den Namen chinesischer Händler: Überreste eines Handels, der ein enormes Volumen erreichte. Es war nicht mehr die grellbunte Keramik der Tang, die nach Japan exportiert wurde; stattdessen dominierte im 11./12. Jahrhundert schlichtes, weißes bzw. hellgrünes Celadon-Porzellan, dessen ›Perlenschimmer‹ so recht dem japanischen Geschmack entsprach. Und bald waren es nicht mehr allein Luxusgüter aus Porzellan, die nach Japan verschifft wurden, sondern auch Alltagsgegenstände, die das Leben des einfachen Volkes bereicherten: Selbst in kleinen Siedlungen haben Archäologen Teller, Schalen, Krüge u. a. Geschirr aus Song-Porzellan gefunden.

Nur ein chinesisches Produkt war in Japan noch weiter verbreitet als das Porzellan: Münzgeld. Die Song hatten schon früh versucht, den Geldbedarf ihrer wachsenden Wirtschaft zu decken, indem sie mehr und mehr Münzen gossen: runde Kupfermünzen mit einem Loch in der Mitte, durch das sie zum Transport aufgefädelt werden konnten. Waren es unter den Tang noch 100–200.000 ›Schnüre‹ (mit jeweils 1000 Münzen) pro Jahr gewesen, so stieg die Zahl im 11. Jahrhundert auf mehrere Millionen: Insgesamt wurden in der Song-Zeit etwa 260 bis 300 Milliarden Münzen gegossen. Diese Song-Münzen kursierten nicht nur in China, sondern überall dort, wo es chinesische Händler gab: in Ost- und Südostasien, in Indien und im Vorderen Orient, bis hin nach Ostafrika. Sie fanden nicht nur im Exportgeschäft Verwendung, sondern wurden in einigen Ländern Asiens geradezu zur Hauptwährung. So bildete sich parallel zum chinesischen Handelsnetz eine Art asiatische ›Währungsunion‹, in deren Zentrum die Song standen. In Japan waren die Song-

Münzen so begehrt, dass ein organisierter Schmuggel entstand, der sich ganz auf Münzen spezialisierte:

> Das Geld von Fujian fließt in Quanzhou zusammen und verlässt von dort auf fremden Schiffen das Land; das Geld von Guangdong fließt in Kanton zusammen und verlässt von dort auf fremden Schiffen das Land: Im Gegensatz zum Wasser des Meeres kann das Geld von zwei Provinzen auf diese Weise erschöpft werden. (*Bizhou gaolüe* 1, 19b)

Trotz eines Ausfuhrverbots trugen diese Schiffe ab dem 12. Jahrhundert tonnenweise Münzschnüre nach Japan, wo sie gegen Gold oder Waren getauscht wurden. Die Japaner hatten zwar von ca. 708 bis 958 eigene Münzen geprägt, waren dann aber zur Naturalwirtschaft zurückgekehrt. Doch die ökonomische Dynamik, nicht zuletzt stimuliert durch den China-Handel, erforderte bald ein flexibleres Zahlungsmittel. Mehr als 3,6 Millionen chinesische Münzen haben Archäologen allein in Japan gefunden: Zeugnisse einer flächendeckenden Monetarisierung der japanischen Wirtschaft. Wo man vorher in Reis und Seide bezahlt hatte, wurden jetzt chinesische Kupfermünzen zur Hauptwährung. Konservative Kreise am japanischen Hof, besorgt um ihre Kontrolle über den Handel, verglichen die Geschäfte mit chinesischem Geld mit krimineller Falschmünzerei, und mehrmals – 1179, 1187, 1192 und 1193 – erließ der Hof Verbote gegen die Song-Münzen. Aber gerade die Wiederholung dieser Verbote zeigt, wie wenig sie sich durchsetzen ließen: Zwischen 1250 und 1350 erreichten die Münzimporte ihren Höhepunkt, das chinesische Geld wurde in privaten und öffentlichen Geschäften in weiten Teilen Japans zum gängigen Zahlungsmittel.

Ihre Importe bezahlten die Japaner meist mit Goldstaub, der in den Minen von Mutsu im Nordosten von Honshū gewonnen wurde: Im Jahr 1004 etwa gab der japanische Hof 300 Unzen Gold, etwas mehr als 4 kg, für chinesische Güter aus. Da es in China kaum Goldvorkommen gab, war der Tausch für die chinesischen Händler äußerst profitabel.[24] Aber auch andere Rohstoffe lieferte Japan an die Song: Quecksilber und Schwefel – beides begehrt in der daoistischen Alchimie –, Perlen, »hell wie der Mond«, und Holz. Besonders das Holz der ›Silla-Pinie‹ war begehrt, aus dem alle japanischen Häuser gebaut seien, wie der Literat Zhou Mi zu berichten wusste: »Es ist hell und wohlriechend, Decken und Fußböden sind alle daraus gemacht …, so dass der Geruch beim Betreten der Räume ganz außergewöhnlich ist« (*Guixin zazhi*, »Xuji« 2). In China wurde es vor allem zum Bau oder zur Renovierung von Tempeln verwendet.

Doch Japan war längst mehr als nur ein Rohstofflieferant für die chinesische Wirtschaft. In der Heian-Zeit exportierte es Luxusgüter ins Song-Reich, deren Herstellung es selbst einst von den Tang gelernt, dann aber erheblich weiterentwickelt hatte: Durch die Verwendung indigener Grundstoffe wie der Blätter des Gampi-Busches und neuer Schöpftechniken gelang es den Japanern, ein äußerst feines und zugleich festes Papier herzustellen, welches das chinesische an Qualität übertraf. Das mitunter kunstvoll eingefärbte ›japanische Papier‹ wurde sogar am chinesischen Kaiserhof hoch geschätzt. Dieses Papier wurde auch für Faltfächer benutzt, eine japanische Weiterentwicklung der chinesischen Blattfächer, welche nicht nur die Hofdamen von Heian-kyō entzückte, sondern auch chinesische Connaisseure begeisterte. Einer von ihnen, Jiang Shaoyu, beschrieb die japanischen Fächer, die um 1078 auf einem Markt in Kaifeng verkauft wurden, geradezu schwärmerisch:

> Auf lackierten Stäben, bespannt mit dunkelblauem Papier von der Dicke eines Fladens, lassen sie sich zum Luftfächern entfalten. Weite Ebenen, Berge und Flüsse waren mit feiner Tusche darauf gemalt, raffiniert in fünf Farben gehalten. Am nahen Ufer eine einfache Hütte, welkes Schilf, bei der Möwen rasten: eine Stimmung wie im 8. oder 9. Monat. Ein Kahn legt an, darauf ein Fischer in strohener Joppe; fern am Himmel dunkelt es, Wolken und Vögel ziehen schemenhaft vorbei. Ein tiefgründiger Ausdruck und eine meisterhafte Pinselführung, wie selbst manche der besten chinesischen Maler sie nicht erreichen!
>
> (*Shishi leiyuan* 62, 17ab)

Ähnlich wie mit dem Papier hatten die japanischen Schüler auch hier ihre Lehrer übertroffen. Die Blattfächer waren ein äußerst erfolgreicher

Re-Export: In Jiang Shaoyus Fall waren sie ausverkauft, bevor er selbst ein Exemplar erstehen konnte.

Das berühmteste Exportprodukt der Japaner aber waren Schwerter. Schon seit Jahrhunderten waren Schwerter auf den japanischen Inseln bekannt (S. 25). Die frühesten Exemplare waren aus China gekommen, doch seit die *toraijin* kontinentale Schmiedekunst nach Yamato gebracht hatten, stellten die Japaner selbst sie in großer Zahl her. Im 10./11 Jahrhundert kam ein neuer, gekrümmter Schwerttyp auf, der eine viel raffiniertere Klinge hatte als sein chinesisches Vorbild. Dafür kombinierten die Schmiede unterschiedliche Stahlsorten: weicheren für den Kern der Klinge und harten für die Schneide, die in unzähligen Arbeitsgängen gehämmert, gefaltet und auf diese Weise vielschichtig zusammengeschmiedet wurden. Das Ergebnis waren extrem scharfe, zugleich flexible Waffen: Kultgegenstände für die japanischen Krieger, aber ebenso Objekt der Bewunderung ihrer zivilen chinesischen Zeitgenossen. Kein Geringerer als Ouyang Xiu, der Dichterfürst seiner Zeit, widmete den japanischen Schwertern eine lange Eloge:

Der Weg ist weit zum Land der Kun, und niemand kommt mehr hin;
Die messerscharfen Klingen dort, heißt es, sind unerschöpflich.
Doch teure Schwerter kommen jüngst aus Japans Land zu uns,
Die Händler Yues erlangen sie östlich des blauen Meers.
Die Duftholzscheiden sind geschmückt mit Haifischschuppenmustern,
Ocker überlagern sich und blank metallne Schichten.
Für hundert Gulden wechseln sie den glücklichen Besitzer
Und halten ihn, am Gürtel hängend, von allem Unglück fern.

Man sagt, das Land befinde sich auf einer großen Insel,
Die Böden seien fruchtbar dort, die Sitten seien gut.
Ihr Ahnherr, Xu Fu, habe einst das Volk von Qin getäuscht,
Statt Kraut zu pflücken blieb er lang, die Kinder wurden alt.
Das Handwerk und den Ackerbau führte er dort ein,
Bis heute ist die Handwerkskunst fein und exquisit.

Früher kamen sie zu Hof und brachten uns Tribut,
Und oft übten Gelehrte sich in feiner Literatur.

Als Xu Fu fuhr, da waren noch die Bücher nicht verbrannt,
So sind verlorne Bücher dort in großer Zahl bewahrt.
Jedoch ist ihre Rückführung nach China streng verboten,
So dass im ganzen Reich kein Mensch die alten Texte kennt.
Der alten Könige Kodices sind in Barbarenland,
Die blauen Wogen, Gischt und Flut, sie bieten keine Furt.
Das treibt vor Wut und Kummer mir die Tränen ins Gesicht –
Was will mir da ein rostiges und krummes kurzes Schwert?!

(»Riben dao ge«, *Ouyang quanji* 54, 766 f.)

Das Lied, das aus dreimal acht Versen besteht, ist in mehrerlei Hinsicht bemerkenswert. Im ersten Teil singt Ouyang Xiu das Lob der japanischen Schwerter und ihrer magischen Kräfte; nur der Anfang erinnert daran, dass es einst auch auf dem Kontinent, im legendären Kun, vortreffliche Klingen gegeben habe. Der zweite Teil spielt auf die nächste Legende, die von Xu Fu, an: Hier wird deutlich, dass es eigentlich *chinesische* Kultur und Handwerkskunst war, die einst nach Japan gelangt und dort fortgeführt worden war. Der letzte Teil schließlich mündet in die Klage, dass ein Teil dieser Kultur, namentlich die Bücher, *nur noch* »in Barbarenland« erhalten sei. Die Sorge um die »alten Texte« ist einerseits ganz wörtlich zu nehmen, denn Ouyang Xiu war Historiker und Literat, und viele Bücher, die in China längst verloren waren, waren tatsächlich in Japan erhalten; andererseits gilt sie der chinesischen Kultur in einem viel weiteren Sinne. Im 11. Jahrhundert war das Gefühl sozialen Wandels in China akut. Die alte Zeit der Han und Tang war endgültig vorbei – aber in Japan, »östlich des blauen Meers«, schien vieles davon bewahrt: Davon zeugten die Bücher, das Papier, die Fächer, die Schwerter. Erstmals scheint Japan hier von einem chinesischen Denker nicht nur als »Barbarenland« wahrgenommen zu werden, sondern zugleich als Sehnsuchtsort chinesischer Kultur.

## *Reisende Mönche*

In einer Hinsicht jedoch irrte Ouyang Xiu: Japaner brachten in der Song-Zeit sehr wohl Bücher nach China. Zwar galt für Japaner nach wie vor ein Ausreiseverbot, so dass Händler meist von Hakata aus agierten und den Chinesen die Überfahrt überließen.[25] Aber Mönche fuhren – als Passagiere auf chinesischen Handelsschiffen – weiterhin nach China: nicht mehr so sehr, »um das Dharma des Buddha zu studieren«, wie zu Zeiten der Tang-Gesandtschaften, sondern als fromme Pilger. Schon im Jahr 984 war der Mönch Chōnen (chin. Diaoran) in die Hauptstadt der Song, Kaifeng, gekommen und von Kaiser Taizong empfangen worden:

> Er brachte ein gutes Dutzend Bronzegefäße dar sowie jeweils eine Rolle mit »Verordnungen für Staatsbeamte« und »Königschroniken«. … Diaoran beherrschte die Beamtenschrift gut, aber verstand kein Chinesisch. Nach den Sitten seines Landes befragt, antwortete er nur schriftlich wie folgt: »In unserem Land gibt es die *Fünf Kanonischen Schriften* sowie die buddhistischen Sūtras und die Werke von Bo Juyi in 70 Rollen, die wir allesamt aus China erhalten haben.
>
> (*Songshi* 491, 14131)

Der Bericht zieht sich noch über einige Seiten hin. Chōnen lieferte eine komplette Liste der japanischen Herrscher sowie der Provinzen und Verwaltungskreise seiner Heimat: Angaben, die in China erstmals in dieser Genauigkeit zur Kenntnis genommen wurden. Mit den zufällig gewonnenen Informationen Chōnens füllten die Herausgeber der offiziellen Song-Dynastiegeschichte den größten Teil des Kapitels über Japan: ein Beleg dafür, wie wenig die Chinesen auch nach Jahrhunderten des gegenseitigen Kontakts noch über Japan wussten. Umso interessanter war das, was sie jetzt erfuhren. Als Kaiser Taizong hörte, dass das japanische Kaiserhaus auf eine ungebrochene Linie von 64 Kaisern zurückblicke, habe er geseufzt: »Das sind bloß Inselbarbaren, aber dennoch haben sie eine so lange Herrscherfolge, und auch ihre Ämter werden in ungebrochener Linie vererbt: Das ist der Rechte Weg des Altertums.«[26] Wiederum: Die alte chinesische Kultur sei in Japan bewahrt geblieben – der Topos war in der Welt, und er sollte die Chinesen noch öfter beschäftigen.

Chōnen lieferte zugleich einen Beleg dafür. Er brachte zwei Prachtausgaben des *Kanons der Folgsamkeit* – Papierrollen auf roter Seide mit Goldverzierungen und einem Kristallstab als Rollhilfe – nach China. Diese kommentierten Versionen waren in den Wirren am Ende der Tang-Zeit verloren gegangen, hatten in Japan jedoch überdauert: ein frühes Beispiel für »verlorne Bücher«, die aus Japan wieder nach China kamen. Im Gegenzug erfüllte Kaiser Taizong Chōnens größten Wunsch: ein Exemplar der ersten Druckausgabe des buddhistischen Kanons, des *Tripitaka*, in 5048 Rollen. Die Ausgabe, für die in zehnjähriger Arbeit 130.000 Druckplatten geschnitzt worden waren, war erst im Jahr zuvor fertiggestellt worden: Es war das Prunkstück chinesischer Buchkultur, mit dem Chōnen nach Hause reiste.

Die Episode sagt einiges aus über die gewandelten sino-japanischen Beziehungen in der Song-Zeit: Noch immer reisten japanische Mönche nach China, aber nicht mehr in offizieller Mission; noch immer wurden sie in Ehren empfangen, aber sie kamen nicht mehr als Bittsteller, sondern hatten selbst wertvolle Geschenke für ihre Gastgeber im Gepäck: Produkte chinesischer Kultur, die in Japan besser bewahrt, ja verfeinert worden waren.

> Der Wind der Worte
> Aus China
> Dreht sich
> Und bringt Wellen
> Japanischer Lieder.
>
> (Jien, zit. nach: Jansen 1985, 244)

Das neue Selbstbewusstsein japanischer Reisender drückt sich auch in den Aufzeichnungen des Mönches Jōjin aus, der sich 1072 nach China einschiffte, um die heiligen Berge Tiantai und Wutai zu besuchen. Auch er war ohne offizielle Genehmigung unterwegs. In seinem Tagebuch berichtet er, wie er einen chinesischen Händler bestach, sich dann zusammen mit sieben Novizen an Bord schlich und tagelang ›wie ein Haufen Säcke‹ vor den Beamten des *dazaifu* versteckte, bevor das Schiff nach Hangzhou abfuhr. Auch Jōjin wurde im Song-Reich in Ehren empfangen; auch er musste ausführlich über sein Heimatland – die Provinzen, die Produkte und die Geschichte des Kaiserhauses – berichten; auch er berichtete stolz von der göttlichen Herkunft des japanischen Kaiserhauses. Und ebenso wie Chōnen kam Jōjin mit wertvollem Gepäck: einer mit Intarsien verzierten Buddha-Statue, reichlich Goldstaub und Hunderten von buddhistischen Texten, darunter auch solche, die er selbst geschrieben hatte.

Jōjin war in dem Bewusstsein nach China gereist, dass er dem Land etwas zu bieten habe. Er stellte seine Texte Chinesen zur Verfügung, zeigte sich überrascht, dass die Schriften des japanischen Mönchs Genshin in China nicht bekannt waren, und brachte chinesischen Mönchen buddhistische Rituale bei, die diese nicht kannten. Jōjin begegnete seinen chinesischen Glaubensbrüdern nicht als devoter Schüler, sondern als Gleichrangiger, der auf Augenhöhe mit ihnen kommunizierte. Er schickte gut 600 Schriftrollen aus dem Song-Reich zurück nach Japan – etwa genauso viele, wie er von dort mitgebracht hatte. Ein Schriftstück, das einer seiner Schüler 1072 nach Japan brachte, ist dabei von besonderem Interesse: eine Nachricht des Song-Kaisers persönlich für den Tennō, zusammen mit einigen Geschenken. Die Song empfingen den privat reisenden Jōjin nicht nur wie einen Diplomaten, sie ergriffen auch noch die Initiative, um direkten Kontakt mit dem Hof in Heiankyō aufzunehmen: eine Geste, zu der sich die Tang kaum herbeigelassen hätten. Nicht, dass sich der japanische Hof mit einer Antwort beeilt hätte: Erst zehn Jahre später verstand sich der Tennō zu einem Antwortschreiben, das er dem Song-Kaiser durch einen chinesischen Kaufmann übermitteln ließ. Das Verhältnis zwischen China und Japan hatte sich deutlich verändert.

# Verlorener Horizont: Die Zeit der Krieger und Despoten

Die politische Geschichte Chinas und Japans folgte über mehr als ein Jahrtausend einem bemerkenswerten Gleichtakt: Der Aufstieg der Soga folgte unmittelbar auf die Reichseinigung der Sui (581); die Nara-Zeit endete wenige Jahrzehnte, nachdem die Tang durch den Aufstand des An Lushan (755–763) ihre Macht weitgehend eingebüßt hatten; eine Generation, nachdem die Song-Dynastie unter den Invasionen der Jurchen (1126) zerbrochen war, begannen auch in Japan Kriege, die zum Ende der Heian-Zeit führten; die Ashikaga etablierten ihr neues Shōgunat (1336) drei Jahrzehnte, bevor auch in China mit den Ming eine neue Dynastie begann; und die Gründung des Tokugawa-Shōgunats (1603) ging jener der manjurischen Qing-Dynastie ebenso kurz voraus. Diese Daten deuten an, wie eng verzahnt – kulturell, wirtschaftlich, politisch – die Geschicke Chinas und Japans auch in jenen Jahrhunderten waren, als beide Länder formal ihre Autonomie behaupteten.

Die hermetischen Welten, die sich die chinesische Gentry und der japanische Hofadel gebaut hatten, wurden erstmals im 12. Jahrhundert brutal erschüttert. Die Song hatten schon seit ihrer Gründung mit starken Nachbarvölkern im Norden zu kämpfen gehabt. Die Khitan hielten ein großes Gebiet im Nordosten besetzt, im Nordwesten dräuten die Xixia: Mit beiden Völkern schlossen die Song Verträge, die sie – die Song! – zur Zahlung von Tributen an die ›Barbaren‹ verpflichteten. Doch es kam noch schlimmer: Im frühen 12. Jahrhundert entstand mit den Jurchen eine mächtige Konföderation von tungusischen Stämmen, die nicht nur die Khitan besiegte, sondern kurz darauf, im Jahr 1126, die Song-Hauptstadt Kaifeng eroberte und den Kaiser gefangen nahm. Das Reich der Song war zerbrochen. Ein Teil der Elite flüchtete mit knapper Not weit in den Süden, wo er von Hangzhou aus als ›Südliche Song‹ ein halbiertes Restreich verwaltete. Der gesamte Norden – und das hieß: das ›eigentliche‹ China – fiel in die Hände der Jurchen.

Parallel dazu verfiel auch in Japan die Macht des Hofes. Adelsfamilien, die ihre Macht auf große Latifundien stützten, untergruben auf lokaler Ebene zusehends die Herrschaftsansprüche des Hofes. Diese lokalen Machthaber bauten, parallel zum Verfall der kaiserlichen Armee, eigene Truppenverbände auf: berittene, gepanzerte Einheiten, die mit Schwertern sowie Pfeil und Bogen kämpften. So entstand in den Provinzen eine Kultur der Krieger (*bushi* bzw. *samurai*), die später mit dem Begriff *bushidō*, ›Weg des Kriegers‹, belegt werden sollte. Die konkurrierenden Machtansprüche der großen Familien führten im 12. Jahrhundert schließlich in einen blutigen Bürgerkrieg: Die Truppen der Taira und der Minamoto lieferten sich Schlachten, die das Land verheerten. Der großartige Tōdai-ji in Nara wurde dem Erdboden gleichgemacht. Über tausend Menschen, die sich im Obergeschoss der Halle des Großen Buddha verschanzt hatten, wurden ebenso Opfer der Flammen wie der monumentale, über 400 Jahre alte Vairocana:

> Die Erhabenheit auf seinem Kopf ragte hoch empor, halb in den Wolken verschwunden, und die weiße Locke auf seiner Stirn war wie der Vollmond. Jetzt fiel der Kopf in den Flammen zu Boden, der Körper schmolz zu einem formlosen Haufen zusammen. … Rauch bedeckte den Himmel, die Luft stand in Flammen. (*Heike monogatari* 5, üb. nach Watson 2006, 62)

Mit dem Vairocana, der einst die Allmacht des Tennō symbolisierte, ging auch die Tennō-Herrschaft zu Ende. 1185, nach dem endgültigen Sieg über die Taira, erhielt das Haupt des Minamoto-Clans, Yoritomo, weitgehende Regierungsvollmachten vom Tennō; und nach dessen Tod 1192 nahm Yoritomo den Titel eines ›Großen Feldherrn zur Unterwerfung der Barbaren‹, *sei-i taishōgun*, an, kurz: Shōgun.

»Das Land trat in das Zeitalter der Krieger ein« (*Gukanshō* 5). Ebendie ruppigen, geschmacklosen Schergen, die der Heian-Adel so inbrünstig verachtet hatte, setzten seiner goldenen Zeit ein Ende. Fortan lag das politische Zentrum nicht mehr in Heian-kyō, wo der machtlose

Tennō und der Hofadel weiter residierten, sondern in Kamakura, wo die Minamoto-Shōgune ihre ›Zeltlager-Regierung‹ (*bakufu*) etablierten. Das japanische Mittelalter hatte begonnen.

Gewiss, die chinesischen Literatenbeamten richteten sich im kleinen Hangzhou ein, und auch der japanische Hofadel fristete in Kyōto weiter ein auskömmliches Dasein. Aber den Ton der Zeit gaben die Krieger an. 1206 begann der unwiderstehliche Aufstieg der Mongolen unter Tschinggis Khan, die binnen weniger Jahrzehnte fast ganz Eurasien überrannten, China unterwarfen und Korea besetzten. Der Mongolensturm endete erst an den Küsten Japans. Zweimal griff Khubilai Khan das Shōgunat mit großen Flotten an, zweimal scheiterte er dramatisch.

Diese Invasionsversuche markieren einen Wendepunkt in den sino-japanischen Beziehungen: Erstmals seit 600 Jahren war es wieder zu Krieg zwischen Japan und den Herrschern über das chinesische Reich gekommen; erstmals war Japan überhaupt von China aus angegriffen worden – und hatte ›mit Hilfe der Götter‹ gesiegt. Die Angriffe der Mongolen waren einerseits ein traumatisches Ereignis für die Japaner; andrerseits gaben sie ihnen ein völlig neues Selbst-, ja Sendungsbewusstsein, das Jahrhunderte später zu einer Ideologie werden sollte: Japan als ›Land der Götter‹. Mehr noch als in der Heian-Zeit entwickelten die Japaner fortan eigene kulturelle Formen aus den chinesischen Anregungen. Der Zen-Buddhismus, Steingärten, die Teezeremonie, der volkstümliche *jōdo*-Buddhismus und vieles andere, was wir unter traditioneller japanischer Kultur verstehen, entstand im »Zeitalter der Krieger«. Wie in China (und Europa) war das japanische Mittelalter durch politische Dezentralisierung und ein religiöses Weltbild geprägt, das sich auf alle Bereiche der Gesellschaft auswirkte.[1]

Nach der Machtübernahme zweier neuer Regimes – ab 1336 das Ashikaga-Shōgunat, ab 1368 die Ming-Dynastie – nahmen China und Japan wieder offizielle Beziehungen auf: Im Rahmen des ›Tributsystems‹ schickten die Japaner 19 ›Ming-Gesandtschaften‹ mit Mönchen und Händlern nach China. Doch die Beziehungen blieben von Misstrauen geprägt, bei einigen Missionen kam es zu ernsthaften Zwischenfällen, gleichzeitig wurden plündernde ›japanische Piraten‹ zur Geißel chinesischer Küstenstädte. Die bewaffneten Auseinandersetzungen häuften sich. Im späten 15. Jahrhundert glitt Japan in eine Periode ständiger Bürgerkriege ab, die – mit einem Begriff aus der chinesischen Geschichte – als ›Zeit der kämpfenden Domänen‹ (*Sengoku jidai*, 1467–1600) bezeichnet wurde. Das Land zerfiel in rund 250 Herrschaftsgebiete von Regionalherrschern (*daimyō*), die einander permanent bekämpften.

Dieses Zeitalter der Kriege markierte in Japan das Ende des Mittelalters und bildete eine weitere Zäsur in den sino-japanischen Beziehungen. Denn 1592 zog der Feldherr Toyotomi Hideyoshi China in die Kriege hinein, indem er in Korea einfiel und sich dort erbitterte Schlachten mit den Ming lieferte. Gut 300 Jahre nach den Invasionsversuchen der Mongolen in Japan versuchten jetzt die Japaner, auf dem Festland einzufallen. Ebenso wie die Mongolen scheiterten sie – vorerst. Wieder führte der Krieg zu Regimewechseln hier wie da: Die Tokugawa gründeten 1603 ein neues Shōgunat, 1644 machten die Manjuren Peking zur Hauptstadt der Qing-Dynastie. Auch wenn diese Herrscherhäuser nie diplomatische Kontakte aufnahmen, verband sie ein überaus reger Handel über Nagasaki und – erstmals in dieser Parallelität – die gleiche Staatsdoktrin: Sowohl die Qing als auch die Tokugawa propagierten den Neukonfuzianismus als Grundlage ihrer Gesellschaftsordnung. Paradoxerweise trug die Übernahme dieser chinesischen Lehre wesentlich dazu bei, dass sich Japan in der Edo-Zeit weiter denn je von China distanzierte: denn der Konfuzianismus duldete nur ein politisch-kulturelles Zentrum – und nach der Eroberung Chinas durch ›Barbaren‹ schien es japanischen Gelehrten nur folgerichtig, dass dieses Zentrum nunmehr Japan sei.

Hinzu kam ein neuer, bislang völlig unbekannter Faktor im ostasiatischen Kräftefeld: die Europäer. Erst brachten die Portugiesen das Christentum und die Gewehre, dann lieferten die Holländer wissenschaftlich-technische Kentnisse, die vor allem in Japan begierig aufgenommen wurden. Angesichts der modernen Wissenschaft verloren die althergebrachten chinesischen Lehren zusehends an Attraktivität: Die Europäer waren Boten einer neuen Weltordnung, in deren Zentrum nicht mehr das ›Reich der Mitte‹ stand. Als China und Japan im 19. Jahrhundert wieder diplomatische Kontakte aufnahmen, hatte sich diese Weltordnung bereits durchgesetzt: Sie sollte den Rahmen für ein neues Kapitel der sino-japanischen Beziehungen bilden.

| | China | Japan |
|---|---|---|
| 1126 | Jurchen erobern Kaifeng | |
| | **Südliche Song (1127–1279)** | |
| | | **Kamakura-Zeit (1185–1333)** |
| 1274 | Erster Angriff der Mongolen auf Japan | |
| | **Yuan-Dynastie (1279–1368)** | |
| 1281 | Zweiter Angriff der Mongolen auf Japan | |
| | | **Muromachi-Zeit (1336–1573)** |
| | **Ming-Dynastie (1368–1644)** | |
| | | **Sengoku-Zeit (1467–1600)** |
| 1543 | | Portugiesen erreichen Japan |
| 1549 | Ende der ›Ming-Gesandtschaften‹ | |
| 1550er | ›Japanische Piraten‹ suchen Südost-China heim | |
| 1592/97 | Hideyoshi fällt in Korea ein | |
| | | **Edo-Zeit (1603–1868)** |
| 1633–39 | | Verbot von Auslandsreisen |
| | **Qing-Dynastie (1636–1912)** | |
| 1640 | | Holländer auf Dejima |

## Das Zeitalter der Krieger

Im Jahr 1206 begann in der mongolischen Steppe der Aufstieg des vielleicht größten Feldherren aller Zeiten: Temüjin, besser bekannt unter seinem Titel ›Tschinggis Khan‹. Seine gepanzerten Reitertruppen, bewaffnet mit formidablen Bögen, wurden zum Schrecken der Welt. Der ›Mongolensturm‹ fegte über fast den gesamten eurasischen Kontinent, von Korea bis tief nach Mitteleuropa, von Sibirien bis an den Persischen

Golf. Tschinggis Khans Horden überfielen das Jin-Reich, brandschatzten Peking, eroberten dann Kara-Khitai, das große Reich zwischen dem Altai und dem Amu Darja mit den reichen Städten Buchara und Samarkand, und stießen in atemberaubend schnellen Feldzügen weiter nach Vorderasien bis zum Kaspischen Meer vor. Selbst der Tod Tschinggis Khans im Jahr 1227 konnte die Expansion der Mongolen nicht aufhalten. Seine Nachfolger dehnten sich bis zum Persischen Golf und an das Schwarze Meer aus, sie eroberten Russland, und sie eroberten China. Schon 1271 gründete Khubilai Khan eine Dynastie mit dem chinesischen Namen Yuan, 1276 eroberte er Hangzhou und 1279 auch den südlichsten Teil des Reiches. Ganz China und auch Korea kamen unter die Herrschaft der Mongolen. Auch Japan geriet in ihr Visier. Doch dort hatten die Minamoto schon 1185 eine Militärregierung errichtet, die den Mongolen die Stirn bieten sollte.[2]

## *Mongolensturm und Götterwinde*

Im Jahr 1268 – die Mongolen hatten fast ganz Eurasien unterworfen, Nordchina erobert, standen am Yangzi und hatten Korea besetzt – schickte Khubilai Khan einen Brief an den ›König von Japan‹. Die Japaner waren ein strategisches Ärgernis für den Khan, denn sie stärkten als Handelspartner sowohl die stets renitenten Koreaner als auch die Südlichen Song, die den Mongolen zähen Widerstand leisteten. Jetzt verkündete Khubilai Khan, dass das mongolische Reich das »strahlende Mandat des Himmels« erhalten habe, und forderte Japan auf, friedliche Beziehungen mit ihm aufzunehmen. In anderen Worten: Khubilai Khan verlangte von Japan, die Herrschaft der Mongolen anzuerkennen und Tribut zu leisten. Sein Brief wurde ignoriert. Auch in den nächsten Jahren kehrten Gesandte ohne Antwort des Shōgunats zurück. Einer von ihnen berichtete dem Khan von seinen Eindrücken:

> Ich habe mehr als ein Jahr in Japan verbracht und die Sitten dieses Volks beobachtet: Sie sind aggressiv und mordlustig, wissen nichts von den Beziehungen

> zwischen Vater und Sohn oder den Sitten, die zwischen Obrigkeit und Untergebenen gelten. (*Yuanshi* 159, 3746)

Die Japaner als blutrünstige, ›mordlustige‹ Barbaren: Dieser neue Topos, der wohl die Sitten der Krieger rhetorisch zuspitzt, sollte sich in den nächsten Jahrhunderten verfestigen.

Kurze Zeit später rüstete Khubilai zum Angriff. 1274 tauchte eine Flotte von 900 Schiffen mit 40.000 mongolischen, chinesischen und koreanischen Soldaten und Matrosen in der Bucht von Hakata auf. In geordneter Formation vorrückend, bewaffnet mit den kräftigen mongolischen Bögen, aber auch mit Gift- und Brandpfeilen, Flammenwerfern, Splittergranaten und Donnerschlagbomben, die Pferde scheu machten, waren sie den japanischen Samurai-Heeren weit überlegen. Der Mongolensturm schien auch über Japan zu fegen. Dann aber, als die Angreifer sich nachts auf ihre Schiffe zurückgezogen hatten, kam ein Taifun auf, der große Teile der mongolischen Flotte zerstörte. 200 Schiffe sollen untergegangen sein, andere wurden von japanischen Kämpfern geentert, der Rest suchte sein Heil in der Flucht: Mehr als 10.000 Männer sollen die Angreifer in dieser Nacht verloren haben.

Darstellung des Mongolenangriffs auf einer Bildrolle (*emaki*) aus dem späten 13. Jh. Die Mongolen bekämpfen den Samurai Takezaki Suenaga – den Auftraggeber des Bildes – mit Pfeilen, Lanzen und Splitterbomben. Detail aus dem *Mōko Shūrai Ekotoba*.

Sieben Jahre später – die Mongolen hatten mittlerweile weitere Diplomaten nach Kamakura geschickt, die der Shōgun einfach hinrichten ließ – plante Khubilai Khan eine zweite Invasion, diesmal in wesentlich größerem Maßstab: Zwei Flotten mit insgesamt über 4000 Schiffen und mehr als 100.000 Männern segelten 1281 von Korea und Ningbo aus nach Japan. Doch als sie sich vor der Küste Kyūshūs zusammenzogen, kam abermals ein verheerender Taifun auf, der die Flotten fast vollständig zerstörte. Zhou Mi berichtet von der Katastrophe:

> Zur halben Nacht kam plötzlich ein gewaltiger Sturm auf, der alle Schiffe gegeneinander warf, so dass sie brachen: Von mehr als 4000 Schiffen blieben nur 200 übrig, von der gesamten Armee von 150.000 Mann kam nicht einmal ein Fünftel wieder zurück. 500.000 Scheffel Getreide gingen verloren und ähnlich viel an Rüstungen und Kriegsgerät. Der Wind hat in jener Nacht selbst massive Bäume entwurzelt oder geknickt: Das muss der Wille des Himmels gewesen sein.
>
> (*Guixin zazhi*, »Xuji« 2, 28b)

Die gescheiterten Invasionen der Mongolen wurden zur Legende. Shintō-Priester verkündeten triumphierend, dass ihr Land vom ›göttlichen Wind‹, dem *kamikaze*, gerettet worden sei. »Die Götter haben ihre ehrfurchtgebietende Macht gezeigt, Gestalt angenommen und die Angreifer vertrieben«, schrieb der Adlige Kitabatake Chikafusa Jahrzehnte später enthusiastisch, und er leitete aus diesem Ereignis eine ganze Geschichtsphilosophie ab:

> Das große Japan ist das Land der Götter. Der himmlische Ahnherr hat seine Grundlage geschaffen, und die Sonnengöttin hat es einer ewigen Herrscherlinie vermacht. Das gibt es nur in unserem Land; in anderen Herrscherhäusern gibt es nichts dergleichen. Aus diesem Grunde wird es ›Land der Götter‹ genannt.
>
> (*Jinnō shōtōki* 1)

Erstmals wurde hier in solcher Deutlichkeit die Einzigartigkeit Japans postuliert. Der Beistand der Götter habe nicht nur gegen die Mongolen geholfen, sondern mache Japan prinzipiell »anderen Herrscherhäusern«

überlegen – das heißt: Indien, Korea und auch China. Spätestens im 13. Jahrhundert hatten sich die Japaner nicht nur die chinesische Kultur, sondern auch den chinesischen Kulturchauvinismus zu eigen gemacht.

Kitabatake Chikafusa wusste seine These mit historischen Argumenten zu untermauern: Mit der Gesandtschaft des Ersten Kaisers von Qin seien die Schriften des chinesischen Altertums nach Japan gekommen, und nach dessen Bücherverbrennung seien »die kanonischen Schriften des Konfuzius vollständig in Japan erhalten.« Ganz ähnlich hatte es Ouyang Xiu gesehen (S. 154). Wie Kaiser Taizong hob Chikafusa die angeblich ungebrochene Linie der japanischen Kaiser hervor, die sie gegenüber Chinas kurzlebigen Herrscherhäusern auszeichne:

> Die Dynastien der Himmelssöhne haben schon 36mal gewechselt, und die Überlieferungen berichten von zahlreichen schlimmen Aufständen. Allein in unserem Land hat es seit der Trennung von Himmel und Erde bis auf den heutigen Tag nur eine ungebrochene Herrscherlinie gegeben. (*Jinnō shōtōki* 1)

Das neue japanische Selbstbewusstsein, das sich schon bei Jōjin angekündigt hatte, fand hier seinen vollen Ausdruck. Mag sein, dass der Gedanke vom ›Land der Götter‹ sich in Kitabatake Chikafusas Zeit noch nicht durchsetzte. Aber der Geist war aus der Flasche. Jahrhunderte später sollten Japaner wieder auf den ›göttlichen Wind‹ verweisen, um die Unbesiegbarkeit Japans zu belegen, und die Erzählung vom göttlichen Ursprung der Kaiserlinie sollte im 19. Jahrhundert zu einer Ideologie ausgearbeitet werden, die schließlich dazu führte, dass Japan selbst ganz Ostasien mit Krieg überzog.

Schon zu Chikafusas Lebzeiten wurde die Kampfkraft der Japaner auch in China zum Mythos: Wild und todesmutig seien sie, so schnell wie Falken, ihre Schiffe seien unversenkbar, ihre Schwerter scharf, und selbst gegen übermächtige Feinde kämpften sie bis zum letzten Atemzug. Dieser Ruf wurde auf unrühmliche Weise durch japanische Piraten bestätigt, die in der Yuan-Zeit chinesische Küstenbewohner überfielen. 1311 meldeten die Behörden, dass Japaner auf Handelsschiffen gekommen seien und Ningbo geplündert und gebrandschatzt hätten: »Sie setzten Schwefel und andere Sprengstoffe in der Stadt ein, die Regierungsgebäude, Häuser der alteingesessenen Familien und die Wohnungen der einfachen Leute fast vollständig zerstörten« (Wang Yong 2002, 39).

Der Mythos der furchtbaren, von Göttern geschützten japanischen Krieger zeitigte bisweilen kuriose Effekte. So berief sich Han Shantong, ein Rebellenführer der ›Roten Turbane‹, die sich im 14. Jahrhundert gegen die Herrschaft der Mongolen erhoben, bei seinem Aufstand nicht nur auf die Ankunft des Buddha Maitreya, sondern auch auf Unterstützung aus Japan: Er habe ein Siegel aus dem Osten des Meeres und tapfere japanische Soldaten erhalten, verkündete er in einem Edikt. Ob damit eine Armee von Dämonen oder leibhaftigen Soldaten gemeint war, bleibt unklar: Jedenfalls war der Ruf der Japaner als Mongolenbezwinger so wirkmächtig, dass chinesische Rebellen auf japanische Schützenhilfe gegen ihre Zwingherrscher hofften.[3] Die Japaner als Verbündete der Chinesen gegen einen übermächtigen Feind: Auch diesem Motiv werden wir wieder begegnen.

## *Die Kultur der Krieger*

Ein altes Nō-Theaterstück erzählt die Geschichte von Bo Juyi, dem chinesischen Lieblingsdichter der japanischen Elite, der sich auf die Reise nach Japan macht, um die Bildung der Menschen dort zu ermessen. In der Bucht von Karatsu trifft er auf einen alten Fischer in seinem Kahn, dem er spontan einige Gedichte rezitiert – und jedes Mal übersetzt der Fischer sie prompt in ein *waka*. In Japan, so erzählt er dem verblüfften Bo Juyi, könnten sogar die Frösche und Nachtigallen Gedichte rezitieren. Darauf verschwindet der Alte – in Wirklichkeit Sumiyoshi, der japanische Schutzgott der Seefahrer –, und die *kami* lassen einen göttlichen Wind aufkommen, der Bo Juyi wieder zurück nach China bläst.

Der geliebte Dichterfürst wird wie die Mongolen von den *kami* vertrieben: Das Stück sagt einiges aus über die gewandelte Selbstwahrnehmung der japanischen Elite in der Kamakura-Zeit. Sie brauchten keine Belehrung mehr von den Chinesen: Nicht nur, weil sie es auch konnten, sondern weil sie es *besser* konnten. Handwerk und Technik sowie Dichtung, Kalligraphie, Malerei und andere Künste hatten in Japan ein Niveau erreicht, das den Stolz auf die eigene Kultur befeuerte.

Doch Schlachten, Herrschaftswechsel und Chauvinismen taten dem kulturellen Austausch zwischen China und Japan keinen Abbruch. Die Japaner wurden die Paradoxie nicht los, die ihr Verhältnis zu China bestimmte: die gleichzeitige »Liebe zu und die Ablehnung von chinesischem Einfluss« (Keene 1974, 383). Im Windschatten des Mongolensturms betrieben Künstler, Mönche und Literaten ihr Werk in Ruhe weiter; während die Herrscher sich bekriegten, führten Händler den friedlichen Warenverkehr zwischen China und Japan unverdrossen fort. Denn trotz aller Selbstgefälligkeit war der stete Fluss chinesischer Dinge, die Händler und Mönche nach Japan brachten, der neuen militärischen Elite durchaus willkommen.

Es waren nicht mehr die großen Errungenschaften chinesischer Staatlichkeit, die im japanischen Mittelalter aus China übernommen wurden, sondern die reizenden Kleinigkeiten der Gentry-Kultur: Bildrollen, Kalligraphien, Porzellan, Lackwaren und andere Kleinodien, die bei gesellschaftlichen Anlässen ausgestellt wurden. Regelrechte Leitfäden wurden für diese Anlässe geschrieben, die chinesische Künstler und ihre Werke vorstellten sowie Hinweise zur angemessenen Auswahl und Präsentation von *karamono* gaben.

Auch die Miniaturlandschaften des Bonsai (chin. *penzai*) erfreuten sich in Japan großer Beliebtheit: kunstvolle Arrangements aus Moos, Steinen und elegant beschnittenen Zwergbäumen, Abbilder kosmischer Harmonie in einem Blumentopf. Diese Kunst war in der Tang-Zeit aufgekommen und von den Literaten der Song liebevoll gepflegt worden; Japan hatte sie schon in der Heian-Zeit erreicht, aber vor allem unter den Kriegern der Kamakura-Zeit fanden Bonsai weite Verbreitung. Ein beschauliches Stückchen China für die Stube, zurechtgestutzt und eingetopft: Der Bonsai ist ein Sinnbild von Japans Verhältnis zu China in der Kamakura-Zeit. Der chinesische Einfluss sollte domestiziert werden. *Karamono* wurden auf eigens dafür gefertigten Regalen ausgestellt, herausgeputzt, verfeinert und damit zugleich *japonisiert*. Es ist kein Zufall, dass wir manche chinesische Kulturimporte dieser Zeit, wie den Bonsai, nur unter ihrem japanischen Namen kennen.[4]

Doch der Strom kontinentaler Kultur ließ sich nicht kanalisieren. Während der Kriegeradel noch mit der Heranbildung seines eigenen Ethos und Geschmacks beschäftigt war, spülte schon eine weitere Woge aus China über die japanischen Inseln, die das Land für immer verändern sollte. Sie ging maßgeblich von zwei buddhistischen Schulen aus, die im Song-Reich enorme Verbreitung gefunden hatten: vom Chan und vom Jingtu. Der Buddhismus war nach der großen Verfolgung unter Wuzong keineswegs verschwunden. In der Song-Zeit waren wieder große, staatlich geförderte Klöster entstanden, Mönche beteten für den Kaiser, und sogar die neukonfuzianischen Gelehrten, die sich obenhin so anti-buddhistisch gaben, beschäftigten sich eifrig mit buddhistischen Lehren. Solcher Laienbuddhismus wurde zum Charakteristikum des religiösen Lebens in der Song-Zeit: Laien polierten nicht nur ihr Karma durch Spenden auf und erwarben religiöse Devotionalien, sie studierten auch Sūtras, gaben Almosen für die Armen und legten bisweilen ganz ähnliche Gelöbnisse ab wie Mönche: nicht zu trinken, kein Fleisch zu essen usw. Der Klerus wiederum reagierte auf den Laienbuddhismus, indem er spezielle Gebete, Rituale für Verstorbene und andere ›Angebote‹ für Laien entwickelte. Einerseits spezialisierte sich der Song-Buddhismus, d. h. er gab die Allzuständigkeit für sämtliche Lebensbereiche auf und konzentrierte sich auf bestimmte Gebiete, in denen seine Dienstleistungen – durchaus marktförmig – nachgefragt wurden; andererseits vergrößerte er seine Reichweite, indem er zunehmend die Klöster verließ und sich für volkstümliche Formen des Glaubens öffnete: Nicht nur die Mönche, sondern alle sollten an seinen Wohltaten teilhaben.

Ihren Höhepunkt erreichte die Popularisierung des Buddhismus in der Lehre vom ›Reinen Land‹ (Jingtu/Jōdo), einer Schule, die China schon im 5./6. Jahrhundert erreichte, aber erst in der Song-Zeit ihr ganzes Potential entfaltete. Der Jingtu-Buddhismus stellte die Verehrung des Buddha Amitābha (Emituo fo/Amida nyorai) in den Mittelpunkt, der über das Paradies des ›Reinen Landes‹ walte. Seine Lehre war denkbar einfach: Er versprach *allen* Menschen, »von Königen und Herzögen über die Gelehrten und Würdenträger bis hin zu Schlachtern, Bettlern, Knechten und Sklaven, Bütteln, Narren und Dirnen« (*Jushi zhuan* 33), die Wiedergeburt im ›Reinen Land‹, wenn sie nur den Namen des Amitābha von Herzen anriefen: »Namo Emituo fo«. Es bedürfe keiner Askese, Studien oder guter Taten; der Glaube allein reiche aus: Der Buddhismus kannte das *sola fide* schon ein Jahrtausend vor Luther.

## Guanyin/Kannon 觀音

Mit der Verehrung des Buddha Amitābha gewann auch sein Avatar, der Bodhisattva Avalokiteśvara (Guanyin/Kannon), enorm an Popularität: »Jeder Mensch weiß, wie man Amitābha anruft, und jeder Haushalt verehrt Guanyin«, heißt es in China. Das war nicht immer so. In Indien, Südostasien und Tibet als männlicher Bodhisattva vorgestellt (der Dalai Lama gilt noch heute als seine Wiedergeburt), galt Avalokiteśvara vor allem als Schutzgott von Königshäusern. Doch in China machte er eine wundersame Transformation durch. Schon im 5. Jahrhundert zirkulierten Sammlungen mit Wundergeschichten von Guanyin, die ihn als Schutzgott des unendlichen Mitgefühls im Volksglauben verankerten. Auch das *Lotos-Sūtra* widmet Avalokiteśvara ein ganzes Kapitel, in dem es heißt:

> Angenommen, da wären unermessliche hunderttausende und Abermillionen von Lebewesen, die alle Übel und Leiden erfahren. Wenn sie von diesem Bodhisattva Avalokiteśvara erfahren und einen Herzens seinen Namen ausrufen, dann wird der Bodhisattva Avalokiteśvara ihre Stimmen wahrnehmen und alle werden von ihren Leiden befreit werden. (Kap. 25, Übers. Deeg 2007, 306)

Avalokiteśvara hilft gegen Feuer, Stürme und Schiffbruch, er schützt vor Dieben und Krankheiten, Frauen erfüllt er ihre Kinderwünsche – ja, er wurde selbst zur Frau. Nach der Tang-Zeit setzte ein Prozess der Feminisierung ein, der dazu führte, dass Guanyin schließlich als junge Frau in weißer Robe dargestellt wurde, einen Weidenzweig in der einen, einen Wasserkrug in der anderen Hand. – Oder sie wurde mit tausend Armen und Augen dargestellt, die ihre gütige Allmacht symbolisieren. In ihren verschiedenen Gestalten wurde Avalokiteśvara zur beliebtesten Heiligenfigur Chinas, Japans und Koreas, einer Mariengestalt Ostasiens. Ihr ›Heimatberg‹ in China, die Insel Putuoshan vor Shanghai, wurde ein Pilgerort ersten Ranges. Vom Putuoshan aus wirkte Guanyin als Schutzgöttin der Seefahrer, die ihren Kult nach Japan brachten. Seither wacht Kannon auch in Japan über alle Wesen: Sie ist die Hauptheilige in Tōkyōs ältestem Tempel, dem Sensō-ji, und in der Kyōtoer Sanjūsangen-dō stehen nicht weniger als tausend Statuen der tausendarmigen Kannon. Bis heute erinnert der Kult der Guanyin/ Kannon an den gemeinsamen Glauben, der China und Japan seit Jahrhunderten verbindet.[5]

Mönche brachten die neuen buddhistischen Impulse bald über das Meer nach Japan. Dort trafen sie den Geist einer Gesellschaft, die sich von der Dominanz der blasierten Heian-Aristokratie emanzipierte. Ebenso dekadent wie diese Elite erschien jetzt auch der Buddhismus, der sie begleitet hatte: Tendai und Shingon wurden nun als elitär, affektiert, geradezu korrupt geschmäht. So tiefgreifend erschien der Sittenverfall der Mönche, dass die Rede von der ›Endzeit des Dharma‹ (*mofa/mappō*), die 1052 begonnen haben sollte, immer überzeugender klang.[6] Zugleich wurden die volkstümlichen Formen des Song-Buddhismus als Gegenentwurf immer attraktiver.

Tatsächlich war die Erneuerungsbewegung, die den japanischen Buddhismus im 12./13. Jahrhundert erfasste, eine regelrechte Reformation. Ihre Protagonisten waren Mönche der – um im Bild zu bleiben – ›katholischen‹ Tendai-Schule, welche die Notwendigkeit erkannten, dem Buddhismus eine neue Grundlage im Volk zu verschaffen. Vor allem der Mönch Hōnen und sein Schüler Shinran trugen dazu bei, die Schule des ›Reinen Landes‹ mit ihrem unschlagbar einfachen Heilsversprechen in Japan zu etablieren. Auch wenn keiner von beiden je in China war, bezogen sie ihre Inspiration aus chinesischen Texten. Hōnen ›entdeckte‹ einen Sūtrakommentar des Tang-Mönches Shandao (jap. Zendō), der den Kosmos des Buddhismus auf einen simplen Lehrsatz brachte: »Auch einfache Menschen, ob gut, ob schlecht, können das Leben im Reinen Land erreichen, wenn sie sich nur an das grundlegende Gelöbnis halten und den Namen Buddhas anrufen und stets wiederholen.« Shinran ging in seiner Popularisierung des Buddhismus noch weiter, indem er – bislang undenkbar für einen Mönch – heiratete, Fleisch aß und lehrte, dass es genüge, den Namen Amitābhas nur ein einziges Mal aufrichtig anzurufen, um Erlösung zu erlangen. Hōnen und Shinran stießen auf heftigen Widerstand des Tendai-Establishments und wurden beide in die Verbannung geschickt – aber die Jōdo-Schule war nicht mehr aus der Welt zu schaffen. Sie prägt den Buddhismus in Ostasien bis heute.

## *Zen und die Künste*

Ganz ähnlich verlief die Geschichte des Zen-Buddhismus. Auch er erlebte in der Kamakura-Zeit eine Erneuerung, wurde von der Tendai-Schule angefeindet und etablierte sich dennoch als die ›japanischste‹ aller Schulen des Buddhismus.[7] Auch der Zen-Buddhismus (chin. Chan) war jahrhundertealt. Die Legende besagt, dass Bodhidharma, ein ›blauäugiger Barbar‹ aus Mittelasien oder Indien, den Meditations-Buddhismus schon im 6. Jahrhundert nach China gebracht habe. Bei einem Treffen mit dem ›Kaiserlichen Bodhisattva‹ Wu von Liang (S. 93), der wie kaum ein zweiter den Buddhismus gefördert hatte, habe er diesem eröffnet, welche Verdienste er sich mit all seinen Stiftungen und Ordinationen erworben habe: nämlich gar keine. Alle weltlichen Anstrengungen, das lehrt der Chan-Buddhismus, seien irrelevant, ja die Welt selbst sei substanzlos. Die Erlösung liege gerade darin, die Nichtigkeit der Welt zu erkennen. Der Chan-Buddhismus sucht diese Erleuchtung nicht in asketischen Übungen, Mandalas oder im Studium von Sūtras. Er sucht sie nicht in Schriften. Denn Chan sei, so soll Bodhidharma gesagt haben, »eine spezielle Überlieferung außerhalb der Lehre, nicht auf Schriften und Zeichen gestützt, die direkt zum Herzen des Menschen weist, das Wesen erblickt und so die Buddhanatur erreicht.« Die absolute Wahrheit lasse sich nicht analytisch fassen, denn sie liege jenseits aller

Begriffe. Über sie lasse sich nicht reden, sondern nur schweigen. Sie sei allenfalls zu ›erblicken‹ in einem Moment der Erleuchtung, zu dem keine rationale Methode führt – im Gegenteil: Dem Chan-Buddhismus geht es darum, analytische Vernunft auszuhebeln: durch sinnlose Sinnsprüche (*gongan*/*kōan*) – »Was ist Buddha? – Drei Pfund Flachs«, »Hat ein Hund Buddhanatur? – Mu!« o.Ä. –, die jeder Logik spotten; oder durch Meditation, denn nichts anderes heißt *chan*/*zen* (sanskr. *dhyāna*). Durch stundenlanges Stillsitzen soll der Adept einen Zustand regloser Versenkung erreichen, die ihn das Sein jenseits aller begrifflichen Differenzierungen sehen lässt. Die Meditationsübungen Bodhidharmas sind legendär: Neun Jahre lang soll er im Shaolin-Kloster schweigend vor einer Mauer meditiert haben, wobei ihm beide Beine abgefault seien.[8]

Meditation bedeutet mehr als nur gedankenverloren herumzusitzen. Sie kann den Fokus auf *nichts* richten, wie in der Sitzmeditation (*zuochan*/*zazen*), aber ebensogut auf jedes beliebige, alltägliche Objekt: denn in allem kann sich die Buddhanatur gleichermaßen offenbaren. Die Einsicht in die Nichtigkeit der Welt führt im Chan keineswegs zur Ablehnung der Welt, sondern zu umso innigerer Annahme der Dinge:

> Ein Meister sagte: Bevor einer Zen studiert, sind ihm Berge Berge und Gewässer Gewässer. Wenn er aber eine Einsicht in die Wahrheit des Zen bekommt durch die von einem guten Meister erteilte Belehrung, dann sind ihm Berge nicht mehr Berge und Gewässer keine Gewässer. Aber nachmals, wenn er wirklich zum Orte der Ruhe gelangt ist, so sind ihm Berge wieder Berge und Gewässer sind Gewässer. (Daisetz Suzuki, zit. nach: Seckel 1957, 226 f.)

Wer die ›Wahrheit des Chan‹ erfasst hat, erkennt den Wert auch der kleinsten Dinge und kann sich ihnen mit meditativer Hingabe widmen: der Gartenpflege etwa, dem Ackerbau oder anderen alltäglichen Verrichtungen. Die Chan-Schule entwickelte ein geradezu benediktinisches Arbeitsethos: »Ein Tag ohne Arbeit – ein Tag ohne Essen«, wie Baizhang Huaihai es ausdrückte. Vielleicht hat der Chan-Buddhismus es dieser monastischen Disziplin zu verdanken, die ihn wirtschaftlich autark machte, dass er die Verfolgungen von 842–845 besser überstand als die meisten anderen Schulen; vielleicht war es auch seine radikal undogmatische, anti-individuelle Lehre, die dem Staat in die Karten spielte. Jedenfalls wurde dem Chan-Buddhismus in der Song-Zeit intensive staatliche Förderung zuteil, die ihn zur dominanten Schule des Buddhismus machte: Jetzt erreichte der Chan-Buddhismus seine volle Entfaltung (und große Teile seiner ›Tradition‹ dürften erst in dieser Zeit erfunden worden sein). Die weitaus meisten der öffentlichen, staatlich finanzierten Klöster der Song, die größten und wichtigsten des Landes, waren Chan-Klöster. Im frühen 13. Jahrhundert wurde schließlich eine offizielle Hierarchie staatlicher Chan-Klöster festgelegt, an deren Spitze die ›Fünf Berge‹ standen: die Klöster Jingshan, Lingyin, Jingci, die in unmittelbarer Nähe der Hauptstadt Hangzhou lagen, sowie Tiantong und Ayuwang bei Ningbo. Der Meditations-Buddhismus und der Staat gingen in der Song-Zeit eine regelrechte Symbiose ein.

Unter der Patronage des Staates blühten auch Kunst und Literatur des Chan-Buddhismus auf. Chan-Mönche und Laien pflegten Kontakt, inspirierten sich gegenseitig, entwickelten den gleichen Geschmack. Die großen Neukonfuzianer der Song-Zeit – Zhou Dunyi, die Cheng-Brüder, sogar Zhu Xi – studierten mit Chan-Meistern, die den vorgeblich so anti-buddhistischen Neukonfuzianismus in vielerlei Hinsicht beeinflussten: Zhou Dunyi spricht vom ›Endlosen‹, das zugleich ›höchstes Ende‹ sei, und benutzt dabei bezeichnenderweise ein Wort, das im Buddhismus das Nirwana bezeichnet; die Cheng-Brüder nahmen mit ihrer Lehre vom ›Muster‹ einen alten buddhistischen Begriff auf; und der neukonfuzianische Grundgedanke von der Einheit der Gegensätze entspricht exakt dem ›Zweitlosen‹ (Fuchs 1989), welches die höchste Wahrheit des Chan kennzeichnet. Die Konvergenz der Lehren – der Neukonfuzianismus ist geradezu als ›Neo-Buddhismus‹ bezeichnet worden – sollte schließlich Ausdruck finden in dem Satz, dass ›die drei Lehren‹, Konfuzianismus, Daoismus und Buddhismus, ›eins sind‹.

Doch nicht nur begrifflich näherten sich chinesische Literaten dem Chan-Buddhismus an; auch in ihren Ausdrucksformen wurden beide sich ähnlich: denn der Chan öffnete sich zunehmend der Literatur. Chan-Mönche produzierten nicht nur ein großes Korpus an Spruchsammlungen und hagiographischer Literatur, sie schrieben auch Gedichte – und inspirierten die Literaten ihrer Zeit. Für Su Dongpo, einen der genialsten Dichter seiner Zeit, hatte literarisches Schaffen geradezu religiöse Qualität: »Einen Satz zu finden ist wie Buddha zu finden; die Erleuchtung des Pinsels ist wie die Erleuchtung der Meditation« (*Guxi houji* 1). Chan und Dichtung seien synonym: »Zwischen den Lehren des Chan und der Dichtung gibt es im Grunde keinen Unterschied« (*Guxi qianji* 29). Sein Dichterkollege Yan Yu pflichtete ihm bei: »Von Dichtung zu sprechen, heißt von Chan zu sprechen«, denn »das Prinzip des Chan ist die subtile Erleuchtung, und das Prinzip der Dichtung ist auch die subtile Erleuchtung« (*Canglang shihua*, 1b). Kurz: Literatur wurde nicht nur als »Vehikel des Dao« verstanden (S. 132 f.), sondern auch als Vehikel des Dharma (S. 95). Die Sprachkunst hatte sich in die Schule eingeschlichen, die sowohl der Sprache als auch der Künstlichkeit zutiefst misstraute. Denn wie dem Chan geht es auch der Lyrik nicht um Verständlichkeit, ganz im Gegenteil: Gerade die Auflösung syntaktischer Strukturen und die kaleidoskopische Brechung der Aussage macht Dichtung aus. So wie ein *kōan* durch seine alogische Struktur verwirrt, kann einem das lyrische Spiel der Sinnbezüge den Kopf verdrehen. Gute Dichtung erschöpfe sich nicht in Worten, sondern »birgt einen Überschuss an Bedeutung, der jenseits der Worte erscheint« (*Ouyang quanji* 128). Die Wahrheit liegt jenseits der Begriffe: Das ist das auch Credo des Chan. Es überrascht nicht, dass der Mönch Wuxue die Erleuchtung erlangt haben soll, als er ein Gedicht hörte: Chan-Lyrik ist die Fortsetzung der *kōan* mit anderen Mitteln.

Der Begriff der ›schlichten Fadheit‹ (*pingdan*) bringt das ästhetische Ideal auf den Punkt, das Chan-Mönche und Song-Literaten vereinte. Ein Kunstwerk darf nicht den Sinnen schmeicheln, sondern muss obenhin unscheinbar bleiben. Ein gutes Gedicht gibt seine Bedeutung nicht in den Worten preis, und ein gutes Bild trägt seinen Sinn nicht in den Pinselstrichen. Die monochrome Malerei der Song, nur mit schwarzer Tusche ausgeführt, die auf alle Farben und starken Effekte verzichtet, entspricht genau dieser Ästhetik. Auch in dieser Malerei fand der Chan-Buddhismus eine ihm gemäße Ausdrucksform. Angeregt von

Meistern der Landschaftsmalerei wie Ma Yuan und Xia Gui, schufen Chan-Künstler Tuschegemälde, die ihre Philosophie in sparsamen Pinselstrichen ausdrückten: eine Philosophie, die das Dharma noch in den alltäglichsten und unscheinbarsten Sujets erkannte. Einfarbig, nüchtern und unverkünstelt stehen diese Gemälde nicht symbolisch für eine höhere Wahrheit, sondern zeigen die Figuren in ihrem schlichten So-Sein. Liang Kais Bild von Huineng, dem sechsten Patriarchen der Chan-Schule, beim Bambusschneiden zeigt einen alten Mann vor einer kargen Felswand hockend, der einen gewöhnlichen Stecken beschneidet, nicht mehr – doch in dieser schlichten Szene ist das Wesen allen Seins enthalten. Ein anderes Meisterwerk von Liang Kai zeigt Li Bo beim Spaziergang, in federleichten Umrissen gemalt, so dass er fast mit dem Hintergrund verschwimmt. Nur der erhobene Kopf des Dichters ist scharf umrissen, das Auge stechend scharf: Wie in der Meditation wird die Aufmerksamkeit auf einen Punkt konzentriert, während alles darum sich auflöst. Die sparsame Formensprache dieser Gemälde entspricht der

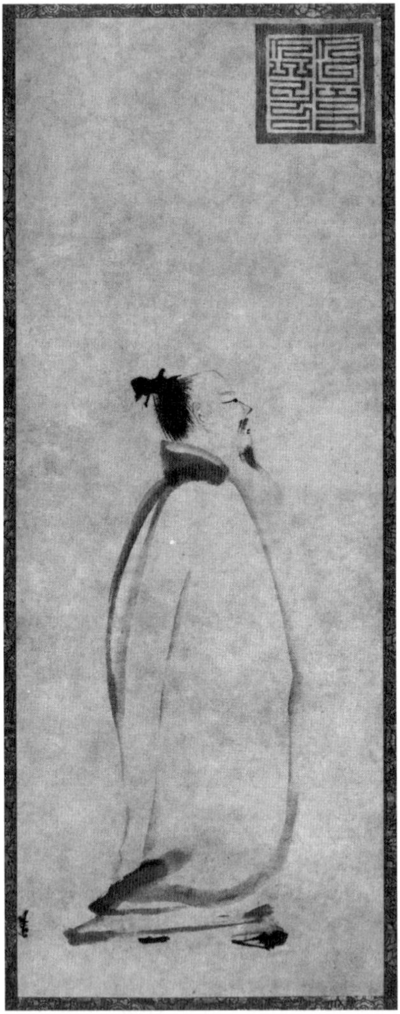

»Li Bo, beim Spaziergang kantilierend«: Das Tuschebild von Liang Kai aus dem 12./13. Jh. ist heute, wie so viele Schätze chinesischer Kunst, im Besitz des Nationalmuseums von Tōkyō.

Praxis des Chan: Sie sind verbildlichte Meditation, gemaltes Schweigen. Die Bilder der Chan-Meister sind zum großen Teil *leer*. Gerade durch diese Sparsamkeit der Gestaltung lenkt die Chan-Malerei den Blick auf das, was jenseits aller Form ist. Im vielleicht größten Meisterwerk dieser Tradition, Muqis Stillleben mit sechs Kaki-Früchten, ist nicht nur der Hintergrund völlig unbemalt, auch zwei der Kakis sind nur in ihren Umrisslinien angedeutet: Sie sind leer – so wie alles Sein.[9]

Alle drei Bilder hängen heute in japanischen Museen: Sinnbilder für die Reise des Chan-Buddhismus nach Japan und dafür, dass er dort weitaus besser bewahrt wurde als in China. Schon in der Tang-Zeit waren die Chan-Lehren nach Japan gelangt; doch Saichō (S. 128) hatte sie so geschickt in den Tendai-Buddhismus integriert, dass Zen kaum als eigenständige Schule hervorgetreten war. Tiefe Wurzeln schlug der Zen-Buddhismus erst in der Kamakura-Zeit, als der Mönch Eisai (oder Yōsai) ihn ein weiteres Mal importierte. Eisai, wie Hōnen und Shinran ursprünglich ein Adept der Tendai-Schule, war nach seiner Erfahrung auf dem Hiei-Berg enttäuscht von der nachlassenden monastischen Disziplin des Tendai. Umso tiefer beeindruckte ihn die strenge Ordnung chinesischer Chan-Klöster, die er 1168 bei einer Reise zum Tiantai-Berg erlebte. Später nahm Eisai die beschwerliche Reise in das Song-Reich noch ein zweites Mal auf sich, um von 1187 bis 1191 auf dem Tiantong-Berg in Zhejiang bei dem Chan-Meister Xu'an zu studieren. Er brachte die Rinzai-Schule (chin. Linji) des Zen nach Japan und gründete in Hakata das erste Zen-Kloster Japans, den Shōfuku-ji.[10]

Als nächstes wandte sich Eisai 1199 nach Kamakura, wo er die Gunst des Shōgunats gewann und den Jufuku-ji gründete, das erste Zen-Kloster in Kamakura. Hier führte er die monastische Disziplin mit ihren fast 300 Verhaltensregeln ein, die ihn in Song-Klöstern so beeindruckt hatte. Mag sein, dass es diese Disziplin und Genügsamkeit, die unverblümte Direktheit und der Arbeitsethos des Zen waren, die den Kriegeradel beeindruckten; vielleicht waren es auch das alte Misstrauen gegenüber der Schrift und der Topos vom ›Herzen‹ (S. 143), welche diese Lehre, die Schriften ablehnte und »direkt zum Herzen des Menschen« wies, so ›japanisch‹ erscheinen ließ; vielleicht war es vornehmlich aus Gründen politischer Opportunität, dass den Minamoto-Shōgunen, die fern von den Zentren des Tendai- und Shingon-Buddhismus saßen, diese neue Lehre zupass kam. Nicht zuletzt mit einer Schrift, in der er die *Verbreitung des Zen zum Schutz des Landes* (*Kōzen gokokuron*) propagierte, gewann Eisai die Unterstützung des Shōguns, um 1202 auch in Kyōto ein Kloster zu gründen, Kennin-ji. »Wenn Buddhas Dharma gedeiht, gedeiht auch die staatliche Ordnung«, war die Überzeugung: Wie in China wurde der Zen-Buddhismus staatlich gefördert und sollte im Gegenzug zur Stärkung des Staates dienen.[11]

Seinen endgültigen Durchbruch verdankte der Zen-Buddhismus einem Mönch, der sechs Jahre unter Eisais Nachfolger am Kennin-ji studiert hatte: Dōgen. Auch Dōgen war aus Unzufriedenheit mit seiner Erfahrung auf dem Hiei-Berg zum Zen-Buddhismus gekommen und beschloss 1223, nach China zu reisen, um dort die wahre Erkenntnis zu suchen. Dōgen besuchte alle ›Fünf Berge‹ und fand schließlich bei Rujing, einem Meister der Caodong-Schule, die Erleuchtung. Das Erlebnis sollte seinen Weg bestimmen. Nachdem Dōgen – ›mit leeren Händen‹, wie es heißt – in seine Heimat zurückgekehrt war, gründete er die Sōtō-Schule des Zen, die den chinesischen Chan recht eigentlich in Japan einführte. Für den Bau des Eihei-Klosters an der Nordküste von Honshū, weitab von Kyōto und Kamakura, brachte er chinesische Handwerker nach Japan; und der Chan-Priester Jiyuan (jap. Jakuen) überquerte des Meer von China nach Japan, um bei Dōgen zu lernen.

Die wortlose Lehre des Zen-Buddhismus, die »direkt zum Herzen« wies, kannte keine Nationalitäten. Im Zuge ihrer Ausbreitung kam es zu einem Miteinander von Chinesen und Japanern, wie es zuletzt ein halbes Jahrtausend früher stattgefunden hatte. Japanische Mönche fuhren nach China und gelangten dort zu höchstem Ansehen: neben Dōgen auch Enni, der Gründer des Jōten-ji, der noch heute im Jingshan-Kloster mit einer Statue direkt neben der seines Lehrers, des Jingshan-Abtes Wuzhun, geehrt wird.[12] Andererseits kamen zahlreiche chinesische Mönche nach Japan, um das Dharma zu suchen oder zu bringen – und um den Mongolen zu entgehen: Lanxi (jap.

Rankei) etwa, der 1246 nach Japan reiste, wo er ab 1253 auf Einladung des Shōguns Abt des grandiosen Kenchō-ji in Kamakura wurde; er starb 1278, nachdem er 32 Jahre in Japan gelebt und Dutzende Tempel gegründet hatte. Geradezu legendär wurde Wuxue (jap. Mugaku), der sich schon in China einen Ruf als Mongolenschreck erworben hatte. Als Khubilai Khans Truppen seinen Tempel in Wenzhou erstürmten und Wuxue niedermetzeln wollten, hielt dieser den Angreifern ungerührt entgegen:

> Himmel und Erde bieten nicht Platz, auch nur einen Stab aufzustellen;
> Freudig die Einsicht: Die Menschen sind leer – auch das Dharma ist leer.
> Die wertvollen Schwerter der Großen Yuan, ganze drei Fuß lang,
> Sind ein Blitzstrahl im Schatten, der den Frühlingswind köpft.
>
> (*Genkō shakusho* 8)

Daraufhin sollen die Mongolenkrieger sich demütig zurückgezogen haben. 1279 reiste Wuxue auf Einladung des Shōguns nach Japan, wo er nicht nur als Abt des Engaku-ji in Kamakura segensreich wirkte, sondern dem Shōgun auch spirituellen Beistand beim Kampf gegen die Mongolen bot. Wuxues Rat, beherzt ›voranzustürmen‹, soll dem Shōgun und seiner Armee 1281 Kraft für den Sieg über die Angreifer gegeben haben: Damit wurde Wuxue gleichsam zum japanischen *kami* – noch heute wird seine Statue im Engaku-ji religiös verehrt.[13]

Wieder strömte der Buddhismus gen Osten. Es waren nicht nur der Untergang der Song und der Eifer der Mönche, die dazu beitrugen, sondern vor allem die Förderung durch das Shōgunat. Gegen Ende der Kamakura-Zeit führte es eine zentral kontrollierte Hierarchie für Zen-Klöster ein, die sich offenkundig an den ›Fünf Bergen‹ der Song orientierte. In Japan wurde das System mitsamt der Metapher übernommen: Unter dem Titel ›Fünf Berge‹ (*gozan*) erhielten fünf Klöster – an der Spitze Kenchō-ji und Engaku-ji, an denen Lanxi und Wuxue wirkten – in Kamakura besondere Privilegien, darunter gab es ein feinverästeltes System von kleineren Tempeln, die den höheren Instanzen, ganz analog zur politischen Verwaltung, unterstellt waren. Das System wurde von den Ashikaga-Shōgunen ab 1336 in veränderter Form übernommen: ein Netzwerk religiöser Kommunikation, zugleich ein raffiniertes Instrument politischer Kontrolle über die Religion.

Doch während das Shōgunat versuchte, seinen Einfluss auf den Zen-Buddhismus geltend zu machen, wurde es mindestens ebenso stark von diesem beeinflusst: Zen-Mönche trugen wesentlich dazu bei, die sanfteren Tinten in den Charakter der Krieger einzutragen. Denn mit dem Zen kamen nicht nur religiöse Praktiken nach Japan, sondern der ganze Reichtum der chinesischen Chan-Kultur: Malerei, Kalligraphie, Architektur, Teekultur, Gartenkunst und die Ästhetik der *karamono*. Eine fromme Legende veranschaulicht diesen Prozess. Sie besagt, dass eine Schriftrolle des Chan-Patriarchen Yuanwu Keqin in einer Holzschachtel übers Meer nach Japan getrieben sei: Sie brachte die Lehre, aber zugleich auch die Handschrift Yuanwus nach Japan, die stilbildend für die Kalligraphie von Zen-Mönchen werden sollte.[14] Der Chan-Buddhismus, der Japan erreichte, war untrennbar von seinen künstlerischen Ausdrucksformen. »Zen kann ohne Moral bleiben«, wie Suzuki Daisetz es ausgedrückt hat, »aber nicht ohne Kunst« (Suzuki 1958, 25).

In Wirklichkeit war der kulturelle Austausch mit China in der Kamakura-Zeit allerdings keineswegs dem Spiel der Wellen überlassen, sondern wohlorganisiert. Zentralen dieses Austauschs waren die *gozan*-Klöster, die sowohl Mönche nach China schickten als auch chinesische Mönche aufnahmen. Mit ihnen traten die sino-japanischen Beziehungen in eine neue Phase, geprägt von einer Hochkonjunktur kultureller Importe, die jener der ›Tang-Gesandtschaften‹ kaum nachstand. Erst mit diesen Importen entstand die ›traditionelle‹ japanische Kultur, wie wir sie heute kennen.

Ein herausragender Botschafter der Song-Kultur war der Chan-Mönch Yishan Yining (Issan Ichinei), der 1299 tatsächlich als Diplomat der Yuan nach Japan geschickt worden war. Das Shōgunat wollte ihn zunächst, wie schon frühere Gesandte der Mongolen, hinrichten lassen; allein sein Status als Mönch rettete Yishan das Leben und ermöglichte eine erstaunliche Karriere. Yishan diente nacheinander als Abt im

Kenchō-ji, Engaku-ji und Jochi-ji in Kamakura sowie – als erster Chinese überhaupt – ab 1313 im Nanzen-ji zu Kyōto. Er war maßgeblich dafür verantwortlich, dass der Zen-Buddhismus sich über die Kriegerkreise von Kamakura hinaus verbreitete und den Kaiserhof sowie die Kyōtoer Aristokratie erreichte: Einige Jahrzehnte später, unter den Ashikaga, wurde die *gozan*-Hierarchie, mit dem Nanzen-ji an der Spitze, dann offiziell auch in Kyōto installiert.

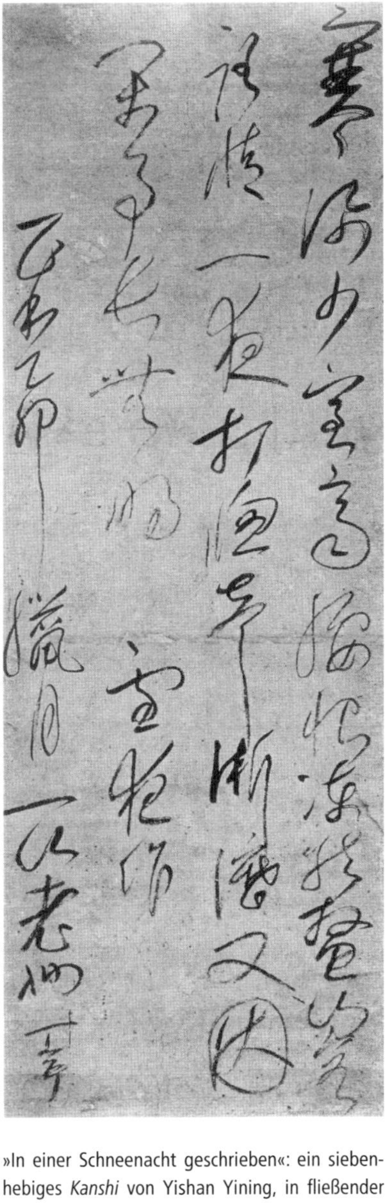

»In einer Schneenacht geschrieben«: ein siebenhebiges *Kanshi* von Yishan Yining, in fließender Konzeptschrift kalligraphiert. Hängerolle von 1315 im Besitz des Kennin-ji (Kyōto).

Neben der ›speziellen Überlieferung‹, die ›nicht auf Schriften und Zeichen gestützt‹ ist, hatte Yishan der Kamakura-Elite noch einiges andere zu bieten, und zwar: Schriften und Zeichen. Er war ein virtuoser Kalligraph, dessen schwungvoll-fließende Pinselführung stilbildend wurde. Aus der stark abstrahierenden, schwer zu entziffernden Konzeptschrift Yishans spricht gleichsam der Grundgedanke des Zen. So, wie ein *kōan* sprachlich ausdrückt, dass wahre Erkenntnis sprachlich nicht ausdrückbar ist, scheint Yishans Schrift zu lehren, dass sich die letzte Wahrheit nicht schriftlich fixieren lässt: Sie zerfließt, wie seine fliehenden Pinselstriche, ins Unbestimmte. Yishans Kalligraphien, bis heute als ›wichtige Kulturgüter‹ verehrt, inspirierten Künstler und Gelehrte bis in die Moderne.

Vor allem aber gilt Yishan als ein Vater der *gozan*-Literatur. Er war äußerst belesen, nicht nur in buddhistischer, sondern auch in konfuzianischer, daoistischer, ja sogar in populärer Literatur. Und Yishan ging es nicht anders als fast allen chinesischen Mönchen, die nach Japan kamen – er konnte kaum Japanisch:

> Ich kam zehntausend Meilen übers Meer an diese Ufer,
> Ohne Kenntnis von der Sprache, die ihr sprecht,
> Was ich verstehe ist nur wirres ›ba ba ba‹,
> Mehr schnappe ich nicht auf als lauter ›li li li‹.
>
> (*Minki Soshun ikō*, 68)

Yishan und andere Chinesen in den *gozan*-Klöstern waren also auf schriftliche Kommunikation mit Schülern angewiesen; Kenntnisse des Literarischen Chinesisch wurden für diese daher zur Voraussetzung: Es heißt, Yishans Schüler mussten sich einer Prüfung in chinesischer Dichtung unterziehen, um von ihm aufgenommen zu werden. Yishan und andere chinesische Zen-Mönche lehrten ihre Schüler, Zen-Hymnen und Gedichte in der chinesischen Tradition zu schreiben. Andere Zen-Mönche begannen japanische *waka* zu schreiben und so das Genre der *gozan*-Literatur abzustecken, das chinesische und japanische, religiöse und weltliche Ausdrucksformen vereinte. Wie ihre Vorgänger auf dem Festland entdeckten Mönche ebenso wie Laien in Japan den inneren Zusammenhang zwischen Zen und Dichtung:

> Wo Reiher sitzen,
> Dort, am Ufer des Teiches,
> Beugt sich die Pinie.
> Weitab von Miyako, so
> Fühlt es sich im Herzen an …
>
> (Fujiwara Teika, zit. nach: Pollack 1986, 109)

Fast wie bei einem *kōan*, dessen Antwort sich quer zur Frage stellt, zieht sich zwischen den ersten drei und den letzten zwei Zeilen eine Bruchlinie durch dieses *waka*. Es sind diese logischen Brüche, die lakonische Kürze und die Mehrdeutigkeiten, mit denen die Zen-Dichtung spielt. Die wahre Aussage der Dichtung liegt nicht in den Worten, sondern in dem, was Worte nicht ausdrücken können. In der Zen-Dichtung schien der ›japanische Geist‹ zu sich zu finden. Verkörperte der Zen-Buddhismus in seiner Ablehnung aller Oberflächlichkeiten und Verstandesbegriffe nicht exakt jenen *Yamato damashii*, den schon der Heian-Adel verehrt hatte? Die Ästhetik des Zen schien das passgenaue Bindeglied zwischen den alten, einheimischen Werten des Adels und der neuen, fremdländischen Schule zu sein.

Dieser Bezug zum Geschmack des Adels – und zwar des Hofadels von Kyōto ebenso wie der Krieger in Kamakura – war der Schlüssel zum Erfolg des Zen-Buddhismus. Vor allem in der Muromachi-Zeit (1336–1573), als die Shōgune in Kyōto residierten, führte er zu einer einzigartigen Verfeinerung in fast allen Bereichen künstlerischen Schaffens: Japanische Mönche brachten nicht nur die Meisterwerke der Chan-Malerei in ihre Heimat, sondern auch die großartigen Landschaftsbilder der Song, die den Menschen in seiner Nichtigkeit vor mystisch-vernebelter Natur zeigen. Wie schon die chinesischen Chan-Maler waren japanische Sammler und Künstler von den Bildern Ma Yuans und Xia Guis begeistert: Jetzt begannen auch japanische Zen-Mönche Landschaften zu malen – und zwar *chinesische* Landschaften mit mächtigen, zerklüfteten Gebirgszügen, wie es sie in Japan kaum gab. Der größte Meister der japanischen Zen-Malerei, Sesshū Tōyō, reiste eigens nach China, um die Tuschemalerei an ihrer Quelle zu studieren. Zurück in Japan, wirkte sein präziser, kontrastreicher Stil schulbildend: Sesshū entwickelte die japanische Zen-Malerei als kongeniale Improvisation auf chinesische Themen.

Die Landschaftsmalerei inspirierte eine weitere Kunstform, die repräsentativ für die Muromachi-Periode wurde: die Landschafts*gärtnerei*. Jetzt entstanden die großartigen Gartenanlagen des ›Goldenen‹ (Kinkaku-ji) und des ›Silbernen Pavillons‹ (Ginkaku-ji) sowie viele an-

Felsbrocken, umgeben von Moos und geharktem Kies: Inseln des Bewusstseins in einem Meer von Nichts – oder doch etwas ganz anderes? Es ist gerade ihre rätselhafte Unbestimmtheit, die Zen-Steingärten auszeichnet: Sie weisen den ›trockenen‹ Weg zur Erleuchtung. Detail aus dem Ryōan-ji (Kyōto).

dere, Moosgärten und vor allem die berühmten Steingärten der Zen-Klöster in Kyōto, die mit Kies, Moos und einigen Felsbrocken ein ganzes Universum abbilden – oder besser: verhüllen. Diese ›trockenen Landschaftsgemälde‹ sind das dreidimensionale Pendant zur monochromen Tuschemalerei. An ihnen ist nichts, was das Auge erregt: kaum Farben, keine Bewegung, selbst das Wasser ist durch Kiesel ersetzt. Die fünfzehn rätselhaften Felsbrocken des Ryōan-ji, ein steingewordenes *kōan*, symbolisieren eine Wahrheit, die nicht in ihnen liegt, und sie verweisen auf eine Inspirationsquelle, die man ihnen nicht mehr ansieht: auf die chinesische Landschaftsmalerei.

Unter dem Einfluss des Zen-Buddhismus haben japanische Eliten der Kamakura- und Muromachi-Zeit chinesische Kunst nicht weiter-, sondern gleichsam zurückentwickelt. Sie haben sie beschnitten, vereinfacht, auf ihre Essenz reduziert und ihr damit eine Form gegeben, der nichts mehr genommen werden konnte. Am deutlichsten wird dieser Prozess wohl in der Tee-Kultur, die Japan erst zögerlich, dann aber mit religiösem Eifer aus China übernahm.

»Tee und Zen haben denselben Geschmack«, sagte man in Japan. Tatsächlich ist die Geschichte des Tees von Anbeginn eng mit der des Zen-Buddhismus verknüpft. Kein Geringerer als der Patriarch des Chan, Bodhidharma, soll der Legende nach den Tee ›gepflanzt‹ haben: Als er während der Meditation einmal, von Müdigkeit übermannt, eine ganz Nacht hindurch geschlafen hatte, habe er seine allzu trägen Augenlider abgeschnitten und zu Boden geworfen – und dort, wo sie hinfielen, wuchs ein Strauch, aus dessen Blättern sich ein äußerst anregendes Getränk kochen ließ, das die Müdigkeit vertrieb: Tee. Der Tee, der damals noch in ›Ziegeln‹ gepresst kam, dann pulverisiert und gekocht wurde, entwickelte sich in der Tang-Zeit zum Modegetränk der Elite. Lu Yu verfasste mit seinem *Tee-Leitfaden* (*Chajing*) einen Klassiker, der die Raffinesse der Tang-zeitlichen Teekultur – nicht nur die Teesorten, auch die Wasserquellen und die Form der Blasen beim Kochen werden dort beschrieben – lebhaft widerspiegelt. Natürlich war der Tee mit den Tang-Gesandtschaften auch nach Japan gekommen, hatte aber den Geist der Zeit nicht getroffen. Er wurde dort, wie in China vor der Tang-Zeit, fast ausschließlich als Medikament benutzt.

Erst Jahrhunderte später, als Eisai, der Gründer der Rinzai-Schule des Zen, den Tee aus China nach Hakata brachte, fand er in Japan Verbreitung als Getränk. Eisai schrieb nicht nur ein Buch über Tee, das ihn als Wundermittel für ein gesundes Leben preist, sondern setzte ihn auch erfolgreich ein, um den Shōgun von seinen Alkoholkatern zu kurieren. Eisai gilt, nicht zu Unrecht, als »Vater der Tee-Kultivierung in Japan« (D. Suzuki). Kurz darauf brachten chinesische Mönche auch die Kultur des Teetrinkens – mittlerweile wurde der pulverisierte Tee aufgegossen und mit einem Rührbesen geschlagen – nach Japan. Lanxi etwa führte unter seinen Schülern das rituelle Teetrinken ein, so wie es im Jingshan-Kloster bei Hangzhou praktiziert wurde: ein Ritus, aus dem sich die japanische Teezeremonie (*chanoyu*) entwickeln sollte.

Denn das Teetrinken blieb nicht auf Klöster beschränkt. Auch Adlige integrierten den Tee in Form von ›Blindverkostungen‹ in ihre Empfänge, bei denen die Teilnehmer eine bestimmte Teesorte erkennen mussten. Im 15. Jahrhundert wurde das Teetrinken allmählich von anderen Geselligkeiten getrennt und an eigens dafür angelegte Orte ausgelagert: kleine, spärlich möblierte Räume – viereinhalb Tatami-Matten, eine Nische mit einem Rollbild und vielleicht einer Blume, ein Regal für *karamono*, ein kleiner Tisch –, die ganz dem kontemplativen Teegenuss dienten. Hier entwickelte sich die streng durchkomponierte Teezeremonie, bei der Tee nach exakt definierten Regeln serviert und getrunken wurde. Auch die *karamono*, die – passend zu Anlass und Jahreszeit ausgewählt – den Raum schmückten, wurden bei diesen Anlässen kenntnisreich besprochen: letzte Relikte des chinesischen Ursprungs einer Zeremonie, die in Japan längst ihre eigenen Regeln entwickelt hatte.

Japans berühmtester Teemeister, Sen no Rikyū, trieb die ästhetische Reduktion der Teezeremonie im 16. Jahrhundert auf die Spitze: eine Hütte von nur zwei Tatami Größe, keine Ablagen für das Teegeschirr, ein Schale Tee für Buddha, eine für die Gäste und eine für den Gastgeber. Weder der Raum noch die Utensilien waren raffiniert, ganz im Gegenteil: Sie sollten schmucklos, grob, gebraucht, unregelmäßig, geradezu ›armselig‹ sein.[15] *Wabi* hieß das Ideal der Teezeremonie im Sinne von Sen no Rikyū: ein asketisches Ideal, ganz im Geist des Zen-Buddhismus, aber weit entfernt vom Geschmack der Heian-Zeit. Ebenso weit war die Teezeremonie von den Gewohnheiten der chinesischen Gentry entfernt, die Tee schon seit der Yuan-/Ming-Zeit nicht mehr in Pulverform ins Wasser rührten, sondern Teeblätter aufbrühten. Es ist kein Wunder, dass nicht nur der Zen-Buddhismus nur noch unter seinem japanischen Namen bekannt ist, sondern auch die Teezeremonie untrennbar mit japanischer, nicht aber mit chinesischer Kultur verbunden wird.[16]

## *Der Neukonfuzianismus strömt gen Osten*

Mit dem Zen kam nicht nur der Zen nach Japan. Vielleicht war es der undogmatische Charakter des Zen-Buddhismus, der im Gegensatz zu anderen Schulen keine zentralen Texte kannte, der ihn ›äußeren‹,

d. h. nicht-buddhistischen Schriften gegenüber besonders aufgeschlossen machte. Jedenfalls war der Chan-Buddhismus schon in China eng mit den Lehren des Neukonfuzianismus verbunden gewesen. Dessen größte Denker waren vom Chan-Buddhismus beeinflusst, viele Gelehrte wandten sich in Zeiten, in denen sie keine Ämter innehatten, dem Chan zu, und Chan-Mönche studierten die konfuzianischen Klassiker. Beide Lehren haben sich gegenseitig beeinflusst und in einem Maße angenähert, dass sie in den Augen mancher Zeitgenossen miteinander verschmolzen; und sogar der Daoismus erschien kompatibel: ›Die drei Lehren sind eins‹, lautete ein Credo, das in der chinesischen Neuzeit immer plausibler wurde. Es nimmt nicht wunder, dass chinesische Chan-Mönche, die – oft auf Einladung des Shōgunats – nach Japan reisten, auch konfuzianische Lehren aus ihrer Heimat mitbrachten. Mönche wie Mingji Chujun (Minki Soshun), Qingzhuo Zhengcheng (Seisetsu Shōchō) oder Zhuxian Fanxian (Jikusen Bonsen), die alle im 14. Jahrhundert nach Japan reisten und an mehreren *gozan*-Klöstern als Äbte fungierten, verbreiteten nicht nur den Zen-Buddhismus; sie waren zugleich angesehene Kalligraphen, Literaten und Adepten des Neukonfuzianismus. »Unter dem Himmel gibt es keine zwei Lehren«, verkündete etwa Qingzhuo, »die Prinzipien Indiens im Westen und Lus im Osten sind gleich.«[17] Mingji ging noch einen Schritt weiter, indem er die Einheit der drei Lehren auch in Japan propagierte:

> Die Weisen der drei Lehren stellten jeweils grundlegende Prinzipien auf. Das Prinzip des großen Anstands im Konfuzianismus bewirkt, dass das Verhalten korrekt und ohne Fehl ist; das Prinzip des großen Erwachens im Buddhismus bewirkt, dass die wahre Natur allumfassend und unbegrenzt ist; das Prinzip der großen Einsicht im Daoismus bewirkt, dass die Weisheit vollendet und unbeschränkt ist. Sie ergänzen einander wie die Beine eines Dreifußes: Es darf nicht eines davon fehlen. (*Mingji lu*, zit. nach: Zheng 1990–2009, Bd. 4, 7)

Der ›Konfuzianismus‹ erlebte, ähnlich wie der Zen-Buddhismus, mit seiner zweiten Einführung in Japan eine regelrechte Renaissance. Fast ein Jahrtausend nachdem die *Urteile und Aussprüche* des Konfuzius Japan erreicht hatten, wurden sie mit verdoppeltem Eifer studiert – diesmal nicht von Adligen, sondern vor allem von Mönchen.

Die Lehre selbst hatte sich gewandelt: Zhu Xi hatte im 12. Jahrhundert »Vier Bücher« – *Lunyu*, *Mengzi*, *Zhongyong* und *Daxue* – aus dem konfuzianischen Kanon ausgewählt und ins Zentrum der neukonfuzianischen Lehre gestellt. Jetzt kamen diese Texte mit den Kommentaren Zhu Xis nach Japan und eröffneten dort einen völlig neuen Blick auf die ›konfuzianische‹ Lehre. Nach Jahrhunderten, in denen chinesische Gelehrsamkeit respektiert, bewundert, aber im Grunde als fremd betrachtet worden war, schien der ›Konfuzianismus‹ dem Zen-Buddhismus – und damit dem japanischen ›Geist‹ – im Innersten verwandt:

> Von der Han- bis zur Tang-Zeit haben die Gelehrten durchweg philologische Silbenstecherei betrieben; erst die Song-Gelehrten drangen zu den Prinzipien und der wahren Natur vor, daher bieten sie die allerhöchsten Erklärungen des Sinns. Warum ist das so? Weil sie alle unsere Zen-Lehren rezipiert haben.
>
> (*Kūge Nikkushū*, zit nach Zheng 1990–2009, Bd. 6, 8)

Das war der Geniestreich, der die beiden Lehren vereinte: Zhu Xi habe die Zen-Lehre vom ›Herzen‹ lediglich ›konfuzianisiert‹; der Neukonfuzianismus sei letztlich nichts anderes als ein Spielart des Zen-Buddhismus! Jenem gehe es mehr um die soziale, diesem um die kosmische Ordnung; aber die eine, grundlegende Wahrheit – ob sie Dao oder Dharma genannt wird – sei beiden Lehren gemein. Und drückten ihre Begriffe, wiewohl in unterschiedlichen Worten, nicht auch dasselbe aus? War nicht die konfuzianische ›Menschlichkeit‹ dasselbe wie die ›immanente Natur‹ des Zen? Entsprachen die ›fünf ewigen Werte‹ – Menschlichkeit, Anstand, Riten, Weisheit und Zuverlässigkeit – des Konfuzianismus nicht den ›fünf Verboten‹ – Töten, Stehlen, Ehebruch, Lüge und Alkohol – des Buddhismus? So gesehen, widersprachen die beiden Lehren sich nicht, sondern ergänzten sich aufs Trefflichste; der Neukonfuzianismus diente als Grundlage für den Buddhismus:

> Man vermittle [Schülern] zunächst den konfuzianischen Lebenswandel, so dass sie von den menschlichen Beziehungen, den sozialen Hierarchien und moralischen Werten erfahren, und dann erst lehre man sie das Dharma des Buddha, so dass ihnen die ewige Wahrheit und die innewohnende Natur bewusst werden.
>
> (ebd.)

Dieser Synkretismus bildete die Grundlage dafür, dass Zen-Mönche sich intensiv mit konfuzianischen Lehren beschäftigten. Sie brachten Wagenladungen chinesischer Literatur nach Japan, richteten in ihren Klöstern ganze Bibliotheken ein und studierten die ›äußeren Schriften‹ ähnlich gründlich wie buddhistische Sūtras. Chinesische Mönche wie Yishan Yining, aber auch japanische wie Kokan Shiren, waren nicht nur versiert in buddhistischer Literatur, sondern ebenso in den kanonischen und klassischen Schriften, Geschichtswerken und der Dichtung Chinas. Kurz, sie waren Gelehrte. War es früher der Hof gewesen, so wurden in der späten Kamakura- und in der Muromachi-Zeit die *gozan*-Klöster zu Zentren sino-japanischer Gelehrsamkeit.

## Chinesische Bücher 漢籍

»Als Xu Fu fuhr, da waren noch die Bücher nicht verbrannt, / So sind verlorne Bücher dort in großer Zahl bewahrt«, schrieb Ouyang Xiu in seinem »Lied über die japanischen Schwerter« (S. 153f.). Ganz so früh haben die Japaner wohl nicht angefangen, chinesische Bücher zu sammeln. Vielleicht waren die *Urteile und Aussprüche* des Konfuzius sowie der *Tausend-Zeichen-Text* im frühen 5. Jahrhundert die ersten chinesischen Texte, die nach Japan gelangten (S. 32), und sicher gab es im frühen 7. Jahrhundert in Japan bereits eine Reihe klassischer Werke, wie die Zitate in Prinz Shōtokus »allgemeinen Gesetzen« zeigen (S. 57). Doch erst mit den Tang-Gesandtschaften begannen die Japaner chinesische Bücher systematisch und in großer Zahl zu importieren. Neben den kanonischen Texten kamen jetzt auch Geschichtswerke wie das *Shiji* und das *Hanshu* nach Japan, die Gedichte von Bo Juyi und vielen anderen Tang-Dichtern, Anthologien wie das *Wenxuan*, Gesetzestexte und natürlich buddhistische Sūtras. Mönche begannen jetzt, die Bücher, die sie mitbrachten, zu katalogisieren: Saichō verzeichnete 222 Titel, Kūkai allein 142 neu übersetzte chinesische und 42 sanskritische Bücher, und der Mönch Genbō soll sogar über 5000 Rollen buddhistischer Literatur nach Japan verschifft haben.

All diese Bücher waren noch *Manuskripte*: handgeschriebene Unikate von unschätzbarem Wert. Erst ab dem 10. Jahrhundert verbreitete sich der Buchdruck in China, und fortan kamen auch Drucke nach Japan. So erhielt der Mönch Chōnen vom Kaiser der Song eine komplette Druckausgabe des *Tripitaka* in 5048 Rollen als Geschenk: Sie wurde zur Vorlage aller Sūtraabschriften in Japan. Doch damit war der Hunger nach chinesischen Büchern noch nicht gestillt: Zen-Mönche brachten neben vielen konfuzianischen und historischen Werken mindestens ein Dutzend weitere Song-Ausgaben des buddhistischen Kanons nach Japan. In Klosterbibliotheken sorgsam verwahrt, sind sie bis heute erhalten geblieben. Darin liegt der eigentliche Wert japanischer Buchsammlungen: dass »verlorne Bücher dort in großer Zahl bewahrt« sind. Nicht nur buddhistische Literatur, die in China den Verfolgungen des 9. Jahrhunderts zum Opfer fiel, überdauerte in Japan; auch wichtige Werke der chinesischen Tradition, die in ihrer Heimat verschollen sind, blieben in Japan – im Original oder zumindest in Abschriften – erhalten. Das älteste vollständige Manuskript des *Zuozhuan*, des ersten narrativen Geschichtswerks Chinas, überdauerte im Kanazawa bunko; mehrere Tang-Manuskripte des *Kanons der Dokumente* liegen heute in Tōkyō; die ältesten *Shiji*-Manuskripte liegen im Ishiyama-dera in Ōtsu; und viele andere Handschriften, von kanonischen Texten über Lyrik-Anthologien, Wörterbücher und Enzyklopädien bis hin zu Anekdotensammlungen, sind in Japan bis heute erhalten. Offiziell sind 43 solcher Manuskripte aus der Nara- bis zur Heian-Zeit sowie 13 ›Wiegendrucke‹ aus der Song-Zeit als ›Nationale Schätze‹ klassifiziert. Unzählige weitere chinesische Bücher in Japan sind nicht nur bibliophile, sondern auch philologische Kostbarkeiten, da sie oft die ältesten Zeugen der jeweiligen Texte sind.

Als chinesische Gelehrte in der späten Kaiserzeit von der Existenz dieser Bücher erfuhren, die in ihrer Heimat verloren gegangen waren, war das eine Sensation. Sie bemühten sich, Abschriften davon zu erwerben, um ihr literarisches Erbe wieder zu vervollständigen. So ließ Kaiser Qianlong im 18. Jahrhundert das *Qunshu zhiyao*, eine kaiserliche Anthologie aus dem Jahr 631, die 838 nach Japan gelangt war, von dort wieder kopieren, um es in die kaiserliche Bibliothek aufzunehmen. Dasselbe geschah mit dem wertvollen *Lunyu*-Kommentar von Huang Kan, der in der Song-Zeit verloren gegangen, aber in Japan erhalten war, mit einer alten Ausgabe des *Xiaojing* und einigen anderen Werken. Literarische Schätze, die China einst Japan vermacht hatte, kamen jetzt als Gegengabe aus Japan zurück nach China: ein weiterer fruchtbarer Zirkel in den sino-japanischen Beziehungen.[18]

Der Neukonfuzianismus verließ erst allmählich die Klöster. Vor allem ab dem 16. Jahrhundert interessierten sich auch die regionalen Militärführer, die *daimyō*, zunehmend für konfuzianische Lehren. Mit der politischen Zersplitterung in der ›Zeit der kämpfenden Domänen‹ war auch die alte Sozialordnung erodiert, an deren Spitze der Hofadel gestanden hatte. Stattdessen stiegen die *daimyō* und ihre Krieger in den Status lokaler Eliten auf: Selfmademen, die meist aus niedrigen Schichten stammten. Ihnen schien der Neukonfuzianismus mit seiner Doktrin der Selbstkultivierung, seiner Ritenlehre und der Botschaft, dass jeder ›ein Yao oder Shun‹ – d. h. ein großer Herrscher – werden könne, die passende Legitimation zu bieten. Wie im China der Song-Zeit war es auch in Japan eine aufstrebende neue Elite mit regionaler Machtbasis, die sich den Neukonfuzianismus zu eigen machte. Die *daimyō* des Go-Hōjō-Clans wurden zu Schirmherren der Ashikaga gakkō, einer der größten Bibliotheken des Landes, die seit dem 15. Jahrhundert als Hochschule fungierte: Unter ihrem Patronat studierten Tausende von Novizen, aber auch Laien aus dem ganzen Land dort die Schriften des Konfuzianismus, Militärwesen, chinesische Medizin und die Orakel des *Yijing* (*Ekikyō*). Auch in Tosa, Satsuma und anderen Domänen förderten die *daimyō* konfuzianische Gelehrsamkeit durch Schulgründungen und Publikationen. Auf diese Weise wurde die Lehre, die einst nur im Biotop der Zen-Klöster gediehen war, zur vorherrschenden Denkschule unter der japanischen Elite: Sie sollte in den nächsten Jahrhunderten die Ordnung der neuen Gesellschaft vorgeben.

## Das Zeitalter der Kriege

Die Geschichte Ostasiens ist voller Kontraste. Während Zen-Mönche gepflegt ihren Tee anrührten, meditierten und über das Dao disputierten, versanken sowohl China als auch Japan im 14. Jahrhundert in blutigem Chaos. Ein dramatischer Temperatureinbruch bescherte China Missernten und Hungersnöte, das Land wurde von Pestepidemien, verheerenden Fluten und Heuschreckenplagen biblischen Ausmaßes heimgesucht. Nachdem die Mongolen die Kontrolle über das Reich verloren hatten, zogen Banditenheere plündernd durch das Land, Rebellionen brachen aus, messianische Sekten wie die des ›Weißen Lotos‹ (Bailian jiao) beherrschten ganze Provinzen und gründeten eigene ›Dynastien‹. In Japan hatten zur gleichen Zeit die Minamoto ihre Vorherrschaft eingebüßt, das Kaiserhaus war in zwei Linien gespalten, eine nördliche und eine südliche, und lokale Machthaber bekämpften sich auf allen Ebenen: Das Land versank für mehr als ein halbes Jahrhundert in Bürgerkriegen.

Selbst in diesen Wirren bleibt der Zusammenhang von chinesischer und japanischer Geschichte deutlich: nicht nur, dass der klimatische Einbruch Anfang des 14. Jahrhunderts beide Länder betraf. Die verschlungene Logik der sino-japanischen Beziehungen wollte es, dass einerseits die Invasion der Mongolen – mit chinesischer Hilfe – trotz ihres Scheiterns das Minamoto-Shōgunat wirtschaftlich und politisch derart schwächte, dass es einige Jahrzehnte später fiel, und andererseits der Aufstand der ›Roten Turbane‹, den Han Shantong – mit japanischer (spiritueller) Hilfe – begonnen hatte, zur Vertreibung der Mongolen aus China führte. So kam es innerhalb weniger Jahrzehnte sowohl in Japan als auch in China zu Herrschaftswechseln: 1336 endete die Kamakura-Zeit, und Ashikaga Takauji etablierte sich im Kyōtoer Stadtteil Muromachi als neuer Shōgun; 1368 eroberte Zhu Yuanzhang, ein ehemaliger Anhänger Han Shantongs, die Hauptstadt Peking und gründete die Dynastie Ming. Harmonie aber kehrte kaum in die sino-japanischen Beziehungen ein. Über die nächsten gut zweihundert Jahre war das Verhältnis beider Länder zwar durch regelmäßigen Handel gekennzeichnet, aber auch durch gegenseitige Abschottung, Kampf gegen Piraterie und schließlich einen verheerenden ostasiatischen Krieg.[19]

## *Von Händlern und Piraten*

Zhu Yuanzhang, Kaiser Taizu, bestieg den Thron 1368 in dem Bewusstsein, Herrscher eines Weltreichs zu sein. Wie andere große Dynastien zuvor kannten auch die Ming keine echten Grenzen, sondern nur Horizonte. Alle umliegenden Völker hatten ihre Ordnungsmacht anzuerkennen, Tribut zu entrichten und den Ming als Vasallen ergeben zu sein. Gleich zu Beginn seiner Herrschaft, 1371, erließ Taizu ein Seefahrtsverbot, das privaten Seehandel untersagte: Aller Außenhandel sollte im Rahmen des Tributsystems stattfinden. Doch die Japaner wollten sich diesem Weltbild nicht fügen:

> Der König von Japan, Lianghuai [jap. Kaneyoshi] akzeptierte den Befehl nicht und machte wiederholt Raubzüge in Shandong. Dann plünderte er in Wenzhou, Taizhou und Mingzhou [Ningbo], und daraufhin räuberte er in den Küstengebieten von Fujian. (*Mingshi* 322, 8342)

Piraten hatte es vor den Küsten Chinas schon seit Jahrhunderten gegeben (S. 166): Freibeuter, die von Basen in der japanischen Inlandsee und den Inseln vor Kyūshū aus die Küsten Koreas und Südchinas heimgesucht hatten. Mit dem Seefahrtsverbot der Yuan und Ming wurden sie zu einer regelrechten Plage: Fast jährlich wurden Überfälle der ›japanischen Piraten‹ (*wokou/wakō*) an der chinesischen Küste gemeldet. Die repressive Handelspolitik hatte auch Kaufleuten die Lebensgrundlage genommen, so dass sie sich notgedrungen auf Schmuggel und Raub verlegten. In gewissem Maße brachten die Gesetze der Ming die ›Piraten‹ erst hervor. Auch wenn diese keineswegs nur Japaner waren, machten die Ming und ihr Kaiser diese für sämtliche Überfälle verantwortlich: Dass sie »von Natur aus tückisch« seien und »ausschließlich durch Piraterie an den Küsten ihr Leben bestreiten«, schien in der Ming-Zeit

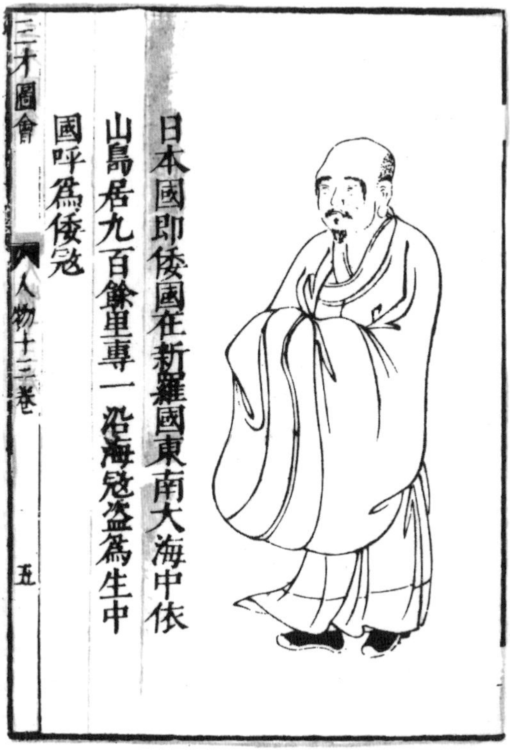


Abbildung ›des Japaners‹ in einer Ming-zeitlichen Enzyklopädie. Auch wenn die Zeichnung offensichtlich einen Mönch zeigt, wie er an Gesandtschaften teilgenommen haben mag, weist der Begleittext darauf hin, dass Japaner »von der Räuberei entlang des Meeres lebten und in China ›japanische Piraten‹ genannt werden.« Abb. aus *Sancai tuhui*, »Renwu« 13, 5.

ausgemacht.[20] Kaiser Taizu hatte nur Verachtung für die Japaner übrig, deren »Herrscher und Minister barfuß laufen und deren Sprache klingt wie Froschgequake« (*Woshan xing*).

Weder dem Shōgun, Ashikaga Yoshimitsu, der für seinen prunkvollen Hof auf die Einnahmen des China-Handels angewiesen war, noch dem Vertreter des ›südlichen‹ Kaiserhofs, Prinz Kaneyoshi, gelang es, Taizus Misstrauen gegen die ›tückischen Japaner‹ zu zerstreuen. Ihre Bemühungen um ordentliche Handelsbeziehungen scheiterten regelmäßig an Fragen des Protokolls: Einerseits titulierte Taizu die Japaner als ›Barbaren‹, andererseits datierten diese ihre Schreiben nicht nach dem Ming-Kalender und ließen es an Respektbezeugungen mangeln. Nachdem der Ming-Kaiser mehrere Tributgesandtschaften aus Japan abgewiesen hatte, kam es zu einer regelrechten diplomatischen Krise und gegenseitigen Kriegsdrohungen: »Es dauert bei gutem Wind nur fünf Tage, um nach Japan zu segeln«, ließ Taizu die Japaner 1376 wissen, »es wäre nützlich für euch, den Willen des Himmels zu respektieren, … um dem Unglück einer Invasion zu entgehen« (*Taizu shilu* 105). Prinz Kaneyoshi hielt dem unerschrocken entgegen:

> Das Reich ist das Reich aller, nicht das eines einzelnen Menschen. Ich lebe im entlegenen, schwachen Wo, einem kleinen, engen Land mit nicht einmal 60 befestigten Städten und Grenzen von weniger als 3000 Meilen – und dennoch bin ich im Herzen zufrieden. Ihr, Majestät, seid Herrscher über das ›Kulturreich der Mitte‹, Fürst über 10.000 Streitwagen, über tausend befestigte Städte und Grenzen von einer Million Meilen – doch seid Ihr im Herzen zufrieden, da ihr stets Eroberungspläne hegt?! … Ich habe gehört, dass die himmlische Dynastie Strategien für Angriffskriege hat – aber mein kleines Land hat ebenso Pläne zur Verteidigung. Für zivile Fragen haben wir die Schriften von Konfuzius, Menzius und das *Daode jing*; für militärische Fragen haben wir die Kriegshandbücher von Sunzi, Wuzi, das *Liutao* und das *Sanlüe*. Außerdem habe ich gehört, dass Eure Majestät fähige Generäle aussucht und Elitetruppen aushebt, um unser Land zu überfallen. Nun, Marschlande und Inseln haben ihre eigenen Schutzvorkehrungen – warum sollte ich also im Staub niederknien und mich unterwerfen? Wenn wir uns fügen, werden wir nicht unbedingt überleben; und wenn wir uns widersetzen, werden wir nicht unbedingt sterben. Lasst uns also vor den Helan-Bergen zusammentreffen und ein wenig Krieg spielen – was sollte ich da befürchten?
>
> (*Mingshi* 322, 8343)

Eine gehörige Portion Chuzpe spricht aus diesen Zeilen, zugleich ein rhetorisches Geschick, das seine Wirkung auf den Ming-Herrscher nicht verfehlte. Nicht nur die Verweise auf die chinesischen Klassiker, die Japans Ebenbürtigkeit suggerieren, sondern vor allem die Erwähnung der ›Helan-Berge‹ dürften ins Schwarze getroffen haben: denn die liegen nicht in Japan, sondern an der Grenze zur Mongolei. Die Dynastiegeschichte der Ming vermerkt darauf: »Der Kaiser war äußerst erbost, als er die Throneingabe erhielt, besann sich aber schließlich des Falls der Mongolen und sandte keine Truppen aus.«

Dennoch kam es erst nach dem Tod des Kaisers Taizu und der Einigung Japans zu regelmäßigen diplomatischen Kontakten. Zum einen betrieben die Kaiser Jianwen und Yongle eine wesentlich offenere Außenpolitik (in Yongles Regierungszeit fallen auch die großen Seefahrten des Zheng He, die bis nach Ostafrika führten); zum anderen zeigte sich der Shōgun, Ashikaga Yoshimitsu, bereit, die symbolische Ordnung der Ming zu akzeptieren. Nachdem er untertänigen Tribut überbracht hatte, erhielt Yoshimitsu ein goldenes Siegel des Kaisers, herrscherliche Roben sowie kostbare Seidenstoffe, ihm wurde der Titel des ›Königs von Japan‹ verliehen und das Monopol auf den Chinahandel zugestanden. Im Gegenzug machte Yoshimitsu sich um die Unterdrückung der Piraterie verdient: Im Jahr 1404 erwarb er sich die kaiserliche Gunst, indem er 20 Piraten gefangennahm und sie bei lebendigem Leibe kochen ließ.

Die offiziellen Bestimmungen erlaubten den Japanern, alle zehn Jahre (!) mit zwei Schiffen und einer Delegation von 200 Mann den Hafen von Ningbo anzulaufen. Dort mussten sie Lizenzen vorlegen, die der chinesische Hof dem Shōgunat zugewiesen hatte. In der Praxis wurden die Bestimmungen jedoch ständig unterlaufen: Zwischen 1401 und 1547 schickten die Japaner – das Shōgunat, aber auch Klöster und verschiedene Regionalfürsten – 19 Missionen, teilweise mehr als 1000 Mann stark, nach China. Zahl, Umfang und Ablauf dieser ›Ming-Gesandtschaften‹ (*kenminshi*) erinnern an die großen Vorläufer, die ›Tang-Gesandtschaften‹: Auch jetzt mussten die Schiffe, wiewohl wesentlich seetüchtiger als ihre Vorgänger, mindestens eine Woche lang den Gefahren des Meeres trotzen, bevor sie vor Ningbo Anker warfen. Auch jetzt mussten die Gesandten, gebunden an genaue Vorschriften, sich von dort aus in die Hauptstadt, nach Peking, begeben, wo sie eine Audienz erhielten, ihre ›Tribute‹ darbrachten und darüber hinaus Waren verkaufen durften: Schwefel, Kupfer, Hölzer, Schwerter und Silber brachten sie nach China und strichen dafür erkleckliche Profite in Form von Seide, Baumwollstoffen und vor allem Kupfermünzen ein. Die Ming-Kaiser schickten ihrerseits sogar Missionen nach Japan: 1434 etwa überbrachten kaiserliche Gesandte, flankiert von Hunderten Begleitern hoch zu Ross, dem Shōgun 50 Kisten mit Geschenken, zehn Volieren und 300.000 Schnüre mit Kupfermünzen. Mehrere Zehntausend Menschen sollen ihrem prachtvollen Einzug in Kyōto beigewohnt haben.

Die Gaben aus China wurden hoch geschätzt. Unter Ashikaga Yoshimitsu und seinem Enkelsohn Yoshimasa wurde der Kult der *karamono* so sorgsam gepflegt, wie seit der Heian-Zeit nicht mehr: In der Muromachi-Zeit entwickelte sich eine systematische Kennerschaft, welche die Integration chinesischer und japanischer Kunstwerke mit der umgebenden – chinesisch inspirierten, japanisch verfeinerten – Architektur und Landschaftsgestaltung zur Perfektion brachte. So führten die Ming-Gesandtschaften, ähnlich wie einst die Tang-Gesandtschaften, zu einer Blüte sino-japanischer Kultur. Dennoch waren die beiden Unternehmungen nicht vergleichbar. Zum einen war das China der Ming nicht mehr das kosmopolitische Weltreich von einst, sondern eine durchbürokratisierte Despotie. Zum anderen waren auch die Besucher nicht mehr aus demselben Holz geschnitzt: Auch diesmal waren viele (Zen-)Mönche unter den Gesandten, aber im Gegensatz zu ihren Vorgängern in der Tang-Zeit blieb keiner von ihnen länger in China, um das Dharma, die Klassiker oder die Gesetze zu studieren. Die Gesandten kamen vor allem als Händler, die um Preise feilschten, Forderungen stellten, bisweilen geradezu um Gaben bettelten. Von den Ming wurden sie strikt als Tributmissionen behandelt: Sie hatten sich an ein vorgegebenes Protokoll zu halten, Zeiten für den Handel waren streng reglementiert, und nach Ablauf einer gesetzten Frist mussten sie wieder in ihre Heimat zurückkehren.

Zur gleichen Zeit suchten japanische Piraten weiterhin die chinesischen Küsten heim und verübten dabei unfassbare Gräueltaten. Sie schändeten Gräber, brandschatzten Dörfer, mordeten Männer und vergewaltigten Frauen. 1439 fiel eine Horde von ihnen in einen Küstenort in Zhejiang ein:

Sie plünderten die Lagerhäuser, brannten die Hütten nieder und massakrierten das einfache Volk, so dass die Leichen sich zu Bergen türmten und das Blut in Strömen floss. Sie fesselten kleine Kinder an Pfähle und übergossen sie mit kochendem Wasser, um sich über ihr Schreien zu amüsieren. Wenn ihnen schwangere Frauen in die Hände fielen, wetteten sie um Schnaps, ob es ein Junge oder ein Mädchen sei, und schlitzten ihnen dann den Bauch auf, um nachzusehen. Ihre Rohheit und Verkommenheit lässt sich in Worten nicht ausdrücken.

(*Shuyu zhouzi lu* 2)

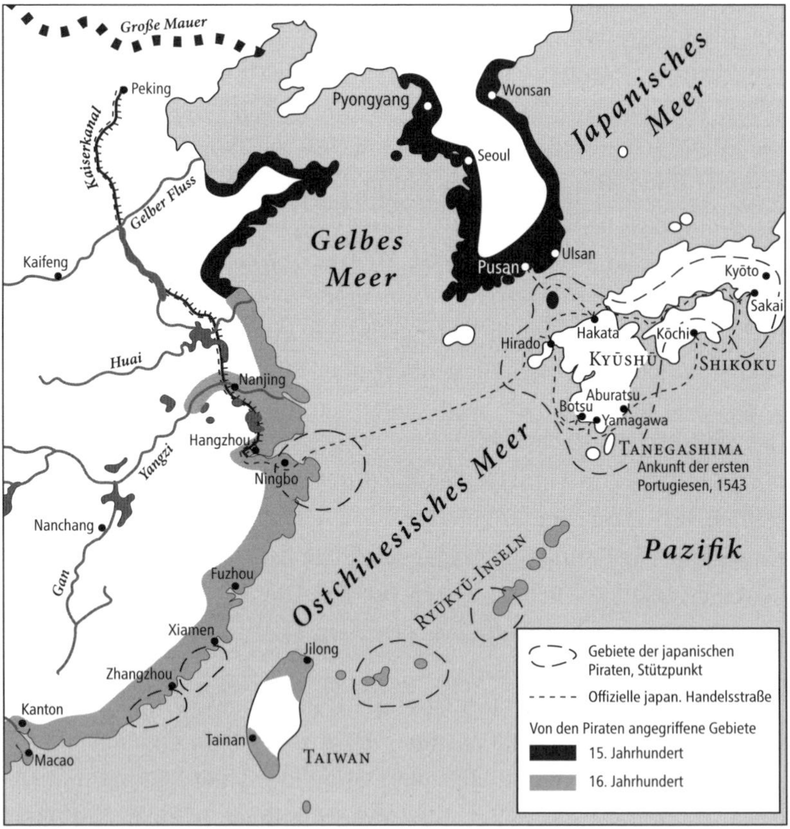


Piraterie im 15./16. Jahrhundert

In der Ming-Zeit schienen sich die schlimmsten Vorstellungen vom blutrünstigen Japaner zu bestätigen. Auch die Gesandtschaftsreisen waren nicht dazu angetan, diesen Eindruck zu entkräften, denn sogar die japanischen Reisenden benahmen sich bisweilen wie Banditen: 1453 plünderten einige von ihnen chinesische Geschäfte und schlugen einen einschreitenden Offizier halbtot; im Jahr darauf weigerten sie sich, Peking zu verlassen, weil sie mit den Preisen für ihre Güter nicht einverstanden waren, prügelten ihre chinesischen Bediensteten und leisteten sich manch anderen Verstoß gegen die diplomatische Etikette; 1468 erschlug ein betrunkener Japaner einen chinesischen Händler; 1477 wurden erneut Gesandte in eine Schlägerei verwickelt. 1485 sah sich der Ming-Kaiser veranlasst, den Shōgun schriftlich zu ermahnen, zukünftig für seine Gesandtschaften »Männer auszuwählen, die sich auf die grundlegenden Regeln verstehen und sich an Anstand und Gesetze halten« (Wang 1953, 73).

Doch der Shōgun war nicht mehr der richtige Adressat. Die Ashikaga, die von vornherein nur oberflächliche Kontrolle über das Land ausgeübt hatten, wurden der Machtkämpfe zwischen den mächtigen Familien in ihrem Land längst nicht mehr Herr. Die nächsten Missionen wurden vorwiegend von diesen rivalisierenden Familien bestritten. 1523 kam es in Ningbo zu gewalttätigen Auseinandersetzungen zwischen zwei japanischen Gesandtschaften, in deren Verlauf ein Diplomat getötet wurde, andere in Ningbo plünderten, chinesische Gefangene nahmen und sie nach Japan entführten. Die Ming-Behörden reagierten mit verschärften Regeln: Die nächsten japanischen Gesandten wurden in Ningbo nicht nur strengen Kontrollen und langen bürokratischen Prozeduren unterzogen – Handelszertifikate wurden verifiziert, Dokumente geprüft, Waren kontrolliert und verbucht, Qualitäten taxiert –, sondern alle Schwerter, Werkzeuge und Metallgegenstände wurden aus Sicherheitsgründen beschlagnahmt. Die Japaner wurden zwar in geräumigen Gästehäusern untergebracht, durften sich aber kaum frei bewegen: »Wir verbrachten viel Zeit auf dem Meer«, beschwerte sich eine Gesandtschaft 1539, »obwohl wir jetzt in einem Haus wohnen, sind die Wächter des Tores unserer Unterkunft zu streng und lassen uns nicht

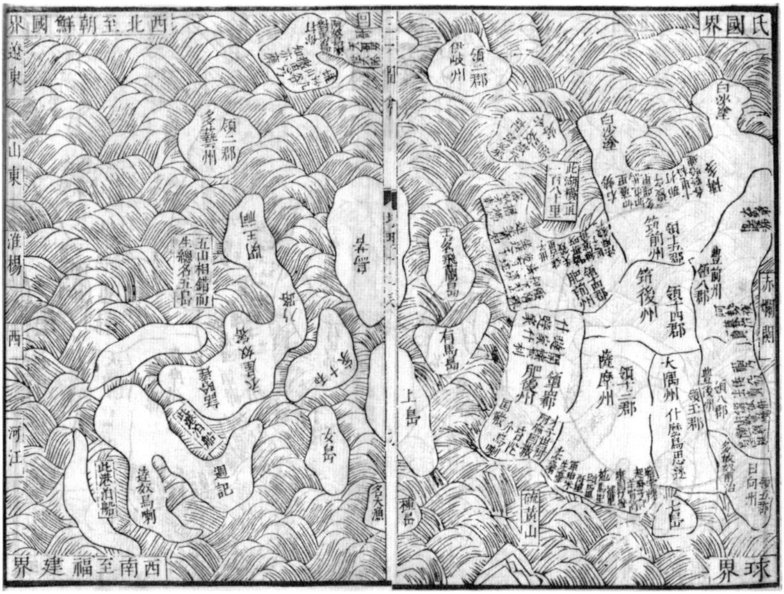


Auch diese Karte von Japan entstand in der Ming-Zeit. Sie zeigt die drei Hauptinseln Kyūshū, Shikoku und Honshū (nicht aber Hokkaidō) sowie kleinere Inseln und verzeichnet – wiewohl in Form und Lage recht ungenau – sämtliche Provinzen und Verwaltungskreise namentlich (sie waren seit Chōnen be-

einfach kommen und gehen. Wir sind den ganzen Tag enttäuscht und fassungslos« (Oláh 2009, 223). Andere monierten, dass die Verpflegung zu spärlich bemessen oder gar ungenießbar sei: »Es war unmöglich, sie hinunterzuschlucken. … Es gibt einige, die in der Folge krank wurden, und einige starben gar« (ebd., 225).

Die Zeit der Ming-Gesandtschaften ging 1549 zu Ende. Die Ming hatten das Interesse an diesen Besuchen verloren, und in Japan war die politische Situation so instabil, dass sich derartige Unternehmungen nicht mehr organisieren ließen. Zudem nahm die Piratenplage an den Küsten Chinas ab den 1550er Jahren epidemische Ausmaße an: Bis zu hundert Überfälle im Jahr verzeichnen chinesische Chroniken in diesem Jahrzehnt. Dabei drangen die Piraten manchmal weit ins Inland vor, um zu rauben, was ihnen in die Hände fiel: Seide, Baumwollstoffe, Metallwaren, Porzellan, Kupfermünzen, Bücher, Lackwaren, Teppiche, Bilder

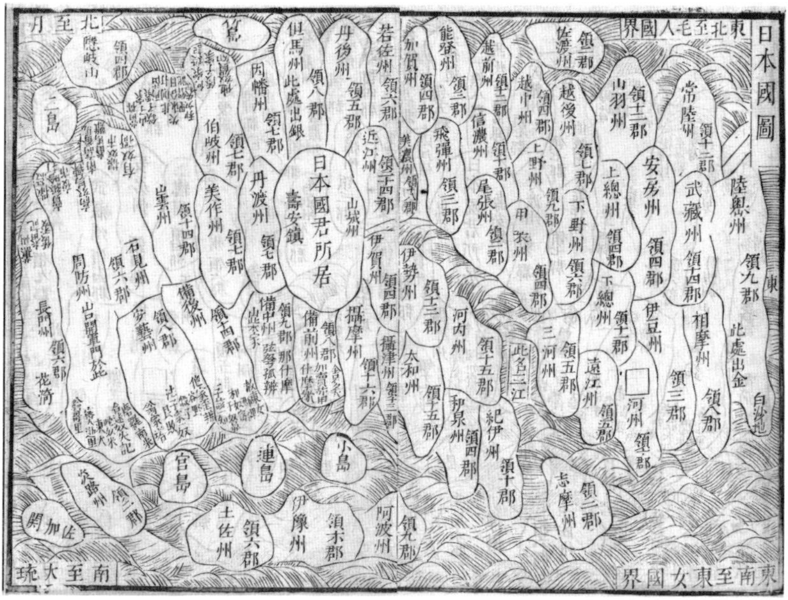


kannt; vgl. S. 155). Das große Oval etwa in der Mitte von Honshū ist Yamashiro, in der Karte gekennzeichnet als »Sitz des Herrschers von Japan«. Abb. aus *Sancai tuhui*, »Dili« 13, 8–9.

und Kalligraphien, Kosmetik, Arzneien und nicht zuletzt – Menschen. In einem einzigen Ort in Satsuma sollen 200–300 chinesische Sklaven gehalten worden sein, die Freibeuter verschleppt hatten; Portugiesen berichteten von ganzen Schiffsladungen chinesischer Frauen, die in Japan in die Sklaverei verkauft werden sollten.

Der Anstieg der Piraterie fiel nicht zufällig mit dem Ende des legalen Tributhandels zusammen, wie ein Zeitgenosse bemerkte:

> Piraten und Händler sind dieselben Personen. Wenn der Handel floriert, werden Piraten zu Händlern, und wenn Handel verboten ist, werden Händler zu Piraten. Erst wurde der Handel verboten, dann die Piraterie unterdrückt. Je strenger der Handel verboten wurde, desto heftiger wurde die Piraterie. Als keine einzige Planke auf das Meer hinausdurfte, kamen riesige Kriegsschiffe in solcher Zahl, dass sie den Blick auf das Meer versperrten; und als kein Gramm Ware in fremde

> Länder gelangen durfte, wurden volle Ladungen von Kindern, Jade und Seide verschifft. (Xie Jie, zit. nach: So Kwan-wai 1975, 214)

Für all das waren keineswegs nur Japaner verantwortlich, wie die offiziellen Berichte suggerieren. Die Piratenbanden bestanden ebenso aus Koreanern und Chinesen und sogar aus Portugiesen, die durch das Handelsverbot der Ming gezwungen waren, Schmuggel zu betreiben. Am illegalen Handel dürfte nicht zuletzt die lokale Gentry Südchinas maßgeblich beteiligt gewesen sein, die ihn tolerierte, organisierte und sich daran bereicherte. Doch die Japaner blieben die Sündenböcke:

> In der Ming-Zeit war es strengstens verboten, mit Japanern Umgang zu pflegen. Das einfache Volk auf der Straße benutzte ›Wo‹ untereinander als Schimpfwort; und ihre Erwähnung verängstigte sogar Kinder so sehr, dass sie verstummten. (*Mingshi* 322, 8358).

Ironischerweise führte gerade die Piratenplage dazu, dass sich die Chinesen erstmals ernsthaft mit der japanischen Sprache beschäftigten. Schon im späten 15. Jahrhundert waren Listen mit japanischen Wörtern für den Gebrauch amtlicher Übersetzer erstellt worden. 1523 schrieb dann Xue Jun, ein Beamter aus Zhejiang, im Auftrag seines Magistrats die erste chinesische Monographie über Japan: das *Japan-Kompendium* (*Riben kaolüe*), das explizit als Hilfe im Kampf gegen die ›japanischen Piraten‹ dienen sollte. Dass er sich nicht aus genuinem Interesse mit der japanischen Kultur beschäftigte, stellte Xue Jun gleich zu Beginn fest:

> Die Japaner sind ein Volk der Ostbarbaren, fernab im großen Meer. Über die Qualität ihrer Sitten und Gebräuche lohnt es sich nicht zu urteilen; allein ihre Loyalität ist unbeständig, und sie verstehen sich auf Täuschung. Wenn man ihre Worte nicht übersetzt, dann ist ihre Einstellung nicht zu erkennen; wenn man ihre Taten nicht versteht, dann lässt sich ihre Aufrichtigkeit nicht einschätzen; und wenn man keine akribischen Vorkehrungen trifft, dann sind unsere Grenzen ungeschützt: Daher kommt man doch nicht umhin, ihnen einige Aufmerksamkeit zu widmen. (*Riben kaolüe*, Vorwort)

Viel Informatives hat Xue Jun dann allerdings nicht zu bieten: Er kramt die alten Kamellen des *Sanguo zhi* (S. 16) wieder hervor, erzählt von Königin Himiko, wiederholt die Genealogien, die Chōnen fast ein halbes Jahrtausend zuvor überliefert hatte (S. 155), und behauptet, die Japaner liefen noch immer tätowiert, barfüßig und im Poncho durch die Gegend. Das chinesische Japanbild hatte sich seit einem Jahrtausend kaum gewandelt.[21] Der wertvollste Teil des *Riben kaolüe* dürfte derjenige sein, der die japanische Sprache vorstellt: Über 350 japanische Wörter werden dort aufgelistet, jeweils anhand des entsprechenden chinesischen Zeichens, gefolgt von einer Angabe der Aussprache (ebenfalls mit Hilfe chinesischer Zeichen). Dabei fand Xue Jun eine geradezu ›japanische‹ Begründung für dieses Glossar: »Worte sind die Klänge des Herzens«, schreibt er, »und wenn man die Worte versteht, vermag man auch die Aufrichtigkeit und Falschheit im Herzen zu ergründen« (ebd. 1).

Gut 30 Jahre später kam es zu einem ambitionierteren Versuch, Sprache und Kultur Japans in China vorzustellen. Ein gewisser Zheng Shungong aus Kanton wurde 1556 nach Japan geschickt, um dort die Unterdrückung der Piraterie einzufordern. Als er ein Jahr später zurückkehrte, verfasste er einen *Gesamtüberblick Japans* (*Riben yijian*), ein enzyklopädisch angelegtes Buch, das Geographie, Klima, Gesellschaft, Institutionen, Sitten, Religion, Geschichte und materielle Kultur Japans darstellt: auf Grundlage älterer Literatur, aber auch anhand von Zheng Shungongs eigenen Beobachtungen und Informationen, die er von Händlern und anderen Zeitzeugen erhalten hatte. Das *Riben yijian* stellt die *hiragana-* und *katakana*-Zeichen (S. 435, Anm. 6) vor, und es listet 3399 japanische Wörter auf. Wie im *Riben kaolüe* wird die Wortbedeutung dabei zunächst mit einem chinesischen Zeichen angegeben, gefolgt von Lautangaben in chinesischen Zeichen, z. B.:

| | |
|---|---|
| 屋 [›Haus‹, jap. *ie*] | 易耶 [chin. Lesung: *yiye*] |
| 庭 [›Hof‹, jap. *niwa*] | 入歪 [chin. Lesung: *ruwai*] |
| 暑 [›heiß‹, jap. *atsushi*] | 押兹世 [chin. Lesung: *yazishi*] |
| 黑 [›schwarz‹, jap. *kuroi*] | 固六列 [chin. Lesung *guliulie*] |

(Zit. nach: Watanabe 1955)

Auch wenn man berücksichtigt, dass Zheng Shungong nicht die nordchinesische, sondern die kantonesische Aussprache im Sinn hatte, so dass etwa der Anlaut im zweiten Beispiel nicht *r-*, sondern *nj-* zu lesen ist und auch der Vokalismus etwas näher am Japanischen sein dürfte: Diese Wortliste dürfte kaum tauglich gewesen sein, um japanische Vokabeln – von der Grammatik ganz abgesehen – zu lernen. Sie bleibt ein Kuriosum, das vor allem an einen Umstand erinnert: dass die japanische Sprache in China auch nach mehr als einem Jahrtausend der Kulturkontakte fast völlig unbekannt war. Die Chinesen erwarteten, dass die Japaner, ebenso wie andere Tributäre, das Literarische Chinesisch beherrschten; sie selbst ließen sich jedoch nie herbei, das »Froschgequake« der Japaner zu erlernen.

## Portugiesen und Jesuiten 洋人

Während die Ming und die Ashikaga sich noch gegenseitig beharkten, erschienen an den Küsten Ostasiens bereits die Vorboten einer neuen Zeit, welche die gesamte Weltordnung verändern sollte. Nachdem Bartolomeo Diaz 1488 das Kap der Guten Hoffnung umsegelt hatte, eroberten die Portugiesen Goa und Calicut an der Westküste Indiens sowie Malakka, das den Zugang zum Südchinesischen Meer sicherte. 1543 verschlug es zum ersten Mal portugiesische Seefahrer an die Küste Kyūshūs. Sie führten ihre Musketen in Japan ein, die in den Bürgerkriegen des 16. Jahrhunderts als formidable Waffe dienten: Mit ihnen gelang es Oda Nobunaga, das zerrissene Reich weitgehend zu einen.

Den Seefahrern und Händlern folgten die Missionare. Vor allem der Jesuit Francisco de Xavier, der zunächst in Goa als ›Apostel der Inder‹ gewirkt hatte, erschloss den Weg nach Osten. 1549 landete er mit einigen Begleitern in Kyūshū und begann dort eine überaus erfolgreiche Mission: Mit Genehmigung des *daimyō* von Satsuma predigte er seinen Glauben und hatte bald mehr als 150 Japaner zum Christentum bekehrt; 50 Jahre später waren es bereits 300.000. Mit Xaviers Ankunft begann das ›christliche Jahrhundert‹ Japans, das bis ca. 1650 währte.

Wie ›christlich‹ dieses Jahrhundert wirklich war, ist allerdings schwer zu sagen. Die frühen Konvertiten, die kaum etwas von Xaviers Lehren verstanden haben dürften, waren wohl vornehmlich an den medizinischen Künsten der Jesuiten interessiert, dem *daimyō* ging es um den Handel, der mit den Christen kam, und die Krieger hatten es auf die portugiesischen Musketen abgesehen. Oda Nobunaga, der 1568 zum mächtigsten Mann im Reich geworden war, hofierte die Jesuiten wohl vor allem, weil sie ein Gegengewicht zu den Buddhisten boten. Die Japaner nahmen die materiellen Güter der Europäer – Gewehre, Tabak, sogar portugiesische Mode – begieriger auf als die Gute Botschaft. Sie brauchten weder Weisheiten noch Heilige, all das besaßen sie schon. Die Jesuiten konnten sich davon überzeugen, wenn sie Oda Nobunaga in seiner Burg besuchten:

> In einem 12-*tatami*-Raum, auf der Südseite, hängen Bilder von chinesischen Gelehrten. … In einem 8-*tatami*-Raum finden sich Porträts der daoistischen Unsterblichen Lü Dongbin und Fu Yue. … Danach, in einem 12-*tatami*-Raum, ist die Königinmutter des Westens dargestellt. … In dem folgenden 8-*tatami*-Raum sind Bilder von Xu Yu, der seine Ohren wäscht, und Chao Fu, der mit seinem Büffel heimkehrt … Im nächsten Raum sind die drei Erhabenen und fünf Gottkaiser porträtiert sowie zehn verdienstvolle Schüler des Konfuzius, die vier Weißhaarigen von Shangshan und die sieben Würdigen vom Bambushain.
>
> (*Shinchō kōki*, üb. nach: Elisonas/Lamers 2011, 255–257)

Auf Schritt und Tritt sahen sich die Besucher mit den Säulenheiligen der *chinesischen* Tradition konfrontiert. Immer wieder wurden sie in Japan darauf verwiesen, dass China der Quell aller Weisheit sei: Die Mission musste, wenn sie wirklich erfolgreich sein sollte, in China beginnen.

Die Portugiesen, die den Ming im Kampf gegen die Piraten geholfen hatten, saßen seit 1557 in Macao; dorthin schickte die Societas Iesu 1579 Michele Ruggieri und 1582 Matteo Ricci. Von Macao aus arbeiteten sich die Jesuiten, indem sie sich mit dem Ahnenkult und der Verehrung des Konfuzius arrangierten, langsam in das chinesische Kernland vor, 1601 wurde Matteo Ricci als Berater an den Hof nach Peking geladen. Auch die Chinesen zeigten sich allerdings weniger beeindruckt vom Wort Gottes – Ende des 17. Jahrhunderts gab es dort nur 300.000 Christen – als von den wissenschaftlich-technischen Kenntnissen der Jesuiten.

Matteo Ricci reüssierte vor allem als Mathematiker, Kartograph und Astronom. Seine Nachfolger, Adam Schall von Bell und Ferdinand Verbiest, leiteten noch unter den Manjuren das Astronomische Amt in der Hauptstadt; Giuseppe Castiglione war kaiserlicher Hofmaler, andere fungierten als Übersetzer, Musiker oder Ingenieure am Hof. Als Missionaren aber war ihnen kaum Erfolg beschieden.

Japans ›christliches Jahrhundert‹ endete im Martyrium. Schon unter Hideyoshi begannen Verfolgungen und Hinrichtungen von Christen, die sich unter Tokugawa Ieyasu fortsetzten und ihren Höhepunkt in den 1630er Jahren fanden, als Tausende für ihren Glauben starben. Jetzt mussten die Jesuiten am eigenen Leib erfahren, dass es den japanischen Herrschern nie um die Religion gegangen war, sondern um Macht und Handel: Als dieser von den protestantischen Holländern übernommen wurde, mussten die Katholiken weichen. Die Manjuren, Herrscher eines Vielvölkerreichs, zeigten sich toleranter gegenüber den Jesuiten. Doch auch sie verwiesen die Missionare 1724, nach einem langen ›Ritenstreit‹, endgültig des Landes, als Rom diesen die Anpassung an chinesische Kulte verbot. So endete nach anderthalb Jahrhunderten die erste christliche Mission in Ostasien. Die Europäer aber blieben: die Portugiesen in Macao, die Holländer auf Taiwan und vor Nagasaki. Weitere 150 Jahre später sollten sie Japan und China stärker verändern als je zuvor – nicht durch ihren Glauben, sondern durch moderne Wissenschaften, Techniken und Künste.[22]

## *Hideyoshi und die Folgen*

Die Ming brauchten fast ein halbes Jahrhundert, um der Piratenplage Herr zu werden. Doch kaum war an den Küsten Südchinas Ruhe eingekehrt, drohten die Japaner an einer anderen Front. Denn die marodierenden Freibeuter waren letztlich Ausläufer der Unruhen gewesen, die Japan seit Mitte des 15. Jahrhunderts erschütterten. Während den Ashikaga die politische Kontrolle immer mehr entglitt, führten Konflikte zwischen einflussreichen Clans zum verheerenden Ōnin-Krieg (1467–77), in dessen Verlauf die Hauptstadt Kyōto in Schutt und Asche gelegt wurde. Die großen Residenzen, Paläste und Klöster sowie Tausende

Wohnhäuser der Hauptstadt wurden zerstört, von Yoshimitsus großer Anlage des ›Goldenen Pavillons‹ blieb nur der Pavillon selbst erhalten; die Straßen waren mit Leichen übersät, die Elite floh aus der Stadt. Am Ende bot sich den Zeitgenossen ein Bild der Verwüstung: »Die blühende Hauptstadt, von der wir glaubten, sie würde ewig bestehen, ist zum Lager für Füchse und Wölfe geworden«, erinnerte sich Iinō Tsunefusa:

> Die du einst kanntest,
> Miyako, ist Wildnis jetzt.
> Von der du abends
> Die Lerchen auffliegen siehst,
> Und deine Tränen fließen.
> (*Ōnin ki* 47)

Mit der Schändung Kyōtos begann in Japan die ›Zeit der kämpfenden Domänen‹: eine Periode fast permanenter Bürgerkriege zwischen den Regionalherrschern, in der die Zentralmacht völlig zusammenbrach. Erst ein Jahrhundert nach der Zerstörung Kyōtos gelang es einem dieser Regionalherrscher, Oda Nobunaga, die Vorherrschaft zu erlangen. 1568 nahm er Kyōto ein, entmachtete den letzten Ashikaga-Shōgun und ernannte sich zum ›Herrn über das Reich‹ (*tenkajin*). Von Kyōto aus setzte er sein Projekt, das Reich zu einen, mit blutigen Feldzügen fort: In der Belagerung von Nagashima hungerte er seine Gegner zunächst aus und röstete dann 20.000 von ihnen in ihrer eigenen Burg. 1571 nahmen seine Krieger den Hiei-zan ein, den ›Mutterberg des japanischen Buddhismus‹, erschlugen über 3000 Tendai-Mönche und brannten die Tempel des Enryaku-ji nieder. So, wie einst die Zerstörung des Tōdai-ji das Ende des klassischen Zeitalters markiert hatte (S. 159), steht die Brandschatzung des Enryaku-ji am Ende des japanischen Mittelalters.

Oda Nobunaga wurde 1582 von einem seiner Generäle ermordet. Sein Projekt der Reichseinigung wurde von Toyotomi Hideyoshi vollendet, der zwischen 1583 und 1590 die verbliebenen Gegner auf den japanischen Inseln unterwarf und sich zum neuen *tenkajin* ausrief. Der Titel drückt den Anspruch aus, nicht nur lose Oberhoheit über

Regionalherrscher auszuüben, sondern eine Zwingherrschaft zu errichten, die alle Gewalt in der Zentrale vereinte: Durch seine berüchtigte ›Jagd auf Schwerter‹, bei der Hideyoshi 1588 das Landvolk entwaffnen ließ, monopolisierte er die Mittel der Gewalt und festigte eine soziale Ordnung, die Krieger deutlicher denn je vom einfachen Volk trennte. Doch Hideyoshis Ambitionen als ›Herr über das Reich‹ gingen noch weiter. Er wollte nicht nur ganz Japan erobern, sondern auch China!

1592 schickte er eine Streitmacht von 150.000 Soldaten auf die koreanische Halbinsel: Erstmals in seiner Geschichte griff Japan den Kontinent an. Der Überfall mag den Koreanern zunächst wie ein großer Piratenangriff vorgekommen sein (tatsächlich sprechen Koreaner noch heute von den ›Piratenunruhen von 1592‹, *imjin waeran*): Bewaffnet mit portugiesischen Vorderladern, drangen Hideyoshis Truppen zunächst unwiderstehlich nach Seoul und Pyongyang vor, und wo sie hinkamen, plünderten sie das Land: Bücher, Waffen, Metall, Grabbeigaben, Porzellan, Menschen und Tiere rafften sie als Beute an sich. Ganze Bibliotheken gelangten auf diese Weise nach Japan, zudem Hunderttausende von metallenen Drucktypen, die es in Japan bislang nicht gegeben hatte, Chosŏn-Keramik, die der japanischen qualitativ überlegen war – und dazu Handwerker, um die neuen Techniken in Japan zu verbreiten. Die Invasion in Korea bedeutete zugleich die Fortsetzung des Kulturaustauschs mit anderen Mitteln.

Für die Chinesen trat mit Hideyoshis Angriff der Bündnisfall ein, denn Korea war ein Tributstaat der Ming und diese somit Schutzmacht der Chosŏn-Dynastie. Die Ming schickten eine Armee von 100.000 Mann nach Korea, um die Angreifer abzuwehren: Fast tausend Jahre nach der Seeschlacht von Paekche (S. 61) kam es wieder zum Krieg zwischen China und Japan. Die Ming-Truppen schlugen Hideyoshis Samurai 1593 zunächst bei Pyongyang, mussten dann aber vor Seoul eine vernichtende Niederlage hinnehmen. Dennoch zogen sich Hideyoshis Truppen aufgrund von logistischen Problemen bald auch aus Seoul zurück und festigten ihre Stellung in Pusan, ganz im Südosten der Halbinsel. Es kam zu einem Waffenstillstand und Verhandlungen zwischen

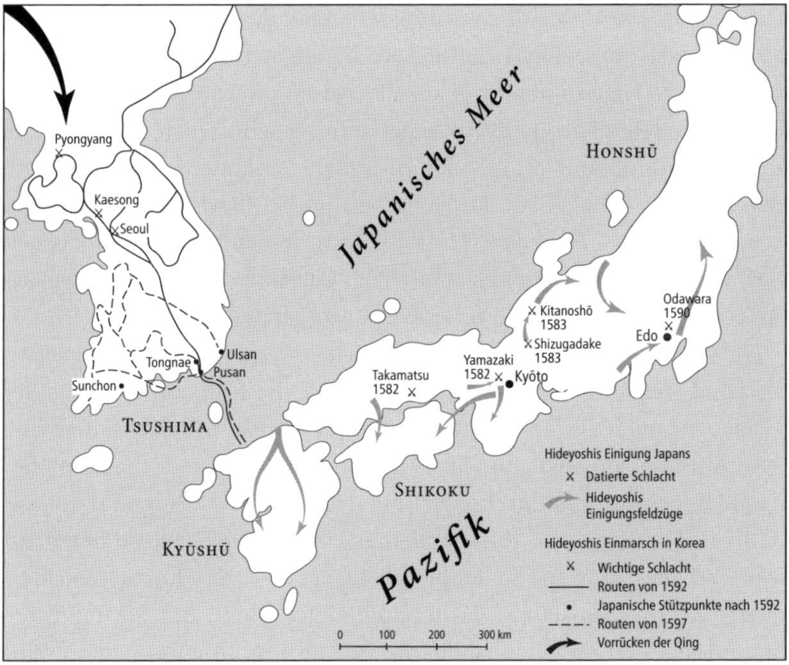


Hideyoshis Einigungsfeldzüge und der Einmarsch in Korea

China und Japan, die jedoch nicht in Frieden mündeten, sondern in »eine der größten diplomatischen Fehlleistungen aller Zeiten« (Ray Huang): Während Hideyoshi sich als Sieger wähnte, boten die Ming-Gesandten ihm unter der Bedingung, dass er sich vollständig aus Korea zurückziehe, an, sich als tributpflichtiger Vasall unterwerfen zu dürfen. Hideyoshi war außer sich und schickte 1597 erneut 150.000 Krieger, um Korea anzugreifen – diesmal mit unerbittlicher Brutalität: »Macht sie allesamt nieder«, befahl Hideyoshi seinen Truppen,

> egal ob Jung oder Alte, Männer oder Frauen, Mönche oder Laien; hochrangige Soldaten, das versteht sich von selbst, aber auch die Hinterwäldler bis hin zu den Ärmsten und Niedrigsten, und schickt ihre Köpfe nach Japan.
>
> (*Chōsen ki*, zit. nach: Hawley 2014, Kap. 25)

Da die Köpfe zu unhandlich waren, schickten die japanischen Truppen als Nachweis ihrer Taten stattdessen die abgeschnittenen Nasen ihrer Opfer nach Hause: 38.000 gepökelte Nasen, viele von Kindern und Frauen, sollen allein in Kyōto angekommen sein. Doch trotz der beispiellosen Grausamkeit, mit der Hideyoshis Soldaten vorgingen, wurden sie auch diesmal von koreanischen und chinesischen Truppen in Schach gehalten. Nachdem Hideyoshi im September 1598 verstorben war, mussten seine Truppen schließlich kapitulieren: Der erste japanische Versuch, das Festland zu erobern, war gescheitert.[23]

Hideyoshis Feldzüge hinterließen nicht nur in Korea ein verwüstetes Land, sie veränderten, ähnlich wie einst die Invasionsversuche der Mongolen, auch die Geschichte Japans und Chinas. In Japan führten sie zum Aufstieg von Tokugawa Ieyasu, der sich in den Diadochenkämpfen nach Hideyoshis Tod durchsetzte und das Tokugawa-Shōgunat gründete. In China trugen sie zum Niedergang der Ming-Dynastie bei: denn während die Ming große Truppenkontingente nach Korea schickten, nutzte der Jurchen-Fürst Nurhaci die Gelegenheit, um die mächtige Stammesföderation aufzubauen, die sich ab 1635 ›Manju‹ nennen und kurz darauf die Ming-Dynastie stürzen sollte. Schließlich machte der Krieg in Korea deutlich, dass die alte Ordnung des chinesischen Reichs sich überlebt hatte: Japan würde nie wieder als Vasall Tribut nach China liefern. Stattdessen hatte Hideyoshi eine neue Form der Aggression und Gewalt in die Beziehungen beider Länder eingeführt, die einige Jahrhunderte später abermals ausbrechen sollte.

## Verschlossene Staaten: Qing und Tokugawa

Im frühen 17. Jahrhundert betraten zwei neue Mächte die ostasiatische Bühne. Im Jahr 1600 besiegte einer von Hideyoshis Regenten, Tokugawa Ieyasu, in der Schlacht von Sekigahara seine letzten Rivalen um die Vormacht in Japan und machte sich anstelle von Hideyoshis Sohn drei Jahre später selbst zum Shōgun: Damit begann die Edo-Zeit, benannt nach der Hauptstadt der Tokugawa im heutigen Tōkyō. Auf dem Kontinent gründete der Manju-Fürst Hong Taiji im Jahr 1636 die Dynastie Daicing (Qing/Shin), deren Truppen 1644 Peking und in den nächsten Jahrzehnten ganz China eroberten.

Die neuen Regimes hatten zunächst ganz ähnliche Probleme. Beide hatten die Macht durch Kriegsgewalt an sich gerissen und waren noch lange damit beschäftigt, sie zu konsolidieren: Die Tokugawa konnten 1637/38 einen Aufstand von Bauern, Samurai und christlichen Gruppen in Shimabara, bei Nagasaki, nur mit Hilfe eines massiven militärischen Aufgebots niederschlagen; die Qing wurden 1673–81 durch die Rebellion dreier starker Feudalherren an den Rand des Untergangs gebracht und kämpften noch bis 1683 gegen die Truppen des Ming-Loyalisten Zheng Chenggong (alias Koxinga, S. 220). Sowohl die Tokugawa als auch die Qing reagierten auf diese Herausforderungen mit *Ausgrenzung*: Vor allem, um die ›Piraten‹ im Dienste Koxingas zu isolieren, verschärften die Qing zunächst das Seeverbot der Ming und beschränkten den Außenhandel weitgehend auf das Tributsystem. Die Tokugawa gingen noch weiter: Zwischen 1633 und 1639 begannen sie eine Politik des ›verschlossenen Landes‹, in deren Rahmen sie diplomatische Kontakte mit den Manjuren abbrachen und den China-Handel auf Nagasaki beschränkten. Dabei blieb es für mehr als zwei Jahrhunderte: Obwohl die Qing das Seeverbot bald wieder aufhoben und der private Handel florierte, nahmen die beiden Länder bis ins 19. Jahrhundert keine offiziellen Kontakte mehr auf, und obwohl sich viele Chinesen in Nagasaki niederließen, durfte kein Japaner nach China reisen.

Doch bei aller gegenseitigen Abgrenzung waren sich die Qing und die Tokugawa doch auf eigentümliche Weise ähnlich: Beide waren Parvenus, gewaltsam an die Macht gekommen, die sich gegenüber den Eliten ihres Landes legitimieren mussten; und beide orientierten sich am gleichen Vorbild politischer Legitimation: der chinesischen Lehre des Konfuzianismus.

## *Die konfuzianische Ordnung*

Paradoxerweise wurde konfuzianische Gelehrsamkeit in China nie stärker gefördert als unter den ›barbarischen‹ Manjuren. Der Qing-Kaiser Kangxi reiste mehrmals nach Qufu, in die Heimat des Konfuzius, und vollzog im Konfuzius-Tempel einen Kotau; er erließ 16 »Heilige Unterweisungen«, die dem Volk die konfuzianische Moral vermitteln sollten:

> Haltet fest an kindlicher Folgsamkeit und Bruderliebe, auf dass die menschlichen Beziehungen geachtet werden! Bleibt eurer Verwandtschaft treu, auf dass Eintracht und Einvernehmen deutlich werden! Seid harmonisch in Dorf und Gemeinschaft, auf dass Streit und Händel ruhen! … Fördert die Schulen, auf dass die Sitten der Gelehrten korrekt seien! Verwerft abweichende Grundsätze, auf dass die rechte Lehre geehrt werde! Doziert Gesetze und Verordnungen, auf dass die Dummen gewarnt seien! Erklärt Riten und Höflichkeit, auf dass die Sitten gestärkt werden! … (*Shengyu guangxun*)

Die manjurischen Kaiser hielten regelmäßig Lektüresitzungen ab, in denen sie sich von konfuzianischen Gelehrten unterweisen ließen, und sie unternahmen einige der größten Editionsprojekte der chinesischen Geschichte: Kangxi ließ die *Geschichte der Ming* (*Mingshi*) in 332 Kapiteln herausgeben, ebenso die *Vollständigen Tang-Gedichte* (*Quan Tangshi*) mit fast 50.000 Texten, eine Anthologie von Literatur im alten Stil (*Guwen yuanjian*), ein großes Reimwörterbuch (*Peiwen yunfu*), eine monumentale Enzyklopädie, das *Gujin tushu jicheng* in 10.000 Kapiteln und nicht zuletzt das *Kangxi-Wörterbuch* (*Kangxi zidian*), das knapp 50.000 Schriftzeichen enthält. Das alles wurde noch übertroffen von seinem Enkel, Kaiser Qianlong, der zwischen 1773 und 1782 eine ›vollständige‹ Bibliothek chinesischer Literatur zusammenstellen ließ, das *Siku quanshu*, die größte Buchreihe, die es je gegeben hat: Rund 11.000 Werke wurden bibliographisch erfasst, mehr als 3400 in die Sammlung aufgenommen.[24]

In alledem gaben sich die Manjuren konfuzianischer als die Chinesen – wenn auch nicht aus Gutmenschentum oder Wissensdrang, sondern aus politischer Opportunität. Die konfuzianischen Riten legitimierten die Qing-Kaiser als rechtmäßige Herrscher; mit den Editionsprojekten gewannen sie die Gelehrten für sich und kontrollierten zugleich den historischen und literarischen Diskurs; und mit den ›Heiligen Unterweisungen‹ brachten sie die Regeln einer ›harmonischen‹ Gesellschaftsordnung unters Volk, gegründet auf strikten Hierarchien und Folgsamkeit, in der soziale Mobilität und ›abweichende Grundsätze‹ nicht erwünscht waren. Kangxis 16 »Heilige Unterweisungen« hatten eine ähnliche Funktion wie Prinz Shōtokus »17 allgemeine Gesetze« ein Jahrtausend zuvor: die Durchsetzung zentraler Herrschaft.

Bemerkenswerter noch war der zeitgleiche Aufstieg konfuzianischer Lehren in Japan. Denn während die Qing mehr oder weniger an die Orthodoxie der Ming angeknüpft hatten, geschah in Japan etwas völlig Neues. Nach einem Jahrtausend, in dem der Buddhismus die japanische Geisteswelt geprägt hatte, wurde der Konfuzianismus zur dominanten Lehre der japanischen Elite – und zwar just in dem Moment, als die Kontakte zu China fast völlig gekappt waren. Der Neukonfuzianismus, der im 16. Jahrhundert bereits von mehreren Regionalherrschern rezipiert worden war (S. 191), fand in Tokugawa Ieyasu seinen größten Förderer: Die Edo-Zeit wurde zum »goldenen Zeitalter des Konfuzianismus« in Japan (Maruyama 1974, 7).

Der Gründer des neuen Shōgunats propagierte die neukonfuzianische Lehre des Zhu Xi als neue Staatsdoktrin. Auch ihm sollte sie zur Legitimation einer despotischen Herrschaft dienen.[25] Das begann bereits mit Ieyasus Machtergreifung: denn im konfuzianischen Klassiker *Mengzi* wird die Lehre entwickelt, dass herrscherliche Macht nicht einfach vererbt werde, sondern vom ›Mandat des Himmels‹ abhänge. Rebellion gegen einen unwürdigen Fürsten sei deshalb vollkommen gerechtfertigt: Da er das ›Mandat des Himmels‹ verwirkt habe, müsse es auf einen neuen, würdigen Herrscher übergehen. Schon am Anfang der Zhou-Dynastie, im 11. Jahrhundert v. Chr., habe eine solche legitime Rebellion gestanden, als König Wu in der Schlacht von Muye die Shang-Dynastie stürzte und ihren letzten Herrscher in den Tod trieb: Damit habe er lediglich einen üblen Burschen bestraft, nicht aber einen Fürsten ermordet. – Und galt dasselbe nicht für Ieyasu? Sein Muye war die Schlacht von Sekigahara, die glanzvoll bestätigt habe, dass das ›Mandat des Himmels‹ nun auf die Tokugawa übergegangen sei.

Unter der Anleitung des konfuzianischen Gelehrten Fujiwara Seika und seines Schülers Hayashi Razan machte Ieyasu den Neukonfuzianismus Zhu Xis zur ideologischen Basis des Shōgunats: Dabei ging es allerdings weniger um Kosmologie und Buchgelehrsamkeit als um die stratifizierte Gesellschaftsordnung. Die konfuzianische Tugend der ›Treue‹ wurde zum höchsten Ideal erhoben: Treue gegenüber dem Shōgun, wohlgemerkt, nicht gegenüber der eigenen Familie. Im streng hierarchischen Regierungssystem der Tokugawa schuldete jeder Untertan seinem Höhergestellten unbedingten Gehorsam: An der Spitze stand der Shōgun, dem die *daimyō* Treue schwören mussten; diesen wiederum waren die Samurai zur Gefolgschaft verpflichtet; und vor den Samurai musste das einfache Volk sich in den Staub werfen.

Die Zwingherrschaft der Tokugawa konnte sich auf bewährte Techniken der chinesischen Tradition stützen. Die Untertanen wurden, wie in China, in vier streng getrennte Stände eingeteilt: die Samurai an der Spitze, darunter die Bauern, die Handwerker und, am unteren Ende der Hierarchie, die Händler (S. 440, Anm. 21). Diese Stände hatten getrennt voneinander zu leben, sich unterschiedlich zu kleiden und nur schichtintern zu heiraten, um jegliche soziale Mobilität zu unterbinden. Hinzu kamen die kollektive Verantwortung von Dörfern für die Zahlung ihrer Steuern und die Einteilung von Familien in Fünfer- oder Zehnergruppen, die gemeinsam für Verbrechen jedes Einzelnen von ihnen einstehen mussten. Auf höherer Ebene sollte ein ebenso aufwendiges wie perfides System von Spitzeln und staatlicher Geiselnahme jeden Widerstand im Keim ersticken: Frauen und Kinder der *daimyō* lebten unter Aufsicht des Shōgunats in Edo, und einmal jährlich mussten die *daimyō* – streng kontrolliert und auf vorgeschriebenen Wegen – die beschwerliche Reise in die Hauptstadt antreten, um dem Shōgun ihre Aufwartung zu machen. Das Shōgunat der Tokugawa war eine akribisch durchorganisierte Despotie – und wie in China sorgte der Neukonfuzianismus für die passende Legitimation des Regimes.[26]

Der einflussreichste Architekt dieses Systems war Hayashi Razan, der Tokugawa Ieyasu und seinen Nachfolgern als Berater diente. Er gründete in Edo einen Konfuzius-Tempel und eine konfuzianische Akademie, die zum intellektuellen Zentrum seiner Zeit wurde. Hayashis größtes Verdienst dürfte darin bestehen, dass er den Neukonfuzianismus von seiner Verankerung in der chinesischen Tradition gelöst und japonisiert hat. Denn der rechte Weg, den die konfuzianischen Werke lehrten, habe *universelle* Geltung: Er müsse also auch in Japan schon immer gewaltet haben. Und sind nicht im Shintō – wörtlich: ›Weg der *kami*‹ – schon seit je dieselben Prinzipien ausgedrückt, welche die Weisen Chinas formuliert haben? Hayashi brachte diesen Zusammenhang auf die Formel eines »Shintō, dessen Prinzipien im Herzen liegen«. Was japanische Denker jahrhundertelang getrennt hatten, chinesische Rationalität (die ›Prinzipien‹) und japanisches ›Herz‹, sei im Shintō schon immer vereint gewesen:

> Dieses Shintō ist just der [konfuzianische] ›Weg der Könige‹. Außerhalb des Herzens gibt es keine anderen *kami* und kein anderes Prinzip. … Rechte Taten sind die Form der *kami*. Die Regierungsführung geschieht durch die Tugend der *kami*, die Ordnung des Staates geschieht durch die Kraft der *kami*. Das ist seit Amaterasu ōmikami überliefert worden, und es ist seit Jimmu von allen Herrschern durchgeführt worden. (*Shintō denju*, 19)

Auf diese Weise ließ sich die Übernahme des Neukonfuzianismus, der untrennbar mit den Namen chinesischer Denker verbunden war, mit dem streitbaren Selbstbewusstsein der japanischen Elite vereinbaren. Namentlich die militärischen Tugenden der japanischen Tradition wurden jetzt mit chinesischer Gelehrsamkeit verbunden: ein neues Ideal, das in der Edo-Zeit erstmals auf den Begriff *bushidō*, ›Weg des Kriegers‹, gebracht wurde. Der Ethos der Krieger, der sich spätestens seit der Kamakura-Zeit herausgebildet hatte, wurde unter dem Einfluss des Neukonfuzianismus erstmals systematisiert: Was zuvor ungeschriebene Regeln einzelner Domänen gewesen waren, wurde generalisiert; wo zuvor Mut, Treue und Tapferkeit idealisiert worden waren, kamen jetzt konfuzianische Werte wie ›Menschlichkeit‹, ›Anstand‹ und vor allem literarische Bildung hinzu. »Gelehrsamkeit zählt nichts ohne Waffen, und Waffen zählen nichts ohne Gelehrsamkeit«, soll der Philosoph Nakae Tōju gesagt haben; und Yamaga Sokō, der den Begriff *bushidō* geprägt haben soll, forderte: »Ein Samurai muss kriegerische Tugend und literarische Weisheit gleichermaßen besitzen« (*Shidō*, 32). Diese Verbindung erlangte geradezu den Status eines Gesetzes. Schon 1615 ließ Ieyasu in seinen »Gesetzen für die Kriegerfamilien« (*Buke shohatto*) festschreiben, Samurai hätten sich

> ausschließlich den zivilen und militärischen Künsten, dem Bogenschießen und Reiten zu widmen. Das Zivile in der Linken und das Militärische in der Rechten zu halten, ist alter Brauch. Man muss über beides verfügen.
>
> (Zit. nach: de Bary 2001/05, Bd. 2, 12)

Diese Verordnung hat in Wirklichkeit natürlich wenig mit ›altem Brauch‹ zu tun. Ebensowenig hat sie mit der Weltsicht der chinesischen Neukonfuzianer gemein, die alles Militärische von sich wiesen. Doch angesichts der universellen Geltung des ›rechten Wegs‹ war Treue zum spezifischen Vorbild Chinas nicht mehr nötig. Vielmehr sei die Treue zum *Vaterland* das Wesentliche an der Lehre des ›rechten Wegs‹. Yamazaki Ansai soll einmal gesagt haben:

> Wenn China versuchen sollte, Japan zu unterwerfen, und sei es mit einer Armee unter der Führung von [den konfuzianischen Weisen] Yao und Shun, Wen und Wu, wäre es ein Gebot der Moral, sie zurückzuschlagen, notfalls mit Kanonen. Wenn es versuchen sollte, uns durch Riten und Anstand sowie tugendhafte Erziehung zu unterwerfen, sollten wir dennoch nicht ihre Vasallen werden: Das ist der rechte Weg des Konfuzius, der Weg von Himmel und Erde.
>
> (Zit. nach: Nakai 1980, 164)

Diese Zuspitzung der neukonfuzianischen Lehre auf den Patriotismus bildete die Grundlage für ihren Erfolg in der Edo-Zeit und darüber hinaus.[27] Wie in China, beruhte auch diese Erfolgsgeschichte auf einer erfundenen Tradition (S. 132): Herrscher, die sich durch Untreu und Verrat hochgekämpft hatten, erklärten die ›Treue‹ zum Grundprinzip; Gelehrte, die aus unteren Schichten der Gesellschaft aufgestiegen waren, propagierten eine rigide Trennung der sozialen Stände; und just in dem Moment, als die japanische Gesellschaft sich grundlegend wandelte, setzte sich die Vorstellung durch, ihre Ordnungsmuster seien schon immer ›konfuzianisch‹ gewesen.

Die patriotische Wendung ging zum einen einher mit einer Popularisierung neukonfuzianischer Lehren. Im Gegensatz zu China mussten die Japaner die konfuzianischen Klassiker nicht studieren, um Beamtenprüfungen zu bestehen; umso intensiver konnten sie ihre Prinzipien als soziale Ordnungslehre rezipieren, die nicht nur für (angehende) Beamte relevant war, sondern für das ganze Volk. In Form von didaktischen Schriften in einfachem Japanisch und über private Akademien, die breiten Schichten offenstanden, wurde der Neukonfuzianismus in der Edo-Zeit vor allem in den Städten unter das Volk gebracht. Chinesische Lehren, die zunächst weitgehend auf Mönche und hohe Adlige beschränkt waren und sich in der Muromachi-Periode allmählich im Kriegeradel verbreitet hatten, wurden jetzt zum Allgemeingut. Womöglich trug ausgerechnet die Lehre, die so konsequent auf hierarchische Differenzierungen setzte, zur schichtenübergreifenden Integration der Gesellschaft bei und schuf somit eine Voraussetzung dafür, dass sich im 19. Jahrhundert der nationale Gedanke so schnell durchsetzen konnte.

Die Verbreitung des Konfuzianismus in der Edo-Zeit verdankte sich nicht zuletzt chinesischen Gelehrten, die vor der ›Barbaren‹-Invasion der Manjuren flüchteten. Besonders für ehemalige Beamte und Loyalisten der Ming musste Japan in dieser Situation als Oase der Kultur erscheinen. »Wie könnte ich es ertragen, mein Haar in einem Zopf zu tragen, meinen Kopf zu rasieren und dem Feind zu dienen?«, schrieb der Literat Zhu Shunshui, Sohn eines Ming-Beamten, 1651 an den Gouverneur von Nagasaki:

> Ich habe die Welt im Chaos erlebt und den Niedergang der Prinzipien eines Edelmanns. … Aber ich habe gehört, dass in Ihrem ehrenwerten Land die ka-

> nonischen Schriften der *Lieder* und der *Dokumente* geehrt, Riten und Anstand respektiert werden. … Daher reiche ich dieses Schreiben ein, … um Erlaubnis für den Aufenthalt in Nagasaki zu erhalten. (Zit. nach: Ching 1975, 182)

Ein chinesischer Gelehrter stellte einen Einreiseantrag nach Japan: Was vordem undenkbar gewesen war, war in der zweiten Hälfte des 17. Jahrhunderts keine Seltenheit. Einige von diesen Gelehrten, wie Zhu Shunshui, kamen in Japan zu hohen Ehren. Zhu wurde 1665 zum Berater des *daimyō* von Mito, Tokugawa Mitsukuni, eines Enkels von Ieyasu, ernannt. Am Hof von Mitsukuni lehrte er die konfuzianischen Schriften, hielt (mit Hilfe von Dolmetschern) öffentliche Vorträge und kam mit zahlreichen japanischen Gelehrten in Kontakt. Zhu ließ in Mito sogar einen Konfuzius-Tempel nach seinen eigenen Plänen bauen, in dem er eine Konfuzius-Statue aus China sowie Repliken Zhou-zeitlicher Opfergefäße aufstellen ließ; bei den weihevollen Zeremonien trugen alle Teilnehmer Gelehrtengewänder im Stile der Ming.

Von allen Chinesen im Japan der Edo-Zeit war Zhu derjenige, »der am meisten zu japanischer Erziehung und Geistesgeschichte beigetragen hat« (Ching 1975, 177). Sein bedeutendster Beitrag dürfte in der Kompilation einer »Großen japanischen Geschichte« (*Dai Nihon shi*) bestanden haben, an der er bis zu seinem Tod mitwirkte. Das *Dai Nihon shi* war ein monumentales Werk, das erst 1906, nach 250 Jahren, vollendet wurde: die Geschichte Japans vom legendären Jimmu-Tennō (trad. 660–585 v. Chr.) bis zum Beginn der Muromachi-Zeit in 397 Faszikeln. Nicht nur der viergliedrige Aufbau des Werks – ›Annalen‹, ›Biographien‹, ›Traktate‹, ›Tabellen‹ – folgte dem Modell chinesischer Dynastiegeschichten, auch die Darstellung orientierte sich an deren Narrativ. In Literarischem Chinesisch verfasst, beschreibt das *Dai Nihon shi* die legitime Folge von Herrschern – in diesem Fall über 2000 Jahre – bis ins Jahr 1392, als die Herrscher des ›nördlichen‹ Hofs sich gegen den ›südlichen‹ durchsetzten und so das ›Himmlische Mandat‹ verwirkten. Nicht die Abstammungslinie ist das Entscheidende in der Geschichte, sondern die *moralisch* gute Herrschaft: Das *Dai Nihon shi* ist ganz dem konfuzianischen Paradigma verpflichtet. Erst die

Tokugawa, so der Subtext der Geschichte, hätten die Linie rechtmäßiger Herrscher fortgesetzt. Aber vielleicht ist die wichtigste Lehre des *Dai Nihon shi* noch viel grundlegender: dass *japanische* Herrscher das ›Himmlische Mandat‹ besäßen – nicht chinesische und schon gar nicht manjurische. Die Geschichtsschreibung liefert ein weiteres Beispiel dafür, wie die Übernahme chinesischer Kultur in Japan immer auch zu einer Verschiebung, Umdeutung und Kritik dieser Kultur führte. Die Japaner bauten auf chinesische Kultur und rüttelten zugleich an ihren Fundamenten.

Auch wenn die Tokugawa Ming-Loyalisten wie Zhu Shunshui bereitwillig Asyl gewährten – der konfuzianisch inspirierte Patriotismus ging, wie Jahrhunderte zuvor unter den Song, mit einer Abschließung gegen äußere Einflüsse einher. Die Tokugawa beschlossen 1633–39 eine Politik des ›verschlossenen Landes‹ (*sakoku*), die alle Außenkontakte streng limitierte. Als unmittelbare Reaktion auf den Aufstand von Shimabara verboten sie das Christentum, verbannten christliche Bücher und Missionare. In dem Bemühen, alle konkurrierenden Quellen der Autorität zu blockieren, verbot das Shōgunat seinen Untertanen, das Land zu verlassen, schickte keine Gesandtschaften mehr nach Korea und verwehrte sich gegen jeden Kontakt mit den Qing. Nachdem die Manjuren China erobert hatten, mussten sie den Tokugawa als Bedrohung erscheinen. Die Erfahrung des Mongolensturms war noch lebendig im kulturellen Gedächtnis der Japaner: Hatten jene nicht auch, nachdem sie China überrannt hatten, von dort aus versucht, die japanischen Inseln einzunehmen? Schlimmer noch: Die Manju-Kaiser duldeten das Christentum und beschäftigten sogar jesuitische Missionare am Hof. Vor diesen Einflüssen mussten die Tokugawa sich hüten. Das Shōgunat stellte seine Missionen nach Peking ein und untersagte Qing-Beamten, auch nur als Begleiter von Handelsschiffen nach Japan zu reisen.

Wieder einmal isolierte sich Japan von China – und wieder einmal ging diese *politische* Abkehr mit umso stärkerer Zuwendung in anderen Gebieten einher. Denn in der Edo-Zeit entwickelte sich der Außenhandel ungebrochen weiter: In Tsushima liefen regelmäßig koreanische Handelsschiffe ein, der Handel mit Ryūkyū wurde über Satsuma abgewickelt, und Nagasaki wurde zur Drehscheibe des Chinahandels. Dschunken aus Fujian, aber auch aus Südostasien und Taiwan, wo die Familie Zheng den Handel mit großen Flotten kontrollierte, brachten Porzellan, Zucker, Tierhäute und vor allem Seide nach Nagasaki, die sie gegen japanisches Silber tauschten.

Die japanische Nachfrage nach Seide war riesig: »Die Leute kleiden sich luxuriöser denn je, und die Rohseide aus China und Manila reicht nicht mehr aus, um den Bedarf der Japaner zu decken«, wie ein spanischer Beobachter feststellte (Jansen 1992a, 17). Die Webereien von Nishijin in Kyōto wuchsen zu einer regelrechten Industrie an, die den Adel der Edo-Zeit mit Seidenstoffen versorgte. Andererseits hatten die Ming einen gewaltigen Bedarf an Silber, das als Zahlungsmittel im ganzen Reich kursierte – und Japan konnte ihn decken. Dank neuer Abbautechniken (aus China) erbrachten japanische Silberminen im 16./17. Jahrhundert etwa ein Drittel der weltweiten Silberproduktion. Als diese erschöpft waren, wurde Japan zum größten Kupferproduzenten der Welt.

Durch diesen Handel wuchs Nagasaki, einst ein kleiner Fischerort, im 17. Jahrhundert zu einer Hafenstadt mit 64.000 Einwohnern an; aus einigen Dutzend ansässigen Chinesen wurde bald ein betriebsames Chinatown mit mehreren Tausend Einwohnern, in dem es an nichts mangelte: Ein steter Strom von Waren, Edelmetall und Kultur verband die beiden Länder, deren Herrscher sich so betont voneinander abwandten.

## Koxinga 鄭成功

60 Jahre lang, von 1623 bis 1683, wurde der Handel zwischen China und Japan nicht von den Ming oder Qing kontrolliert, sondern von der ›Zheng-Dynastie‹: von Zheng Zhilong und seinem Sohn, Zheng Chenggong (jap. Tei Seikō). Zheng Zhilong, ein Abenteurer aus Fujian, war in den 1610er Jahren nach Macao gegangen. Er lernte Portugiesisch, die *lingua franca* im Südchinesischen Meer, wurde

christlich getauft und stieg in den Seehandel ein, der ihn bald nach Nagasaki brachte. Dort gewann er die Gunst eines mächtigen Händlers aus Fujian, Li Dan, der Zheng in die höchsten Kreise der japanischen Gesellschaft einführte. Zheng heiratete eine japanische Frau, Tagawa Matsu, die ihm 1624 einen Sohn gebar: Zheng Chenggong.

Mit Hilfe seiner mächtigen Patronage stieg Zheng Zhilong schnell zu einem erfolgreichen Händler, Schmuggler und Freibeuter auf. Nach dem Tod Li Dans beerbte er ihn als Herrscher der Meere zwischen Taiwan und Kyūshū. In den 1620er Jahren kontrollierte Zheng mit einer Flotte von mehreren Hundert Dschunken und Zehntausenden Matrosen den Handel von der Taiwanstraße bis Japan, kassierte Schutzgelder, überfiel Handelsschiffe und unternahm verheerende Raubzüge an den chinesischen Küsten. Zunächst arbeitete er mit der Niederländischen Ostindien-Kompanie zusammen, die ihn mit Waffen belieferte und bei seinen Raubzügen unterstützte. 1628 aber wechselte Zheng die Seiten und wurde auf ein pragmatisches Angebot der Ming hin Marinekommandeur in Südchina. Jetzt war er in der Position, seine Dominanz im Seehandel vollends auszubauen: Der Dreieckshandel zwischen China, Japan und Südostasien brachte ihm ein sagenhaftes Vermögen ein.

Zheng Zhilongs Erbe wurde von seinem Sohn, Zheng Chenggong, in Europa bekannt unter dem Namen Koxinga, fortgeführt. Nach der Eroberung Pekings durch die Manjuren – sein Vater hatte sich ihnen unterworfen – blieb Koxinga den Ming treu und setzte von Xiamen aus mit den Truppen seines Vaters den Widerstand gegen die Qing fort. Nach einem tollkühnen Angriff auf Nanjing, den die Qing abwehrten, zog Koxinga sich mit 25.000 Mann nach Taiwan zurück. Dort vertrieb er 1662 die Holländer und machte die Insel zu einer Bastion im Widerstand gegen die Qing. Koxinga starb schon kurz darauf, aber sein Sohn und sein Enkel führten sowohl seine Raub- und Handelsunternehmungen als auch den Widerstand gegen die Qing fort. Erst 1683 gelang es den Qing, Taiwan zu erobern und damit ihr Reich zu befrieden. Damit endete auch das Handelsimperium der ›Zheng-Dynastie‹.

Koxinga hat seine Spuren in drei Ländern hinterlassen: Die Stadt Xiamen errichtete ihm eine monumentale Statue, in Tainan wird er in einem Tempel religiös verehrt, und in Japan wurde der Sohn einer japanischen Mutter schon bald zur Legende. Sein Widerstandskampf gegen die Qing machte ihn zu einer Symbolfigur für japanische Treue und Tapferkeit – im Gegensatz zur vermeintlichen Feigheit der Chinesen. Das Kabuki-Stück *Die Schlacht von Koxinga* (*Kokusenya kassen*) hat diesen Topos im 18. Jahrhundert popularisiert. Darin kämpft Koxinga mit der Kraft der *kami* für die gerechte Sache Japans. »Ihr widerwärtigen Kreaturen«, schleudert er seinen unterlegenen Gegnern entgegen, »ihr verachtet die Japaner, weil sie aus einem kleinen Land kommen – habt ihr jetzt gelernt, was japanische Tapferkeit bedeutet, vor der sogar Tiger zittern?!« Der chinesische Pirat als japanischer Samurai: eine weitere verblüffende Pointe in den sino-japanischen Beziehungen.[28]

## *Handel, Handwerk und Wissenschaft*

In den rund 1500 Jahren sino-japanischer Beziehungen bis zur Edo-Zeit war es kaum je zu größeren Ausreisewellen von einem Land in das andere gekommen. Händler kamen und gingen, Mönche blieben meist Einzelgänger, und selbst die chinesische Gemeinde in Hakata (S. 148) zählte nur einige Hundert Menschen. Das änderte sich erstmals im 17. Jahrhundert, als Bevölkerungsdruck und die Eroberungskriege der Manjuren in China regelrechte Flüchtlingswellen auslösten: Sie zogen in den Süden und den bislang kaum erschlossenen Südwesten des Reiches, aber auch übers Meer nach Südostasien, Taiwan – und nach Japan. Chinesische Mönche, Kaufleute, Maler, Kalligraphen, Musiker, Ärzte, Handwerker und Gelehrte kamen nach Nagasaki, um zu bleiben. Manche der mittellosen Flüchtlinge wurden Mönche, andere fanden Arbeit in ihrem Handwerk, eröffneten Geschäfte, wurden Lehrer oder Übersetzer. Da chinesischen Frauen die Einreise nach Japan verboten war, heirateten viele der Auswanderer japanische Frauen und nahmen japanische Namen an: Aus Liu wurde Sakaki, aus Lin Hayashi, aus Chen Egawa usw. Diese sino-japanischen Familien, die ihr Ming-Erbe mit der japanischen Kultur verbanden, wurden zu einem prägenden Element im Stadtleben von Nagasaki: Viele ihrer Nachkommen leben dort noch heute.

Als die Qing 1684, nach Befriedung des gesamten Reiches, das Seeverbot aufhoben, stieg der Schiffsverkehr zwischen China und Japan sprunghaft an. Während in dem Jahrzehnt von 1674 bis 1684 – frühere Daten sind unklar – 138 chinesische Schiffe Nagasaki erreichten, kamen allein 1687 118 Schiffe mit 6743 Chinesen an, ein Jahr später waren es schon fast 200 Schiffe mit 9282 Männern. Der Andrang chinesischer Händler und Siedler war so gewaltig, dass die Tokugawa die Anzahl chinesischer Schiffe auf 70 pro Jahr beschränkten und 1689 ein gut zwei Hektar großes ›Chinesenviertel‹ bauen ließen, um die Ankömmlinge von den japanischen Einwohnern Nagasakis zu trennen: ein umzäuntes Ghetto, in dem Händler vorübergehend unterkommen konnten, um ihre Geschäfte abzuschließen, bevor sie wieder fortsegelten.[29] Dennoch waren die Chinesen in Nagasaki, die *Tōjin* (*Tangren*), wie die Japaner sie nannten, wohlgelitten. Sie genossen mehr Privilegien als die ›rothaarigen‹ Holländer, die nur halb so viele Waren umschlagen durften wie die Chinesen, die ihre Toten nicht an Land bestatten durften, da sie Christen waren, und von denen die Prostituierten in Nagasaki für ihre Dienste zwölfmal so viel verlangten wie von Chinesen.

Ende des 17. Jahrhunderts hatte Nagasaki rund 10.000 chinesische Einwohner – ein Sechstel der gesamten Bevölkerung –, die hauptsächlich aus drei Regionen kamen: (1) aus den Provinzen Jiangnan, Jiangsu und Zhejiang, (2) aus dem nördlichen und (3) aus dem südlichen Fujian. Die drei regionalen Gruppen blieben in Nagasaki säuberlich getrennt. Sie sprachen nicht nur ganz unterschiedliche Dialekte – die Japaner setzten dementsprechend dreierlei Dolmetscher ein –, sondern wohnten landsmannschaftlich organisiert in ›Versammlungshäusern‹, wickelten ihre Geschäfte über Leute aus derselben Region ab, pflegten jeweils eigene regionale Traditionen und nutzten verschiedene Tempel als Gemeindezentren: (1) den Kōfuku-ji, (2) den Sōfuku-ji und (3) den Fukusai-ji. Nicht ›China‹ bildete den Identitätskern dieser Gruppen, sondern ihre Heimatprovinzen.[30]

Mit den Menschen und Handelswaren kam eine neue Welle chinesischer Kulturimporte über Nagasaki nach Japan. Noch immer strömte der Buddhismus gen Osten: Der Chan-Mönch Yinyuan Longqi (Ingen Ryūki), der 1654 mit rund 30 Mönchen und Handwerkern im Gefolge nach Japan kam, führte dort die Ōbaku-Schule (chin. Huangbo, nach dem Berg in Fujian) des Zen-Buddhismus ein. 1661 gründete er bei Kyōto das Ōbaku-Hauptkloster, das er nach seinem Heimatkloster auf dem Huangbo-Berg, dem Wanfusi, Manpuku-ji nannte.[31] Das Manpuku-ji mit seiner Architektur, seinen Riten und Kunstschätzen war ein Stück China in Japan. Die Ōbaku-Mönche galten als Repräsentanten des ›echten‹ China der Ming: Genau das machte ihren Erfolg aus. Sie erhielten substantielle Unterstützung vom Shōgunat und gründeten im 17. und 18. Jahrhundert mehr als tausend Klöster und Tempel in Japan: entworfen von chinesischen Architekten und gebaut von chinesischen Handwerkern, teils aus chinesischem Holz, teils mit roten Ziegeln – ein neues Element in der japanischen Architektur –, und geschmückt mit Statuen, Schnitzereien, Kalligraphien und Bildern, die direkt aus China importiert waren. In der Zeit des ›verschlossenen Landes‹ entstanden die ›chinesischsten‹ aller Tempel Japans.

Auch andere neue Architekturformen brachten Mönche vom Festland. Unter ihrer Anleitung bauten chinesische Handwerker unweit des Kōfuku-ji die ›Brillenbrücke‹ von Nagasaki, so genannt wegen ihrer zwei Bögen: die erste steinerne Brücke Japans. Die neue Technik schlug ein: Hunderte von steinernen Bogenbrücken in verschiedenen Teilen Kyūshūs bezeugen den Einfluss chinesischer Ingenieurskunst in der Edo-Zeit. Darüber hinaus waren die Ōbaku-Mönche, wie so viele Zen-Mönche vor ihnen, Gelehrte und Künstler. Sie brachten neue Stile der Kalligraphie und Malerei nach Japan, die für eine »dritte Welle chinesischen Einflusses« (Stephen Addiss) in der japanischen Kunstgeschichte sorgten. Ingen selbst war ein Meister des Pinsels, dessen Werke wesentlich dazu beitrugen, einen neuen, ›Ming‹-Stil der Kalligraphie in Japan zu verbreiten: Seine kraftvolle, fließende Strichführung wurde stilbildend für Generationen von Kalligraphen. Zugleich sorgte die Ōbaku-Schule für neue Impulse in der Malerei: Vor allem die Porträtmalerei, die im Ahnenkult wichtig war und seit der späten Ming-Zeit eine Blütezeit erlebte, führten sie in Japan ein. Für rituelle Anlässe wur-

Die ›Brillenbrücke‹ (*meganebashi*) von Nagasaki. Steinerne Brücken mit einem oder mehreren Bögen – Meisterwerke der Architektur – dürften japanische Reisende schon Jahrhunderte zuvor in China gesehen haben; erst in der Edo-Zeit gelangten sie auch nach Japan.

den Hunderte Porträts von Zen-Äbten und ihren Vorgängern gemalt: Oft in leuchtenden Farben ausgeführt, unterschieden sie sich deutlich von japanischer Malerei und boten völlig neue Inspiration für die buddhistische wie säkulare Malerei der Edo-Zeit.[32]

Zum Aufschwung chinesischer Kunst in Japan trugen auch andere Maler bei, die in Japan extrem beliebt wurden: So wurde Dong Qichang zum großen Vorbild der ›südlichen‹ Nanga-Schule in Nagasaki, die in Nachahmung chinesischer Literatenmalerei vor allem monochrome – chinesische – Landschaften malte. Andere waren in China selbst weitgehend unbekannt: Shen Quan etwa, ein Spezialist für ›Blumen-und-Vögel-Malerei‹, der 1731 nach Nagasaki kam und dort zwei Jahre verbrachte. Seine Bilder waren auf Anhieb erfolgreich: Der Kontrast zwischen detailgetreuen Blüten und Vögeln im Vordergrund und dem kaum definierten Hintergrund, die reichen Farben und der räumliche Effekt der Bäume und Steine trafen den Geschmack einer Zeit, die den dekorativen Charakter von Malerei schätzte; seine realistische Darstellungsweise, die womöglich auf den Einfluss des Jesuiten Giuseppe Castiglione in Peking zurückgeht, gefiel dem japanischen Auge, das an holländischer Malerei und präzisen Naturdarstellungen geschult war. Vielleicht waren es gerade diese nicht-chinesischen Elemente, die den Erfolg chinesischer Malerei in der Edo-Zeit ausmachten. Shen Quans Stil wurde schnell schulbildend: Zahlreiche Schüler eiferten seinen exotischen Darstellungen nach und malten, wie die Nanga-Schule und einst die Maler von *kara-e* (S. 143), Blumen, Vögel und Landschaften, die sie selbst nie gesehen hatten.

Auch chinesisches Porzellan kam über Nagasaki nach Japan. Die Manufakturen von Jingdezhen und anderen Städten hatten sich in der Ming-Zeit zu einer regelrechten Industrie entwickelt, die Porzellan für den Weltmarkt produzierte. Allein Japan soll zwischen 1635 und 1645 jährlich 371.000 Stücke importiert haben: meist minderwertige Exemplare der blau-weißen Ware, die China in dieser Zeit schon in großen Mengen nach Europa exportierte. In Japan wurden die Gefäße für die Teezeremonie verwendet – und sie inspirierten eine einheimische Porzellanherstellung: Hideyoshis Truppen hatten bei ihren Raubzügen koreanische Töpfer entführt, die ab dem frühen 17. Jahrhundert – in der Nähe von Arita, in Nordwest-Kyūshū, waren große Vorkommen von Porzellanerde gefunden worden – wesentlich zum Aufbau einer japanischen Porzellanindustrie beitrugen. Hinzu kamen chinesische Töpfer, die über Nagasaki einreisten. Über 800 chinesische und koreanische Töpfer arbeiteten an den Öfen von Arita, wo sie kontinentale Stile kopierten, um japanisches Porzellan herzustellen: zunächst für den lokalen Markt, seit Mitte des Jahrhunderts aber zunehmend auch für den Export. Die Eroberungskriege der Qing hatten die Porzellanherstellung in den Öfen von Jingdezhen und anderen Städten weitgehend lahmgelegt, so dass die holländischen Händler nach anderen Lieferanten suchen mussten. Sie fanden sie in Japan. Ab den 1650er Jahren löste Japan China als größter Produzent von Porzellan für den Weltmarkt ab: Hunderttausende Stücke im chinesischen Dekor wurden jetzt in Arita produziert, die von den Holländern nach Südostasien, Indien, Persien und Europa verschifft wurden. Auch wenn die japanische Massenware qualitativ nicht an chinesische Produkte herankam, zudem wesentlich teurer war, und obwohl die Europäer ab den 1690ern, als Jingdezhen die Produktion wieder aufgenommen hatte, ihr ›chinesisches‹ Porzellan wieder aus China importierten: Mit dem Porzellanexport war Japan in den Weltmarkt eingestiegen. Der Seehandel, der Japan unabhängig vom Landweg über China machte, sollte wenige Jahrhunderte später zu einem wichtigen Faktor beim Aufstieg Japans zum modernen Staat werden.

Noch aber blickten die Tokugawa weniger auf die ›rothaarigen‹ Barbaren aus dem Westen als nach China. Der Abbruch diplomatischer Kontakte bedeutete keineswegs, dass das Shōgunat keine Informationen aus China mehr suchte, im Gegenteil: Jedes Schiff, das in Nagasaki vor Anker ging, musste einen schriftlichen Bericht über sein Herkunftsland abliefern, der nach Edo weitergeleitet wurde. Auf diese Weise erhielt das Shōgunat regelmäßig Nachrichten aus China, erfuhr von den Eroberungen der Qing, von wirtschaftlichen Entwicklungen und Neuigkeiten aus den chinesischen Küstenprovinzen.[33] Zudem sorgten die Händler von Nagasaki für einen steten Strom chinesischer Literatur, die ebenso neuartig war. Im 16. Jahrhundert hatten Bevölkerungswachstum, Urbanisierung und Kommerzialisierung im Ming-Reich zu einer regelrechten ›medialen Revolution‹ geführt. Jetzt wurden mehr Bücher als je zuvor gedruckt: Romane, Theaterstücke, illustrierte Werke und andere Volksliteratur, die ein großes städtisches Publikum ansprach.

Diese Bücher erreichten bald auch Japan. Vor allem die großen Romane der Ming-Zeit – *Die Reise nach Westen* (*Xiyou ji*), *Die Räuber vom Liangshan-Moor* (*Shuihu zhuan*), *Die Geschichte der Drei Reiche* (*Sanguo zhi yanyi*) und *Jin Ping Mei* – wurden dort begierig aufgenommen. Erstmals kam ›aktuelle‹ chinesische Literatur aus China nach Japan! In japanischer Übersetzung erzielten die Romane hohe Auflagen und inspirierten zahlreiche Adaptionen: Werke wie Santō Kyōdens *Chūshin suikoden* (1799/1801), das den Stoff des *Shuihu zhuan* mit japanischen Samurai-Geschichten verwob, Kyokutei Bakins 106bändiges *Nansō*

*Satomi hakkenden* (1814–42), das ebenfalls auf dem *Shuihu zhuan* basierte, oder Utagawa Kuniyoshis Farbholzdrucke zum *Shuihu zhuan* (*Musha-e*, 1827–30) waren enorm populär. Sie machten den chinesischen Roman zu *japanischem* Volksgut – nicht in seiner ursprünglichen, sondern in japonisierter Form.[34]

Mit den chinesischen Originalen indes machten die Japaner eine überraschende Erfahrung: Sie konnten sie nicht lesen. Jahrhundertelang hatten japanische Eliten lediglich Werke im Klassischen und Literarischen Chinesisch bzw. in der Fachsprache buddhistischer Übersetzungen rezipiert. Das *gesprochene* Chinesisch aber, an dem sich diese Romane orientierten, hatten sie nie zur Kenntnis genommen: Das war Sache der Dolmetscher gewesen. Daher waren »die volkstümlichen Texte, die heutzutage aus China importiert werden, für die berühmten Gelehrten weitgehend unlesbar«, wie ein Zeitgenosse bemerkte (Hedberg 2019, 27). Um Abhilfe zu schaffen, entstanden unter den Tokugawa Glossare zum Verständnis der chinesischen Romanliteratur. Neben Bezeichnungen für chinesische Alltagsgegenstände, Titeln, Institutionen usw. wurden dort auch ganz elementare Wörter wie ›wissen‹, ›sprechen‹, ›es heißt‹, ›auch‹, Konjunktionen und Präpositionen erklärt: All das war den »berühmten Gelehrten« unbekannt. Das umgangssprachliche Chinesisch der Volksliteratur war für sie eine gänzlich neue Sprache, die mit dem Klassischen Chinesisch wenig gemein hatte.

Die chinesische Sprache war nicht mehr dieselbe wie einst, ja China selbst war nicht mehr dasselbe wie zur Zeit der Weisen: Diese Einsicht drang jetzt in aller Deutlichkeit durch. Damit erschien auch die Rolle chinesischer Gelehrsamkeit in neuem Licht. Zuvor schien es ausgemacht, dass chinesische Gelehrte ein besseres Verständnis von klassischen Texten hätten, da sie ihnen sprachlich und kulturell näher seien als ihre japanischen Kollegen: »Chinesische Texte in unserer Sprache zu lesen, ist hundertmal schwieriger als die Aufgabe, die ein chinesischer Leser vor sich hat«, klagte einer von ihnen (ebd., 34). Dieses Argument war hinfällig, wenn man sich klarmachte, dass das Klassische Chinesisch auch für die Chinesen selbst eine Fremdsprache war: Es ging ihnen also nicht besser als den Japanern (vgl. S. 79). Schon die Gelehrten der Song-Zeit waren sprachlich und kulturell so weit vom Altertum entfernt, dass ihren Kommentaren keine besondere Autorität mehr zukam. Das wiederum hieß: Japanische Philologen brauchten ihnen nicht mehr zu folgen, sondern konnten mit gleichem Recht wie chinesische Gelehrte den Sinn der Urtexte erforschen. Diese Erkenntnis, die von der Rezeption volkstümlicher Literatur inspiriert war, sollte eine Revolution der klassischen Philologie bewirken.

Denn auch in der traditionellen Gelehrsamkeit ging der sino-japanische Austausch trotz politischer Abschottung ungebrochen weiter. Während das Tokugawa-Regime den Konfuzianismus zur Staatslehre erhob, vertieften sich die Gelehrten in die konfuzianischen Schriften. Allein zum *Yijing* entstanden in der Edo-Zeit mehr als tausend Studien. Der »Weg des Himmels und der Erde«, dozierte der Naturforscher Kaibara Ekken, sei die Wurzel allen menschlichen Handelns: Daher müsse jeder das *Yijing* studieren. Die kosmologischen Prinzipien des *Yijing* fanden Anwendung in der Politik, Medizin, Erziehung, Astrologie, Geographie, im Militär und Kalenderwesen, bei der Teezeremonie, beim Blumenstecken (*ikebana*), im Theater, in der Küche und vielen anderen Bereichen des japanischen Lebens: Das *Yijing* war wahrscheinlich der einflussreichste chinesische Text unter den Tokugawa.[35]

Neben der lebenspraktischen Anwendung des *Yijing*, für die der Text als Quell aller Weisheit über jeden Zweifel erhaben war, entwickelte sich zugleich eine philologische Kritik, die den systematischen Zweifel zur Grundlage machte. Itō Jinsai, einer der brillantesten Köpfe seiner Zeit, versuchte in detaillierten Studien die historische Gestalt des Textes zu rekonstruieren. Er kam zu dem Ergebnis, dass das *Yijing* keineswegs ein homogenes Werk aus einem Guss sei, sondern ein geschichteter Text, der seinen Charakter über Jahrhunderte grundlegend verändert habe. Ursprünglich ein kurzer Orakeltext, habe er erst durch Kommentare, die nach Konfuzius' Zeiten hinzugekommen seien, philosophischen Gehalt bekommen. Das *Yijing* als Flickwerk verschiedener Textschichten: Mit dieser Diagnose verlor das Werk just in dem Moment seine Aura, als es am meisten verehrt wurde. Itō Jinsai unterzog auch das *Lunyu*, die *Urteile und Aussprüche* des Konfuzius, einer kritischen Analyse und stellte darin ein ähnliches Muster fest: Die zweite Hälfte des Werkes, Kapitel 11 bis 20, unterscheide sich stilistisch und inhaltlich deutlich von der ersten und sei vermutlich später entstanden.

Kurz darauf vollendete Yamanoi Tei seine monumentalen *Textkritischen Studien zu sieben kanonischen Werken und Mengzi* (*Shichikei Mōshi kōbun*, 1731), in denen er signifikante Unterschiede zwischen verschiedenen Ausgaben des *Lunyu* feststellte. Diese Studien sorgten nicht nur in Japan für Furore. Das *Shichikei Mōshi kōbun* wurde – eine bemerkenswerte Umkehrung der kulturellen Fließrichtung – an den Hof der Qing geschickt, wo seine Bedeutung sofort erkannt wurde: denn es zitierte u. a. aus einer alten Ausgabe des *Lunyu* von Huang Kan, die in China längst als verloren galt. Was bereits Ouyang Xiu festgestellt hatte, dass »verlorne Bücher dort in großer Zahl bewahrt« seien, wurde den Qing-Gelehrten jetzt schlagartig klar. Zhai Hao ließ eine Abschrift des *Lunyu* von Huang Kan für seine eigenen textkritischen Studien nach China holen, andere Gelehrte taten es ihm gleich. Fortan wurden Abschriften von Werken, die in Japan überdauert hatten, systematisch nach China reimportiert.

Erstmals dienten japanische Textausgaben dazu, chinesische Klassiker zu emendieren, und die philologischen Studien japanischer Konfuzianer dienten ihren chinesischen Kollegen als Vorbild. Sie inspirierten einen Quantensprung in der chinesischen Gelehrsamkeit. Kritische Beobachtungen zu den chinesischen Klassikern hatte es schon vorher gegeben, aber im 17./18. Jahrhundert erreichte die ›kritische Gelehrsamkeit‹ (*kaozheng xue*/*kōshōgaku*) eine neue Dimension und ein neues Niveau. Gelehrte wie Yan Ruoqu, Gu Yanwu, Cui Shu und viele andere nahmen den konfuzianischen Kanon nicht mehr als Ausdruck zeitloser Weisheit hin, sondern als *historische* Texte. Sie rückten diesen Texten mit allen Instrumenten der Kritik – Paläographie, historische Phonologie, Epigraphik, Textkritik – zu Leibe, um ihre ursprüngliche Gestalt festzustellen. Dabei waren sie in vielfacher Hinsicht japanischen Vorarbeiten verpflichtet: Cui Shu kam in seinen berühmten *Lunyu*-Studien zu ganz ähnlichen Ergebnissen wie Itō Jinsai, Zhai Hao knüpfte direkt an die Arbeiten von Yamanoi Tei an, und Ruan Yuan stützte sich bei seiner großen Ausgabe der *Dreizehn kanonischen Schriften* (*Shisan jing zhushu*, 1815) maßgeblich auf Yamanois Arbeiten. Die Studien und Editionen der *kaozheng*-Gelehrten gelten heute noch als Grundlagen sinologischer Forschung: Sie sind ein bleibendes Erbe sino-japanischer Gelehrsamkeit.

## *Das neue ›Kulturreich der Mitte‹*

Die Historisierung der konfuzianischen Klassiker fand ihr Pendant im japanischen Verständnis chinesischer Kultur schlechthin. So, wie Hayashi Razan den ›rechten Weg‹ des Neukonfuzianismus von seinen antiken Autoren abstrahierte und wie Philologen den ursprünglichen Kern chinesischer Texte von ihren späteren Anlagerungen trennten, begannen die Gelehrten der Tokugawa-Zeit, Chinas ›ursprüngliche‹ Kultur von ihren späteren Ausprägungen zu unterscheiden.

Einerseits verstanden diese Gelehrten, abgeschnitten vom Kontakt mit dem Ausland, ›China‹ zunehmend als abstrakte Metapher: Das ›Kulturreich der Mitte‹ (Zhonghua/Chūka) stand für Weisheit, Sittlichkeit und Gelehrsamkeit, für den ›Weg des Himmels‹ und die rationale Ordnung. So, wie die europäischen Aufklärer des 18. Jahrhunderts die Chinesen für das vortrefflichste aller Völker hielten, galt China für Tokugawa-Gelehrte als Maß und Mitte aller Dinge: »die Mitte zwischen Himmel und Erde sowie das Zentrum der Vier Meere« (*Shūgi washo* 8). Dieses China-Bild spiegelt sich auch in der Malerei, die idyllische Bilder von einem Land produzierte, das es nie gegeben hat, in Gartenanlagen, die Landschaften nachbilden, die niemand je gesehen hat, und in der Renaissance chinesischer Dichtung (*kanshi*), die Verse in einer Sprache produzierte, die nie ein Japaner gehört hat. In gewisser Weise nahmen die Edo-Gelehrten Europas Vorstellung vom ›ewigen China‹ vorweg. Denn ebenso, wie ihr China-Bild der Erfahrung entzogen war, war es der Zeit enthoben. Chinas Vernunftwahrheiten galten ewig: Vor Konfuzius war nichts, und nach ihm war nichts, wie Nakae Tōju es ausdrückte.

Doch während japanische Konfuzianer *Chūka* zum ›ewigen China‹ stilisierten, *historisierten* sie andererseits das zeitgenössische China; und je mehr sie jenes überhöhten, desto tiefer schien ihnen dieses gesunken. Ogyū Sorais Generation hatte mitverfolgt, wie China von manjurischen ›Barbaren‹ erobert worden war, und zwar nicht zum ersten Mal in seiner Geschichte: »Seit der Zeit der Drei Dynastien ist China von Barbaren aus dem Westen und Norden erobert worden«, und zwar deshalb, weil es die Prinzipien der Weisen missachtet habe. Daher, so folgert Ogyū, sei China nicht mehr das ›Kulturreich der Mitte‹ von einst (*Sorai shū* 25). Das gegenwärtige China, in dem die Lehre der Weisen verloren gegangen sei, nannten die Tokugawa-Gelehrten denn auch nicht Chūka, sondern sie wählten einen Namen, der bislang vor allem aus buddhistischen Texten bekannt war: Shina.[36] Das war ein folgenschwerer Gedanke: Er führte nicht nur zu einem Riss in der China-Rezeption, der sich später zu einer gewaltigen Kluft weiten sollte, sondern auch zu der Einsicht, dass der ›rechte Weg‹ des Altertums eben nicht immer und überall gelte. Er war *historisch* – nicht natürlich-alternativlos, sondern von Menschen gemacht: »Auch das Prinzip, die Welt in vier Stände – Gelehrte, Bauern, Handwerker und Händler – einzuordnen, wurde von den Weisen des Altertums geschaffen. Die vier Stände sind nicht natürlich in Himmel und Erde angelegt«, argumentierte Ogyū, und das hieß: Diese Ordnung konnte auch verändert und reformiert werden. Ogyū Sorai ist als »Entdecker der Politik« in Japan bezeichnet worden (Maruyama 1974, vii). Er beschrieb Gesellschaft nicht mehr als naturgegebene Ordnung, basierend auf unveränderlichen Riten, sondern als künstliches Gebilde, das auf stets neu zu verhandelnden Entscheidungen beruhte. Damit rüttelte er an den Grundfesten der konfuzianischen Lehre und bereitete den Boden für die radikalen Reformen, die Japan anderthalb Jahrhunderte später durchführen sollte.

In dem Maße, in dem chinesische Lehren an Verbindlichkeit einbüßten, rückten andere Quellen der Autorität in den Vordergrund. Eine davon waren die Holländer, die seit 1640 eine Handelsniederlassung auf der Insel Dejima bei Nagasaki hatten. Sie brachten nicht nur Wunderwerke westlicher Technik wie mechanische Uhren, Globen, Gewehre, Thermometer, Barometer, medizinische und optische Instrumente, astronomische Geräte u. a. nach Japan. Ebenso wie andere Händler, mussten auch die Holländer dem Shōgunat regelmäßig Berichte aus ihrer Heimat liefern – und die enthielten sensationelle Informationen. Vor allem im 18. Jahrhundert brachten die Holländer Nachrichten von der wissenschaftlichen und industriellen Revolution aus Europa nach Japan: Sie berichteten von den neuen Naturwissenschaften, den Fortschritten in Medizin und Militärtechnik, von der Wirtschaft und den Künsten, die sich in Europa gerade so radikal veränderten. Von den Holländern lernten die Japaner, dass es jenseits des chinesischen Reiches noch eine weitere hochentwickelte Zivilisation gab, ja, dass diese der chinesischen womöglich überlegen war. Ein schlagendes Beispiel dafür lieferte die Medizin: Die Holländer hatten auf Dejima stets auch medizinisches Personal – darunter Koryphäen wie den deutschen Arzt Engelbert Kaempfer –, das auch von den Einwohnern Nagasakis konsultiert wurde. Die Heilkunst der Holländer schien überzeugend genug zu sein, aber der Durchbruch kam, als 1771 die Leiche einer hingerichteten Frau seziert wurde: eine ›schmutzige‹ Aufgabe, die nur von den Niedrigsten der Edo-Gesellschaft, den ›Unberührbaren‹, durchgeführt wurde. Diesmal aber waren Forscher dabei, die den Vorgang beobachteten:

> Der alte Mann erklärte verschiedene Organe wie das Herz, die Leber, die Gallenblase und den Magen. Außerdem zeigte er auf einige andere Dinge und sagte: »Ich weiß nicht, was sie sind, aber sie sind in allen Körpern gewesen, die ich bisher seziert habe.« Als wir sie später in anatomischen Karten der Holländer überprüften, konnten wir sie als Hauptschlagadern und Nebennierendrüsen identifizieren. … Als wir Dinge, die wir gesehen hatten, mit den Abbildungen in dem holländischen Buch verglichen, waren wir verblüfft, wie genau sie übereinstimmten. Es gab keine Unterteilungen wie die ›sechs Flügel‹ und ›zwei Ohrmuscheln‹ der Lunge oder die drei ›linken‹ und vier ›rechten Flügel‹ der Leber, die in alten [chinesischen] Medizinbüchern erwähnt sind. Auch Lage und Form der Därme und des Magens waren ganz anders als in traditionellen Beschreibungen. [Auch die Knochen] sahen überhaupt nicht so aus wie in den

> alten Büchern, sondern genau so, wie sie in dem holländischen Buch abgebildet waren. Wir waren völlig verblüfft.
>
> (*Rangaku kotohajime*, üb. nach Matsumoto 1969, 26 f.)

Die Autopsie bestätigte die anatomischen Tafeln der Holländer vollauf und führte traditionelle chinesische Darstellungen ad absurdum. Diese und andere Erkenntnisse lösten ein Erdbeben aus: denn wenn in der Medizin die Chinesen so falsch und die Holländer so richtig lagen, wie sollte es dann in den anderen Wissenschaften sein? »Die Dominanz Chinas ist zu Ende«, rief ein Zeitgenosse aus, und ein anderer, Ōtsuki Gentaku, schrieb 1788: »Bis jetzt galt China als das zivilisierteste Land. Aber Holland ist ihm überlegen, da es außer der Literatur auch Wissenschaft besitzt« (Narsimhan 1999, 16). Jetzt bildete sich ein eigenes Wissensgebiet heraus, die ›Holland-Studien‹ (*rangaku*), das ganz den Informationen gewidmet war, welche die Holländer nach Japan brachten. Neben den offiziellen Dolmetschern studierten jetzt auch andere Japaner mühsam die holländische Sprache, stellten Lexika zusammen und begannen die zahlreichen Bücher zu übersetzen, die mit den Handelsschiffen nach Nagasaki kamen. Es entstanden private Schulen für ›Holland-Studien‹, Händler spezialisierten sich auf technische Geräte aus Europa, Maler kopierten westliche Ölgemälde, die ihnen mit der Zentralperspektive und den Hell-Dunkel-Kontrasten eine neue Form des Realismus offenbarten, Techniker experimentierten mit holländischen Instrumenten. Einer von ihnen, Hiraga Gennai, verkaufte seine ganze Habe, um ein holländisches Buch über Naturgeschichte zu erwerben, baute elektrische Geräte nach, wob feuerfeste Stoffe aus Asbest und dilettierte auf anderen Gebieten der *rangaku*. Kurz, die ›Holland-Studien‹ bedeuteten einen Paradigmenwechsel in der Weltsicht der japanischen Elite. Mit der offenkundigen Überlegenheit europäischer Wissenschaft und Technik war – zumindest für einen Teil dieser Elite – China als Quell aller Kultur desavouiert.

Zugleich gerieten chinesische Lehren auch aus einer anderen Richtung unter Beschuss. Aus Hayashi Razans Lehre, dass der ›rechte Weg‹ universelle Geltung besitze und auch in Japan schon immer gewaltet habe, und Ogyū Sorais Einsicht, dass die Lehre der Weisen in Shina verloren gegangen sei, folgerten japanische Denker im 18. Jahrhundert eine Art *translatio imperii*: Nicht China, sondern Japan sei das eigentliche ›Kulturreich der Mitte‹. Denn im Gegensatz zu China, das schon oft von ›Barbaren‹ unterworfen worden sei, habe es in Japan »seit der Trennung von Himmel und Erde bis auf den heutigen Tag nur eine ungebrochene Herrscherlinie« gegeben (S. 166), und trotz wiederholter Angriffe sei es nie erobert worden. Damit war auch das kulturelle Gefälle zwischen China und Japan, das seit jeher fraglos gültig gewesen war, in sein Gegenteil verkehrt: Hatte China bislang als Inbegriff der Kultiviertheit und Japan als ›barbarisch‹ gegolten, erschien nunmehr Japan als Fackelträger der Kultur und das China der Qing als ›barbarisch‹.[37]

Das neue Selbstbewusstsein der japanischen Elite wurde begleitet von einer intensiven Beschäftigung mit der eigenen Kultur. Im 17. und 18. Jahrhundert entwickelten sich, nicht zuletzt als Gegenbewegung zu den ›China-Studien‹ (*kangaku*), die ›Japan-Studien‹ (*wagaku* bzw. *kokugaku*), die jedweden Bezug auf China oder chinesischen Einfluss vehement ablehnten. Gelehrte wie Motoori Norinaga, Hirata Atsutane und andere beließen es nicht dabei, das gegenwärtige China als ›barbarisch‹ zu bezeichnen, sondern verunglimpften die gesamte chinesische Tradition. Auch für sie war China eine abstrakte Metapher, jedoch in ganz anderer Weise als früher: nicht als Hort aller Kultur und Vorbild für Japan, sondern als Inbegriff der Verkommenheit und *Gegenbild* zu Japan. Sie ließen kein gutes Haar am ›Kulturreich der Mitte‹. Im Gegensatz zu Japan, dem erhabenen Land der Sonnengöttin, sei jenes »andere Land« von Anbeginn »zum Tummelplatz der bösen *kami* geworden, die sich bei ihm zusammenscharen wie die Fliegen im Sommer«, lästerte Motoori Norinaga.

> Deren Unheil stiftendem Wirken ist es zuzuschreiben, dass die Herzen der Menschen verdorben und ihre Sitten verwildert sind. Die Folge davon ist Umsturz. So kommt es, dass auch Leute niederer Herkunft ohne weiteres Herrscher werden. Daher treffen, die oben sind, Vorkehrungen, dass sie nicht von den Menschen, die unten sind, gestürzt werden; während die Menschen, die unten sind, Pläne machen, wie sie diese (die oben sind) stürzen können. Sie nehmen keine

> Rücksicht auf einander. So schaden sie sich gegenseitig und machten von alter Zeit an die Regierung des Reiches sehr schwer.
>
> (*Naobi no mitama*, Übers. Stolte 1939, 195)

Kurz, China sei ein Land des Chaos und der Gewalt. Auch die vielgepriesenen Lehren der Weisen seien nichts als »Lug und Trug«, »Blendwerk, um die Menschen für sich zu gewinnen und sie zu beherrschen«; die Weisen selbst seien »wahrhaftig keine guten Menschen, sondern überhaupt die schlechtesten« (ebd., 196 f.). Den ›rechten Weg‹ des Konfuzianismus, so Norinaga, könne man also getrost vergessen: Er habe nie funktioniert und sei nie befolgt worden. Gerade das Aufhebens, das Gelehrte von diesem ›rechten Weg‹ machten, sei der beste Beweis, dass es damit nicht weit her sei: Wie ein Nichtsnutz, der »selbst über die nichtigsten Dinge des langen und breiten sich äussert und dadurch gross tun will, so spricht China nur über den Weg und nichts anderes, da es selbst arm an ›Weg‹ ist« (ebd., 198). Das ist Norinagas Pointe: Begriffe verweisen auf *Probleme*. Die Rede vom ›rechten Weg‹ sei also ein Symptom für Chinas Probleme. Japan hingegen, das »göttliche, begriffslose Land«, sei seit unvordenklichen Zeiten glücklich und friedvoll gewesen – nicht obwohl, sondern gerade weil es den Begriff des ›rechten Wegs‹ nicht gekannt habe.

Doch die Tragödie der japanischen Geschichte bestehe darin, dass es chinesische Begriffe, Sitten und Institutionen übernommen und dadurch seinen Zustand ursprünglicher Reinheit verloren habe. Damit greift Norinaga einen alten Topos auf: Die Übernahme chinesischer Schrift und Begriffe habe den ›japanischen Geist‹ von sich selbst entfernt; sie habe »Lug und Trug« in die Welt gebracht, wo vorher ungetrübte Authentizität geherrscht habe (S. 144), kurz: Sie habe »die Herzen der Menschen verdorben«. Daraus ergab sich das Projekt der ›Japan-Studien‹: Es ging darum, den Eigenwert der japanischen Tradition herauszuarbeiten, indem man diese zu ihren vermeintlich reinen Ursprüngen jenseits chinesischer (und holländischer) Einflüsse zurückverfolgte. Nicht zufällig richtete sich die Aufmerksamkeit auf *textes fondateurs* der japanischen Tradition wie das *Kojiki* und das *Genji monogatari*. Besonders das *Kojiki*, das chinesische Schrift benutzt, um japanische Wörter zu schreiben (S. 431, Anm. 24), und daher jahrhundertelang kaum verstanden worden war, wurde zum Faszinosum für Motoori Norinaga. Er verbrachte über 30 Jahre damit, einen 44bändigen Kommentar zu schreiben, das *Kojiki den*, in dem er das *Kojiki* als *japanisches* Werk wieder zum Leben erweckte: als autochthones und damit, wie Norinaga meinte, besonders authentisches Dokument der japanischen Geschichte, denn es sei noch nicht durch chinesische Begriffe verfälscht. Gerade in seiner ursprünglichen, einfachen Gestalt sei das *Kojiki* viel tiefgründiger als chinesische Lehren:

> Da im allgemeinen die Lehren Chinas … ursprünglich von den Heiligen auf Grund der eigenen Weisheit willkürlich ausgedacht worden sind, klingen sie beim blossen Zuhören sehr tiefsinnig. … Die Lehre Nippons dagegen ist noch so, wie sie aus den Tagen der Kami überliefert worden ist ohne das geringste Beiwerk menschlicher Weisheit. Daher nimmt sie sich von aussen betrachtet sehr oberflächlich aus. In Wahrheit aber ist sie endlos tief und ein tiefer, wunderbarer Sinn wohnt ihr inne, den keine Menschenweisheit ergründen kann.
>
> (*Naobi no mitama*, Übers. Stolte 1939, 205 f.)

Auch wenn sich die ›Japan-Studien‹ im 18. Jahrhundert noch nicht gegen die ›China-Studien‹ durchsetzen konnten: Motoori Norinaga und die *kokugaku*-Gelehrten haben wichtige Themen besetzt und Argumente geformt.[38] Ihre Worte sollten nachwirken. Die scharfe Abgrenzung Japans von China – Herz vs. Vernunft, Wort vs. Schrift, Spontaneität vs. Künstlichkeit, Natur vs. Kultur, *kami* vs. Konfuzianismus, Beständigkeit vs. Dekadenz –, welche zugleich die Zusammengehörigkeit aller Japaner implizierte, die Überhöhung des Shintō als Inbegriff alles Japanischen und die Identifikation mit dem Kaiserhaus: All das sollte im 19. Jahrhundert aufgegriffen und in einer Weise gesteigert werden, wie Motoori Norinaga und seine Zeitgenossen es sich wohl kaum vorgestellt hatten.

# Fliehender Horizont: Der Einbruch der Moderne

Das außergewöhnlichste Merkmal der sino-japanischen Beziehungen bis ins 19. Jahrhundert dürfte ihr *friedlicher* Charakter sein. Gewiss, die Invasionsversuche der Mongolen, auf deren Seite auch Chinesen kämpften, wirkten traumatisch, und die ›japanischen‹ Piraten waren eine Geißel für die Küstenbewohner Südchinas. Aber zu echten Kriegen zwischen China und Japan war es in zwei Jahrtausenden nur zweimal gekommen: bei der Seeschlacht um Paekche im Jahre 663 und, fast ein Jahrtausend später, bei den Feldzügen Hideyoshis von 1592 und 1597. Ein derart friedliches Nebeneinander zweier Staaten, die nur ›durch einen schmalen Gürtel Wasser getrennt‹ sind, dürfte weltgeschichtlich einmalig sein. Auch nach Hideyoshi herrschte fast 400 Jahre lang Frieden zwischen China und Japan.

Doch dann kam der Westen, brachte die Moderne, die Kanonenboote und den Imperialismus nach Ostasien – und veränderte die sino-japanischen Beziehungen grundlegend. Zweimal, 1839–42 und 1856–60, überzogen die Engländer China mit Krieg, um ihr ›Recht‹ auf Opiumhandel durchzusetzen. Die Qing hatten den englischen Kanonenbooten nichts entgegenzusetzen. Sie mussten zwei demütigende Niederlagen und anschließend die Friedensdiktate von Nanjing und Tianjin sowie die Besetzung von Küstenstädten wie Hongkong und Shanghai hinnehmen. Doch ironischerweise wirkten sich die ›Opiumkriege‹ auf Japan viel stärker aus als auf China. Die Japaner hatten die Ereignisse in China aufmerksam verfolgt und sie als Warnung verstanden: »Wenn der vordere Wagen aus der Spur gerät«, hieß es damals, »ist das den hinteren Wagen eine Warnung.« Folglich reagierten die Japaner, nachdem 1853 auch vor Tōkyō westliche Kanonenboote aufgetaucht waren, auf die Herausforderung der westlichen Moderne wesentlich entschlossener als China: Während die Qing lediglich mit halbherzigen Maßnahmen versuchten, westliche Technik zu imitieren, um sich militärisch zu stärken, reformierte Japan sich in der Meiji-Zeit mit geradezu preußischer Gründlichkeit an Haupt und Gliedern. Innerhalb weniger Jahrzehnte machte sich Japan fast alle Facetten westlicher Zivilisation zu eigen: den Fortschrittsglauben, die Staatsform der konstitutionellen Monarchie, Wissenschaft und Technik, das Ideal der Gleichheit, den nationalen Gedanken, Mode und Alltagskultur, nicht zuletzt den Begriff der ›Zivilisation‹ selbst.

Nachdem es ein Jahrtausend zuvor die Tang-Kultur in Bausch und Bogen übernommen hatte, machte Japan zum zweiten Mal in seiner Geschichte eine Metamorphose durch, die seine Gesellschaft in den Grundstrukturen veränderte. Doch diesmal war es keine Zuwendung zu China, sondern im Gegenteil: Die Verwestlichung Japans führte zu einer ›Abwendung von Asien‹. Während China beharrlich an seiner Tradition festhielt, entwickelte Japan sich binnen kürzester Zeit zu einem modernen Staat. Damit änderte sich auch seine Sicht auf die chinesische Gesellschaft radikal: Aus moderner, zukunftsorientierter Perspektive konnte China nur mehr als rückständig, veraltet, ja verächtlich erscheinen. Waren Chinas Niederlagen in den Opiumkriegen nicht ein schlagender Beweis seiner Dekadenz und Altersschwäche? Ein jahrtausendaltes Verhältnis wurde binnen weniger Jahrzehnte auf den Kopf gestellt: Aus Japans verehrtem Vorbild wurde ein »schlechter Freund«, aus der unumstrittenen Vormacht das vielfach zerteilte »Polen Ostasiens« (Fukuzawa Yukichi), aus dem Zentrum aller Kultur ein unzivilisiertes Rudiment alter Zeiten. Jetzt erschienen die Chinesen, die jahrhundertelang auf die Japaner herabgeblickt hatten, diesen selbst als ›Barbaren‹. Sie wurden – wahrscheinlich gerade, weil Japan ihnen so nahestand – zum Objekt der Verachtung, gar des Hasses. Sie wurden zu Feinden.

Damit endete die Zeit des Friedens: 1871 verleibte sich Japan die Ryūkyū-Inseln ein, 1874 schickte es eine ›Strafexpedition‹ nach Taiwan, 1884 kam es in Korea zu Gefechten mit Qing-Truppen. Schließlich brach 1894 der erste Sino-Japanische Krieg aus, in dem die Japaner den Qing eine vernichtende Niederlage beibrachten, einen erdrückenden Friedensvertrag diktierten und Taiwan dauerhaft besetzten. Der Sino-Japanische Krieg markiert den Punkt, an dem die politischen und kulturellen Gewichte sich definitiv zugunsten Japans verschoben. Doch paradoxerweise bewirkte der Krieg auch eine neuerliche Annäherung beider Völker: denn jetzt erkannten weite Kreise der chinesischen Elite die Erfolge der Meiji-Reformen und sahen ein, dass sie von Japan lernen könnten; Japaner wiederum machten China als wichtigen Verbündeten gegen die Westmächte aus. In den nächsten Jahren reisten Tausende junger Chinesen nach Japan, um dort Japanisch zu lernen und das Wissen der Moderne zu studieren. So wurden die einstigen Lehrer zu Schülern und die Schüler zu Lehrern: Waren ein Jahrtausend zuvor die Giganten der japanischen Kulturgeschichte – Saichō, Kūkai, Kibi no Makibi und viele andere – nach China gereist, um dort zu lernen, erhielten jetzt die großen Chinesen des 20. Jahrhunderts ihre Prägung in Japan. In Tōkyō und Yokohama lernten sie die Begriffe und Institutionen der Moderne kennen und führten sie in China ein. So, wie Japan ein gutes Jahrtausend zuvor einen Staat nach chinesischem Vorbild aufgebaut hatte, orientierte China sich jetzt am japanischen Modell, um seinen Staat zu reformieren. Und so, wie chinesische Kultur einst das klassische Japan geprägt hatte, sollte japanische Zivilisation nun die chinesische Moderne formen.

Nach 1898 wurde Japans Einfluss auf China so dominant, dass manche von einer ›Japonisierung‹ Chinas sprachen. Wie in der Tang-Zeit, fanden beide Länder wieder in einer besonderen historischen Situation zueinander, als sie auf demselben Entwicklungspfad zu sein schienen: an der Schwelle zur Moderne und auf dem Weg, den Westmächten gemeinsam die Stirn zu bieten. Doch auch diesmal sollte es nur eine Übergangsperiode sein. Die beschleunigte Geschichte des 20. Jahrhunderts entfernte beide Länder wieder voneinander, ehe sie recht zueinander gefunden hatten.

| | **China** | **Japan** |
|---|---|---|
| | **Qing-Dynastie (1644–1912)** | **Tokugawa-Shōgunat (1600–1868)** |
| 1839–42 | Erster Opiumkrieg | |
| 1843 | Wei Yuans *Haiguo tuzhi* | |

| | China | Japan |
|---|---|---|
| 1850–64 | Taiping-Rebellion | |
| 1853–54 | | US-Flotten vor Edo |
| 1856–60 | Zweiter Opiumkrieg | |
| 1862 | Die *Senzai-maru* in Shanghai | |
| 1868 | | Abdankung des Shōguns |
| | | **Meiji-Zeit (1868–1912)** |
| 1871 | Sino-japanischer Freundschaftsvertrag | |
| 1874 | Japanische ›Strafexpedition‹ nach Taiwan | |
| 1885 | | Fukuzawa Yukichi: *Abkehr von Asien* |
| 1894–95 | Sino-Japanischer Krieg: Vertrag von Shimonoseki, Taiwan von Japan besetzt | |
| 1896 | Erste chinesische Studenten in Japan | |
| 1898 | Hundert-Tage-Reform, Reformer fliehen nach Japan | |
| 1900 | Boxer-Aufstand, japanische Truppen in Peking | |
| 1902–11 | *xinzheng*-Reformen | |
| 1904–05 | | Russisch-japanischer Krieg |
| | **Republik China (seit 1912)** | |

## Wiedersehen in der Moderne

Mehr als zweihundert Jahre lang hatten China und Japan sich austernhaft gegeneinander verschlossen. So lebhaft der Handel über Nagasaki auch gewesen war und so fruchtbar chinesische Mönche und Maler in Japan gewirkt hatten – diplomatische Kontakte, Rundreisen von Mönchen und Gelehrten, direkten kulturellen Austausch, wie er die sino-japanischen Beziehungen in früheren Jahrhunderten geprägt hatte, hatte es in dieser Zeit fast gar nicht gegeben. China und Japan waren sich in diesen Jahrhunderten fremd geworden.

Noch Mitte des 19. Jahrhunderts hatten chinesische Gelehrte nicht die geringste Ahnung von Japans Geographie: Es bestehe aus drei großen Inseln, behauptete etwa Xu Jiyu in seinem geographischen Werk *Yinghuan zhilüe* – und zwar Tsushima, Nagasaki und Satsuma. Abgesehen davon, dass weder Nagasaki noch Satsuma Inseln sind, war Xu nicht einmal die japanische Hauptinsel, Honshū, bekannt! Auch von den Sitten und Gebräuchen der Japaner weiß er nur alte Stereotypen wiederzugeben: dass die Menschen sittsam seien – wer gegen ein Gesetz verstoße, begebe sich stracks in die Berge, um sich das Leben zu nehmen –, auf Reinlichkeit hielten und die Haare in einem Knoten trügen. Auch die Mär von den Inseln der Unsterblichen lässt Xu Jiyu nicht aus und zitiert die Behauptung, dass viele Japaner mit Nachnamen Xu hießen, denn »sie seien allesamt Nachfahren von Xu Fu« (*Yinghuan zhilüe* 1).

Als China und Japan den Kontakt im 19. Jahrhundert wieder aufnahmen, geschah das keineswegs aus freien Stücken. Erst das aggressive Vorgehen der Westmächte öffnete beide Länder für den Handel – und zugleich auch für die Wiederaufnahme diplomatischer und kultureller Kontakte. Die Herausforderung der Moderne sorgte für ein Wiedersehen von China und Japan, das allerdings unter ganz anderen Vorzeichen stand als frühere Begegnungen. Die Welt war im 19. Jahrhundert eine andere geworden. Die Fiktion, dass China das Zentrum dieser Welt sei, war schon im 18. Jahrhundert erodiert; im Zeitalter der Dampfschifffahrt, des globalen Handels und des Siegeszugs der westlichen Moderne ging sie vollends verloren. Europa und die USA wurden zum Fluchtpunkt der neuen Weltordnung: Japan und China mussten sich darein fügen, ob sie wollten oder nicht.

## *Die Opiumkriege*

China wurde das erste Opfer der westlichen Moderne. Die Engländer, frustriert vom Handel mit China, der auf den Hafen von Kanton beschränkt war und ihnen im Gegenzug zu immensen Importen von Tee und anderen Gütern kaum Absatzmöglichkeiten für eigene Waren bot, hatten im frühen 19. Jahrhundert den illegalen Handel mit Opium forciert. Mehr als zweieinhalb Millionen kg des Rauschgifts schmuggelten englische Händler in den 1830ern pro Jahr nach China. Sie trieben 5–10 % des chinesischen Volkes in die Drogenabhängigkeit: Arbeiter, Studenten, Bauern, Beamte, Soldaten. Manche verkauften Haus und Hof, um an Opium zu kommen, andere wurden von der Teuerung, die durch den Abfluss von Silber aus China entstand, in den Ruin getrieben.

Die Qing mussten handeln. Im Jahr 1839 schickten sie den hohen Beamten Lin Zexu als Gesandten nach Kanton, um gegen die kriminellen Machenschaften der Opiumschmuggler vorzugehen. Er ließ 20.000 Kisten Opium vernichten und appellierte in einem Brief an Königin Victoria, den Opiumhandel zu unterbinden. Doch statt darauf einzugehen, antworteten die Engländer mit Krieg: Sie schickten eine Flotte von 48 Schiffen, darunter vier gepanzerte Dampfschiffe, nach Südchina, die in schneller Folge eine Reihe von Küstenstädten eroberten und die Qing zur Kapitulation zwangen. Lin Zexu wurde mit Schimpf entlassen, und im August 1842 zwangen die Engländer den Qing im Vertrag von Nanjing hohe Reparationen sowie die Öffnung von fünf Küstenstädten für den Handel auf. – Die erste Begegnung mit der westlichen Moderne wurde für China zu einem Trauma, das bis heute nachwirkt.

Die Niederlage der Qing im Opiumkrieg war auch für Japan ein Schock. Zwar hatten sie im Rahmen ihrer ›Holland-Studien‹ bereits eine Vorstellung von der Stärke westlicher Zivilisation bekommen, doch diese Katastrophe hatten sie nicht vorhergesehen. Noch kurz vor Ausbruch des Krieges hatten japanische Eliten vor allem die Russen als Gefahr angesehen; und sie waren überzeugt gewesen, dass nicht China, sondern sie selbst das erste Ziel sein würden:

> Die Qing sind ein mächtiges Reich; die [westlichen] Barbaren werden es nicht leichtfertig angreifen. Ryūkyū und Korea sind so arm und schwach, dass sie nicht der Rede wert sind. Das heißt, dass Russland wahrscheinlich zuerst Japan angreifen wird, um dann China zu erobern. Das ist eine üble und gefährliche Situation. (Tokugawa Nariaki, zit. nach: Wakabayashi 1992, 3)

Wieviel übler und gefährlicher musste sie erscheinen, nachdem England *zuerst* China bezwungen hatte! Anfang der 1840er Jahre kamen die ersten chinesischen Nachrichten vom Opiumkrieg nach Japan: langsam, unregelmäßig und keineswegs immer zuverlässig. Sie berichteten von den furchtbaren Waffen der Engländer: von Kriegsschiffen, »groß wie schwimmende Berge«, und Kanonen, die »lauter waren als Donnerhall und die Erde aus ihrer Bahn zu werfen schienen«, aber auch von deren barbarischem Zerstörungswerk: von Plünderungen, Brandschatzungen, der Schändung von Heiligtümern, von Massakern an Zivilisten und Vergewaltigungen: »Jede Nacht setzten fünf- bis sechshundert Frauen ihrem geschändeten Leben ein Ende.« Die chinesischen Soldaten jedoch hätten der Übermacht getrotzt: General Hai Ling etwa, »ein Schwert in jeder Hand, focht mit dem Furor eines Dämonenbezwingers, ließ seine Klingen wirbeln und tötete zwanzig der schwarzen und weißen Barba-

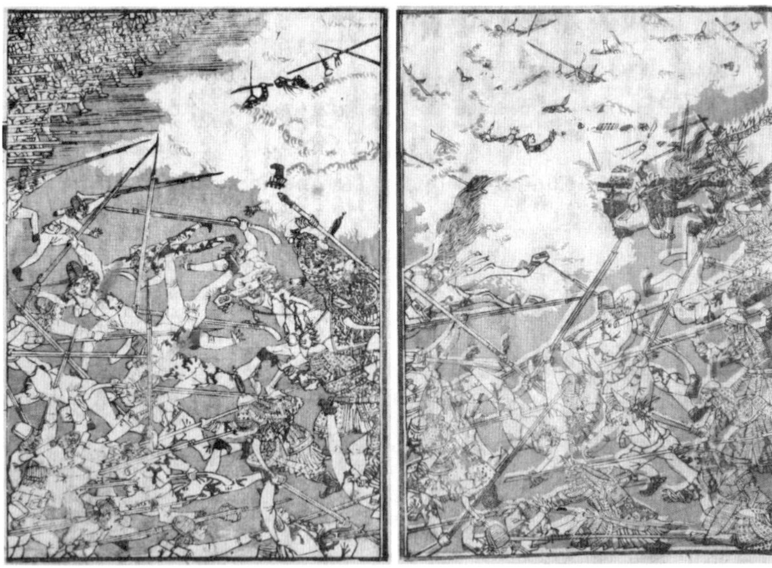

Die Truppen der Qing, mit Schwertern und Lanzen bewaffnet, kämpfen todesmutig gegen die modernen Schusswaffen der Engländer. Die ikonographische Ähnlichkeit zum Kampf der japanischen Samurai gegen die Mongolen (vgl. S. 164) ist wohl kein Zufall. Abb. aus *Kaigai shinwa* 4, 7 f.

ren.« Und der Kommandeur Wang Xipeng sei frontal in den Kugelhagel der Engländer gestürzt,

> er war schwer verwundet, und sein Blut floss wie eine Sturzbach. Dennoch erschlug er zehn weiße Männer und acht schwarze [indische Soldaten in britischen Diensten], bevor er von fünf weiteren Kugeln getroffen wurde und einen heldenhaften Tod starb. Als seine Männer ihn sterben sahen, stürmten sie auch vor und starben im Kampf. (*Kaigai shinwa* 4, 6ab)

Auch Zivilisten und lokale Milizen hätten unerschrocken gegen die Barbaren gekämpft, manche mit Knüppeln und Äxten, andere mit brennenden Booten – eine alte chinesische Taktik –, die ein Inferno unter den Kriegsschiffen der Engländer entfacht hätten. Die Jubelschreie der Chinesen »reichten bis zum Himmel, erschütterten die Erde und hallten durch die Welt bis in die fernsten Winkel der Barbarenländer.« Solche heroischen Darstellungen, wiewohl grandios übertrieben, passten recht zum Kriegerethos der Samurai. In japanischen Publikationen wie dem oben zitierten *Kaigai shinwa* (1849) wurden sie rhetorisch noch gesteigert und durch Bilder dramatisch illustriert. Sie vermittelten ein eingängiges Narrativ: Die technisch weit unterlegenen, aber furchtlosen Chinesen leisteten den blutrünstigen Barbaren todesmutig Widerstand.

Doch woran lag es dann, dass China den Krieg dennoch verlor? Auch hierfür lieferten Darstellungen wie das *Kaigai shinwa* Erklärungen: Die Beamten und hohen Offiziere hätten auf ganzer Linie versagt. In maßloser Arroganz und völliger Unkenntnis der ›Barbaren‹ hätten sie deren Stärke unterschätzt und ihre Landesverteidigung sträflich vernachlässigt. Als der Krieg dann begann, hätten sie den spontanen Widerstand im Volk nicht unterstützt und sich feige zurückgezogen, mehr noch: Sie hätten sich den ›Barbaren‹ sogar angebiedert, um sie zu beschwichtigen. Diese ›Han-Verräter‹, nicht die Übermacht der Engländer, seien der eigentliche Grund für die Niederlage gewesen: »Wenn sie nur die Herzen der Oberen und Unteren vereint hätten, schrieb der patriotische Samurai Yoshida Shōin rückblickend, »wären die fremden Barbaren nie dazu gekommen, in China einzudringen« (*Yoshida zenshū* 2). Hatte nicht schon der klassische Philosoph Menzius geschrieben, man solle dem Volk eine menschliche Regierung angedeihen lassen?! Im China der Qing aber stürben die Armen auf den Straßen, weil es keine Krankenhäuser gebe, und Tausende Kinder würden ausgesetzt, weil es keine Waisenhäuser gebe. Die Chinesen, folgerte Yoshida Shōin, hätten den Krieg verloren, weil sie ihre eigenen Werte verraten hätten. Um seinerseits die ›Barbaren‹ aus dem Westen abwehren zu können, müsse Japan sich vor allem auf ebendiese Werte besinnen:

> Wir sollten die Ausgaben für das Militär kürzen und das auf diese Weise Eingesparte benutzen, um unserem Volk Wohltaten zukommen zu lassen. … Selbst die westlichen Barbaren haben Einrichtungen für die Armen, Kranken, Waisen und Tauben. (*Yoshida zenshū* 2, 275 f.)

Die schichtenübergreifende Solidarität, die sich in diesen sozialpolitischen Vorschlägen ausdrückt, sollte einige Jahre später zum nationalen Gedanken gerinnen. Doch noch war es nicht so weit. Andere Denker beharrten darauf, dass Japan vor allem westliche Technik und Militärstrategie studieren müsse. Auch sie blickten dafür nach China: Nach einer Schätzung wurden zwischen 1840 und 1855 mehr als 40.000 Bücher von China nach Japan verschifft. Das wichtigste unter ihnen war zweifellos Wei Yuans umfangreiche Sammlung von *Illustrierten Beschreibungen der Länder in Übersee* (*Haiguo tuzhi*) von 1844. Aufgrund von Material, das er von Lin Zexu erhalten hatte, beschrieb Wei dort u. a. Länder in Südostasien und Afrika, Indien sowie die Staaten Europas: Das *Haiguo tuzhi* bot die erste systematische Beschreibung des Westens auf Chinesisch. Doch während das Werk in China zunächst fast unbeachtet blieb – noch 1847 berichtete eine englische Zeitung, das Werk sei in Kanton gänzlich unbekannt –, wurde es in Japan weithin rezipiert: Zwischen 1854 und 1856 erschienen sage und schreibe 21 japanische Ausgaben, oft mit Vorworten und zusätzlichen Anmerkungen. Die Konflikte mit dem Westen an den Grenzen des Qing-Reiches blieben für die Regierung in Peking peripher – aber an der Peripherie der chinesischen Welt, in Japan, wurden sie mit umso größerem Interesse verfolgt. Die höchsten Führer des Shōgunats studierten Wei Yuans Werke, ebenso wie gelehrte Samurai und *daimyō*. Neben den holländischen Büchern, die über Nagasaki ins Land kamen, wurden diese chinesischen Bücher für die intellektuelle Elite Japans zur wichtigsten Informationsquelle über die Zivilisation des Westens, und das heißt: über eine neue Weltordnung.[1]

## *Ein Chinese in Japan*

Mit den vermehrten Informationen stieg auch der Druck auf das Shōgunat, sich dem Außenhandel zu öffnen. Die Holländer hatten Japan schon 1844 gemahnt, die Isolationspolitik aufzugeben, da sich sonst »Feindseligkeiten mit vielen anderen nicht vermeiden« ließen. Der Westen wusste, dass die Japaner wussten, wie überlegen seine modernen Waffen waren, und dass sie einen Krieg und ein Friedensdiktat wie das von Nanjing unbedingt vermeiden würden. Das Kalkül ging auf: Als eine US-Flotte unter dem Kommando von Commodore Perry am 8. Juli 1853 in der Bucht von Edo auftauchte, hinterließ sie tiefen Eindruck. Die »schwarzen Schiffe« mit ihren Kanonen und die Ankündigung Perrys, notfalls mit einer größeren Kriegsmacht zurückzukehren, brachten das Shōgunat zum Einlenken. Das chinesische Beispiel vor Augen, vermieden die Tokugawa die Auseinandersetzung mit dem übermächtigen Gegner: Im März 1854 wurde in Yokohama ein Abkommen unterzeichnet, das den Amerikanern Zugang zu den Häfen von Shimoda und Hakodate, Handelsrechte sowie die Einrichtung eines Konsulats gewährte. Damit war auch Japans Isolation gebrochen, aber die Erfahrung der Qing – Krieg, Besetzung von Gebieten und die Geißel des Opiums – blieb ihm erspart.

Als Matthew Perry 1854 in Japan landete, gehörte auch ein Chinese zur Besatzung: Luo Sen, ein Kantonese, der Perry als Übersetzer dienen sollte. Er war wohl der erste chinesische Gelehrte seit gut 150 Jahren, der japanischen Boden betrat und ›echte‹ Japaner sah, die er in seinem Tagebuch beschrieb:

> Die Beamten tragen ein weites Habit mit großen Ärmeln, an ihrer Hüfte hängen zwei Schwerter. Sie tragen die Haare in einen Knoten gebunden und haben einen Teil ihres Schädels rasiert. An den Füßen tragen sie Strohsandalen, darüber Hosen aus Brokat und eine Jacke, die bis zur Hüfte reicht. … (*Riben riji*, 31)

Vieles scheint Luo Sen exotisch vorgekommen zu sein in Japan: die »fetten Männer« etwa, »die halbnackt, nur mit einem Tuch bekleidet, vor dem Amtsgebäude mit großer Kraft gegeneinander kämpften.« Daran könne man sehen, »dass es in Japan viele tapfere, starke Männer gibt.« Auch die »sogenannten Gelehrten, die sich ›Samurai‹ nennen, tragen allesamt zwei Schwerter: Ob sie wohl neben der Literatur die Kampfkunst ebenso hoch achten?«

> Die Frauen tragen lange Kleider, die bis auf den Boden reichen, und eine Schürze hinter der Hüfte [wohl der herunterhängende Knoten des *obi*; KV]; sie binden ihre Haare mit einem roten Seidentuch in einen Knoten und sind durchaus hübsch anzusehen. Die Mädchen haben rote Lippen und weiße Zähne, doch nachdem sie Kinder geboren haben, schwärzen sie sich die Zähne mit Puder aus Galläpfeln.[2] (Ebd., 37)

Luo Sen bewunderte die öffentliche Sicherheit in Japan – »obwohl ihre Türen nur mit Papier beklebt sind, gibt es keine Probleme mit Einbrechern oder Dieben« –, fand aber wenig Gefallen an der frugalen Küche – »selbst bei Festessen gibt es nichts anderes als Fisch, Muscheln, Hühnereier, Rettich und Reiswein … mit ihren Speisen reichen sie bei Weitem nicht an China heran« – und wunderte sich über die Freizügigkeit der Japaner:

> Wenn Frauen durch die Häuser und Straßen gehen, bleiben sie nicht von den Männern getrennt; und wenn man sie auf der Straße herbeiwinkt, kommen sie sogar. Viele Frauen sind bei der Arbeit nackt. In der Masse der einfachen Leute genieren sich die Männer nicht, sich unten zu entblößen, und für die Frauen ist es ganz normal, sich obszöne Bilder anzusehen. Schließlich gibt es Bäder, in denen Männer und Frauen ohne Scham gemeinsam baden.[3] (Ebd.)

All das mochte noch an die ursprünglichen Sitten der Wo erinnern, die barfuß gingen und »keinen Unterschied zwischen Vater und Sohn, Mann oder Frau« machten (S. 17): ein halbnacktes, allenfalls halbkultiviertes Volk. Doch trotz mancher Befremdlichkeit des japanischen Alltagslebens – den gelehrten und wohlgekleideten Samurai dürfte Luo Sen sich tief verbunden gefühlt haben, denn: »Sie haben zwar eine andere Sprache, aber wir können uns mit dem Pinsel unterhalten.« Auch die Gelehrten konnten nicht mit ihm sprechen, aber sie *schrieben* die gleiche Sprache, nämlich das Literarische Chinesisch. Luo Sen entdeckte die Kommunikationsform wieder, die Chinesen und Japaner seit Jahrhunderten untereinander verwendet hatten: die ›Pinselgespräche‹ (S. 34). Der gemeinsame Hintergrund des konfuzianischen Lektürekanons bot nicht nur die Ausdrucksformen, sondern auch einen Fundus an Werten, auf die Luo Sen und seine japanischen Gegenüber sich schnell verständigen konnten. »Wenn die Menschen auf dem ganzen Erdball sich mit rituellem Anstand, Rücksicht, Vertrauen und Rechtschaffenheit begegnen«, schrieb einer von ihnen an Luo Sen, »dann wird die größte Harmonie walten und die grundgütige Gesinnung der Welt sich zeigen.« – Dem konnte jeder konfuzianische Gelehrte nur zustimmen.

Die Japaner zeigten »großen Respekt und Bewunderung für chinesische Kulturgüter«, wie Luo Sen vermerkte. Sie interessierten sich brennend für die aktuellen Ereignisse in China, befragten Luo Sen zum Verlauf der Taiping-Rebellion, jenes christlich inspirierten Aufstandes, der das Qing-Reich seit 1850 erschütterte, und liehen sich von ihm Bücher zum Studium aus. Bisweilen musste Luo Sen regelrechte Autogrammstunden geben:

> Seit über 200 Jahren haben die Japaner keinen Ausländer mehr zu Gesicht bekommen, daher sind sie ganz verrückt nach Gedichten in chinesischen Zeichen. Immer wenn ich zum Amtsgebäude ging, baten mich zahlreiche Leute, ihre Fächer zu beschriften. Ich habe ihnen den Wunsch erfüllt und innerhalb eines Monats nicht weniger als 500 Fächer beschrieben.
>
> (*Riben riji*, 34)

Luo Sen wurde geradezu wie ein Popstar umlagert. Kein Wunder, dass er den Japanern »Anstand und große Gelehrsamkeit« attestierte. Das erste Treffen zwischen Chinesen und Japanern nach 150 Jahren war wie ein Wiedersehen von Freunden.

## *Die Fahrt der* Senzai-maru

Nicht nur das kulturelle Erbe verband China und Japan Mitte des 19. Jahrhunderts, sondern auch die gemeinsame Notsituation. Nach dem Abkommen, das Perry 1854 erzwungen hatte, diktierten die USA und andere Westmächte Japan noch eine Reihe weiterer Verträge. Townsend Harris, der erste amerikanische Konsul in Japan, drohte unverhohlen damit, dass die Europäer, die in China gerade den zweiten Opiumkrieg ausfochten, den Opiumhandel auch nach Japan bringen würden, wenn das Shōgunat nicht ein Abkommen mit den USA abschlösse. Die Vertreter des Shōgunats, wiederum vom Beispiel Chinas abgeschreckt, willigten zähneknirschend in einen Vertrag ein, der acht Häfen für den Handel öffnete, den Japanern ihre Zollautonomie versagte und Amerikanern auf japanischem Boden Exterritorialität gewährte.

Damit war Japan, ganz ähnlich wie China, durch einen ›ungleichen Vertrag‹ für den Handel geöffnet worden; weitere folgten in den nächsten Jahren. Westliche Zwischenhändler drängten sich in den Warenaustausch zwischen China und Japan, und die beiden Länder, die jahrhundertelang die Warenströme im Ostchinesischen Meer kontrolliert hatten, drohten im modernen Welthandel abgehängt zu werden. Angesichts dieser Situation beschloss das Shōgunat, erstmals eine Gesandtschaft nach China zu schicken. Die Tokugawa erwarben von den Briten einen Dreimaster und gaben ihm den glückverheißenden Namen *Senzai-maru*: ›Tausend Jahre‹. Ende Mai 1862 verließ die *Senzai-maru* mit einer britischen Crew und 51 japanischen Gesandten – Vertretern des Shōgunats wie Hibino Teruhiro, Samurai wie Takasugi Shinsaku oder Nōtomi Kaijirō, die verschiedene *daimyō* vertraten,

Übersetzern und Händlern – den Hafen von Nagasaki und segelte nach Shanghai.[4]

Die Wahl des Zielhafens war kein Zufall: Die Japaner interessierte nicht das politische Zentrum des Qing-Reichs, sondern das wirtschaftliche. Wie keine zweite Stadt bündelte Shanghai die Hoffnungen und Nöte der chinesischen Moderne. Ursprünglich eine kleine, auf Schwemmland gebaute Kreisstadt, war es 1840 für den Außenhandel geöffnet worden. Seitdem waren neben der ummauerten ›Chinesenstadt‹ am Huangpu westliche Konzessionsgebiete mit Banken, Fabriken, Kontoren, Konsulaten und großen Hafenanlagen entstanden. Shanghai war binnen weniger Jahre zur Handelsmetropole Chinas geworden: Im Hafen drängten sich die Schiffe, die Handelshäuser florierten, und das Shanghaier Seezollamt war die wichtigste Einnahmequelle für das Qing-Reich. Gleichzeitig drängten um 1860 Abertausende von Flüchtlingen in die Stadt: zerlumpte ›Boten des Unglücks‹, die vor den Taiping-Rebellen geflohen waren. Nur mit Hilfe englischer und französischer Truppen konnte die Stadt gegen die Taiping verteidigt werden. Damals wie heute war Shanghai ein Symbol der Zerrissenheit Chinas: eine Stadt der Glücksritter und Pechvögel, des Reichtums und des Elends, des phantastischsten Aufstiegs und der abscheulichsten Dekadenz.

Die Besatzung der *Senzai-maru* sah dem ersten Besuch in China seit über 200 Jahren mit großen Erwartungen entgegen: Der »Wald von Masten« an der Mündung des Wusong-Flusses – ein Anblick, der im verschlossenen Japan völlig unbekannt war – machte großen Eindruck auf sie, die prächtige Häuserfront am Bund wirkte überwältigend, Shanghai schien wahrlich die »blühendste Stadt der Welt« zu sein. Für die Shanghaier wiederum war die Ankunft der *Senzai-maru* eine Sensation. Gerüchte über Japaner mit übermenschlichen Kräften, die über den Wolken flogen und 1000 Meilen am Tag zurücklegten, hatten ihre Neugier zusätzlich beflügelt. In Scharen strömten sie zum Hafen, um die japanischen Reisenden zu begrüßen. Beide Seiten dürften sich gegenseitig bestaunt haben: Den Chinesen kamen die Haarknoten der Samurai ebenso grotesk vor wie den Japanern die langen Zöpfe der Chinesen. Dennoch verlief die Begegnung zunächst erfreulich: »Sie sind uns gegenüber, die wir erstmals übers Meer zu ihnen gekommen sind, wahrlich so freundlich wie alte Bekannte«, notierte Nōtomi Kaijirō:

> Sobald das Schiff angelegt hatte und wir an Land gekommen waren, umringten sie uns wie aufziehende Wolken. Vor allem die Kinder waren sehr zutraulich: Wenn man sie an der Hand nahm, gingen sie mit einem. Das liegt wohl eben daran, dass die Menschen der Wo und der Han in ihren Herzen auf natürliche Weise verbunden sind. (*Shanhai zakki*, 10)

Wie einst Luo Sen führten auch die Gesandten der *Senzai-maru* ›Pinselgespräche‹ mit chinesischen Gelehrten, die sie begierig über chinesische Politik und Verwaltung, die Literatenprüfungen, das Militär, Medizin, Landwirtschaft und viele andere Dinge ausfragten. Die Samurai müssen sich ein wenig so gefühlt haben wie die Gesandten, die ein Jahrtausend zuvor ins Reich der Tang gefahren waren, um chinesische Kultur zu erwerben. Und dennoch: Irgendetwas stimmte nicht im Reich der Mitte. Die Massen, die sich auf Shanghais Straßen drängten, waren nicht geschäftige Handwerker oder Händler – sie waren der Mob. Überall sahen sich die japanischen Gäste von »Tausenden« Gaffern umgeben, wie eine Mauer aus Leibern: »Während wir durch die Straßen gingen«, erinnerte sich einer von ihnen, »folgten uns die Einheimischen auf Schritt und Tritt. Ihr Gestank und ihre Ausdünstungen in der sengenden Hitze machten uns schwer zu schaffen« (Fogel 2014, 74). Das waren ganz andere Menschen als Luo Sen oder die chinesischen Händler von Nagasaki, ja: das war ein völlig anderes China, als es die Japaner aus den feinsinnigen konfuzianischen Klassikern kannten. Die Shanghaier erschienen ihnen verlottert, aufdringlich und furchtbar dreckig:

> Der Schmutz auf den Märkten und in den Straßen Shanghais ist unbeschreiblich. Vor allem die mittleren und kleinen Gassen sind derart voll mit Unrat und Exkrementen, dass man nirgendwo hintreten kann – und die Leute fegen sie auch nicht. … Die Einheimischen schmeißen die Kadaver von Hunden, Pferden, Schweinen und Schafen sowie anderen Unrat in den Fluss, der das alles dann

> ans Ufer treibt. Auch menschliche Leichen schwimmen oft darin. … Obendrein verschmutzen die Fäkalien von Tausenden Schiffen das Wasser noch mehr.
>
> (*Shanhai zakki*, 7 f.)

Neben alledem war die Luft geschwängert vom giftigen Brodem des Opiums. In keiner chinesischen Stadt war die Droge so verbreitet wie in Shanghai. Tausend Opiumhöhlen soll es allein in den Konzessionsgebieten gegeben haben, allenthalben konnten die Japaner das Siechtum der Abhängigen mit eigenen Augen sehen: Arbeiter, Gelehrte, Soldaten und Beamte bis in die höchsten Ränge rauchten Opium, stellte Nōtomi Kaijirō entsetzt fest – selbst der Lotse der *Senzai-maru* war ein ausgemergelter Opiumsüchtiger.

Die Laster und das unsägliche Elend der einfachen Chinesen kontrastierten umso stärker mit dem Wohlleben der Westländer in den Konzessionsgebieten. Schnell bekamen die japanischen Beobachter mit, dass vor allem die Ausländer vom Handel der Stadt profitierten und die Prachtfassaden am Bund westliche Handelshäuser waren: Die ›Barbaren‹, die das Opium und alles Unglück über China gebracht hatten, lebten in Saus und Braus, während die Chinesen für sie arbeiteten. Diese seien regelrecht »zu Knechten der Ausländer geworden«, und angesichts der Situation in Shanghai »könne man es wohl eine Kolonie von Großbritannien nennen« (Fogel 2014, 78). Westliche Truppen patroullierten auf den Straßen und bewachten die Tore der Stadt, so dass »sich die Einheimischen selbst nicht mehr frei bewegen können« (ebd., 82). Viele japanische Gesandte waren entrüstet über das arrogante Gebaren der Europäer in Shanghai. Geradezu entsetzt waren sie, als sie sahen, dass die Briten und Franzosen den Konfuzius-Tempel der Stadt als Unterkunft für ihre Truppen nutzten:

> In den Tempelhallen schliefen Soldaten neben ihren Gewehren: ein beklagenswerter Anblick, den ich kaum ertragen konnte. Die Engländer bekämpfen für die Chinesen die Banditen, und deshalb haben die Chinesen die Statuen des Meisters Kong an einen anderen Platz geräumt, so dass die Engländer diesen als Unterkunft nutzen können.
>
> (*Zeiyūroku* 6 f.)

Konfuzius weicht den Gewehren: In diesem Bild verdichtete sich die ganze Hilflosigkeit der alten Kulturnation China angesichts der Herausforderungen der westlichen Moderne. »Das Land, in dem seit den Zeiten Yaos und Shuns so großartige Prinzipien walteten«, wurde jetzt »von den Barbaren des Westens vergewaltigt« (*Tansoku roku*, 249). – Doch es ging nicht nur um China. Die japanischen Reisenden empfanden die Entweihung des Konfuzius-Tempels als ebenso schmerzhaft, denn Konfuzius und seine Lehre waren auch ein Teil *ihrer* Kultur. Gerade im Angesicht dieser Demütigung dürften sie sich ihren »chinesischen Freunden« verpflichtet gefühlt haben. Manche drückten ihre Trauer über die Präsenz westlicher Truppen aus, andere ergriffen sogar vehement die Partei der Taiping-Rebellen, die just in diesen Tagen Shanghai belagerten. Denn die Taiping kämpften schließlich gegen die manjurischen Herrscher und gegen die Westmächte: Die verheerende Rebellion erschien nunmehr als Widerstandskampf gegen alle Fremden, die für den Niedergang des ›echten‹ China verantwortlich waren.

Wenn China in Gefahr sei unterzugehen, so die Befürchtung der japanischen Besucher, dann sei es auch Japan. Und wenn schon ein Steppenvolk wie die Mongolen Japan fast erobert hätte, wieviel gefährlicher musste die Bedrohung durch Seemächte wie England, die USA oder Frankreich erscheinen?! »Alle Edlen und Gelehrten unseres Landes müssen dafür sorgen, dass das nicht geschieht«, schrieb Takasugi Shinsaku in sein Tagebuch (Fogel 2014, 89). Er und seine Mitreisenden machten in Shanghai selbst einen Anfang, indem sie chinesische Buchläden nach Büchern über die Westländer und den Opiumkrieg durchstöberten, Kanonen und andere Waffen in ihren Tagebüchern skizzierten, Bücher über die Taiping-Rebellion abschrieben, Zeitungen durchforsteten und in direktem Kontakt mit Engländern und Franzosen so viele Informationen wie möglich über westliche Waffen und Technik sammelten. Denn soviel war ihnen in Shanghai klar geworden: Der Westen würde nicht mit den antiquierten Waffen Chinas – »teilweise schießen sie sogar noch mit Pfeil und Bogen!« (ebd., 90) –, sondern nur mit seinen *eigenen* Waffen zu schlagen sein. Japan würde sich wappnen müssen.

Wie die Tang-Gesandtschaften mehr als 1000 Jahre zuvor, kehrten die Reisenden der *Senzai-maru* mit lebhaften Eindrücken aus China und reichen Informationen über die fortschrittlichste Zivilisation der Welt nach Japan zurück. Doch im Unterschied zu damals hatten sie nicht das Aufblühen des chinesischen Reiches erlebt, sondern dessen Niedergang, und die fortschrittlichste Zivilisation der Welt war nicht mehr die chinesische, sondern die westliche. In einer Aufwallung der Gefühle schwor sich Takasugi Shinsaku, alles bisher Gelernte über Bord zu werfen: »Von jetzt an werde ich beginnen, westliche Schriften zu studieren, und ich schwöre, keine japanischen oder chinesischen Bücher mehr zu lesen« (ebd., 95)! Damit war die Orientierung der japanischen Politik vorformuliert. Denn wie die Rückkehrer aus dem Tang-Reich wurden Männer wie Takasugi Shinsaku, Hibino Teruhiro und Nōtomi Kaijirō in Japan zu Vordenkern einer radikalen Umgestaltung von Staat und Gesellschaft. Doch nicht mehr China lieferte dafür das Vorbild, sondern Europa und Amerika.

## Japanischer Geist, chinesische Lehren, westliche Moderne

1875 kam es in Peking zu einem bemerkenswerten Meinungsaustausch zwischen dem chinesischen Staatsmann Li Hongzhang und dem japanischen Diplomaten Mori Arinori über die Reformen in beiden Ländern. »Ich habe große Hochachtung vor fast allem, was in Ihrem Land in letzter Zeit gemacht wurde«, sagte Li,

> allein, dass sie ihre Landestracht verändert haben, um die europäische Mode nachzuahmen, kann ich nicht recht verstehen. … Die alte Kleiderordnung verkörpert die Erinnerung an den Willen der Vorfahren: Sie sollte von den Nachkommen wertgeschätzt und für immer beibehalten werden!

Darauf entgegnete Mori:

> Wenn unsere Vorfahren heute noch lebten, hätten sie zweifellos genau dasselbe getan wie wir. Vor tausend Jahren haben unsere Vorfahren die Vorzüge der Kleidung ihres Landes erkannt und sie daraufhin übernommen. Egal, worum es geht: Es ist eine gute Tradition unseres Landes, geschickt von den Stärken anderer Ländern zu lernen. (Zit. nach: Wang Xiaoqiu 2007, 89 f.)

Auf Li Hongzhangs Einwand, dass die Japaner ja die gegenwärtige chinesische Kleidung hätten übernehmen können, die praktischer sei und sich mit einheimischen Stoffen herstellen ließe, antwortete Mori trocken, dass »vor 400 Jahren auch in ihrem Land niemandem die gegenwärtige Kleidung gefiel«, die von den Manjuren verordnet worden war.

In dem kurzen Wortwechsel bündeln sich die Unterschiede zwischen Chinas und Japans Reaktion auf die Herausforderung des Westens: Li Hongzhang erkennt alle technisch-wissenschaftlichen Aspekte der japanischen Reformen an, lehnt aber jegliche Änderungen ab, die an die

Japanische Darstellung chinesischer Frisuren, 1799. Der Manjurenzopf, den der Gelehrte rechts trägt, wird hier noch keineswegs abfällig kommentiert: Der Begleittext vermerkt lediglich, dass das Ende des Zopfes mit einem roten Band zusammengebunden sei. Abb. aus dem *Shinzoku kibun*, Bd. 2, 36 f.

soziale Basis rühren. Die Kleidung ist für ihn ein Symbol gesellschaftlicher Ordnung, die nicht verändert werden dürfe. Dagegen spricht Mori sich für »Veränderung« in allen Bereichen aus: Während Li den rückwärtsgewandten Blick beibehält, der sich an den Vorfahren orientiert, repräsentiert Mori die moderne Idee des Fortschritts, der sich auf alle Aspekte des Lebens auswirkt. Genau zwischen diesen Positionen verlief die Bruchlinie, die China und Japan seit den 1860er Jahren trennte. Die wallenden chinesischen Roben, die groben Stiefel und vor allem der Manjurenzopf wurden für die Japaner später zum Inbegriff chinesischer Rückständigkeit, für die Chinesen selbst wurde die »alte Kleiderordnung« zum erniedrigenden Symbol ihrer Schwäche.

## *Die Selbststärkungsbewegung*

Die Qing, durch zwei Opiumkriege schwer gedemütigt, waren die ersten, die mit Reformen auf den Druck der Westmächte reagierten. Nachdem diese ihnen 1842 in Nanjing den ersten ›ungleichen Vertrag‹ diktiert hatten, war es 1860 noch schlimmer gekommen: Englische und französische Truppen hatten Peking besetzt, den kaiserlichen Sommerpalast geplündert und den Qing ein weiteres Friedensdiktat aufgezwungen. Erst jetzt erkannte der Qing-Kaiser – oder besser: die Kaiserin Cixi, die seit 1862 de facto die Regierung führte – den ganzen Ernst der Lage. Die Qing würden sich wohl oder übel mit den Mächten der Moderne arrangieren müssen. Sie richteten 1861 ein Proto-Außenamt ein, das für den diplomatischen Verkehr mit dem Westen zuständig war, gründeten Schulen für westliche Sprachen und Wissenschaften, übersetzten westliche Bücher ins Chinesische und entsandten diplomatische Missionen nach Europa und Amerika. Zwischen 1872 und 1875 schickten die Qing erstmals sogar 120 Jungen zwischen 11 und 15 Jahren – die weitaus meisten aus Kanton – nach Amerika, wo sie an Schulen und Colleges eine westliche Ausbildung erhalten sollten. ›Auslandsstudenten‹, *liuxuesheng*, nannten die Chinesen diese Schüler und benutzten dabei die gleiche Bezeichnung wie für die japanischen

Studenten, die ein Jahrtausend zuvor nach China gekommen waren. Ähnlich wie diese sollten die chinesischen Studenten, ausgestattet mit modernem Wissen, anschließend in den Staatsdienst treten, um die Qing zu stärken.

›Selbststärkung‹ war die Devise der Zeit. Schon 1861 hatte der Mathematiker und Philologe Feng Guifen geschrieben: »Wenn wir Chinas Sozialordnung und Ethik als Grundlage nehmen und sie ergänzen durch die Methoden der Barbaren, zu Reichtum und Macht zu gelangen – wäre das nicht das Beste vom Besten?!« (*Jiaobin lu kangyi* 39). Die »Methoden der Barbaren« sollten lediglich eine Ergänzung sein. Im Gegensatz zu den japanischen Eliten der Asuka-Zeit ging es Gelehrten wie Feng nicht darum, Staat und Gesellschaft grundlegend zu reformieren. Ihre Absicht war nicht, sich in das Konzert der modernen Staaten einzufügen, sondern deren Avancen abzuwehren. Das erklärte Ziel dieser Politik war es, »die Techniken der Barbaren zu lernen, um die Barbaren zu kontrollieren«, wie Feng Guifen es ausdrückte (ebd. 37). Während die Studenten sich akademisches Wissen aneignen sollten, wurden chinesische Gesandte als regelrechte Industriespione in den Westen geschickt, um technische Informationen zu beschaffen. Vor allem in Südchina wurden Waffenfabriken und Werften gegründet mit dem Zweck, westliche Schiffe und Kanonen nachzubauen; zugleich kauften die Qing Waffen aus dem Ausland. Die chinesische ›Selbststärkung‹ war auf den technisch-militärischen Bereich konzentriert, und sie wurde vor allem von Gouverneuren südchinesischer Provinzen getragen. Die Regierung in Peking hielt misstrauischen Abstand zu diesen Projekten, erschwerte sie sogar, indem sie etwa Industriebetriebe mit hohen Steuern belegte und Mittel aus dem Rüstungsetat für kaiserliche Repräsentativbauten verwendete.[5] Das Bildungsprogramm wurde 1881 gänzlich abgebrochen, weil manche Studenten zum Christentum übergetreten waren, allzu westliche Sitten und Gedanken übernommen oder sich gar den Zopf abgeschnitten hatten. Bei allen Vorteilen westlicher Wissenschaft und Technik – die soziale und politische Ordnung des Qing-Reiches durfte nicht angetastet werden. Den Gedanken, den Feng Guifen vorformuliert hatte, brachte der hohe Beamte Zhang Zhidong auf die berühmte

Formel »Chinesische Lehren für die Prinzipien, westliche Lehren für die praktische Anwendung« (*zhongxue wei ti, xixue wei yong*):

> Erkennt man die Bindung zwischen Fürst und Untertan an, ist die Theorie der Volkssouveränität nicht angängig; erkennt man die Bindung zwischen Vater und Sohn an, sind Theorien von Rechtsgleichheit und Abschaffung der Totenehrung nicht angängig; erkennt man die Bindung zwischen Mann und Frau an, ist die Theorie von der Gleichheit der Geschlechter nicht angängig.
>
> (*Quanxue pian* 3, 13ab)

Kurzum, die hierarchische Gesellschaftsordnung durfte nicht in Frage gestellt werden. Zhang Zhidongs Vorstellung von der Kombination ›chinesischer‹ und ›westlicher‹ Lehren bringt die Paradoxie der chinesischen ›Selbststärkung‹ auf den Punkt: Sie versuchte eine *vormoderne* Gesellschaftsordnung mit den Errungenschaften einer *modernen* Gesellschaft zu verbinden.

Interessanterweise scheint dieser Gedanke aus Japan nach China gekommen sein: Schon 1854 hatte der *rangaku*-Gelehrte Sakuma Shōzan die Devise ›Östliche Moral und Westliche Technologie‹ geprägt, um eine Strategie zur Modernisierung Japans vorzugeben. Yoshikawa Tadayasu brachte diese 1867 auf die Formel ›japanischer Geist, westliche Fertigkeiten‹ (*wakon yōsai*): ein deutlicher Verweis auf Sugawara no Michizanes Wort von ›japanischem Geist und chinesischen Fertigkeiten‹, mit dem er japanische Kultur von chinesischer abgegrenzt hatte (S. 136). Jetzt, Jahrhunderte später, kam die Idee mit neuen Vorzeichen in China auf.

## *Die Meiji-Reform*

Doch mit diesem Kuriosum enden die Parallelen zwischen den Reformen in China und Japan auch schon. Denn in Japan hatte die Herausforderung durch den Westen viel gravierendere Konsequenzen. Nachdem in den frühen 1860er Jahren Samurai aus Satsuma, Chōshū und anderen Fürstentümern dazu aufgerufen hatten, ›den Kaiser zu ehren und die Barbaren zu vertreiben‹, stürzte das Shōgunat der Tokugawa. Die Regierungsmacht wurde dem jungen Kaiser Mutsuhito übertragen, der ab 1868 unter der Devise Meiji regierte. Damit begann die sogenannte ›Meiji-Reform‹ – in Wirklichkeit nicht weniger als eine Revolution, welche die gesamte japanische Gesellschaft umformte. Im Namen von ›Zivilisation und Aufklärung‹ (*bunmei kaika*) wurde Japan so grundlegend verändert, wie zuletzt ein gutes Jahrtausend zuvor, als es sich die chinesische Kultur zu eigen gemacht hatte. Doch nicht um Kultur ging es diesmal, sondern um ›Zivilisation‹ – und die kam aus dem Westen.[6]

›Ein reicher Staat und eine starke Armee‹ waren die Ziele der Meiji-Reformen. Dieses Schlagwort hatte schon im Alten China die Überwindung dezentraler Herrschaft durch einen *Staat* beschrieben, und genau darauf zielten die Meiji-Reformen. Ihr Vorbild war jedoch nicht mehr der chinesische Staat, sondern der moderne Nationalstaat. Durch eine Neueinteilung des Landes machten die Reformer aus dem dezentralen, quasi-feudalen System der Tokugawa einen zentralisierten Staat. Die *daimyō* mussten 1871 ihre Ländereien dem Kaiser übergeben, aus ihren über 250 unabhängigen Domänen wurden 72 zentral verwaltete Präfekturen. Mit den Domänen verschwand auch der Adel selbst. Die *daimyō* wurden zu Verwaltungsbeamten, und die Samurai wurden als Stand ganz abgeschafft: Sie durften keine Schwerter mehr tragen, mussten sich die Haare schneiden und, mit einer finanziellen Abfindung ausgestattet, ein bürgerliches Leben beginnen. Der Zentralstaat duldete weder lokale Machthaber noch einen bewaffneten Adel, der ihm das Monopol legitimer Gewalt streitig machte.

Die Meiji-Regierung sammelte systematisch Informationen über westliche Staaten. Auch chinesische Quellen spielten dabei noch eine Rolle. Vor allem die *Aufzeichnungen über den preußisch-französischen Krieg* (*Pu Fa zhanji*), die der Übersetzer Wang Tao aus europäischen Zeitungen zusammengestellt hatte, fanden in Japan reißenden Absatz: Wang Tao wurde unter japanischen Gelehrten als ›neuer Abe no Nakamaro‹ (S. 51) gefeiert, seine *Aufzeichnungen* galten ihnen als wichtigstes chinesisches Werk über den Westen seit Wei Yuans *Haiguo tuzhi*. Zunehmend aber bemühten sich die Japaner um Informationen aus erster Hand. Mehrmals schickten sie Gesandtschaften nach Europa und Amerika, um deren Zivilisation zu erkunden, ließen westliche Bücher übersetzen und sicherten sich die Dienste ausländischer Berater, um ihr Land in allen Bereichen nach westlichem Vorbild zu modernisieren. 1873 wurde die Wehrpflicht eingeführt und eine moderne Armee mit preußischem Drill und westlicher Bewaffnung aufgebaut: Eine *nationale* Armee, in der prinzipiell alle Japaner dienten, sollte die regionalen Samurai-Truppen ersetzen. Für die Sicherheit im Inneren sorgte eine Polizei, die ab 1874 nach französischem und preußischem Vorbild aufgebaut wurde. Ein Bildungssystem nach europäischem Muster, das eine allgemeine Schulpflicht von acht Jahren vorsah, wurde bereits 1872 eingeführt. Die Eisenbahn, deren Schienennetz bis 1890 auf über 2000 km anwuchs, und Telegraphenverbindungen zwischen den großen Städten ließen Japan enger zusammenwachsen als je zuvor. Ein bürokratischer Verwaltungsapparat setzte die staatliche Ordnung landesweit durch. 1889 gab Japan sich eine Verfassung, die zwar am Kaiser als Souverän festhielt, zugleich aber bürgerliche Rechte sowie politische Mitbestimmung für einen Teil der Bevölkerung festschrieb. Im November 1890 trat die japanische Nationalversammlung zu ihrer konstituierenden Sitzung zusammen: Sie war das erste Parlament in der Geschichte Asiens.

Zugleich legte der japanische Staat die Grundlagen für seine Finanzen: Das Ackerland wurde neu vermessen, Steuern festgelegt und fortschrittliche Anbaumethoden gefördert. Moderne Banken wurden gegründet, westliche Technologie in allen Bereichen gefördert, moderne Industriebetriebe im großen Stile aufgebaut. All das wurde zunächst vor allem durch Schulden finanziert. Doch während der Meiji-Zeit wuchs Japan in atemberaubender Geschwindigkeit zu einer Industrienation heran, deren Wertschöpfung dem Staat reiche Einnahmen bescherte. Gegen Ende des 19. Jahrhunderts hatte Japan sein Ziel, einen ›reichen Staat und eine starke Armee‹ zu schaffen, tatsächlich erreicht.

Doch *state building* war nur ein Teil der gewaltigen Aufgabe, vor der die Meiji-Reformer standen. Schon in den 1860er Jahren hatte sich die Überzeugung durchgesetzt, dass ein starker Staat nicht allein von einer dünnen Eliteschicht getragen werden könne. Vielmehr bedürfe es der gemeinsamen Anstrengung des ganzen Volkes. Nur als *Nation* könne Japan in der neuen Weltordnung bestehen, das heißt als klassenübergreifende Solidargemeinschaft, der *alle* Japaner angehörten. Fukuzawa Yukichi, der maßgebliche Vordenker der japanischen Modernisierung, hatte schon 1862 diagnostiziert, dass Chinas Niederlage im Opiumkrieg weniger militärischer Unterlegenheit als der mangelnden ›Harmonie der Menschen‹ anzulasten sei. Der Zusammenhalt des Volkes sei das Entscheidende: Ohne ihn könne man das Militär noch so stark aufrüsten und drillen – es bleibe so, als stelle man eine Buddhastatue auf, ohne die buddhistische Lehre zu kennen.

Die Meiji-Reformer machten von Beginn an deutlich, was sie unter ›Harmonie der Menschen‹ verstanden: »Die Vier Stände sind gleichrangig«, lautete eine ihrer Losungen. Die strenge Hierarchie der Vier Stände, das grundlegende Strukturprinzip der alten Gesellschaft (S. 214), sollte außer Kraft gesetzt werden: Das war revolutionär! Mit dem Ideal der Gleichheit zielten die Meiji-Reformen weit über politische und institutionelle Anpassungen hinaus: Es ging um nicht weniger als eine vollkommen neue Gesellschaft.[7] Dass dies nicht bloß gefällige Rhetorik war, stellte eine ›Regierungserklärung‹ des Meiji-Kaisers von 1868 klar, in der es hieß: »Ratsversammlungen sollen weithin eingerichtet werden, und alle wichtigen Entscheidungen sollen durch öffentliche Diskussion entschieden werden«, und weiter: »Die Oberen und die Unteren sollen im Herzen vereint sein, um tatkräftig die Regierungsgeschäfte durchzuführen« (*Goseimon*). Schon Yoshida Shōin hatte die Einheit der ›Herzen‹ als Voraussetzung für Stärke ausgemacht (S. 245); jetzt wurde sie zum Grundsatz der Meiji-Reformen. Nicht nur die Elite, sondern *alle* Japaner sollten politisch mitbestimmen: Sie waren gleichrangige Angehörige einer Nation, die sie gemeinsam aufbauen sollten.

Die Ideen von der Gleichheit aller Wesen und einer allumfassenden Gemeinschaft, der »auch einfache Menschen, ob gut, ob schlecht«, angehörten, waren aus dem *jōdo*-Buddhismus bekannt (S. 171). Seine anhaltende Popularität in Japan dürfte die Übertragung dieser Ideen auf die politische Ordnung erleichtert haben. Dennoch war dergleichen bislang unvorstellbar gewesen. Nie zuvor hatten sich die Bewohner der japanischen Inseln – Untertanen diverser Lokalfürsten, Angehörige unterschiedlichster Clans, Repräsentanten verschiedener Stände – als Teil einer gemeinsamen Nation verstanden. »In Japan gibt es eine Regierung, aber kein Staatsvolk«, klagte Fukuzawa Yukichi in seiner »Aufforderung zum Lernen« von 1872:

> Sämtliche Einwohner unseres Landes haben für mehrere Jahrtausende unter einer despotischen Regierung gelitten. Daher sind sie allesamt außerstande, ihre Meinung zu äußern, sondern erschleichen und ergaunern sich ihr bisschen Sicherheit und stehlen sich aus jeder Schuld. Lug und Trug werden zu lebensnotwendigen Mitteln, Falschheit und Unehrlichkeit zu alltäglichen Gewohnheiten – und keiner, der sich dessen schämt oder auch nur darüber wundert. Wenn man sich darin erschöpft, seine ganzes Schamgefühl in den Dreck zu werfen, wie käme man dann noch dazu, sich um das Gemeinwesen zu sorgen?
>
> (»Gakumon no susume« 4, *Fukuzawa zenshū*, Bd. 3, 52)

Die größte Aufgabe der Reformer bestand darin, diese ›Sorge um das Gemeinwesen‹ in den Japanern zu nähren und die hochgradig unwahrscheinliche Vorstellung, dass sie alle einer Nation angehörten, zu einer Selbstverständlichkeit zu machen. Neben dem *state building* wurde die Schaffung einer nationalen Identität zum zentralen Bezugspunkt der Meiji-Reformen.

Dazu bedurfte es nationaler Symbole. 1870 wurde die ›Nationalflagge mit der Sonnenscheibe‹ – ein Verweis auf die Sonnenmythologie des Kaiserhauses – eingeführt, unter der sich alle Japaner scharen sollten. Nationale Feiertage, meist zum Gedenken an die kaiserliche Linie, wurden geschaffen, und der Tennō selbst wurde zunehmend zum nationalen Symbol stilisiert. Zwischen 1868 und 1880 begab er sich mehrmals auf Reisen durch das ganze Land, und sein Porträt wurde in Schulen und Behörden allgegenwärtig: Aus dem himmlischen Nachkömmling der Sonnengöttin, den Normalsterbliche nie zu sehen bekamen, wurde ein weithin sichtbares Symbol der japanischen Nation. Die ungebrochene Linie des Kaiserhauses wurde jetzt zum Inbegriff des ›Nationalen Wesens‹ (*kokutai*), das Japan gegenüber allen anderen Nationen auszeichne. Damit erhielt der Mythos vom ›Land der Götter‹, den Kitabatake Chikafusa zuerst ausformuliert hatte (S. 165), eine neue Wendung: Nicht nur das Herrscherhaus genoss den Beistand der *kami*, sondern die ganze Nation hatte teil am göttlichen Wesen. Es war nur folgerichtig, dass der ›Shintōismus‹, mit dem Kaiser als oberstem Priester, jetzt zur Staatsreligion ausgerufen wurde. Er was ein perfektes Symbol der Nation: So wie das japanische Volk selbst sollten Millionen lokal verwurzelter *kami* – eigentlich Ausdruck segmentärer Strukturen – in einem System vereint und von allem Fremdländischen geschieden werden. Die buddhistischen Elemente, die sich über anderthalb Jahrtausende mit den Shintō-Kulten vermengt hatten, sollten jetzt ausgemerzt werden. Ein Jahrtausend nach den Buddhistenverfolgungen der Tang, die Ennin so entsetzt hatten, wurden nun in Japan Tempel zerstört, Mönche und Nonnen laisiert und buddhistische Kunstschätze geplündert.

Zugleich wurde eine nationale Gesamtgeschichte entworfen, die alle ausländischen Einflüsse marginalisieren sollte, und eine Nationalsprache (*kokugo*) verordnet, die alle regionalen Dialekte überlagern sollte. In den 1870er Jahren erschienen die ersten japanischen Zeitungen: genuin nationale Medien, deren tägliche Lektüre in den nächsten Jahrzehnten ebenso zur Massenzeremonie einer »imaginären Gemeinschaft« werden sollte wie in europäischen Nationalstaaten.[8] Denn während sie anfangs noch in Literarischem Chinesisch publiziert wurden, gingen viele dieser Zeitungen bald zu einem vereinfachten, der Umgangssprache angepassten Stil über. Intellektuelle hatten die ›Vereinheitlichung von Schrift- und Umgangssprache‹ (*gembun itchi*) als grundlegendes Element des *nation building* erkannt: So, wie die sozialen Hierarchien per Dekret abgeschafft worden waren, mussten auch alle sprachlichen Distinktionen eingeebnet werden, welche die Elite vom einfachen Volk trennten. Die Literatursprache, in der japanische Gelehrte mit Chinesen ›Pinselgespräche‹ führen, aber nicht mit weniger gebildeten Landsleuten, musste ersetzt werden durch eine Schriftsprache, die *alle* Japaner und *nur* Japaner verstanden. Mit der Einführung der allgemeinen Schulpflicht wurde die institutionelle Grundlage gelegt, um nationale Sprache und Kultur zu vermitteln und aus den Japanern eine Nation zu formen. Museen wurden gegründet, um die Erinnerungen und Symbole der nationalen Gemeinschaft vor Augen zu führen. Dort fand auch das goldene Siegel der Han, das 1784 bei Hakata aufgetaucht war (S. 12), seinen Platz: nicht als Statussymbol eines Regionalfürsten in einem zersplitterten Land, sondern als Monument japanischer Nationalgeschichte.[9]

Doch nicht nur eine neue Sprache und nationale Symbole sollten die Japaner kennenlernen. Sie selbst hatten würdige Repräsentanten ihrer Nation zu sein. Aus dem halbnackten, halbkultivierten Volk, das Luo Sen und viele westliche Beobachter befremdet hatte, sollten zivilisierte und aufgeklärte Bürger werden. Gemeinsames Baden von Männern und Frauen wurde verboten, Nacktheit aus dem öffentlichen Leben verbannt. Stattdessen verordneten die Behörden züchtige Kleidung – am besten westliche Anzüge, dazu Melone und ›zivilisierte‹ Accessoires wie Gehstock, Regenschirm und ein Hund an der Leine. Die Japaner begannen, Englisch, Deutsch und Französisch zu lernen; wer es sich leisten konnte, richtete seine Wohnung mit europäischen Möbeln und Teppichen ein, lernte westliche Tänze und fuhr, wie die Ausländer, in den Urlaub.

Sogar ihre Essgewohnheiten stellten die Japaner um. Fukuzawa Yukichi, der 1870 eine schwere Krankheit überwunden hatte, indem er täglich Kuhmilch getrunken hatte, schrieb einen Essay »Über das Fleisch-Essen« (*Nikushoku no setsu*). Darin riet er den Japanern, ihre Ernährung grundlegend zu ändern: Statt rein vegetarisch zu essen, wie es der Großteil des Volkes seit Jahrhunderten getan hatte, sollten sie ihre Körper mit Rindfleisch kräftigen. Steaks zur Stärkung der Nation! Daraufhin kam es zu einem regelrechten ›Rinderwahn‹ in Japans Städten: 1871 begannen der Kaiser und seine Familie täglich Rindfleisch zu essen, und 1875 gab es in Tōkyō schon über 70 Restaurants, die europäische Fleischgerichte servierten. Die Regierung verkündete offiziell, dass Rindfleisch »Energie für die Durchführung nationaler Pflichten gibt und die nationale Physis stärkt.« Und nicht nur Fleisch, auch westliche Gesellschaftstänze sollten die »nationale Physis« stärken. Kein Geringerer als Inoue Kaoru, Außenminister der Meiji-Regierung, argumentierte wie folgt:

> Wir müssen unser Reich verändern, so dass es wie die Staaten Europas wird, und unser Volk verändern, so dass es wird wie die Völker Europas. … Die Japaner müssen ein System der Selbstverwaltung und ein Selbstbewusstsein im Umgang erlangen, die die Bildung eines starken Volkes und einer mächtigen und effektiven Regierung ermöglichen. … Ich meine, um das zu erreichen, müssen wir wahrhaft freien Umgang zwischen Japanern und Ausländern ermöglichen.
> (Zit. nach: Meech-Pekarik 1986, 145)

Auf diese Weise begründete Inoue die Eröffnung eines staatseigenen Tanzpalastes im westlichen Stil. Dort sollten Japaner – und ihre Frauen, was vordem undenkbar gewesen war – mit Ausländern zusammenkommen, um den Wiegeschritt und andere Feinheiten des gesellschaftlichen Umgangs von den Westlern zu lernen: Sie sollten tanzen, um Japan stark und mächtig zu machen.

## *Abwendung von Asien*

Der Erfolg dieser Strategie war nicht unmittelbar ersichtlich. Keineswegs alle Japaner mochten bei dem Mummenschanz mitspielen, viele hatten nur Verachtung dafür übrig. Vor allem die Ausländer aber spotteten offen über »die bis ins Groteske gehende Nachahmung europäischer Sitten«:

> Während unter den Europäern – selbst den Engländern – die Etikette in Japan weniger streng gehandhabt wird, während namentlich der Zylinderhut fast niemals auf einem kaukasischen Haupte erblickt wird, hat die japanische Regierung für gut befunden, Frack und Zylinder zur offiziellen Kleidung für Neujahrsbesuche zu beordern. Also wandeln Gestalten, die an Komik jede Phantasie übertreffen, über die Straßen der Hauptstadt. Ihr armen Japaner, die ihr in unaussprechlich schlecht sitzende Fräcke und schludrige Hosen gezwängt werdet! Und auf dem Haupte meist niemals passende Angströhren! Die Hände stecken in fabelhaft weißen Handschuhen, hängen unbeweglich herab, als fürchteten sie, die Kleider zu berühren. … Dabei sehen dieselben Menschen in ihrer heimischen Feiertagstracht so gut, ja oft würdig und vornehm aus. (Bälz 1931, 43)

Wie die Japaner es machten, war es falsch: Ihre traditionelle Kultur wurde von den Westlern als primitiv und minderwertig belächelt, doch auch ihre Versuche, westliche Zivilisation zu übernehmen, trafen auf Spott und Argwohn. Die Japaner sollten brav, aber bitte exotisch bleiben, denn wirklich zivilisiert könnten sie ohnehin nicht werden. Die Westler »sehen die Japaner als eine Rasse an, die den Affen nahe ist, oder als Affen, die fast menschlich sind«, stellte Tokutomi Sohō einige Jahre später verbittert fest.[10] Das ›Nachäffen‹ westlicher Gewohnheiten konnte daran nichts ändern. Ja, manche erkannten darin sogar das Symptom einer tiefsitzenden Charakterschwäche. Waren die Japaner ein Volk von ehr- und rückgratlosen Nachmachern? So jedenfalls diagnostizierte es der Journalist Miyake Setsurei 1883 in einem Aufsatz über »Japanische Eigenschaften«:

> Unsere eigenen Landsleute – von Ausländern zu schweigen – haben schon oft darauf hingewiesen, dass es Japanern an Ausdauer fehle, dass sie leichtfertig seien, sich mit kleinen Erfolgen zufrieden gäben und ständig nur nachmachten. Es heißt, die Anlagen der Menschen hätten sich nach 1868 äußerlich gebessert, aber sie sind noch immer ganz die alten: arrogant gegen die Unteren und schmeichlerisch gegen die Oberen, ungebildete Analphabeten, trunksüchtig und verfressen, die von Büchern nichts halten, engstirnig, oberflächlich, mittelmäßig, ohne Beharrlichkeit, unselbstständige Menschen, die sich immer auf andere verlassen, keinen Forschungsdrang haben und nicht mit Geld umgehen können, die wortbrüchig und unzuverlässig sind, kaum zu Freundschaft oder Zusammenhalt fähig und keinen Erfindergeist besitzen.
>
> (»Nihon jimmin koyū no seishitsu«, *Tōyō gakugei zasshi*, 1/2 1883)

»Japanische Eigenschaften«: Das wäre wenige Jahre zuvor noch undenkbar gewesen, denn ›die‹ Japaner gab es noch nicht. Erst mit dem Selbstverständnis als Nation wurde es möglich, ja notwendig, nationale Eigenschaften zu beschreiben. Es gab keine Vorlage für eine solche Beschreibung – bis auf diejenigen von Westlern, die unbekümmert um regionale und soziale Unterschiede von ›den Japanern‹ sprachen, nicht selten herablassend und verächtlich. Offensichtlich machten sich Japaner wie Miyake Setsurei solche negativen Darstellungen – »von Ausländern«, wie er ausdrücklich schreibt – zu eigen. So wurde aus der Fremdbeschreibung eine Selbstbeschreibung, und zwar eine durchweg defizitäre. Den Japanern mangele es an Ausdauer, Selbstständigkeit, Forschungsdrang, Zuverlässigkeit, Zusammenhalt, Erfindergeist usw., kurz: Ihnen fehlten genau die spezifisch *modernen* Eigenschaften, auf die sich die Westler etwas zugutehielten.[11]

Das Problem der Japaner war, dass sie nicht so waren, wie die Westler. Miyake Setsurei reagierte auf diese Zumutung, indem er die Vorzüge der traditionellen japanischen Kultur hervorhob: einer *asiatischen* Kultur, die gegenüber der westlichen ihren Eigenwert behaupten könne. Zusammen mit anderen Intellektuellen setzte Miyake sich für die Bewahrung der ›nationalen Essenz‹ Japans ein: der »Wahrhaftigkeit, Güte und Schönheit der Japaner«. Nicht das Kopieren westlicher Zivilisation, sondern gerade die Förderung nationaler Eigenheiten trage zum Fortschritt der Menschheit bei.

Doch überzeugender als Miyakes Beharren auf der ›nationalen Essenz‹ wirkte die Argumentation Fukuzawa Yukichis. Sie gründete auf dem aus Europa übernommenen Begriff der ›Zivilisation‹, den Fukuzawa als Schlüssel auch für die japanische Moderne erkannte:

> Wenn man die gegenwärtigen Verhältnisse auf der Welt betrachtet, erkennt man, dass sich westliche Zivilisation tatsächlich nicht aufhalten lässt. Es gibt nur eine Möglichkeit: mit der Zeit zu gehen und gemeinsam auf dem Ozean der Zivilisation zu schwimmen, dieselbe Welle der Zivilisation zu verbreiten und gemeinsam an Fluch und Segen der Zivilisation teilzuhaben. … Es ist die Aufgabe aller Gelehrten, ihre Ausbreitung zu fördern, so dass die Staatsbürger möglichst bald ihren Geist aufsaugen. (»Datsu-A ron«, *Fukuzawa zenshū*, Bd. 10, 239)

Der unerbittliche Entscheidungsdruck der Moderne spricht aus diesen Zeilen: Wer nicht mit der Zeit geht, wird untergehen. Dabei erkannte Fukuzawa im Begriff der ›Zivilisation‹ das Problem und zugleich die Lösung: denn ›Zivilisation‹ mache die erdrückende Überlegenheit des Westens aus, aber – das ist die Pointe der Theorie – sie sei eben nicht auf den Westen beschränkt, sondern universal. Am »Gesetz vom Fortschritt des menschlichen Wissens« hätten alle Völker gleichermaßen teil: Auch Japan könne den Prozess der Zivilisation vollziehen und damit zu einer Weltmacht aufsteigen, deren »Kriegsschiffe auf allen Meeren der Welt zu sehen sind und deren Nationalflagge mit der Sonnenscheibe in ganz Ostasien weht.«[12]

Die ›asiatische‹ Kultur aber, auf die Miyake Setsurei pochte, war mit diesen Vorstellungen von ›Fortschritt‹ und ›Zivilisation‹ nicht vereinbar, im Gegenteil: Fukuzawa forderte explizit eine »Abwendung von Asien«. Denn China und Korea, die »unverändert an ihren alten Sitten und Gebräuchen hängen, wie seit Hunderten und Tausenden von Jahren«, »arrogant und ohne jegliche Selbstreflexion«, erschienen völlig unempfänglich für Fortschritt und Zivilisation. Der Konfuzianismus, einst eine lebendige, fruchtbare Gesellschaftslehre, sei seit Jahrhunderten verfallen; übriggeblieben seien in China lediglich hohler Formalismus, Aberglaube und Despotie.[13] »China und Korea sind für unseren japanischen Staat nicht nur vollkommen nutzlos«, folgerte Fukuzawa Yukichi, sondern geradezu schädlich, da ihr schlechtes Image in den Augen der Westmächte auf Japan abfärbe:

> Zum Beispiel herrschen in China und Korea noch immer altertümliche Autokratien ohne gesetzliche Grundlage, und deshalb argwöhnen die Westler, dass Japan auch ein Land ohne Gesetze sei. Die Gelehrten in China und Korea sind völlig in sich versunken und haben keine Ahnung, was Wissenschaft ist, und deshalb denken manche westlichen Gelehrten, dass Japan auch ein Land von Yin und Yang oder den Fünf Elementen sei. Weil die Chinesen kriecherisch und ohne Schamgefühl sind, wird Japans Kriegerethos verkannt; weil die Koreaner grausame Körperstrafen haben, werden die Japaner auch als gefühllos eingeschätzt. … Wer sich an schlechte Freunde hält, wird selbst den schlechten Ruf nicht vermeiden können. Wir aber haben uns im Inneren schon von unseren schlechten Freunden in Ostasien losgesagt.
>
> (»Datsu-A ron«, *Fukuzawa zenshū*, Bd. 10, 240)

Fukuzawa scheint es wenig gekümmert zu haben, dass in Japan selbst noch bis vor Kurzem ein despotischer Shōgun geherrscht hatte, dass die

Lehren von Yin und Yang sowie den Fünf Elementen im Volk weithin verbreitet waren und dass die Meiji-Regierung noch 1870 Gesetze auf Grundlage des Ming-Kodex erlassen hatte, die bestialische Strafen wie das langsame Zerschneiden vorsahen, ja, dass all seine ›Zivilisation und Aufklärung‹ nicht älter war als zwei Jahrzehnte.

All das spielte jetzt keine Rolle mehr. In Fukuzawas Aufruf zur »Abwendung von Asien« gipfelte ein drastischer Wandel des japanischen Chinabildes, der mit den *kokugaku*-Gelehrten des 18. Jahrhunderts begonnen (S. 235), sich aber mit der Übernahme westlicher Begriffe erheblich beschleunigt hatte. Schon Motoori Norinaga hatte die Eigenständigkeit japanischer Kultur betont, und nach dem ersten Opiumkrieg hatten sich die Stimmen gemehrt, die eine Abwendung von China forderten. Aber erst mit dem Begriff der ›Nation‹ wurden diese Argumente unabweisbar. Die Vorstellung von einer Schicksalsgemeinschaft, der alle Japaner angehörten – und sonst keiner –, vertrug sich nicht mit dem alten Bild von der kulturellen Einheit mit China. Wo zuvor die ›Kultur der chinesischen Zeichen‹ Gelehrte über Sprachgrenzen hinweg verbunden hatte, trennten sie nun strikte nationale Grenzen. Die Gesandten der *Senzai-maru* hatten sich ihren »chinesischen Freunden« noch innig verbunden gefühlt, und in den 1870er Jahren war die ›Ostasiatische Vereinigung‹ mit China und Korea noch eine weithin diskutierte Option gewesen. Fukuzawa Yukichi aber erschienen beide nur mehr als »schlechte Freunde«, von denen Japan sich distanzieren sollte.

Vor allem der Begriff des ›Fortschritts‹, den Fukuzawa dem westlichen Diskurs entnommen hatte, führte zu eine Umwertung aller Werte: War die (scheinbare) Beständigkeit der konfuzianischen Ordnung noch wenige Jahre zuvor als Beleg ihrer zeitlosen Gültigkeit verstanden worden, galt sie nunmehr als Zeichen ihrer Rückständigkeit. Ganz ähnlich war es in Europa gewesen: Während die Aufklärung noch die ewige »Weisheit der Sineser« (Christian Wolff) bewundert hatte, erschien China unter dem Eindruck des Fortschrittsgedankens stattdessen als »balsamirte Mumie, mit Hieroglyphen bemahlt und mit Seide umwunden« (Herder), als Land »des ewigen Stillstands« (Leopold v. Ranke) – oder als »stagnierende Gesellschaft« (Fukuzawa). China hatte sich nicht verändert – und gerade deshalb änderten sich die Urteile über China so dramatisch.[14]

Mit der Herabwürdigung Chinas, die in den 1880er Jahren immer deutlicher wurde, wurde zugleich alle Kritik an ›japanischen Eigenschaften‹ auf den Nachbarn geschoben: Die *Chinesen* waren gesetzlos, arrogant, abergläubisch, kriecherisch und schamlos. Was Fukuzawa Yukichi ein Jahrzehnt zuvor den Japanern attestiert hatte – Unehrlichkeit, fehlendes Schamgefühl, Verantwortungslosigkeit – wurde nun auf die Chinesen gemünzt. Wer die Japaner so beschreibe, verwechsle sie lediglich mit den Chinesen. Damit begann eine gewaltige sozialpsychologische Projektion, welche die Beziehung zwischen Japan und China völlig verändern sollte: All die Gefühle von Demütigung und Minderwertigkeit, die aus Japans Begegnung mit den Westmächten erwachsen waren, wurden auf China abgewälzt. Die Japaner mussten China abwerten, um sich selbst aufzuwerten. Wie so oft unter den Menschen richtete sich der Abwehrreflex just gegen diejenigen, die ihnen am nächsten und ähnlichsten waren: Die Japaner hassten an China genau das, was sie an sich selbst hassten.

## Diplomatie und Krieg

Der Hass auf China, der sich in der Meiji-Zeit aufbaute, kanalisierte nicht nur japanische Minderwertigkeitsgefühle, er wirkte auch identitätsstiftend. So, wie sich chinesische Eliten einst durch die essentialistische Beschreibung der Japaner als ›Barbaren‹ selbst definiert hatten (S. 19), taten es nun die Japaner. In gewissem Maße konnte Japan als Nation nur entstehen, indem es sich von China löste. Erst als das einstige Vorbild zum Gegenbild wurde, konnten sich die Konturen einer eigenständigen japanischen Nation zeigen, und je vehementer die Abtrennung von China geschah, desto stärker würde sie die Japaner vereinen. Nicht von ungefähr wuchs mit den Ressentiments in Japan auch die Gewaltbereitschaft gegen China: Es wurde in der Meiji-Zeit nicht nur zum Gegenbild, sondern auch zum *Feindbild*. Lag es nicht in der

Logik der Moderne, dass ein ›reicher Staat mit starker Armee‹ expandierte und die rückständigen Staaten unterwarf? Der Westen hatte es in Ostasien vorgemacht. Und was könnte Japan mehr Anerkennung im Westen gewinnen als militärische Erfolge? Könnte es ein überzeugenderes Zeichen für die »Abwendung von Asien« geben als einen Krieg gegen die asiatischen Nachbarn?

Schon nach dem ersten Opiumkrieg war die Forderung aufgekommen, China anzugreifen, das innerhalb weniger Jahre zerbröckeln werde, »wie eine Sandburg«. Yoshida Shōin hatte 1855 ebenfalls dazu geraten, sich durch die Eroberung Koreas, der Manjurei und Chinas schadlos zu halten. In den 1870er Jahren begann Japan mit dieser Politik ernst zu machen. Auch ein ›Freundschaftsvertrag‹, in dem die Meiji-Regierung und die Qing 1871 beschlossen hatten, ihre »Harmonie und Freundschaft« zu vertiefen, »ihre jeweiligen Territorien zu respektieren und sich nicht den geringsten Übergriff zu erlauben, um dauerhaften Frieden zu bewahren« (*Zhongri tiaogui*), hielt sie nicht davon ab: 1874 fielen japanische Truppen in Taiwan ein, nachdem dort Fischer aus Ryūkyū ermordet worden waren, und zwangen die Qing daraufhin zu Reparationszahlungen.

China zahle dafür, dass es überfallen worden sei, bemerkte ein britischer Gesandter sarkastisch, und Fukuzawa Yukichi jubelte: »Das verdient eine Feier für den Staat! … Wir haben einen vollen Sieg errungen und China eine vollständige Niederlage erlitten«. Damit habe Japan einen ähnlichen Triumph wie die Westmächte erreicht, jetzt könne man »aufrecht neben allen westlichen Staaten stehen, ohne ihnen nachgeben zu müssen« (*Meiroku zasshi* 21). Tatsächlich reihte sich Japans Vorgehen ohne Weiteres in die Aggressionen der Westmächte gegen China ein: 1871 besetzten die Russen das Ili-Gebiet im Nordwesten des Qing-Reichs; 1874 besetzte Frankreich Vietnam, das als ›Tributstaat‹ der Qing galt; 1875 wurden die Qing nach dem Mord an einem britischen Prokonsul zu einer ›Sühnemission‹ nach Europa gezwungen; und im selben Jahr, 1875, griff Japan Korea, einen Tributstaat der Qing, an und zwang es zur Öffnung dreier Häfen sowie zum Austausch von Gesandten. Ein Krieg mit China schien nur noch eine Frage der Zeit zu sein.

## *Huang Zunxian: Berichte eines Diplomaten*

Doch trotz aller Spannungen waren damals noch ganz andere Perspektiven auf die sino-japanischen Beziehungen möglich. So überragend der Einfluss Fukuzawa Yukichis im Rückblick erscheint – bis heute ziert er in Japan die 10.000-Yen-Banknote –, überzeugte er in seiner Zeit längst nicht alle. Am wenigsten natürlich die Chinesen, die noch in den 1870er Jahren wenig von dem registrierten, was in Japan vor sich ging. Das weitaus ausführlichste Zeugnis für die chinesische Wahrnehmung Japans in dieser Zeit liefern die Gedichte und Abhandlungen Huang Zunxians, der 1877–82 als Mitglied der ersten diplomatischen Vertretung Chinas in Tōkyō lebte.

Das Land, das Huang kennenlernte, schien sich keineswegs von seinen ›schlechten Freunden‹ loszusagen: Die chinesischen Gesandten wurden in Nagasaki mit Salutschüssen begrüßt, der Kaiser gewährte ihnen eine Audienz, und sie genossen, so wie westliche Diplomaten, extraterritoriale Privilegien. Japanische Gelehrte besuchten die chinesische Vertretung regelmäßig, um kulturellen Austausch in Form von ›Pinselgesprächen‹ zu pflegen: Für sie war China noch immer das Land der Weisheit und Ordnung, das es schon immer gewesen war. Huang Zunxian dürfte sich ihnen ähnlich tief verbunden gefühlt haben wie einst Luo Sen: Sie seien »von der gleichen Kultur und der gleichen Art«, schrieb er, den Chinesen im Innersten verwandt. Huang meinte das offenbar ganz wörtlich: Er erinnert in seinen Aufzeichnungen an die Geschichte von Xu Fu (S. 5), dessen Gesandtschaft sich in Japan niedergelassen habe, und führt ein Grab von Xu Fu in Kumano als »klaren Beweis« für diese These an.

Huang Zunxian war beeindruckt von den Arbeiten japanischer Philologen, allenthalben sah er akademisches Interesse an China. In jener Zeit begannen japanische Gelehrte China zu bereisen, statt es nur aus der Ferne zu betrachten; andere setzten sich für Sprachstudien in China ein, so dass Japaner chinesische Texte auch *auf Chinesisch* – nicht in japanischer Lesung – lesen könnten; 1883 wurde die ›Asiatische Gesellschaft‹ (Ajia kyōkai) gegründet, die eine Sprachschule für Chinesisch betrieb und den sino-japanischen Kulturaustausch förderte, und kurz darauf, 1890, die ›Orientalische Gesellschaft‹ (Tōhō kyōkai), deren wissenschaftliche Zeitschrift *Tōyō gakuhō* noch heute erscheint. Huang Zunxian erlebte die Zeit, in der die moderne japanische Sinologie entstand. Zudem erlebte er eine Blütezeit der Dichtung im chinesischen Stil. Die *kanshi* hatten sich schon in der Edo-Zeit erneuter Beliebtheit erfreut (S. 231), die sich in der Meiji-Zeit, aller ›Modernisierung‹ zum Trotz, ungebrochen fortsetzte. Die chinesischen Gedichte seiner japanischen Freunde standen denen aus China in nichts nach, wie Huang Zunxian feststellte.

Huang wusste das zu schätzen, denn er war selbst ein Dichter von Rang. In Japan verfasste er Hunderte von Gedichten: über den Fujisan, Tänze der Geishas, die feine Küche, berühmte Orte, die Kirschblüte, Bäder, Fächer – aber auch über die Feuerwehr, die Zeitungen, die Mädchenschulen und westlichen Importwaren. Besonders faszinierten Huang die Elemente alter chinesischer Kultur, die er in Japan allenthalben erblickte: Die Japaner knieten auf den Tatami-Matten wie die Chinesen zur Han-Zeit; ihre hölzernen *geta* glichen den clogartigen Sandalen, die man im chinesischen Mittelalter getragen hatte; ihre Gesänge, ihre Tänze und ihre Tischsitten waren so, wie sie in chinesischen Geschichtswerken beschrieben wurden; die Art, wie die Frauen Besucher grüßten, die flatternden Kimonos im Wind, die schlichte Holzarchitektur: All das sei wie im alten China. Wie eine Offenbarung war es für Huang Zunxian, dass in Japan noch alte chinesische Bücher erhalten waren, die in China lange als verschollen gegolten hatten. Und als bei einem Empfang am Kaiserhof Musik und Tänze aufgeführt wurden wie im China der Tang-Zeit, war Huang vollends hingerissen: Hier, in Japan, war das alte China in Schrift, Klang und Kleidung erhalten! So besessen war er von dem Gedanken, dass Japan eine ›kulturelle Provinz‹ des alten China sei, dass er sogar den Shintōismus auf chinesische Wurzeln zurückführte: denn ähnelten nicht viele Elemente des Shintō dem Daoismus – und war nicht Xu Fu ein daoistischer Meister gewesen, bevor er übers Meer setzte?[15]

Je mehr Huang Zunxian über Japan erfuhr, desto unverständlicher wurde ihm, wie wenig seine Landsleute sich bislang dafür interessiert hatten: »Japans Würdenträger können in der Regel chinesische Bücher lesen und chinesische Angelegenheiten beurteilen«, klagte er,

> aber chinesische Würdenträger ziehen es vor, über altertümliche Ideen zu räsonnieren, verschließen sich selbstzufrieden gegen alle äußeren Angelegenheiten und lassen sich nicht herab, sich dazu zu äußern. Ich rede nicht einmal vom Westen! Selbst Japan, das von uns nur durch einen schmalen Gürtel Wasser getrennt ist, so nah, dass die Nachtwachen hier und da einander hören können, dass man morgens aufbrechen und abends dort sein kann – selbst Japan betrachten sie wie die drei Inseln der Unsterblichen jenseits des Meeres, wie einen Ort, zu dem man blicken, den man aber nie erreichen kann.
>
> (*Riben guozhi*, Vorwort v. 1887)

Kein Wunder, dass die Chinesen nur nebelhaft-verschleierte Kenntnisse über Japan besäßen:

> Japan wird bereits im *Kanon der Berge und Meere* erwähnt, und dennoch sind die geographischen Beschreibungen Japans in den Dynastiegeschichten völlig ungenau: Kaum ein Zehntel der Angaben dort sind korrekt. … Seit der Tang-Zeit wurden viele Gedichte für japanische Mönche geschrieben, die nach ihrem Studium in China nach Hause reisten; aber sie erwähnen nichts vom Leben in Japan. Die Japaner haben seit alters Geschichte geschrieben, aber die Chinesen konnten wegen des Handelsverbots keine Kopien davon erhalten. … Gelehrte unseres Landes sind nie nach Japan gereist, und diejenigen, die es taten, konnten kein Japanisch lesen. Angesichts dessen ist es kaum ein Wunder, dass chinesische Bücher über Japan voller Fehler sind. (*Riben zashi shi* 2, 30)

Huang Zunxian nahm sich vor, das zu ändern. Neben der Sammlung von Gedichten über Japan legte er mit den *Aufzeichnungen über Japan* (*Riben guozhi*) das bei Weitem umfangreichste und genaueste Werk in chinesischer Sprache vor, das es je über Japan gegeben hatte. Huang organisierte sein Werk ebenso wie traditionelle ›Aufzeichnungen‹, die gelegentlich im kaiserlichen Auftrag über Nachbarländer erstellt wurden: mit chronologischen Tafeln, historischem Abriss sowie Beschreibungen von Außenbeziehungen, Astronomie, Geographie, Regierung, Wirtschaft, Gesetzen, Militär, Gelehrsamkeit, Handwerk, landestypischen Produkten sowie Sitten und Gebräuchen. Inhaltlich waren Huangs *Aufzeichnungen* jedoch alles andere als konventionell, denn sie schilderten ein Land, das sich in unerhörter Weise modernisierte.

Huang Zunxian beschrieb die Institutionen der Moderne mit klarem Blick, Bewunderung, aber auch mit einer Portion Skepsis. Die urbanen Szenen der neuen Hauptstadt faszinierten ihn: Telegraphenmasten, Straßenbeleuchtung, Feuerwehrwagen, Rindfleisch-Restaurants, Pferdekutschen und Rikscha-Fahrer, die »so schnell laufen wie der Wind«. Die gesamte öffentliche Ordnung war etwas Neues für Huang Zunxian. »Anfangs verstand ich nicht, wie das bewirkt wurde, aber jetzt weiß ich, dass es das Verdienst der Polizeibeamten ist«, notierte er. Denn Japans Polizisten fingen nicht nur Verbrecher, sondern kümmerten sich auch fürsorglich um die Bürger:

> Allen Leuten auf der Straße, die in Not geraten, sei es durch die Natur oder durch andere Menschen, kommen sie unverzüglich zu Hilfe. Betrunkene, geistig Verwirrte und Menschen, die sich verlaufen haben, geleiten sie wieder zu ihrem Haus. Kindern und Alten, Frauen und Ausländern gewähren sie Schutz.
>
> (*Riben guozhi* 14, 30ab)

Die überaus hygienischen Krankenhäuser mit ihren blitzenden Geräten beeindruckten Huang Zunxian ebenso wie die Disziplin und Effizienz der modernen Schulen, die allen Japanern – auch den Frauen! – eine moderne Erziehung angedeihen ließen: Das sei das eigentliche Geheimnis eines starken Landes. Huang erkannte den Nutzen von Statistiken – »eine der besten Methoden, die Japan vom Westen übernommen hat« – und die Bedeutung von Zeitungen als Medien der ›Zivilisation und Aufklärung‹. Einen ganzen Abschnitt widmete Huang Zunxian den vielfältigen Organisationsformen der Zivilgesellschaft: den Vereinen, Parteien und Verbänden, die in Japan »Sozietäten« (*shakai*, chin. *shehui*) genannt würden. Derlei war im Reich der Qing völlig unbekannt, so dass Huang es genau erklären musste:

> ›Sozietäten‹ vereinen die Fähigkeiten, den Ruhm, die Kunstfertigkeit und die Neigungen von vielen Menschen, um so ihre Ziele zu verfolgen. In der Politik gibt es die ›Freiheitsgesellschaft‹ (›Freiheit‹ bedeutet, nicht von anderen eingeschränkt zu werden …), ›Republikanische Partei‹, ›Konstitutionelle Partei‹ und ›Reformpartei‹ … In der Gelehrsamkeit gibt es die ›Astronomische Gesellschaft‹, ›Geographische Gesellschaft‹, ›Kultur-Gesellschaft‹ (die Gesellschaft für Han-Gelehrsamkeit), ›Gesellschaft für Holland-Studien‹ und die ›Gesellschaft für England-Studien‹ … (Ebd. 37, 20ab)

Huang nennt weiterhin diverse ›Sozietäten‹ für Recht, Religion, Medizin, Landwirtschaft, Handel, Kunst u. a., kurz, »nicht eine Sache, für die es keine Sozietät gäbe, nicht ein Mensch, der keiner Partei angehörte.« Was Huang hier in etwas unbeholfenen Worten beschreibt, sind die Organe einer funktional differenzierten Gesellschaft: einer Gesellschaft, die nicht primär zwischen hierarchischen Schichten unterscheidet – denn »die Oberen und die Unteren sollen im Herzen vereint sein« –, sondern zwischen Funktionssystemen wie Politik, Wirtschaft, Wissenschaft, Religion, Kunst, Recht u. a., an denen *alle* partizipieren können. Wie in Europa waren die ›Sozietäten‹ der Ort, an dem »die politischen Gleichheitsnormen einer künftigen Gesellschaft eingeübt« werden konnten (Habermas 1996, 14). Huang beschreibt in diesem Abschnitt genau die »öffentliche Diskussion«, welche in der Regierungserklärung von 1868 als Ziel benannt worden war: das Herzstück der Meiji-Reform.

Und dennoch scheint Huang Zunxian, der so angetan war von den Erfolgen der Reform, genau hier an die Grenzen seines Verständnisses zu stoßen. Denn er lobt zwar den Effekt einer solchen Bündelung der Kräfte in Sozietäten, weist aber zugleich auf das Konfliktpotential dieser Parteiungen hin, das »zehn-, hundert-, ja tausendmal schlimmer ist als die Cliquenkämpfe der Han, Tang und Song«, die entscheidend zum Sturz dieser Dynastien beigetragen hatten. Bei aller Anerkennung für die zivilisatorischen Leistungen Japans und des Westens – Pluralität und Gleichheit waren Huang ein Gräuel. Auch die Bewegung für Freiheit und Bürgerrechte, die während Huangs Aufenthalt in Tōkyō ihren

Höhepunkt erreichte, missbilligte er zutiefst, denn sie widerspreche der konfuzianischen – das heißt: hierarchischen – Gesellschaftsordnung. Unzweideutig formulierte er es für eine japanische Zeitschrift:

> Die Dinge, die verändert werden können, sind Dampfschiffe, Eisenbahnen, Telegraphen und alles, was dem Finanzwesen, der Landwirtschaft, dem Handel und Handwerk dient. Die Dinge, die nicht geändert werden dürfen, sind die Beziehungen zwischen Herrscher und Untertan, Vater und Sohn, Ehemann und Ehefrau und alles, was mit moralischen Normen zusammenhängt.
>
> (*Dōjinsha bungaku zasshi*, zit. nach: Kamachi 1981, 82)

Mit anderen Worten: Huang Zunxian befürwortete nur die eine Hälfte der Meiji-Reformen: den ›reichen Staat mit starker Armee‹ (nicht zufällig ein Schlagwort aus der chinesischen Tradition). Die andere Hälfte hingegen, das *nation building*, das mit den Idealen von sozialer Gleichheit und Partizipation einherging, lehnte er ab. Eben deshalb betrachtete er auch die westlich gekleideten Flaneure mit ihren Gehstöcken, modischen Haarschnitten und Brillen, die sich per Handschlag grüßten, mit gehörigem Argwohn. So wie für Li Hongzhang waren Kleidung, Frisuren und Grußformen auch für Huang kein Gegenstand der Mode, sondern Ausdruck sozialer Ordnung: Wer mit ihnen kokettierte, verstieß gegen den rituellen Anstand und untergrub gesellschaftliche Hierarchien. Ebenso erschien ihm die Einführung des Gregorianischen Kalenders inakzeptabel: denn der Kalender wurde vom Kaiser vorgegeben, er war Ausdruck seiner ordnungsstiftenden Macht, die im Einklang mit der kosmischen Harmonie stand. An diesen Prinzipien war nicht zu rütteln.

Huang Zunxians Position spiegelt exakt den Unterschied zwischen der Meiji-Reform und der chinesischen ›Selbststärkung‹ wider: Jene beruhte auf der Einsicht, dass die Reform von Staat und Gesellschaft Grundlage für zivilisatorischen Wandel sei; dieser ging es nur um technisch-militärischen Fortschritt, ohne an sozialen Strukturen oder dem Regierungssystem zu rühren: »Chinesische Lehren für die Prinzipien, westliche Lehren für die praktische Anwendung«! Die konfuzianische

Ordnung sollte die unantastbare Grundfeste bleiben, westliche Technik lediglich eine Zugabe.

In Japan aber schien genau diese Ordnung verloren zu gehen. Es entbehrt nicht einer gewissen Ironie, wenn Huang Zunxian bestürzt feststellte, dass die meisten Konfuzius-Tempel entweder in Amtsgebäude umgewandelt worden waren oder verfielen. Ob er wusste, dass die Reisenden der *Senzai-maru* einst ebenso schockiert von der Entweihung des Shanghaier Konfuzius-Tempels gewesen waren? Wahrscheinlich hätte Huang Zunxian den Vergleich zurückgewiesen, denn für ihn lag das Problem viel tiefer. Seit jeher hätten die konfuzianischen Gelehrten in Japan ihre vornehmsten Aufgaben, nämlich die Ordnung von Staat und Gesellschaft, sträflich vernachlässigt, denn

> die Japaner haben nichts weiter als die nutzlosen Aspekte, die Abfallprodukte und den Bodensatz der Han-Gelehrsamkeit übernommen. Die grundlegenden Ordnungslehren der früheren Könige und die Prinzipien zur Selbstkultivierung der Weisen haben sie niemals angewendet oder studiert. Seit den Tang haben sie nur Gedichte und Literatur studiert; seit den Ming sind noch die *Aufgezeichneten Worte* [von Zhu Xi] hinzugekommen. Nun sind aber nebensächliche literarische Künste und leeres Gerede von ›Herz‹ und ›Natur‹ die Unbilden an der Peripherie des Konfuzianismus: Sie sind meilenweit vom rechten Weg entfernt – und dennoch haben es die japanischen Gelehrten allein darauf abgesehen.
>
> (*Riben guozhi* 32, 14b)

Hätten japanische Gelehrte die chinesische Kultur nur gründlicher studiert, dann hätten sie gewiss erkannt, dass auch die westliche Wissenschaft ihren Ursprung in China hatte! Denn genau das behauptete Huang Zunxian: »Meiner Ansicht nach sind westliche Lehren nichts anderes als die Lehren von Mo Di.« Wissenschaft, Technik und sogar das Christentum seien im klassischen Werk *Mozi* allesamt vorweggenommen.[16] Dort finde man nicht nur Überlegungen zu physikalischen, chemischen, optischen, biologischen und anderen wissenschaftlichen Fragen; auch die christliche Nächstenliebe sei in Mo Dis Prinzip der ›allumfassenden Solidarität‹ (*jian'ai*) vorformuliert.

So fügte sich für Huang Zunxian alles zusammen: Japan war eine kulturelle Provinz Chinas, den Han im Innersten verwandt, und auch die westlichen Lehren hatten ihren Ursprung in China. Das müsse man nur erkennen und sich zugleich auf den Kern der konfuzianischen Lehre besinnen, dann sei die Welt wieder im Lot. Während Japan sich dem Fortschritt verschrieben hatte, der alles von Grund auf verändert, beschwor Huang die ewig-unwandelbare Ordnung des alten China. Wie falsch er damit lag, sollte schon wenige Jahre später deutlich werden.

## *Der Sino-Japanische Krieg*

Während Huang Zunxian sich in seiner Residenz mit Dichtern, Philologen und sinophilen Gelehrten umgab, spitzte sich die nationalistische Rhetorik in Japans Politik weiter zu. Und während Huang über die kulturelle Einheit Chinas und Japans räsonnierte, steigerte Fukuzawa Yukichi seine anti-chinesische Position zum unversöhnlichen Gegensatz von Freund und Feind. 1884, als China nach einem Aufstand in Korea Truppen auf der Halbinsel stationiert hatte, meldete er sich wieder zu Wort:

> Sollte unser japanischer Staat eine Strafexpedition gegen China und Korea schicken? Korea ist gewiss nicht der Rede wert, aber unser Ziel muss es sein, China zum Feind zu erklären. Wir sollten zuerst eine Armee gegen die Hauptstadt Koreas schicken, um erbittert gegen die chinesischen Truppen zu kämpfen und sodann die koreanische Regierung zu zwingen, unsere gerechten Forderungen zu akzeptieren. Gleichzeitig sollten wir mit einem großen Aufgebot an Heer und Marine in China eindringen und geradewegs Peking einnehmen. … Sollten wir den Krieg gegen China nicht gewinnen, wird sich unser Japan China für immer demütig unterordnen müssen und zudem von allen Ländern der Welt verhöhnt und gedemütigt werden. Sollten wir aber gewinnen, dann wird die Autorität Japans nicht nur über Ostasien erstrahlen, sondern wir werden auch von den Ländern Europas und Amerikas weithin respektiert werden.
>
> (»Sensō to nareba hisshō no san ari«, *Fukuzawa zenshū*, Bd. 10, 159–61)

Entweder wir oder sie: Auf diesen unversöhnlichen Antagonismus reduziert Fukuzawas Pamphlet die sino-japanischen Beziehungen.

Korea, das jahrhundertelang als Bindeglied zwischen China und Japan fungiert hatte, wurde nun zum Spielball zwischen rivalisierenden Mächten. Zwar kam es 1885 noch nicht zum Krieg; aber die Zeichen standen an der Wand. »In zehn Jahren werden Japans Reichtum und Macht beträchtlich sein«, prophezeite der chinesische Staatsmann Li Hongzhang, »wenn es jetzt noch keine Sorge für uns ist, wird es doch künftig zum Desaster für uns werden« (Jansen 1980, 344). Er sollte nur allzu recht behalten.

Als 1894 eine Rebellion in Korea ausbrach, schickten sowohl die Qing als auch Japan Truppen nach Korea. Schon bald wurde deutlich, dass es nicht um die Rebellion ging (die schnell beendet wurde), sondern um die Vorherrschaft in Korea, und das bedeutete: Krieg zwischen China und Japan. Die Voraussetzungen für diesen Krieg konnten unterschiedlicher nicht sein: Während Li Hongzhang die Aufrüstung verzögerte und sich bis zuletzt um eine diplomatische Lösung bemühte, stürzten die Japaner sich aggressiv in den Kampf. Schon vor der Kriegserklärung vom 1. August versenkten sie einen Dampfer mit 910 chinesischen Soldaten. In der Heimat herrschte grenzenlose Kriegsbegeisterung. Endlich konnte Japan zeigen, wie stark und zivilisiert es war! Der Krieg, so schien es, war geradezu eine historische Notwendigkeit. Eine kleine, aber zivilisierte Nation gegen eine große, gealterte; Japan, der Fackelträger des Fortschritts, gegen China, den ärgsten Feind des Fortschritts: Das musste in einen Kampf auf Leben und Tod münden! Die Dichter gerieten ins Schwärmen:

Vor dem Altertum
Treten wir nicht mehr zurück,
Denn bald werden wir selbst
Wie dereinst
Einen Hügel aus Ohren türmen.

(Yosano Tekkan, zit. nach: Keene 1971, 127)

Endlich würde Hideyoshis grausames Werk vollendet werden (vgl. S. 446, Anm. 23). Zeitungen, die ausführlich von den Helden an der

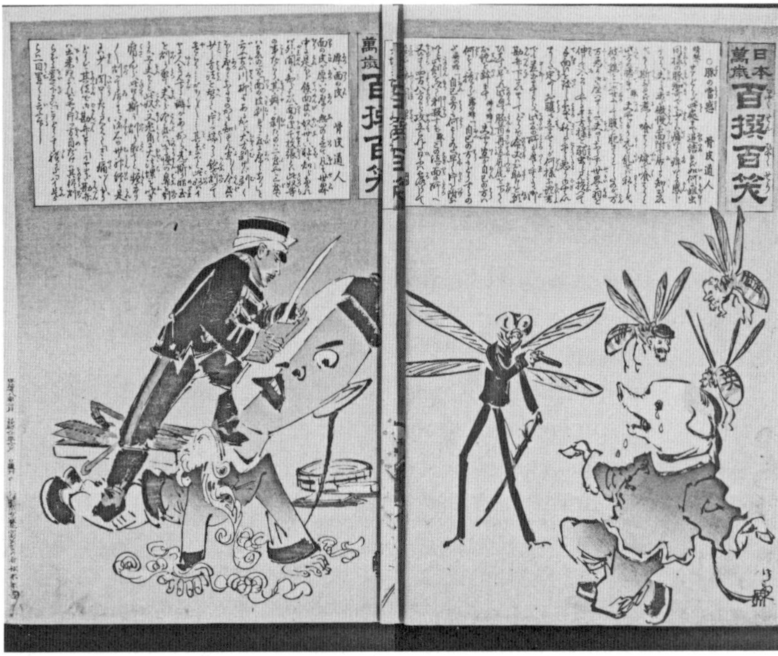


Entmenschlichende Darstellungen der Chinesen in der japanischen Kriegspropaganda: als groteske Holzpuppe, die von einem Japaner zerhobelt wird, oder als klägliches Schwein, das von Insekten – symbolisch für die Westmächte – gepiesackt wird. Der vielverhöhnte Manjurenzopf fehlt auf keiner Zeichnung. Abb. aus *Nihon banzai hyaku sen hyaku shō*.

Front berichteten, wurden jetzt zu Medien des nationalen Furors, Kriegslieder riefen zum Sturm auf Peking auf, ätzende Spottgesänge verhöhnten die Chinesen:

> Die Schweineschädel schwächlich sind doch zu erbärmlich – kaum sehn sie unsre Flagge, nehmen sie Reißaus: Liederlich, liederlich!
>
> Li Hongzhang, der Chinaman, ist doch allzu dümmlich – kann nicht mit uns kämpfen und säuft sich lieber voll: Liederlich, liederlich!
>
> Ihr Admiral, der Chinaman, ist doch zu erbärmlich – kaum sehen sie sich in Gefahr, liefern sie sich aus: Liederlich, liederlich!
>
> (»Mecha, mecha«, zit. nach: Yang 2012, Bd. 3, 379)

Tausende von billigen Farbholzdrucken, die in vielen Millionen Exemplaren unter das Volk gebracht wurden, verherrlichten den Krieg: unerschrockene japanische Soldaten, groß und aufrecht, diszipliniert, mit akkuratem Haarschnitt und westlicher Uniform, gegen gekrümmte und tartarisch bezopfte Chinesen im bunten Kaftan, die in panischer Angst ungeordnet davonstieben. Der Gegensatz zur heroischen Darstellung der Chinesen im Opiumkrieg (S. 244) könnte stärker nicht sein. Jetzt stellte die Kriegspropaganda die Japaner als Helden dar und die Chinesen als Barbaren: nicht nur als undiszipliniert und feige, sondern als völlig andere Menschen. Hier die würdevollen, europäisch anmutenden Japaner, dort die grotesk verwachsenen Chinesen, mit breiter Nase, Schlitzaugen und hyperboräischem Jochbein: Sie erschienen als ›Untermenschen‹, ja bisweilen überhaupt nicht als Menschen, sondern als ›Ratten‹ oder ›Schweine‹. Manche Propagandabilder zeichneten sie als Holzpuppen, die von Japanern zersägt werden, als welke Bambussprossen oder als Schweine, die quiekend vor mannhaften Japanern fliehen. In einer anderen Darstellung verkaufen Japaner nach geschlagener Schlacht »billiges Schweinefleisch«.[17]

Währenddessen eilten die japanischen Truppen von Sieg zu Sieg. Im September 1894 schlugen sie die chinesischen Truppen bei Pyongyang in die Flucht: Die Stadt fiel an die Japaner. Kurz darauf schlugen sie Li Hongzhangs Flotte im Gelben Meer vernichtend. Die importierten Panzerkorvetten der Qing, deren Admiräle im Gefecht völlig versagten, waren den hochmodernen japanischen Kriegsschiffen weit unterlegen. Im November eroberten die Japaner das Fort von Port Arthur (heute: Dalian), das als uneinnehmbar gegolten hatte, innerhalb eines Tages – und richteten ein blutiges Massaker an. Ein japanischer Soldat erinnerte sich an diesen Tag:

> Als wir in Port Arthur eindrangen, sahen wir den Kopf eines japanischen Soldaten auf einem Holzpfahl zur Schau gestellt. Der Anblick erfüllte uns derart mit Zorn, dass wir alle chinesischen Soldaten niedermachen wollten. Jeden, den wir in der Stadt sahen, töteten wir. Die Straßen waren mit so vielen Leichen gefüllt, dass sie uns den Weg blockierten. Wir töteten Leute in ihren Häusern; insgesamt

> gab es wohl kein Haus, in dem nicht drei bis sechs Leute starben. Überall floss Blut, und der Gestank war grauenhaft. Wir sendeten Suchtrupps aus. Manche erschossen wir, auf andere hackten wir ein. Die chinesischen Soldaten ließen einfach ihre Arme sinken und flohen. Wir schossen und metzelten, dass es eine wahre Freude war. Zugleich jubelten die Artillerie-Truppen, die die Nachhut bildeten, »Zehntausend Jahre« für den Kaiser.
>
> (Okabe Makio, zit. nach: Lone 1994, 155)

Mehrere Tausend Einwohner der Stadt mordeten die Japaner in ihrem sinnlosen Blutrausch: ein Akt der Barbarei, der kaum zum Selbstbild einer zivilisierten Nation mit disziplinierten Truppen zu passen scheint. Aber womöglich war es gerade dieses Selbstbild, das in die Barbarei führte: denn das Selbstverständnis der Japaner als Nation nährte sich geradezu vom Hass auf die Chinesen, die den Japanern allzu ähnlich waren. Die Nation im Krieg bedurfte der ultimativen Abgrenzung vom Feind, und die entmenschlichende Propaganda trug ihren Teil dazu bei: Sie ebnete den Weg zur physischen Vernichtung des Feindes. Und war nicht gerade die unerbittliche Vernichtung des ›rückständigen‹ Feindes ein Beweis für den zivilisatorischen Fortschritt Japans? Kein Zweifel, es handelte sich um »einen Krieg zwischen Zivilisation und Barbarei« (Kuga Katsunan), der auf Leben und Tod geführt werden musste.[18]

Als die japanischen Soldaten sich in Port Arthur austobten, war der Krieg längst entschieden. Im Februar 1895 zerstörten die Japaner die Reste der chinesischen Flotte im Hafen von Weihaiwei (Shandong) – der Gouverneur war mit einem Großteil der Truppen geflohen –, und der letzte chinesische General, Ding Ruchang, nahm sich das Leben. Kurz darauf kapitulierten die Qing.

Japans Triumph war vollkommen. Nicht allein, dass es den großen Nachbarn vernichtend geschlagen und damit seinen eigenen Anspruch als Führungsmacht in Ostasien untermauert hatte. Auch unter den Westmächten steigerte der Sieg über China das Ansehen Japans erheblich. Fukuzawa Yukichi hatte Recht behalten: Japanische Kultur und Zivilisation wurden nach dem Sieg nicht nur »weithin respektiert«, sondern geradezu bewundert. In der europäischen Malerei hatten vor allem die ›Bilder einer fließenden Welt‹ (*ukiyo-e*) schon früher zur Welle des Japonismus beigetragen, und bei der Weltausstellung von 1893 in Chicago war der japanische Pavillon – ein Nachbau der Phönixhalle von Uji aus dem 11. Jahrhundert (Abb. S. 139) – eine der Hauptattraktionen: Japan fand zunehmend Anerkennung als zivilisierte Nation mit beachtlichen kulturellen Leistungen. Aber all das wurde nach dem Krieg gegen China noch übertroffen, als in Amerika »der Respekt für Japan überall zu spüren war, und es in Gesprächen nur um Japan ging« (Keene 1971, 172). Japaner wurden in den USA hofiert, und unter amerikanischen Frauen wurde es modisch, Kimono zu tragen. Vorbei die Zeiten, in denen die Japaner für ihre Imitation westlicher Mode verlacht wurden – jetzt machten sich die Westler mit japanischer Mode lächerlich. Nur wenige dürften diese Entwicklung in jener Zeit so nachdenklich reflektiert haben wie die amerikanische Schriftstellerin und Frauenrechtlerin Helen H. Gardener:

> Als eine sanfte, friedliche, ehrliche und ehrwürdige Nation wollten Christen nichts von Japan wissen, es sei denn als halb verächtliches Betätigungsfeld für Missionsarbeit. … Als Schlächter und Krieger hat es alle christlichen Nationen auf seine Seite gebracht, so dass sie den Hut ziehen und sagen: »Donnerwetter, Japan ist großartig. Es hat unseren Respekt erworben. Künftig muss es als Nation ernst genommen werden.«
>
> (Helen H. Gardener, zit. nach: Snodgrass 2003, 100)

## Shanghai 上海

Wie kaum eine zweite chinesische Stadt ist Shanghai durch ausländische Einflüsse geformt worden: durch die Europäer, deren Architektur das Stadtbild seit 1840 geprägt hat, aber auch durch die Japaner. Aufgrund seiner Küstenlage war Shanghai seit je ein Knotenpunkt sino-japanischer Beziehungen: Im 16. Jahrhundert trieben japanische Piraten in der Gegend um Yangzi und Huangpu ihr Unwesen – Shanghai erhielt seine Stadtmauer 1553 als Schutz gegen die Piraten –, ab 1685 fuhren Handelsschiffe von Shanghai nach Nagasaki, und die ersten Japaner, die im 19. Jahrhundert mit der *Senzai-maru* nach China kamen, steuerten Shanghai an.

In Shanghai bündelt sich die paradoxe Verbindung aus Anziehung and Abstoßung, welche die sino-japanischen Beziehungen charakterisiert, wie in einem Brennglas. So entsetzt die frühen japanischen Besucher von den politischen und hygienischen Verhältnissen der Stadt waren (S. 252), so wenig konnten sie sich ihrem Reiz entziehen. Nachdem die amerikanische Pacific Mail Steamship Company 1867 und Mitsui 1875 regelmäßige Schiffsverbindungen zwischen Yokohama und Shanghai eingerichtet hatten, entstand in Hongkou, nördlich des Suzhou Creek, die erste japanische Auslandsgemeinde weltweit. 1872 eröffnete Japan in der Huangpu-Straße, gegenüber vom Schiffsanleger, ein Konsulat. Immer mehr Japaner zogen jetzt nach Shanghai: Mönche, Händler, Diplomaten sowie zahlreiche Geishas und Prostituierte. Shanghai war eine *frontier*-Stadt, die Abenteurer und zweifelhafte Existenzen anzog, die Glück verhieß und oft Elend brachte. All das kam in der Fuzhou-Straße zusammen, um die ein regelrechtes japanisches Rotlichtviertel entstand, dessen ›Teehäuser‹ Japaner, Chinesen und Westler gleichermaßen aufsuchten. Manche japanische Kurtisanen wurden in Shanghai reich und berühmt – Wang Tao hat ihnen in seinen Kurzgeschichten *Songyin manlu* (1887) ein literarisches Denkmal gesetzt –, andere fristeten als Zwangsprostituierte ein erbärmliches Dasein.

Eine ganz andere ›Randgruppe‹ der japanischen Gesellschaft, die es nach Shanghai zog, waren Maler. Besonders Vertreter der westlich inspirierten Ölmalerei wie Takahashi Inosuke und der Nanga-Malerei aus Nagasaki, wie Nagai Unpei, Ishikawa Kansen und Yasuda Rōzan, kamen in der frühen Meiji-Zeit nach Shanghai. Endlich, nach einem Jahrhundert der Abgeschlossenheit, konnten sie in das Land ihrer Phantasien reisen, das sie so oft gemalt, aber nie gesehen hatten. In Shanghai trafen sie auf eine große Gemeinde von Künstlern – viele waren vor den Taiping in die Stadt geflüchtet –, die sie enthusiastisch aufnahm. Maler wie Hu Gongshou, Ren Xiong und Ren Bonian trafen sich regelmäßig mit ihren japanischen Kollegen und tauschten Bilder, Kalligraphien und Ansichten über Kunst aus. Auf diese Weise brachten von China inspirierte japanische Maler wiederum neue Inspiration nach China: ein fruchtbarer Zirkel, aus dem sich die ›Shanghai-Schule‹

der Malerei entwickelte. Ihr Stil, ein frappierendes Amalgam aus chinesischer Nanhua-Malerei, westlichen Einflüssen und japanischen *ukiyo-e*, ist in gewisser Weise ein Abbild von Shanghai selbst: denn diese Stadt, die ›unchinesischste‹ in ganz China, war von Anbeginn kosmopolitisch. Sie bildete die Antithese zum unduldsamen Nationalismus, der um sie herum wucherte.

1880 lebten 600 Japaner in der Stadt; doch nach dem Vertrag von Shimonoseki, der Japanern den Aufbau von Industrien in China gewährte, stieg ihre Zahl sprunghaft an: 1904 waren es bereits 3000, in den 1920ern mehr als 20.000, und während des Zweiten Weltkriegs drängten sich 90.000 Japaner in Shanghai. Japanische Banken und Handelshäuser eröffneten Filialen am Huangpu, Großkonzerne wie Mitsui, Ōkura, Suzuki und andere gründeten Zweigstellen, 1914 gab es 117 japanische Firmen in Shanghai, nur die Engländer hatten mehr. Die 32 japanischen Baumwolltextilfabriken bestritten mehr als 50 % der Produktion in Shanghais größtem Industriezweig.

Längst prägten nicht mehr alleinstehende Männer und Prostituierte das Bild des ›Japantown‹ in der Internationalen Konzession, sondern ganze Familien zogen aus Japan nach Shanghai. Die Wusong-Straße in Hongkou war gesäumt von japanischen Läden, die Luft war erfüllt vom Geruch von *miso* und dem Klappern der *geta*: »Es wäre keineswegs übertrieben zu sagen, dass Hongkou ein Stück Nagasaki sei, das im Originalzustand versetzt worden ist«, erinnert sich ein Zeitgenosse, »alle Geschäfte: von den Fischläden über die Gemüseläden und Konditoreien bis hin zu den Stoff- und Schuhgeschäften, gibt es hier, an keinem Produkt aus Japan mangelt es« (*Riben qiaomin*, 40). Zwischen 1907 und 1937 gründete der Japanische Einwohnerverband in Shanghai sieben japanische Schulen, an denen bis zu 3900 Schüler unterrichtet wurden. Es gab einen japanischen Club, mehrere japanische Zeitungen, eine japanische Hochschule und ein Forschungsinstitut, mehrere japanische Krankenhäuser, einen japanischen Friedhof, buddhistische Tempel der *jōdo*-Schule und sogar mehrere Shintō-Schreine: »In dieser Umgebung haben die Japaner, die in Shanghai wohnen, längst vergessen, dass sie im Ausland leben« (ebd., 55).

›Japantown‹ war eine Welt für sich. In seiner Abgeschlossenheit repräsentierte es auch den Gegensatz zwischen Chinesen und Japanern, der sich mehrmals in gewaltsamen Konflikten entlud: Schon 1915 kam es in Shanghai zum Boykott japanischer Waren, 1925 begannen dort anti-japanische Proteste, die sich über das ganze Land verbreiteten, 1932 brach ein regelrechter Krieg zwischen japanischen und chinesischen Truppen in der Stadt aus, bei dem mehr als 10.000 Zivilisten getötet wurden, und 1937 tobte dort die erste große Schlacht des Zweiten Weltkriegs, die große Teile der Stadt zerstörte.

Doch selbst in den schlimmsten Zeiten riss in Shanghai das Miteinander zwischen Chinesen und Japanern nie vollständig ab. Hayashi Kyoko, in Nagasaki geboren und in Shanghai aufgewachsen, beschreibt in ihrem Buch *Michelles Lippenstift* das Leben in ihrem ›Mutterland‹ China, die Kindheit in der Wusong-Straße und die Freundschaft mit ihren chinesischen Nachbarn in den 1930er Jahren:

> Zur *obon*-Zeit saß ich mit den anderen Kindern in einem Kreis in der Gasse und faltete Boote aus Papiergeld. Papiergeld ist eine Art Reisewährung für die Toten; sie hat die gleiche Bedeutung wie die Abschiedsfeuer für die Toten in Japan. Es gibt einen Tag, an dem das Papiergeld verbrannt wird. Während man singt, wirft man das silberne Papiergeld ins Feuer. … Ich kann mich sogar an die Verse erinnern, die wir sangen. Unter den chinesischen Kindern und Erwachsenen sang ich laut zu den chinesischen Geistern, die nicht einmal meine Ahnen waren.
>
> (*Missheru no kuchibeni*, zit. nach: Shaw 2010, 80)

Ob die junge Hayashi Kyoko wusste, dass das japanische *obon*-Fest, in dem der Toten gedacht wird, unter Einfluss des chinesischen Geisterfestes entstanden ist und bis zur Meiji-Zeit am selben Tag gefeiert wurde? Wahrscheinlich war das gar nicht nötig, um sich ihren chinesischen Spielkameraden im Inneren verbunden zu fühlen: »Wir machten nur nach, was die anderen machten und amüsierten uns.« Selbst der Kriegsbeginn konnte an Hayashis Bindung an Shanghai nichts ändern. Als sie mit ihrer Familie, die sich 1937 kurzzeitig nach Nagasaki zurückgezogen hatte, wieder nach Shanghai kam und den Huangpu erblickte, wusste sie: »Ich bin zu Hause«.[19]

## Das ›Goldene Jahrzehnt‹

Für die Qing war die Niederlage von 1895 eine Katastrophe. Der Krieg »erweckte China aus seinem mehr als 4000jährigen Traum«, wie der Publizist Liang Qichao schrieb. Diesmal waren sie nicht von einer fernen Westmacht besiegt worden, deren militärische Überlegenheit sie bereits kannten, sondern vom kleinen Nachbarn Japan, von den ›Wichten‹, die den Chinesen jahrhundertelang kaum der Rede wert gewesen waren: eine unvorstellbare Erniedrigung. Der einst unterwürfige Tributstaat war innerhalb weniger Jahrzehnte zu einer Großmacht geworden, mehr noch: In Ostasien war eine neue Machtordnung entstanden. Wie schwer das für Chinesen zu begreifen war, zeigt eine Throneingabe von 1895, in der die Intellektuellen Kang Youwei und Liang Qichao sowie 600 Prüfungskandidaten, erfüllt von patriotischem Eifer, den Kaiser auffor-

Die Friedensverhandlungen von Shimonoseki: links, vorne sitzend, Li Hongzhang, rechts, sitzend, Itō Hirobumi. Schon die Äußerlichkeiten – die Chinesen gekrümmt, bezopft und im traditionellen Habit, die Japaner stramm, aufrecht und in Uniform – zeigen die Machtverhältnisse an. Abb. aus Merson 1989, 200.

derten, »den Forderungen der japanischen Barbaren entschlossen Widerstand« zu leisten (Eberstein u. a. 1980, 36): Die Hauptstadt der Qing solle ins Landesinnere nach Xi'an verlegt und der Krieg gegen Japan fortgeführt werden! Es zeigt sich auch an den Träumereien Li Hongzhangs, China könne mit Japan »verbrüdert statt verfeindet sein«, so dass sich »die Gelbe Rasse gegen die Weißen rüste« (Jansen 1980, 345). Stattdessen traten Premierminister Itō Hirobumi und seine Unterhändler bei den Friedensverhandlungen in Shimonoseki (Honshū) genau so auf, wie die europäischen Großmächte es ihnen vorgemacht hatten: Sie diktierten den Qing am 17. April 1895 einen Friedensvertrag, der ihnen Reparationen in der unerhörten Höhe von 200 Millionen Silberunzen – mehr als das Doppelte der jährlichen Staatseinnahmen! – aufbürdete, die japanische Besetzung Koreas festschrieb, Japan die Insel Taiwan sowie das Gebiet von Liaodong in der südlichen Manjurei zusprach und Japaner dazu berechtigte, in China Industrieanlagen aufzubauen. Ein ›ungleicher Vertrag‹, der kein Deut besser war als die der Westmächte: Japan war ebenso wie Russland, England und Frankreich zu einer imperialistischen Besatzungsmacht geworden.

Das chinesische Projekt der ›Selbststärkung‹ war gescheitert. Jetzt, 33 Jahre nach seinem hoffnungsvollen Beginn, mussten nicht nur chinesische Gelehrte, sondern auch die Regierung in Peking einsehen, dass oberflächliche Rüstungsmaßnahmen nicht ausreichten. Die Niederlage gegen Japan hatte gezeigt, dass es einschneidender Maßnahmen bedurfte, um in der modernen Welt zu bestehen. »Wer nicht erstarken kann, wird schwächer; wer nicht wachsen kann, wird schrumpfen; wer nicht bestehen kann, wird untergehen«, schrieb Kang Youwei 1898, »dazwischen gibt es keine mittlere Lösung« (*Bianzheng kao*): ein ähnlich radikales ›Entweder-oder‹, wie es Fukuzawa Yukichi einige Jahre zuvor formuliert hatte. Für eine Philosophie der ›Mitte‹ schien es in der Logik der Moderne keinen Platz zu geben: Auch das ›Reich der Mitte‹ musste sich reformieren.

Was folgte, war ein ähnliches Projekt des Kulturtransfers, wie Japan es in der Tang-Zeit unternommen hatte, nur mit umgekehrten Vorzeichen. Einst hatte Japan Studenten nach China geschickt, jetzt studierten Chinesen in Japan; hatte China Japan die Grundbegriffe einer stratifizierten Gesellschaft vermacht, so lieferte Japan China die Grundbegriffe der Moderne; das chinesische Modell hatte den vormodernen japanischen Staat geprägt, jetzt bot Japan die Vorlage für den modernen chinesischen Staat; einst hatten die Japaner ganze chinesische Städte nachgebaut, jetzt übernahm China die Institutionen der städtischen Ordnung aus Japan; der Yōrō-Kodex war großteils wortwörtlich vom Tang-Kodex übernommen worden, die Qing wiederum übernahmen wichtige Teile der Meiji-Verfassung. Auch wenn diese Reformperiode nur ein Jahrzehnt dauern sollte – es war ein ›goldenes Jahrzehnt‹ (Reynolds 1987) der chinesisch-japanischen Beziehungen, das China stärker verändern sollte als alle Kriege und Herrschaftswechsel in seiner Geschichte: Es markiert Chinas Eintritt in die Moderne.

## *Reformen von unten*

Der Wandel hatte China im späten 19. Jahrhundert bereits erreicht. Vor allem in den Städten Südchinas, wo der Kontakt mit Europäern und Amerikanern am intensivsten war und wo auch schon die ›Selbststärkung‹ ihren Ausgang genommen hatte, war die westliche Moderne zum Katalysator sozialer Umbrüche geworden. Die Einführung moderner Industrie hatte zur Erosion alter Produktionsweisen geführt, Familienbetriebe verdrängt und neue Arbeitsverhältnisse geschaffen; westliche Wissenschaften hatten der klassischen Gelehrsamkeit den Rang abgelaufen; Zeitungen wurden gedruckt, die das neue Wissen weithin verbreiteten; und vor allem in Hafenstädten wie Shanghai und Hongkong entstanden völlig neue soziale Gruppen: Experten für westliche Lehren, Übersetzer, Ingenieure, Geschäftsleute, Intellektuelle, Politiker, Journalisten, Revolutionäre. Diese Gruppen widersetzten sich der traditionellen hierarchischen Ordnung: Weder fügten sie sich in das überkommene System der ›Vier Stände‹ noch passte das Primat der Politik zu ihrem Selbstbewusstsein. Was sich in Chinas Städten herausbildete, war eine funktional differenzierte Gesellschaft, die nicht mehr primär zwischen oben und unten unterschied, sondern zwischen verschiedenen spezialisierten Tätigkeiten, die prinzipiell gleichrangig waren.

Die hierarchischen Beziehungen zwischen Fürst und Untertan, Vater und Sohn, Mann und Frau wurden jetzt verdrängt von neuen Idealen wie Freiheit, Gleichberechtigung und politischer Mitbestimmung. In Kanton rief Kang Youwei eine Gesellschaft gegen das Füßebinden ins Leben, die den Frauen ihre Bewegungsfreiheit wiedergeben und sie ins öffentliche Leben integrieren sollte. In Shanghai gründeten Huang Jinyu und Li Run eine ›Studiengesellschaft für Frauen‹ (Nü xuehui) die sich für Bildung, politische Rechte und die Gleichstellung von Frauen einsetzte. Auch Japan wurde jetzt als Modell erkannt: Luo Zhenyu gründete 1896 eine Schule für die japanische Sprache, und Kang Youwei publizierte 1897 eine kommentierte Liste mit 7725 japanischen Werken (*Riben shumu zhi*), die ins Chinesische übersetzt werden sollten. Mehr noch: In Hunan gründeten Tan Sitong, Tang Caichang und andere schon kurz nach dem Sino-Japanischen Krieg die ›Studiengesellschaft des Südens‹ (Nan xuehui), die sich für Demokratie, Gleichheit und politische Reformen auf Provinzebene einsetzte, öffentliche Vorträge organisierte und eine vielgelesene Zeitung publizierte. Dutzende solcher ›Studiengesellschaften‹ entstanden um 1898, die prinzipiell *jedem* offenstanden: Foren einer Zivilgesellschaft, in denen sich erstmals ein wirklich öffentlicher Diskurs entfalten konnte.

> Bei jedem Vortrag sitzen Angehörige der Gentry, Gelehrte und einfaches Volk friedlich und ohne Unterschied zusammen. Oben und unten sind zu einer Einheit geworden! Ach! Das Projekt der Gleichheit ist keineswegs darauf beschränkt, denn dies wird der Ausgangspunkt für Gleichheit in allen Angelegenheiten in Hunan sein, und das wiederum wird der Ausgangspunkt für Gleichheit in allen Provinzen sein! (Pi Xirui, »Pingdeng shuo«, *Xiangbao* 1898/5/14)

Diese ›Studiengesellschaften‹ erinnern frappierend an die ›Sozietäten‹, die Huang Zunxian zwei Jahrzehnte zuvor in Japan bestaunt hatte: Orte, an denen »die Oberen und die Unteren im Herzen vereint« waren und »die politischen Gleichheitsnormen einer künftigen Gesellschaft eingeübt« werden konnten. Die Ähnlichkeit dürfte kaum zufällig sein. Huang Zunxians *Aufzeichnungen über Japan* wurden nach dem Sino-Japanischen Krieg weithin rezipiert,[20] und Huang selbst war nach China zurückgekehrt: Seit 1895 arbeitete er für den Generalgouverneur von Hunan, Zhang Zhidong, der dabei war, eine moderne Armee aufzubauen. Im Herzen der chinesischen Reformbemühungen angekommen, symbolisiert Huang Zunxian den bemerkenswerten Einfluss, den Japan auf diese Reformen hatte. Er dürfte auch zu Zhang Zhidongs energischem »Aufruf zum Lernen« (*Quanxue pian*) beigetragen haben, in dem dieser nicht nur die berühmte Formel »Chinesische Lehren für die Prinzipien, westliche Lehren für die praktische Anwendung« prägte, sondern auch an die Chinesen appellierte, von Japan zu lernen. China solle sich »schämen, dass es Japan nicht gleichkomme«, heißt es da. Dass Japan als ein kleines Land so rasant aufgestiegen sei, habe seine Gründe:

> Itō [Hirobumi], Yamagata [Aritomo], Enomoto [Takeaki] und Mutsu [Munemitsu] waren alle vor 20 Jahren als Studenten im Westen. Sie haben sich entrüstet, dass ihr Land vom Westen unterdrückt wurde, und daraufhin über hundert ihrer Leute nach Deutschland, Frankreich und England geschickt, um dort die Politik, den Handel, Marine und Heer zu studieren. Nach Abschluss ihrer Studien sind sie zurückgekehrt und wurden zu Generälen und Ministern. Daraufhin änderte sich die politische Lage völlig, und sie beherrschten den Osten.
>
> (*Quanxue pian*, »Waipian« 2, 6b)

Ebendas solle China auch tun – allerdings mit einem kleinen Unterschied. Denn »die westlichen Bücher sind allzu zahlreich; doch alles Unwichtige an den Lehren des Westens haben die Menschen des Ostens [i. e. die Japaner] bereits herausgekürzt oder angepasst«, stellte Zhang Zhidong fest und resümierte: »Wenn wir sie direkt aus Japan übernehmen, werden wir mit wenig Aufwand schnelle Erfolge erzielen« (ebd., 5, 15a) Das japanische Modell sollte eine Abkürzung in die Moderne bieten: Damit war der Gedanke formuliert, der die chinesische Politik in den nächsten zehn Jahren leiten sollte. Zhang Zhidongs »Aufruf zum Lernen« stand am Anfang des ›goldenen Jahrzehnts‹ der sino-japanischen Beziehungen.

Es wirkt wie eine Ironie der Geschichte, dass chinesische Reformer sich kurz nach dem Sino-Japanischen Krieg ausgerechnet das Land zum Vorbild nahmen, das sie so demütigend besiegt hatte. Doch hatten die Japaner wirklich gegen ›sie‹ gekämpft: die Reformer in Hunan, Shanghai und Kanton? Schließlich war nur Li Hongzhangs Flotte von den Japanern vernichtet worden, während die regionalen Flotten in Südchina ›neutral‹ geblieben waren; und es waren die Qing, die das Friedensdiktat von Shimonoseki unterzeichnen mussten, nicht die Vertreter der südlichen Provinzen. Im späten 19. Jahrhundert verstanden sich chinesische Eliten noch nicht als Angehörige einer *Nation*, die sich mit allen Chinesen – von Manjuren zu schweigen – fraglos solidarisierten. Sie waren noch nicht infiziert von jenem unversöhnlichen Denken, das die Welt in Freund und Feind teilte und jeden Angriff auf Landsleute als ›nationale Schande‹ empfand. Den hunanesischen Reformern ging es zunächst um Hunan, den kantonesischen um Kanton usw.; wahrscheinlich fühlten sie sich japanischen Gelehrten noch verbundener als den chinesischen Matrosen im Gelben Meer.

Hinzu kam, dass die Erinnerung an die Schrecken des Krieges allzu bald von neuen Anmaßungen der Westmächte überlagert wurde. Zunächst hatte es den Anschein gehabt, als würden diese sich jetzt auf die Seite der Qing schlagen. Schon fünf Tage nach Unterzeichnung des Vertrags von Shimonoseki hatten Russland, Deutschland und Frankreich beim japanischen Außenministerium gegen die Besetzung von Liaodong interveniert und gedroht, mit Gewalt dagegen vorzugehen. So blieb China die japanische Besetzung erspart; mehr noch: Die Russen boten den Qing günstige Kredite an, um die Reparationen zu bezahlen, und schlossen 1896 mit ihnen einen Geheimbund gegen Japan. Im Gegenzug gewährten die Qing Russland das Recht, eine Eisenbahnlinie durch die nördliche Manjurei nach Wladiwostok zu bauen. Doch nur ein Jahr später zeigte sich, worum es den Westmächten eigentlich ging: Die Deutschen besetzten Ende 1897 die Bucht von Jiaozhou und Qingdao im östlichen Shandong; die Russen okkupierten kurz darauf Port Arthur – genau das Gebiet, das sie den Japanern verwehrt hatten – und begannen mit dem Bau der manjurischen Eisenbahn; England erzwang 1898 die Verpachtung von Weihaiwei und den New Territories in Hongkong und setzte zudem die Genehmigung zum Bau der Eisenbahnlinie Peking-Hankou durch; Frankreich sicherte sich Gebiete in Südost-China und erhielt die Genehmigung zum Bau der Indochina-Bahn. China drohte »aufgeteilt zu werden wie eine Melone«.

Während die europäischen Mächte sich hemmungslos in China bereicherten, änderte Japan überraschend seine China-Politik. Nach der Intervention von 1895 sah das Land sich außenpolitisch isoliert und erkannte nunmehr Russland, nicht China, als potentiellen Feind. Japaner, so schworen sich die Nationalisten, würden »auf Reisig schlafen und Galle schlucken« – ein altes chinesisches Sprichwort –, um sich eines Tages in einem Krieg an Russland zu rächen! Dafür aber musste China als Puffer gegen die russische Bedrohung dienen. Doch wenn das Qing-Reich von den Westmächten aufgeteilt würde, stünde Japan schutzlos da. Japan brauchte China.

Schon 1897 wurden chinesische Militärbeobachter zu einem Manöver auf Kyūshū eingeladen; im selben Jahr besuchten japanische Offiziere die Generalgouverneure Zhang Zhidong in Wuhan und Liu Kunyi in Nanjing. Der Krieg sei ein Versehen gewesen, sagten die Japaner sinngemäß, und jetzt müssten sie als Asiaten gegen die ›weiße Rasse‹ zusammenhalten. Sie vereinbarten, japanische Militärberater und Ausbilder nach China zu schicken und chinesische Offiziersanwärter in Japan auszubilden. Ganz ähnlich argumentierte 1898 Prinz Konoe Atsumaro, ein einflussreicher Adliger, der in Deutschland studiert hatte: Der kommende Konflikt werde ein Kampf zwischen der ›weißen‹ und der ›gelben Rasse‹ sein, daher müsse Japan sich »mit den Menschen gleicher Rasse verbünden« (Reynolds 1987, 104). Japans Aufgabe sei es, China zu kultivieren, zu studieren und zu kennen: denn noch immer sei das Chinabild der Japaner von Vorstellungen vergangener Zeiten geprägt; vom gegenwärtigen China wüssten sie viel weniger als die Europäer und Amerikaner. Zu diesem Zweck gründete Konoe 1898 die Dōbunkai, eine Art Institut für Kulturdiplomatie, das u. a. den Austausch von Studenten zwischen Japan und China organisierte. Im selben Jahr schrieb Toyama Masakazu, der Präsident der Universität Tōkyō, einen Aufsatz über

»Chinas Schicksal und die Aufgabe unseres Volkes«, in dem er betonte, dass die Bewahrung Chinas ein geradezu lebensnotwendiges Anliegen für alle Japaner sein müsse: Politiker, Diplomaten, Offiziere, Gelehrte, Ingenieure und Mönche sollten mithelfen, moderne Bildung in China zu unterstützen und dort »ein nationales Bewusstsein zu fördern« (Reynolds 1993, 28). Kurz darauf verkündete Premierminister Ōkuma Shigenobu seine Ansicht, die später als ›Ōkuma-Doktrin‹ bezeichnet wurde: dass Japan über Jahrhunderte von seinen Anleihen bei der chinesischen Kultur profitiert habe und es nun an der Zeit sei, die Schulden zurückzuzahlen, indem man China bei seinen Reformen helfe.

Natürlich hatte dieser Taktikwechsel wenig mit Gutmenschentum zu tun. Er bedeutete nicht die Erfüllung von Li Hongzhangs Traum, China könne mit Japan »verbrüdert statt verfeindet sein«. Vielmehr entsprang er dem politischen Kalkül, dass Japan die Aufteilung Chinas durch die Europäer verhindern müsse, um seinen eigenen Einfluss auf dem Festland zu sichern: Je mehr das chinesische Militär ›japonisiert‹ und China von japanischen Technologien und Waren abhängig werde, desto stärker werde Japans Position in China. Japans Charmeoffensive war nichts anderes als »eine neuerliche japanische Invasion in China«, wie ein westlicher Beobachter diagnostizierte, aber »eine Invasion der Ideen statt einer der Waffen, … ein subtiler Versuch, China mit geistigen statt mit physischen Kräften zu erobern« (Reynolds 1987, 95). Diese zweite Invasion sollte weitaus folgenreicher sein als die erste.

## *Die Hundert-Tage-Reform*

Im Sommer 1898 drang die Idee, von Japan zu lernen, auch in höchste Kreise vor. Kang Youwei, der schon früh den Wert der Meiji-Reformen erkannt hatte, wandte sich 1898 an den Kaiser und legte ihm eine »Studie der politischen Reformen Japans« (*Riben bianzheng kao*) vor. Kang hatte sich mit der Geschichte einiger Länder befasst, wobei vor allem das Russland Peters des Großen ihm vorbildlich erschien. Aber von allen Ländern, die in jüngster Zeit durch Reform erstarkt seien, betonte er, hat nicht nur keines schnellere Erfolge erzielt, sondern ist auch keines kultivierter und uns ähnlicher als Japan. … Mit einem Schlag haben die Japaner sich eine großartige Ordnung gegeben: Sie haben alle Untertanen darauf eingeschworen, die Schande für das Land zu tilgen, haben zahllose Länder bereist, um geeignete Methoden zu übernehmen, haben noch aus den ärmsten Hütten herausragende Männer rekrutiert und sie zu Beratern der Regierung befördert, haben eine Konsultativkammer gegründet, ein Kabinett und einen Ältestenrat, um die Ordnung des Landes zu diskutieren. Sie haben im großen Stile Beamte zum Studium in den Westen geschickt, haben Westler als Ratgeber angestellt und sämtliche Bücher des Westens übersetzt, haben große und kleine Lehren gründlich erschlossen – daraufhin herrschte ein erneuertes Klima, und das gesamte Land erlebte einen Aufschwung.

Doch Hoch und Niedrig waren immer noch getrennt, die Kommunikationswege nach wie vor versperrt; so schön die neuen Regierungsmaßnahmen waren, durften sie doch nicht fern vom Volk bleiben. Und so merzten die Japaner alles Feudalwesen aus und erließen Verordnungen, die von den Oberen bis zu den Unteren galten, öffneten die Kommunikationswege und setzten Inspektoren ein, um in der Not zu helfen und Vergehen zu verhindern – daraufhin drangen im ganzen Land die Gefühle des Volkes in allen Einzelheiten durch.

Doch die konservativen Gruppen waren immer noch zahlreich, die westliche Gesinnung war noch allzu unvertraut und Proteste dagegen noch scharf. Da wechselten sie die Kleider, schufen Kotau und Kniefall ab und setzten eine Kalenderreform durch.

Gleichwohl befürchteten sie, dass die Massen in ihrer Meinung noch nicht einig seien, dass die Meinungen im Volk noch nicht übereinstimmten und die Regularien noch nicht ausreichend etabliert seien. Daher gründeten sie Sozietäten, um die Fähigkeiten der Menschen zu bündeln, und ein Parlament, um die öffentliche Meinung zu erörtern. … Daraufhin führten sie eine militärische Ordnung nach deutschem Muster ein, nahmen sich den Handelsverkehr Englands zum Vorbild, orientierten sich an den handwerklichen Techniken Amerikas, vereinten römisches, englisches und französisches Recht, brachten Literatur und Wissenschaft aus Ost und West zusammen und kopierten all das gewissenhaft und originalgetreu.

> Heute, nach dreißig Jahren, herrschen im ganzen Land andere Sitten, die neuen Gewohnheiten gedeihen, sämtliche Regeln sind erneuert, das Handwerk produziert neue Geräte, der Handel floriert, neue Lehren zirkulieren und die fähigen Männer sind zahllos. … Was der Westen in 500 Jahren angestrebt hat, hat Japan in etwas über 20 Jahren vollendet! (*Bianzheng kao*, 103)

Keine Rede mehr von »japanischen Barbaren«, wie noch drei Jahre zuvor! Im Gegenteil, Kang Youwei stellte Japan als leuchtendes Vorbild der Zivilisation dar. Er würdigte vor allem die ›Regierungserklärung‹ des Meiji-Kaisers (S. 262), nach der die »Oberen und die Unteren im Herzen vereint sein« sein sollten, schlug vor, dass der Kaiser politische Beschlüsse mit dem Volk beraten solle, und lobte – Gipfel der Subversion! – sogar die Übernahme westlicher Kleidung in Japan. Wenn man bedenkt, wie sensibel dieses Thema noch für Li Hongzhang und Huang Zunxian gewesen war, wird deutlich, wie viel weiter Kang Youwei mit seinen Reformvorschlägen ging als andere vor ihm. Und dennoch sei alles ganz leicht. Denn wenn all diese Reformen einem kleinen Land gelungen seien, das lediglich aus drei Inseln (!) bestehe und kaum ein Zehntel der Einwohner Chinas habe – um wieviel einfacher müsse es dann für China sein, sie durchzuführen?!

> Wir sollten lediglich die erfolgreichen Reformmaßnahmen der Japaner übernehmen und ihre Fehler, Versehen und Irrtümer weglassen. Japan hatte es schwer, aber wir werden es leicht haben. … So werden wir mit halbem Aufwand ein Vielfaches an Erfolgen erzielen! (Ebd.)

Tatsächlich gelang es Kang Youwei, den jungen Guangxu-Kaiser davon zu überzeugen, umfassende Reformen einzuleiten. Im Sommer 1898 ließ dieser regelrechte Salven von Edikten ergehen, die das Reich modernisieren sollten: Der Kaiser ließ moderne Schulen gründen sowie die erste Universität Chinas, die Peking-Universität, er ließ den Beamtenapparat verschlanken und führte bei den traditionellen Beamtenprüfungen eine Klausur in politischer Ökonomie ein; er ordnete an, moderne Industrien zu fördern und das Rechtssystem zu reformieren, diplomatische

Vertretungen im Ausland zu etablieren und – auch das war neu – ein staatliches Budget zu verabschieden.

Auch wenn diese Reformen lange nicht so weit gingen, wie Kang Youwei gehofft hatte – von einem Parlament, lokaler Selbstverwaltung, Gewaltenteilung oder gar einer Verfassung war nicht die Rede –, übertrafen sie doch alle bisherigen Reformen bei Weitem. Und bei alledem stand das japanische Modell Pate. Am 21. August befahl der Kaiser, Schulen für Auslandschinesen in England, den USA und Japan zu gründen; am 7. September schrieb er in einem Brief an den Meiji-Kaiser von den »gut-nachbarlichen Beziehungen« der beiden Länder; und kurz darauf, am 20. September 1898, empfing er sogar den japanischen Staatsmann Itō Hirobumi: genau den Mann, der den Qing in Shimonoseki die unerhörten Reparationen aufgezwungen hatte! Jetzt wurde ihm als Architekten der Meiji-Reformen ein triumphaler Empfang bereitet: Der Kaiser persönlich bat ihn darum, Qing-Beamte in Sachen Reform zu beraten, und ein überschwänglicher Reformer schlug sogar vor, Itō solle Chinas Premierminister werden. Doch sein Besuch kam zu spät. Schon am nächsten Tag griff die Kaiserinwitwe Cixi, gedrängt von konservativen Beamten, ein und ließ den Kaiser unter Hausarrest stellen. Damit war das ambitionierte Reformprogramm schon nach 103 Tagen gescheitert. Cixi befahl, viele der Reformen zu annullieren und die Reformführer hinzurichten. Nur dank der Protektion Itō Hirobumis kamen Kang Youwei und sein Mitarbeiter, Liang Qichao, mit dem Leben davon. Sie flohen nach Japan.

## *Die Geburt Chinas in Japan*

Kang und Liang waren keineswegs die einzigen Chinesen, die es in jener Zeit nach Japan verschlug. Neben der chinesischen Gemeinde, die schon seit Jahrhunderten in Nagasaki ansässig war, bevölkerten zahlreiche Emigranten – Händler, Köche, Handwerker – die Chinatowns von Kōbe und Yokohama, die in der Meiji-Zeit entstanden waren: Mit über 5000 Menschen bildeten die Chinesen schon 1895 die größte ausländische Gemeinde Japans. Ihre Zahl sollte in den nächsten Jahren noch beträchtlich wachsen. Sun Yat-sen und andere Revolutionäre flohen 1895, nach einem fehlgeschlagenen Aufstand gegen die Qing, nach Japan und bauten dort einen Zweig ihrer ›Gesellschaft zur Wiedererweckung Chinas‹ (Xingzhong hui) auf, die Reformer von 1898 kamen kurz darauf, und zahlreiche weitere sollten ihnen folgen. Die Liste ihrer Namen liest sich wie ein chinesisches *Who is who* des frühen 20. Jahrhunderts: Helden der chinesischen Revolution wie Zhang Taiyan, Zou Rong und Chen Tianhua; führende Politiker der Nationalen Volkspartei wie Song Jiaoren, Zhang Ji, Hu Hanmin und Wang Jingwei; Militärführer wie Cai E und Jiang Baili; der spätere Außenminister Cao Rulin und sein Freund Zhang Zongxiang, die so unselige Hauptrollen in der 4.-Mai-Bewegung spielen sollten; Vorkämpferinnen des Feminismus wie He Zhen und Qiu Jin; führende Intellektuelle wie Cai Yuanpei, der Präsident der Peking-Universität und Gründer der Academia Sinica, oder der Linguist Wu Zhihui; Anarchisten wie Liu Shipei; Philologen wie Luo Zhenyu und Qian Xuantong; große Schriftsteller wie Guo Moruo, Yu Dafu, Lu Xun und sein Bruder Zhou Zuoren; Gründer der KP Chinas wie Li Dazhao und Chen Duxiu, der Gründer der Zeitschrift *Neue Jugend*; weitere Herausgeber der *Neuen Jugend* wie Gao Yihan und Shen Yimo; Staatsmänner wie Zhou Enlai, von 1949 bis 1976 Premierminister der VR China, und Chiang Kai-shek, von 1928 bis 1975 Staats- und Regierungschef der Republik China: Sie und viele andere verbrachten prägende Jahre in Japan. Die politische und intellektuelle Elite des neuen China bildete sich in Japan, man könnte sogar sagen: Das neue China entstand in Japan.[21]

Viele der chinesischen Intellektuellen gingen als *Studenten* nach Japan. Schon 1896, ein Jahr nach der Niederlage im Sino-Japanischen Krieg, hatte die Qing-Regierung beschlossen, 13 Studenten zum Studium nach Japan zu schicken. Chinesen sollten Japanisch lernen: Das war unerhört! Schon die Entsendung von Studenten nach Amerika war umstritten gewesen und nach wenigen Jahren eingestellt worden. Wieviel abwegiger musste es dann erscheinen, sie nach Japan zu schicken: in das Land, das einst selbst Studenten nach China geschickt hatte, um chinesische Kultur aufzunehmen, für das chinesische Lehren immer das Maß aller Dinge gewesen waren! Doch angesichts der japanischen Modernisierung erschien diese Lösung immer plausibler: Japan lag nicht nur näher als Europa und Amerika, das Leben war dort auch billiger, und die kulturellen Unterschiede erschienen geringer, so dass die Studenten weniger gefährdet seien, ihre Wurzeln zu vergessen, als in den USA. Vor allem versprach die japanische Sprache den schnellsten Zugang zu westlichen Lehren. Das Japanische sei dem Chinesischen so nahe, dass es viel einfacher zu erlernen sei als westliche Sprachen, wie Liang Qichao behauptete. Es besitze nur wenige, einfache Silben, eine spärliche Grammatik, und mehr als die Hälfte der Wörter seien ohnehin chinesisch, kurz:

> Die japanische Sprache kann man innerhalb eines Jahres erlernen; japanische Texte zu schreiben, kann man in einem halben Jahr lernen; und japanische Texte zu lesen, lernt man schon in ein paar Tagen ein wenig, vollends aber in ein paar Monaten. (»Lun xue Ribenwen zhi yi«, *Yinbing wenji* 4, 81)

Das mag reichlich optimistisch klingen.[22] Doch mit dieser Einschätzung bezog sich Liang Qichao gewiss nicht auf das gesprochene Japanisch, sondern auf das *schriftliche*, das sich aus der chinesischen Literatursprache entwickelt hatte und noch hauptsächlich in chinesischen Schriftzeichen geschrieben wurde. Ebenso wie diese Literatursprache dürfte Liang Qichao das Japanische als abstraktes, rein optisches Medium einer bestimmten Weltsicht verstanden haben: Das Literarische Chinesisch war die Sprache der gelehrten Tradition Chinas, und das Japanische war das Medium der Moderne. Als solches verfehlte es seine Wirkung auf chinesische Intellektuelle nicht. Das Studienprogramm wurde auch nach 1898 fortgesetzt, nachdem Zhang Zhidong seinen weithin rezipierten »Aufruf zum Lernen« publiziert hatte.

Japanische Bildungspolitiker bemühten sich ihrerseits nach Kräften, die Chinesen dabei zu unterstützen. Private Institutionen wie die Waseda-Universität schufen Programme für Chinesen; Militärakademien nahmen chinesische Studenten auf; in den Tōkyōter Bezirken Kanda und Hongō wurden Schulen und Hochschulen – teilweise auch speziell für Frauen – gegründet, an denen chinesische Studenten Einführungskurse in Naturwissenschaften und anderen Fächern belegen, zunächst aber Japanisch lernen sollten. Wohnheime für Chinesen wurden errichtet, in deren Umfeld chinesische Lebensmittelgeschäfte und Restaurants entstanden, Friseure, die sich auf Zöpfe spezialisierten, Druckereien, Pfandhäuser, Buchläden und Antiquariate sowie Verlage, die auf die Bedürfnisse der Chinesen ausgerichtet waren. Als 1899 sieben von ihnen das dreijährige Curriculum absolviert hatten, war die Zahl der chinesischen Studenten in Japan schon auf 100 gestiegen; 1902 waren es schon 500, und in den Spitzenjahren 1905 und 1906, als in China die traditionellen Beamtenprüfungen endgültig abgeschafft worden waren, stieg ihre Zahl auf mindestens 8000 an. Insgesamt gingen zwischen 1898 und 1911 mindestens 25.000 Chinesen zum Studium nach Japan. Aus dem kleinen Regierungsprogramm war eine Massenbewegung geworden. Nicht nur Männer migrierten in diesen Jahren nach Japan, sondern auch Frauen, Paare, ja bisweilen ganze Familien, die sich in den Chinesenvierteln von Tōkyō und Yokohama niederließen.[23]

Für viele war Japan eine Offenbarung. Die breiten Straßen von Tōkyō mit ihren Gaslaternen und den Straßenbahnen, die Ziegelbauten im Ginza-Viertel, die öffentliche Ordnung, die effektive Verwaltung, die gepflegten Parkanlagen, zu denen jeder freien Zugang hatte, das gesittete Miteinander und die modernen Schulen machten einen überwältigenden Eindruck auf die jungen Chinesen. Einer von ihnen brachte den Unterschied zwischen Japan und seiner Heimat wie folgt auf den Punkt: »Japanische Schulen sind so zahlreich wie unsere Opiumhöhlen, die Schüler und Studenten so zahlreich wie unsere Opiumsüchtigen« (Reynolds 1987, 116). Japanische Zeitungen und Bücher eröffneten den Chinesen eine neue Welt: »Neben dem Unterricht ging ich regelmäßig in die Bibliothek, um *Die Große Französische Revolution* in Nakae Tokusukes Übersetzung aus der Meiji-Zeit, *Du contrat social* und andere Bücher zu lesen«, erinnert sich Zhang Ji, »und revolutionäre Gedanken vermehrten sich täglich in meinem Kopf« (Huang 1982, 158f.). In Japan lernten chinesische Studenten griechische Philosophie und die Denker der europäischen Aufklärung kennen, sie lasen Rousseau, Bentham, Mill, John Locke, Adam Smith und Charles Darwin, studierten die Hauptwerke des Historismus, Staats- und Gesellschaftstheorien des 19. Jahrhunderts und vieles mehr in japanischer Übersetzung, entdeckten die Ideale von Freiheit und Gleichheit und wurden infiziert von Herbert Spencers sozialdarwinistischen Theorien. »Bücher, die ich früher niemals gesehen hatte, kamen mir jetzt, eins nach dem anderen, vor die Augen«, erinnert sich Liang Qichao.

> Zusammenhänge, die ich früher niemals durchdrungen hatte, kamen mir jetzt schlagartig in den Sinn. Wie Sonnenlicht in einer dunklen Kammer, wie Wein in einer verdorrten Kehle erfreuten sie mich. Doch wie könnte ich das für mich behalten. Deshalb rufe ich allen Gleichgesinnten mit lauter Stimme zu: Wer von meinen Landsleuten seinen Sinn auf die neuen Lehren gerichtet hat, der soll auch Japanisch lernen! (»Lun xue Ribenwen zhi yi«, *Yinbing wenji* 4, 80)

Liang schrieb, dass die Lektüre japanischer Bücher ihn geistig so verändert habe, dass er sich wie ein anderer Mensch vorkomme: Nicht zufällig nahm er in Japan den Namen ›Yoshida Shin‹ an – nach Yoshida Shōin, dem Ahnherrn aller japanischen Patrioten, und seinem Anhänger Takasugi Shinsaku. Liang Qichao verbrachte 14 Jahre in Japan; das Land wurde ihm zur geistigen Heimat und Inspiration seines Denkens. Ähnliches galt für Lu Xun, den bedeutendsten chinesischen Schriftsteller des 20. Jahrhunderts, der von 1902 bis 1909 in Japan studierte. Sein Lehrer am Medizinischen Institut von Sendai, Fujino Genkurō, hinterließ bei ihm einen nachhaltigen Eindruck, und japanische Literatur machte ein Gutteil seiner intellektuellen Prägung aus: Rund 1000 japanische Bände sammelte er in seiner Privatbibliothek.

Tiefer noch wurde Lu Xuns Bruder, Zhou Zuoren, von Japan berührt. Als er 1906 nach Tōkyō kam, bot sich ihm gleich am ersten Abend ein unvergesslicher Anblick: Die junge Schwester seines Vermieters, Eiko, die ihm Tee brachte, ging barfuß auf den Tatami-Matten seines Zimmers. Barfuß! Für Zhou Zuoren, der sein Leben lang nur Frauen auf gebundenen – das heißt, systematisch verkrüppelten, stets mit langen Binden umwickelten – Füßen hatte humpeln sehen, wirkte dieser Anblick geradezu märchenhaft. Die Leichtigkeit in Eikos Schritt, die natürliche Schönheit ihrer Füße, die *Ungebundenheit* dieses japanischen Mädchens prägten sich ihm für immer ein. Die nackten Füße, einst als Zeichen der Primitivität verstanden (S. 194 und S. 445, Anm. 20), wurden für Zhou Zuoren geradezu zum Symbol für ein Land der Freiheit, Natürlichkeit und schlichten Schönheit. Die einfachen Holzhäuser mit ihrem leichten, beweglichen Mobiliar kamen ihm offener und funktionaler vor als die beengten, vollgestellten chinesischen Häuser; der legere *yukata* erschien ihm als das ideale Kleidungsstück für den Sommer, und die hölzernen *geta* hielt er für die schönsten Schuhe, da sie »weder verhüllen noch zieren, sondern der Natur entsprechen« (Lu 2004, 55 f.). Zhou Zuoren lernte die japanische Küche schnell schätzen, die ihn an die einfachen Gerichte seiner Heimat erinnerte, und er erkannte, wie einst Huang Zunxian, in vielen Details des japanischen Alltags das Erbe des Tang-zeitlichen China, das in seiner Heimat längst verloren war. Zhou Zuoren lebte in Tōkyō zusammen mit Lu Xun wie ein Japaner:

> Insgesamt haben wir, was Kleidung, Ernährung und Wohnen angeht, ein völlig japanisches Leben geführt. Das war nicht nur in keiner Weise unannehmlich, sondern wurde mir zu einer höchst angenehmen Gewohnheit. Ich habe sechs Jahre in Tōkyō gelebt und bin dabei nicht ein einziges Mal nach Hause gefahren, denn für mich ist Tōkyō meine zweite Heimat.
>
> (»Liuxue de huiyi«, *Yaotang zawen*, 100)

Doch Liang Qichao, Lu Xun und Zhou Zuoren (der später auch eine Japanerin heiratete) mögen Ausnahmen gewesen sein. Viele ihrer Kommilitonen hatten weitaus größere Probleme, sich an das japanische Leben zu gewöhnen. Das japanische Essen erschien ihnen fad, ja geradezu unverträglich, die schlichten Holzhäuser mit den Tatamimatten, die man nicht mit Schuhen betreten durfte, irritierten sie: »Da kommen wir übers Meer und studieren im Ausland, um zukünftige Reformen vorzubereiten«, schrieb einer von ihnen, »und dann werden wir in Japan als Erstes wieder ins Altertum versetzt« (*Ryūnichi kaiko*). Zhou Zuoren vermerkte missbilligend, dass viele »selbst in ihren einfachen Zimmern unbedingt Tische und Stühle benutzen wollen, und manche, die sich kein

Bett leisten konnten, klettern in den Wandschrank, um dort zu schlafen« (*Yaotang Zawen*, 99). Zudem waren ihnen die urbanen Umgangsformen, welche die Japaner im Laufe der Meiji-Zeit erlernt hatten, völlig neu. Die Regeln der öffentlichen Ordnung, die subtilen Routinen der *civil inattention* und die hygienischen Standards in japanischen Städten waren für chinesische Auslandsstudenten derart ungewohnt, dass eigens für sie Ratgeber geschrieben wurden. Darin finden sich etwa folgende Hinweise:

> – Halte dich auf der Straße beim Gehen links!
> – Spucke nicht auf den Boden!
> – Uriniere nicht auf den Boden!
> – Verhalte dich anständig gegenüber Dienstmädchen (keine Frivolitäten)!
> – In Straßenbahnen sollst du nicht rauchen und nicht im Schneidersitz sitzen!
> – Steige erst ein oder aus, wenn die Straßenbahn angehalten hat!
> – Halte dein Zimmer sauber!
> – Schreie nachts nicht laut!
> – Lösche vor dem Schlafengehen das Licht!
> – Achte auf saubere Kleidung!
> – Laufe auch im Sommer nicht nackt herum! …
>
> (Zit. nach: Sanetō 1983, 166)

Vergessen, dass Luo Sen nur wenige Jahrzehnte zuvor noch die Nacktheit der *Japaner* irritiert hatte (S. 248) – davon war jetzt keine Rede mehr. Innerhalb einer Generation war den Bürgern von Tōkyō und Yokohama die moderne Zivilisation so selbstverständlich geworden, als ob es nie anders gewesen wäre. Die Japaner wollten »von ihrer eigenen Vergangenheit nichts mehr wissen«, wie ein deutscher Beobachter schrieb,

> ja der Gebildete schämt sich ihrer. »Ach, es war alles so barbarisch (sic!)«, erklärte mir einer und ein anderer sagte klipp und klar, als ich ihn nach der japanischen Geschichte frug: »Wir haben keine Geschichte, unsere Geschichte beginnt erst jetzt.« (Bälz 1931, 28)

Der Kontrast zu den jungen Chinesen, die im langen Schatten der Tradition aufgewachsen waren, hätte größer nicht sein können. Kein Wunder, dass es, abgesehen von wenigen Ausnahmen, kaum regelmäßige soziale Kontakte oder gar Freundschaften zwischen chinesischen und japanischen Studenten gab. »Die Schwachen und die Starken sind selten Freunde«, so drückte es ein japanischer Autor später aus. So blieben die Chinesen meistens unter sich, und das heißt: unter den Leuten aus ihrer Heimatprovinz.

Während die Regierung in Peking ihre Quote nicht wesentlich erhöhte, schickten ab 1901 vor allem Gouverneure wie Zhang Zhidong oder Liu Kunyi Studenten aus ihren Provinzen zum Auslandsstudium. Diese Studenten reisten mit ihren Landsleuten aus derselben Provinz nach Japan, wohnten dort zusammen, verbrachten die Freizeit gemeinsam und unterstützten einander. Die studentischen Vereinigungen in Japan waren regional organisiert. Ähnlich wie einst in Nagasaki (S. 223) gab es ›Landsmannschaften‹ von Zhejiang, Jiangsu, Hunan und anderen Provinzen: geschlossene Gemeinschaften, in denen viel Dialekt, wenig Mandarin und kaum Japanisch gesprochen wurde.[24]

All das war den Studien wenig zuträglich. Die meisten Studenten mussten feststellen, dass sie Japanisch keineswegs, wie Liang Qichao so kühn behauptet hatte, »innerhalb eines Jahres erlernen« und »mit wenig Aufwand schnelle Erfolge« erzielen konnten. Nicht wenige scheiterten wiederholt an Prüfungen, mussten ihr Studium verlängern oder ganz abbrechen. Andere zeigten grundsätzlich kein Interesse am Japanischen, wie sich Dai Jitao erinnerte:

> Wenn ich sie fragte, warum, gaben sie mir meist zweierlei Antworten. Entweder die sagten, die japanische Schrift und Sprache hätten keinerlei Nutzen, sie sei kein Vergleich zum Englischen, das auch nach der Rückkehr nach China noch nützlich sei. Oder sie antworteten, dass Japan selbst nicht wert sei, studiert zu werden: denn außer der Zivilisation, die sie aus China, Indien und Europa importiert hätten, besitze es überhaupt nichts. (*Riben guan*, 204)

So legten manche den Schwerpunkt ihres Interesses von vornherein nicht auf das Studium, sondern verprassten ihre Stipendien für Frauen, Glücksspiel und andere Verlockungen Tōkyōs. Den hohen Studentenzahlen standen erschreckend wenige Studienabschlüsse gegenüber.[25] Selbst die, die den ersten Abschluss – eine Art Bachelor – schafften, hatten damit noch keinerlei spezielle Fähigkeiten erworben, um ihr Land zu stärken. Ihr Niveau war, nach Einschätzung eines japanischen Schulleiters, etwa das von Neunt- bis Zehntklässlern einer japanischen Mittelschule. Für viele Studenten war das eine demütigende Erfahrung.

Doch damit nicht genug. Auch die Art, wie manche Japaner sie behandelten, war für die Studenten schwer erträglich. Infiziert von der Kriegspropaganda und im Hochgefühl ihrer neugewonnenen Stärke, hatten viele Japaner nur Verachtung für die Chinesen übrig. Was den Japanern einige Jahrzehnte zuvor, unberührt vom modernen Fortschrittsdenken, noch schlicht *anders* vorgekommen war, erschien nunmehr als rückständig und minderwertig. Zum Inbegriff chinesischer Schande wurde jetzt der Manjurenzopf. Gewiss, die kuriose Haartracht war schon früher belächelt worden, und selbst Lu Xun fand, dass der Zopf, wenn die Studenten ihn aufgerollt auf dem Kopf trugen, »mit der Studentenkappe auf der Spitze aussah wie der Fuji-san« (Harrell 1992, 82). Aber jetzt begannen viele Japaner ihn bösartig zu verunglimpfen: »Schweineschwänze, Schweineschwänze«, riefen die Kinder auf den Straßen den Studenten hinterher. Und wie der Zopf, so die Chinesen: Auch ›Schweineköpfe‹ oder schlicht ›Schweine‹ wurden jetzt zu gängigen Schimpfwörtern. Zuvor mögen die Einwohner von Yokohama über die hygienischen Verhältnisse im Chinesenviertel die Nase gerümpft haben, aber jetzt galten ihnen Chinesen schlechthin als dreckig. Passanten blickten geringschätzig auf sie herab, Vermieter schikanierten sie, sogar Rikschakulis erlaubten sich freche Bemerkungen. Das Wort ›Chinese‹, *shinajin*, einst eine neutrale Bezeichnung, verkam zum Schimpfwort, ähnlich dem Englischen ›Chinaman‹. »Dummkopf, Dummkopf, dein Alter ist ein Chinaman«, spotteten die Kinder. So verächtlich klang dieses Wort, dass mancher Chinese der Frage nach seiner Herkunft schamhaft auswich, um nicht sagen zu müssen, er sei ein *shinajin*. Denn die *shinajin* »kennen weder Vernunft noch Anstand«, wie etwa der Schriftsteller Nishimori Takeki schmähte:

> Sie verstehen nichts von menschlichen Gefühlen, sind habgierig und unerträglich vulgär. Weil sie keine Bildung erhalten haben, verstehen sie nichts von Gelehrsamkeit, sie kennen weder Schriftzeichen noch rituellen Anstand und verstehen keine Regeln. Treue zum Fürsten oder Patriotismus sind ihnen von jeher fremd, sie verstehen auch nichts davon, den Staat zu bereichern und die Armee zu stärken, ja sie erkennen noch nicht einmal die Schande für ihren Staat. Sie kennen kein Schamgefühl, kennen die Außenwelt nicht, es ärgert sie nicht einmal, wenn man sie ›Sklaven‹ nennt, und stört sie nicht, wenn man sie als ›Schweineschwänze‹ verlacht: Sie sind wie Tiere, wie Insekten.
>
> (*Aho tara kyō*, zit. nach: Yang 2012, Bd. 1, 377)

Ungeheuerliche Beleidigungen für ein Kulturvolk, von dem die Japaner einst alles übernommen hatten – ›Gelehrsamkeit‹, ›Schriftzeichen‹, ›rituellen Anstand‹ –, was Nishimori den Chinesen nun absprach. Doch all das wurde ausgeblendet durch die Brille des Nationalismus, den die Japaner von den Westmächten übernommen hatten – mitsamt dem arroganten Überlegenheitsgefühl und der Verachtung für andere, die das nationale Narrativ mit sich bringt. Einst waren die Japaner selbst als »ungebildete Analphabeten« beschrieben worden (S. 267); jetzt gaben sie alle Erniedrigungen, die sie einst von den Europäern ertragen mussten, an die Chinesen weiter: Dreckig und unzivilisiert seien sie, störrische Holzköpfe ohne Rechtsempfinden oder Ideale, eingebildet, geschwätzig, verfressen und abscheulich.

In einem satirischen Cartoon machte sich Kobayashi Kiyochika über die Taiwanesen lustig, diese halbchinesischen »Mischlinge aus Schwein und Mensch«, die nach der japanischen Besetzung der Insel immerhin der Segnungen der Zivilisation teilhaftig würden. Die mutigsten unter ihnen, schrieb er, »wollen sich gleich ganz japanisch geben und das Schweineschwanz-Leben völlig aufgeben« (*Shakai gentō*). Die Zeichnung zeigt ein flanierendes Chinesenpaar, sie mit Sonnenschirm und einem Ferkel an der Leine, er mit Zopf, Melone, schlecht sitzendem Jacket und schludriger Hose, dazu absurd hohe japanische *geta* an den Füßen. Auch den Spott über »die bis ins Groteske gehende Nachahmung europäischer Sitten«, den die Westler einst über die Japaner ergossen hatten,

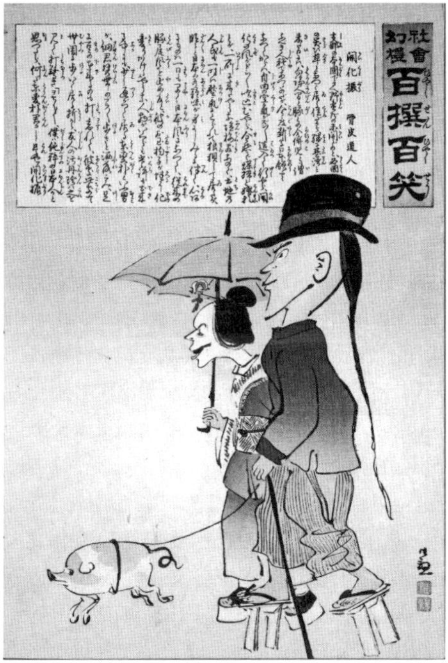


Kobayashi Kiyochika, der bereits mit seinen propagandistischen Farbholzdrucken zum Sino-Japanischen Krieg reüssiert hatte (vgl. S. 282), widmete sich später anti-russischer Propaganda sowie rassistischen Cartoons über Chinesen und Taiwanesen. Abb. aus *Shakai gentō*.

ließen diese jetzt ungeniert an den Chinesen aus. Kein Wunder, dass sich in deren Bewunderung für die japanische Zivilisation zugleich die ohnmächtige Wut über die herablassende Behandlung mischte. »Ach«, ließ der Schriftsteller Guo Moruo einen Auslandsstudenten seufzen, der an der japanischen Küste aufs Meer blickt:

> Das ist die alte Passage, durch die einst die Tang-Gesandten nach Westen in unser Land gesegelt sind. Ob die japanischen Gesandten und Auslandsstudenten jener Zeit in China jemals so schäbig behandelt wurden, wie wir es jetzt werden? … Oh, ihr Japaner, oh ihr Japaner! Oh, ihr undankbaren, treulosen Japaner! Was sind wir Chinesen euch eigentlich schuldig, dass ihr uns derart geringschätzt?! Schon wenn ihr nur das Wort ›Chinaman‹ aussprecht, gebt ihr eurer abgrundtiefen Gehässigkeit vollen Ausdruck. Wenn ihr die Silbe ›Chi‹ aussprecht, rümpft ihr bewusst die Nase, und bei der Silbe ›na‹ zieht ihr den Nasallaut lähmend in die Länge. Ach, seid ihr euch eigentlich bewusst, woher dieses Wort, ›China‹,

> stammt? Aus der Zeit der ›Qin‹ – da wart ihr noch Barbaren, da habt ihr noch am Südmeer Kokosnüsse gefressen!
>
> (*Xinglu nan*, zit. nach: Sanetō 1983, 182)

Für Lu Xun war es ein Schlüsselerlebnis, als er im Unterricht unter dem Jubel seiner japanischen Kommilitonen das Dia eines chinesischen Spions – apathisch und stumpf – ansehen musste, der im Russisch-Japanischen Krieg von Japanern geköpft wurde. Er brach daraufhin sein Medizinstudium ab und begann stattdessen die chinesische Kultur in scharfzüngigen Essays zu kritisieren.

Viele Studenten mögen ähnliche Schlüsselerlebnisse in Japan gehabt haben. Vielleicht liegt darin die wichtigste Lektion, die Chinesen in Japan lernten: nicht in Sprache und Wissenschaft, sondern in der Erfahrung des Nationalismus. Denn sie konnten nicht nur beobachten, wie die Japaner sich als ›Nation‹ beschrieben, sondern *sie selbst*, die ›Chinamen‹, wurden ebenso als Nation angesprochen. Das dürfte eine völlig neue Erfahrung für die Studenten gewesen sein. Denn als sie nach Japan gekommen waren, hatten sich die meisten von ihnen weniger als ›Chinesen‹ denn als Hunanesen, Kantonesen, Sichuanesen usw. gefühlt. Nicht nur die landsmannschaftliche Organisation war Ausdruck ihres Provinzialismus, auch studentische Zeitungen, die in Japan erschienen, trugen die Titel von Provinzen: *Hubei xueshengjie*, *Henan*, *Sichuan*, *Zhejiang chao* usw. Ein hunanesischer Student verzeichnete in seinem Tagebuch, er habe »geträumt, dass der Gouverneur von Hunan umgebracht worden und die Provinz unabhängig« sei (Sanetō 1983, 133); noch 1910 wollten Studenten aus West-Hunan eine Zeitschrift zur Selbstverwaltung Hunans gründen; und die Kantonesen gründeten in Tōkyō eine ›Gesellschaft für die Unabhängigkeit Guangdongs‹. Kein Wunder, dass »Europäer und Japaner stets sagen, dass die Chinesen keine patriotische Gesinnung haben«, wie Liang Qichao klagte (*Yinbing wenji* 5, 14). Der Patriotismus der Studenten galt ihren Provinzen. Die Vorstellung, dieselbe Nation zu vertreten, dürfte ihnen fremd gewesen sein.

Doch in Japan wurden sie *als Chinesen* angesprochen, und ähnlich wie die Japaner Jahrzehnte zuvor erfuhren auch sie, wie stark sich solche

Fremdbeschreibungen auf die Selbstwahrnehmung auswirken. Patriotismus entstehe »durch Gegenübertreten«, stellte Liang Qichao scharfsichtig fest:

> Erst gegenüber einer anderen Familie erkennt man seine Liebe zur eigenen Familie; erst gegenüber einer anderen Sippe erkennt man seine Liebe zur eigenen Sippe. Wenn man in eine andere Provinz reist und dort Menschen aus der eigenen Provinz trifft, dann ist die heimatliche Verbundenheit groß, und spontan kommt gegenseitige Zuneigung auf. Aber in der eigenen Provinz, wo man überall nur Landsleute sieht, betrachtet man sie so gleichgültig wie Passanten auf der Straße. Mit dem Land ist es genauso: Man erkennt die Liebe zum eigenen Land immer erst gegenüber einem anderen Land.
>
> (»Zhongguo jiruo zhi suyuan lun«, *Yinbing wenji* 5, 15)

Erst gegenüber den Japanern erkannten die chinesischen Studenten Gemeinsamkeiten, die sie über alle Landsmannschaften, Schichten und Dialekte hinweg verbanden und von den Japanern unterschieden. Zudem konnten sie täglich beobachten, wie erfolgreich die Japaner sich selbst als ›Nation‹ inszenierten, mit ihren nationalen Symbolen, ihren Mythen und ihrer Geschichte. So infiltrierte der nationale Gedanke allmählich auch die Köpfe der Auslandsstudenten: Die chinesische Nation wurde in Japan geboren.

Auch ihre Geschichte lernten die Chinesen erstmals in Japan als *chinesische* Geschichte kennen. Naka Michiyos *Gesamtgeschichte Chinas* (*Shina tsūshi*) von 1888–90 und die *Geschichte Chinas* (*Shina shi*) von Ichimura Sanjirō und Takigawa Kametarō, die 1892 erschien, waren die ersten modernen Werke zu Chinas Geschichte. »Ach«, seufzte der chinesische Gelehrte Luo Zhenyu, »es ist eine Schande, dass die Geschichte unseres Landes nicht von einem unserer Landsleute geschrieben werden konnte, sondern von jemandem aus einem anderen Land« (Fogel 1979, 229). Nicht, dass die Chinesen keine Geschichte geschrieben hätten; aber diese Werke waren neuartig, indem sie nicht einzelne Dynastien, Biographien oder Episoden isoliert behandelten, sondern eine *nationale* Geschichte Chinas beschrieben: eine durchgehende

Entwicklung von den Anfängen bis zur gegenwärtigen Dynastie. Dem sozialen Zusammenhalt, der die Nation ausmachte, entsprach die Kontinuität in der Zeit. Der Geschichtsbegriff selbst, der diesen Werken zugrundelag: der einer genetischen Geschichte ›über den Geschichten‹ (Droysen), die als Kollektivsingular alle Einzelgeschichten subsumierte, war völlig neu. Die Chinesen lernten diesen modernen Geschichtsbegriff (*lishi* < jap. *rekishi*) in Japan kennen. Es war nur folgerichtig, dass Liang Qichao bald eine ebensolche »Neue Geschichtswissenschaft« (*Xin shixue*) für China einforderte, deren Aufgabe es sei, »die Geschehnisse der Evolution zu beschreiben«. Liang plante selbst, eine Gesamtgeschichte Chinas zu schreiben, doch es sollte noch lange dauern, bis Lü Simian (*Baihua ben guoshi*, 1923, und *Lü zhu Zhongguo tongshi*, 1940/44) und andere die ersten Nationalgeschichten auf Chinesisch verfassten.

Auch andere Gebiete der chinesischen Kultur stellten japanische Wissenschaftler erstmals in historischen Gesamtschauen dar: Kojō Teikichi (1896) und Sasagawa Rinpū (1898) schrieben die ersten chinesischen Literaturgeschichten; Uchida Shūhei (1888) und Matsumoto Bunzaburō (1898) publizierten die ersten Philosophiegeschichten Chinas; und Gelehrte wie Ōmura Seigai, Ise Sen'ichirō und Nakamura Fusetsu schufen das Gebiet der chinesischen Kunstgeschichte. Sie lieferten die Vorbilder für die ersten chinesischen Darstellungen chinesischer Kulturgeschichte, die in den nächsten Jahren entstanden: für Lin Chuanjias Geschichte der chinesischen Literatur (*Zhongguo wenxue shi*, 1904), Xie Wuliangs *Geschichte der chinesischen Philosophie* (*Zhongguo zhexue shi*, 1916), Chen Shizengs *Geschichte der chinesischen Malerei* (*Zhongguo huihua shi*, 1925) und viele andere.[26] Die Ursprünge der modernen chinesischen Sinologie liegen in Japan, und selbst die Namen der Disziplin, *hanxue* (< *hangaku*) bzw. *guoxue* (< *kokugaku*), stammen aus dem Japanischen.

Nicht nur die Grundbegriffe der nationalen Selbstbeschreibung – nationale Geschichte, Nationalliteratur, nationale Kunst und Philosophie – wurden den Chinesen von Japanern vordekliniert; der Einfluss ging noch weiter. Denn bevor sie nach Japan kamen, hatten die Chinesen nicht nur keinen Begriff von einer chinesischen Nation, sie hatten nicht einmal einen Namen dafür. »Jedes Land auf dem Globus, so wie England oder Frankreich, hat einen gängigen Namen für das ganze Land. Nur das Reich der Mitte hat keinen«, notierte Huang Zunxian während seines Aufenthalts in Japan:

> Die Völker im Nordwesten nennen uns ›Han‹; Inselbewohner im Südosten nennen uns ›Tang‹; die Japaner nennen uns auch ›Tang‹ oder auch ›Nanjing‹, welches auf die [Hauptstadt der] Ming-Dynastie verweist. Aber all das sind Namen einzelner Dynastien; sie decken nicht die ganze Folge von Dynastien ab. Inder nennen uns ›Cīna‹ oder ›Shina‹, und auch Japaner nennen uns ›Shina‹; Engländer nennen uns ›China‹ und Franzosen ›Chine‹. Aber das sind Lautübertragungen von anderen Ländern; es sind keine Namen, die wir selbst benutzt haben.
>
> (*Riben guozhi* 4, 1a)

Nichts macht das Malheur deutlicher als die Tatsache, dass die Chinesen um die Wende zum 20. Jahrhundert *faute de mieux* selbst die Bezeichnungen Shina und *Shinajin* (chin. *Zhina* bzw. *Zhinaren)* benutzten, um sich zu identifizieren: Sogar die Namen für ›China‹ und die ›Chinesen‹ wurden aus dem Japanischen übernommen – und zwar die Spottnamen![27]

Der chinesischen Nation haftete – ähnlich wie der japanischen – der Geburtsfehler der Minderwertigkeit an. Die einzigen Beschreibungen, die es gab, waren die herablassenden Darstellungen der Japaner und anderer Ausländer. Einen regelrechten Katalog negativer ›Eigenschaften‹ der Chinesen bot das Buch *Chinese Characteristics* des amerikanischen Missionars Arthur H. Smith, das 1896, nur zwei Jahre nach seinem Erscheinen, ins Japanische übersetzt wurde. Smith beschreibt die Chinesen darin zwar als fleißig, höflich und ausdauernd, attestiert ihnen aber zugleich Mangel an Pünktlichkeit und Genauigkeit, »Talent für Missverständnisse«, »geistige Verwirrung«, »fehlenden Gemeinsinn«, »fehlende Empathie«, »gegenseitiges Misstrauen«, »fehlende Aufrichtigkeit«, ja sogar »fehlende Nerven«.[28] Diese Beschreibung passte zum China-Bild vieler Japaner; für die Studenten aber, die diese Publikation lasen, bedeutete sie eine weitere Erniedrigung. Sie konnten dem wenig entgegensetzen. Erstens schienen die überlegenen Zivilisationen Japans und des Westens solchen Beschreibungen recht zu geben; zweitens gab es keinen Gegenentwurf, auf den die Chinesen sich hätten berufen können: denn sie selbst, die sich ja nie als Nation verstanden hatten, hatten ›ihre Eigenschaften‹ nie beschrieben. So mussten all diese Schmähungen vielen Chinesen als traurige, aber unleugbare Wahrheiten erscheinen. In schonungsloser Selbstzerfleischung verglich ein Artikel der Studentenzeitung *Hubei xueshengjie* Chinesen und Japaner:

- Alle Japaner haben eine Kämpfernatur; alle Chinesen haben eine Krämernatur.
- Für Japaner ist der Schutz des Staates eine Ehre …; für Chinesen ist eine Beamtenstelle eine Ehre, darum schmeicheln sie sich bei einer fremden Rasse ein und morden ihre Landsleute.
- Japaner legen bei der Erziehung wert auf kämpferischen Geist …; Chinesen legen bei der Erziehung wert auf sklavische Eigenschaften …
- Japaner lernen die Song-Lehren, um Helden der Reform hervorzubringen; Chinesen lernen die Song-Lehren, um treue Sklaven im Dienste einer fremden Rasse hervorzubringen.
- Japaner haben rege, empfindliche Nerven, darum streben sie vorwärts; Chinesen haben keine Nerven, darum sind sie konservativ.
- Die Japaner trinken gern, darum sind sie vital; die Chinesen rauchen gern, deshalb sind sie morbid.
- Bei den Japanern müsste man die ganze Rasse ausrotten, um ihr Land zu erobern, deshalb wurde ihr Land in über 2000 Jahren nie erobert; bei den Chinesen genügt es, einige umzubringen, damit sich das ganze Land unterwirft, deshalb haben die Barbaren es mehrmals erobert.
- Japaner sind wie Wildpferde, für sie ist Freiheit das Leben, und sie lieben die Ungebundenheit; Chinesen sind wie Schweine im Stall, die sanft schlafen und nicht ans Ausbrechen denken.

(»Zhinaren zhi zhenying«, *Hubei xuesheng jie* 1903.5)

Auch Liang Qichao, einer der klügsten Köpfe seiner Zeit, stimmte in diese Klage ein. In einem Aufsatz »Über den Charakter des chinesischen

Volkes« (*Yinbing wenji* 14) kritisierte er, dass dieser »sehr viele Makel« habe: Die Chinesen – *zhinaren* – hätten einen allzu schwachen Patriotismus, und es fehle ihnen an Selbstständigkeit, Gemeinsinn, Selbstdisziplin. Das hätte direkt von Arthur Smith kommen können.

Doch Liang ließ es nicht bei der Klage über die Defizite des chinesischen Charakters bewenden; er rief seine Landsleute zugleich dazu auf, ›neue Menschen‹ zu werden. Ab 1902 publizierte er in der *Xinmin congbao* eine Serie von Aufsätzen zur »Theorie des neuen Bürgers« (»Xinmin shuo«), in denen er die Schaffung ›neuer Bürger‹ als dringlichste Aufgabe der Zeit beschwor. »Unser China hat Untertanen, aber keine Staatsbürger«, beklagte er – wohl nicht zufällig ganz ähnlich wie einst Fukuzawa Yukichi (S. 263) –, aber genau die brauche es. Der ›neue Bürger‹ müsse all das besitzen, woran es dem ›chinesischen Charakter‹ mangle: Gemeinsinn, Staatsbewusstsein, Fortschrittlichkeit, Rechtsbewusstsein, Freiheit, Selbstdisziplin, Selbstachtung, Ausdauer, Pflichtbewusstsein und einiges mehr. Nicht zuletzt brauche der ›neue Bürger‹ Kampfgeist! Man sehe sich die Japaner an, schrieb Liang, ein kleines Land, das durch sein Kriegerethos und seinen ›japanischen Geist‹ über sich hinausgewachsen sei. Wo aber sei der ›chinesische Geist‹? Es entbehrt nicht der Ironie, dass Liang mit dem *bushidō* ausgerechnet jenes Wertesystem anführte, das in Japan erst unter dem Einfluss der neukonfuzianischen Lehre ausformuliert wurde (S. 215) – ebenjener Lehre, die in China »Sklaven im Dienste einer fremden Rasse« hervorgebracht habe.

Dennoch: Solche Publikationen verfehlten nicht ihre Wirkung auf die chinesischen Studenten. In Japan, wo sie erstmals wirklich frei waren, kritisch zu reden und zu schreiben, zu debattieren und sich zu organisieren, begannen sie einen ›chinesischen Geist‹ zu entwickeln. Viele schnitten sich in Japan den Zopf ab, der zum Symbol der nationalen Unterjochung geworden war; manche ermahnten ihre Kommilitonen wegen ihres schlampigen Aufzugs: Sie würden von den Japanern dafür ausgelacht, was dem ›nationalen Wesen‹ zur Schande gereiche. ›Nationales Wesen‹! Diesen Begriff, *guoti/kokutai*, der in der Meiji-Zeit die spezielle Qualität der japanischen Nation bezeichnete, hatten die chinesischen Studenten überhaupt erst in Japan gelernt. Jetzt entdeckten auch sie den Stolz auf ihr ›nationales Wesen‹. Sie empörten sich angesichts der Nachrichten von imperialistischen Übergriffen in China, begehrten auf, als bei einer Zeremonie im Tōkyōter Yasukuni-Schrein – schon damals ein Ort des Anstoßes – Beutegut aus dem Sino-Japanischen Krieg ausgestellt wurde, und verfolgten gebannt jeden Aufstand in ihrer Heimat, der sich gegen die Dynastie richtete.

In Japan entdeckten die Chinesen *Zeitungen* als Informationsquellen und Medien der politischen Agitation. Während das Zeitungswesen in China selbst noch kaum entwickelt war und unter strenger Zensur zu leiden hatte, wurden sie für die Chinesen in Japan zu Foren, um über die neue Welt zu diskutieren und ein neues China zu entwerfen. Allein Liang Qichao gründete in Yokohama drei Zeitungen, die sich der Reform Chinas widmeten. Schon ab 1898 gab er die *Qingyi bao* (*The China Discussion*) heraus, deren erklärtes Ziel es war,

> (1) den intellektuellen Diskurs (*qingyi*) Chinas aufrecht zu erhalten und den rechten Geist im Volk anzuregen; (2) Gelehrsamkeit und Wissen unter den Chinesen zu vermehren; (3) die geistigen Bindungen zwischen China und Japan zu kommunizieren und sie in Freundschaft zu verbinden; (4) ostasiatische Gelehrsamkeit ans Licht zu bringen, um die Essenz Asiens zu bewahren.
>
> (*Qingyi bao* 1, 23.12.1898)

Die *Qingyi bao*, die westliche Theorien von Evolution und Revolution, Essays zu Freiheit, Gleichheit und Bürgerrechten, historische Beiträge, Berichte zur aktuellen Politik und immer wieder scharfe Kritik an der Qing-Regierung publizierte, wurde von chinesischen Studenten geradezu verschlungen. Vielen gab sie die erste Anregung zu kritischem Denken und politischem Engagement. Schon 1902 begann Liang Qichao mit *Xin xiaoshuo* (*New Literature*) und *Xinmin congbao* (*New People Miscellany*) zwei weitere Zeitschriften: Die erste diente als Forum für eine neue, politisch-kritische Erzählliteratur nach japanischem Vorbild; in der zweiten erschienen Liangs »Theorie des neuen Bürgers« sowie weitere Artikel, die darauf abzielten, Gemeinsinn, nationales Bewusstsein und andere bürgerliche Tugenden bei den Lesern zu wecken. Liang Qichaos Zeitungen waren enorm erfolgreich: Die *Qingyi bao* wurde in einer Auflage von 3–4000 Exemplaren in Tōkyō/Yokohama, Shanghai, Peking, Hong Kong, sogar in Australien und den USA verkauft; die *Xinmin congbao* erreichte Rekordauflagen von 10.000 Exemplaren. Nicht nur Liangs Themen, sondern auch sein unverstaubter, geradliniger Schreibstil wirkten begeisternd auf seine Leser:

> Er erschüttert einen in Herz und Seele. Jedes Wort von ihm ist tausend Goldstücke wert. Niemand kann so schreiben wie er, und doch werden seine Schriften jedem zu eigen. Selbst ein Mensch aus Stein oder Eisen muss von ihnen bewegt werden. Von alters her hat es kein Werk gegeben, dass die Menschen mehr bewegt hat. (Ding Wenjiang, zit. nach: Huang 1982, 166)

Liang Qichao war ein Gründervater des modernen chinesischen Journalismus. Schon früh hatte er die japanische Praxis gelobt, »lokale Ausdrücke zu benutzen, um die chinesische Literatursprache zu ergänzen, so dass die schriftkundigen Menschen, die Bücher und Zeitungen lesen, täglich mehr werden«, und über eine chinesische Literatur »in heutiger Umgangssprache« nachgedacht (*Yinbing wenji* 1). In Japan angekommen, lieferte ihm die Lektüre japanischer Zeitungen, die von der gelehrten Literatursprache zu einem eingängigen, umgangssprachlichen Stil übergegangen waren (S. 264), zusätzliche Inspiration.[29] Dieser Registerwechsel war auch für chinesische Zeitungen entscheidend, um als nationale Medien wirken zu können. Bald begannen die chinesischen Studenten Zeitungen nicht nur zu lesen, sondern selbst herauszugeben. Ab 1902 publizierten sie *Sichuan*, *Henan*, *Qin-Long bao*, *Zhejiang chao*, *Jiangsu*, *Hubei xuesheng jie* und andere Blätter, die typischerweise nach Provinzen benannt waren; die Anarchisten und Feministinnen um He Zhen und Liu Shipei gaben *Tianyi* (*Heavenly Rigtheousness*) heraus, und die Revolutionäre um Sun Yat-sen zunächst die *Guomin bao* (*National Daily*) und ab 1905 die *Minbao* (*The People*). Bis 1911 wurden rund dreißig chinesische Zeitungen in Tōkyō und Yokohama publiziert, oft in erstaunlich hohen Auflagen, die über ein wohlorganisiertes Vertriebsnetz auch Zehntausende Leser in China erreichten.[30] Die Wirkung dieser Zeitungen lässt sich kaum überschätzen. Sie verbreiteten die neuen Begriffe und Ideale der europäisch-japanischen Moderne und damit genau das, was Liang Qichao als Rüstzeug des ›neuen Bürgers‹ identifiziert hatte. So verzeichnete ein Student nach atemloser Lektüre der *Minbao* in seinem Tagebuch den Vorsatz, »von jetzt an ein neuer Mensch zu werden« (Sanetō 1983, 139).

Neben eigenständigen Beiträgen enthielten viele dieser Zeitungen auch Übersetzungen; manche waren speziell der Übersetzung westlicher und japanischer Werke ins Chinesische gewidmet. In Tōkyō gründeten Chinesen zudem eine Reihe von Übersetzungsinstituten, die ungemein produktiv waren. Über 2000 Titel wurden in den nächsten Jahrzehnten ins Chinesische übersetzt, allein von 1902 bis 1904 waren es über 500: davon 60 % japanische Werke, die meisten anderen Übersetzungen westlicher Werke aus dem Japanischen. Das war mehr als im gesamten 19. Jahrhundert: die größte Übersetzungswelle, seit 1500 Jahre zuvor Werke des Buddhismus ins Chinesische übertragen worden waren. Aber nicht nur die Zahl dieser Übersetzungen macht ihre Bedeutung aus, sondern vor allem ihr Inhalt. Im Gegensatz zu den Jahren der ›Selbststärkung‹, in denen die Chinesen sich fast ausschließlich für technisch-naturwissenschaftliche Werke interessiert hatten, wurden nun vor allem historische, philosophische, sozial- und geisteswissenschaftliche, didaktische sowie literarische Werke übersetzt. Sie brachten den gesellschaftlichen Diskurs der Moderne nach China – und zwar in *japanischen Begriffen.* Denn die Japaner hatten die Begriffe der westlichen Moderne in der Meiji-Zeit in ihre Sprache übersetzt und dabei entweder auf alte chinesische Ausdrücke zurückgegriffen, denen sie neue Bedeutungen zuordneten, oder neue Wörter geprägt, die mit chinesischen Zeichen geschrieben wurden. Diese Begriffswörter erschienen chinesischen Lesern nur allzu vertraut, und so fanden sie ohne Weiteres ihren Weg in chinesische Texte. Nach 1895 wurde innerhalb weniger Jahre fast das gesamte Inventar der modernen politisch-sozialen Sprache in Form von Lehnwörtern aus dem Japanischen in die chinesische Sprache aufgenommen; zum Beispiel:

›Kultur‹ (*wenhua < bunka*)
›Gesellschaft‹ (*shehui < shakai*)
›Fortschritt‹ (*jinbu < shinpo*)
›Evolution‹ (*jinhua < shinka*)
›Religion‹ (*zongjiao < shūkyō*)
›Literatur‹ (*wenxue < bungaku*)
›Architektur‹ (*jianzhu < kenchiku*)
›Kunst‹ (*yishu < geijutsu*)
›Politik‹ (*zhengzhi < seiji*)
›Partei‹ (*zhengdang < seitō*)
›Autokratie‹ (*zhuanzhi < sensei*)
›Ideologie‹ (*yishi xingtai < ishiki keitai*)
›Verwaltung‹ (*xingzheng < gyōsei*)
›Philosophie‹ (*zhexue < tetsugaku*)
›Gesetz‹ (*falü < hōritsu*)
›Verfassung‹ (*xianfa < kenpō*)
›Industrie‹ (*gongye < kōgyō*)
›Fabrik‹ (*gongchang < kōshō*)
›Kapital‹ (*ziben < shihon*)
›Geschichte‹ (*lishi < rekishi*)
›Wirtschaft‹ (*jingji < keizai*)
›Wissenschaft‹ (*kexue < kagaku*)
›Zivilisation‹ (*wenming < bunmei*)
›Nation‹ (*minzu < minzoku*)
›Demokratie‹ (*minzhu < minshu*)
›Republik‹ (*gonghe < kyōwa*)
›Museum‹ (*bowuguan < hakubutsukan*)
›Polizei‹ (*jingcha < keisatsu*)
›Regel‹ (*guize < kisoku*)
›Parlament‹ (*yiyuan < giin*)
›Information‹ (*qingbao < jōhō*)
›Organisation‹ (*tuanti < dantai*)
›Schule‹ (*xuexiao < gakkō*)
›Universität‹ (*daxue < daigaku*)
›Professor‹ (*jiaoshou < kyōju*)
›Erziehung‹ (*jiaoyu < kyōiku*)
›Sport‹ (*tiyu < tai'iku*)
›Bibliothek‹ (*tushuguan < toshokan*)
›Finanzen‹ (*caizheng < zaisei*)
›Bank‹ (*yinhang < ginkō*)
›Bürger‹ (*guomin < kokumin*)
›Bürgerrechte‹ (*minquan < minken*)
›Handel‹ (*shangye < shōgyō*)
›Analyse‹ (*fenxi < bunseki*)
›Definition‹ (*dingyi < teigi*)
›Negation‹ (*fouding < hitei*)
›Theorie‹ (*lilun < riron*)
›Gedanken‹ (*sixiang < shisō*)
›Objektivität‹ (*keguan < kyakkan*)
›Subjektivität‹ (*zhuguan < shukan*)
›Kritik‹ (*pipan > hihan*)
›Prinzip‹ (*yuanze < gensoku*)
›Wahrheit‹ (*zhenli < shinri*)
›Plan‹ (*jihua < keikaku*)
›System‹ (*xitong < keitō*)
›Telefon‹ (*dianhua < denwa*)
›Eisenbahn‹ (*lieche < ressha*)
›Rasse‹ (*zhongzu < shuzoku*)
›soziale Klasse‹ (*jieji < kaikyū*)
›Umwelt‹ (*huanjing < kankyō*)
›Welt‹ (*shijie < sekai*)
›Freiheit‹ (*ziyou < jiyū*)
›Regierung‹ (*zhengfu < seifu*)
›Individuum‹ (*geren < kojin*)
›Arbeit‹ (*laodong < rōdō*)
›Befreiung‹ (*jiefang < kaihō*)
›Methode‹ (*fangfa < hōhō*)
›Meinung‹ (*yijian < iken*)

Es ist rückblickend kaum noch vorstellbar, wie die chinesische Sprache einmal ohne diese – und Hunderte weitere – Begriffe ausgekommen ist. Alle modernen Abstrakta und Bewegungsbegriffe, alle ›Ismen‹ – ›Anarchismus,‹ ›Kapitalismus‹, ›Kommunismus‹ usw. –, alle politischen und sozialen Grundbegriffe, die Termini der modernen Wissenschaften, nicht zuletzt der Begriff der ›Moderne‹ selbst (*xiandai* < *gendai*), waren Entlehnungen aus dem Japanischen. »Wir studierten westliche Kultur durch Japan«, erinnerte sich Guo Moruo, »dieses Studium zerstörte die feudalen Bräuche der Vergangenheit und trieb zugleich Chinas Fortschritt in die Moderne voran« (Sanetō 1983, 245). Tatsächlich wäre das moderne China ohne die japanischen Begriffe nicht denkbar, zumindest aber nicht sagbar gewesen.[31]

Zwar hatten auch westliche Missionare und chinesische Übersetzer – namentlich Yan Fu, der u. a. Thomas Huxley, Adam Smith und Herbert Spencer übersetzte – schon westliche Begriffe ins Chinesische übertragen, aber erst die japanischen Neologismen setzten sich durch. Sie kamen zur richtigen Zeit, als der intellektuelle Boden in China bereitet war; und sie kamen unauffällig daher, denn sie infiltrierten die chinesische Sprache nicht als Fremdwörter, sondern als *Lehnwörter*. In chinesischen Zeichen geschrieben und chinesisch ausgesprochen, waren diese *faux amis* kaum als Fremdlinge zu erkennen. Doch an den scheinbar vertrauten Lehnwörtern hingen völlig neue Begriffe. Mit ihnen änderte sich alles.

Wenn es stimmt, dass ›die Grenzen meiner Sprache die Grenzen meiner Welt bedeuten‹ (Wittgenstein), dann eröffneten die neuen Begriffe den Chinesen eine neue *Welt*, die Welt der Moderne. Viele der modernen Begriffe, das macht ihre eigentliche Bedeutung aus, waren *Zukunftsbegriffe*. Sie bündelten nicht gegenwärtige Erfahrungen der Chinesen, sondern eröffneten einen Erwartungshorizont, der es möglich, ja geradezu notwendig machte, die Zukunft zu planen, zu diskutieren und aktiv zu gestalten.[32] In den neuen Begriffen drückte sich die Gestaltbarkeit der Welt aus, die Möglichkeit und zugleich der Zwang, Gesellschaft zu reformieren: Darin liegt ihre spezifische Modernität. Die neuen Begriffe bescherten den Chinesen die moderne

Welt mit all ihren Verheißungen und Schrecken: eine Welt, in der sie den Stolz auf ihre ›Nation‹ entwickelten und zugleich mit ihrer Identität haderten; in der sie sich erstmals als ›Gesellschaft‹ entdeckten und sich damit ›soziale Probleme‹ einhandelten; in der die Spannung der Ideale von ›Gleichheit‹ und ›Freiheit‹ sowie die Widersprüche zwischen ›Klassen‹, ›Kapital‹ und ›Arbeit‹ zu permanenten ›Reformen‹ nötigten; in der ›Wissenschaft‹ und ›Demokratie‹ eine schöne neue ›Welt‹ erhoffen ließen und in der ›Ideologien‹ wie der ›Sozialismus‹ oder der ›Kommunismus‹ die ›Befreiung‹ aus vormodernen Zwängen versprachen. Es war eine Welt der ›Bewegung‹, die nicht mehr zur Ruhe kommen sollte.

## *Die Japonisierung Chinas*

Auch die chinesische Politik geriet mit Beginn des 20. Jahrhunderts in Bewegung. Es begann mit der größten denkbaren Katastophe. Nach verheerenden Überschwemmungen und Dürren in Shandong begann eine religiöse Sekte, die sich ›Fäuste der Gerechtigkeit und Harmonie‹ (Yihe quan) nannte, 1900 einen Aufstand gegen alles, was ihre Lebensgrundlage bedrohte, vor allem gegen die Ausländer. Als die ›Boxer‹, wie sie verächtlich genannt wurden, mit Billigung der Qing-Regierung in Peking eindrangen, Christen umbrachten und das ausländische Legationsviertel belagerten, schickte eine Allianz von acht Staaten Truppen, um ihre Landsleute zu retten: England, Frankreich, die USA, Russland, Österreich-Ungarn, Italien, Deutschland – und Japan. Die Japaner stellten das weitaus größte Truppenkontingent und schlugen die entscheidenden Schlachten: Sie sorgten maßgeblich für den schnellen und vollständigen Sieg der Alliierten.

Nach der Niederschlagung der Rebellion besetzten die ausländischen Truppen Peking und den Kaiserpalast, der Kaiserhof floh ins Landesinnere. Die Alliierten hielten Peking ein Jahr lang besetzt, teilten die Stadt in Besatzungszonen auf, plünderten Paläste und Privathäuser, zerstörten Heligtümer und diktierten den Qing im ›Boxer-Protokoll‹ zudem erdrückende Reparationen in Höhe von 450 Millionen Silberunzen.

Es erscheint fast wie ein Wunder, dass die Qing auch diese Katastrophe überlebten. Es gelang ihnen mit japanischer Hilfe. Denn obwohl wieder einmal japanische Truppen auf chinesischem Boden gekämpft und sogar Peking besetzt hatten, nahm das Ansehen der Japaner durch den Boxer-Aufstand keinen Schaden. Im Gegenteil: Die Japaner hoben sich äußerst positiv von ihren europäischen Kameraden ab, indem sie sich nicht an den Plünderungen beteiligten. So erinnert sich ein amerikanischer Journalist:

> Es fiel mir ziemlich schwer, heute als Vertreter einer christlichen Nation vor einem japanischen Offizier zu stehen, der diejenigen repräsentiert, die wir noch bis vor wenigen Jahren als Heiden bezeichnet haben, und mir sagen zu lassen, dass es nicht recht sei, zu plündern, und dass es nicht gestattet werden dürfe. Und das Schlimmste daran war, dass ich kein Wort entgegnen konnte, denn meine eigenen Leute waren dessen schuldig, und seine nicht.
> (Oscar King Davis, »The Looting of Tientsin«, *Harper's Weekly*, 15. 9. 1900, 863)

Auch in den folgenden Monaten zeichneten sich die Japaner durch Disziplin und die wohlorganisierte Verwaltung ihres Besatzungsviertels aus: »Ordnung war schnell hergestellt, Geschäfte wurden wieder aufgenommen, und binnen kurzer Zeit boten die Straßen wieder ihr übliches Bild«, vermerkte ein Beobachter, »während die anderen Teile der Stadt noch ganz anders aussahen« (George Lynch). Die Verbindung von kultureller Nähe zu China und organisatorischer Kompetenz zeichnete die Japaner gegenüber den Westmächten aus: Sie waren weder regelversessen wie die Deutschen noch borniert wie die Engländer, sie kamen nicht mit lästigen Missionsabsichten und konnten sogar – wiewohl nur schriftlich – auf Chinesisch kommunizieren. Alle Vorteile der Kooperation mit Japan, die Zhang Zhidong und andere schon Jahre zuvor benannt hatten (S. 293), schienen sich hier zu bestätigen. Unmittelbar nach dem Boxer-Aufstand wuchs der japanische Einfluss in allen Bereichen der chinesischen Gesellschaft derart, dass in China schon 1900 von einem regelrechten ›Japan-Fieber‹ die Rede war, in Japan wiederum ein ›China-Fieber‹ gemeldet wurde und westliche Beobachter von einer ›Japonisierung Chinas‹ sprachen:

> Viele der japanischen Banken haben Filialen in China eröffnet … Eine stark angestiegene Zahl von Läden und Geschäftsniederlassungen, die von Japanern in Peking und anderen großen Städten eröffnet worden sind, bezeugt eine kommerzielle Invasion. … In vielen Produktionsbereichen haben ihre Güter den Platz von englischen Gütern eingenommen: japanische Baumwollstoffe, japanisches Bier und Mineralwasser in jedem Hotel, japanische Zigaretten in allen Straßenständen und japanische Imitate aller bekannten Markenartikel von Brandy bis zu Fahrrädern. … Die Ausbildung der Soldaten und Reorganisation der Armee, so scheint es Außenstehenden, sind vollständig den Japanern übergeben worden. … Die Pekinger Polizei ist von Japanern neu organisiert worden … Mengen von Waffen werden unauffällig importiert, hauptsächlich aus Japan. … Ich kenne keine Bewegung, die so viel Potential birgt wie diese, die im Moment im Gange ist und die auf eine Japonisierung Chinas hinausläuft.
> (George Lynch, »The Japanisation of China«, *The Nineteenth Century*, Aug. 1903)

Was war geschehen? Desillusioniert von der Niederschlagung des Boxer-Aufstands und gedrängt von hohen Beamten, hatte die Qing-Regierung ab 1901 eine ›neue Politik‹ (*xinzheng*) begonnen, die Staat und Gesellschaft von Grund auf verändern sollte. Kaiserin Cixi, die kurz zuvor noch die radikalen Reformversuche des Kaisers vereitelt hatte, hatte am 29. Januar 1901 ein Edikt erlassen, in dem sie mit den allzu *zaghaften* Reformen der Vergangenheit abrechnete:

> ›Die westlichen Methoden zu lernen‹ bedeutete in letzter Zeit lediglich Sprache, Schrift und die Herstellung von Maschinen. Das ist nur die Oberfläche der westlichen Künste und nicht ihre Wurzel. Wenn man aber die Wurzel ignoriert und stattdessen die Oberfläche studiert, ungenau zudem – wie soll das Reich es dann jemals zu Reichtum und Stärke bringen?!

Sie forderte alle hohen Beamten auf,

> chinesische und westliche Regierungssysteme hinsichtlich ihrer Hofregularien und zentralen Regierung, ihres Verwaltungsapparats, ihrer Volkswirtschaft, ihrer Schulen und Prüfungen, ihres Militärapparats und ihres Finanzwesens zu untersuchen, sorgsam abzuwägen, was fortgeführt und was verändert, eingespart oder hinzugefügt werden könnte, auf welche Weise die Macht des Staates gestärkt und die Fähigkeiten der Menschen gefördert werden könnten.
>
> (*Donghua lu*, Guangxu 26/12, Nr. 14)

Das Edikt sprach eine völlig neue Sprache – nicht nur wegen des Aufrufs zu tiefgreifenden Reformen, sondern auch wegen seiner Neologismen aus dem Japanischen: Wie selbstverständlich ist da von ›Regierungssystemen‹ (*zhengzhi* < *seiji*), ›Schulen‹ (*xuexiao* < *gakkō*) und ›Finanzwesen‹ (*caizheng* < *zaisei*) die Rede. Der japanische Einfluss war hier schon angekommen, bevor auch nur eine Reform verwirklicht wurde.

Was in den nächsten Jahren folgte, ging wesentlich weiter als alle Reformversuche, die China bislang unternommen hatte. Jetzt versuchten die Qing, all das nachzuholen, was Japan bereits in den ersten Jahrzehnten der Meiji-Zeit vollzogen hatte: Unter staatlicher Leitung wurden die ersten modernen chinesischen Banken gegründet, die zu Katalysatoren wirtschaftlicher Entwicklung wurden. Investitionen in Industrie und Handel wurden gefördert, Hunderte neue Unternehmen entstanden, bis 1912 gab es in China über 20.000 Fabriken. Hinzu kamen Militärakademien, die dem Aufbau einer modernen Armee dienten. Diese war seit 1906 einem neu geschaffenen Heeresministerium unterstellt; auch die anderen Ministerien wurden im Sinne westlicher Behörden umgewandelt und ergänzt durch neue Ministerien, etwa für Industrie und Handel, Post und Kommunikation sowie ein Bildungsministerium. Diese ›Reformen‹ waren in Wirklichkeit eine gesamtgesellschaftliche Revolution: Sie trugen mehr zur Modernisierung Chinas bei als die politische Revolution, die 1911 folgen sollte. Und diese Modernisierung war wesentlich japanisch geprägt, denn im Unterschied zu den Versuchen des 19. Jahrhunderts stützten sich die *xinzheng*-Reformen nicht auf westliche Berater und Vorbilder, sondern auf Japan.

Die Wirtschaft wurde nicht nur durch japanische Investitionen vorangetrieben, sondern auch durch die Übernahme des japanischen Modells der Industrialisierung. Inspiriert von den großen Messen, Schauräumen und Handelsmuseen in Japan, setzten chinesische Reformer gezielt auf die staatliche Förderung ländlicher Industrien. Nicht die technologie- und kapitalintensiven Unternehmen der Europäer waren das Leitbild dieser Politik, sondern die kleinen, lokalen Manufakturen, die auch Japans Wirtschaft prägten. Yuan Shikai gründete in Zhili eine Handelskammer nach japanischem Vorbild; Zhang Jian organisierte in Nantong Industrie- und Handwerkschauen; und auch in anderen Regionen wurde die einheimische Produktion durch Infrastrukturprojekte, Prämierung innovativer Produkte, Trainingsprogramme und Industriemessen in ähnlicher Weise gefördert wie in Japan. Die Konkurrenz zu Japan und die Imitation japanischer Wirtschaftspolitik waren maßgeblich für die Industrialisierung Chinas in der späten Qing-Zeit.

Auch beim Aufbau des modernen chinesischen Militärs waren Japaner maßgeblich beteiligt. Nachdem Zhang Zhidong schon 1897 japanische Militärberater nach China geholt hatte (S. 295) und viele Chinesen japanische Militärschulen durchlaufen hatten, wurden ab 1901 in allen chinesischen Provinzen Militärakademien nach japanischem Vorbild gegründet. Viele von ihnen beschäftigten japanische Ausbilder – allein in Zhang Zhidongs Wuchang-Akademie waren es bis 1905 mehr als 30 – sowie chinesische Absolventen japanischer Militärschulen: Die berühmte Baoding-Akademie in Zhili etwa unterstand dem Kommando von Jiang Baili, der den ›militärischen Geist‹ in Japan und Deutschland studiert hatte. Die Kadetten von Baoding wiederum spielten eine wichtige Rolle beim Aufbau von Yuan Shikais Beiyang-Armee: Japan, gerade noch erbitterter Kriegsgegner, lieferte jetzt einen wesentlichen Beitrag zur Modernisierung des chinesischen Militärs.

Am deutlichsten aber wurde die Abhängigkeit der *xinzheng*-Reformen von Japan im Bildungssystem. Schon das Edikt der Kaiserin hatte betont, dass »Fähigkeiten der Menschen gefördert« werden müssten. Kurz darauf, im Juli 1901, schlugen die Gouverneure Liu Kunyi und Zhang Zhidong einen grundlegenden Umbau des Erziehungssystems vor, indem (1) moderne Schulen gegründet, (2) die Beamtenprüfung reformiert, (3) Militärprüfungen abgeschafft und (4) Studenten ins Ausland geschickt werden sollten. In einer weiteren Throneingabe rieten sie sogar dazu, gewisse hohe Ämter *nur noch* mit Personen zu besetzen, die Auslandserfahrung vorweisen konnten. In den folgenden Jahren wuchs die Zahl der chinesischen Studenten in Japan rapide an (vgl. S. 455, Anm. 25); zudem sandten Liu und Zhang eine Mission unter Leitung des Gelehrten Luo Zhenyu nach Japan, um dort systematische Erkundungen über das Erziehungssystem einzuholen. Die Gesetzestexte, Schulregularien, Schulbücher und Aufzeichnungen, die sie nach zwei Monaten zurückbrachten, wurden zur Grundlage des modernen chinesischen Schulsystems.

Seit Jahrtausenden schon hatten die Chinesen sich um moralische und literarische Bildung ihrer Kinder bemüht. Aber erst jetzt, unter dem Einfluss japanischer Vorbilder, gewann ›Erziehung‹ (*jiaoyu* < jap. *kyōiku*) den Charakter einer autonomen Sphäre. Bezeichnenderweise gründeten Liu Kunyi und Zhang Zhidong mit der *Erziehungswelt* (*Jiaoyu shijie*) 1901 zugleich die erste Zeitschrift, die systematisch auf das System der Erziehung reflektierte. Dort wurden neben chinesischen Diskussionsbeiträgen vor allem Übersetzungen japanischer Schulregeln, pädagogischer Schriften und ganzer Lehrbücher publiziert. Nicht nur die vertraute Schrift dürfte die japanischen Lehrbücher attraktiv gemacht haben, sondern auch die konfuzianischen Prinzipien im japanischen Bildungssystem. Die Japaner hätten das europäische System vollständig übernommen, bemerkte Zhang Zhidong, mit der Ausnahme des Religionunterrichts, den sie durch ›Ethik‹ ersetzt hätten. Während die christlichen Elemente westlicher Schulbücher den chinesischen Reformern zutiefst fremd waren, enthielten japanische Texte die ethischen Begriffe der chinesischen Tradition: ›Menschlichkeit‹, ›Anstand‹, ›Treue‹ und ›Folgsamkeit‹ waren auch im modernen Curriculum explizite Lernziele.[33] All das muss chinesischen Pädagogen unmittelbar eingeleuchtet haben: In diesem Erziehungssystem, so schien es, waren Moral und Wissenschaft, ›chinesische Prinzipien und westliche Praxis‹ mustergültig vereint. Daher spielten europäische oder amerikanische

Schulbücher in den nächsten Jahren keine Rolle: Bis zum Ende der Qing, 1911, waren die meisten Lehrbücher, die in chinesischen Schulen benutzt wurden, entweder Adaptionen oder direkte Übersetzungen von japanischen. »Die meisten jungen Menschen in China haben keine Vorstellung davon, wie stark wir in jener Zeit von Japan beeinflusst wurden«, erinnerte sich Zhou Zuoren später, »und vielleicht ist es sogar den Japanern nie vollständig klar geworden« (*Yaotang Zawen*, 98).

Anstelle der traditionellen Akademien, die auf die Beamtenprüfungen vorbereiteten, wurden jetzt überall moderne Schulen und Universitäten nach japanischem Vorbild gegründet. Während das Prüfungssystem Schritt für Schritt abgewertet wurde, setzten sich die neuen Schulen erstaunlich schnell durch: 769 Schulen mit 31.428 Schülern gab es schon 1903, 1911 waren es 52.500 Schulen mit weit über einer Million Schülern – und Schülerinnen. Denn etwa ab 1905 wurden auch Schulen für Mädchen gegründet, zunächst privat, dann auch staatlich. Das war revolutionär – waren doch die Frauen im China der späten Kaiserzeit, durch das ›Fußebinden‹ systematisch verkrüppelt, fast völlig von Bildung und öffentlichem Leben ausgeschlossen. Zwar hatten schon westliche Missionsschulen Unterricht für Frauen angeboten, und auch die manjurischen Frauen genossen mehr Freiheiten; aber der entscheidende Anstoß kam wiederum aus Japan. Dort waren in der Meiji-Zeit Mädchenschulen gegründet worden, in denen nicht nur Ethik und Hauswirtschaft, sondern auch Leibesübungen auf dem Stundenplan standen. Schließlich seien Frauen »die Mütter der Bürger«, wie ein Artikel in der Pekinger *Shuntian shibao* 1905 betonte, und ohne starke Mütter könne es weder starke Söhne noch eine starke Nation geben. Deshalb brauche auch China Mädchenschulen, die ›tüchtige Ehefrauen und würdige Mütter‹ ausbilden sollten, und das bedeutete: Frauen mit ungebundenen Füßen, die auch Sportunterricht erhielten. Wie in Japan sollten auch chinesische Frauen lernen, buchstäblich auf eigenen Füßen zu stehen.

Ein offensichtliches Problem bei der Bildungsreform war die Rekrutierung von qualifizierten Lehrern, denn es gab keine pädagogische Ausbildung in China. In vielen Schulen wurden daher Gelehrte vom alten Schlag als Lehrer eingesetzt, die von moderner Bildung nichts verstanden. Doch auch hier kam Hilfe aus Japan. Japaner gründeten die ersten pädagogischen Schulen in China: die Dongwen xuetang in Fuzhou etwa, die ab 1903 zur Lehrerschule erweitert wurde, die Dongwen xueshe in Peking, an der allein innerhalb von fünf Jahren 56 japanische Lehrer angestellt wurden. Hunderte andere kamen in den folgenden Jahren nach China, gelockt von großzügigen Gehältern, um an chinesischen Schulen und Universitäten zu unterrichten, darunter hochdekorierte Akademiker wie Hattori Unokichi, später Professor in Harvard, und der Tōkyōter Jura-Professor Okada Asatarō. Sie unterrichteten meist auf Japanisch, assistiert von Übersetzern, bis sie allmählich von chinesischen Lehrern abgelöst wurden – nicht selten von ehemaligen Auslandsstudenten, die ihre Ausbildung in Japan erhalten hatten.

### Naitō Konan 内藤湖南

Während viele japanische Gelehrte akademische Posten in China annahmen, reiste der Mann, der die chinesische – und westliche – Sinologie stärker beeinflussen sollte als alle seiner Zeitgenossen, noch als Journalist durch China. Naitō Torajirō, der sich nach der chinesischen Provinz Hunan – jap. Konan – nannte, war kein Akademiker. Er hatte die chinesischen Klassiker bei seinem Vater studiert und seine Karriere als Journalist begonnen: Er schrieb u. a. Aufsätze für Miyake Setsureis Zeitschrift *Nihonjin*, in denen er sich nicht nur mit der gemeinsamen ›asiatischen‹ Kultur, sondern auch speziell mit der chinesischen Geschichte – besonders mit ihren Übergangsperioden – beschäftigte. Naitōs Forschung zu Chinas Geschichte war untrennbar mit seinem Interesse am gegenwärtigen China verbunden: »Wir müssen über China von der Antike an sprechen und besonders die Lage in der modernen Zeit betrachten«, schrieb er einst. Das neue China aus dem alten zu verstehen: Das ist noch heute ein Credo vieler Sinologen.

Nachdem er China mehrmals bereist und eine Zeitlang als Journalist auf Taiwan gearbeitet hatte, wurde Naitō 1909 als Professor an die Universität Kyōto berufen, wo er maßgeblich am Aufbau der Abteilung für Ostasiatische Geschichte beteiligt war. Naitō Konan gilt als Gründervater der ›Kyōto-Schule‹ der Sinologie, doch er hat das Feld nicht nur in Japan verändert. Rund zehnmal besuchte er das chinesische Festland, traf sich mit chinesischen Gelehrten wie Yan Fu, Luo Zhenyu und Wang Guowei und machte auf Kundfahrten spektakuläre Funde: 1907 fand er im alten Kaiserpalast von Mukden altmanjurische Akten, lange verschollene Quellen der frühen Qing-Zeit, die er fotografisch sicherte; bei einer anderen Reise erstand er ein wertvolles Manuskript des *Zuozhuan*, eines der ältesten historischen Texte Chinas, das bis heute in Japan erhalten ist. Naitō forschte zum *Shujing* sowie anderen kanonischen Texten, publizierte wichtige Aufsätze zur Geschichte der Qing, leistete grundlegende Beiträge zur chinesischen Kunstgeschichte und vor allem zur Geschichte der chinesischen Geschichtsschreibung: ein Forschungsfeld, das er mit seinem monumentalen Werk *Shina shigaku shi* (1949, basierend auf Vorlesungen der 1920er Jahre) praktisch eigenhändig erschuf. Dabei wies er – ganz im Sinne moderner Nationalgeschichten – auf die Bedeutung von ›Gesamtgeschichten‹ wie dem *Shiji* und enzyklopädischen Werken hin, und er ›entdeckte‹ lange vernachlässigte Gelehrte wie Cui Shu, Zhang Xuecheng, Li Zhi und Zheng Qiao. Naitō lieferte damit die Vorlage für die Wiederentdeckung der kritischen Gelehrsamkeit in China: Hu Shi und sein Schüler Gu Jiegang, der als Vater der modernen chinesischen Geschichtswissenschaft gilt, bearbeiteten einige Jahre später genau diese Denker, die ihnen als frühe Vertreter einer ›national-chinesischen‹ Tradition kritischer Wissenschaft galten.[34]

Geradezu paradigmatische Wirkung hatte Naitōs Modell chinesischer Geschichte, das er in seinem *Essay über China* (*Shinaron*, 1914), dem »wohl einflussreichsten Buch zur chinesischen Geschichte und Kultur im 20. Jahrhundert« (Fogel 1984, 252), vorstellte. Das als ›Naitō-Hypothese‹ bekannte Modell besagt, dass nicht der Westen die Moderne nach China gebracht habe, sondern dass die Frühmoderne in China schon in der Übergangsperiode von der Tang- zur Song-Dynastie, mit dem Ende der aristokratischen Gesellschaft, begonnen habe. Jetzt, nach einem Jahrtausend der Autokratie, sei China in der nächsten Übergangszeit angekommen, in der sich die Republik etabliere. In diesem Narrativ bündeln sich Naitōs erkenntnisleitende Überzeugungen von einer ›asiatischen‹ Kultur einerseits, die gegenüber der ›westlichen‹ eigenständig sei, und der Bedeutung der chinesischen Geschichte für das Verständnis des modernen China andererseits.

Das Zentrum der ›asiatischen Kultur‹ aber sei keineswegs fixiert. Zuerst habe es sich in Nordchina befunden, dann, nach dem Fall der Tang, sei es nach Südchina gewandert, und von dort, so legte Naitō nahe, sei Japan die nächste Station gewesen. Naitō Konans Schriften offenbaren die Perspektive eines japanischen Gelehrten, der bei aller Affinität zu China tief von der Führungsrolle seines Landes überzeugt war: denn da China nach dem Sturz der Dynastie regional zu zersplittern drohe, so schrieb er in *Shinaron*, müsse Japan dem Land helfen, seine Bestimmung zu erreichen. Schon im Jahr darauf, 1915, bekräftigte Japan seinen Anspruch auf Mitsprache in der chinesischen Politik mit den skandalösen ›21 Forderungen‹ (S. 351).

Trotz dieser irritierenden Aspekte erwies sich die ›Naitō-Hypothese‹ wissenschaftlich als ungemein fruchtbar. Bis heute wird die Tang-Song-Periode als Übergang zu einer neuen Gesellschaft beschrieben (auch in diesem Buch übrigens); marxistische Historiker haben dort die ›Keime des Kapitalismus‹ verortet, andere den Beginn der chinesischen Moderne oder gar den Ursprung der chinesischen ›Nation‹. All das und vieles andere, was die Wissenschaft bis heute bewegt, geht auf die Arbeiten von Naitō Konan zurück: Er hat die Sinologie so stark geprägt wie kaum ein zweiter.

Spätestens 1905 war das neue Schulsystem in China voll etabliert. Schon 1904 war eine verbindliche Schulverordnung erlassen worden, die sich »nicht im Geringsten« vom japanischen System unterschied, wie ein Zeitgenosse bemerkte. Im folgenden Jahr wurden die Beamtenprüfungen, die mehr als ein Jahrtausend lang das Ziel aller Bildung und praktisch die entscheidende Qualifikation für den Staatsdienst gewesen waren, mit einem Federstrich abgeschafft. Dabei scheint der entscheidende Impuls wiederum von Japan ausgegangen zu sein. Der Sieg der Japaner im Krieg gegen das Zarenreich 1905 – der erste Sieg eines asiatischen Staates über eine ›westliche‹ Macht in der Neuzeit! – schien nicht nur die Stärke des japanischen Militärs zu demonstrieren, sondern auch die Vorzüge ihrer politisch-sozialen Ordnung.[35] Umso ratsamer schien es, von Japan zu lernen!

Schon 1897 hatte Huang Zunxian in Hunan ein Polizeisystem nach japanischem Vorbild aufgebaut. Die Polizisten, die auf 30 Stationen verteilt die Hauptstadt Changsha kontrollierten, waren nicht nur für die Bekämpfung von Kriminalität zuständig, sondern hatten auch Fürsorgepflichten. In ihrer Dienstvorschrift hieß es:

> Allen Leuten auf der Straße, die in Not geraten, sei es durch die Natur oder durch andere Menschen, ist unverzüglich zu Hilfe zu kommen. Betrunkene, geistig Verwirrte und Menschen, die sich verlaufen haben, sind wieder zu ihrem Haus zu geleiten. Versehrten, Kindern und Alten, Frauen und Gästen aus der Ferne ist Schutz zu gewähren. (*Hunan baoweiju zhangcheng*, zit. nach: Cai 1990, 113)

Der gesamte Absatz – und vieles mehr – ist wortwörtlich aus Huang Zunxians *Aufzeichnungen über Japan* übernommen (S. 276). China importierte nicht nur den Begriff der ›Polizei‹ (*jingcha* < *keisatsu*) aus Japan, sondern das gesamte Polizeiwesen: Was 1897 in Changsha begonnen hatte, wurde im Zuge der ›neuen Politik‹ ab 1901 in anderen Städten fortgeführt. Beeindruckt von der ›guten Policey‹, welche die Besatzungsmächte 1901 in Peking durchsetzten, begann die Qing-Regierung dort professionelle Polizeikräfte aufzubauen. Der Gelehrte und Unternehmer Zhang Jian hatte 1901 vorgeschlagen, das japanische Polizeirecht zu übernehmen, und die unermüdlichen Reformer Liu Kunyi und Zhang Zhidong bekräftigten die Forderung in einer Throneingabe. Auch darin werden die Aufgaben der Polizei beschrieben:

> In Japan heißen die Ordnungskräfte ›Polizei‹ … Polizisten werden in Schulen ausgebildet, haben strenge Regeln und weitreichende Aufgaben. Die Polizeibehörde ist zuständig für Volkszählungen, Straßenreinigung, Brandbekämpfung, die Unterscheidung zwischen Gut und Böse sowie das Verhören von Dieben.
> (Zit. nach: Reynolds 1993, 162 f.)

Genau so sollte es in China sein. Die Qing stellten 1901 den japanischen Militärdolmetscher Kawashima Naniwa, einen altgedienten Samurai, als Leiter der neugegründeten Pekinger Polizeiakademie ein: ein Posten, den er bis 1912 bekleidete. Kawashima hatte eine herausragende Position inne. Er organisierte die Akademie, stellte Regeln auf und engagierte Ausbilder, die meisten Japaner oder Chinesen, die in Japan studiert hatten. Unter seiner Leitung absolvierten mehr als 1600 Chinesen die Ausbildung zum Polizeibeamten. Auch bei der Gründung der Polizeiakademie von Tianjin – ebenfalls unter japanischer Führung – wirkte er mit. Kawashima Naniwa bildete die moderne chinesische Polizei, ganz im Sinne ihres japanischen Vorbilds, zum »Kindermädchen der Nation« aus (Worm 1990), und zwar in einem durchaus positiven Sinne. Noch lange nach seinem Dienstende galt die Pekinger Polizei als eine der besten der Welt.

> Dieser Ruf basierte nicht auf Verhaftungszahlen oder der Fähigkeit, Verbrechen aufzuklären, sondern auf der ›fast väterlichen Art‹, in der die Polizei ›sich um die Stadt kümmerte, indem sie kleine Dispute bei Zusammenstößen auf der Straße schlichtete und hier und da Ratschläge gab.‹ Neben der Vermittlung bei Disputen, der Regulierung des Verkehrs und der Bekämpfung von Verbrechen regelte die Polizei auch alle Arten von wirtschaftlichen, kulturellen und politischen Aktivitäten. … Polizisten setzten Hygienevorschriften im Lebensmittelgewerbe durch, sorgten dafür, dass öffentliche Toiletten regelmäßig gereinigt wurden, führten Zulassungsprüfungen für Heilberufe durch, regelten die Lagerung von Särgen in Tempeln, bevor sie in die Heimat des Verstorbenen transportiert wurden, und bemühten sich darum, dass giftiger oder verseuchter Müll nicht wahllos weggeworfen wurde. Polizisten zensierten öffentliche Veranstaltungen und politische Äußerungen. Sie betreuten eine Reihe von Einrichtungen der Armenfürsorge und -kontrolle, inklusive Suppenküchen, Schulen, Besserungsanstalten und Arbeitshäuser. (Strand 1989, 71)

Polizisten wurden zu Sittenwächtern, die in chinesischen Städten zivilisierende Maßnahmen durchsetzten: Sie gingen gegen Opium, Glücksspiel und Prostitution vor und sorgten dafür, dass Bettelmönche, Wahrsager, Wunderheiler, Abfallsammler, Opiumraucher, Kleinkrämer, Kulis und andere Randgruppen, die sich nicht in die gedeihliche Ordnung fügten, aus dem Straßenbild verschwanden. Bettler und Landstreicher wurden in Werkstätten gezwungen, um ›handwerkliche Fähigkeiten und

Moral‹ zu erlernen, Waisenkinder kamen in Heime, Kleinkriminelle in Umerziehungsanstalten, für Prostituierte wurden Besserungsanstalten eingerichtet; moderne Gefängnisse – aufgebaut nach japanischem Vorbild unter der Leitung von Kriminologen wie Ogawa Shigejirō – ersetzten die primitiven Kerker der Qing. Chinas Städte sollten modern, zivilisiert und züchtig werden. Die öffentliche Ordnung, die Huang Zunxian in Japan bewundert hatte, zog jetzt in der Form eines paternalistischen Polizeiregimes auch in China ein.

All diese institutionellen Neuerungen wurden flankiert von einer umfassenden Reform des Rechtssystems. Schon 1902 hatte der Generalgouverneur Yuan Shikai empfohlen, japanische Rechtsgelehrte zu engagieren, um bei der Ausarbeitung moderner Gesetzbücher in China mitzuwirken. Das japanische Rechtswesen sei überaus erfolgreich, wobei »vor allem das Zivilrecht von Westlern bewundert« werde, und zudem habe Japan die »gleiche Schriftkultur« wie China:

> Viele seiner Rechtsgelehrten können unsere Rechtscodices und Statuten lesen. Zudem sind ihre natürlichen und sittlichen Gegebenheiten unseren sehr ähnlich, so dass es relativ leicht ist, bei ihnen Anleihen zu machen.
>
> (Zit. nach: Tam Yue-him 1985, Bd. 3, 200)

Yuan Shikai weist nicht einmal mehr darauf hin, dass Japan einst alles Recht aus China übernommen hatte: Ihm dürfte bewusst gewesen sein, dass das traditionelle Recht keine Rolle mehr spielte. Vielmehr ging es gerade darum, sich von diesen Altlasten zu befreien und ein genuin neues Recht einzuführen. Ähnlich wie in Japan verband sich mit der Einführung eines neuen Rechtssystems die Hoffnung, von den Westmächten als gleichwertiger Staat anerkannt zu werden, so dass ›ungleiche Verträge‹ und exterritoriale Rechte der Europäer in China annulliert würden.

Ab 1905 begannen die Qing ihr Rechtssystem von Grund auf zu revidieren. Die Gesamtleitung dieses Projekts oblag zwei chinesischen Gelehrten, Shen Jiaben und Wu Tingfang, aber die inhaltliche Arbeit wurde – gegen fürstliche Bezahlung – japanischen Rechtsexperten übertragen: Okada Asatarō, der auch als Professor an der Universität Peking arbeitete, entwarf ein neues Strafgesetzbuch; Matsuoka Yoshimasa, seines Zeichens Richter am Tōkyōter Appellationsgericht, stellte ein umfangreiches Zivilgesetzbuch mit 1316 Paragraphen zusammen; und Shida Kōtarō, der in Deutschland und Frankreich studiert hatte, erarbeitete Chinas erstes Handelsgesetzbuch. Diese Gesetzeswerke, zusammen mit Gerichtsverordnungen, die ebenfalls unter der Ägide Okadas und Matsuokas entworfen wurden, bildeten bis weit in die Republikzeit hinein den Kern chinesischer Gesetzgebung.

Die Krönung der Justizreform aber, zugleich der Höhepunkt der ›neuen Politik‹ überhaupt, sollte der Entwurf einer neuen Verfassung sein. Jetzt wurden die Pläne, die Kang Youwei schon 1898 vorgebracht hatte, in die Tat umgesetzt: Das Qing-Reich sollte zu einer konstitutionellen Monarchie werden! Es ist kaum überraschend, dass auch hierfür, wie schon für Kang, das japanische Modell Pate stand. 1904 hatte Zhang Jian eine Übersetzung der Meiji-Verfassung an Kaiserin Cixi geschickt und seine Studien zur japanischen Verfassung unter hohen Beamten verteilt. Die Anregung kam zur rechten Zeit: 1905 erreichte Japan mit dem Sieg über Russland den Gipfel seines Erfolges, und die Stimmen, die eine Verfassung nach japanischem Vorbild forderten, ließen sich auch in Peking nicht mehr ignorieren. In den folgenden Jahren schickten die Qing mehrmals Missionen nach England, Frankreich, Deutschland, Amerika und Japan, um Informationen über deren Regierungssysteme einzuholen. Wieder einmal erschien das japanische Vorbild am überzeugendsten, und zwar nicht wegen der ähnlichen ›Schriftkultur‹, sondern aus einem anderen Grund: Während die westlichen Verfassungen von Parlamenten – letztlich also vom Volk – beschlossen worden seien, drücke die japanische den unverwässerten kaiserlichen Willen aus. Nur diese Verfassung garantiere mithin »den Erhalt des nationalen Wesens und die Sicherung der herrscherlichen Macht« (Reynolds 1993, 190). Eine republikanische oder gar demokratische Verfassung kam nicht in Frage. Als die Kaiserin im August 1908 den Entwurf einer Verfassung genehmigte, stellten gleich die ersten Paragraphen das unzweideutig fest:

1. Der Kaiser der Großen Qing regiert in einer Abstammungslinie von zehntausend Generationen über das Kaiserreich der Großen Qing, er sei für immer und ewig hochgeachtet und verehrt.
2. Die Heiligkeit des Hohen Herrschers ist unantastbar. (*Qinding xianfa dagang*)

Die Formulierungen sind fast wörtlich aus der Meiji-Verfassung übernommen. Dort heißt es in Paragraph 1: »Das Große japanische Kaiserreich wird in einer Abstammungslinie von zehntausend Generationen vom Kaiser regiert«, und in Paragraph 3: »Die Heiligkeit des Kaisers ist unantastbar.« Auch in weiteren Paragraphen zur kaiserlichen Macht war der Qing-Verfassungsentwurf eng an die Meiji-Verfassung angelehnt: Beide gewähren dem Kaiser gesetzgeberische Macht, das Recht, eine Parlament einzusetzen und aufzulösen, Beamtengehälter festzulegen, Beamte anzustellen und zu entlassen, Krieg zu erklären, Kriegsrecht zu verkünden, das Militär zu befehligen usw. Das wichtigste Rechtsdokument des Qing-Staates sollte nach japanischem Vorbild gestaltet werden.

Damit hatte sich ein Kreis geschlossen: Fast genau 1300 Jahre, nachdem der Yōrō-Kodex großteils wortwörtlich vom Tang-Kodex übernommen worden war, übernahmen die Qing große Teile der Meiji-Verfassung, manche sogar wortwörtlich. Während damals die Japaner ihren Staat und ihre Gesellschaft radikal nach chinesischem Vorbild umgeformt hatten, schien China durch die ›neue Politik‹ konsequent nach japanischem Modell reformiert zu werden. Anfang des 20. Jahrhunderts waren die Geschicke Chinas und Japans, wiewohl mit umgekehrten Vorzeichen, wieder so eng verflochten wie seit 1300 Jahren nicht mehr.

Kein Wunder, dass westliche Beobachter von der ›Japonisierung Chinas‹ sprachen und mutmaßten: »Dieses neue China wird ein japanisches China sein«! Auch das Wort von der ›Gelben Gefahr‹, das in Europa kursierte, wird aus dieser Perspektive verständlich: Hier schien sich ein Schulterschluss zwischen den beiden asiatischen Mächten anzubahnen, der Europäern Sorgen bereiten mochte. Doch die Sorgen waren unbegründet. Denn während die Japaner in China die ›neue Politik‹ unterstützten, traten sie in Ostasien unverhohlen imperialistisch auf. Nach dem Sieg über Russland machten sie nicht nur Korea zu einem japanischen Protektorat, sondern übernahmen auch die russischen Einflusssphären in der südwestlichen Manjurei mitsamt ihren Eisenbahnlinien. Japan stationierte Truppen der berüchtigten Guandong-Armee in der strategisch wichtigen Hafenstadt Port Arthur, gründete 1906 die Südmanjurische Eisenbahn AG und siedelte mehr als 200.000 Landsleute in der Manjurei an. In den folgenden Jahren breiteten sich die Japaner in der Manjurei stetig weiter aus und untermauerten ihre ›speziellen Interessen‹ durch Verträge mit Russland. Die Entwicklungshelfer der Qing waren zugleich ihre Besatzer.[36]

Dieses aggressive Gebaren ließ viele Chinesen an den guten Intentionen japanischer Berater zweifeln: So endete die ›Japonisierung Chinas‹ auch schon wieder, kaum dass sie mit dem Verfassungsentwurf von 1908 ihren Höhepunkt erreicht hatte. Die japanischen Rechtsexperten hatten ihre Arbeit getan, ebenso viele der japanischen Lehrer, die jetzt weitgehend durch Chinesen ersetzt wurden, und Kawashima Naniwa geriet zunehmend unter Druck, Chinesen statt Japaner in der Polizeiausbildung einzusetzen. Auch die Welle der chinesischen Studenten in Japan war gebrochen: Nach einem Erlass des japanischen Erziehungsministeriums zur Zulassung und Kontrolle chinesischer Studenten war es Ende 1905 zu Schulstreiks gekommen, und 2000 Studenten verließen Japan aus Protest. Auch wenn die Angelegenheit bald geregelt wurde, ging die Zahl chinesischer Studenten in den folgenden Jahren kontinuierlich zurück. »Chinesen wollen keine japanischen Lehrer«, meldete die *New York Tribune* schon 1907. Als Theodore Roosevelt Ende 1908 beschloss, elf Millionen Dollar aus den Boxer-Reparationen in ein Stipendienprogramm für chinesische Studenten in den USA zu investieren, schwang das Pendel endgültig um: Fortan überwog der westliche Einfluss auf das chinesische Erziehungssystem. Das ›goldene Jahrzehnt‹ der chinesisch-japanischen Beziehungen war vorbei.

Während die Bindungen der Qing an Japan sich langsam wieder lösten, braute sich bereits ein viel folgenreicheres Ereignis zusammen, welches nicht nur China, sondern auch dessen Verhältnis zu Japan völlig verändern sollte: die Chinesische Revolution. Mit ihr begann ein neues Kapitel der chinesischen Geschichte – und auch dieses Kapitel begann in Japan.

# Zerbrochener Horizont: Das 20. Jahrhundert

Im »Zeitalter der Extreme«, wie Eric Hobsbawm es genannt hat, erlebten auch die sino-japanischen Beziehungen ihre extremsten Ausprägungen. Nie haben sich Chinesen intensiver mit Japan beschäftigt als im 20. Jahrhundert; nie haben Japaner schlimmere Gräueltaten verübt als im Zweiten Weltkrieg; und nie waren beide Länder wirtschaftlich enger verflochten als in unseren Tagen.

Seit dem Beginn des 20. Jahrhunderts ist chinesische Politik ohne Japan nicht mehr denkbar. Japaner spielten nicht nur bei den Reformen des späten Kaiserreichs eine maßgebliche Rolle, sie unterstützten auch die Revolution, die das Kaiserreich hinwegfegte. Vor, während und nach der Revolution von 1911 arbeitete Sun Yat-sen, der Vater der Republik China, eng mit japanischen Verbündeten zusammen. Zugleich lieferten die Japaner die Inspiration für die nächste große Revolution, die China erschüttern sollte: die kommunistische. Während die neugegründete Republik bald wieder in die Domänen von Kriegsherren zersplitterte, lernten Intellektuelle wie Li Dazhao und Chen Duxiu über Japan den Marxismus kennen, und Japaner waren aktiv an der Gründung der Kommunistischen Partei Chinas 1921 beteiligt. Schließlich war Japan stets als Widersacher in der chinesischen Politik präsent. In Taiwan provozierte die japanische Kolonialherrschaft eine patriotische Widerstandsbewegung; und die ›21 Forderungen‹ sowie die Begünstigung Japans im Vertrag von Versailles führten in China zu vehementen nationalistischen Protesten und zur 4.-Mai-Bewegung, die für Historiker den Beginn des modernen China markiert: Auch in diesem Sinne war Japan Impulsgeber der chinesischen Moderne.

Ihren Höhepunkt erreichten die japanischen Aggressionen in den militärischen Angriffen auf China: 1914/15 besetzte Japan die deutschen Kolonialgebiete in Shandong militärisch, 1928 lieferte es sich Gefechte mit Chiang Kai-sheks Truppen in Shandong, 1931 besetzte Japan die

Manjurei, 1932 kam es zu Schlachten zwischen japanischen und chinesischen Truppen in Shanghai, und 1937 begann Japan einen vollständigen Eroberungskrieg gegen China, in dessen Zuge rund 15–20 Millionen Chinesen starben.

Zugleich ist japanische Politik seit dem Beginn des 20. Jahrhunderts ohne China nicht mehr denkbar. China war der Schlüssel japanischer Außenpolitik: sei es als potentieller Verbündeter oder als Todfeind, als Puffer gegen Russland oder als wirtschaftliches Zentrum einer ›ostasiatischen Wohlstandssphäre‹. Auch nachdem die Atombomben von Hiroshima und Nagasaki den Zweiten Weltkrieg beendet hatten, blieb China der Bezugspunkt japanischer Politik: zunächst als Gegenentwurf zum japanischen Gesellschaftssystem, dann als wichtiger Wirtschaftspartner und schließlich als mächtiger Konkurrent in der internationalen Ordnung.

Seit der Katastrophe des Zweiten Weltkriegs hat die Feindschaft zwischen China und Japan die Wahrnehmung sino-japanischer Beziehungen derart infiziert, dass diese als ›ewiger Konflikt‹ zweier Länder erscheinen, die seit jeher Erzfeinde seien. Dabei liefert gerade die Geschichte des 20. Jahrhunderts erstaunliche Belege dafür, wie tiefverwurzelt die Freundschaft zwischen beiden Ländern ist: Sie hat die ärgsten Kriegsverbrechen überstanden. Denn hinter den *politischen* Animositäten bezeugen die wissenschaftlichen, künstlerischen, religiösen und kommerziellen Kontakte zwischen China und Japan eine bemerkenswerte Kontinuität. Nicht nur in der Republikzeit pflegten chinesische Künstler und Literaten freundschaftlichen Kontakt mit ihren japanischen Kollegen; auch mitten im Krieg, den die Japaner in China mit so barbarischen Mitteln führten, setzte sich der Architekt Liang Sicheng für die Verschonung Kyōtos ein. Schon wenige Jahre nach dem Krieg schloss Chiang Kai-shek dann einen Friedensvertrag mit Japan; die VR China knüpfte informelle Kontakte im Rahmen einer ›Volksdiplomatie‹; der Philosoph Tang Junyi zollte der japanischen Gesellschaft höchsten Respekt; Taiwanesen pflegten nostalgische Erinnerungen an die Kolonialzeit; Japans Premierminister stattete China 1972 einen Freundschaftsbesuch ab; und in den 1980er Jahren waren japanische Investitionen die Triebfeder für den Aufschwung der chinesischen Wirtschaft. Nach allen Schrecken des 20. Jahrhunderts sind China und Japan einander enger verbunden denn je.

<table>
<tr><th></th><th>China</th><th>Japan</th></tr>
<tr><td>1912</td><td>Republik China</td><td>Taishō-Zeit (1912–26)</td></tr>
<tr><td>1915</td><td colspan="2">21 Forderungen</td></tr>
<tr><td></td><td>Gründung der Neuen Jugend</td><td></td></tr>
<tr><td>1917–27</td><td>Warlord-Periode</td><td></td></tr>
<tr><td>1919</td><td>4.-Mai-Bewegung</td><td></td></tr>
<tr><td>1921</td><td>Gründung der KP Chinas</td><td></td></tr>
<tr><td>1926</td><td></td><td>Shōwa-Zeit (1926–89)</td></tr>
<tr><td>1927/28</td><td>Nordfeldzug Chiang Kaisheks</td><td></td></tr>
<tr><td>1931</td><td colspan="2">Überfall auf die Manjurei</td></tr>
<tr><td>1932</td><td colspan="2">Gründung von Manchukuo</td></tr>
<tr><td>1937</td><td colspan="2">Japanische Invasion Chinas, Nanjing-Massaker</td></tr>
<tr><td>1945</td><td></td><td>Atombomben auf Hiroshima und Nagasaki</td></tr>
<tr><td>1946–49</td><td>Chinesischer Bürgerkrieg</td><td></td></tr>
<tr><td>1950–53</td><td>Korea-Krieg</td><td></td></tr>
<tr><td>1952</td><td colspan="2">Friedensvertrag zwischen Japan und Taiwan</td></tr>
<tr><td>1964</td><td></td><td>Olympische Spiele in Tōkyō</td></tr>
<tr><td>1966–69</td><td>Kulturrevolution</td><td></td></tr>
<tr><td>1972</td><td colspan="2">Premier Tanaka in China: ›Gemeinsame Erklärung‹</td></tr>
<tr><td>1978</td><td colspan="2">Friedensvertrag zwischen Japan und der VR China</td></tr>
<tr><td>1982</td><td colspan="2">Erster Schulbuchstreit</td></tr>
<tr><td>1985</td><td>Gedenkstätte zum Nanjing-Massaker</td><td></td></tr>
<tr><td>1992</td><td colspan="2">Besuch des Tennō in China</td></tr>
<tr><td>1995</td><td>Ausbau der Nanjinger Gedenkstätte</td><td></td></tr>
<tr><td>2001–04</td><td></td><td>Premier Koizumi besucht Yasukuni-Schrein</td></tr>
<tr><td>2005</td><td>Proteste gegen jap. Schulbücher</td><td></td></tr>
<tr><td>2012</td><td colspan="2">Streit um Diaoyu/Senkaku-Inseln</td></tr>
</table>

## Reform und Revolution

Die Reformversuche der Qing waren die Boten der Moderne in China. Moderne, das heißt radikaler Bruch mit der Tradition, Durchsetzung neuer Grundwerte, tiefgreifender Wandel der Sozialstruktur, kurz: revolutionärer Aufbruch in eine neue Ordnung. In China wurden jetzt die Kräfte freigesetzt, die auch im Europa der frühen Neuzeit zur Herausbildung der Moderne geführt hatten. Doch was sich in Europa über Jahrhunderte entfaltet hatte, brach innerhalb weniger Jahrzehnte über China herein. Die Zeit zwischen 1895 und 1925 war Chinas ›Sattelzeit‹ (R. Koselleck), in der alle Werte umgewertet wurden. 1895 war China ein Reich, beherrscht von einem Kaiser und Beamten, die an konfuzianischen Klassikern geschult waren, 1925 war es eine Republik mit einem Parlament und modernen Schulen; 1895 residierte der Kaiser in der Verbotenen Stadt, die Normalsterblichen verschlossen war, 1925 war der Palast zum Museum geworden, das dem Volk offenstand; 1895 wurden Frauen die Füße verstümmelt, ihr Ort war im Haus, 1925 nahmen sie, gesunden Fußes, weithin sichtbar am öffentlichen Leben Teil.

Diese revolutionären Umbrüche hatten ihre Wurzeln in den sozialen Entwicklungen des 18. und 19. Jahrhunderts. Aber sie wären in ihrer rauschhaften Geschwindigkeit nicht möglich gewesen ohne den politischen Druck der Westmächte und ohne das große Vorbild, das chinesischen Intellektuellen klar vor Augen stand: Japan. Während die Qing mit japanischer Hilfe umfassende Reformen ins Werk setzten, um ihre Herrschaft zu erhalten, waren viele der Chinesen in Japan schon einen Schritt weiter. Sie wollten das Kaiserhaus nicht mehr beschützen sondern stürzen; nicht mehr Reform war ihr Ziel, sondern Revolution.

### *Sun Yat-sen und die Revolutionäre*

Schon 1895 war Sun Yat-sen, der ›Vater der chinesischen Revolution‹, nach Japan gezogen: Dort hatte er sich den Zopf abgeschnitten, sich einen Schnurrbart wachsen lassen und einen japanischen Namen, Nakayama Shō, angenommen, so dass er »problemlos für einen Japaner durchging« (Jansen 1980, 368). Sun Yat-sen gewann schon früh eine große Gruppe von japanischen Freunden, die ihn in seinen revolutionären Plänen unterstützten; 1903 heiratete er sogar ein 15jähriges japanisches Mädchen, Ōtsuki Kaoru, mit der er eine Tochter hatte. Die chinesische Revolution hat in Japan tiefe Wurzeln geschlagen.

Dennoch blieb Sun Yat-sens Einfluss zunächst viel geringer als der von Reformern wie Kang Youwei und Liang Qichao. Im Vergleich zu ihnen erschien Sun ungeschliffen und grob: Kang Youwei nannte ihn einen »Rebellen ohne Anstand«, Wu Zhihui tat ihn als »unkultivierten Banditen« ab, und selbst japanische Beobachter erkannten in Sun Yat-sens Revolutionären nur »eine Bande von Gaunern, während die meisten in der Kang-Gruppe eher zur gelehrten Elite gehören« (Huang 1982, 170). Auch unter den chinesischen Studenten in Japan fand Suns Aufruf zum gewaltsamen Sturz der Qing kaum Anklang: Noch 1904 waren nur 16 Studenten Mitglieder in seiner ›Gesellschaft zur Wiedererweckung Chinas‹. Weitaus erfolgreicher war die ›Partei zum Schutz des Kaisers‹ (Baohuang dang), die Kang Youwei und Liang Qichao 1899 gegründet hatten. Die Chinesen in Japan waren progressiv, aber zunächst keineswegs revolutionär gesinnt.

Die Radikalisierung griff erst allmählich um sich. Bezeichnenderweise hatte der erste in Japan geplante Aufstandsversuch, unter der Leitung von Tang Caichang, das Ziel, Kaiserin Cixi zu stürzen und den Guangxu-Kaiser wieder zu installieren. Zusammen mit einer Gruppe von Widerständlern in Shanghai sollten Aufstände in Hankou und anderen Städten angezettelt werden. Doch der dilettantische Plan flog schnell auf: Tang Caichang wurde zusammen mit mindestens vier Studenten hingerichtet; viele andere Dissidenten setzten sich nach Japan ab. Die Qing-Regierung war jetzt vor dem subversiven Potential der Auslandsstudenten gewarnt: Offensichtlich war Japan in dieser Hinsicht doch nicht weniger gefährlich als die USA (S. 301). Dabei wurde kein Unterschied zwischen Revolutionären wie Sun Yat-sen und Reformern wie Kang Youwei und Liang Qichao gemacht: Sie erschienen alle gleichermaßen ›radikal‹. Zhang Zhidong schickte kurz nach dem gescheiterten

Sun Yat-sen (ganz rechts) mit japanischen Freunden in Tōkyō, 1900: Suenaga Takashi, Uchida Ryōhei, Miyazaki Tōten, Koyama Yūtarō, Kiyofuji Kōshichirō (v. l. n. r.). Während Sun westlich gekleidet ist, tragen die Japaner fast alle formelle Kimonos: Der Westen war ihnen nicht mehr Vorbild, sondern Feindbild.

Aufstand eine formale Warnung an die Studenten in Japan, sich nicht mit diesen Extremisten einzulassen: Sie sollten studieren und sich im Übrigen auf ihre Verpflichtungen gegenüber der Regierung besinnen.

Vielleicht war es gerade dieses *labeling*, das immer mehr Studenten von den Qing entfremdete und sie tatsächlich radikalisierte. Die Idee des Nationalismus hatten sie in Japan kennengelernt, ebenso die Lehre von menschlichen ›Rassen‹; zugleich war die Verunglimpfung der Manju als ›Barbaren‹, die China unterworfen hätten, in Japan allgegenwärtig. Der Schluss lag nahe, die chinesische Nation *ethnisch* zu definieren: als Gemeinschaft der Han-Chinesen, die sich von den Manjuren unterschied. Eine Reihe von kleinen Skandalen trug dazu bei, die chinesischen Studenten noch weiter von der Qing-Regierung zu entfremden: Ein geheimes Memorandum des chinesischen Botschafters in Tōkyō, Cai Jun, in dem dieser 1902 angeblich die Beendigung des

Studentenprogramms anriet, brachte sie ebenso auf die Barrikaden wie seine Weigerung, einer Gruppe von Studenten die Immatrikulation an der Seijō-Militärakademie zu genehmigen. Die beiden Vorfälle führten zu Studentenstreiks und Demonstrationen. Cai Jun erschien als »Feind der Zivilisation« (Liang Qichao) – und mit ihm auch das Regime, das er vertrat. Akuter als zuvor wurde die Herrschaft der Manjuren jetzt als *Fremdherrschaft* wahrgenommen: als Barbarenjoch, das die Han-Chinesen bedrückte. Unzweideutig drückte das der junge Heißsporn Zou Rong in seinem Pamphlet mit dem Titel *Revolutionäre Armee* (*Geming jun*) aus, verfasst 1903, »im 260. Jahr, seit die erlauchte Nation der Han ihr Land verloren hat«:

> Was unsere Landsleute heute ›Dynastie‹, ›Regierung‹ und ›Kaiser‹ nennen, das haben wir früher ›Barbaren‹, ›Xiongnu‹ oder ›Tartaren‹ genannt. Ihr Stamm wohnt jenseits des Shanhai-Passes und gehört einer völlig anderen Rasse an als wir, die erleuchteten Söhne und Enkel des Gelben Kaisers. Ihr Land ist ein schäbiger Winkel, und ihre Menschen passen dazu: Ihre Gesinnung ist animalisch, ihre Sitten sind rauh; ihre Schrift ist anders als unsere, ebenso ihre Sprache und ihre Kleidung. (*Geming jun* 2, 663)

Ähnlich scharf distanzierten sich auch andere Revolutionäre von den Manjuren: »Wie können die Nachkommen unseres Gelben Kaisers in eine Kategorie mit diesen Tartaren-Sklaven gebracht werden?!«, empörte sich etwa Zhang Ji (Harrell 1992, 97). Die Formulierungen sind aufschlussreich: Wenn Zou Rong die Manjuren »animalisch« nennt – andere schrieben sogar von »Affen in Menschenkleidern« – und Zhang Ji von »Tartaren-Sklaven« spricht, projizieren sie – ganz ähnlich, wie es die Japaner mit den Chinesen getan hatten – vermeintliche Defizite der Chinesen auf die Manjuren: denn sie selbst, die Chinesen, waren von den Japanern als ›Tiere‹ und ›Sklaven‹ beschimpft worden. So, wie die Japaner China abgewertet hatten, um sich selbst aufzuwerten, taten es die Chinesen jetzt – unbewusst, aber unverkennbar – mit den Manjuren. Impliziter Selbsthass könnte den maßlosen Hass erklären, der aus manchen anti-manjurischen Äußerungen der Zeit spricht. So rief Zou Rong die Chinesen auf, die »barbarische Regierung in Peking« zu stürzen und die Manjuren zu »vertreiben oder als Vergeltung zu töten« (*Geming jun* 6).

Mit der unversöhnlichen Abgrenzung von den Manjuren geriet auch die reformerische, kaisertreue Position von Kang Youwei und Liang Qichao, lange Zeit *opinio communis* unter den Chinesen in Japan, unter Beschuss. Zhang Binglin schrieb eine Streitschrift *Gegen Kang Youwei*, in der er dessen Konstitutionalismus schroff abfertigte:

> In seinen ursprünglichen Anlagen hat der Nationalismus latent bereits seit dem höchsten Altertum, seit der Zeit der Urmenschen existiert. Heute endlich beginnt er sich voll zu entwickeln und so das angeborene Bewusstsein und die ureigenen Fähigkeiten des Volkes hervorzubringen. … Obwohl nun die rassischen Unterschiede [zwischen Chinesen und Manjuren] derart offensichtlich, Aufrichtigkeit und Falschheit, Verdienste und Verluste so deutlich sind, beharrt Kang Youwei dennoch auf einer konstitutionellen [Monarchie] und sträubt sich gegen eine Revolution: Weiß er es nicht besser, oder will er es nicht wissen?
>
> (»Bo Kang Youwei shu«, 753)

Nicht den ›Schutz des Kaisers‹ galt es, den Kang und Liang propagierten, sondern die Rettung der chinesische ›Rasse‹ – und das konnte nur *gegen* Kaiser und Dynastie geschehen! Die neuen Begriffe ›Nation‹, ›Rasse‹ und ›Revolution‹ begannen ihre ganze Sprengkraft zu entfalten – und zwar nicht nur in Japan, sondern auch in China.

Vor allem Shanghai diente als Brückenkopf revolutionärer Agitation. In den ausländischen Konzessionen der Stadt konnten Dissidenten weitgehend frei von staatlichen Übergriffen agieren. Cai Yuanpei, frisch aus Japan zurückgekehrt, hatte in Shanghai eine ›Erziehungsgesellschaft‹ sowie die Zeitschrift *Subao* (*Soochow Journal*) gegründet, die der Verbreitung neuer Gedanken dienen sollten. Bald schlossen Zhang Binglin und Zou Rong, die ebenfalls aus Japan nach Shanghai kamen, sich ihm an und publizierten ihre revolutionären, anti-manjurischen Artikel in der *Subao*. Der Fall wurde zur *cause célèbre*, als die Qing sie daraufhin wegen Majestätsbeleidigung anklagten und der Gerichtshof der Internationalen Konzession sie zu Haftstrafen verurteilte. Zou Rong starb im Gefängnis: Er wurde zum Märtyrer der ›Revolution‹.

## *Die Revolutionäre Allianz*

Der Ton verschärfte sich. Die studentischen Zeitungen in Tōkyō und Yokohama wurden zu Medien eines Nationalismus, der sich nicht mehr mit akademischen Diskussionen zufriedengeben wollte. Gelehrte seien letztlich nichts anderes als ›Sklaven‹ ihrer Bücher, aber die ›Nation‹ brauche Kämpfer, die bereit seien, mit ihrem Leben für sie einzustehen. Einen ›Kriegerethos‹ brauche China, so wie das japanische *bushidō*, hatte Liang Qichao 1902 geschrieben. Cai E rief im selben Jahr dazu auf, einen ›bürgerlichen Militarismus‹ unter den 400 Millionen Chinesen zu verbreiten, und Jiang Baili beschrieb – ebenfalls in Japan – ganz konkret, wie das Volk zu ›militarisieren‹ sei:

> Sämtliche gesellschaftlichen Institutionen sollten nach militärischen Gesetzen organisiert werden … Geist, Sitten und Gewohnheiten der Gesellschaft sollten allesamt vom militärischen Geist durchwirkt sein. Die Qualität der Soldaten sorgt für die äußere Sicherheit des Staates, und der Geist der Soldaten sorgt für die innere Konsolidierung des Staates und das Leben des Volkes. Soldaten? Bürger? Sie sind ein und dasselbe, ein und dasselbe!
>
> (»Junguomin zhi jiaoyu«, *Xinmin congbao* 22 [1902], 34 f.)

Das war ein ungeheurlicher Gedanke, wenn man bedenkt, dass literarische Bildung (*wen*) und Militär (*wu*) im China der späten Kaiserzeit stets asymmetrische Gegenbegriffe gewesen waren. Die chinesische Elite hatte sich ein Jahrtausend lang *literarisch* legitimiert und die kriegerische Kaste mit Verachtung gestraft. Ein halbes Jahrhundert zuvor hatte Luo Sen sich noch verwundert gefragt, ob die japanischen Samurai »wohl neben der Literatur die Kampfkunst ebenso hoch achten« (S. 248); jetzt erschien militärische Ausbildung den Chinesen in Japan nicht nur als Möglichkeit, sondern geradezu als Notwendigkeit. Als es

1903 zu einer diplomatischen Krise mit Russland kam, das sich nicht wie vereinbart aus der Manjurei zurückgezogen hatte, organisierten Studenten in Tōkyō ein ›Freiwilligenkorps‹, um gegen die Russen in den Krieg zu ziehen; nach dessen Scheitern – die Japaner untersagten Militärdrills auf ihrem Staatsgebiet – gründeten sie eine ›Gesellschaft zur militärischen Ausbildung der Bürger‹ (Junguomin jiaoyu hui). Studenten interessierten sich jetzt für den russischen Anarchismus – ein weiterer Begriff, der aus dem Japanischen übernommen wurde; manche begannen, Bomben zu basteln sowie Sabotagen, Attentate und andere terroristische Schläge gegen die Qing zu planen; andere meldeten sich während des Russisch-Japanischen Krieges sogar als Freiwillige, um für die Japaner an die Front zu gehen. So impulsiv und widersprüchlich viele dieser Aktionen waren, eines schien klar:

> Lieber im Kampf für die Freiheit sterben als beim Betteln für Freiheit! Lieber eine Revolution beginnen und nicht umsonst sterben als leere Worte über eine Verfassung zu schwingen und am Ende doch zu sterben!
>
> (»Duoduo«, *Jiangsu* 6 [1903], 47)

Als die Qing-Regierung noch nicht einmal an eine Verfassung dachte, war sie für die chinesischen Studenten schon wieder passé. Der Reformkurs von Kang Youwei und Liang Qichao, dem so viele von ihnen gefolgt waren, erschien plötzlich wie ein Irrweg. ›Revolution‹ war die neue, elektrisierende Parole – und damit schlug die Stunde von Sun Yat-sen. Er war 1905, nach fast zweijährigen Reisen durch Amerika und Europa, nach Japan zurückgekehrt. Der Zeitpunkt war günstig: Gerade hatte der Sieg Japans über Russland dem Nationalismus einen kräftigen Schub gegeben, und die anti-manjurische Stimmung unter den chinesischen Studenten war auf ihrem Höhepunkt. Schon kurz nach seiner Rückkehr stellte Sun Yat-sens Freund Miyazaki Tōten in Tōkyō den Kontakt zu hunanesischen Revolutionären um Huang Xing, Song Jiaoren und Chen Tianhua her, die bereits 1903 den ›Bund zur Erweckung Chinas‹ (Huaxing hui) gegründet hatten. Gemeinsam mit Cai Yuanpei, Zhang Binglin und anderen gründeten sie ›Chinas revolutionäre Allianz‹

(Zhongguo geming tongmeng hui), die alle chinesischen Revolutionäre über provinzielle Grenzen hinweg vereinen sollte. Studenten aus 17 der 18 Provinzen Chinas (mit Ausnahme Gansus) nahmen am konstitutiven Treffen der Tongmeng hui teil: Sie wurde zur Vereinigung *aller* chinesischen Revolutionäre.

Doch nicht nur Chinesen, auch Japaner waren aktiv an der Tongmeng hui beteiligt: Uchida Ryōhei bereitete die Gründung mit vor, die konstitutiven Treffen fanden in den Häusern von Tōyama Mitsuru bzw. Sakamoto Kinya statt, und zu den Gründungsmitgliedern gehörten mit Miyazaki Tōten, Hirayama Shū und Kayano Nagatomo auch drei Japaner.[1] Die chinesische Revolution ging nicht nur von japanischem Boden aus, sie geschah auch mit aktiver japanischer Beteiligung. Schon 1900 hatte ein Japaner, Yamada Yoshimasa, bei einem von Sun Yat-sen geplanten Aufstand in Südchina sein Leben gelassen: der erste ausländische Märtyrer der chinesischen Revolution und ein »Pionier der Erweckung Asiens«, wie Sun Yat-sen in seiner Gedenkinschrift schrieb. Sein Bruder, Yamada Junzaburō, setzte sein Werk fort, indem er Sun bis an dessen Lebensende unterstützte; Kayano Nagatomo, ebenfalls ein lebenslanger Begleiter Sun Yat-sens, gab die Zeitschrift *Revolutionary Review* (*Kakumei hyōron*) heraus, ein japanisches Sprachrohr der Tongmeng hui, trieb Geld für Waffen ein und nahm an mehreren Aufständen der Revolutionäre teil; der Filmmagnat Umeya Shōkichi unterstützte Sun Yat-sen jahrzehntelang mit Millionenbeträgen;[2] und Männer wie der Schriftsteller Kita Ikki, der spätere Premierminister Inukai Tsuyoshi, der einflussreiche Nationalist Tōyama Mitsuru und andere kämpften auf vielfältige Weise für die Chinesische Revolution: Mehr als 600 Japaner sollen in China an der Revolution beteiligt gewesen sein.

Nicht, dass es ihnen allen um die Ideale von Freiheit und Gleichheit gegangen wäre. Uchida Ryōhei und Tōyama Mitsuru waren eingefleischte Nationalisten, die vor allem für die japanische Besetzung der Manjurei eintraten, Kita Ikki war ein Ultrarechter, der sich vehement für Krieg mit Russland einsetzte, und auch anderen japanischen Unterstützern der Tongmeng hui dürfte es primär um japanische Interessen gegangen sein. Aber sie fühlten sich den chinesischen Revolutionären *als*

*Asiaten* verbunden: als Angehörige der ›Gelben Rasse‹, die gegen einen gemeinsamen Feind, die Westmächte, zusammenhalten mussten. Japan, so ihre Überzeugung, konnte diesen Kampf nicht allein gewinnen, deshalb musste auch China erstarken – und das konnte nur gelingen, indem die heruntergekommene Qing-Dynastie gestürzt würde. Dieser *Pan-Asiatismus* machte sie zu Verbündeten aller Revolutionäre in Asien. Er erlaubte ihnen, die revolutionäre Bewegung auf den Philippinen zu unterstützen und gemeinsam mit den Chinesen in der Tongmeng hui die folgenden Ziele zu formulieren: »Das Tartarengesindel zu vertreiben, China wieder herzustellen, eine Republik zu gründen und die Bodenrechte anzugleichen« (*Zongzhang* 2).

Während die Qing – inspiriert vom japanischen Modell – begannen, ihr Regime grundlegend zu reformieren, arbeiteten die Revolutionäre – von Japan aus – am Sturz ebendieses Regimes. Die Tongmeng hui wuchs über die nächsten Jahre auf 10.000 Mitglieder an und probte nicht weniger als acht Aufstände gegen die Qing, die jedoch allesamt fehlschlugen. Sun Yat-sen selbst wurde für die japanische Regierung bald untragbar, so dass er 1907 des Landes verwiesen wurde. Er war in den USA, als im Oktober 1911 in Wuhan unbeabsichtigt eine Bombe explodierte und ein Aufstand ausbrach, der sich bald auf ganz China ausbreitete: Per Telegraph über die Ereignisse in Wuhan informiert, sagte sich eine Provinz nach der anderen von den Qing los; innerhalb von anderthalb Monaten hatten 15 Provinzen ihre Unabhängigkeit erklärt. Die Dynastie war gestürzt, das chinesische Kaiserreich an sein Ende gekommen.

## Epochenwechsel

Am 1. Januar 1912 wurde Sun Yat-sen als erster Präsident der Republik China vereidigt, und am 12. Februar trat der letzte Kaiser der Qing ab. In China begann eine neue Ära. Im selben Jahr, am 30. Juli, starb der japanische Kaiser: Die Meiji-Zeit endete, und der neue Kaiser bestieg unter der neuen Devise Taishō den Thron. Auch in Japan begann eine neue

Ära. Waren China und Japan mit diesem gleichzeitigen Epochenwechsel auch in ihrer historischen Entwicklung endlich in der Gleichzeitigkeit des Gleichzeitigen angekommen? Manches schien dafür zu sprechen, dass sich die beiden Länder im Jahr 1912 näher waren denn je: China hatte in den Jahren zuvor mit japanischer Hilfe Verwaltung, Schulen, Finanzen, Wirtschaft und Militär grundlegend reformiert, mit der Revolution hatte es auch die ›rückständige‹ Despotie abgeschüttelt und die erste Republik Asiens gegründet. Die ›Revolutionäre Allianz‹ wurde 1912 zur ›Nationalen Volkspartei‹ (Guomindang) umgewandelt, andere Parteigründungen folgten, und die ersten Parlamentswahlen fanden im Sommer desselben Jahres statt.

Wie Japan baute China jetzt einen Nationalstaat auf: mit einem neuen Kalender, Nationalflagge und Nationalhymne, einem Nationalfeiertag, einer neuen Kleiderordnung und einer ›Nationalsprache‹: *guoyu*, dem Pendant zum japanischen *kokugo*. Auch sonst waren die Bezüge zu Japan nicht zu übersehen: Der Präsident der Republik China trug einen japanischen Namen! Sun Yat-sens japanischer Deckname, ›Nakayama‹, lautete in chinesischer Lesung ›Zhongshan‹, und bald wurde er auch in China nur noch ›Sun Zhongshan‹ genannt. Uchida Ryōhei verhalf der neuen Regierung zu einem Millionenkredit des Mitsui-Konzerns sowie zu Waffenlieferungen japanischer Firmen, auch Yamada Junzaburō, Kayano Nagatomo, Umeya Shōkichi und die anderen japanischen Revolutionäre unterstützten die junge Republik. Für Sun Yat-sen hatten die sino-japanischen Beziehungen eine neue, spezifisch politische Qualität angenommen, die über kulturelle Verbundenheit hinausging:

> Die engen Beziehungen zwischen China und Japan sind keineswegs durch die gleiche Schrift und die gleiche Rasse zu erklären. Wahrer Zusammenhalt zwischen Staaten beruht immer auf gemeinsamen *Interessen*. China und Japan haben just solche gemeinsamen Interessen … Die Beziehung zwischen Japan und China ist wahrlich so, dass beider Existenz und Untergang, Sicherheit und Gefahr voneinander abhängig sind. Ohne Japan gibt es kein China, und ohne China gibt es kein Japan!
>
> (»Zhongguo cunwang wenti«, *Sun Zhongshan quanji* 4, 55 und 94)

Für einen kurzen historischen Moment schien es, als entstünde in China ein Staat, der auf freundschaftlichen Beziehungen zu und gemeinsamen Interessen mit Japan gegründet war.

Doch die Geschichte nahm eine andere Wendung. Schon nach sechs Wochen musste Sun Yat-sen als Präsident zurücktreten und das Amt an den General Yuan Shikai abgeben. Im März 1913 wurde Song Jiaoren, die führende Persönlichkeit der Guomindang, in Shanghai erschossen, wahrscheinlich im Auftrag von Yuan Shikai. Kurz darauf setzte Yuan drei Gouverneure der Guomindang ab, woraufhin sieben Provinzen sich von ihm lossagten: eine ›zweite Revolution‹, die Yuans Truppen jedoch schnell niederschlugen. Yuan schien alle Trümpfe in der Hand zu halten: Er hatte einen großen Kredit aus dem Ausland erhalten, an dem auch japanische Banken beteiligt waren, er hatte die stärksten Truppen, und die chinesische Geschäftswelt war auf seiner Seite. Die Chinesische Revolution war schon nach einem Jahr gescheitert, die Republik zur Diktatur geworden. Kang Youwei versuchte 1913 sogar den letzten Qing-Kaiser wieder zu installieren; Sun Yat-sen, nicht minder verzweifelt, akzeptierte das Angebot eines Millionenkredits vom Mitsui-Konzern, für den er im Gegenzug versprach, die Manjurei an Japan abzutreten. Der ›Landesvater‹ war bereit, sein Land an die Japaner zu verkaufen! Yuan Shikai münzte die Hilflosigkeit Sun Yat-sens in einen großen Propagandaerfolg um: Während dieser und viele seiner Anhänger abermals nach Japan flohen, inszenierte jener sich als wahrer Beschützer der chinesischen ›Nation‹ gegen alle imperialen Bedrohungen. Chinesischen Revolutionären in Japan bot er eine Amnestie sowie großzügige Bezahlung, um in einer vereinten Front gegen Japan mitzuarbeiten. Viele führende Köpfe der einstigen Tongmeng hui ließen sich auf diese Weise kaufen. Mit der Revolution war auch die sino-japanische Zusammenarbeit gescheitert. Sun Yatsens Pan-Asiatismus war einem chinesischen Nationalismus gewichen, der sich dezidiert gegen Japan wendete.

In der wirren Zeit der Chinesischen Revolution hatte auch die japanische Politik mehrere Wendungen durchgemacht. Während japanische Revolutionäre für Sun Yat-sen kämpften, unterstützten einflussreiche Kreise in Tōkyō die Qing, andere verhandelten mit Yuan Shikai, und eine Gruppe von japanischen Militärs um Kawashima Naniwa plante, die Manjurei und die Mongolei als souveräne, von China unabhängige Staaten zu etablieren. In den ersten zwei Jahren der Taishō-Ära traten drei japanische Premierminister zurück, Militärführer blockierten die Kabinettsbildung, und auf den Straßen Tōkyōs kam es zu gewalttätigen Protesten gegen die Regierung. Im Hintergrund dieser Krise stand, neben innenpolitischen und sozialen Umbrüchen, immer auch das Verhältnis zu China: Welchen Machtanwärter sollte Japan in China unterstützen, welches politische System fördern, auf welche Weise chinesische Politik beeinflussen? Denn *dass* Japan sich in die chinesische Politik einmischen müsse, schien vielen jetzt unstrittig zu sein. Schon 1912 hatte Nakajima Hajime, immerhin ein *kangaku*-Gelehrter alten Schlags, ein Buch mit dem Titel *Chinas Schicksal: Die Teilung* (*Shina bunkatsu no unmei*) publiziert, in dem er, altbekannte Stereotypen aufgreifend, den Chinesen Bildung, politisches Engagement, historisches Bewusstsein und Nationalgefühl absprach. Die Chinesen, so Nakajima, seien zutiefst provinziell veranlagt, deshalb sei die Aufteilung des Landes durch ausländische Mächte nicht zu vermeiden – und Japan tue gut daran, sich seinen Anteil zu sichern. Andere stimmten ihm zu, und selbst der sinophile Naitō Konan (S. 328) hatte mit seinem Hinweis darauf, dass die chinesische Gesellschaft primär lokal, nicht national, orientiert sei, dieser Position vorgearbeitet.

## *Die 21 Forderungen*

Die weltpolitische Lage änderte sich entscheidend, als im Sommer 1914 der Erste Weltkrieg ausbrach. Der Krieg bot Japan die Chance, seine imperialen Ansprüche auf dem Festland mit Gewalt durchzusetzen, ohne den Widerstand der Westmächte fürchten zu müssen. Schon am 15. August forderte Japan Deutschland in einem Ultimatum auf, die besetzten Gebiete in Shandong (S. 294) »den Kaiserlichen Japanischen Behörden bedingungslos und ohne Gegenleistung zu übergeben, so dass diese schließlich an China zurückgegeben werden können« (Etō 1986, 95). Als die Deutschen das Ultimatum ignorierten, griffen die Japaner im September 1914 Qingdao an und zwangen sie zur Kapitulation. Die Chinesen wurden bei alledem nicht gefragt. Mehr noch: Nachdem die Japaner Shandong besetzt hatten, nutzte die Regierung unter Ōkuma Shigenobu – derselbe Mann, der einst die ›Ōkuma-Doktrin‹ (S. 296) formuliert hatte! – ihre Machtposition aus, um der chinesischen Regierung 1915 einen Katalog von ›21 Forderungen‹ zu präsentieren: Peking sollte den Japanern u. a. weitgehende Vorrechte in Shandong, der südlichen Manjurei und der Inneren Mongolei garantieren, Rechte zum Bergbau und zum Bau von Eisenbahnlinien in China übertragen, Zugang zu mehreren Küstenhäfen gewähren und zudem die Entsendung von Politik- und Militärberatern sowie Polizisten nach China hinnehmen. Da weder die Engländer und Franzosen, deren Kräfte im europäischen Krieg gebunden waren, noch die Russen gegen Japans Vorgehen intervenierten, blieb der Regierung Yuan Shikais keine andere Wahl, als mit den neuen Besatzern zu verhandeln.

Auch wenn die meisten Punkte im Laufe der Verhandlungen eingeschränkt oder gestrichen wurden, wurden die berüchtigten ›21 Forderungen‹ zum Symbol des rücksichtslosen japanischen Imperialismus. Schon kurz nachdem die ersten Nachrichten davon publik wurden, brach in China ein Sturm der Entrüstung los: Zeitungen riefen zum Widerstand gegen Japan auf, wütende Telegramme aus dem ganzen Land gingen in Peking ein, japanische Waren wurden boykottiert, in Tōkyō gingen mehrere Tausend Studenten auf die Straße, viertausend chinesische Studenten verließen Japan aus Protest. Auch in Shanghai und anderen chinesischen Städten kam es zu anti-japanischen Demonstrationen, Revolutionäre wie Huang Xing riefen zu einer nationalen Front gegen die Japaner auf, Geschäftsleute gründeten einen ›Nationalen Rettungsfonds‹, in vielen Städten bildeten sich Vereine zum Widerstand gegen Japan, sogar eine Zeitschrift namens *Nationale Schande* (*Guochi*) wurde eigens zu diesem Zweck gegründet.[3] Als die Japaner der chinesischen Regierung am 7. Mai 1915 schließlich ein letztes Ultimatum stellten, brachte ein Telegramm der Pekinger Handelskammer die Empörung über die »nationale Schande« auf den Punkt:

> Japan hat das Kriegsgeschehen in Europa genutzt, um unseren neugegründeten Staat zu überfallen und dieselben Forderungen zu stellen, mit denen sie schon Korea annektiert haben. … Da setzen 50 Millionen Menschen der gleichen Rasse und der gleichen Schrift unseren 400 Millionen Menschen gnadenlos das Messer an die Kehle, rauben uns Leben und Güter, vernichten unseren Staat, um ihre Gier zu befriedigen. Ach, das schmerzt! … Wenn unser Volk sich noch zur Menschheit zählen will, dann muss es sich schwören, die Schande vom 7. Mai in diesem Leben, in dieser Generation sowie in denen unserer Kinder und Enkel nicht einen Augenblick zu vergessen! (*Shenbao*, 12. 5. 1915)

Zwei Tage nach dem Ultimatum, am 9. Mai, akzeptierten Außenminister Lu Zhengxiang und sein Stellvertreter, Cao Rulin, der selbst einst in Japan studiert hatte, im Namen der Pekinger Regierung die japanischen Forderungen. Daraufhin hallte die Parole »Vergesst nie die nationale Schande« durch das Land: Studenten forderten, sie auf allen Geschäftsschildern, Briefen, Buch- und Zeitungstiteln, Flaggen und in Schulbüchern abzudrucken. Der 9. Mai wurde 15 Jahre später offiziell zum »Gedenktag der nationalen Schande« erklärt.

Rückblickend markiert das Datum einen entscheidenden Bruch in den sino-japanischen Beziehungen. Doch ganz so einfach verlief die Geschichte nicht. Denn die ›nationale Schande‹ wurde erstaunlich schnell vergessen. Die gleichnamige Zeitschrift stellte ihr Erscheinen schon nach einer Nummer wieder ein, auch andere Zeitungen ließen das Thema bald fallen, die meisten der viertausend abtrünnigen Studenten kehrten kleinlaut wieder nach Japan zurück, der Boykott verläpperte sich, und schon am 9. Mai 1916 fand statt einer Demonstration in Peking ein Bankett zur Feier der »aufrichtigen Freundschaft« zwischen China und Japan statt! Die oberflächliche Empörung war schnell verflogen, und dahinter kam die Tiefenstruktur der sino-japanischen Beziehungen wieder zum Vorschein, die beide Länder so eng verband.

## *Neue Kultur*

Die folgenreichste Reaktion auf die ›21 Forderungen‹ war nicht der antijapanische Protest, sondern die ›Neue-Kultur-Bewegung‹. Mehr noch als der Umsturz von 1911 steht diese am Anfang des modernen China: Nach der politischen war sie eine *soziale* Revolution, die nicht nur das alte Regierungssystem, sondern die gesamte alte Gesellschaft ersetzen wollte. Das Zentrum der Bewegung bildete die Universität Peking, deren neuer Rektor Cai Yuanpei eine Gruppe progressiver Intellektueller um sich geschart hatte, und ihr zentrales Sprachrohr war die Zeitschrift *Neue Jugend* (*Xin qingnian*), deren erste Nummer im September 1915 erschien. Zu den Herausgebern gehörten Chen Duxiu, der Gründer der Zeitschrift, sowie Qian Xuantong, Li Dazhao, Gao Yihan, Lu Xun und Shen Yimo: allesamt ehemalige Studenten in Japan. Und was hatten sie, wenige Monate nach dem Tag der ›nationalen Schande‹, zu sagen? Kein Wort des Ressentiments gegen Japan! Die ›21 Forderungen‹ wurden nur beiläufig erwähnt; stattdessen zitierte Chen Duxiu den Aufsatz eines Japaners, der den Chinesen mangelndes politisches Engagement vorhielt: »Ob die Regierung gut oder schlecht, recht oder unrecht ist, interessiert das normale Volk überhaupt nicht; sie folgen einfach unterwürfig den Starken und Mächtigen«. Er selbst, Chen Duxiu, appellierte in seinem berühmten »Aufruf an die Jugend« an seine Landsleute:

> Seid autonom, nicht sklavisch! … Seid fortschrittlich, nicht konservativ! … Seid offensiv, zieht euch nicht zurück! … Seid kosmopolitisch, nicht national verschlossen! … Seid utilitaristisch, nicht formalistisch! … Seid wissenschaftlich, nicht spekulativ! … Wenn wir das Zeitalter der Unmündigkeit verlassen und nicht weiterhin ein seichtes Volk sein wollen, dann sollten wir uns schleunigst aufraffen, um Wissenschaft und Menschenrechte gleichermaßen zu achten. … Auf, Jugend, strengt Euch an! (»Jinggao qingnian«, *Qingnian zazhi* 1.1)

Nicht bei der Aggression von außen setzte dieser Artikel an, sondern bei den inneren Schwächen der Chinesen. Die seien ›sklavisch‹, ›konservativ‹, ›verschlossen‹, kurz ›ein seichtes Volk‹: Statt den Japanern Vorwürfe zu machen, übernahm Chen Duxiu die Vorwürfe, die Japaner den Chinesen gemacht hatten. In einer späteren Ausgabe der *Neuen Jugend* zieh Lu Xun die traditionelle Gesellschaft Chinas der »Menschenfresserei«, und Hu Shi forderte lautstark, den ganzen »Konfuzius-Laden« zu zerschlagen. Vor allem der Ballast der alten Literatur, »in der toten Schrift einer toten Sprache verfasst«, sollte abgeworfen und durch eine »neue Literatur« in »einfacher Sprache« ersetzt werden. Nicht nur die Konfuzianismus-Kritik der Japaner (S. 269), welche die Autoren der *Neuen Jugend* natürlich kannten, war jetzt endgültig in China angekommen, sondern auch die Erkenntnis, dass Umgangssprache und Schriftsprache im Sinne des *nation building* vereint werden müssten (S. 264). Zhou Zuoren machte den japanischen Einfluss schon 1918 explizit, als er seinen Studenten in einer Vorlesung über die »Entwicklung des japanischen Romans in den letzten 30 Jahren« die neue japanische Literatur als Vorbild vor Augen hielt:

> Gegenüber japanischer Kultur hegen wir üblicherweise das Vorurteil, dass sie auf ›Nachahmung‹ basiere. Manche Westler sagen, dass ›japanische Zivilisation eine Tochter Chinas‹ sei. Das ist zwar nicht völlig unberechtigt, aber auch nicht ganz zutreffend. Japanische Kultur darf wohl als ›kreative Imitation‹ bezeichnet werden.
>
> (»Riben jin sanshi nian xiaoshuo zhi fada«, *Beijing daxue rikan* 141 [1918], 5)

Das gelte insonderheit für die japanische Literatur: eine aufregend moderne Literatur, deren Hauptvertreter – Natsume Sōseki, Shimazaki Tōson und andere – nicht hinter den Größen westlicher Literatur zurückstünden. Die neue japanische Literatur erschöpfe sich keineswegs in der Nachahmung westlicher Modelle, sondern habe eigenständige Meisterwerke hervorgebracht – ganz im Gegensatz zur chinesischen, die in derselben Zeit überhaupt nichts erreicht habe. Chinesische Schriftsteller seien, trotz aller Bekenntnisse zur ›neuen Literatur‹, auf dem Stand stehengeblieben, den Japan 1884/85 erreicht habe – und warum? »Allein deswegen, weil Chinesen nicht willens und nicht fähig sind, zu imitieren.«

Auch der Diskurs der ›Neuen Kultur‹ lief auf eine Paradoxie hinaus: Japans Angriffen auf Chinas nationale Souveränität könne man nur durch mehr gesellschaftlichen Zusammenhalt begegenen – und um diesen gesellschaftlichen Zusammenhalt zu erreichen, müsse man so vorgehen wie Japan. Gegen den japanischen Einfluss in China half nur – noch mehr japanischer Einfluss.

Spätestens ein Jahr nach den ›21 Forderungen‹ wurde deutlich, dass die tiefsten Bruchlinien nicht zwischen China und Japan verliefen, sondern zwischen den Chinesen selbst. Nachdem Yuan Shikai 1916 gestorben war, zerfiel die Republik in mehr als ein Dutzend Regionen, in denen ›Kriegsherren‹ autonom herrschten, mit eigenen Armeen, Währungen, Steuern und unabhängiger Außenpolitik. Einer von ihnen war Sun Yat-sen, der 1917 in Kanton zum ›Generalissimo‹ einer Militärregierung gewählt wurde. Diese Kriegsherren betrachteten nicht die Japaner, sondern sich gegenseitig als die ärgsten Feinde: Vor allem das nördliche und das südliche Lager waren sich spinnefeind. Während sie sich erbitterte Gefechte lieferten, nahmen beide Seiten bereitwillig finanzielle Unterstützung aus Japan an. Am stärksten profitierte Premierminister Duan Qirui, der starke Mann der Regierung in Peking, von diesen Zuwendungen: 1917–18 erhielt er Kredite in Höhe von 145 Millionen Yen aus Japan. Die Gegenleistung bestand darin, dass China auf Seiten der Alliierten in den Krieg eintrat.

Während Duan Qirui seine japanischen Kontakte kultivierte und 1918 sogar ein Geheimabkommen mit Japan gegen Russland schloss, wuchs landesweit der Widerstand gegen seine Politik. Die Proteste erreichten ihren Höhepunkt, als die Ergebnisse der Friedenskonferenz von Versailles bekannt wurden. China hatte als Mitglied der Siegermächte – immerhin hatte es über 100.000 Arbeiter an die Front nach Europa geschickt – erwartet, die von Deutschland besetzten Gebiete in Shandong zurückzuerhalten. Umso größer war die Entrüstung, als sich herausstellte, dass die Westmächte sich längst in Geheimabkommen mit den Japanern darauf verständigt hatten, die Gebiete *Japan* zu überlassen. Schlimmer noch: Es stellte sich heraus, dass auch die Pekinger Regierung den Japanern im September 1918 im Gegenzug für einen weiteren Kredit

Rechte in Shandong zugestanden hatte, die jetzt als Argument für die japanische Übernahme genutzt wurden. Als diese Nachricht Peking per Telegraph erreichte, kam es am 4. Mai 1919 zu einer Großdemonstration vor dem Tor des Himmlischen Friedens (Tian'anmen): 3000 Studenten protestierten gegen den Vertrag von Versailles, schwenkten Banner mit Parolen wie »Lehnt die 21 Forderungen ab!«, »Boykottiert japanische Güter!«, »China den Chinesen!« und zogen weiter zum Gesandtschaftsviertel und zum Außenamt. Dort brannten sie das Haus von Cao Rulin nieder, der einst die ›21 Forderungen‹ angenommen hatte, und schlugen den ehemaligen Gesandten in Tōkyō, Zhang Zongxiang, der Japan die Rechte in Shandong zugesagt hatte, krankenhausreif. Danach wogten Wellen des Protests durchs ganze Land, in vielen großen Städten kam es zum Boykott japanischer Waren, Läden schlossen, Banken stellten die Geschäfte ein, Arbeiter streikten: Die Regierung geriet so sehr unter Druck, dass sie die pro-japanischen Minister entließ und die Unterschrift unter den Versailler Vertrag verweigerte.

## *Der Aufstieg des Kommunismus*

Die ›4.-Mai-Bewegung‹ gilt vielen als erste wirklich nationale Bewegung der chinesischen Geschichte: als Geburtsstunde des modernen China. Historiker lassen mit dem Jahr 1919 die Zeitgeschichte beginnen, in fast jeder chinesischen Stadt erinnert heute eine ›Straße des 4. Mai‹ an die Ereignisse von 1919. Für die Volksrepublik China markiert das Datum zudem einen entscheidenden ideologischen Wendepunkt in der Chinesischen Revolution: den Aufstieg des Kommunismus. Durch den Ersten Weltkrieg und die Versailler Friedenskonferenz hatten die Westmächte für viele Chinesen ihre Vorbildfunktion verspielt. Das Ideal der Demokratie, das die ›Neue-Kultur-Bewegung‹ geradezu ikonisch verehrt hatte, hatte seinen Glanz verloren, und hinter dem technisch-idustriellen Fortschritt der letzten Jahrzehnte trat die Schattenseite der Moderne immer deutlicher hervor: die Ausbeutung der Industriearbeiter, die in den japanischen Textilfabriken Shanghais und anderen ausländischen

Betrieben schufteten, die verarmten Obdachlosen, die auf den Straßen starben, die Kinderarbeit, das Elend der Rikschakulis – war China nicht ein Volk der Proletarier? Vielen chinesischen Intellektuellen wurde jetzt klar, dass China nicht nur vom ausländischen Imperialismus geknechtet wurde, sondern ebenso vom internationalen Kapitalismus.

Angesichts dieser Diagnose musste der Kommunismus als Allheilmittel erscheinen. Sein Versprechen lag in der Befreiung von Imperialismus *und* Kapitalismus – und die Oktoberrevolution von 1917 schien die Überlegenheit dieser Lehre zu bestätigen. Das Karachan-Manifest, in dem die junge Sowjetrepublik 1919 anbot, auf alle Ansprüche des Zarenreichs in China zu verzichten – ein eklatanter Gegensatz zum Machtstreben Japans und der Westmächte –, verfehlte seine Wirkung auf das ›junge China‹ nicht. Einflussreiche chinesische Intellektuelle wie Li Dazhao, Chen Duxiu und andere wandten sich ab 1919 entschieden dem Kommunismus zu. Auf die Ironie der Geschichte, dass China Abhilfe gegen die Bedrohungen aus dem Westen ausgerechnet bei einer westlichen Sozialtheorie suchte, ist oft hingewiesen worden; doch die Geschichte birgt noch eine weitere Wendung: denn die marxistische Theorie wurde nicht aus Russland nach China eingeführt, sondern aus Japan.[4]

Dort erlebten, nach Jahren der Repression, sozialistische Bewegungen seit 1918 einen lebhaften Aufschwung. Yoshino Sakuzō, ein Politikwissenschaftler, der einst als Hauslehrer von Yuan Shikais Sohn in China gelebt hatte, hatte 1918 die sozialistische ›Morgengrauen-Gesellschaft‹ (Reimeikai) gegründet; Zeitschriften wie die *Studien zu sozialen Problemen* (*Shakai mondai kenkyū*), herausgegeben von Kawakami Hajime, diskutierten marxistische Lehren, und 1920 wurde eine ›Sozialistische Liga Japans‹ als Dachverein von Japans Sozialisten gegründet. In dieser bewegten Zeit reiste ein junger chinesischer Journalist, Chen Puxian, nach Japan, der die neuen Entwicklungen begierig aufsog. Nach Peking zurückgekehrt, publizierte er ab April 1919 in den »Beiheften« der Pekinger *Morgenpost* (*Chenbao fukan*) eine Reihe von Aufsätzen zum Marxismus: Übersetzungen von Kawakami Hajime und anderen japanischen Beiträgen zum Marxismus, darunter auch eine Übersetzung der japanischen Übersetzung von Karl Kautskys *Karl Marx' ökonomi-*

*sche Lehren.* Wie so viele westliche Lehren wurde auch der Marxismus durch japanische Übersetzungen in China bekannt. Deutsche, französische, englische oder russische Texte zum Marxismus waren in China zu jener Zeit schwer zu finden, und kaum ein chinesischer Intellektueller hätte das sprachliche und sozialtheoretische Rüstzeug besessen, sie zu verstehen: »Die kapitalistischen Gelehrten haben [marxistische Texte] prinzipiell nicht übersetzt, und unsere Leute konnten sie nicht übersetzen«, erinnerte sich ein chinesischer Kommunist (Li Da). Ohne die japanischen Vorarbeiten wäre die Einführung des Marxismus in China in jener Zeit unvorstellbar gewesen.[5]

Dai Jitao publizierte 1920 eine chinesische Übersetzung der japanischen Ausgabe von Wilhelm Liebknechts Marx-Biographie (1896); Chen Wangdao übersetzte im selben Jahr das *Kommunistische Manifest* auf Grundlage einer japanischen Fassung erstmals vollständig ins Chinesische; und ebenfalls 1920 erschien Li Hanjuns Übersetzung von Mary Marcys populärer Einführung in den Marxismus, *Shop Talks on Economics*, auf Grundlage einer japanischen Übersetzung. Auch Li Dazhao, der Herausgeber der *Neuen Jugend*, kam über Japan mit der Lehre in Berührung. In der Flut marxistischer Schriften, die China in jenen Jahren überspülte, war sein großer Aufsatz »Meine Sicht des Marxismus« (»Wode Makesizhuyi guan«) von 1919 vielleicht die einflussreichste. Der Aufsatz begründete Li Dazhaos Ruf als ›Vater des Marxismus in China‹ – doch basierte er im Wesentlichen auf Werken von Kawakami Hajime und anderen japanischen Sozialisten: Wenn Li Dazhao der ›Vater‹ war, dann waren sie die Ahnherren des Marxismus in China.

Japan galt den chinesischen Marxisten nicht als neutraler Vermittler einer westlichen Lehre; das Verhältnis ging viel tiefer. Chen Puxian, Li Dazhao, Chen Duxiu, Dai Jitao und Li Hanjun hatten nicht nur allesamt in Japan studiert; sie und andere Marxisten der ersten Stunde unterhielten regelmäßige Kontakte mit Japanern, diskutierten, tauschten Schriften aus und unterstützten einander in ihren Zielen. Es ging ihnen um die chinesisch-japanische Freundschaft, und ›wahre Freundschaft‹ sei unter Kriegsherren und Kapitalisten nicht möglich, sondern nur, wenn die japanische Arbeiterschaft die Macht übernehme:

> Erst wenn die japanische Arbeiterklasse es schafft, sich zu erheben und zum Hauptakteur zu werden, werden die Beziehungen zwischen China und Japan einen Zustand erreichen, den wir als ideal betrachten. Daher legen wir unsere ewige Hoffnung auf die japanische Arbeiterklasse.
>
> (Chen Puxian, zit. nach: Ishikawa 2013, 28)

Mit dem Marxismus ersetzte die Solidarität zwischen den ›Proletariern aller Länder‹ die nationale Selbstbezogenheit. »Die gesamte Menschheit hat eine glorreiche Zukunft; wir, die Jugend von Asien, werden alle zusammen kämpfen«, schwärmte Li Dazhao 1920. Im selben Jahr trat er mit der gleichen Selbstverständlichkeit der ›Sozialistischen Liga Japans‹ bei wie er eine chinesische ›Morgengrauen-Gesellschaft‹ (Liminghui) nach Vorbild der japanischen gründete. Spätestens 1920 hatte die Marxismus-Begeisterung, die kurz zuvor in Japan ausgebrochen war, auch China erreicht: Zahlreiche Zeitschriften stürzten sich auf das Thema, Chen Duxiu und Li Dazhao gründeten einen ›Kommunistischen Jugendbund‹, in Peking, Shanghai und anderen Städten organisierten sich weitere Gruppen von Studenten und Intellektuellen, um die kommunistische Sache zu fördern. Mit Hilfe der Komintern, die schon bald Berater nach China geschickt hatte, gelang es schließlich, die kommunistischen Splitterorganisationen zu einer Partei zu vereinen: Im Juli 1921 wurde in Shanghai, in einem konspirativen Treffen von 13 Teilnehmern in Li Hanjuns Haus, die ›Kommunistische Partei Chinas‹ (KPCh) gegründet. Chen Duxiu wurde ihr erster Generalsekretär, Li Hanjun der zweite Mann in der Parteiführung. Die Führungsstruktur der KPCh in ihren ersten Jahren spiegelt noch den entscheidenden Einfluss japanischer Marxisten auf ihre Entstehung wider.

Ein Jahr später, 1922, wurde die ›Kommunistische Partei Japans‹ gegründet. Doch die Hoffnung, dass ›die Beziehungen zwischen China und Japan einen idealen Zustand erreichen‹ würden, sollte sich nicht erfüllen. Die Bewegungen in beiden Ländern nahmen in den nächsten Jahren ganz unterschiedliche Entwicklungen: Während die Kommunistische Partei Chinas – nach Massakern, Verfolgungen, dem Langen Marsch und einem blutigen Bürgerkrieg – schließlich zur Alleinherrschaft in China aufstieg, konnte sich die Kommunistische Partei Japans nie gegen die staatlichen Repressionen behaupten. Angesichts massiver Verfolgungen sagten sich zwischen 1925 und 1945 viele Sozialisten und Kommunisten von der Bewegung los. Japan fiel in den Nationalismus zurück und erklärte den Kommunismus zum Feindbild: Die Lehre, die einst aus Japan nach China gekommen war, führte schließlich dazu, dass China und Japan nicht nur geopolitisch, sondern auch ideologisch zu Antagonisten wurden.

## Taiwan 台灣

Auf der kleinen Insel Taiwan, 150 km vor der Küste von Fujian gelegen, bündeln sich in einzigartiger Weise die Paradoxien der sino-japanischen Beziehungen. Taiwan hat zu China gehört, und es hat zu Japan gehört; es fühlt sich beiden verbunden und wahrt zu beiden Distanz; und es hat seine Identität, genauso wie China und Japan, durch die Aufnahme und Ablehnung fremder Einflüsse entwickelt.

Taiwan galt jahrhundertelang als Provinz- und Piratennest, das ›Barbaren‹ wie den Portugiesen und den Holländern oder Gesetzlosen wie Koxinga Unterschlupf bot. Auch nachdem die Qing es 1683 erstmals an das chinesische Reich angegliedert hatten, wurde die Insel weitgehend aus der Ferne, von Fujian aus, verwaltet. Die »südliche Wildnis«, wie Naitō Konan Taiwan einmal genannt hat, erschien kaum bewohnbar: »Überall Urin und Kot auf den Straßen, niedrige, feuchte, dunkle Hütten, übler Gestank und Temperaturen von um die 50 Grad« (Fogel 1984, 123). Erst 1885, nachdem Japan sich die Ryūkyū-Inseln einverleibt und auch eine ›Strafexpediton‹ nach Taiwan geschickt hatte, erhielt es den Status einer Provinz, wurde aber schon zehn Jahre später im Vertrag von Shimonoseki an Japan abgetreten.

Taiwan wurde Japans erste Kolonie: »Mit der Einverleibung ins japanische Reich«, verkündeten die japanischen Eliten stolz, »hat Formosa endlich direkten Anschluss an die fortschreitende Kulturwelt unseres Jahrhunderts gewonnen« (Hée 2010, 40). Die Einwohner Taiwans waren indes weniger enthusiastisch: In mehreren Teilen der Insel wurden unabhängige Republiken ausgerufen, und zwischen 1895 und 1902 kam es zu über 50 lokalen Aufständen gegen die Besatzer.

Die Japaner reagierten mit brachialer Gewalt, indem sie ganze Dörfer niederbrannten und die Bewohner ermordeten. Allein beim ›Massaker von Yunlin‹ 1896 wurden Tausende – eine Schätzung sagt sogar: 30.000 – Zivilisten niedergemetzelt. Auch wenn die Gewalt nach 1902 nachließ, blieb die Besatzung oppressiv: Die Japaner regierten Taiwan mit Kriegsrecht, Folter und standrechtlichen Auspeitschungen. Sie behandelten die Taiwanesen als minderwertige Rasse, die kaum politische Rechte hatte und von einem engmaschigen Polizeiapparat kontrolliert wurde.

Erst 1919 wurde die militärische Verwaltung durch eine zivile ersetzt und japanisches Recht auf Taiwan übertragen. Jetzt wurden politische Parteien und kulturelle Organisationen gegründet, erstmals bildete sich eine Öffentlichkeit heraus, die diskutieren konnte, was es hieß, Taiwanesen zu sein: nämlich Angehörige einer *Nation*, die klassenübergreifend zusammenhielt. In der ›Taiwanesischen Volkspartei‹, die 1927 gegründet wurde, sollten »die Mitglieder verschiedener Klassen vereint werden«, um »das Volk aufzurütteln, so dass es sich selbst von seinen Fesseln befreien kann« (Fröhlich/Liu 2011, 269–271). Gleichzeitig kämpften taiwanesische Studenten in Japan – 1922 gab es bereits 2400 von ihnen – für taiwanesische Identität und Autonomie. Auch die Taiwanesen lernten den Begriff der ›Nation‹ von den Japanern, und taiwanesische Identität konturierte sich allererst in Abgrenzung von Japan.

Mit der Änderung der Besatzungspolitik wurde Taiwan jedoch auch japanischer. Die einheimische Elite sprach schon in den 1920ern Japanisch, trug Kimonos und profitierte von der Modernisierung des Landes und den wirtschaftlichen Verflechtungen mit den Besatzern. Mit Beginn der Invasion in China wurde die Japonisierung Taiwans dann zur offiziellen Politik: Die Kolonialbehörden setzten in Taiwan japanische Sprache, Sitten, Religion, zum Teil sogar japanische Namen durch. In den Schulen wurde nur mehr auf Japanisch unterrichtet, so dass bis 1945 ein großer Teil der taiwanesischen Bevölkerung mit japanischer Kultur imprägniert wurde.

Als die Japaner nach dem Ende des Zweiten Weltkriegs abgezogen waren, wurde ihr Kolonialregime schnell durch die nächste Diktatur ersetzt, welche die Schrecken der japanischen Besatzung bald vergessen ließ. Nachdem die Japaner Taiwan für ihre Kriegswirtschaft ausgebeutet hatten, tat die Nationale Volkspartei dasselbe, um sich im Bürgerkrieg gegen die Kommunisten zu versorgen.

Ein Aufstand der Taiwanesen am 28. 2. 1947 gegen Inflation, Korruption und Willkürherrschaft, die vom Festland über sie gekommen waren, wurde blutig niedergeschlagen: 10.000–30.000 Tote soll es bei dem Massaker gegeben haben. Die Guomindang unter Chiang Kai-shek baute ein ebenso autoritäres Besatzungsregime auf wie zuvor die Japaner: Sie herrschte mit Kriegsrecht, ließ in einer Welle des ›weißen Terrors‹ in den frühen 1950ern Tausende taiwanesische Intellektuelle inhaftieren oder erschießen und ließ keinerlei politische Opposition zu. War unter den Japanern allein Japanisch als Schul- und Mediensprache zulässig gewesen, wurde jetzt in den Schulen chinesische Sprache, Geschichte, Literatur und Geographie unterrichtet – nicht aber taiwanesische Sprache und Kultur. Die Taiwanesen, die sich gegenüber den Japanern noch als Chinesen gefühlt hatten, wurden jetzt von ebendiesen Chinesen als Bürger zweiter Klasse behandelt.

All das änderte sich erst, nachdem 1987 das Kriegsrecht aufgehoben wurde, andere Parteien zugelassen wurden und 1988 mit Lee Teng-hui erstmals ein gebürtiger Taiwanese Präsident wurde. Jetzt schwand die Vormacht der festländischen Elite und damit auch die Überzeugung, dass Taiwan schicksalhaft mit China verbunden sei. Die Forderung nach Unabhängigkeit gewann an Plausibilität, und die Taiwanesen begannen, ihre eigene Identität zu diskutieren: eine polyvalente Identität, die oszillierte zwischen der Berufung auf chinesische Wurzeln, japanischer Prägung – Lee Teng-hui selbst behauptete von sich, bis 1945 ›Japaner‹ gewesen zu sein – und der Ablehnung beider Einflüsse zugunsten eines genuin taiwanesischen Selbstverständnisses. In der gebrochenen Vielfalt der taiwanesischen Identität(en) bündeln sich dieselben Spannungen, Widersprüche und Unsicherheiten, die auch chinesische und japanische Identitäten prägen: Sie können nicht miteinander, aber sie können auch nicht ohne einander.

## Krieg

Rückblickend betrachtet, schienen Japan und China sich seit 1895, spätestens aber seit 1915 unaufhaltsam auf den Abgrund zuzubewegen: Auf die ›21 Forderungen‹ und die ›4.-Mai-Bewegung‹ folgten 1925 in China landesweite Proteste gegen japanische Unternehmen, die jene von

1919 noch übertrafen; 1928, während Chiang Kai-sheks ›Nordfeldzug‹, richteten japanische Soldaten ein Massaker in der Stadt Jinan an; 1931 besetzten japanische Truppen die Manjurei; 1932 kam es in Shanghai zu schweren Gefechten zwischen Japanern und Chinesen; und 1937 begann mit der Invasion Chinas der Zweite Weltkrieg mit seinen unfassbaren Verbrechen gegen die Menschlichkeit, die bis heute die Beziehungen zwischen beiden Ländern belasten.

Doch die Zwangsläufigkeit der Entwicklung erscheint nur in der historischen Rückschau, die alles vom Ende her betrachtet. Die Zeitgenossen dürften die Lage in den 1920er Jahren noch ganz anders beurteilt haben. Denn abseits der großen Krisen, die den Verlauf der Geschichte zu markieren scheinen, verlief ihr Alltag in beständigen, unaufgeregten Bahnen. Weiterhin studierten Chinesen in Japan, Japaner lebten friedlich in Shanghai, Harbin und anderen chinesischen Städten, zwischen Intellektuellen, Schriftstellern und Künstlern herrschte reger Austausch. Die 1920er Jahre waren eine Hochzeit sino-japanischer Kulturbeziehungen – bis die japanische Militärinvasion all das jäh beendete.

## *Ruhe vor dem Sturm*

Trotz aller politischen Zerrissenheit herrschten im China der 1920er Jahre weithin Optimismus und Aufbruchstimmung. Es war ein »Zeitalter der Offenheit« (Dikötter 2008), voller neuer Ideen und Anregungen, die sich in einer boomenden Presselandschaft und der kosmopolitischen Atmosphäre der Küstenstädte multiplizierten, eine Zeit faszinierender Experimente in Literatur, Kunst und Musik, in der Wirtschaft und Wissenschaften florierten und viele Chinesen größere Freiheiten genossen als je zuvor.

Japaner hatten, wie in den Jahren zuvor, einigen Anteil an dieser Entwicklung. Immer noch studierten weitaus mehr Chinesen in Japan als in Europa, und viele Japaner lebten in China: Sie waren als Nachbarn, Freunde oder Partner Teil dieser offenen Gesellschaft. Als sich in der

Taishō-Zeit der japanische Tourismus entwickelte, wurden die Städte und historischen Stätten Chinas zudem zu einem beliebten Reiseziel für Japaner. Die Besucher, die jetzt mit Liniendampfern nach China reisten, waren von einem anderen Schlag als die Banausen und Bürokraten, die während der *xinzheng*-Reformen ins Land gekommen waren. Unter ihnen waren auch viele japanische Künstler, Wissenschaftler und Literaten, die nicht zum Sightseeing kamen, sondern um städtische Kulturszenen kennenzulernen und ihre chinesischen Kollegen zu treffen. All diese persönlichen Kontakte, ebenso wie die politische Lage, befeuerten in China das Interesse an japanischer Kultur.

Dai Jitao, der sich seit Jahrzehnten mit Japan beschäftigt hatte, legte 1928 mit der *Abhandlung über Japan* (*Riben lun*) die umfassendste Monographie über japanische Kultur und Geschichte seit Huang Zunxians *Aufzeichnungen über Japan* (S. 275) vor. »Ich will die Chinesen dazu auffordern, sich von jetzt an eingehend mit den Japanern zu befassen«, schrieb er: damit, »wie ihr Charakter ist, wie ihr Denken ist, wie ihre Sitten und Gebräuche sind, worin die Grundlagen ihres Staates und ihrer Gesellschaft liegen und was ihre Lebensgrundlagen sind« (*Wode Riben guan*, 204). In einem konzisen Bändchen stellte er dann ebendas dar: Japans Religionen, Kaisertum, Sozialstruktur, die Meiji-Reformen, das Regierungssystem, den Militarismus und einiges mehr. In Dais Darstellung erscheint Japan als ein reinliches, sittsames, zugleich tatkräftiges und diszipliniertes Volk, von dem China lernen solle. Diese Tugenden führte Dai Jitao nicht zuletzt auf den Ethos der Krieger zurück, der zweierlei verbinde: Kampfgeist und elegante Verfeinerung. Die Japaner seien ein »schönheitsliebendes Volk«, und gerade in diesem Kunstsinn erkennt Dai eine entscheidende Stärke:

> In der gesamten Menschheit sind diejenigen Nationen, in denen die Kunst fortgeschritten und verbreitet ist, zugleich die Nationen mit der größten kulturschaffenden Kraft. … Ich fürchte, es ist eine zutreffendes Urteil, dass die japanische Nation im Allgemeinen einen feineren und reicheren Sinn für Ästhetik hat als die Chinesen. (*Riben lun*, 391 f.)

Damit traf Dai Jitao offenbar einen Nerv der Zeit. Denn in den 1920er Jahren regte sich in China allenthalben das Interesse an japanischer Kunst und schöngeistiger Literatur.

Nachdem Zhou Zuoren seinen Landsleuten schon 1918 die neue japanische Literatur zur Nachahmung empfohlen hatte, gründete eine Gruppe chinesischer Autoren – darunter Guo Moruo, Tian Han und Yu Dafu – 1921 in Japan die ›Kreative Gemeinschaft‹ (Chuangzaoshe). Ihr Programm bestand in einer subjektiv geprägten neuen Literatur, die vor allem vom Genre japanischer ›Ich-Romane‹ (*shishōsetsu*) inspiriert war. Nicht die Stringenz der Erzählung stand im Mittelpunkt der *shishōsetsu*, sondern die Widersprüchlichkeit und Zerrissenheit des Subjekts: Die Sorgen und Trivialitäten des Alltags, Liebe und Sexualität, die Pathologien des modernen Menschen sind die Themen dieser Erzählungen. Den chinesischen Intellektuellen in Japan, die in ihrer Entwurzelung die Krisenhaftigkeit der Moderne unmittelbar erlebten, bot diese Literatur eine aufregend neue Ausdrucksform. So wurden Tian Han, Guo Moruo, Zhou Zuoren, Yu Dafu und andere zu Pionieren einer neuen chinesischen Literatur, die ihrerseits die japanische ›kreativ imitierte‹. Sie übersetzten japanische Dramen und Romane ins Chinesische und schufen selbst spektakulär moderne Werke. Yu Dafu etwa beschrieb in einer Sammlung von Kurzgeschichten, *Chenlun* (1921), die bezeichnenderweise in Japan entstand, »die Depressionen der modernen Jugend«, ihre sexuellen Frustrationen, die Demütigungen, die chinesische Studenten in Japan erfuhren, ihre Träume und Enttäuschungen. Kurz, er beschrieb den modernen Menschen: Das Buch wurde in China zu einer literarischen Sensation. Fast zeitgleich publizierte Lu Xun *Die wahre Geschichte des Ah Q* (*Ah Q zhengzhuan*), eine schonungslose Abrechnung mit dem chinesischen ›Nationalcharakter‹: Auch Lu Xun, der durch seine japanische Erfahrung überhaupt erst zum Schriftsteller geworden war (S. 310), sublimierte die Erniedrigung durch Japaner zu einem Meisterwerk der modernen chinesischen Literatur. Xu Zhimo schließlich fasste die schmerzliche Mischung aus Beschämung und Bewunderung, die chinesische Literaten in Japan empfanden, in seinem »Abschied von Japan« in Verse:

Ich schäme mich des edlen alten Lands, aus dem ich stamme,
Ich schäme mich des Bluts der Ahnen, das in meinen Adern fließt,
Ich schäme mich der Flut des Jangtse, die so trüb heut strömt,
Ich schäme mich – im Angesicht des strahlend klaren Fuji-san.

Die alte Kraft der Tang-Zeit umfängt mich oft in meinen Träumen,
Der Mondschein vom Luoyang, der Sonnenglanz vom Chang'an jener Zeit,
Die Affenschreie Sichuans, der Wellenschlag der Jangtse-Schluchten einst,
Und dann das Klagen einer Laute, am Fluss in tiefer Nacht!

Doch tausend Jahre Starre und tausend Jahre Stumpfsinn
Ließen keine Spur von Chinas Pracht und Würde.
Woher nur kam der Sturm, der dieses Lebens Kunst zerstörte?
Die Ebene der Mitte ist voller bleicher Knochen – wie sollt' ich nicht [verzweifeln?!

…

Darum beneide ich dies' Inselvolk, das so wie einst die alten Bräuche pflegt,
Wo auf dem Land die schlichte Schönheit, die alte Reinheit würdevoll erscheint.
Ich bete für das Aufblüh'n meines Landes, doch hoffe ich zugleich –
Dass der Morgentau im Osten ewig Fusangs Pracht bewahre und das prächtige [Fusang.

(*Liubie Riben*, 1924)

Die 1920er Jahre wurden zu einer goldenen Zeit der literarischen Beziehungen zwischen China und Japan. Einige namhafte japanische Autoren kamen damals nach China, trafen sich mit chinesischen Kollegen und wurden bisweilen wie Helden empfangen: 1921 reiste der Journalist und Schriftsteller Akutagawa Ryūnosuke durch die großen Städte Chinas, traf sich mit Zhang Binglin und anderen Kollegen und berichtete seinen Landsleuten mit großer Anteilnahme von der eleganten Urbanität Pekings, aber auch vom Schmutz und Elend Shanghais. Muramatsu Shōfu verbrachte mehrere Jahre in Shanghai und setzte der Stadt mit seinem Roman *Dämonenhauptstadt* (*Mato*, 1924) ein literarisches Denkmal. Linke Schriftsteller aus China und Japan kamen im

Shanghaier Café Gongfei zusammen, und vor allem der Buchladen von Uchiyama Kanzō in Hongkou, der sich auf japanische Bücher spezialisiert hatte, wurde zu einem regelrechten ›sino-japanischen Kultursalon‹: Literaten wie Guo Moruo, Tian Han, Yu Dafu und viele andere stöberten regelmäßig in seinen Regalen oder tranken im Tatami-Zimmer des Obergeschosses Tee mit japanischen Kollegen. Lu Xun kam jahrelang fast täglich in den Buchladen: Er kaufte dort rund 1000 Bücher, traf sich mit Dutzenden japanischen Intellektuellen und schloss mit Uchiyama Kanzō eine der bemerkenswertesten sino-japanischen Freundschaften des 20. Jahrhunderts.[6] Tanizaki Jun'ichirō, dessen verstörend-erotische Erzählungen ihn in Japan berühmt gemacht hatten, wurde 1926 im Uchiyama-Buchladen begeistert empfangen. Bei dem rauschenden Fest, das Tian Han, Guo Moruo und andere ihm zu Ehren veranstalteten, zeigte er sich beeindruckt von der »neuen künstlerischen Bewegung, die in China aufblüht«, und der »Atmosphäre echter, entschlossener Freiheit« (Fogel 1996, 264 f.), die er dort erlebte. Diese Atmosphäre hielt sich in der Kulturszene bis in die 1930er Jahre, als der japanische Militarismus bereits lange Schatten über die politischen Beziehungen warf: Noch 1933 schrieb Lu Xun, die einfachen Menschen Chinas und Japans seien sich so nahe wie Brüder, und nur die arglistige Bourgeoisie trenne sie voneinander; und 1937, im Jahr der Invasion in China, erschien eine japanische Gesamtausgabe von Lu Xuns Werken (*Dai Ro Jin zenshū*), die Uchiyama Kanzō in die Wege geleitet hatte.

Ähnlich eng waren die sino-japanischen Verbindungen auf dem Gebiet der Malerei. Viele aufstrebende chinesische Künstler studierten in den 1910er und 20er Jahren an japanischen Kunsthochschulen, wo sie sowohl die alte Tradition der *yamato-e* kennenlernten als auch die modernen, von westlichen Maltechniken beeinflussten *nihonga* – und dabei eine neue Perspektive auf die chinesische Malerei gewannen. Diese ›Japonisierung‹ der chinesischen Malerei führte wiederum dazu, dass Gemälde chinesischer Meister in Japan äußerst begehrt wurden. Wu Changshuo etwa, ein Maler der Shanghai-Schule und Schüler Ren Bonians (S. 286), produzierte einen großen Teil seines Werkes für den japanischen Markt – sein expressiver, farbkräftiger Stil schien speziell dem japanischen Geschmack angepasst – und erzielte dort hohe Preise. Andere Maler, wie Chen Shizeng, der sieben Jahre in Japan studiert hatte, und Qi Baishi, der einer der erfolgreichsten chinesischen Maler des 20. Jahrhunderts werden sollte, waren deutlich beeinflusst von Wu Changshuos Stil – und feierten ihre ersten Erfolge bei Ausstellungen in Japan.[7] Damit vollzog die sino-japanische Kunstgeschichte eine weitere Wendung: Nachdem im 18. Jahrhundert die chinesische Nanhua-Malerei japanische Maler in Nagasaki inspiriert hatte, beeinflussten diese ihrerseits im 19. Jahrhundert die Shanghai-Schule, die jetzt wiederum auf Japan zurückwirkte.

Und der Zyklus setzte sich fort: denn jetzt zog es immer mehr japanische Sammler und Künstler nach China. Die Shanghaier Wohnung des Malers und Unternehmers Wang Yiting wurde zu einem regelrechten Salon für japanische Künstler, die in den 1920er Jahren nach China kamen. Bei diesen Treffen wurden Bilder gemalt, ausgetauscht und bewundert; Wang gab große Bankette für japanische Künstler, organisierte Ausstellungen, stellte seine eigenen Werke in Japan aus und brachte immer neue japanische Kunst nach China. Besonderen Anklang fanden auch japanische Graphiken, speziell das Genre der *manga*, als dessen größten Meister Chen Shizeng Hokusai ausmachte. Japanische *manga* inspirierten nicht nur die Comics des Karikaturisten Feng Zikai, sondern auch viele Propagandadrucke der Warlord-Zeit: Die Technik und der Begriff (chin. *manhua*) wurden direkt aus Japan übernommen. Weitere prominente Beispiele für die Bedeutung Japans in der modernen chinesischen Malerei sind die Arbeiten Fu Baoshis, der in Tōkyō Kunst studierte, und Zhang Daqians, der Japan mehrfach besuchte. Sie und andere Künstler waren maßgeblich für die Entwicklung moderner ›nationaler Malerei‹ in China. Doch wesentliche Inspiration erhielten sie ausgerechnet von der ›japanischen Malerei‹ (*nihonga*): Auch in Ostasien ist gute Kunst nie ›national‹, sie ist immer Weltkunst.

Die Kunst*geschichte* kam in den 1920er Jahren ebenso aus Japan nach China, eine Disziplin, die dort von Nakamura Fusetsu und anderen etabliert worden war. 1925 und 1926 publizierten sowohl Chen Shizeng als auch Pan Tianshou eine chronologisch angelegte *Geschichte der chi-*

*nesischen Malerei* (*Zhongguo huihua shi*) nach japanischem Vorbild, und Teng Gu legte 1926 eine *Kleine Geschichte der chinesischen Kunst* (*Zhongguo meishu xiaoshi*) vor, die er in Japan vorbereitet hatte. Darin unterscheidet er folgende Epochen: (1) Vorgeschichte (bis Han), (2) Zeit des Austauschs (Han und Sechs Dynastien), (3) Blütezeit (Tang und Song) sowie (4) Niedergang (Yuan bis Qing). Es ist frappierend, wie exakt diese Einteilung der japanischen Wahrnehmung chinesischer Kulturgeschichte entspricht: Auch die Japaner empfanden die Periode der Sechs Dynastien als ›Zeit des Austauschs‹, sahen die Tang- und Songzeit als Blütezeit chinesischer Kultur und beschrieben die Jahrhunderte seit den Mongolen als Zeit des Niedergangs, in der China den ›rechten Weg‹ verloren habe. »Von der Yuan bis zur Qing wurde der Kunstsinn der Maler immer flacher und enger«, schrieb Teng Gu, »in dieser Zeit des Niedergangs geriet der einzigartige Geist unserer Nation in Vergessenheit« (Shen 2012, 232). Doch er ließ es nicht bei der kulturpessimistischen Klage bewenden; Tengs Clou ist, dass die moderne chinesische Kunst diesen ›einzigartigen Geist‹ wiedererwecken könne, ja müsse. Die Moderne ist das Problem, für das die Moderne die Lösung ist: Auch diese Paradoxie hatten chinesische Künstler von Japan gelernt.

Die Beispiele der Literatur und Malerei zeigen, wie problematisch es ist, von ›den‹ sino-japanischen Beziehungen zu sprechen, als handle es sich um ein sozial flächendeckendes Phänomen. Schon früher hatten Mönche und Händler ihre Reisen unbeeindruckt von militärischen Konflikten fortgesetzt; unter den Bedingungen funktionaler Differenzierung, wie sie die Moderne kennzeichnen, folgen die eigenständig agierenden Teilbereiche der Gesellschaft noch weniger einer gemeinsamen Tendenz. Diese Differenzierung hat Zhou Zuoren, dieser scharfe Beobachter japanischer Kultur, schon 1927 in einem Essay über die »Abwehr Japans« treffend beschrieben:

> Es gibt kein Land der Welt, dem China sich freundlicher verbunden fühlen sollte als Japan, doch es gibt auch kein Land, dem sich China entschlossener widersetzen sollte. Egal, ob man die Kultur der Vergangenheit studieren oder moderne Kunst schaffen will: China kann Japan nicht vernachlässigen, denn

> der Austausch von über tausend Jahren hat auf kultureller Ebene eine unlösbare Verbindung geschaffen. Jeder, der Chinas Geschichte, Kultur, Literatur oder Kunst studiert und dabei die Situation in Japan ignoriert, wird auch Chinas Gegebenheiten nicht recht verstehen. … Aber das gilt nur für die Gelehrsamkeit und Kunst: Dort ist freundliche Verbundenheit selbstverständlich, ja sogar notwendig. Doch aus einer anderen Perspektive betrachtet, ist um Chinas Zukunft willen Widerstand gegen Japan absolut selbstverständlich und notwendig. Das undemokratische Japan, in dem Militärs, Reiche und Mächtige die Regierung führen, wird für China immer eine Bedrohung und Gefahr sein.
>
> (»Pai-Ri pingyi«, *Tanhu ji*, 322)

Zhou Zuoren, der jahrelang auf Beschäftigung und »freundliche Verbundenheit« mit Japan gedrungen hatte, sollte auch mit seiner Prophezeiung von »Bedrohung und Gefahr« recht behalten.

## *Vorboten des Unheils*

Am 12. März 1925 starb Sun Yat-sen, ›Vater‹ der Republik China, Vorsitzender der Nationalen Volkspartei und die politische Integrationsfigur seiner Zeit. Sun war es nicht nur gelungen, die Kommunisten mit der Guomindang zu vereinen, er hatte auch stets enge Beziehungen zu Japan gewahrt. Mit seinem Tod begannen beide Bindungen sich zu lösen. Sowohl in China als auch in Japan gaben zunehmend Militärs den Ton an: Suns Nachfolger in der GMD wurde nicht sein politischer Stellvertreter Wang Jingwei, sondern der General Chiang Kai-shek, und Japan bewegte sich nach dem Mord an Premierminister Hara Takashi und versuchten Staatsstreichen von Nationalisten immer weiter auf ein Militärregime zu. Die Zeichen standen auf Konflikt.

Zu ersten Ausbrüchen von Gewalt kam es in Shanghai. Die betriebsame Hafenstadt, welche die Japaner von der *Senzai-maru* kennengelernt hatten, war in den 1920ern zu einer Metropole von 2,5 Millionen Einwohnern geworden, dominiert von internationalen Firmen und Industrien. Allein in den japanischen Textilfabriken arbeiteten

60.000 Männer, Frauen und Kinder: ein Industrieproletariet, das seinen Hungerlohn unter elenden Arbeitsbedingungen erwarb. Shanghai, das ›Paris des Ostens‹, galt vielen eher als ›Dämonenhauptstadt‹, wie der japanische Schriftsteller Muramatsu Shōfu es genannt hat: als Symbol des Bösen, des Verbrechens und der imperialistischen Ausbeutung.

Die Ressentiments gegen ausländische Kapitalisten entluden sich, nachdem im Mai 1925 ein chinesischer Arbeiter bei einem Streik von den Wächtern einer japanischen Textilfabrik erschossen wurde. Als am 30. Mai mehr als 2000 chinesische Studenten und Arbeiter gegen diese Gewalttat demonstrierten, schossen britische Truppen in die Menge und töteten 12 Demonstranten. Daraufhin explodierte der Volkszorn: Hundertausende protestierten in Shanghai und 28 weiteren Städten, landesweite Streiks und ein Boykott britischer und japanischer Waren legten die Wirtschaft lahm.

Abermals bekamen Japaner den nationalen Furor der Chinesen zu spüren. Allerdings war dieser auch vielen Chinesen nicht geheuer. Die Streikbewegung hatte die Kommunisten und den linken Flügel der GMD gestärkt, und jetzt holte der rechte Flügel unter Chiang Kai-shek zum Gegenschlag aus. Chiang mobilisierte seine Truppen, um von Kanton aus in einem ›Nordfeldzug‹ das zersplitterte Land zu einen – und dabei die Kommunisten auszuschalten. In Shanghai gingen sie weitaus brutaler gegen Gewerkschafter und Kommunisten vor, als Engländer und Japaner es getan hatten: Sie mähten Demonstranten mit Maschinengewehren nieder, beschossen Stellungen der KPCh mit Artillerie und ermordeten in einem monatelangen ›weißen Terror‹ Zehntausende Menschen.

Der Nordfeldzug ging weiter, doch als Chiangs Truppen nach Shandong kamen, trafen sie auf einen anderen Gegner. Die Japaner, die Shandong als ihre Einflusssphäre betrachteten, hatten zum Schutz der 2000 japanischen Einwohner von Jinan mehrere Tausend Soldaten in die Stadt geschickt – eine offenkundige Missachtung der staatlichen Souveränität Chinas. Trotz gegenseitiger Versicherungen, dass man den Frieden wahren wolle, kam es dort 1928 zu Scharmützeln mit den

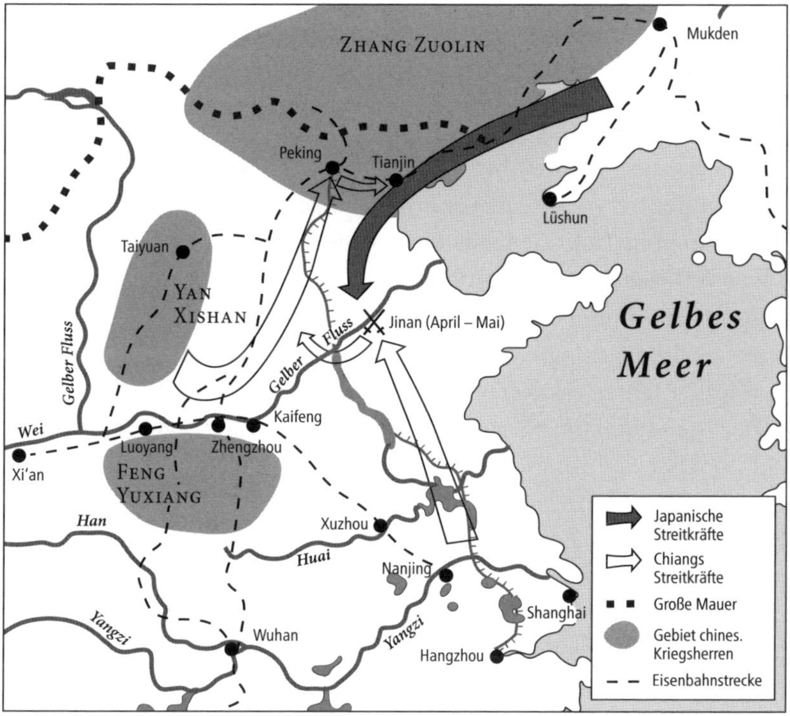


Der 2. Teil von Chiang Kai-sheks Nordfeldzug, 1928

GMD-Truppen, die schnell in heftige Gefechte ausarteten: Tausende chinesische Soldaten und Zivilisten fanden dabei den Tod, die Stadt selbst erlitt schwere Zerstörungen. Mit der Schlacht von Jinan war auch das gute Verhältnis der GMD zu Japan, das Sun Yat-sen gepflegt hatte, zerbrochen. Einmal mehr, so musste es den Zeitgenossen erscheinen, war Japan auf chinesischem Boden ebenso anmaßend und aggressiv aufgetreten wie die Westmächte.

Es sollte nicht das letzte Mal sein, dass japanische Militärs eigenmächtig Konflikte provozierten. Trotz der zunehmenden Bedeutung von Parteien in der japanischen Politik war die Macht des alten Adels noch ungebrochen. In der Shōwa-Zeit, als die Weltwirtschaftskrise Japan zermürbte und japanische Regierungen immer instabiler wurden – zwischen 1929 und 1945 wechselten die Premierminister 16mal –, gewannen nationalistische Kräfte und Militärs an Einfluss. Sie betrieben eine regelrechte ›Regierung durch Mordanschläge‹ (Byas 1942): Nachdem ein Nationalist Premierminister Hamaguchi Osachi erschossen und Marineoffiziere 1932 Premierminister Inukai Tsuyoshi ermordet hatten, bestimmten de facto Generäle die japanische Politik. Die Regierung in Tōkyō verlor in diesen Jahren zunehmend die Kontrolle über japanische Truppen im In- und Ausland. Es war denn auch weniger politische Strategie als die Eigenlogik des Militärs, welche die Situation in China in den 1930er Jahren eskalieren ließ.

Der Brennpunkt des Konflikts, zugleich die Schnittstelle japanischer, chinesischer und russischer Interessen, war die Manjurei, die alte Heimat der Qing-Herrscher. Schon bald nach der Revolution hatte der Kriegsherr Zhang Zuolin die Manjurei unter seine Kontrolle gebracht, im Norden lauerten die Russen, und im Süden hatten die Japaner seit dem Krieg gegen Russland wichtige Gebiete unter ihrer Kontrolle (S. 335). Die Manjurei lieferte Japan Ressourcen für seine Industrie und mit ihrer Fläche von über einer Million $km^2$ ›Lebensraum‹ für seine stetig wachsende Bevölkerung. Die Südmanjurische Eisenbahn AG, die ganz wie eine Kolonialverwaltung agierte, hatte ihr wirtschaftliches Engagement seit zwei Jahrzehnten kontinuierlich ausgebaut: »Unsere Gesamtinvestitionen in Eisenbahn, Schiffsverkehr, Bergbau, Forstwirtschaft, Stahlproduktion, Landwirtschaft und Viehzucht … belaufen sich auf nicht weniger als 440 Millionen Yen«, soll Premierminister Tanaka Giichi, ein alter General, dem Kaiser 1927 gemeldet haben. Dies sei »die größte Investition und die stärkste Organisation unseres Landes.« Doch eben diese Organisation sah Tanaka jetzt in Gefahr: 1922 hatten die Westmächte im Neun-Mächte-Vertrag die territoriale Integrität Chinas festgeschrieben und japanische Interessen in China zurückgewiesen; zudem kämen die Chinesen »wie eine Flut« in die Manjurei: »Jährlich ziehen Horden von mehreren Millionen in die drei östlichen Provinzen«, die Japans »erworbene Rechte« beeinträchtigten. Kurzum, »die Existenz unseres Landes ist gefährdet«:

> Japan wird die Schwierigkeiten in Ostasien nur durch eine Blut-und-Eisen-Politik beseitigen können. … Wenn wir zukünftig China kontrollieren wollen, müssen wir erst die USA besiegen, so wie wir einst den Krieg gegen Russland führen mussten. Um aber China zu erobern, müssen wir erst die Manjurei und die Mongolei erobern. Und um die Welt zu erobern, müssen wir erst China erobern. Wenn es uns gelingt, China zu erobern, werden der Rest der asiatischen Länder sowie die Länder im Südchinesischen Meer uns fürchten und sich uns unterwerfen. Dann wird die Welt merken, dass Ostasien uns gehört, und nicht wagen, unsere Rechte zu verletzen. Das ist der Plan, den der Meiji-Kaiser uns vererbt hat, und von dessen Erfolg unsere nationale Existenz abhängt.
>
> (Zit. nach: Schurmann/Schell 1967–68, Bd. 2, 180–185)

Auch wenn das ›Tanaka-Memorandum‹ und der Plan, »die Welt zu erobern«, wahrscheinlich eine Fälschung der chinesischen Propaganda sind – der Text fügt sich in einen Diskurs, der auf Yoshida Shōin und andere Patrioten der Edo-Zeit zurückgeht (S. 272), und nimmt die japanischen Aggressionen der nächsten Jahre treffend vorweg. Doch selbst der *hardliner* Tanaka war überrumpelt, als Offiziere der Guandong-Armee, die in der südlichen Manjurei stationiert war, die »Blut-und-Eisen-Politik« auf ihre Weise in die Tat umsetzten. Durch die russische Militärpräsenz in Sibirien sowie den Nordfeldzug Chiang Kai-sheks, der zudem von den Russen unterstützt wurde, sahen sie ihre Position akut gefährdet. Sie reagierten 1928 mit einem tödlichen Anschlag auf den lästigen General Zhang Zuolin, in der Hoffnung, daraufhin die ganze Manjurei besetzen zu können. Doch der Plan ging nicht auf, da Zhang Zuolins Sohn und Nachfolger, Zhang Xueliang, sich mit der GMD verbündete, um Japan Widerstand zu leisten.

Daraufhin machten die Militärs den nächsten Schritt. Am 18. September 1931 explodierte eine Sprengladung – von japanischen Soldaten gelegt – bei Mukden (heute Shenyang), nahe einer Linie der Südmanjurischen Eisenbahn. Die Guandong-Armee nahm den fingierten Anschlag als Vorwand, um die Manjurei – ohne Anweisung aus Tōkyō – vollends militärisch zu besetzen: Mukden wurde widerstandslos genommen, in den nächsten Monaten folgten Changchun, Jinzhou, Harbin und die übrigen Städte der Manjurei. Binnen weniger Monate wuchs die japanische Truppenstärke in der Manjurei von 10.000 auf über 100.000 an: Die Militärs übernahmen die Regierung. Chiang Kai-shek hielt seine Truppen zurück, auch die Westmächte verstanden sich nicht dazu, gegen diesen offenkundigen Bruch des Völkerrechts vorzugehen, und selbst die Sowjets waren zu sehr mit inneren Angelegenheiten beschäftigt, um zu intervenieren. Sie verhinderten auch nicht, dass die Japaner den Krieg bis nach Shanghai trugen.

Nach dem ›Mukden-Zwischenfall‹ war es in Shanghai zu Protesten gegen die japanische Invasion und einem Boykott japanischer Produkte gekommen. Am 18. Januar 1932 schlugen Chinesen eine Gruppe japanischer Mönche zusammen, woraufhin die japanische Bürgerwehr zwei chinesische Fabriken anzündete und einen Polizisten tötete. Das japanische Militär, das eine Flotte sowie mehrere Tausend Soldaten vor Shanghai stationiert hatte, nutzte die Ausschreitungen als Vorwand für massive Vergeltung: Japanische Truppen marschierten in die Stadt ein, woraufhin eine regelrechte Schlacht um Shanghai begann. Die 19. Armee der Nationalisten – in ihrem Kommandostab war auch Jiang Baili, der sich den Kriegergeist in Japan angeeignet hatte (S. 345) – empfing die Japaner mit Panzerwagen und Geschützen und verwickelte sie in heftige Straßenkämpfe. Daraufhin begannen die Japaner am 29. Januar einen Artillerie- und Luftangriff auf Zhabei, den ›chinesischen‹ Bezirk Shanghais, bei dem Tausende Zivilisten getötet wurden: das »erste Terror-Bombardement einer Zivilbevölkerung in einer Ära, die damit wohlvertraut werden sollte« (B. Tuchmann). Die Japaner verstärkten ihre Truppen weiter, bis schließlich 40.000 Soldaten, 100 Flugzeuge und 90 Panzer, unterstützt durch die Kampfschiffe vor Shanghai, im Einsatz waren. Diese geballte Kriegsmacht zwang die chinesischen Truppen nach drei Monaten zur Kapitulation. Auf beiden Seiten waren mehrere Tausend Soldaten tot oder verwundet, in der Stadt waren vermutlich mehr als 10.000 Zivilisten getötet worden. Vor den Augen der Westmächte, die unbeteiligt in ihren Konzessionsgebieten verharrten, hatte die japanische Armee eine chinesische Großstadt mit Krieg überzogen.

Doch nicht Shanghai, sondern die Manjurei war das taktische Ziel der Japaner. Nachdem sie mit Aplomb verkündet hatten, dass sie den Manjuren und Mongolen geholfen hätten, Gesetzlosigkeit und Chaos zu überwinden und sie zur lang ersehnten Unabhängigkeit geführt hätten, erging am 1. März 1932 folgende Proklamation:

> Die Manjurei und die Mongolei waren in früheren Zeiten ein eigenständiger Staat. Die gegenwärtigen Umstände versetzen uns in die Lage, unsere Unabhängigkeit anzustreben. Aufgrund des Willens von 30 Millionen Menschen verkünden wir heute, dass wir die Verbindungen zur Republik China lösen und den manjurischen Staat gründen.
>
> (*Manshūkoku kenkoku sengen*)

Ein Husarenstück des japanischen Imperialismus: Statt die Manjurei als Kolonie zu kassieren, gründeten sie einen ›manjurischen Staat‹ (Manzhouguo/Manshūkoku) – und stellten es so dar, als sei das der Wille des Volkes, mehr noch: der Wille des Himmels. Denn die Japaner lieferten in der Gründungserklärung von Manzhouguo gleich eine gepflegte Legitimation ihrer Politik:

> Wir halten dafür, dass die Regierung im Rechten Weg begründet ist und dass der Rechte Weg im Himmel begründet ist. Der neue Staat ist auf dem einen Prinzip gegründet, dem Himmel zu folgen und das Volk zu befrieden. Die Regierung wird stets dem wahren und richtigen Willen des Volkes folgen … Unter den Einwohnern des neuen Staatsgebiets wird es keine Diskriminierung oder Rangunterschiede zwischen den Rassen geben: Außer den ursprünglich ansässigen Han-Chinesen, Manjuren, Mongolen, Japanern und Koreanern werden auch die Angehörigen anderer Länder, die sich hier niederlassen wollen, Behandlung als Gleichrangige erfahren. … [Der Staat] wird die Gesetze verbessern, lokale Autonomie durchsetzen, weithin talentierte Männer rekrutieren und Tüchtige befördern, Gewerbe unterstützen, die Finanzen vereinheitlichen, Bodenschätze erschließen, den Lebensunterhalt bewahren, den Polizeiapparat regulieren und das Banditentum ausmerzen. Er wird die Erziehung weiter fördern und verbreiten, wobei vor allem die Ritenlehre gewürdigt werden soll. Indem er die

> Prinzipien des Königlichen Weges praktiziert, werden alle, die im Staatsgebiet eine Nation bilden, glücklich und zufrieden, sie werden zu Wohlstand aufsteigen, die Ehre Ostasiens auf ewig hochhalten und der Welt ein Vorbild guter Regierung sein. (*Manshūkoku kenkoku sengen*)

Die Japaner versprachen mit Manzhouguo ein Paradies auf Erden, und zwar ein *konfuzianisches*: »im Rechten Weg begründet«, vom Himmel geleitet und der »Ritenlehre« ebenso verpflichtet wie den »Prinzipien des Königlichen Weges«. Der Clou dieser Legitimation war, dass die Japaner sich von der Republik China absetzten, indem sie sich auf *chinesische* Traditionen beriefen, die von der Guomindang und der KP Chinas verraten worden seien. Sowohl Nationalismus als auch Kommunismus – Lehren, welche die hierarchische Gesellschaftsordnung in Frage stellen – seien üble Dekadenzerscheinungen, von denen der »neue Staat« sich positiv abheben sollte: Nicht moderne Freiheiten sollten seine Gesellschaft prägen, sondern rituelle Ordnung; nicht das Volk – oder gar das Proletariat – sollte der Souverän sein, sondern der Himmel; nicht eine Republik sollte Manzhouguo sein, sondern ein Kaiserreich. Mit diesem Versprechen gewannen die Japaner prominente chinesische Mitstreiter, die vom ›neuen China‹ enttäuscht waren und die alte Ordnung zurücksehnten: darunter den ehemaligen Qing-Minister Chen Baochen, den Philologen Luo Zhenyu sowie Zheng Xiaoxu, ebenfalls einst hoher Beamter unter den Qing. Der größte Coup aber war, dass die Japaner den letzten Kaiser der Qing-Dynastie, Aisin Gioro Puyi, persönlich für ihre Pläne gewannen. Sie hatten ihn mit dem Versprechen, über seine Heimat herrschen zu dürfen, aus Peking geschmuggelt und als Staatsoberhaupt von Manzhouguo installiert. In seiner Regierungserklärung vom 9. März verkündete er:

> Wir gründen unseren Staat vor allem auf Moral und Menschenliebe. Durch die Abschaffung von Rassismus und zwischenstaatlichem Zwist werden der Königliche Weg und das Land der Glückseligen Realität werden. Ihr Menschen meines Staates, lasst uns gemeinsam danach streben!
> (*Shisei sengen*, zit nach Smith 1973, 188)

Auch Puyi stimmte in den konfuzianischen Kanon ein, den die Japaner angestimmt hatten. Schon 1932 wurden in Manzhouguo alle alten Schulbücher abgeschafft und durch die *Vier Bücher* und *Fünf kanonischen Schriften* ersetzt, ein ›Konfuzianischer Verband‹ zur Förderung der Moral gegründet, traditionelle Riten im Konfuzius-Tempel wiederbelebt, und 1934 wurde Puyi zum Kaiser erklärt. Ironie der Geschichte: Nachdem China 2000 Jahre lang ein Imperium auf konfuzianische Morallehren gegründet hatte, wurde es jetzt selbst im Namen dieser Lehren imperialistisch vereinnahmt.[8]

Die Japaner konnten ihren Marionettenstaat ungestört ausbauen: mit eigener Flagge, Hymne, Währung, einer ›neuen Hauptstadt‹ (Xinjing/Shinkyō) in Changchun und sogar einigen diplomatischen Vertretungen (u. a. erkannten Deutschland, Italien und die Sowjetunion Manzhouguo an). Der Völkerbund verweigerte zwar die Anerkennung, woraufhin Japan 1933 aus diesem austrat, aber die Westmächte machten keine Anstalten, China bei der Rückgewinnung der Manjurei zu unterstützen. Chiang Kai-shek leistete den Japanern keinen Widerstand, auch Zhang Xueliang musste sich zurückziehen, andere Truppen unterwarfen sich. Nur kommunistische Einheiten zettelten, unterstützt von Stalin, immer wieder Aufstände an, welche die Japaner blutig niederschlugen: Rund 66.000 Menschen massakrierten sie zwischen 1932 und 1940, radierten ganz Dörfer aus und siedelten 5,5 Millionen Landbewohner zwangsweise in Dörfer um, die wie Arbeitslager bewacht und organisiert waren.

Für Widerständler und Kommunisten war Manzhouguo keineswegs ein »Land der Glückseligen«: Zheng Xiaoxu bezeichnete den Kommunismus als größte Bedrohung und »Hauptfeind« von Manzhouguo. Damit lag er auf einer Linie mit Chiang Kai-shek. Denn auch der hatte in Nanjing den Konfuzianismus zu alten Ehren kommen lassen – die *Vier Bücher* wurden wieder zur Pflichtlektüre, Konfuzius' Geburtstag sogar zum Staatsfeiertag – und gleichzeitig die Kommunisten zu Erzfeinden erklärt. Nicht in den Japanern erkannte Chiang die größte Bedrohung für die Republik China, sondern in der KP Chinas: Während jene nur eine Hautkrankheit seien, greife diese die inneren Organe des Staates an. Noch immer betrachteten chinesische Politiker nicht die Japaner, sondern sich gegenseitig als die ärgsten Feinde. Statt die Verteidigung im Norden zu festigen, begann Chiang Kai-shek 1933 mit einer Million Soldaten einen großen Feldzug gegen die Kommunisten, die sich im südchinesischen Jiangxi verschanzt hatten. Er führte einen zähen Belagerungskrieg, bis einer Truppe von 80.000 Kommunisten 1934 der Ausbruch gelang: Im legendären ›langen Marsch‹ schlugen sie sich, stets verfolgt von den GMD-Truppen, ein Jahr lang durch China, bis sie schließlich Yan'an, im Nordchinesischen Lößplateau, erreichten. Erst ein Putsch von Chiang Kai-sheks General Zhang Xueliang beendete diesen Feldzug. Zhang, dem die Japaner Vater und Land genommen hatten, nahm Chiang 1936 gefangen und forderte ihn auf, mit den Kommunisten gegen die Japaner zu kämpfen. Mehr als zwei Jahre lang hatten die Chinesen die Waffen gegen sich selbst gerichtet, während sich in der Manjurei die größte Katastrophe der ostasiatischen Geschichte anbahnte.

## *Die Invasion*

Das dunkelste Kapitel der sino-japanischen Beziehungen begann am 7. Juli 1937. Nachdem die Japaner ein Scharmützel an der ›Marco-Polo-Brücke‹ bei Peking provoziert hatten, griffen sie China mit ihrer ganzen Streitmacht an: Dieser Überfall markierte den Beginn des Zweiten Weltkriegs in Ostasien. Peking ergab sich schnell, kurz darauf auch Tianjin. Damit waren die wichtigen Bahnstrecken Peking-Wuhan und Tianjin-Shanghai unter japanischer Kontrolle, und der Vormarsch nach Süden war nicht mehr aufzuhalten. Jetzt schienen sich die Träume Hideyoshis, Yoshida Shōins und Fukuzawa Yukichis zu erfüllen: Japan eroberte China.

Obwohl sich Chiang Kai-shek auf eine zweite ›Einheitsfront‹ mit den Kommunisten gegen die Japaner eingelassen hatte und zudem Unterstützung von regionalen Kriegsherren erhielt, waren die chinesischen Truppen den Angreifern in keiner Hinsicht ebenbürtig. Die

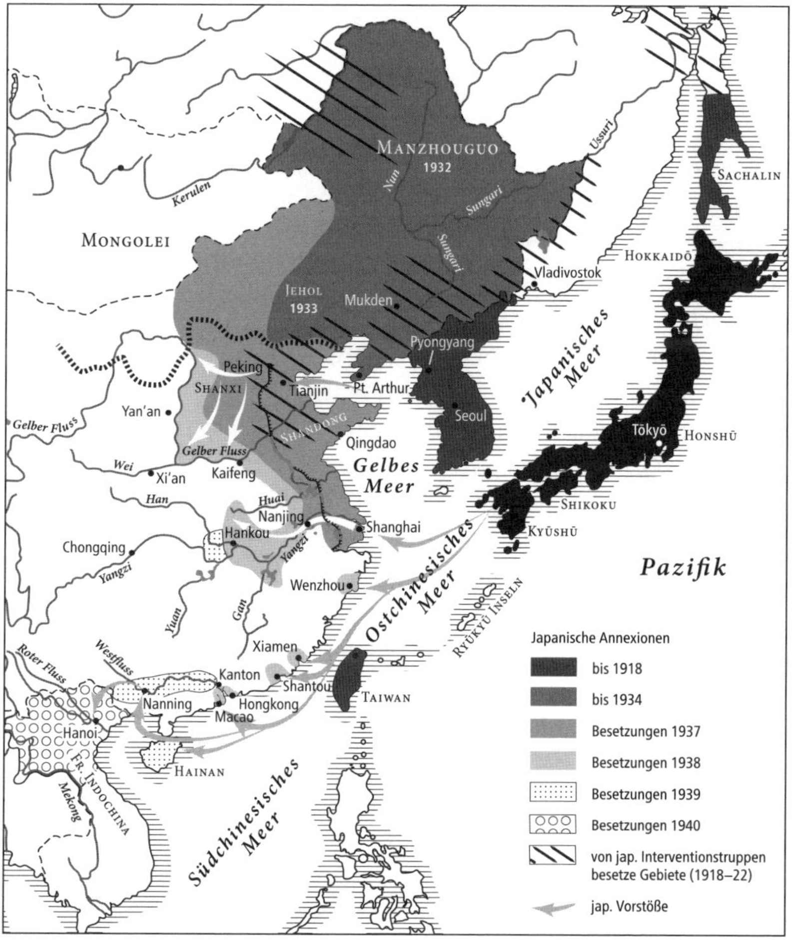


Die Expansion Japans in Asien, 1895–1945

japanischen Soldaten und Offiziere waren besser ausgebildet und bewaffnet, ihre Panzertruppen waren den chinesischen weit überlegen, sie besaßen fast vollständige Lufthoheit und wurden von der drittgrößten Marine der Welt unterstützt. Die Schlacht um Shanghai, wo Chiang einen Großteil seiner Armee konzentriert hatte, machte die Kräfteverhältnisse schnell klar: In den drei Monaten von August bis

November 1937 fielen zwei Drittel der chinesischen Soldaten, darunter 10.000 Offiziere, Shanghai lag – bis auf die ausländischen Konzessionen – in Ruinen. Doch die Chinesen waren nicht geschlagen. Chiang Kai-shek weigerte sich zu kapitulieren, und die Japaner hatten selbst mehr als 10.000 Soldaten verloren. Auch das machte die Schlacht um Shanghai klar: Es würde nicht der kurze, leichte Krieg werden, den die Japaner sich erhofft hatten. Es wurde ein langer, dreckiger, barbarischer Krieg.

Shanghai erobert, war der Weg nach Nanjing frei. Schon auf dem Marsch in die rund 300 km landeinwärts gelegene Hauptstadt der Republik China hinterließen die japanischen Truppen verbrannte Erde. Unzureichend auf den Winter vorbereitet, plünderten und brandschatzten sie die Orte auf ihrem Weg, massakrierten Hunderte von Dorfbewohnern und vergewaltigten die Frauen: ein Vorgeschmack auf das, was folgen sollte. Erst bombardierten die Japaner Nanjing massiv, und als sie die Stadt am 13. Dezember 1937 eingenommen hatten – Chiang Kai-shek hatte den Regierungsapparat sowie fast alle Truppen aus der Stadt abgezogen –, zogen sie plündernd durch die Straßen »und führten sich in einer Weise auf, gerade den Ärmsten und Unschuldigsten gegenüber, wie es niemand für möglich gehalten hätte.«

> Sie haben den Flüchtlingen, den Ärmsten der Armen, den Reis weggenommen, alle greifbaren Vorräte, die Wolldecken zum Schlafen, Kleidung, Uhren, Armbänder, kurz alles, was irgend mitnehmenswert schien. Wer auch nur zögerte, die Sachen herauszugeben, wurde sofort mit dem Bajonett traktiert, und mancher ist ohne irgendeinen Grund dieser rohen Behandlung zum Opfer gefallen. Die Opfer zählten nach Tausenden …
>
> (Christian Kröger, zit. nach: Rabe 1997, 199)

Und das war nur der Anfang. Die Japaner verübten in Nanjing einige der abscheulichsten Gräueltaten des Zweiten Weltkriegs: Sie erschossen entwaffnete Soldaten zu Tausenden und richteten auf der Suche nach Soldaten in Zivil auch unter der Bevölkerung ein furchtbares Blutbad an. Menschen wurden auf offener Straße geköpft, lebendig begraben, gefoltert oder in ihren Häusern verbrannt. All das war kein chaotisches Wüten einer enthemmten Soldateska, sondern wohlorganisiert. Am Ufer des Yangzi fanden Massenhinrichtungen statt, bei denen sich die Todgeweihten in Reih und Glied hinknien mussten:

> Diejenigen in der ersten Reihe wurden geköpft, die in der zweiten Reihe wurden gezwungen, die abgetrennten Körper in den Fluss zu werfen, bevor sie selbst geköpft wurden. Das Töten ging ohne Unterlass weiter, von morgens bis abends, aber sie konnten auf diese Weise nur 2000 Personen töten. Am nächsten Tag, dieser Art des Tötens überdrüssig, stellten sie Maschinengewehre auf. Zwei von ihnen überzogen die aufgereihten Gefangenen mit Kreuzfeuer.
>
> (Yukio Omata, zit. nach: Chang 1997, 48)

Auch die übrigen Grausamkeiten der japanischen Armee – die massenhafte Vergewaltigung von Frauen, die bestialischen Morde an Soldaten und Zivilisten – dürften nur zum geringen Teil auf Disziplinlosigkeit zurückgegangen sein. Die japanischen Soldaten handelten auf Befehl und innerhalb ihrer Einheiten. Ein besonders notorischer Fall war der Wettbewerb zweier japanischer Offiziere, in dem es darum gegangen sein soll, wer schneller über 100 Chinesen mit seinem Schwert enthaupten könne. Erschreckender noch als die Morde selbst, deren Beschreibung übertrieben sein mag: Japanische Zeitungen berichteten davon wie von einer Heldentat, offenbar in der Gewissheit, dass die öffentliche Meinung sie mit Genugtuung zur Kenntnis nehmen würde. Die Propagandamaschine hatte, wie schon im ersten Sino-Japanischen Krieg (S. 281), für ungebremste Euphorie an der ›Heimatfront‹ gesorgt.[9]

Währenddessen wüteten die japanischen Soldaten in Nanjing weiter. Ausländische Diplomaten und Geschäftsleute unter Leitung des Deutschen John Rabe richteten in der Stadt eine Sicherheitszone ein, in der 300.000 Chinesen Zuflucht fanden. Doch auch sie konnten das Gemetzel nicht verhindern, das sieben Wochen lang andauerte. John Rabe und seine Kollegen mussten hilflos die Verbrechen mitansehen, die vor ihren Augen stattfanden:

> In der letzten Nacht sollen etwa 1000 Mädchen und Frauen vergewaltigt worden sein, allein in dem *Ginling Girls College* über 100 Mädchen. Man hört nur noch von Vergewaltigungen. Wenn die Männer oder Brüder dazu kommen, werden sie erschossen. Wohin man sieht und hört, nichts als Brutalität und Bestialität der japanischen Soldateska. (Rabe 1997, 122)

Bei der ›Vergewaltigung von Nanjing‹ wurden mindestens 20.000 Frauen geschändet und insgesamt 200–300.000 Menschen massakriert.[10] Es war zweifellos das schlimmste Kriegsverbrechen, das die Japaner in China begingen – aber keineswegs das einzige. Schon vor der Invasion in China unterzogen sie in Harbin – dort operierte die berüchtigte ›Einheit 731‹ –, Changchun und anderen Städten der Manjurei Kriegsgefangene und Zivilisten grauenvollen Experimenten: Dazu gehörten Vivisektionen, die Erfrierung von Gliedmaßen, Dehydrierung, Vergiftungen mit Senfgas und die Infektion mit Pest-, Cholera- und Typhuserregern, um biologische Waffen zu erproben. Mindestens 3000, vielleicht bis zu 10.000 Menschen wurden bis 1945 allein von der ›Einheit 731‹ ermordet. Die Japaner bauten in China, und wahrscheinlich schon vor 1937 in der Manjurei, systematisch Bordelle auf, in denen sie chinesische Frauen zur Prostitution zwangen: Zehntausende, vielleicht Hunderttausende Frauen wurden im Laufe des Krieges zu Sexsklavinnen gemacht, die im Durchschnitt zehn japanischen Soldaten pro Tag zu dienen hatten.[11]

Die Grausamkeiten steigerten sich noch, als die Japaner merkten, dass sie den Krieg nicht schnell gewinnen würden. Die Schlachten um Xuzhou und Wuhan 1938 gerieten lang und verlustreich, die GMD-Truppen hatten sich in Chongqing sicher verschanzt, und die KP-Truppen führten von Yan'an aus einen unangenehmen Guerillakrieg. Daraufhin ging das japanische Militär zu einer Strategie der verbrannten Erde über. Der Befehl lautete auf ›dreifache Auslöschung‹: ›Alle töten, alles verbrennen, alles plündern‹. Die ›japanischen Teufel‹ machten ganze Dörfer nieder. Allein in Changjiao, Hunan, wurden 1943 vermutlich 30.000 Zivilisten massakriert, weitere ›kleinere‹ Massaker gab es an vielen Orten. Indem sie Ernten und Geräte raubten, nahmen die Japaner der chinesischen Landbevölkerung zudem systematisch die Lebensgrundlage: Wer nicht sofort durch die Bajonette umgebracht wurde, musste später verhungern.

Acht Jahre zog sich der Krieg hin. Die Japaner errichteten ein ›nationales‹ Marionettenregime in Nanjing, an dessen Spitze sie Wang Jingwei etablierten, Chiang Kai-sheks alten Rivalen, der zudem in Japan studiert hatte. Doch die Kriegshauptstadt der GMD, Chongqing, konnten sie nie einnehmen. Und je unwahrscheinlicher es für die Japaner wurde, ganz China zu erobern, desto grausamer walteten sie in den besetzten Gebieten. Die Japaner verheizten 30.000 bis 50.000 Taiwanesen, die sie zum Einsatz an der Front zwangen, und schließlich – die USA hatten Japan nach Pearl Harbor den Krieg erklärt – schickten sie ihre eigenen Soldaten systematisch in den Tod. ›Göttliche Winde‹, *kamikaze*, nannten sie die unausgebildeten Selbstmord-Piloten, die ihre Flugzeuge auf amerikanische Ziele stürzen sollten. Mit diesem Wort, das ursprünglich den göttlichen Beistand gegen die Mongolen meinte (S. 165), hatte die Entwicklung der japanischen Hybris einst begonnen – jetzt markierte es ihr Ende.

1945 schienen sich die Kreise zu schließen. Als die Atombomben von Hiroshima und Nagasaki Japan am 2. September zur Kapitulation zwangen, waren mehr als 15 Millionen Chinesen durch den Krieg gestorben. Das Land, in dem Chinesen einst das Kraut der Unsterblichkeit gesucht hatten, hatte China Tod und Verderben gebracht; wo einst Freundschaft gewesen war, herrschte nur mehr tiefe Feindschaft. Damit hatte die Geschichte der sino-japanischen Beziehungen ihren Tiefpunkt erreicht, man sollte meinen: ihren Endpunkt. Konnte es nach dem Grauen dieses Krieges noch ein Miteinander geben? – Die Antwort lautet: ja.

Noch in der schwärzesten Stunde zeigte sich, dass die kulturellen Bindungen zwischen Japan und China nicht vollständig zerrissen waren. Während die japanischen Truppen in China wüteten, engagierten andere Japaner sich auf Seiten der Chinesen im Widerstand gegen die eigenen Landsleute. Der linke Schriftsteller Kaji Wataru, ein Freund von Uchiyama Kanzō und Lu Xun aus Shanghaier Tagen, floh mit der GMD nach Südwestchina und gründete dort 1938 eine ›Anti-Kriegs-Allianz des japanischen Volkes‹ (Nihon jinmin hansen dōmei); und Nosaka

Sanzō, Mitbegründer der Kommunistischen Partei Japans, gründete in Yan'an den ›Befreiungsbund des japanischen Volkes‹ (Nihon jinmin kaihō renmei), um japanische Kriegsgefangene für die kommunistischen Sache zu gewinnen.[12] Und nicht nur Kommunisten fühlten sich über nationale Fronten hinweg verbunden. Als die Amerikaner dazu übergingen, japanische Städte flächendeckend zu bombardieren, schrieb der Architekt Liang Sicheng einen Brief an das Oberkommando der US-Armee. Liang Sicheng, der Sohn des Reformers Liang Qichao, war in Japan geboren und hatte in den USA studiert. Jetzt wandte er sich an die US-Streitkräfte und bat sie darum, Japans Kulturerbe zu verschonen: Er schickte ihnen Listen und Karten mit schützenswerten Stätten und Gebäuden und bat insbesondere darum, Kyōto und Nara überhaupt nicht zu bombardieren. Die jahrhundertealte Holzarchitektur dieser Städte sei ein unersetzliches Kulturerbe – nicht nur Japans, sondern der Menschheit. Während die Japaner sein Land verheerten und die Chinesen verzweifelt gegen die ›japanischen Teufel‹ kämpften, blieb Liang Sicheng bewusst, wie untrennbar chinesische und japanische Kultur miteinander verbunden sind, dass beide nicht ›national‹ beschränkt, sondern Teil der Weltkultur sind. Liangs Appell dürfte dazu beigetragen haben, dass Kyōto und Nara tatsächlich verschont blieben und Tōdai-ji, Kinkaku-ji, Ginkaku-ji, Nanzen-ji, Kiyomizu-dera sowie Hunderte weitere sino-japanische Kulturgüter bis heute erhalten sind.[13]

## Feindliche Freunde

Wie schon nach dem ersten Sino-Japanischen Krieg und den ›21 Forderungen‹ waren die Animositäten zwischen China und Japan überraschend schnell vergessen. Die beschleunigte Geschichte des 20. Jahrhunderts ließ keine Zeit für Aufarbeitung. Schon kurz nach dem Krieg war die Situation eine völlig andere: Im chinesischen Bürgerkrieg setzten KPCh und Guomindang ihren Kampf auf Leben und Tod fort, während das entmilitarisierte Japan keine Sorgen mehr bereitete; der Korea-Krieg teilte die Weltgesellschaft in zwei Blöcke, die nicht nur China und Japan spalteten, sondern auch – und vor allem – die VR China und Taiwan; und der Bruch mit der Sowjetunion bescherte China einen neuen Feind, der bedrohlicher schien als alle anderen. Je akuter sich Chinesen aber mit anderen Feinden konfrontiert sahen, desto mehr erschienen die Japaner als *Freunde*. Taiwan schloss schon 1952 einen Friedensvertrag mit Japan, und die VR China begann ab 1972 ein Rapprochement: eine Annäherung, die in vielen Bereichen zu einer so intensiven Zusammenarbeit mit Japan führte, wie es sie zuletzt im ›Goldenen Jahrzehnt‹ am Anfang des 20. Jahrhunderts gegeben hatte. Erst in den 1990ern – nicht zufällig zeitgleich mit dem Ende der Sowjetunion – endete dieser sino-japanische Frühling. Das Erstarken beider Länder machte sie zu den größten politischen Rivalen in Ostasien – die wirtschaftlich und kulturell zugleich am engsten verflochten sind. Im 21. Jahrhundert wird das Paradox der sino-japanischen Beziehungen deutlicher denn je: Sie können nicht miteinander, aber sie können auch nicht ohne einander.

## *Neue Feinde – alte Freunde*

Ende 1945 lagen China und Japan am Boden. Der Krieg hatte in China 15–20 Millionen Menschenleben gekostet, die wirtschaftlichen Verluste beliefen sich – nach damaligen Preisen – auf 50 Milliarden Dollar. Japans Städte waren zerbombt, das Land besetzt und das Volk mit den Kräften am Ende. Doch die Geschichte gestattete kaum eine Atempause. Während Japan entmilitarisiert wurde, eine neue, demokratische Verfassung erhielt – darin wird dem Tennō die »Heiligkeit« abgesprochen und eine Rolle als »Symbol des Staates und der Einheit des Volkes« zugeteilt – und ein internationales Tribunal japanischen Kriegsverbrechern den Prozess machte, entbrannte in China der Bürgerkrieg mit neuer Heftigkeit. Als sei die japanische Invasion nur eine Unterbrechung gewesen, die Chiang Kai-shek vom Kampf gegen seine Erzfeinde abgehalten hatte, richtete er jetzt alle Kräfte gegen die ›Volksbefreiungsarmee‹

der KPCh. Auch diese hatte schon lange erkannt, wer ihr Hauptfeind war, und brachte sich in der Manjurei gegen Chiangs Truppen in Stellung. Mehr als drei Jahre zog sich der Bürgerkrieg hin, er forderte zwei bis drei Millionen Tote, ganze Städte wurden ausgehungert und weite Landstriche verheert. Währenddessen massakrierten GMD-Truppen in Taiwan Zehntausende Zivilisten, die gegen Repressionen protestiert hatten (S. 363). Nicht nur die Einwohner Taiwans dürften sich gefragt haben, wer der schlimmste Feind der Chinesen sei: die Japaner – oder die Chinesen selbst?

Die japanischen Kriegsverbrechen wurden in China rasch von den nächsten Gewaltorgien überlagert: Nachdem der Bürgerkrieg 1949 mit dem Sieg der Kommunisten und der Flucht der GMD-Anhänger nach Taiwan geendet hatte, ging das Morden auf beiden Seiten der Taiwan-Straße weiter: Chiang Kai-shek gründete seine Diktatur in Taiwan auf ›weißen Terror‹, dem Tausende von Oppositionellen zum Opfer fielen, während Mao Zedong auf dem Festland in Massenkampagnen gegen ›Grundbesitzer‹, ›Konterrevolutionäre‹, ›Rechtsabweichler‹ und andere vermeintliche Gegner Millionen von Menschen liquidieren ließ. Für die Regierenden war die Antwort auf die oben gestellte Frage klar: Die ärgsten Feinde saßen nicht in Japan – sondern im eigenen Volk. Bezeichnend ist die Art, wie in Schulbüchern der frühen VR China der »Widerstandskrieg gegen Japan« dargestellt wurde. Nach einer Beschreibung des Zwischenfalls an der Marco-Polo-Brücke heißt es: »Die Nanjinger Regierung hoffte immer noch auf einen Kompromiss und verhandelte unentwegt mit Japan«, während dessen Truppen immer weiter vorgedrungen seien. Erst nach dem Angriff auf Shanghai sei die GMD nicht mehr umhin gekommen, gegen sie zu kämpfen:

> In der Schlacht um Shanghai wurde die Hauptmacht vom Feind vernichtet. Am 13. Dezember fiel Nanjing; am 21. Oktober 1938 fiel Kanton; am 25. fiel Wuhan. Auf diese Weise wurden im Widerstandskrieg gegen Japan alle von den Guomindang-Truppen verteidigten Frontlinien reihenweise zerstört.
>
> (*Gaoji xiaoxue lishi keben*, 1950)

»Am 13. Dezember fiel Nanjing …« Nicht die Untaten der Japaner interessieren in dieser Darstellung – sie werden völlig ignoriert –, sondern einzig und allein das Versagen der GMD-Truppen. Auch wenn Grausamkeiten der japanischen Armee in anderen Darstellungen jener Zeit nicht ausgespart wurden, war der Hauptpunkt doch ein anderer: der angebliche Verrat der GMD am chinesischen Volk. Sie, die bourgeoisen Konterrevolutionäre, waren die eigentlichen Feinde.[14]

Während die Chinesen sich gegenseitig an die Gurgel gingen, blieben Japaner – abgesehen von denen, die als Kriegsverbrecher hingerichtet wurden – erstaunlich unbehelligt. Schon kurz nach Kriegsende ließ Chiang Kai-shek – angeblich, um ›Unrecht mit Tugend zu vergelten‹ – 2,5 Millionen japanische Kriegsgefangene und Zivilisten in ihre Heimat überführen, und auch die kommunistischen Herrscher tolerierten zumindest manche Japaner: Schon 1949 wurden in Peking eine Reihe von ›Lerngemeinschaften für Japaner‹ gegründet, in denen japanische Einwohner – die meisten des Chinesischen nicht mächtig – gemeinsam studierten, »um für den Aufbau des neuen China und die Vereinigung der Völker Japans und Chinas zu kämpfen«. Die Japaner sollten sich ›fortschrittliches‹ Denken aneignen, um das ›feudale‹ und ›militaristische‹ Gedankengut der Vergangenheit hinter sich zu lassen.[15] Natürlich entstanden diese ›Lerngemeinschaften‹ unter dem Druck der kommunistischen Machtübernahme. Aber sie reflektieren zugleich das alte marxistische Ideal einer Vereinigung der Arbeiterklasse über nationale Grenzen hinweg. Dazu passte, dass am 1. Oktober 1950, dem 1. Jahrestag der VR China, in Japan ein ›Japanisch-chinesischer Freundschaftsverband‹ (Nitchū yūkō kyōkai) gegründet wurde: ein Verein von Intellektuellen, Geschäftsleuten und anderen Aktivisten, die meist enge Beziehungen zu China hatten – der erste Vorsitzende war Uchiyama Kanzō, der von 1917 bis 1947 den berühmten Uchiyama-Buchladen in Shanghai betrieben hatte (S. 368) – und Sympathien für die Kommunistische Bewegung hegten. Seine Mitglieder dürften sich mit Maos KPCh darüber einig gewesen sein, wo die primären Konfliktlinien in Ostasien verlaufen sollten: nicht zwischen nationalen Grenzen, sondern zwischen *Klassen*grenzen.

Die globalen Konfliktlinien der nächsten Jahrzehnte aber wurden durch den Korea-Krieg gezogen. Fortan standen sich ›Ostblock‹ und ›Westblock‹ gegenüber, und das hieß: die VR China auf der einen und – geschützt durch die 7. US-Flotte – Taiwan zusammen mit Japan auf der anderen Seite. Während sowohl die KPCh als auch die GMD darauf beharrten, dass weiterhin Krieg zwischen ihnen herrsche, schloss die Regierung auf Taiwan schon 1952 einen Friedensvertrag mit Japan, mit dem sie im Sinne ihres »gegenseitigen Bedürfnisses nach guter Nachbarschaft und mit Blick auf ihre historischen und kulturellen Verbindungen und ihre geographische Nähe« die »Probleme« bereinigten, die sich durch den Krieg ergeben hätten. Japan gab alle Ansprüche auf Taiwan und andere Inseln im Südchinesischen Meer auf, von Kriegs- und Kolonialverbrechen oder Reparationszahlungen hingegen war nicht die Rede. Vielmehr ging es beiden Seiten um »freundschaftliche Zusammenarbeit im wirtschaftlichen Bereich«. Im Zeichen des Kalten Krieges waren Japan und die Republik China unversehens wieder ›Freunde‹ geworden.

1952 markierte einen Wendepunkt in der japanischen Nachkriegsgeschichte: In diesem Jahr trat der Friedensvertrag von San Francisco in Kraft, die Alliierten verließen das Land, und Japan gewann seine Unabhängigkeit zurück. Unter Premierminister Yoshida Shigeru hatte es sich entschieden an die USA gebunden und das bedeutete: Es erkannte nicht die VR China, sondern die Republik China auf Taiwan als rechtmäßigen Vertreter Chinas an. Doch zugleich wuchs in Japan die Gegenbewegung zu Yoshidas konservativer Politik an: eine Bewegung, die sich gegen Militarismus und die ›koloniale Besetzung‹ durch die USA richtete. Die Unabhängigkeit von 1952 befeuerte diese Proteste: Der ›Japanisch-chinesische Freundschaftsverband‹ und andere Gruppen der radikalen Linken hielten der Orientierung am Westen das kommunistische China als Vorbild wahrer nationaler Unabhängigkeit und einer pazifistischen, gerechten Weltordnung entgegen. Der Enthusiasmus für das neue China steigerte sich in manchen Kreisen zu einem wahren ›China-Boom‹. Die Stimmen wurden lauter, die forderten, Japan solle sich seiner Kriegsschuld bewusst werden und sich um Wiedergutmachung bemühen, statt sich von China zu distanzieren.

Zur Versöhnung mit China gehörte auch die Aufarbeitung des Krieges. Schon 1951 publizierte der Künstler Nii Hiroharu eine Serie von Holzschnitten mit dem Titel *Hanaoka monogatari*. Sie zeigen die üblen Arbeitsbedingungen chinesischer und koreanischer Zwangsarbeiter in den Kupferminen von Hanaoka sowie die brutale Niederschlagung eines Aufstandes 1945, bei dem über 400 chinesische Zwangsarbeiter massakriert wurden. Abb. aus Seraphim 2006, S. 109.

All das wurde in der VR China genau beobachtet. Nicht von ungefähr begann man dort genau in dieser Zeit, Kontakte mit Japan zu knüpfen. Bereits kurz nach Gründung der VR China hatte Premierminister Zhou Enlai eine ›Volksdiplomatie‹ ins Leben gerufen, um unterhalb der offiziellen politischen Ebene Beziehungen zu Staaten zu pflegen, die die VR China diplomatisch nicht anerkannten. Die Unterscheidung von ›Volk‹ und politischer Klasse passte bestens in das kommunistische Narrativ: Das japanische Volk, ebenso von den Eliten unterdrückt wie einst das chinesische, sei irregeführt und in den Krieg gezwungen worden. Eigentlich »haben die Völker des Ostens ein instinktives Gefühl für Solidarität und gegenseitigen Schutz«, wie Mao Zedong es ausdrückte, und daran habe auch der Krieg nichts geändert. Einer japanischen Delegation sagte er das später ausdrücklich:

> Auch wenn es zwischen unseren Vorfahren Streit und Kämpfe gegeben hat, sollten wir diese Episoden jetzt vergessen. Das waren unerfreuliche Episoden, warum sollte man sie im Gedächtnis behalten? … Da ihr euch formell entschuldigt habt für die Schuld, die ihr in der Vergangenheit auf euch geladen habt, wäre es unangemessen, von euch die Begleichung dieser Schuld zu fordern. Man kann nicht erwarten, dass ihr euch jeden Tag entschuldigt, oder? Es ist nicht gut für eine Nation, sich ständig schuldig zu fühlen, das verstehen wir. Wir sind Freunde, und ihr könnt deutlich sehen, dass das chinesische Volk euch nicht wie Feinde behandelt, sondern wie Freunde. (*On Diplomacy*, 126; 173 f.)

1952 wurde im Rahmen der ›Volksdiplomatie‹‹ eine erste Gesandtschaft unter der Leitung von Lei Renmin und Sun Pinghua nach Tōkyō geschickt. 1954 wurde dann ein ›Verband des chinesischen Volkes für äußere Kulturbeziehungen‹ (Zhongguo renmin duiwai wenhua xiehui) gegründet, der bald mit dem ›Japanisch-chinesischen Freundschaftsverband‹ Kontakt aufnahm. Noch im selben Jahr besuchten Vertreter des chinesischen Roten Kreuzes unter Leitung von Li Dequan und Liao Chengzhi Japan: Damit war das Eis gebrochen. Im nächsten Jahr besuchte eine wissenschaftliche Delegation aus Japan die VR China; eine Vereinbarung zum gegenseitigen Kulturaustausch wurde unterzeichnet;

Ende des Jahres reiste eine Delegation der chinesischen Akademie für Wissenschaften unter der Leitung von Guo Moruo nach Japan; 1955 machte eine Kabuki-Theatergruppe, begleitet von japanischen Wissenschaftlern, eine Tour durch China; und 1956 wurde in Tōkyō auf Initiative von Senda Koreya, Nakajima Kenzō und anderen der ›Verband für japanisch-chinesischen Kulturaustausch‹ (Nitchū bunka kōryū kyōkai) gegründet. In den nächsten Jahren folgten gegenseitige Besuche von Künstlern, Wirtschaftsvertretern und Wissenschaftlern, die in ihren jeweiligen Bereichen die Zusammenarbeit zwischen Japan und der VR China förderten.[16] Japanische Sinologen fuhren jetzt nach China und sammelten, wie die Reisenden zu Tang-Zeiten, chinesische Bücher und Zeitschriften, mit denen sie die Forschungsbibliotheken ihrer Institute aufbauten; japanische Buchhändler schlossen Verträge, um aktuelle chinesische Publikationen zu importieren.

Wie so oft, wenn offizielle politische Kontakte zwischen Japan und China abgebrochen waren, setzten sich die Beziehungen im Bereich von Handel, Kultur und Wissenschaft fort, und persönliche Verbindungen überdauerten den Abbruch der Kontakte: Liao Chengzhi war in Japan geboren und hatte dort studiert, Senda Koreya hatte ihn in den 1930ern in Deutschland kennengelernt; Guo Moruo, auch ein ehemaliger Auslandsstudent, hatte intensiven Kontakt zur literarischen Szene Japans gewahrt; Sun Pinghua, der schon an der ersten Gesandtschaft von 1952 teilnahm, hatte vier Jahre in Japan gelebt, und Zhou Enlai, der *spiritus rector* der ›Volksdiplomatie‹, hatte 1917–19 ebenfalls in Japan studiert. Sie und viele andere Intellektuelle sahen in Japan nicht einfach den Aggressor des Zweiten Weltkriegs, sondern hatten sich den Blick für die tiefverwurzelten kulturellen Bindungen bewahrt.

Das galt in besonderem Maße für die vielen Intellektuellen, die das Regime der KP Chinas ablehnten: Angesichts der kommunistischen Katastrophe dürfte ihnen das Versprechen einer konfuzianischen Ordnung, das die Japaner schon im Zuge ihrer Expansion ideologisch genutzt hatten, umso attraktiver erschienen sein. Der Philosoph Tang Junyi etwa, der 1949 nach Hongkong ins Exil gegangen war, hielt 1957 in Tōkyō eine Rede, in der er die besondere Beziehung zwischen beiden Ländern pries.

Egal, wie die politischen Umstände auch sein mögen, Chinesen und Japaner seien einander immer näher als dem Westen: »Gewiss, Amerikaner sind auch Menschen,« aber nur Chinesen und Japaner seien innerlich durch die »echten Gefühle ostasiatischer Menschen« verbunden; sie seien wahre »Vertraute«, deren Kultur aus derselben Wurzel stamme. War Konfuzius nicht eher einen ›Ostasiate‹ als ein ›Chinese‹?! Das vertraute Verhältnis zwischen Japan und China habe sich nun freilich in ein »unglückliches« verwandelt, und »ein echter Chinese oder Japaner kann das Unglück *beider* Länder tief empfinden.« Doch dieser Zustand, erklärte Tang Junyi, könne nicht lange andauern, denn auch er sei letztlich Ausdruck der sino-japanischen *Freundschaft*: »Ohne Kampf kein Miteinander«, stehe schon im *Shuihu zhuan* – geteiltes literarisches Erbe (S. 227) –, und er fügte hinzu: »Wenn ältere und jüngere Brüder sich streiten, liegt das vielleicht daran, dass sie eine Beziehung haben, in der die Gefühle für einander *zu gut* sind«.[17]

## *Rapprochement*

Tatsächlich wurden die chinesischen ›Gefühle‹ für Japan rasch wieder »gut«. Sie wurden ›normalisiert‹, wie es bald hieß, und in der Tat scheint das sino-japanische Verhältnis, allen politischen Konstellationen zum Trotz, nach dem Krieg in mancherlei Hinsicht enger gewesen zu sein als das beider Länder zu ihren Verbündeten. So kamen zwischen 1949 und 1958 etwa 6500 Besucher aus Japan nach China – mehr als aus jedem anderen Land (russische Ingenieure ausgenommen). Obwohl Japan die VR China offiziell nicht anerkannte, wurden viele Fragen – Fischereirechte, Handelsverträge, Repatriierung von Kriegsgefangenen usw. – auf inoffizieller Ebene ausgehandelt. Und trotz der politischen Isolation gab es in Japan nach wie vor mehr China-Wissenschaftler als in irgendeinem anderen Land außer China selbst. Während die *area studies* in den USA gerade erst entstanden und die Sinologie in Europa ein Nischendasein fristete, gab es in Japan Dutzende Professoren für Klassische Sinologie und Experten für das Moderne China.

China rückte Japan umso näher, als das Verhältnis zu den anderen ›Brüdern‹, den Sowjets, sich verschlechterte. Nachdem Chruschtschow 1956 in einer Geheimrede Stalins Führerkult und Verbrechen angeprangert hatte, fühlte sich die VR China im Ostblock zunehmend isoliert. Umso wichtiger dürfte die Annäherung an Japan geworden sein – eine Annäherung, wie sie unwahrscheinlicher kaum erscheinen konnte: Japan war ein anerkanntes Mitglied der westlichen Welt und war als erstes asiatisches Land zum Gastgeber der Olympischen Spiele (1964) gewählt worden, während China nach dem Bruch mit der Sowjetunion international fast völlig isoliert war; Japan erlebte seit Mitte der 1950er Jahre ein Wirtschaftswachstum, welches das Land auf den Weg zu einer führenden Wirtschaftsmacht brachte; China hingegen erlitt 1959–61, nach einer desaströsen Industrialisierungskampagne, eine Hungerkatastrophe biblischen Ausmaßes, bei der ca. 40 Millionen Menschen umkamen. Auch ideologisch trennten die beiden Länder Welten: Vor allem als in den 1950er Jahren erzkonservative Politiker in Japan an Einfluss gewannen – mit Kishi Nobusuke war 1957–60 sogar ein vermutlicher Klasse-A-Kriegsverbrecher Premierminister –, schien eine Zusammenarbeit unmöglich.

Dennoch formulierte die chinesische Regierung 1958 drei Prinzipien für die sino-japanischen Beziehungen: Erstens müsse Japan jede anti-chinesische Agitation unterlassen, zweitens die Behauptung fallenlassen, es gebe zwei Chinas, und drittens die Normalisierung der Beziehungen nicht weiter behindern. Das gesagt, besuchte 1960, gleich nach dem Rücktritt Kishis, eine hochrangige chinesische Wirtschaftsdelegation Japan, und 1962 handelten Liao Chengzhi und Takasaki Tatsunosuke, ein China-Kenner, der lange in der Manjurei gelebt hatte, ein Handelsabkommen zwischen China und Japan aus. Das ›Liao-Takasaki-Abkommen‹ regelte den offiziellen Handel mit bestimmten Gütern und erlaubte auch ›freundschaftlichen Handel‹ privater Firmen, 1964 wurde zudem die gegenseitige Akkreditierung von Journalisten vereinbart. »Alle Hindernisse in den Beziehungen zwischen China und Japan«, hieß es in dem Abkommen, »resultieren aus Amerikas Imperialismus und seiner feindseligen Einstellung zu China«, die Japan bislang unterstützt habe, nun aber ablegen wolle (*Beiwanglu*).[18] Japan wurde in den frühen 1960er Jahren zum größten Handelspartner der VR China. Mehr noch: Da Japan mit dem Abkommen in das chinesische Prinzip der ›Unteilbarkeit von Politik und Wirtschaft‹ einwilligte, war auch der Boden für eine politische Annäherung bereitet. Die Kulturrevolution, die das chinesische Volk 1966–69 in einem erbarmungslosen Kampf gegen sich selbst aufrieb, verzögerte diese Annäherung zunächst. Doch ihre Zeit war gekommen, nachdem es 1969 am Ussuri-Fluss zu Grenzgefechten zwischen China und der UdSSR gekommen war. Die Volksbefreiungsarmee wurde in Verteidigungsbereitschaft versetzt, und die chinesische Außenpolitik machte eine radikale Kehrtwende: Im Februar 1972 reiste US-Präsident Richard Nixon – der Klassenfeind Nr. 1 – für eine Woche nach Peking, wo er von Zhou Enlai und Mao Zedong empfangen wurde. Die UNO hatte die VR China schon 1971 – anstelle Taiwans – als Mitglied aufgenommen, und der ›Nixon-Schock‹ bestätigte die Aufnahme der VR China in die westliche Staatengemeinschaft. Damit war auch der Weg für diplomatische Beziehungen mit Japan frei.

Im September 1972 reiste Premierminister Tanaka Kakuei zu einem aufsehenerregenden Staatsbesuch nach Peking: das erste Mal, dass ein japanischer Regierungschef China besuchte.[19] Vier Tage blieb Tanaka in Chinas Hauptstadt, wo er vor allem mit Premierminister Zhou Enlai verhandelte. Gleich am ersten Abend, bei einem Empfang in der Großen Halle des Volkes, sprachen die beiden Premierminister die historische Bürde des Zweiten Weltkriegs an: Zhou sprach von dem »schlimmen Unglück [*zainan/sainan*], das die Völker Chinas und Japans erlitten« hätten. Schon das war ein Euphemismus – aber Tanaka unterbot diese Rhetorik noch, indem er sich für die ›großen Unannehmlichkeiten‹ (*tadai no gomeiwaku*, die chinesische Übersetzung lautete *mafan*) entschuldigte, die Japan China bereitet habe (Yabuki o. J.). Unannehmlichkeiten! Die Formulierung wurde natürlich kritisiert. Auch Mao Zedong, der Tanaka einige Tage später empfing, sagte, der Ausdruck sei unglücklich – aber zugleich versicherte er, dass man »nur, nachdem man gestritten hat, zu guten Freunden werden kann.« Nicht die Verbrechen des Zweiten Weltkriegs waren das Gesprächsthema zwischen Mao und

Tanaka, sondern ihre gemeinsame Kultur: Tanaka erwähnte Kūkais Reise nach China; Mao sprach über die *Vier Bücher* und *Fünf Kanonischen Werke*, die, so versicherte Tanaka, auch in Japan gelehrt würden; Mao schenkte Tanaka eine sechsbändige Ausgabe der klassischen *Elegien von Chu* aus seiner Privatbibliothek; und Tanaka überbrachte Mao ein selbstgeschriebenes chinesisches Gedicht:

> Die staatlichen Beziehungen lagen viele Jahre brach,
> Jetzt öffnet sich die Freundschaft neu, der Frühling kommt herbei.
> Mit warmem nachbarlichen Blick ward unsereins empfangen,
> In Peking ist der Himmel klar, von Herbstluft ganz erfüllt.

Was zählte, war die Geste. Wie nach dem ersten Sino-Japanischen Krieg besannen sich China und Japan wieder auf ihre Gemeinsamkeiten: darauf, dass sie Nachbarn seien, die »nur durch einen schmalen Gürtel Wasser getrennt sind und eine lange Geschichte traditioneller Freundschaft haben«; und wieder einmal zeigte Japan sich bereit, Chinas symbolische Weltordnung zu akzeptieren. In einer »Gemeinsamen Erklärung zwischen der Regierung Japans und der Regierung der Volksrepublik China«, die am 29. September 1972 unterzeichnet wurde, einigten sich beide Seiten im Sinne ihrer »gutnachbarlichen und freundschaftlichen Beziehungen« u. a. auf folgende Formulierungen:

> Die japanische Seite ist sich ihrer Verantwortung für den schweren Schaden, den Japan dem chinesischen Volk in der Vergangenheit durch den Krieg zugefügt hat, schmerzhaft bewusst und bedauert dies zutiefst.
>
> Des Weiteren bestätigt die japanische Seite ihre Absicht, die Normalisierung der Beziehungen zwischen den beiden Ländern auf der Grundlage vollen Verständnisses für die ›drei Prinzipien für die Wiederherstellung der Beziehungen‹, welche die Regierung der Volksrepublik China vorgebracht hat, durchzuführen. Die chinesische Seite begrüßt dies. …
>
> 1. Die unnormale Situation, die bisher zwischen Japan und der Volksrepublik China bestanden hat, ist mit dem Datum, an dem diese gemeinsame Erklärung vorgelegt wird, beendet.

2. Die Regierung Japans erkennt die Regierung der Volksrepublik China als einzige rechtmäßige Regierung Chinas an.
3. Die Regierung der Volksrepublik China wiederholt, dass Taiwan ein unveräußerlicher Teil des Gebiets der Volksrepublik China ist. Die Regierung Japans versteht und respektiert diesen Standpunkt der Regierung der Volksrepublik China vollkommen, und sie steht fest zu Artikel 8 der Potsdamer Erklärung.
4. Die Regierung Japans und die Regierung der Volksrepublik China haben beschlossen, mit Wirkung vom 29. September 1972 diplomatische Beziehungen aufzunehmen. …
5. Die Regierung der Volksrepublik China erklärt, dass sie im Interesse der Freundschaft zwischen dem chinesischen und dem japanischen Volk auf die Forderung nach Kriegsreparationen verzichtet.

(Zit. nach: https://www.mofa.go.jp, 1. 4. 2020)

Damit waren die sino-japanischen Beziehungen wieder ›normalisiert‹, das heißt, auf eine Basis des »dauerhaften Friedens und der Freundschaft« gestellt. Die Toten des Zweiten Weltkriegs waren vergessen. Japan und China nahmen, genau 101 Jahre nach ihrem ersten ›Freundschaftsvertrag‹ (S. 272), wieder diplomatische Beziehungen auf und strebten den Abschluss eines »Friedens- und Freundschaftsvertrags« an. Doch so epochal die ›Gemeinsame Erklärung‹ auch war, ließ sie doch entscheidende Punkte im Unklaren:

1. Die Taiwan-Frage. Die Republik China war das Bauernopfer des sino-japanischen Rapprochements. Nachdem sie schon 1971 ihren Sitz in der UNO verloren hatte, beendete nun auch Japan seine diplomatischen Beziehungen zu ihr. Dennoch impliziert die Formulierung von der ›unnormalen Lage‹, dass der ›Kriegszustand‹ zwischen China und Japan schon beendet, dass also der Friedensvertrag mit Taiwan von 1952 gültig sei. Zudem bekundete Japan lediglich ›Verständnis‹ und ›Respekt‹ für den Anspruch der VR China auf Taiwan, nicht etwa ›Einverständnis‹. Tatsächlich setzte Japan seine kulturelle und wirtschaftliche Kooperation mit Taiwan nach 1972 fort, Hunderttau-

sende Japaner besuchten jährlich die Insel, der Taiwan-Handel über Stellvertreterfirmen blühte, und konservative Politiker pflegten weiterhin halboffizielle Kontakte mit der GMD-Regierung.

2. Die Frage der Diaoyu-/Senkaku-Inseln. Artikel 8 der Potsdamer Erklärung von 1945, auf den in der ›Gemeinsamen Erklärung‹ verwiesen wird, lautet: »Japanische Souveränität wird beschränkt auf die Inseln Honshū, Hokkaidō, Kyūshū, Shikoku und kleinere Inseln, die noch zu benennen sind.« Die Okinawa-Inseln waren 1971 von den USA an Japan zurückgegeben worden, aber der Status der Diaoyu-/Senkaku-Inseln war weiter ungeklärt. Als Tanaka Kakuei das Thema Zhou Enlai gegenüber ansprach, verschob dieser die Diskussion darüber. Die Inseln werden in der ›Gemeinsamen Erklärung‹ denn auch nicht erwähnt.
3. Die Schuldfrage im Zweiten Weltkrieg. Die Formulierung, dass Japan sich seiner ›Verantwortung‹ für die Schäden des Kriegs ›schmerzhaft bewusst‹ sei und diese ›zutiefst bedaure‹, entspricht weder einer Anerkennung der Kriegsschuld noch einer formalen Entschuldigung. Tatsächlich sagte Tanaka selbst schon 1973, dass die Frage, ob der Krieg gegen China ein Angriffskrieg gewesen sei, keineswegs geklärt sei.

Vielleicht waren es gerade diese Unklarheiten und das Verschweigen von Problemen, die das sino-japanische Rapprochement ermöglichten. So wie schon fast zwei Jahrtausende zuvor das Tributsystem deshalb funktioniert hatte, weil es unterschiedliche Perspektiven ermöglichte, ohne diese allzu scharf zu definieren (S. 13 f.), scheint auch 1972 der Verzicht auf rigide Sprachregelungen die Voraussetzung für ein Übereinkommen gewesen zu sein. Wie alle ›Freundschaften‹ hat auch die sino-japanische stets darauf beruht, dass man manche Dinge nicht so genau wissen wollte: Die Chinesen sprachen das Massaker von Nanjing nicht an, und die Japaner interessierten sich nicht für die mörderischen Kampagnen der Mao-Zeit.

Stattdessen blickten beide Seiten nach vorn. In den nächsten zehn Jahren wurden Dutzende sino-japanische Städtepartnerschaften begründet: u. a. zwischen Tianjin und Kōbe, Shanghai und Ōsaka, Xi'an und Nara, Peking und Tōkyō, Kanton und Fukuoka, Fuzhou und Nagasaki – und zwischen Nanjing und Nagoya. Die Anzahl der wechselseitigen Besucher – Geschäftsleute, Journalisten, Buddhisten und andere – stieg schon 1973 auf 10.000. Deng Xiaoping, der für den erkrankten Zhou Enlai die Pflege der Japan-Kontakte übernahm, empfing bis 1976 über 40 japanische Delegationen – mehr als aus jedem anderen Land der Welt. Im gleichen Zuge stieg auch das Handelsvolumen zwischen beiden Ländern erheblich an: Schon 1975 machte es 24 % des gesamten Außenhandels der VR China aus; Japan war Chinas größter Handelspartner. Die Japaner waren dabei vor allem an Rohstoffen – Öl und Kohle – interessiert, während China Maschinen und andere Fertigprodukte aus Japan importierte.

Die gegenseitige Annäherung gipfelte nach mehrjährigen Verhandlungen in einem Friedensvertrag zwischen Japan und der VR China, der am 12. August 1978 unterzeichnet wurde. Zhou Enlai und Mao Zedong waren zwei Jahre zuvor gestorben; jetzt war Deng Xiaoping zur Führungsperson der KP Chinas aufgestiegen: ein Politiker, der wie kein zweiter für die Modernisierung, Ent-Ideologisierung und Öffnung Chinas stand. Die Bilder seiner Amerikareise von 1979, mit Cowboyhut auf dem Kopf, sind ikonisch geworden. Aber noch bevor Deng in die USA reiste, fuhr er 1978 für zehn Tage – begleitet vom unermüdlichen Liao Chengzhi – zu den ›Vertrauten‹ nach Japan. Es war ein historisches Ereignis: das erste Mal in den 2000 Jahren sino-japanischer Beziehungen, dass ein so hochrangiger chinesischer Politiker Japan besuchte. Beide Seiten versicherten sich denn auch der gemeinsamen Geschichte, um ihre Gespräche einzuleiten: »Auch wenn es zwischen unseren beiden Ländern in der Vergangenheit eine Phase unglücklicher Vorfälle gegeben hat«, sagte Deng, »war das nicht mehr als ein kurzer Wimpernschlag in der 2000jährigen Geschichte des freundschaftlichen Austauschs zwischen China und Japan.« Jetzt sei er, Deng Xiaoping, wie 2000 Jahre zuvor Xu Fu, nach Japan gekommen, um das ›Kraut der Unsterblichkeit‹ zu suchen – nämlich das Geheimnis der Modernisierung. Damit hatte er den richtigen Ton getroffen: Hori Shigeru, der Vorsitzende des japanischen Unterhauses, erwiderte die Pläsanterie mit dem Hinweis, dass die gesamte japanische Kultur ja ursprünglich aus China stamme, worauf Deng entgegnete: »Dann sind jetzt die Rollen von Lehrer und Schüler umgekehrt.«

Die Geschichte schien sich zu wiederholen: 80 Jahre nachdem der Guangxu-Kaiser so energisch Reformen nach dem Meiji-Vorbild eingeleitet hatte, war sie wieder an einem Punkt angelangt, an dem ein chinesischer Führer Japan nacheiferte. Deng besuchte Stahlwerke, Elektronikhersteller und Automobilfabriken, fuhr staunend mit Luftkissenschiffen und dem Shinkansen, besichtigte Tempel und Burgen, gab Fernsehinterviews, sprach mit Managern und Politikern und traf sogar den Tennō. Für Deng Xiaoping muss das moderne Japan ähnlich eindrucksvoll gewesen sein wie einst für Huang Zunxian und andere Japan-Reisende des 19. Jahrhunderts: »Nachdem ich hierher gekommen bin, habe ich verstanden, was Modernisierung bedeutet«, sagte Deng seinen Gastgebern.

Deng Xiaopings Besuch leitete eine Phase der politischen Annäherung ein, wie es sie in der sino-japanischen Geschichte noch nicht gegeben hatte. 1983 reiste der Generalsekretär der KP Chinas, Hu Yaobang, für eine Woche nach Japan, um ›ein neues Jahrhundert der chinesisch-japanischen Freundschaft‹ einzuläuten. Er arrangierte gemeinsam mit Premierminister Nakasone Yasuhiro einen Besuch von 3000 japanischen Jugendlichen in China und bereitete die Gründung einer ›Kommission für sino-japanische Freundschaft im 21. Jahrhundert‹ vor. In einer Rede vor dem japanischen Parlament prophezeite er, dass diese Freundschaft nicht nur die Völker beider Länder über Generationen beglücken, sondern auch einen großartigen Beitrag »zum Frieden in der asiatisch-pazifischen Region und der ganzen Welt sowie zur Zivilisation des 21. Jahrhunderts und zum Fortschritt der Menschheit« leisten werde (*Zhongri wenhua* 2, 1). Damit war das Schlagwort vom ›asiatischen Jahrhundert‹ vorweggenommen, das ab den 1980er Jahren weltweit geläufig wurde. Es bündelt die Hoffnungen, aber auch – wie einst das Wort von der ›Gelben Gefahr‹ – die Sorgen, sich mit der Partnerschaft zwischen China und Japan verbanden. Japan war in den 1980er

Jahren auf dem Höhepunkt seiner wirtschaftlichen Entwicklung, die zweitgrößte Volkswirtschaft der Welt, und China hatte einen Aufstieg begonnen, der seine zukünftige Größe erahnen ließ: Wie auch immer sich das Verhältnis dieser beiden Länder entwickeln sollte, es würde Auswirkungen auf die ganze Welt haben.

Auch die Niederschlagung der Proteste auf dem Tian'an-men-Platz von 1989, bei der chinesische Soldaten Hunderte, wahrscheinlich Tausende Demonstranten und Bürger erschossen, tat der sino-japanischen ›Freundschaft‹ kaum einen Abbruch. Zwar schloss sich Japan den internationalen Sanktionen gegen China an, hob sie aber schon ein Jahr später wieder auf: Hätte Japan der KP-Führung ernsthaft ein Massaker am chinesischen Volk vorwerfen können? Stattdessen reiste Premierminister Kaifu Toshiki als erster ausländischer Regierungschef schon 1991 wieder nach Peking, um über nukleare Abrüstung zu verhandeln und zugleich einen weitaus bedeutenderen Staatsbesuch vorzubereiten: 1992 sollte der Tennō selbst China besuchen.

Die historischen Umstände waren günstig. 1989 war der Shōwa-Tennō, Hirohito, gestorben: der oberste Kriegsherr des Zweiten Weltkriegs, dessen Besuch in China undenkbar gewesen wäre. Sein Nachfolger hingegen, Akihito, der unter der vielversprechenden Devise Heisei, ›Frieden und Vollendung‹, amtierte, war historisch unvorbelastet. Nach einem vorbereitenden Besuch von Generalsekretär Jiang Zemin in Tōkyō war es am 23. Oktober 1992 soweit: Zum ersten Mal in der 2000jährigen Geschichte der sino-japanischen Beziehungen reiste ein Tennō nach China. Der Besuch stand ganz im Zeichen des Friedens. In Peking drückte der Tennō sein tiefes Bedauern angesichts des Leids aus, das Japan im Krieg über China gebracht habe; in Xi'an betrachtete er eine Tang-zeitliche Steinstele, auf der die Passage des *Kanons der Dokumente* eingemeißelt ist, aus der seine Regierungsdevise stammt: »Auf Erden Frieden, im Himmel Vollendung«. Mit dieser Symbolik schien sich ein Kreis geschlossen zu haben, der China und Japan endgültig wieder zusammenbrachte. »Mit eurem Land hat sich ein Verhältnis des gegenseitigen Einsatzes für eine Zukunft des ewigen Friedens und der Freundschaft entwickelt«, sagte Akihito seinen Gastgebern (He 2004, 60). Sein

Besuch bedeutete ›Frieden‹ und die ›Vollendung‹ einer Versöhnung, die genau 20 Jahre zuvor begonnen hatte.

Unter dem Schirm politischer Eintracht blühten die sino-japanischen Beziehungen auf. Mit Deng Xiaopings Programm der ›sozialistischen Modernisierung‹ begann Chinas rasante Entwicklung zur zweitgrößten Wirtschaftsmacht der Welt – und Japan war das Vorbild. ›Von Japan lernen‹ wurde zum Slogan der Zeit: Chinesische Medien priesen in vielen Beiträgen die Stärken der japanischen Gesellschaft: Das Schulsystem, das Selbstvertrauen und Individualität fördere, die qualitätsorientierten Management-Methoden, die Flexibilität sozialer Kontakte, die gesunde Ernährung, die öffentlichen Bibliotheken und andere Aspekte das modernen Japan wurden jetzt als vorbildlich dargestellt. In den nächsten Jahren besuchte eine Reihe von chinesischen Wirtschaftsdelegationen das Land, um sich von den Vorteilen japanischen Managements zu überzeugen; die Chinesische Akademie für Sozialwissenschaft gründete ein Institut für Japan-Studien; und die Zahl der chinesischen wissenschaftlichen Aufsätze über Japan stieg von zehn im Jahr 1977 auf 472 im Jahr 1985, die meisten davon im Bereich der Ökonomie.

China übernahm das japanische Erfolgssystem der 1950er und 60er Jahre, dessen dirigistische Wirtschaftspolitik eine vielversprechende Alternative zur sowjetisch inspirierten Planwirtschaft einerseits und zur freien Marktwirtschaft westlicher Prägung andererseits bot. So, wie Japan nach dem Zweiten Weltkrieg auf große Konzerne wie Mitsubishi, Toyota, Sony oder Panasonic gesetzt hatte, hielt China an großen Staatsbetrieben fest; so, wie der japanische Staat durch Steueranreize, billige Kredite, Subventionen und staatliche Investitionen das Wirtschaftsverhalten lenkte, tat es auch China; so, wie Japan vor allem von der Exportwirtschaft abhing, wuchs auch China hauptsächlich durch Exporte; wie Japan schützte China einheimische Unternehmen durch Zölle und andere protektionistische Maßnahmen.

Doch der japanische Einfluss ging noch viel weiter: Japan wurde zum weitaus größten Geldgeber Chinas. Allein zwischen 1979 und 2001 flossen im Rahmen der ›Öffentlichen Entwicklungszusammenarbeit‹ knapp 16 Milliarden US-Dollar von Japan an China: ein entscheidender Beitrag zur Kapitalakkumulation, welche die Grundlage des chinesischen Wirtschaftswachstums bildete. Im gleichen Zeitraum schickte Japan mehr als 4000 Ingenieure nach China, und über 9000 chinesische Ingenieure wurden in Japan ausgebildet. Wichtiger noch dürften die japanischen Direktinvestitionen in China gewesen sein. Schon kurz nach Deng Xiaopings Japanreise wurde ein Mammutprojekt beschlossen, in das Nippon Steel und viele weitere japanische Firmen investierten: das Baoshan-Stahlwerk in Shanghai, das ab 1979 von japanischen Ingenieuren nach Vorbild des Kimitsu-Werks in Chiba gebaut wurde. Es sollte – trotz einiger Schwierigkeiten beim Bau – zum fünftgrößten Stahlwerk der Welt und zur Mutter einer Industrie werden, die heute für die Hälfte der weltweiten Stahlproduktion verantwortlich ist. Vor allem ab 1986 stiegen die japanischen Direktinvestitionen sprunghaft an. Nach einem Handelskrieg zwischen Japan und den USA war der Yen 1985 deutlich aufgewertet worden. Daraufhin verlegten viele mittelständische japanische Unternehmen ihre Produktion nach China, wo die Lohnkosten geringer waren. Die Verlagerung der Produktion nach China sicherte japanischen Unternehmen das Überleben, und zugleich sorgte sie maßgeblich für den atemberaubenden Aufschwung der chinesischen Wirtschaft ab den späten 1980ern.

Zum einen zielte die Produktion japanischer Betriebe in China – Textilien, Nahrungsmittel, später Elektronikartikel und Fahrzeugteile – nicht auf den chinesischen Binnenmarkt, der noch kaum entwickelt war, sondern auf den *Export*: Sie bediente also genau den Sektor, der das chinesische Wirtschaftswachstum antrieb. Zum anderen ging damit ein Prozess- und Technologietransfer einher, der einen Quantensprung für die chinesische Wirtschaft bedeutete.[20] Es ist kein Zufall, dass chinesische Unternehmen in den folgenden Jahren nach und nach in genau den Bereichen führend wurden, in die Japaner dort investiert hatten: Nachdem Nippon Steel in das Baoshan-Stahlwerk investiert hatte, wurde China zum größten Stahlproduzenten der Welt; Hisense hatte erst mit Panasonic kooperiert und wurde dann zu einem weltweit führenden Hersteller von Fernsehern und Haushaltselektronik; nachdem Sumitomo in TCL investiert hatte, wuchs TCL zu einem Weltkonzern der Unterhaltungs- und Telekommunikationselektronik an; Mindray, einst ein wohl von Japan finanzierter Zulieferer von Olympus und Hitachi aus Shenzhen, ist mittlerweile selbst ein *global player* in der Medizintechnik. Japanische Direktinvestitionen haben maßgeblich zum chinesischen Wirtschaftswunder beigetragen – und zugleich zum Ende des eigenen Wirtschaftswunders.

Die Jahre von 1978 bis 1992 waren in jeder Hinsicht eine Hochzeit sino-japanischer Beziehungen. Beide Länder feierten nicht nur ihre gemeinsamen Projekte, sondern auch ihr gemeinsames Kulturerbe. Noch 1979 wurde in Xi'an eine fast vier Meter hohe Gedenkstele für Abe no Nakamaro aufgestellt (S. 53); buddhistische Gruppen statteten sich gegenseitige Besuche ab; Künstler beider Länder kamen bei Ausstellungen, Konzerten, Dichterlesungen, Kalligraphie-Demonstrationen und anderen Veranstaltungen zusammen; der Abt des Tōfuku-ji spendete, eingedenk der Lehrjahre Ennis im Jingshan-Kloster, eine große Summe für dessen Wiederaufbau (S. 444, Anm. 12); ein renommierter Pekinger Verlag publizierte eine zehnbändige Reihe mit Aufsätzen japanischer Sinologen; und chinesische Wissenschaftler schrieben Werke zur gemeinsamen sino-japanischen Geschichte, deren Vorworte den jahrtausendelangen freundschaftlichen Verkehr priesen. Auch für sie stand fest: »Indem das chinesische und das japanische Volk ihre Freundschaft von Generation zu Generation fortführen, sind sie im Einklang mit dem Gang der Geschichte.«[21] In vielerlei Hinsicht knüpfte der sino-japanische Kulturaustausch der 1980er Jahre an die goldene Zeit der 1920er Jahre an: Schon 1981 reisten gut 17.000 Chinesen nach Japan, die Zahl der japanischen Besucher in China überstieg sogar 100.000. Wie einst schrieben sich Tausende chinesische Studenten in japanischen Universitäten ein, viele Japaner gingen zum Studium nach China. Auch japanische Literatur wurde wieder systematisch ins Chinesische übersetzt. Im Rahmen einer »Buchreihe der japanischen Literatur« (*Riben wenxue congshu*) erschienen ab den frühen 1980ern Übersetzungen des *Kojiki*, *Nihon shoki*, *Manyōshū*, *Genji monogatari*, *Heike monogatari* und anderer Klassiker, aber auch moderne Autoren wie Kawabata Yasunari wurden jetzt erstmals einem chinesischen Publikum zugänglich. Die *Große chinesische Enzyklopädie*, ein staatliches Vorzeigeprojekt, das zwischen 1978 und 1993 publiziert wurde, nahm über 200 Artikel zur japanischen Literatur auf, Literaturzeitschriften widmeten ihr ganze Ausgaben, und einige chinesische Autoren versuchten sich sogar mit chinesischen Adaptationen japanischer *haiku*.

Vor allem ein Medium aber sorgte dafür, dass japanische Kultur China in größerer Breite erreichte als je zuvor: der Film. Die Filme von Kumai Kei, Nakamura Noboru, Yamamoto Satsuo und anderen Regisseuren wurden in den 1980er zu Blockbustern in chinesischen Kinos. Insbesondere ihre kritische Darstellung der japanischen Gesellschaft, von Korruption, Unterdrückung und der Brutalität des Krieges dürfte ihren Erfolg beim chinesischen Publikum ausgemacht haben. Auch das Fernsehen – ein neues Medium im China der 1980er – strahlte japanische Produktionen aus: Liebesfilme, aber auch Serien wie *Oshin* (chin. *Axin*), die Geschichte vom entbehrungsreichen Leben einer japanischen Frau von der Meiji-Zeit bis in die 1980er Jahre. Sie brachten japanische Lieder, Geschichten und Schicksale in chinesische Haushalte. Erstmals bekam das chinesische Volk einen tieferen Eindruck vom Leben in Japan, litt und sympathisierte mit den Filmcharakteren und fühlte sich den Japanern dadurch wohl stärker verbunden, als die politische Rhetorik von der ›Freundschaft‹ es je bewirken konnte. Doch war es eine merkwürdig naive, geschichtsvergessene Zuneigung, die der Film erweckte. *Oshin* etwa zeigt das harte Leben einer Japanerin in Tōkyō während des Krieges – und verschweigt, was ihre Landsleute zur gleichen Zeit in China anrichteten. Ein anderes Beispiel ist Kumai Keis melodramatischer Film *Sandakan No. 8*: Er erzählt die Geschichte eines japanischen Mädchens, das von seinen verarmten Eltern an ein Bordell in Britisch-Nordborneo verkauft wird, dort ein Leben ohne Liebe fristet und nach seiner Rückkehr von der japanischen Gesellschaft verachtet wird. – Ob dem mitleidenden chinesischen Publikum klar war, wie viele ihrer eigenen Großmütter während des Krieges das gleiche Schicksal erlitten hatten?

Die Chinesen, die gerade die Katastrophen der Mao-Zeit überstanden hatten, konnten ihre Geschichte noch lange nicht aufarbeiten:

Die Kulturrevolution war tabu, ebenso die große Hungersnot und die Mordkampagnen der 1950er Jahre, und das Narrativ des Zweiten Weltkriegs konzentrierte sich auf das Versagen der GMD und das Heldentum der KP Chinas. In Japan hingegen brachten Autoren, Künstler, Journalisten und Filmemacher seit einigen Jahren Licht in die Schatten der Geschichte. Der Journalist Honda Katsu'ichi publizierte ab 1971 unter dem Titel »Reise nach China« (*Chūgoku no tabi*) eine vielbeachtete Reihe von Artikeln in der *Asahi shimbun*, in denen er aufgrund der Aussagen chinesischer Überlebender von den Gräueln des Zweiten Weltkriegs berichtete: vom Nanjing-Massaker, den biologischen Experimenten mit Kriegsgefangenen, von Zwangsprostitution und der Strategie der ›dreifachen Auslöschung‹ (Honda 1977 und 1999). Erst diese Publikationen konfrontierten große Teile des japanischen Volks mit den Verbrechen der japanischen Armee: Sie »sandten eine Schockwelle durch die japanische Gesellschaft« (He 2004, 233). Das Künstlerpaar Maruki Iri und Toshi, das zuvor schon die nukleare Zerstörung Hiroshimas in einer Serie großformatiger Bilder dargestellt hatte, stellte diesen 1975 ein ebenso düsteres Gemälde des Nanjing-Massakers zur Seite. Japaner als Opfer neben Japanern als Tätern – beide Rollen wogen gleich schwer.

In den 1980er Jahren erschienen weitere Zeugenberichte von japanischen Kriegsverbrechen: Die buddhistische Sōka gakkai publizierte zwei Bände mit Kriegserinnerungen ihrer Mitglieder; ein ehemaliger Soldat, Azuma Shirō, gestand öffentlich seine Beteiligung am Nanjing-Massaker und publizerte 1987 seine Tagebücher von 1937/38; die ›Vereinigung zu Angedenken und Erinnerung an die Opfer des Pazifischen Krieges‹ trug zwischen 1987 und 2000 sogar 13 Bände *Stimmen Asiens* (*Ajia no koe*) zusammen: eine *oral history* der Massaker, Zwangsprostitution, biologischen Kriegsführung und anderer Kriegsverbrechen der Japaner aus der Sicht ihrer Opfer.[22] Die Fakten lagen auf dem Tisch.

Doch all das tat der versöhnlichen Stimmung zunächst keinen Abbruch. Noch 1992 konnte ein chinesischer Autor einen *Geschichtlichen Abriss über die chinesisch-japanische Freundschaft* schreiben, in dem er die gedeihlichen Beziehungen aufs Höchste lobte:

> Eine derart lange und enge traditionelle Freundschaft wie zwischen China und Japan ist in der Geschichte internationaler Beziehungen, weltweit betrachtet, sehr selten. Die Geschichte der Freundschaft, welche das chinesische und das japanische Volk gemeinsam komponiert haben, wird sich noch lange weiter fortsetzen. (Ge 1992, 1)

Wie sehr er sich irren sollte! Schon in den 1980er Jahren hatte es Irritationen im Verhältnis beider Länder gegeben, und das Jahr 1992, das den Besuch des Tennō erlebte, markierte nicht nur den Höhepunkt der sino-japanischen Versöhnung, sondern auch ihr vorläufiges Ende. Schon bald sollte nicht mehr von ›ewiger Freundschaft‹ die Rede sein, sondern vom ›ewigen Konflikt‹.

## Vom Schulbuchstreit zum Inselstreit: Die Konstruktion des ›ewigen Konflikts‹

Die sino-japanische Annäherung war auch dadurch ermöglicht worden, dass manche Probleme zwischen beiden Ländern nicht angesprochen oder nur vage artikuliert wurden. Doch sie lauerten stets unter der Oberfläche und mit ihnen der Ungeist des Nationalismus, der Japan und China schon ein Jahrhundert zuvor entzweit hatte: die obsessive Fixierung auf das Prestige der eigenen Nation, gepaart mit der »Überzeugung, dass sich die Vergangenheit ändern lässt« (G. Orwell). Genau damit begann es: mit einer Änderung der Geschichte. 1982 verstörte eine Meldung japanischer Medien die chinesische und koreanische Öffentlichkeit, der zufolge das japanische Bildungsministerium die historische Darstellung des Krieges in Schulbüchern beschönigen wolle. So sollten etwa die unten stehenden Formulierungen wie folgt abgewandelt werden:

| Alte Fassung | Neue Fassung |
| --- | --- |
| Die japanische Armee verübte Aggressionen gegen Nordchina (Manjureizwischenfall 1937). | Die japanische Armee rückte nach Nordchina vor. |
| In den besetzten Gebieten herrschten Tyrannei und Ausbeutung. Auch die Strategie der ›dreifachen Auslöschung‹ an der Chinafront stieß auf immer größere Schwierigkeiten. Darüber hinaus wurden Koreaner und Chinesen zwangsweise auf die japanische Hauptinsel verschleppt und dort u. a. in Bergwerken ausgepresst und geschunden. | In den besetzten Gebieten gab es Raub und Unterdrückung. Gegen die überstrenge Herrschaft Japans entwickelten sich in den besetzten Gebieten Widerstandsbewegungen, und das japanische Militär war sehr damit beschäftigt, die öffentliche Sicherheit aufrechtzuerhalten. (Zit. nach: Pestemer-Plöthner 1983, 80) |

Chinesische Medien reagierten mit Artikeln über japanische Gewaltverbrechen im Zweiten Weltkrieg; das Nanjing-Massaker und die ›dreifache Auslöschung‹ wurden ausführlich beschrieben. Auch die Regierung der VR China protestierte, woraufhin die japanische Regierung zerknirscht die Regeln für die Zulassung von Schulbüchern änderte. Ähnliches passierte 1984, als die Zeitung *Sekai Nippō* eine Reihe von Aufsätzen publizierte, die das Massaker von Nanjing leugneten. Wieder gab es einen wütenden Aufschrei in der chinesischen Presse – ebenso wie in der taiwanesischen. Das Muster wiederholte sich noch einmal, als am 15. August 1985, anlässlich des 40. Jahrestages des Kriegsendes, der japanische Premierminister Nakasone Yasuhiro in offizieller Funktion den Yasukuni-Schrein in Tōkyō besuchte. Der Schrein, der in der Meiji-Zeit errichtet wurde, ist japanischen Soldaten gewidmet, die im Krieg gefallen sind; seit 1978 sind dort auch 14 Tafeln für Klasse-A-Kriegsverbrecher aus dem Zweiten Weltkrieg aufgestellt – kein Wunder, dass Korea und China den Besuch des Premiers als Affront ansahen und vehement dagegen protestierten.

Nun war Nakasone nicht der erste Premierminister, der den Yasukuni-Schrein besuchte, und auch der japanische Geschichtsrevisionismus war keineswegs neu. Schon seit den 1950er Jahren hatten nationalkonservative Kreise in Japan gefordert, die ›erbärmlichen‹ Lehrbücher umzuschreiben, da sie einen »übertrieben negativen Eindruck vom Krieg« vermittelten, die Verdienste der Vorfahren nicht würdigten und keine Liebe zur Nation weckten. Vor allem die ungeschminkte *Neue Geschichte Japans* (*Shin Nihon shi*) des Historikers Ienaga Saburō wurde mehrfach zensiert, um die Darstellung des Krieges abzumildern; andere Publikationen sprachen unverhohlen propagandistisch vom ›Großen Ostasiatischen Krieg‹ und stellten Japans Expansion als anti-imperialistischen Abwehrkampf oder gar als zivilisatorische Mission dar.[23] Doch erst jetzt erregte diese Debatte auch in China die Gemüter. Der Grund dafür dürfte weniger in der Sache selbst liegen als im ideologischen Wandel der KP Chinas: Nach dem Tod Maos war auch die ›permanente Revolution‹ zu Ende, welche die Chinesen unablässig gegen ›Klassenfeinde‹ im eigenen Volk aufgehetzt hatte. Der ›Klassenkampf‹ hatte sich als ideologische Leitlinie verbraucht, er war abgelöst worden durch Deng Xiaopings marktwirtschaftliche Reformen. Doch es war genau die Orientierung an *Klassen* gewesen, die sino-japanische Solidarität im 20. Jahrhundert über nationale Grenzen hinaus so plausibel gemacht hatte (S. 360). Sobald dieses Klassendenken wegfiel, gewann die Identität als *Nation* wieder an Bedeutung.

Der japanische Geschichtsrevisionismus der 1980er war der Anlass dafür, dass die VR China erstmals eine gemeinsame Position *mit* Taiwan *gegen* die Japaner einnahm. Die gleiche Konstellation ergab sich 1985 in einer Ausstellung des Militärmuseums der Revolution des chinesischen Volkes anlässlich des 40. Jahrestages des Kriegsendes: Dort wurden zum ersten Mal die Verdienste der GMD-Truppen hervorgehoben, die »diesen entscheidendsten aller Kriege ausfochten.« Nicht mehr der Bürgerkrieg stand im Fokus der Geschichte, sondern der anti-japanische Krieg; nicht mehr das Versagen der GMD im Gegensatz zum Heldentum der KP Chinas, sondern der *gemeinsame* Kampf beider gegen die Japaner. Damit gewannen auch die Verbrechen der Japaner eine neue Bedeutung.

Im selben Jahr, 1985, wurde im Westen Nanjings eine Gedenkhalle für die Opfer des Massakers von Nanjing errichtet: noch nicht die überwältigende Anlage von heute, sondern »ein trauriger, schlecht instand gehaltener Ort in einem armen Vorort« (Buruma 2009, 127), dessen Ausstellung sich offenbar vor allem an die Nanjinger selbst richtete. Aber es war ein Zeichen. Nachdem das Massaker von Nanjing fast ein halbes Jahrhundert lang keine besondere Aufmerksamkeit erhalten hatte, erhielt es jetzt sein Mahnmal.[24] Zwei Jahre später wurde in einem Außenbezirk von Peking, nahe der Marco-Polo-Brücke, eine Gedenkhalle für den Widerstandskrieg gegen Japan eröffnet. Der Anlass dafür war auch diesmal ein Jubiläum, der 50. Jahrestag des Angriffs auf China, aber der *Grund* dürfte wiederum im ideologischen Paradigmenwechsel der KP Chinas zu suchen sein: Jetzt waren nicht mehr revolutionäre, sondern *nationale* Symbole gefragt. Die Ausstellung zeigte dramatische Szenen japanischer Gräueltaten und des patriotischen Widerstands der Chinesen – aller Chinesen – gegen die Aggressoren. Die Botschaft: Der heroische Abwehrkampf des chinesischen Volkes, nicht der Kriegseintritt der Sowjetunion oder die Atombomben der USA, hätten die Niederlage Japans herbeigeführt. Auch die Chinesen begannen ihre Geschichte zu ändern.

Diese Entwicklung deutete sich in den 1980er Jahren lediglich an und tat den gedeihlichen Beziehungen zu Japan noch keinen Abbruch. Der Protest gegen den japanischen Geschichtsrevisionismus war eher eine Mahnung unter Freunden, Premier Nakasone versprach, den Yasukuni-Schrein zukünftig nicht mehr zu besuchen, die politische und wirtschaftliche Zusammenarbeit lief ungebrochen weiter. Nach der Niederschlagung der Studentenproteste im Juni 1989, als die westliche Welt China mit Sanktionen belegte, waren die Japaner die ersten, die ihre Investitionen und Entwicklungshilfezahlungen wieder aufnahmen. Sie trugen maßgeblich dazu bei, dass die chinesische Wirtschaft sich von diesem Rückschlag so schnell wieder erholte.

All das änderte sich jedoch Anfang der 1990er Jahre. Schon 1991, als Reaktion auf die Proteste vom Tian'anmen-Platz – und gleichsam kompensatorisch für die Morde am eigenen Volk –, begann die KP Chinas eine ›Kampagne zur patriotischen Erziehung‹. Dem schädlichen Einfluss des Westens, den die Parteispitze hinter den Protesten vermutete, stellte sie die Liebe zum Vaterland – und das hieß zugleich: zur Partei – entgegen. Die Partei, die das chinesische Volk kurz zuvor noch in Freunde und Feinde gespalten hatte, legitimierte sich jetzt als Garantin des nationalen Zusammenhalts. Sie würde, so war es 1985 beschlossen worden, 1997 Hongkong zurückerhalten, 1999 auch Macao – und Taiwan sollte folgen.

In dem Maße aber, in dem die VR China innere Mauern einriss, verstärkte sie ihre rhetorische Abgrenzung nach außen, das heißt auch: gegen Japan. Mehrere Faktoren kamen Anfang der 1990er zusammen, die diese Entwicklung beförderten. Erstens war die Sowjetunion, Chinas Hauptfeind von einst, dessen Drohgebärden die Bindung an die USA und an Japan einst veranlasst hatten, 1991 zerfallen: Ohne diesen Feind verlor Japan als Partner an Bedeutung. Zweitens war China ökonomisch stärker und politisch selbstbewusster geworden: Während Japans Wirtschaft nach dem Platzen der Immobilienblase 1992 stagnierte, wuchs die chinesische ab 1993 jährlich um mehr als 10 %. Drittens war in Taiwan 1988 mit Lee Teng-hui erstmals ein Taiwanese Präsident geworden: ein Mann, der in der japanischen Besatzungszeit aufgewachsen war, sich nach eigenem Bekunden in seiner Jugend als ›Japaner‹ gefühlt hatte und den japanischen ›Geist‹ als wichtigen Teil der taiwanesischen Kultur betrachtete. Die KP-Führung musste besorgt sein, dass Taiwan unter seiner Führung näher an Japan rücken würde.

Das Zusammenspiel dieser Faktoren führte dazu, dass die VR China den nationalistischen Diskurs in den nächsten beiden Jahrzehnten in einer Weise steigerte, dass er dem der japanischen Rechten in nichts mehr nachstand. So, wie chinesische Unternehmen ihre japanischen Konkurrenten in Technologien ausstachen, die sie von ihnen übernommen hatten, überboten Chinesen die Japaner in der nationalistischen Rhetorik, die sie einst von ihnen gelernt hatten (S. 311). Anlässe, an denen der Nationalismus sich entzünden konnte, ließen sich für beide Seiten leicht finden: Peking protestierte gegen die Einladung des taiwanesischen Vize-Premierministers zu den Asienspielen nach Hiroshima 1994 (Taiwan trat dort als ›Chinese Taipeh‹ an); Japan reagierte auf die zunehmende Militarisierung Chinas mit dem Abbruch seiner Entwicklungshilfe – woraufhin Premierminister Li Peng behauptete, dass diese Entwicklungshilfe ein Ersatz für nicht gezahlte Kriegsreparationen sei und Japan eine moralische Verpflichtung habe, sie zu leisten. Jetzt wurden auch Stimmen laut, die eine ausdrückliche Entschuldigung Japans für seine Kriegsverbrechen forderten: Weder die Formulierung Tanakas von 1972 noch die des Tennō von 1992 galten mehr als akzeptabel. Chinesische Medien publizierten Klagen von Kriegsopfern, Jiang Zemin sprach in einer Rede von unerhörten 35 Millionen Kriegstoten in China, und die Regierung ließ 1995 die Gedenkhalle für die Opfer des Massakers von Nanjing aufwendig renovieren. Der steinerne Keil der Haupthalle symbolisiert seither die Spaltung zweier Länder, die am Umgang mit der gemeinsamen Geschichte scheitern.[25]

Die Spirale nationalistischer Anfeindungen schraubte sich in den 2000er Jahren weiter hoch: 2001–04 besuchte Premierminister Koizumi Jun'ichirō, trotz chinesischer und japanischer Proteste, mehrmals den Yasukuni-Schrein; 2004 kam es nach einem Fußball-Länderspiel, das Japan gewonnen hatte, zu massiven Ausschreitungen; und 2005 rief die Neuauflage eines revisionistischen Schulbuchs in Japan vehemente Proteste in China hervor: Zehntausende Demonstranten zogen in Peking, Shanghai und anderen Städten durch die Straßen, demolierten japanische Autos und Restaurants, warfen Steine auf die Japanische Botschaft in Peking; manche sangen die chinesische Nationalhymne, andere trugen T-Shirts mit dem blutverschmierten Gesicht von Koizumi, Banner riefen zum Boykott japanischer Waren auf. Der chinesische Nationalismus, von der KP initiiert, hatte längst eine Eigendynamik gewonnen, die sich der Kontrolle der Partei entzog. Die Szenen von 2005 erinnerten an jene von 1925, als in ganz China anti-japanische Proteste ausbrachen (S. 372); aber sie gemahnten auch auf beklemmende Weise an die Kulturrevolution, als ›Klassenfeinde‹ in Massenveranstaltungen niedergemacht wurden. Das chinesische Volk ließ sich noch immer für gewalttätige Kampagnen mobilisieren – nur das Feindbild hatte sich geändert.

Chinas nationaler Furor nährte sich zugleich vom staunenswerten Aufstieg Chinas zur wirtschaftlichen Großmacht. In den 1990er Jahren lag das Wachstum solide im zweistelligen Bereich; die Asienkrise von 1997 konnte China – im Gegensatz zu Japan – wenig anhaben; der Beitritt zur Welthandelsorganisation 2001 verlieh Chinas Außenhandel zusätzlichen Schwung; und im Jahr 2010 war es schließlich soweit: Nach Angaben der Weltbank lag Chinas Bruttoinlandsprodukt bei 1,38 Billionen US-Dollar, während Japan nur 1,28 Billionen US-Dollar erreichte. China hatte Japan als zweitgrößte Volkswirtschaft der Welt abgelöst.

Mit der Wirtschaftsleistung stieg auch Chinas Anspruch, eine politische Führungsrolle einzunehmen. Vom ›Wiederaufstieg‹ war jetzt die Rede: China sollte, wie einst in der Kaiserzeit, wieder zum ›Reich der Mitte‹ werden, das dem Rest der Welt seine Ordnung vorschrieb. Dieser Anspruch drückte sich auch in dem Streit um die Diaoyu-/Senkaku-Inseln aus, jenes winzige Archipel im Ostchinesischen Meer, das halbwegs zwischen Taiwan und Okinawa, rund 350 km vor der chinesischen Küste, liegt. Japan hatte diese Inseln 1895 besetzt und kurz darauf an einen Privatunternehmer verkauft; 1945 waren sie unter amerikanische Militärverwaltung gekommen. Danach war ihr Status ungeklärt geblieben; bei den Verhandlungen 1972 und 1978 hatte China das Thema noch explizit ausgeklammert. Doch Mitte der 1990er Jahre reklamierte auch China die Inseln für sich, und damit begann ein handfester Streit. China berief sich auf alte Landkarten, auf denen die Inseln als Teil des Ming-Reichs eingezeichnet seien, Japan pochte darauf, dass sie noch Ende des 19. Jahrhunderts völlig unbewohnt gewesen seien. Keine Seite vermochte mit ihren Argumenten zu überzeugen.

China hatte 1995 Erdölbohrungen in der Nähe des Archipels begonnen, 1996 errichteten japanische Nationalisten auf einer der Inseln einen Leuchtturm, in den folgenden Jahren kam es mehrmals zu Zusammenstößen zwischen chinesischen Fischkuttern und der japanischen Küstenwache. Der Streit eskalierte 2012, als Japan die Inseln von den Privatbesitzern zurückkaufte und verstaatlichte: In China kam es wieder zu wütenden Demonstrationen, und vor den Inseln umkreisten zeitweise Dutzende Schiffe – zivil und von der Küstenwache – einander; gerade so nah, dass sie einen gewaltsamen Zwischenfall eben noch vermieden.

Chinesische Proteste gegen Japans Ansprüche auf die Diaoyu-/Senkaku-Inseln, 2012. »Verpisst euch!«, steht auf dem T-Shirt, andere Banner forderten den Tod von Premierminister Noda oder erklärten die Inseln »für Japaner und Hunde verboten«.

Die Schulbücher, der Yasukuni-Schrein, die Diaoyu-/Senkaku-Inseln: Diesen Zankäpfeln wurde in den letzten zwei Jahrzehnten größte mediale Aufmerksamkeit zuteil, wenn es um sino-japanische Beziehungen ging. Jetzt erschien es plausibel, diese Beziehungen als »lange Strecke wiederkehrender Konflikte« zu beschreiben, »gipfelnd in brutalen Kriegen und ohnegleichen sowohl in ihrer Häufigkeit als auch in dem Ausmaß an Verlusten und menschlichem Leid, die sie gebracht haben« (Hsiung 2007, xi). Doch ›die sino-japanischen Beziehungen‹ ließen sich noch nie auf politische Konflikte reduzieren. Während die Eliten der Song- und Heian-Zeit sich gegenseitig ignorierten, machten private Händler zwischen China und Japan glänzende Geschäfte, und Mönche sorgten für regen Kulturaustausch; als die Tokugawa jeden offiziellen Kontakt mit China unterbanden, inspirierten sich Künstler und Gelehrte weiterhin, Händler arbeiteten umso enger zusammen; und das herzliche Miteinander von Malern und Schriftstellern brach selbst dann nicht ab, als Japan kurz davor stand, China militärisch zu überrollen.

Gerade im 20. Jahrhundert ist die Rede von ›den‹ sino-japanischen Beziehungen irreführend: Nicht nur, weil es mittlerweile *zwei* Chinas gibt, sondern auch, weil sich die japanische und – unterbrochen durch den Totalitarismus der Mao-Zeit – die chinesische Gesellschaft immer deutlicher funktional differenziert haben. Während die Politiker beider Länder sich gegenseitig verteufelten, arbeiteten die Unternehmer weiterhin profitabel zusammen, japanische Kredite und Entwicklungshilfe flossen weiter. 2004, als in China anti-japanische Proteste eskalierten, wuchs der Handel zwischen beiden Ländern um 27 %: »Politisch kalt und wirtschaftlich warm« hat ein chinesischer Politiker die Beziehungen einst genannt. Vielleicht konnten Politiker einander gerade deshalb so trefflich anfeinden, weil die Wirtschaft und andere Bereiche der Gesellschaft unbeirrt davon weiter kooperierten.

Während japanische Nationalisten der rechtsradikalen Issuikai, Nihon seinensha und vieler anderer Organisationen ein geklittertes Geschichtsbild vermitteln und die VR China pauschal diskreditieren,[26] gehört chinesische Literatur weiterhin – als integraler Bestandteil *japanischer* Kultur – zum Schulcurriculum. Im japanischen Fernsehen werden noch immer chinesische Gedichte besprochen, Manga-Versionen des *Shuihu zhuan* begeistern junge Leser, Werke zu chinesischer Kultur und Geschichte füllen die Regale der Buchläden. 2008 erhielt die in Japan lebende Chinesin Yang Yi (jap. Yan Ii, geb. 1964) für ihren Roman über die Ehe eines Chinesen mit der Tochter eines japanischen Kriegswaisen aus der Manjurei den japanischen Akutagawa-Preis: die erste Nicht-Muttersprachlerin überhaupt, die diesen prestigeträchtigen Literaturpreis erhielt. Während chinesische Computernerds ›patriotische‹ Online-Spiele wie *Anti-Japan War Online*, *Defend the Diaoyu Islands* oder *Shoot the devils* spielen, in denen es ausschießlich darum geht, Japaner – hässlich, klein und dunkelhäutig – zu massakrieren, arbeiten Wissenschaftler beider Länder enger zusammen denn je. Japanische und chinesische Forscher kooperieren in internationalen Projekten; manche haben Professuren sowohl in China als auch in Japan; und es zieht immer mehr Chinesen zum Studium nach Japan: 130.000 sollen es 2018 gewesen sein, viele davon in Doktorandenprogrammen, und nicht wenige von ihnen bleiben auch nach dem Studium im Lande. Alle elf Minuten verliebt sich ein Chinese in eine Japanerin. Während sich chinesische und japanische Diplomaten voneinander distanzieren, überschwemmt eine Welle chinesischer Touristen die japanischen Inseln: 2018 waren es mehr als acht Millionen (während gut zweieinhalb Millionen Japaner nach China reisten). Wie gut ein Jahrhundert zuvor dürfte Japan für Chinesen durch seine geographische Nähe, die Vertrautheit seiner Schrift und die Ähnlichkeit seiner Kultur attraktiv sein. Mehr noch: Japan ist *cool*. Der globale Erfolg seiner Popkultur ist auch an jungen Chinesen nicht vorbeigegangen. Während Demonstranten zum Boykott japanischer Waren aufrufen, haben Manga, Musik und Mode aus Japan Städte wie Shanghai längst erobert. Auch die japanische Sprache wirkt wieder stilbildend – wenngleich nicht im selben Maße wie am Ende der Qing-Zeit. Heute ist es vor allem die chinesische Jugendsprache, die mit Japonismen durchsetzt ist: Man sagt *ijibang* (< jap. *ichiban*) für ›hervorragend‹, *kawayi* (< jap. *kawaii*) für ›süß‹ und *renqi* (< jap. *ninki*) für ›beliebt‹; niedliche Kinder heißen *zhengtai* oder *luoli* – nach der Manga-Figur Kaneda Shōtarō bzw. der japanischen Lolita-Mode.[27]

All das geschieht weitgehend unabhängig vom politischen Klima. Egal, ob japanische und chinesische Politiker sich gerade provozieren oder wieder einmal die sino-japanische Freundschaft lobpreisen:[28] Ihre Beziehungen bleiben vielschichtig und untrennbar ineinander verwoben. Vielleicht haben sich beide Länder in den letzten Jahrzehnten gerade deshalb so leidenschaftlich entzweit, weil sie sich so ähnlich geworden sind – nicht in ihren politischen Systemen, aber auf vielen anderen Ebenen: China hat mit denselben Mitteln wie Japan ein ähnliches Wirtschaftswunder geschafft wie dieses eine Generation zuvor; der Warenkorb des chinesischen Exports entspricht heute weitgehend dem Japans von vor 30 Jahren; jenseits aller Streitigkeiten um Schulbücher sind die Erziehungssysteme beider Länder einander frappierend ähnlich; und gerade der virulente Nationalismus, der beide gegeneinander aufbringt, deutet in der Analogie seiner Formen eher auf Gemeinsamkeiten denn auf Unterschiede. Vielleicht wirkt darin noch immer der

›Geburtsfehler‹ nach, an dem beide Nationen laborieren: die defizitären Fremdbeschreibungen durch den Westen, die für Japan und China zu Selbstbeschreibungen geworden sind und zu einer Mischung aus übersteigertem Stolz und Empfindlichkeit geführt haben. Auch und gerade dort, wo Chinesen und Japaner auf Differenzen zwischen ihren Kulturen beharren, verweisen sie darauf, wieviel sie eigentlich verbindet.

Die sino-japanischen Beziehungen sind auch im 21. Jahrhundert ein Paradox.

# Anhang

# Anmerkungen

## Einleitung

1 Ähnlich wie in der europäischen Geschichte herrscht auch unter Historikern Chinas und Japans keine Einigkeit darüber, wie diese Epochen zu datieren seien (oder ob sie überhaupt angemessen seien). Wenn man die Einführung der Schrift als Kriterium für den Beginn des Altertums und die gesellschaftsweite Dominanz des Buddhismus als Hauptkriterium für das Mittelalter ansetzt, ergibt sich in etwa das folgende Bild:

| | **China** | **Japan** |
|---|---|---|
| 2000 v. Chr. | Bronzezeit | Steinzeit |
| 1000 v. Chr. | Altertum | |
| 4. Jh. v. Chr. | Klassische Zeit | Bronze-/Eisenzeit |
| 0 | Mittelalter | |
| 500 | | Altertum |
| 900 | Neuzeit | Klassische Zeit |
| 1200 | | Mittelalter |
| 1700 | | Neuzeit |
| 1868 | | Moderne |
| 1919 | Moderne | |

Diese Daten sind approximativ, umstritten und sollten nicht durchweg mit kulturellen Niveaus gleichgesetzt werden: denn in seinem ›Mittelalter‹ war Japan kulturell ähnlich entwickelt wie China, wenngleich politisch viel weniger zentralisiert und weitaus stärker vom Buddhismus geprägt. Der Vergleich zeigt auch, dass die japanische ›Neuzeit‹ deutlich kürzer war als die chinesische, so dass die Japaner ca. 50 Jahre vor China – wiewohl auch diese Daten nicht als präzise Epochenschwellen zu verstehen sind – in die Moderne eingetreten sind.

2 Die Forschung zum sino-japanischen Kulturaustausch nahm, abgesehen von wenigen Pionierwerken (Wang Jiwu 1963 [1937], Liu Baimin 1955, Yu Yousun 1964 und 1964a, Song Yuelun 1966) erst nach Ende der Mao-Zeit an Fahrt auf. Seit den 1980er Jahren sind auf Chinesisch eine Reihe von Aufsatzsammlun-

gen zur Geschichte des sino-japanischen Beziehungen wie *Zhongri wenhua jiaoliu shi lunwen ji* (1982), *Zhongri guanxi shi lunji* (1982–84), *Zhongri wenhua yu jiaoliu* (1984–85), Wang Xiaoqiu 1996, Wang Jianmin 2007 u.a. erschienen. Dabei sind v.a. die 14bändige Reihe mit Studien von Zheng Liangsheng (1990–2009) sowie, mit Schwerpunkt auf der späten Kaiserzeit und Taiwan, die 13bändige, in Japan publizierte Reihe *Higashi Ajia no naka no Nihon rekishi* (1988–90) sowie die 11bändige Reihe *Guanxi daxue Dongya haiyu jiaoliushi yanjiu congkan* (2010–19) hervorzuheben. Die wertvollste Ressource ist das 10bändige Überblickswerk *Nitchū bunka kōryū sōsho* (1996–98), dessen Einzelbände zu Geschichte, Recht, Geistesgeschichte, Religion, Gebräuchen, Literatur, Kunst, Technik, Büchern und Menschen jeweils gemeinsam von einem japanischen und einem chinesischen Wissenschaftler herausgegeben wurden. Eine ähnliche Kooperation zur ›gemeinsamen Erforschung der japanisch-chinesischen Geschichte‹ wurde 2006 unter der Schirmherrschaft der Außenminister von China und Japan begonnen. Bis 2009 fanden vier Konferenzen statt, deren Ergebnisse in zwei Bänden publiziert wurden (*Nitchū rekishi kyōdō kenkyū hōkokusho*, 2014). Danach ist die gemeinsame Forschung offenbar nicht fortgesetzt worden. In westlichen Sprachen gibt es kaum Überblickswerke zu sino-japanischen Beziehungen; zu nennen sind v.a. einige Konferenzbände aus den 1980ern: Iriye Akira 1980 und Tam Yue-him 1985; neuere Publikation sind Dreyer 2016 und Vogel 2019, die jedoch weitgehend politische Geschichte bieten und zudem die Vormoderne nur sehr knapp abhandeln. Für das 17. bis 20. Jh. verdienen die zahlreichen Arbeiten von Marius Jansen (1954, 1992 u.a.) und Joshua Fogel, dem Doyen der Forschung zu sino-japanischen Beziehungen, besondere Erwähnung (Fogel 2009, 2015 u.v.a.). Joshua Fogel ist auch Herausgeber von *Sino-Japanese Studies* (1988–2003; 2009–), der einzigen Fachzeitschrift zu sino-japanischen Beziehungen (http://chinajapan.org/).

3 Die Japaner selbst haben diesen Anteil selten gewürdigt, so wie die Koreaner ihrerseits lange mit Geringschätzung auf die Japaner hinabgeblickt haben. Die Hochachtung chinesischer Kultur hat Koreanern und Japanern den Blick darauf verstellt, was sie einander verdanken. Zur Bedeutung Koreas für Japan vgl. Lewin 1976.

## Verwunschener Horizont

1 Die Geschichte von der Expedition findet sich in *Shiji* 6, 247, *Shiji* 118, 3086, sowie im *Hou Hanshu* 85, 2822. Zu diesen und weiteren Mythologemen aus verschiedenen Zeiten vgl. Wang Zhenping 2005, 7–9. Die Vorstellung, dass Xu Fu nach *Japan* gekommen sei, ist späteren Zeiten zur Selbstverständlichkeit geworden: Ouyang Xiu impliziert das in seinem *Lied über die japanischen Schwerter* (S. 153), und bis heute assoziieren gebildete Chinesen frühe sino-japanische Kontakte spontan mit dem Name Xu Fus. 2005 ist ein zweibändiger Roman mit dem Titel *Xu Fus Reise nach Osten* (*Xu Fu dongdu*) erschienen, 2019 kam der koreanische Film *Seo Bok* (*Xu Fu*) in die Kinos, und die Internet-Enzyklopädie Baidu behauptet noch 2019, dass »Xu Fus Reise nach Osten die Entstehung der gesamten Yayoi-Kultur bewirkt« habe (https://baike.baidu.com/item/徐福东渡#5, 1. 4. 2020).

2 Die These, dass Jäger und Sammler die »original affluent society« seien, wurde v. a. von Marshall Sahlins vorgetragen (1972, Kap. 1). Zur Ernährung der Jōmon-Leute vgl. Price/Feinman 2010, 183 f., und Barnes 1999, 76 f. Zudem scheint ein System des Tauschhandels dafür gesorgt zu haben, dass regional unterschiedliche Bedarfe in den Jōmon-Gemeinden gedeckt wurden (Barnes 1999, 80–89).

3 Einiges spricht dafür, dass die Ainu, die heute auf Hokkaidō leben, Nachfahren der Jōmon-Leute sind, wiewohl sie sich über Jahrtausende mit sibirischen Völkern und den Einwohnern von Honshū vermischt haben (Adachi et al. 2018). Zur Yayoi-Kultur vgl. Kidder 1993, 80–107, und Barnes 1999, 188–191.

4 Im Original: 漢委奴國王, wobei 委 wohl 倭 zu lesen ist, also ›Wo‹ bzw. ›Wa‹. 奴 wird meist als Name eines Fürstentums interpretiert (Fogel 2013, Abb. 2). Das Zeichen schreibt jedoch auch das Wort ›Sklave‹, eine abfällige Bezeichnung, die im Alten China nicht selten für Fremdvölker verwendet wurde (z. B. im Namen für die Stammesföderation der ›Xiongnu‹ im Norden des Han-Reichs). So verstanden, wäre die Inschrift »König des Landes der Zwergsklaven der HAN« zu lesen: eine Polemik, die den Han nicht ferngelegen haben dürfte. Das Siegel ist heute als ›nationaler Schatz‹ klassifiziert und wird im Stadtmuseum von Fukuoka verwahrt; vgl. ausführlich Fogel 2013.

5 Auch wenn sie wohl wussten, was sie heißen *sollten*. Ebenso wissen die Träger chinesischer Tätowierungen im Westen, dass die Zeichen auf ihrer Haut ›Glaube, Liebe, Hoffnung‹ oder ›Monika‹ heißen (und hoffen, dass das auch stimmt), ohne sie wirklich lesen zu können.

6 Die *Aufzeichnungen der Drei Staaten* (*Sanguo zhi*) wurden Ende des 3. Jh. n. Chr. von Chen Shou kompiliert (das Werk ist also früher entstanden als die *Schriften*

*der Späteren Han* [*Hou Hanshu*], die zwar von einer älteren Zeit berichten, aber erst 445 n. Chr. fertiggestellt wurden). Annotierte Übersetzungen der Beschreibungen von Japan im *Sanguo zhi* ins Deutsche bieten Wedemeyer 1930, 169 ff., und Seyock 2004, 50–58. Das Werk von Tsunoda/Goodrich 1951 bietet annotierte Übersetzungen dieser (8–20) und sämtlicher anderer Beschreibungen von Japan in chinesischen Dynastiegeschichten.

7 Zum Orientalismus vgl. natürlich Said 2003: »Orientalism can be discussed and analyzed as the corporate institution for dealing with the Orient – dealing with it by making statements about it, authorizing views of it, describing it, by teaching it, settling it, ruling over it: in short, Orientalism as a Western style for dominating, restructuring, and having authority over the Orient« (S. 3). Während Said sich in seinem Buch auf Beschreibungen Nordafrikas und des Vorderen Orients beschränkte, sind mittlerweile auch Beschreibungen von China und Japan im 19./20. Jh. in diesem Sinne analysiert worden (vgl. etwa Dirlik 1996, Snodgrass 2003). Eine Untersuchung chinesischer Beschreibungen von Japan im Rahmen dieses Paradigmas steht, soweit ich sehe, noch aus.

8 Kürzlich ist in der Gegend von Luoyang – im Gebiet der einstigen Hauptstadt von Wei – ein Bronzespiegel aufgetaucht, dessen Dekor den in Japan gefundenen sehr ähnlich ist: ein Hinweis darauf, dass die Spiegel, die mit Himiko assoziiert werden, tatsächlich von den Wei stammen (vgl. https://read01.com/od2POJ.html, 1. 4. 2020).

9 Zu den Herrschergräbern der Chunqiu- und Zhanguo-Zeit vgl. von Falkenhausen 2006; speziell zum Grab des Ersten Kaisers vgl. Khayutina 2013. Die Entstehung des Staates im alten China wird bei Vogelsang 2017, 22–79, beschrieben.

10 Die Daten des Besuchs sind höchst umstritten: Nach traditioneller Rechnung kam Wani 285 n. Chr. an den Hof von Yamato, nach Angaben des *Kojiki* jedoch etwa 375 n. Chr., andere Berechnungen weisen auf das Jahr 403. In jedem Fall dürfte die Nennung des *Qianzi wen* anachronistisch sein, denn der Text soll erst im 6. Jh. n. Chr., unter der Herrschaft des Kaisers Wu von Liang (502–549), entstanden sein. In der Dynastiegeschichte der Sui ist von dieser Episode nicht die Rede; stattdessen heißt es dort, die Japaner hätten »vom Paekche buddhistische Sūtras erbeten und so allererst die Schrift erhalten« (*Suishu* 81, 1827): Demnach wäre die Schrift erst 538 oder 552 nach Japan gekommen.

11 All das hängt, wohlgemerkt, *nicht* mit dem vermeintlich ›ideographischen‹ oder ›piktographischen‹ Charakter der chinesischen Schrift zusammen, der im krassen Gegensatz zu einer phonetischen Schrift stehe. Das ist ein Mythos. Die chinesische Schrift bildet keineswegs ›Ideen‹ ab – wie immer man sich das vor-

zustellen hätte –, und sie besteht auch nicht aus Bildern, denen kein eindeutiger Lautwert zugeordnet ist. Vielmehr repräsentiert sie, wie jede Schrift, gesprochene Sprache. Jedes Schriftzeichen steht – vereinfacht gesagt – für ein *Wort* und damit auch für einen bestimmten Lautwert: Über 90 % der Zeichen bestehen aus einem Element, das auf die Bedeutung hinweist, und einem weiteren, das die Aussprache anzeigt – wenn auch bei Weitem nicht so genau, wie bei einer Buchstabenschrift. Deshalb musste der Kronprinz, als er die chinesische Schrift erlernte, zugleich die chinesische Sprache lernen. Die Zeichen boten keine Abkürzung, die direkt zu ›Ideen‹ geführt hätten.

12 Diese Antithese ist mit phantasievollen Metaphern belegt worden: Das Chinesische sei ›maskulin‹, das Japanische ›feminin‹, jenes ›vertikal‹ und ›synchronisch‹, auf Parallelismen und Reime zentriert, dieses ›horizontal‹ und ›diachronisch‹, auf Hypotaxen und die Kombination unterschiedlicher Kategorien bauend, im Chinesischen die Logik und die Symmetrie, im Japanischen das Gefühl und die Asymmetrie, hier die natürliche Einfachheit, dort die kunstvolle Ornamentik – kurz: hier Yin, da Yang (vgl. Pollack 1986, 15–54). So attraktiv diese Dichotomien seien mögen, sind sie doch irreführend: denn sie beruhen keineswegs auf Eigenschaften, die in der Struktur der Sprachen angelegt sind, sondern auf *stilistischen* Konventionen, die sich in bestimmten Kontexten herausgebildet haben (und in anderen nicht: Der Befehlston japanischer Offiziere ist weder ›feminin‹ noch ›natürlich‹, die verquaste Propaganda der KPCh weder ›logisch‹ noch ›symmetrisch‹.). Die interessante Frage ist nicht, inwiefern diese Antithese zutrifft (sie tut es nicht), sondern in welchem Kontext es plausibel wurde, sie zu konstruieren.

## Verschmelzung der Horizonte

1 Noch im Jahr 702 berichtete der japanische Gesandte Awata no Mahito, er sei bei seiner Ankunft in China überrascht gewesen, dass die herrschende Dynastie nicht mehr ›Tang‹, sondern ›Zhou‹ hieß. Erst auf Nachfrage habe er erfahren, dass Kaiserin Wu Zetian bereits 683 die Macht an sich gerissen, die Hauptstadt von Chang'an nach Luoyang verlegt und sich 690 schließlich zur Kaiserin einer neuen Dynastie, der ›Großen Zhou‹, ausgerufen habe (*Shoku Nihongi* 1:81; vgl. von Verschuer 1985, 262; Ooms 2009, 101.)

2 Vgl. dazu den Überblick bei Roeck 2017, 70–76. Abgesehen von der Ausbreitung chinesischer Kultur in Ostasien – dazu gehören auch Korea und Vietnam –,

bietet die Weltgeschichte noch weitere spektakuläre Fälle von kulturellen Transfers: die Ausbreitung der islamischen Kultur, die globale Verbreitung des Christentums, die weltweite Ausstrahlung der anglo-amerikanischen Zivilisation im letzten Jahrhundert u. a. Aber Japan ist wohl insofern einzigartig, als es ein gutes Jahrtausend später zum *zweiten* Mal ein derart umfassendes Projekt der Akkulturation durchgeführt hat: Die Übernahme westlicher Zivilisation in der Meiji-Zeit (S. 250) stand der Übernahme chinesischer Kultur kaum nach.

3 Dabei bezeichnete *kara* keineswegs nur Dinge, die aus dem Tang-Reich nach Japan gekommen waren. Vielmehr wurde alles, was vom Kontinent kam, aus China, Korea oder sogar aus Indien, *kara* genannt. Das Wort meint soviel wie ›ausländisch, importiert‹: *karamono* entsprechen somit in etwa unseren ›Importwaren‹, und sie sind ebenso prestigeträchtig. Noch ein Jahrtausend später waren nicht nur die Chinesen bei den Japanern als *Tōjin*, ›Tang-Leute‹, bekannt (viele Auslandschinesen nennen sich noch heute so), sondern auch die Koreaner, die in Japan Handel trieben; und die japanischen Frauen, die in der Meiji-Zeit als Zwangsprostituierte nach China, Korea, Sibirien, Südostasien und Indien geschickt wurden, hießen *karayuki-san*, ›Damen, die zu den Tang gehen‹.

4 Der Gegensatz von ›Sonnenaufgang‹ für Japan und ›Sonnenuntergang‹ für China bildet eine Parallele zum Namen ›Europa‹, der aus Mesopotamien stammen soll. Dort bezeichnete *erebu*, ›eintreten‹, den Westen, wo die Sonne im Meer versinkt, im Gegensatz zu *asu*, ›sich erheben‹, welches den Osten meinte, wo die Sonne aufgeht: ›Asien‹. Der Name ›Riben‹ ist erstmals in der 945 vollendeten Dynastiegeschichte der Tang für das Jahr 702 belegt, anlässlich einer japanischen Gesandtschaft am Hof der Kaiserin Wu Zetian (*Jiu Tangshu* 6, 131). Im selben Werk wird der Name unterschiedlich erklärt: »Das Land ›Japan‹ ist eine Variante des Landes Wo; weil dieses Land fern am Horizont liegt, heißt es ›Japan‹, ›Ursprung der Sonne‹. Andere sagen, dem Land Wo habe sein unschicklicher Name missfallen und es habe ihn daraufhin in ›Japan‹ geändert« (*Jiu Tangshu* 199A, 5340). Eine andere Überlieferung schreibt die Namensänderung der Kaiserin Wu Zetian zu (*Shiji* 2, 58, *Zhengyi*-Komm.). Das deutsche Wort ›Japan‹ dürfte auf die kantonesische Aussprache ›Yappun‹ (oder das malaysische ›Japun‹ bzw. ›Japang‹?) zurückgehen. Noch Marco Polo (*Il Milione* CLX, 277–280) schrieb ›Cipangu‹, was das nordchinesische Wort ›Ribenguo‹ wiedergeben dürfte.

5 Das gilt durchaus nicht nur für die ›ostasiatische‹ Welt, sondern global. Nirgendwo gab es im 7.–9. Jh. ein kulturelles Zentrum, das Chang'an gleichgekommen wäre. Bagdad, dessen Blütezeit im späten 8. Jh. begann, kam Chang'an wohl noch am nähesten, und der Borobudur bildete in Zentraljava im 8./9. Jh. ein be-

deutendes Zentrum des Buddhismus. Aber Rom war zerstört; Byzanz rieb sich in ständigen Kriegen gegen die Araber auf; in Indien war das Gupta-Reich im 6. Jh. untergegangen; die größte Stadt der Maya, Tikal, hatte wohl kaum mehr als 10.000 Einwohner; und ganz Europa war in dieser Zeit derart unbedeutend, dass der Historiker Heribert Illig (1996) sogar die These aufstellen konnte, die drei Jahrhunderte von September 614 bis August 911 seien schlicht ›erfunden‹ worden. Eine überaus detaillierte Schilderung Chang'ans bietet Thilo 1997/2006.

6 Von diesen 15 Missionen waren nur 12 ›echte‹, die das chinesische Festland bereisten; drei weitere galten der Abholung von wichtigen Gesandten. Zu Organisation und Ablauf der Gesandtschaften im 8. und 9. Jh. vgl. von Verschuer 1985, sowie, stellvertretend für die umfangreiche Literatur auf Japanisch, Ueda 2006 und Mori 2010.

7 Das Shōsō-in, das als Lagerhaus für die Schätze des Tōdai-ji gebaut wurde, ist nicht nur eines der ältesten Gebäude Japans und UNESCO-Weltkulturerbe, sondern auch ein wahres Museum der sino-japanischen Geschichte. Es beherbergt eine der bedeutendsten Kunstsammlungen der Welt. Nach Kaiser Shōmus Tod (756) stiftete Kaiserin Kōmyō dessen Besitztümer dem Shōsō-in, und in den nächsten Jahren kamen Tausende Schätze hinzu, die meisten vom Kontinent importiert: Spiegel, Waffen, Musikinstrumente, Holzmasken, Weihrauchgefäße, Pferdegeschirr, Gold, Silber, Porzellan, Lackwaren, Möbel, Vasen, Pinsel, Papier, Gemälde, Skulpturen, Kleider, Schmuck, Edelsteine, Spiele, Dokumente. Die Bauweise des Shōsō-in – auf fast 3m hohen Pfählen und mit dreieckigen Brettern aus Zypressenholz – sowie die Lagerung der Schätze in Kisten aus Zedernholz haben dazu beigetragen, dass diese auch nach fast 1300 Jahren noch ausgezeichnet erhalten sind. Jedes Jahr ist eine Auswahl davon für kurze Zeit im Nationalmuseum von Nara zu besichtigen. Zu der Sammlung des Shōsō-in vgl. den Katalog von Harada 1932.

8 Tatsächlich ähnelt die ›kultivierte Geisteshaltung‹ dem modernen europäischen Begriff der ›Bildung‹, der »aufs engste mit dem Begriff der Kultur zusammen« gehört (Gadamer 1990, 16). Hegel hat die vielfältigen Bedeutungsschichten von ›Bildung‹ mit der »Erhebung zur Allgemeinheit« zusammengefasst: »Es ist das allgemeine Wesen der menschlichen Bildung, sich zu einem allgemeinen geistigen Wesen zu machen. Wer sich der Partikularität überläßt, ist ungebildet … Hegel zeigt, daß es einem solchen Menschen im Grunde an Abstraktionskraft fehlt: er kann nicht von sich selbst absehen und auf ein Allgemeines hinsehen, von dem her sich sein Besonderes nach Maß und Verhältnis bestimmte.« (Ebd., 18) – Auch wenn Chen An diesen Begriff der ›Bildung‹ nicht kannte: Die

›Geisteshaltung‹, nach der Menschen »in ihrem Verhalten mit Sitte und Anstand konform gehen«, d. h. nach *abstrakten* Prinzipien handeln, läuft auf ebendiese »Erhebung zur Allgemeinheit« hinaus.

9 Der Tang-Kodex ist mehrfach überarbeitet worden. Überliefert ist die Fassung von 653, der sog. Yonghui-Kodex, der auch für die japanische Gesetzgebung maßgeblich war (vgl. Tanglü shuyi; Übers. Johnson 1979 und 2014). Auch vom japanischen Kodex sind die frühesten Fassungen – der Ōmi-Kodex von 668, eine Überarbeitung von 689 sowie der Taihō-Kodex von 701 – nicht überliefert. Vom Yōrō-Kodex sind nur Fragmente der Strafgesetze (*ritsu*) überliefert, während die Verwaltungsgesetze vollständig rekonstruierbar sind (*Ritsuryō no gige*; üb. Dettmer 2009–14).

10 In der Literatur ist oft von der ›Verfassung in 17 Paragraphen‹ die Rede. Die Bezeichnung ist irreführend, insofern sie rechtlich verfasste Staatsstrukturen suggeriert, die es weder im vormodernen Japan noch in China gegeben hat. In dem Dokument ist denn auch weniger von Institutionen als von moralischen Richtlinien die Rede. Auch die Rolle von Prinz Shōtoku bei der Durchsetzung einer zentralstaatlichen Ordnung ist höchst umstritten. Die wichtigste Quelle für sein Wirken, das *Nihon shoki*, entstand erst ein Jahrhundert nach seinem Tod. Schon in seinem Namen – wörtlich: Prinz ›Weise Tugend‹ – klingt die Idealisierung seiner Darstellung an (sein eigentlicher Name war Kamimiya bzw. Umayado no miko). Vgl. Bohner 1936, Deal 1999, Como 2000 und Walley 2015.

11 Vgl. *Lunyu* 1.12: »Bei der Anwendung der Riten ist Harmonie das Wertvollste.« *Guanzi* 67: »Das Zusammenwirken von Herrscher und Minister beruht auf hierarchischen Positionen, so wie das Zusammenwirken von Himmel und Erde.« *Liji* 7: »Am Himmel gibt es keine zwei Sonnen, auf der Erde gibt es keine zwei Könige.« *Zuozhuan* 8.14: »Das *Chunqiu* … verurteilt Schlechtes und fördert Gutes.« *Shuoyuan* 1: »Sind Belohnungen angemessen, dann werden Würdige angespornt; sind Strafen treffend, dann halten Niederträchtige inne.« Zu diesen und weiteren intertextuellen Bezügen vgl. Jin Peiyi 2018, 63–102.

12 Der Minister Soga no Emishi soll sich luxuriöse Paläste, einen Ahnentempel und eine Grabanlage bauen lassen haben, wie sie Herrschern zustünden, und – ein bemerkenswertes Detail – er soll einen »Tanz mit acht Reihen« von Tänzerinnen für sich veranstaltet haben (*Nihon shoki* 24). Was ihm hier zur Last gelegt wird, ist ein Zitat aus *Lunyu* 3.1, wo Konfuzius über das Oberhaupt der Ji-Familie, die im Fürstentum Lu die Macht usurpiert hatte, sagt: »Acht Reihen tanzen in seinem Hof – wenn er das fertigbringt, was würde er nicht fertigbringen?« – Die »acht Reihen« sind ein Topos, der die Machtanmaßung von

Adelsfamilien ausdrückt: ein frühes Beispiel dafür, wie Versatzstücke aus der chinesischen Tradition im politischen Diskurs Japans verwendet wurden. Was Soga no Emishi tatsächlich getan hat, lässt sich daraus nicht erschließen.

13 Die Ironie der Geschichte: Während die chinesischen Kaiser nach Gaozong den Titel *tianhuang* nicht weiter benutzten, haben die japanischen Kaiser ihn, nach einer Pause von gut 600 Jahren, im 19. Jh. wieder angenommen und tragen ihn bis heute. Dass er ursprünglich wohl aus China stammt, dürfte heute kaum jemandem bewusst sein. Die Einführung des neuen Titels durch Gaozong wird in *Xin Tangshu* 3, 711, verzeichnet. Zu seinen Ursprüngen in China sowie der mutmaßlichen Übertragung nach Japan vgl. Tomiya 2018, 155–84, Ooms 2009, 154–156, sowie Piggott 1997, Kap. 5 und 6. Der früheste Beleg scheint die Inschrift auf dem Rücken des bronzenen Yakushi-Buddha im Hōryū-ji zu sein: Dort wird der 586 verstorbene Yōmei (postum) als *tennō* bezeichnet; die Datierung der Inschrift ist jedoch umstritten (vgl. Seeley 1991, 27f.).

14 Umgekehrt waren die Geldstrafen, in die Körperstrafen umgewandelt werden konnten, in Japan meist etwas höher. Auch wurden Verbannungen in Japan nicht, wie im Tang-Kodex, durch Entfernungen – ca. 1000 km, 1300 km oder 1600 km – spezifiziert, zweifellos weil die japanischen Inseln dafür zu klein waren. Und während der Tang-Kodex zehn besonders schändliche Verbrechen – Herrschermord, Rebellion, Elternmord, schwere Respektlosigkeit u.a. (*shi'e*) – eigens hervorhebt, für die keine Strafminderung möglich ist, fasst der Yōrō-Kodex sie unter acht Titeln zusammen (*hachigyaku*). Aber das sind Marginalien angesichts der frappierenden Übereinstimmungen zwischen den beiden Gesetzbüchern.

15 Welche Stadt das konkrete Vorbild war: das Luoyang der Wei oder Chang'an, ist nicht ganz klar. Einen Überblick über die Argumente bieten Steinhardt 1990, 114–118, und Kinoshita 2003.

16 In der Japanologie ist es üblich, die vormodernen Epochen der japanischen Geschichte nach dem Regierungssitz zu benennen, allerdings nicht konsequent historisch: Es heißt ›Heian-Zeit‹ (794–1185), aber nicht ›Heijō-‹, sondern ›Nara-Zeit‹ (710–794). Für die Städte selbst werde ich daher in der Regel das geläufige ›Nara‹ verwenden, für die Hauptstadt der Heian-Zeit aber ›Heian-kyō‹ und erst in späteren Perioden dann ›Kyōto‹.

17 Der klassische Führer durch das alte Kyōto ist Mosher 1964; eine anregende Kulturgeschichte bietet Dougill 2006; Fiévé 2008 bietet Essays zur Stadtanlage sowie großartige historische Karten.

18 So wie viele chinesische Elemente der chinesischen Tradition in der Forschungsliteratur oft pauschal als ›konfuzianisch‹ bezeichnet werden, wird auch

das Prüfungssystem meist irreführend als ›konfuzianische‹ Institution verbucht. Tatsächlich aber war es der Politische Realismus, der sich am konsequentesten für eine professionelle Beamtenschaft eingesetzt hat, die unabhängig von Ethos, Privilegien und ›Privatinteressen‹ des Adels funktioniert. Vgl. Vogelsang 2017 und, speziell zum Prüfungssystem, Chaffee 1995, 47 f.

19 Das heißt nicht, dass Chinesisch als Schul- oder Verwaltungssprache *gesprochen* wurde. Die kanonischen Texte waren in klassischem bzw. vorklassischem Chinesisch geschrieben, alten Sprachstufen, die auch in China schon lange nicht mehr lebendig waren. Auch historische u. a. literarische Werke, die zum Curriculum der Hochschulbehörde gehörten, waren in einer Literatursprache geschrieben, die nie gesprochen wurde. Es ging ›lediglich‹ darum, chinesische Texte zu lesen, und der Unterricht in ›chinesischer Sprache‹ (*on*) behandelte die korrekte *Aussprache* dieser Texte: Sie sollten nicht in der ›Wu-Aussprache‹ (*Go-on*) gelesen werden: dem älteren Lautstand, der – wahrscheinlich auf der Sprache Südchinas beruhend – v. a. mit buddhistischen Texten in der früheren Yamato-Zeit übernommen worden war, sondern nach der neueren, nordchinesischen ›Han-Aussprache‹ (*Kan-on*); vgl. dazu S. 431, Anm. 23.

20 Die Geschichte von Urashima Tarō, wie der Fischer in späteren Versionen heißt, durchlief in späteren Jahrhunderten viele Wandlungen. U. a. wurde aus dem Reiseziel Penglai der Palast des Drachenkönigs auf dem Meeresgrund, wo Urashima Tarō lange blieb, bevor er, von Heimweh getrieben, nach Hause zurückkehrte. Doch seine Heimat hatte sich völlig verändert – und es stellte sich heraus, dass er 300 Jahre fortgewesen war (zu vielen Facetten der Geschichte vgl. Haußer 2004a). In dieser Version wurde die Geschichte im 20. Jh. zum ›nationalen Märchen‹ deklariert und in vielen ›nationalen‹ Schulbüchern abgedruckt (vgl. Antoni 1991). Die chinesischen Mytheme, die sie ursprünglich enthielt, sind lange in Vergessenheit geraten.

21 Zu diesen Beispielen vgl. Morris 1964, 129. Das Fortleben dieser Tradition bezeugen chinesische Almanache (*wannian li*) und japanische *rikuyō*-Kalender, denen es nicht um den chronologischen, sondern um den kairologischen Wert der Tage geht. Zum Daoismus in Japan vgl. Richey 2015.

22 Und zwar die gesamte Passage von »Sodann« bis »gefestigt«; vgl. *Huainanzi* 3.1; Übers. Major et al. 2010, 114 f. Der Anfang der Passage findet sich sehr ähnlich im *Sanwu liji* (3. Jh. n. Chr.): Dort werden allerdings nicht »die Götter und Weisen« geboren, sondern der chinesische Weltschöpfer Pan Gu; vgl. Birrell 1993, 32 f. Vgl. auch die Hinweise in der Übersetzung des *Nihon shoki* von Florenz 1901, 1 f.

23 Man muss sich vergegenwärtigen, wie ungeeignet und schwerfällig die chinesische Schrift für die Wiedergabe des Japanischen ist, das sich linguistisch völlig vom Chinesischen unterscheidet (S. 33 f.). Abgesehen davon, dass sich Suffixe und viele Funktionswörter nicht mit chinesischen Zeichen abbilden lassen (das Problem wurde erst durch die *hiragana* gelöst), bildet die Aussprache ein erhebliches Problem. Jedes Zeichen kann entweder (1) rein japanisch gelesen werden (*kun-yomi*), d. h. so, wie das Wort, das es repräsentiert, auf Japanisch lautet, oder (2) sino-japanisch (*on-yomi*), d. h. so, wie das *chinesische* Wort (in japanischer Aussprache) lautet. Dabei bildeten sich im Laufe der Zeit drei verschiedene Varianten heraus: (2a) Go-*on*, basierend etwa auf dem Lautstand Südchinas im 6. Jh. (v. a. in buddhistischen Texten üblich); (2b) Kan-*on*, basierend auf der Sprache von Chang'an im 7./8. Jh. (v. a. in philosophischen und historischen Texten üblich); und (2c) Tō-*in*, basierend auf der Sprache der späten Kaiserzeit (v. a. in Zen-Texten üblich). Daher hat z. B. das Zeichen 京, das im Chinesischen *jing* und nur *jing* gelesen wird, im Japanischen vier verschiedene Lesungen: (1) *miyako*, (2a) *kyō*, (2b) *kei* oder (2c) *kin*. Daneben gibt es noch Sonderlesungen, etwa für Namen (*nanori*), so dass manche *kanji* fünf oder mehr mögliche Lesungen haben. Bis heute werden manchen *kanji* Aussprachehilfen (*furigana*) beigefügt, um sie problemlos lesbar zu machen. Zudem machen die syntaktischen Unterschiede zwischen beiden Sprachen weitere Lesehilfen notwendig. Schon seit der frühen Heian-Zeit werden verschiedene Zeichensysteme (*okototen*, *okuriten*) benutzt, um chinesische Texte in japanische Syntax umzuformen. Dass die Japaner die chinesische Schrift übernahmen, lässt sich nur dadurch erklären, dass keine andere zur Verfügung stand. Vgl. Lewin 2003, 34–39.

24 Beide Werke, wiewohl inhaltlich vergleichbar, sind sprachlich ganz unterschiedlich. Während das *Kojiki* in einer sino-japanischen Mischsprache verfasst ist, bei der chinesische Zeichen oft den Lautwert *japanischer* Wörter repräsentieren, ist das *Nihon shoki* in Literarischem Chinesisch geschrieben. Der Gelehrte Motoori Norinaga hat den japanischen Charakter des *Kojiki* später in philologischer Kleinarbeit herausgestellt, um es als ›autochthones‹ und besonders zuverlässiges Werk zu präsentieren (S. 237). Zum Muster späterer Geschichtswerke aber wurde das *Nihon shoki*: Das Literarische Chinesisch blieb die Sprache der Geschichtsschreibung. Eine deutsche Übersetzung des *Kojiki* bietet Antoni 2012; das *Nihon shoki* wurde übersetzt von Karl Florenz 1892–97; zu den Mythen des *Kojiki* vgl. Naumann 1996.

25 Albert Welter hat darauf hingewiesen, dass politisch gefärbte Traktate eine Eigenheit des japanischen Buddhismus seien. Während in China bei der Einfüh-

rung des Buddhismus das politische Feld bereits diskursiv besetzt gewesen sei, sei es in Japan, wo Konfuzianismus und Buddhismus zeitgleich eingeführt wurden, zu einer Vermischung der beiden in einer »einzigen harmonischen Ideologie« gekommen (Heine 2006, 72).

26 Schon die Einführung des Buddhismus wird im *Nihon shoki* als politischer Akt dargestellt: Der König von Paekche soll eine Delegation mit der Buddhastatue nach Japan geschickt haben – zweifellos, um das Bündnis mit Japan zu stärken und sich gegen Silla und Koguryŏ zu schützen. Auch die (in der Forschung umstrittene) Angabe, dass der Buddhismus im Jahr 552 nach Japan gekommen sei, mag strategische Bedeutung gehabt haben. Eine Tradition besagt, dass just im Jahr 552 die ›Endzeit des Dharma‹ (*mappō*) begonnen habe: Mit diesem Epochenwechsel sei der Buddhismus in Japan eingezogen. Vgl. Fischer 1976 und Kleine 2011, 2 f.

27 Ganze zwölf von 28 Bänden des *Catalogue of Art Treasures of Ten Great Temples of Nara* (*Nanto jūdaiji ōkagami*, 1932–38) sind dem Hōryū-ji gewidmet. Die Einflüsse kontinentaler Kunst über die Seidenstraße werden dokumentiert in dem Band *Hōryū-ji to shiruku rōdo bukkyō bunka* (1988).

28 Das 7./8. Jh. war die große Zeit der Herrscherinnen in Ostasien: Neben Kaiserin Wu Zetian in China herrschten in Silla die Königinnen Sŏndŏk und Chindŏk, in Japan folgten dem Temmu-Tennō gleich fünf Frauen auf dem Thron: Jitō, Genmei, Genshō, Shōmu und Kōken; vgl. Ooms 2009, 13.

29 Dies waren die drei ›alten‹ Schulen: Jōjitsu (chin. Chengshi, sanskr. Tattvasiddhi), Kusha (chin. Jushe, sanskr. Abhidharmakośabhaṣya) und Ritsu (chin. Lü, sanskr. Vinaya), sowie die drei Mahāyāna-Schulen Sanron (chin. Sanlun, sanskrit. Mādhyamaka), Hossō (chin. Faxiang, sanskrit. Yogācāra) und Kegon (chin. Huayan, sanskr. Avataṃsaka). Gute Überblicke zum Buddhismus, inkl. der chinesischen und japanischen Traditionen, bieten Bechert/Gombrich 1984 und von Brück 2007. Zur Einführung des Buddhismus in Japan siehe Kleine 2011.

30 Die ›Halle des Großen Buddha‹, Daibutsu-den, ist mehrmals zerstört und wieder aufgebaut worden (vgl. S. 159). Das heutige Gebäude stammt aus dem frühen 18. Jh. und ist ca. 30 % kleiner als die Halle der Nara-Zeit. Auch die Buddha-Statue ist mehrfach erneuert worden, hat aber ihre ursprüngliche Gestalt offenbar annähernd bewahrt. Zur Anlage und politisch-religiösen Bedeutung des Tōdai-ji siehe Piggott 1987. Zu den Tempelschätzen siehe *Nanto jūdaiji ōkagami* 1932–38, Bd. 16–17, sowie Harada 1932.

31 Ganjins Beitrag zur Kultur von Nara beschränkte sich nicht auf die buddhistische Lehre. Mit dem Bau des Tōshōdai-Tempels der Ritsu-Schule schuf er nicht

nur ein Beispiel klassischer Tang-Architektur in Nara, auch die Buddha-Statuen des Tempels gelten als herausragende Exemplare einer skulpturalen Formensprache, die auch in Dunhuang und Longmen belegt ist. Darüber hinaus soll Ganjin medizinisches Wissen vom Festland nach Japan gebracht und zudem den kalligraphischen Stil von Wang Xizhi eingeführt haben. Er gilt nicht nur als Heiliger, sondern auch als Symbolfigur des Kulturaustauschs und der Freundschaft zwischen China und Japan. Noch zur Weltausstellung in Shanghai 2010 kuratierten das Shanghai Museum und das Nationalmuseum von Tōkyō gemeinsam die Ausstellung »Jianzhen und Kūkai: Zeugen des sino-japanischen Kulturaustauschs« mit dem Motto: »Getrennt durch einen Gürtel Wasser, erscheint die Freundschaft ewig jung« (Chen/Chen 2010).

32 Es gibt keine Monographie, die den sino-japanischen Kulturaustausch dieser Zeit systematisch behandelt. Zur Alltagskultur der Tang-Zeit vgl. die klassische Studie von Schafer 1963 (dort wird auch deutlich, wie viel von dem, was in der Tang-Zeit in China eingeführt wurde, die Japaner *nicht* übernommen haben) sowie Benn 2002. Zu Handelswaren, die zwischen Japan und China ausgetauscht wurden, vgl. von Verschuer 2014; zu den Techniken vgl. Dai/Zhang 1984. Ein Füllhorn an Informationen zu japanischen Alltagsgegenständen, Riten und Regeln im 7.–9. Jh. bietet Nachod 1929–30; die Kultur der Heian-Zeit beschreibt Morris 1964. Vgl. auch die relevanten Einträge in Lewin 1968.

33 Die Polemik von Kase/Sekihei 2012 über die Unterschiede zwischen Japan und China beginnt nicht zufällig mit dem Essen. Die Küche ist im 20. Jh. sowohl in China als auch in Japan (Sushi) und Korea (Kimchi) zu einem potenten Symbol nationaler Identität geworden.

34 Der Vergleich mit dem Fußball ist etwas irreführend: Beim *kemari*, das in Kimonos und mit Holzschuhen gespielt wird, geht es darum, den Ball gemeinsam möglichst lange (im Idealfall tausendmal) in der Luft zu halten – und wenn einem Prinzen beim Kick der Schuh vom Fuß flog, wurde er ihm auf Knien wieder überreicht. Während *cuju* in China nicht überlebt hat, erfreute sich *kemari* im Kriegeradel der Kamakura-, Muromachi- und Edo-Zeit weiterhin großer Beliebtheit. Im 20. Jh. wurde *kemari* als traditionelles Spiel und Ausdruck des japanischen Ideals der ›Harmonie‹ (*wa*) gefördert; es gab sogar Überlegungen, es 1964 bei den Olympischen Spielen in Tōkyō als Demonstrationssportart aufzunehmen (Guttmann/Thompson 2001, 188 f.). Noch heute kann man rituelle Inszenierungen des *kemari* in japanischen Shintō-Schreinen beobachten.

35 Ähnliches gilt auch für die Notation chinesischer Musik: Während sich in China selbst nur ein einziges Notenmanuskript, das *Dunhuang pipa pu* mit 25 Stü-

cken aus der Tang-Zeit, erhalten hat, sind in Japan zahlreiche Manuskripte mit chinesischer Musik überliefert worden. Das Tang Music Project unter Leitung von Laurence Picken hat diesen Schatz in sieben Bänden publiziert (Picken u. a. 1981–2000); vgl. auch Ng. 2020.

36 Die staunenswerte Geschichte vormoderner chinesischer ›Wissenschaft‹ und Technik wird in den bislang 24 Bänden von Needham 1954 ff. ausgebreitet. Der Transfer von Techniken nach Japan wird beschrieben in Dai/Zhang 1984.

37 Sie sind sogar ein Jahrhundert älter als das älteste vollständig erhaltene gedruckte Buch aus China, das *Diamant-Sūtra* von 868. Lediglich ein gedrucktes *dhārani*, das in einer Pagode in Korea gefunden wurde, dürfte noch etwas älter sein. Doch diese ›Rekorde‹ sind den Zufällen der Überlieferung geschuldet. Es leidet keinen Zweifel, dass der Buchdruck in China bereits im 7. Jh. bekannt war und von dort nach Korea und Japan wanderte. Vielleicht wurde er sogar schon im 6. Jh., unter der Herrschaft von Kaiserin Wu, erfunden, die ihn ebenfalls für die Massenproduktion buddhistischer Texte nutzte (vgl. Barrett 2008). Damit läge eine interessante Parallele zu Kaiserin Shōtoku vor, denn in beiden Fällen wären es Kaiser*innen* gewesen, die den Buchdruck erstmals nutzten. Die Erfindung des Buchdrucks hatte freilich weder in China noch in Japan besondere Auswirkungen. Erst im 10./11. Jh. fand er in China und Japan weitere Verbreitung, und gesellschaftsweite Bedeutung erlangte er in beiden Ländern erst mit der Kommerzialisierung des Druckwesens im 17. Jh. (vgl. McDermott 2006 und Kornicki 2001).

## Verengung der Horizonte

1 Zu diesen Entwicklungen vgl. ausführlich *The Cambridge History of Japan*, Bd. 2, sowie bündig Blümmel 2010. Japan machte damit die gleiche Entwicklung – wiewohl von weitaus schwächeren staatlichen Strukturen ausgehend – durch wie China nach der Zeitenwende, als die Han-Kaiser die Kontrolle über ihr Reich zunehmend an reiche Sippen verloren, die auf lokaler Ebene wie Lehnsherren große Gebiete kontrollierten. Auch in China markiert diese Erosion zentralstaatlicher Strukturen, gemeinsam mit der Verbreitung des Buddhismus, den Beginn des Mittelalters (vgl. Vogelsang 2019, S. 171 ff.).

2 Ennins Tagebuch, ursprünglich in Literarischem Chinesisch geschrieben, ist von Edwin O. Reischauer (1955) ins Englische übersetzt worden; vgl. auch Reischauer 1963.

3 Vgl. zu dieser Episode Reischauer 1963, 250. Trotz aller Bemühungen um ein langes Leben starb Kaiser Wuzong 846 im Alter von 32 Jahren – offenbar an den Folgen eines daoistischen ›Lebenselixirs‹. Die Buddhisten im Lande verstanden es, seinen frühen Tod auf die Unterdrückung ihrer Religion zu schieben: ein Grund dafür, dass die Buddhistenverfolgungen unter Wuzongs Thronfolger, Xuanzong, schnell endeten.

4 Diese Autonomie drückt sich auch in darin aus, dass beide Klöster auf Bergen gründeten, weitab von den Zentren politischer Macht. Im Enryaku-ji auf dem Hiei-zan und in den Klöstern des Kōya-san ist die Intensität dieser Abgeschiedenheit noch heute spürbar. Zu Saichō vgl. Groner 2000 und Stevens 2013, 3–27; zu Kūkai vgl. Hakeda Yoshito 1972, mit Übersetzungen seiner wichtigsten Werke, Abe 1999 und Chen/Chen 2010; der Streit zwischen beiden wird behandelt bei Abe 1995; speziell zu ihrer Mission nach China vgl. Borgen 1982.

5 Noch heute wird dieser zwölfjährige Rückzug im Jōdō-in durchgeführt, wo Saichōs Grabstätte ist: »Thus, as soon as it is light enough for the retreatant to see his hand, he is up to prepare a meal for the Patriarch. After greeting the Master and serving him the food, the monk opens the temple doors to let the Tendai Founder assess the current situation on Hiei. The monk spends the rest of the day, each and every day for twelve years, attending the Patriarch, serving meals, chanting the *Lotus Sūtra* before him, and, above all, keeping the place spotless. … All intercourse with the world is cut off; one robe and the thinnest bedcover suffice for the monk, summer and winter, in the heatless hall, and he subsists on leftovers – watery soup and plain rice – and three hours of sleep a day« (Stevens 2013, 46). Eine andere Variante dieser Askese ist der ›Bergmarathon‹, bei dem der Mönch innerhalb von sieben Jahren an 1000 Tagen eine Strecke von 30 bis 84 km auf dem Hiei-Berg zurücklegen muss; dabei muss er nach 700 Tagen ein neuntägiges Fasten ohne Nahrung, Wasser oder Schlaf absolvieren (ebd., 71 und *passim*).

6 Die *hiragana* wurden aus handschriftlichen Kursivformen chinesischer Zeichen entwickelt. So wurde etwa 安 (*an*/*an*: ›Friede‹) zu あ (*a*), 和 (*he*/*wa*: ›Harmonie‹ ) zu わ (*wa*), 毛 (*mao*/*mō*: ›Fell‹) zu も (*mo*), 世 (*shi*/*sei*: ›Generation‹) zu せ (*se*) usw. Die wesentliche Abstraktionsleistung der *hiragana* ist jedoch nicht die graphische, sondern die semantische: Sie geben nur noch einen *Lautwert* an, ohne zugleich ein Wort (mit allen Assoziationen, die daran hängen) zu repräsentieren. Nach einem sehr ähnlichen Prinzip wurde im 9. Jh. eine zweite Silbenschrift entwickelt, *katakana*, die jeweils nur einen Teil der zugrundeliegenden chinesischen Zeichen wiedergibt: So wurde 江 (*jiang*/*e*: ›Fluss‹) zu

工 (*e*), 多 (*duo/ta*: ›viel‹) zu タ (*ta*), 礼 (*li/rei*: ›Sitte‹) zu レ (*re*) usw. *Hiragana* und *katakana* geben das gleiche Silbeninventar wieder; doch während jene zum Charakteristikum der ›Frauenschrift‹ wurde, fand diese v. a. in Verwaltung und gelehrtem Schrifttum Gebrauch. Vgl. Lewin 1968, 391–395, und 2003, 23–32.

7 Wohlgemerkt, es gab schon früher japanische Elemente in der Literatur. Bereits im *Kojiki* werden chinesische Zeichen gebraucht, um japanische Namen und gewisse Funktionswörter zu schreiben. Das um 759 entstandene *Manyōshū*, das 4500 Gedichte versammelt, enthält dezidiert japanische Themen und Ausdrucksformen sowie das erste System für die lautliche Umschrift japanischer Wörter, die *manyōgana*. Dabei wurden chinesische Zeichen nicht für das Wort benutzt, das sie repräsentierten, sondern für eine japanische Silbe. Allerdings waren die Zuordnungen von Zeichen und Silben keineswegs systematisch, so dass einige Hundert Zeichen für das System herhalten mussten, die zudem auch noch im ursprünglichen Sinn für ganze Wörter benutzt wurden. So, wie das *Manyōshū* sich literarisch nur stellenweise von chinesischen Modellen gelöst hatte, hing auch seine Schrift noch unbequem an chinesischen Zeichen. Vgl. Pollack 1986, 15–54.

8 Zit. nach: Abe 1995, 129. Es erscheint wie eine Ironie der Geschichte, dass ausgerechnet Kūkai den Pinsel in Japan eingeführt haben soll. Ein Meister aller kalligraphischen Stile, soll er dem Saga-Tennō vier verschiedene Arten von Pinseln für die vier Stile geschenkt haben, begleitet von einem Schreiben in ebendiesen vier Schriftstilen (*Tempelschätze des heiligen Berges Daigo-ji*, 202 [Nr. 76]). Eine andere Legende besagt, dass Kūkai mit Pinseln in beiden Händen, Mund und Füßen gleichzeitig schreiben konnte.

9 Die Assoziation mit dem deutschen Kulturbegriff liegt nahe: Norbert Elias hat ihn auf die »Polemik der deutschen, mittelständischen Intelligenzschicht gegen die Gesittung der herrschenden, höfischen Oberschicht« zurückgeführt und darin die »Geste des Abschließens, die Akzentuierung des Spezifischen und Unterscheidenden« erkannt (Elias 1969, 9 und 25). Doch dem Begriff *wen* fehlt der nationale Bezug der ›Kultur‹; er bleibt schichtspezifisch und damit transnational. Der moderne Kulturbegriff sollte erst an der Wende vom 19. zum 20. Jh. nach China kommen – und zwar aus Japan (S. 319).

10 Der Brauch ging wohl von Tänzerinnen (!) und Prostituierten aus, wurde aber im Laufe der Zeit auf praktisch alle Frauen ausgedehnt. Historiker schätzen, dass bis zum Ende der Kaiserzeit rund eine Milliarde Frauen auf diese Weise verkrüppelt wurden. Zu Geschichte und grausigen Details vgl. Wang Ping 2002 und Ko 2007.

11 Zu den *yamato-e* vgl. Soper 1942 und Munsterberg 1974. In diesem Zusammenhang ist in der Literatur oft von ›nationaler‹ Malerei die Rede, ebenso wie viele andere spezifisch japanische Ausdrucksformen der Heian-Zeit als ›national‹ bezeichnet werden. Diese Wortwahl ist irreführend, insofern sie die Existenz einer japanischen ›Nation‹ suggeriert; davon kann jedoch vor dem 19. Jh. keine Rede sein. Weit davon entfernt, sich als Teil einer schichtenübergreifenden Solidargemeinschaft zu verstehen, hielten japanische Eliten sorgfältig Distanz zum einfachen Volk, den ›zweifelhaften Kreaturen‹ (*esemono*), die ihnen wie eine fremde, garstige Spezies vorkamen, »unpleasant to look at, like a swarm of caterpillars« (Sansom 1958–64, Bd. 1, 170), kurz: »peasants and labourers could hardly be said to have any human existence whatsoever« (Morris 1964, 85). Aus den gleichen Gründen kann auch nicht von einer chinesischen ›Nation‹ die Rede sein, deren Anfänge z. B. Nicolas Tackett (2017) in der Song-Zeit vermutet. Der Begriff einer ›Nation‹, der auch – und gerade – die Unterklassen angehören, entstand in Japan und China erst im 19./20. Jh. – mitsamt all seinen Folgeproblemen (vgl. S. 262 und 310).

12 Zu dieser Analyse vgl. Keene 1974, 376 f. All das hat nichts mit dem angeblich ›ideographischen‹ Charakter chinesischer Schrift (S. 424, Anm. 11) oder anderen Mythisierungen der beiden Sprachen – ›maskulin‹ vs. ›feminin‹ usw. (S. 425, Anm. 12) – zu tun. Es sind ganz prosaische linguistische Strukturen, die zu diesen lyrischen Ausdrucksformen führen. Die phonologische Maßeinheit der More weist auf einen grundlegenden Unterschied zwischen der chinesischen und der japanischen Sprache: Nur in dieser werden ›einmorige‹, d. h. kurze (z. B. *o*, *ko*, *so*), und ›zweimorige‹, d. h. lange (z. B. *ō*, *koi*, *son*), Silben unterschieden.

13 Siehe zu alledem Pollack 1986, der auch das Beispiel der Anthologie *Wakan Rōeishū* anführt, in der chinesische und japanische Gedichte parallel angeordnet sind: Erst durch den Kontrast gewönnen die *waka* an eigenständiger Statur und Tiefe (ebd., 77; vgl. Smits 2016). Die Parallelen dieser Überlegungen zum Strukturalismus sind nicht zu übersehen, und interessanterweise hat schon Kūkai eine Sprachtheorie entwickelt, die diesem erstaunlich ähnlich ist; in den Worten von Abe Ryūichi (1999, 15): »anything that distinguishes itself from other things by its own pattern (*mon*) – by shape, color, or movement – is a letter (*ji*). That is, a letter's identity derives from differentiation (*shabetsu*), the way in which it differentiates itself from other letters; and difference holds primacy over identity … for there is no such thing as essence inherent in every letter that is prior to its difference from or relation to other letters. Not only the letters of

the alphabet but all things in the world – even trees, mountains, and streams – have the same claim as letters, and together they form the ›cosmic text‹.« – Diese universelle Zeichentheorie – man ersetze das etwas irreführende ›letter‹ durch ›sign‹ – spiegelt sich in der Vorstellung von *wakan* wider: Es gibt die japanische Kultur – ebensowenig wie die chinesische – nicht ›an sich‹, sondern nur insofern sie sich von der chinesischen unterscheidet.

14 Beide erlebten eine erstaunliche Karriere in Japan. Die Legende, dass Yang Guifei (jap. Yō Kihi) gar nicht gestorben, sondern nach Japan (die Insel der Unsterblichen!) entflohen sei, hielt sich in verschiedenen Varianten. Noch heute gibt es im Nison-in von Yuyachō, Yamaguchi, ein ›Grab‹ der Yang Guifei, und im Kyōtōer Sennyū-ji steht eine Yō-Kihi-Statue in Gestalt des Bodhisattvas Kannon, die in der Song-Zeit aus China nach Japan gelangte. Die vielleicht berühmteste Legende besagt, dass Yō Kihi in Wirklichkeit ein *kami* gewesen sei, der sich in eine Frau verwandelt habe, um Kaiser Xuanzong davon abzuhalten, Japan anzugreifen. Noch heute wird er/sie im Atsuta *jingu* von Nagoya verehrt, der seit alters auch den Namen ›Hōrai‹ (chin. ›Penglai‹) trägt: Auch hier spielt das Motiv der ›Insel der Unsterblichen‹ herein. Zu alledem vgl. Liu Yuzhen 1995–98.

15 Zu den zahlreichen Referenzen auf chinesische Kultur im *Genji monogatari* vgl. Pollack 1986, 55–76, An Yuan 1985 und die Monographie von Morris 1964. Das *Genji monogatari* ist Anfang der 1960er Jahre von Oscar Benl ins Deutsche übersetzt worden, doch der Vergleich mit den englischen Übersetzungen von Seidensticker 1976 und Waley 1935 lohnt sich. Man nehme etwa die oben (S. 141) zitierte Rede von Genjis Vater:

Benl: »Die Wissenschaften werden bei uns im allgemeinen von der Welt so hoch bewertet, weil es nur wenige gibt, die sich darin auszeichnen und sich gleichzeitig auch eines langen Lebens und des Reichtums erfreuen. Wer aus sehr vornehmem Hause stammt, aber auch Leute von nicht so hohem Range, sollten nicht durch allzu vieles Lernen ihr Leben abkürzen!«

Seidensticker: »He thought it might be because scholarship seldom attracts wide acclaim, he said, that he had rarely seen it succeed in combining happiness with long life. In any event, he thought it rather pointless in my case, because people would notice me whether I knew anything or not.«

Waley: »Perhaps learning carries with it inevitably so great a share of the world's esteem that, to redress the balance, the scholar, once he advances beyond a certain stage of learning, is doomed to pay for his enviable attainments either by ill health or poverty. Those who are born to greatness may be certain that, whether they exert their minds or not, the advantages of noble birth will suffice to distinguish them from their fellows; and for you of all men ethe acquisition of such ill-starred accomplishments would be entirely superfluous. I sincerely hope that you will not allow them to occupy too much of your time.«

Die erstaunlichen Unterschiede zwischen den Übersetzungen deuten an, wie vieldeutig die Sprache von Murasaki Shikibu ist: Selbst für japanische Gelehrte sei sie extrem schwer zu »entziffern«, schreibt Donald Keene (1974, 379). Diese Vieldeutigkeit hat das *Genji monogatari* mit zahlreichen Werken der chinesischen Literatur gemein.

16 Viele Beispiele dafür finden sich bei Morris 1964 (S. 194), der darin den größten Beitrag Japans zur Weltkultur ausmacht: »If Murasaki's period did little for the intellectual progress of mankind, and still less for techniques of government and social organization, it will always be remembered for the way in which its people pursued that cult of beauty in art and in nature which has played so important a part in Japan's cultural history and which is perhaps the country's greatest contribution to the world.«

17 So ganz explizit An Yuan 1985, der mehrfach auf die Verkommenheit der ›feudalistischen‹ Gesellschaft der Heian-Zeit hinweist. Während Japaner die Ästhetisierung der Welt, wie sie im *Genji monogatari* beschrieben wird, noch heute bewundern können, dürfte chinesischen Betrachtern, erzogen im Geiste des Materialismus, die gezierte, feminine Kultur des Heian-Adels heute fremder denn je erscheinen.

18 Wohlgemerkt, der Begriff kommt im japanischen Original an der oben zitierten Stelle nicht vor. Dennoch trifft Benls Übersetzung intuitiv (!) den richtigen Ton. Im Gegensatz zum chinesischen Begriff des ›Herzens‹, der den Sitz des *Verstandes*, also eine Vernunftsinstanz meint, verweist das japanische *kokoro* eher auf Gefühle und einen inituitiven Zugang zur Welt.

19 Vgl. Pollack 1986, 39–42. Der Gedanke entspricht durchaus modernen soziologischen Theorien. Niklas Luhmann etwa beschreibt Wahrheit als symbolisch generalisiertes Kommunikationsmedium, welches auf die gesteigerte Ablehnungswahrscheinlichkeit schriftlicher Kommunikation reagiert (vgl. Luhmann 1989, 178 f.); oder anders: Während sich »das Problem der Wahrhaftigkeit, des Irrtums oder des Täuschungsinteresses« auch in mündlicher Kommunikation stellt, spricht man von ›Wahrheit‹ nur, »wenn die Selektion der Information keinem der Beteiligten zugerechnet wird« (ders. 1997, 339), was bei schriftlichen Texten in besonderem Maße der Fall ist.

20 Dazu passt, dass japanische Gelehrte – von Sugawara no Michizane bis zu einigen großen Sinologen des 19. und 20. Jh. – Chinesisch nur als tote Sprache re-

zipierten, als Echo längst vergangener Zeiten. Sie beherrschten das Literarische Chinesisch passiv und aktiv, konnten aber nicht Chinesisch sprechen. Bis ins 20. Jh. blieben ›Pinselgespräche‹ ihre einzige Möglichkeit, sich mit leibhaftigen Chinesen zu verständigen (S. 34).

21 Nicht von ungefähr rangierten die Händler in der idealisierten Ordnung der ›Vier Stände‹ (*simin/shimin*), die ihren Ursprung im Politischen Realismus des Alten China hat, an unterster Stelle. Im Rahmen des bürokratischen Absolutismus schien eine entfesselte Eigenlogik der Wirtschaft die größte Gefahr für den Staat zu bergen: Sie musste daher mit allen Mitteln eingehegt, Händler mussten erniedrigt und kleingehalten werden. In Japan wurde die Theorie der ›Vier Stände‹ in der Nara-Zeit, zusammen mit anderen Elementen chinesischer Staatslehre, rezipiert und v. a. in der Tokugawa-Zeit zur Ordnungsgrundlage gemacht. Erst in der Meiji-Zeit, als die hierarchische Gesellschaftsordnung in eine funktional differenzierte Struktur umschlug, verlor die Herabwürdigung der Händler ihren Sinn. Gleich zu Anfang der Meiji-Zeit wurde der Slogan ausgegeben, dass »die Vier Stände gleichrangig« seien (S. 262).

22 Die Wirtschaftsgeschichte Chinas und Ostasiens ist eine Domäne der japanischen Forschung. Die Pionierarbeiten auf diesem Gebiet legten Katō Shigeshi (1952/53) und Mori Katsumi (1975–76, Bd. 1–3) vor. Neuere Arbeiten auf Englisch sind Vivier 2008, von Verschuer 2014, von Glahn 2014.

23 Zu Leben und Handel in Hakata vgl. Batten 2006 und Cobbing 2013, darin v. a. die Aufsätze von Cobbing und Moritomo Kazushige.

24 Die Goldschätze Japans wurden legendär; noch Marco Polo schwärmt davon in seiner Beschreibung Japans: »Die Goldvorkommen auf der Insel sind unbeschreiblich reich. … Ich sage die reine Wahrheit: das Dach des riesigen Palastes ist aus purem Gold. Genauso wie wir für unsere Häuser- und Kirchendächer Blei gebrauchen, wurde hier Gold verwendet. Unvorstellbar, welcher Wert darin liegt! Die Fußböden aller Räume – und es gibt deren viele – sind aus mehr als zwei Finger dickem Gold. Die Säle, die Fenster, wohin man schaut, alles im Palast ist mit Gold geschmückt.« (*Il Milione* CLX, 277 f., Übers. Elise Guignard) Marco Polo nennt den Reichtum Japans denn auch als Grund dafür, dass die Mongolen das Land angriffen.

25 Die Japaner, die nach China kamen, hinterließen bei ihren Gastgebern nicht immer den besten Eindruck. Im 13. Jh. etwa notierte Zhou Mi Folgendes über japanische Besucher: »Wenn ein ausländisches Schiff in Siming [Ningbo] ankommt, dann gehen sie zu den Prostituierten und verbringen ganze Nächte mit

ihnen. Sobald sie dann recht ausgelassen sind, grölen sie wie Affen. Wer das nicht ertragen kann, schlägt ihnen mit einem Knüppel aufs Schienbein, dann hören sie auf« (*Guixin zazhi*, »Xuji« 2, 13a).

26 Der Kaiser fährt fort mit einer Klage darüber, dass seit dem Ende der Tang nicht nur das Reich lange zerfallen sei, sondern auch die Staatsämter nicht mehr innerhalb von Familien vererbt würden (*Songshi* 491, 14134; vgl. die Übers. in Tsunoda/Goodrich 1951, 49–69). Genau diesen Wandel hatten er und der erste Song-Kaiser, Taizu, jedoch selbst bewirkt, indem sie die Rekrutierung von Beamten durch das Prüfungssystem forcierten. Taizong wusste, dass die ›guten alten Zeiten‹ vorbei waren – und dass das gut so war. Zu Chōnen und seiner China-Reise vgl. Hao Xiangman 2012 und Wang Xiaoqiu 1996, 78–85.

## Verlorener Horizont

1 Der Religionswissenschaftler William LaFleur hat die These vertreten, dass die Durchsetzung des buddhistischen Paradigmas in Japan den Übergang vom Altertum zum Mittelalter markiere: »I would suggest that we can best account for the vast array of materials in this period by defining *medieval* Japan as that epoch during which the basic intellectual problems, the most authoritative texts and resources, and the central symbols were all Buddhist« (LaFleur 1984, 9). LaFleur sieht diesen Übergang allerdings schon in der frühen Heian-Zeit, ausgedrückt in Werken wie dem *Nihon ryōi-ki* und Kūkais *Sangō shiiki*, welche die Überlegenheit des Buddhismus gegenüber anderen Schulen vertreten (ebd., 12 f.). Plausibler erscheint es, die *gesellschaftsweite* Durchsetzung des buddhistischen Paradigmas als Beginn des Mittelalters anzusehen; und erst ab der Kamakura-Zeit lässt sich sagen: »If there is a single dominant paradigm in medieval life, it is the tonsure as an acceptable option, a pervasive dynamic in the common culture of medieval Japan, in the lives of all, men and women alike« (*The Cambridge History of Japan*, Bd. 3, 507).

2 Zu den Mongolen, die keinesfalls nur ›barbarische‹ Eroberer waren, vgl. Weiers 1986, Frings 2005 und *The Cambridge History of China*, Bd. 6 (*Alien Regimes and Border States, 907–1368*); speziell zu den Angriffen auf Japan vgl. *The Cambridge History of Japan*, Bd. 3 (*Medieval Japan*), Kap. 3.

3 Vgl. dazu ter Haar 2015, bes. S. 183. Das Motiv hängt mit einer weiteren Legende zusammen: Chen Yizhong, der Kanzler des letzten Song-Kaisers, der mit

seinem Herrscher vor den Mongolen nach Fujian geflohen war, soll 1276 nach Japan übergesetzt haben, um von dort aus, mit japanischen Truppen, das Reich zurückzuerobern.

4 »Der japanische Genius erreicht Vollkommenheit in kleinen Dingen«, schreibt Basil Hall Chamberlain, und bringt damit ein gängiges Stereotyp auf den Punkt: »Kein anderes Volk verstand es je annähernd so gut, aus einer Schale, einem Servierbrettchen, selbst einem Topf ein Ding der Schönheit zu schaffen, einen kleinen Elfenbeinknopf in einen Mikrokosmos von groteskem Humor umzuwandeln, einen flüchtigen Gedanken mit einem halben Dutzend von Pinselstrichen festzuhalten. Das Massige, das Ausgedehnte, das Große entspricht weniger seinem Wesen.« (Chamberlain 1990, 55) All das lässt sich mit vollem Recht allerdings erst ab dem japanischen Mittelalter behaupten, vieles ist noch jünger: Die Miniaturschnitzereien der *netsuke* und die literarische Kleinform der *haiku* entstanden beide im 17. Jh. Die monumentalen Hügelgräber der *kofun*-Periode hingegen, die großangelegten Hauptstädte von Fujiwara-kyō bis Heian-kyō oder der riesige Buddha des Tōdai-ji zeugen noch von einer anderen Ästhetik. Die Liebe zu den »kleinen Dingen« liegt eben nicht im japanischen »Wesen« begründet, sondern in einem elitären Geschmack, der sich nicht zuletzt unter dem Einfluss Song-zeitlicher Kultur herausbildete.

5 Neuere Monographien zu Guanyin/Kannon sind Yü Chün-fang 2001, Dudbridge 2004 und Levine 2013.

6 Die ›Endzeit des Dharma‹ bezeichnete die letzte von drei Perioden der buddhistischen Geschichtsphilosophie: In der ersten Periode, die 500 oder 1000 Jahre währte, breitete sich die rechte Lehre von Indien über Asien aus; in der zweiten Periode, die 1000 Jahre währte, war die Lehre etabliert, wurde aber zugleich verformt und geschwächt; und die dritte Phase war die des Niedergangs, in der das Dharma nicht mehr befolgt wurde. Auch in dieser Berechnung waren die Japaner den Chinesen zeitlich hinterher, und zwar genau um ein halbes Jahrtausend. In China war der Beginn der Endzeit (*mofa*) bereits für das Jahr 552 berechnet worden: nicht zufällig das Jahr, in dem der Buddhismus erstmals nach Japan gekommen sein soll (vgl. S. 432, Anm. 26). Zur Idee des *mofa*/*mappō* vgl. grundlegend Fischer 1976.

7 So ist er v.a. von Daisetz Suzuki beschrieben worden, der meint, Zen sei »innerlich eingedrungen in jede Phase des kulturellen Lebens in Japan« (Suzuki 1958, 17). Suzukis Schriften, die v.a. während der 1930er Jahre erschienen sind, müssen selbst im historischen Kontext gesehen werden, als Versuch, die Ein-

zigartigkeit und Größe der japanischen Nation herauszustellen, während diese gerade den asiatischen Kontinent mit Krieg überzog. Dennoch gelang es Suzuki, ein großes westliches Publikum zu begeistern: Er wirkte als ›Missionar‹ des Zen-Buddhismus im Westen und zugleich als kultureller Botschafter einer Nation, der angesichts ihrer aggressiven Politik im 20. Jh. die Propagierung der friedliebenden, spirituellen Aspekte ihres ›nationalen Geistes‹ umso wichtiger war. Wissenschaftliche Darstellungen des Chan/Zen bieten Dumoulin 1985/86, Kleine 2011, 328–393, und Heine 2017. Die folgende Darstellung folgt zudem den Analysen von Pollack 1986, 77–133, und Fuchs 1989.

8 Daran erinnern noch heute die volkstümlichen bis kitschigen ›Daruma‹-Puppen in Japan: rundliche, bärtige Gestalten in rotem Gewand mit weit aufgerissenen Augen, ohne Wimpern – und immer ohne Beine. Manche haben eine halbkugelförmige Unterseite, so dass sie als Stehaufmännchen fungieren. Die Puppen werden v.a. zum Neujahrsfest als Glücksbringer verkauft. Auch in anderen Formen – als Schneemann (*yuki-daruma*), Kinderspiel oder Lunchbox (*daruma-bentō*) – ist Bodhidharma ein fester Bestandteil japanischer Populärkultur geworden.

9 Vgl. die klassische Darstellung bei Seckel 1957, 225–254. Dort heißt es: »Vor allem herrscht nun ein tiefes Mißtrauen gegenüber der Möglichkeit einer bildlichen Darstellung der Transzendenz … ein Mißtrauen gegenüber aller Aussage überhaupt und erst recht gegenüber der sinnlichen Wirkungsmacht religiöser Kunst – durch die Schönheit von Form, Farbe, Schmuck –, gegenüber allen reich entwickelten, durch Kunst gesteigerten und verklärten Kultformen, ja sogar gegenüber dem symbolischen Zeichen als solchem, das mehr als Verhüllung denn als Offenbarung der letzten Wirklichkeit empfunden wird … [Zen-Kunst hat eine] radikal-asketische innere Richtung auf Bildlosigkeit, auf einen letzten Sinn, der sich in keinem Einzelphänomen und ›Bild‹ mehr einfangen und zeigen läßt; die letzte Konsequenz dieser Kunst ist das leere weiße Blatt, das bisweilen im japanischen Teeraum aufgehängt wird und in dem sich das Bild der Phänomene und das Bild als Phänomen schließlich aufhebt« (227 f.).

10 Mit dem Shōfuku-ji kam auch die spezifische Klosterarchitektur des Chan von China nach Japan: Sieben Hauptgebäude, davon drei zweistöckige auf der zentralen Nord-Süd-Achse, symbolisieren die Gestalt des Buddha – Unterleib, Herz, Kopf, Arme und Beine –, der die Mönche somit ›leibhaftig‹ in sich aufnahm. Auch in der Namensgebung wird die Verbindung zu China deutlich, denn manche japanische Zen-Klöster wurden nach ihren ›Mutterklöstern‹ in

China benannt: der Kōfukuji in Nagasaki nach dem Xingfusi in Changshu, der Manpukuji in Uji nach dem Wanfusi auf dem Huangbo-Berg in Fujian usw.

11 Suzuki 1958, 41, zitiert das Sprichwort: »Tendai ist für das Kaiserhaus, Shingon für den Adel, Zen für die Kriegerklasse und Jodo für die Menge«, was so genau natürlich nicht stimmt, aber immerhin einen Eindruck von der Rezeptionsgeschichte vermittelt. Es sollte aber deutlich werden, dass auch der Zen-Buddhismus sich v. a. in Kyōto, das heißt bei Kaiser und altem Adel, durchsetzen musste, um zu reüssieren. Zum *Kōzen gokokuron* vgl. Welter 2005; ebd., 72, auch das Zitat »Wenn Buddhas Dharma gedeiht …«

12 Vgl. Heine 2018, 89. Das ist umso bemerkenswerter, als Enni von Wuzhun oft so brutal geschlagen worden sein soll, dass sein Gesicht ein Leben lang vernarbt war. Dennoch hat er sich dem Jingshan-Kloster gegenüber äußerst erkenntlich gezeigt: Als er erfuhr, dass seine Gebäude durch ein Feuer beschädigt worden waren, organisierte Enni den Transport von Holz nach China, um das Kloster wieder aufzubauen. Rund 740 Jahre später, als das Jingshan-Kloster nach den Zerstörungen der Kulturrevolution in den 1980er Jahren wieder aufgebaut wurde, spendete der Abt des Tōfuku-ji, Fukushima Keido, ein ferner Nachfolger Ennis, eine große Summe für das Projekt. Auch seiner wird mit einer Stele in dem Kloster gedacht, auf der es heißt: »Die Güte des Abtes Fukushima gegenüber dem Jingshan-Kloster unterscheidet sich in nichts von den Wohltaten des Großmeisters Shengyi [Enni], als er dereinst Holzbalken herbeischiffte.«

13 Zu Lanxi, Wuxue und weiteren chinesischen Mönchen in Japan – Heine 2018, 244, listet elf prominente Namen auf – vgl. Collcutt 1981, Döll 2010, Xia Yingyuan 1996 und Heine 2018.

14 Zu dieser Anekdote vgl. Heine 2018, 38–40. Dieser ›treibende Yuanwu‹ (*nagare* Engo), das älteste Zen-Manuskript in Japan, ist heute im Besitz des Nationalmuseums von Tōkyō. Ein digitales Bild davon findet sich unter http://www.emuseum.jp, 1. 4. 2020. Zur Zen-Kalligraphie, besonders dem *bokuseki*-Stil, vgl. Götze 1979.

15 1926, als Japan an seiner nationalen Identität arbeitete, identifizierte Yanagi Sōetsu die Gebrauchsgegenstände der Teezeremonie in ihrer unverkünstelten, natürlichen Schönheit als Produkte einer genuin ›japanischen‹ Kunst: Während es in Malerei und Skulptur nur wenige Werke gebe, »die dem Einfluss von China und Korea entronnen sind«, sei es mit der Volkskunst anders: »Hier finden wir etwas besonders Japanisches. Hier finden wir solide Verlässlichkeit, überbordende Freiheit und ungebundene Kreativität, die weder Verdopplung noch

Imitation ist. Unter den Künsten der Welt, das können wir mit Stolz sagen, ist diese japanisch. Die Alltagsgegenstände sind ein klarer Ausdruck des Klimas und der Gebräuche Japans, seiner Empfindungen und Denkart. Sie haben eine eigene, besondere japanische *raison d'être*. … Ich empfinde es als meine Pflicht, diese wunderbaren Objekte zum Ruhm des japanischen Volkes vom Staub der Geschichte zu befreien.« (Yanagi 2018, 51 f.)

16 Die Literatur zur Teekultur in China und Japan ist immens. Neuere Monographien zum Tee in China sind Benn 2015 und Hinsch 2016; zur japanischen Teezeremonie vgl. die Darstellung eines Meisters, Sen 1998.

17 *Chanju ji*; Lu war die Heimat des Konfuzius, im heutigen Shandong gelegen. Dieser und die folgenden Aussprüche sind zitiert nach Zheng Liangsheng 1990–2009, Bd. 4, 1–34. Derselbe Autor hat eine Reihe weiterer Studien zur Vermittlung des Neukonfuzianismus durch Zen-Mönche vorgelegt; vgl. ebd., Bde. 3, 4, 6, 9 und 12.

18 Chinesische Bücher in Japan haben Sinologen und Japanologen – selbst ausgesprochene Bücherwürmer – in besonderem Maße interessiert. Band 9 des *Nitchū bunka kōryū sōsho*, hg. von Ōba Osamu und Wang Yong, ist ganz diesem Thema gewidmet. Vgl. auch die Arbeiten von Yan Shaodang (1991 und 2007), Kornicki (2001, bes. Kap. 7) und die zehnbändige Buchreihe *Riben cang Hanji shanben shuzhi shumu jicheng*; Hess 1994 bietet eine Studie zum *Xiaojing*, Miller 1952 und Führer 2003 bieten Details zum *Lunyu* von Huang Kan. Bis heute sind traditionelle japanische Bibliotheken nach den vier bibliographischen Kategorien chinesischer Literatur (*sibu/shibu*) geordnet, und große, staatlich finanzierte Forschungsprojekte widmen sich den chinesischen Büchern in Japan (vgl. etwa die Kyōtoer Datenbank unter http://kanji.zinbun.kyoto-u.ac.jp/kanseki?detail).

19 Zu den sino-japanischen Beziehungen im 15. und 16. Jh. vgl. Wang Yi-T'ung 1953, So Kwan-wai 1975, Elisonas 1991, Oláh 2009, von Verschuer 2014 sowie zahlreiche Beiträge in *Guanxi daxue Dongya haiyu jiaoliushi yanjiu congkan*.

20 Das erste Zitat stammt aus *Mingshi* 322, 8347, das zweite aus *Sancai tuhui*, zit. nach: Wang Yong 2002, 21. Ebd., 19, ist eine zeitgenössische Abbildung reproduziert, die ›den Japaner‹ barfuß, mit nacktem Oberkörper, nur mit einem Lendenschurz bekleidet, geschultertem Schwert und einfältigem Gesichtsausdruck darstellt. Die Darstellung eines Jurchen in voller militärischer Kleidung, die unmittelbar daneben abgedruckt ist, erscheint wesentlich kultivierter: Die Japaner werden nicht einmal als ›gekochte‹, sondern nur als ›rohe‹ Barbaren dargestellt. Zur Geschichte der japanischen Piraterie vgl. So Kwan-wai 1975 und Shapinsky 2014.

21 Solche anachronistischen Darstellungen sind nur aus einer modernen Perspektive erstaunlich, für die historischer Wandel selbstverständlich ist. Im Rahmen eines Geschichtsverständnisses, das historische Anekdoten als *exempla* für die Gegenwart und Geschichte als Lehrmeisterin für das Leben – *historia magistra vitae* – versteht, sind sie jedoch keineswegs ungewöhnlich. Im Gegenteil: In einer Welt, in der die Worte der alten Weisen und Erfahrungen aus vergangenen Jahrtausenden noch immer handlungsleitend sind, kann sich nichts grundlegend geändert haben. Ebenso wie gegenwärtige Zustände ohne Weiteres in die Geschichte projiziert wurden – Konfuzius wurde in der Kleidung der Ming dagestellt –, besaßen althergebrachte Informationen zeitlose Gültigkeit. Kurz, es gab noch keine Vorstellung von ›Anachronismen‹ (vgl. Koselleck 1989a). Zu Xue Jun sowie weiteren Ming-zeitlichen Werken über Japan vgl. Fogel 2002a.

22 Die christliche Mission in Asien ist ein eigenes Forschungsfeld mit einer immensen Literatur. Die große Gesamtschau bietet Lach 1965–94; speziell zu Japan und China vgl. Boxer 1951, Ross 1994 und Brockey 2008; zu den Holländern in Japan: Goodman 1986.

23 1597 wurde in Kyōto als Monument der japanischen Taten ein ›Nasenhügel‹ (*hanazuka*) mit 38.000 Nasen aufgetürmt. Noch heute erinnert ein, mittlerweile beschönigend ›Ohrenhügel‹ (*mimizuka*) genanntes, Denkmal in der Nähe des Kyōtoer Toyokuni-Schreins an diese Kriegsverbrechen. Auch in Okayama wurde 1983 ein Hort mit 20.000 Nasen von den Hideyoshi-Feldzügen gefunden. Schon im Alten China wurden Ohren von getöteten Feinden karrenweise als Trophäen in die Heimat gebracht; und die Idee, kriegerische Erfolge durch abgeschnittene Köpfe zu dokumentieren, taucht in militärstrategischen Schriften der Zhanguo-Zeit auf (Vogelsang 2017, 4 f., 63 und 221–224) – ob auch diese ›Kulturtechnik‹ von China nach Japan gekommen ist? Zu den Feldzügen Hideyoshis vgl. Hawley 2014, Craig 2015 und Lewis 2015.

24 Darunter auch drei japanische Werke: Das *Shichikei Mōshi kōbun* (chin. *Qijing Mengzi kao*) von Yamanoi Tei (vgl. S. 230) sowie die *Lunyu*-Edition von Nemoto Bui und die *Xiaojing*-Edition von Dazai Shundai (vgl. Zhou 1984–85). Das *Siku quanshu* ist natürlich keineswegs ›vollständig‹ und war nie so intendiert: Das Editionsprojekt war mit einer regelrechten literarischen Inquisition verbunden, in deren Zuge Tausende Werke, inklusive ihrer Druckplatten, vernichtet wurden; vgl. Guy 1987 und Goodrich 1966.

25 Natürlich war Japans politisches System im Gegensatz zu dem Chinas, das zum Inbegriff der ›asiatischen Despotie‹ wurde, nach wie vor weitaus weniger zentralisiert. Samuel Finer (1997, Bd. 2, 1077 f.) beschreibt es als eine feudal ab-

gestufte Despotie: »a mosaic of despotisms held together and controlled by a super-despot, the shogun, through a huge hereditary caste of knights legally supreme over the rest of the population; stratified by law; socially immobile; thought- and behaviour-controlled; and yet, withal, peaceful, well-ordered, and prospering.«

26 Auch in der Brutalität ihrer Strafen standen die Japaner den Chinesen nicht nach. Während diese in der späten Kaiserzeit bei Kapitalverbrechen qualvolle Hinrichtungen durch langsames Zerschneiden praktizierten, wurden unter den *daimyō* Todesstrafen durch Kreuzigung, Verbrennen, Kochen, Pfählen, Zerschneiden u. a. vollstreckt; vgl. Botsman 2005 und, sehr anschaulich, Nawa 2012.

27 Zur Übernahme des Konfuzianismus in der Edo-Zeit vgl. Maruyama 1974, Harootunian 1980, Nakai 1980, Nosco 1984, Huang/Tucker 2014, Paramore 2016 und Jin Peiyi 2018. Klaus Antoni (1987, 271) weist darauf hin, dass »die konfuzianischen Normen zur Organisation des gesellschaftlichen Lebens, zur Regulierung der Abhängigkeitsverhältnisse von Oben und Unten« für Gelehrte im 19. Jh. schon zu den »unwandelbaren Eigenschaften des japanischen Wesens« zählten und dass sie schließlich, »gegen Ende des 19. Jahrhunderts, zur Gänze als japanisch begriffen« wurden. Die Rezeption des Konfuzianismus in Ostasien – in Korea war er bereits seit dem 14./15. Jh. als Staatslehre fest etabliert – hat zweifellos dazu beigetragen, dass moderne Neukonfuzianer heute behaupten, er tauge als universelle Ordnungslehre für die Welt im 21. Jh.

28 Eine monographische Darstellung der Zhengs bietet Hang Xing 2015. Das Kabuki-Stück ist von Donald Keene ins Englische übersetzt worden (hier zit. nach: Jansen 1985, 248); weitere Adaptationen des Koxinga-Stoffs in Japan, China und Taiwan diskutiert Wang Chong 2008.

29 Einige Jahre später wurde daneben eine etwas kleinere Insel für chinesische Warenhäuser angelegt. Dieses ›neue Nagasaki Chinatown‹ (*Shinchi chūkagai*) ist noch heute zu besichtigen, wenngleich natürlich nichts mehr von der alten Bausubstanz erhalten ist. Statt Warenlagern und Gasthäusern finden sich dort jetzt v. a. Restaurants, die immerhin noch ein Erbe der Edo-zeitlichen Händler bewahren: Die Nudelgerichte *chanpon* und *sara udon*, die heute als Spezialitäten der Nagasaki-Küche gelten, wurden von Chinesen dort eingeführt. Zur chinesischen Gemeinde in der Edo-Zeit vgl. Berger 2003 und Gunn 2018, 168–193.

30 Oder sogar Familien bzw. Heimat*orte*, wie Berger (2003, 47) bemerkt: »If a merchant could not do business exclusively with members of his own family, the next best option was to engage someone from his hometown, for he could more easily be brought to account than someone from another region – just being

Chinese was not enough«. An anderer Stelle formuliert er deutlich: »For the Chinese in Japan, however, the real link was not to China – whatever, if anything, that may have meant to them at the time – but to family members who remained on the mainland« (ebd., 76).

31 Zu Yinyuan vgl. Wu Jiang 2015. Yinyuan ist jüngst wieder zu unerwarteter Popularität gelangt, nachdem Staatspräsident Xi Jinping ihn 2015 in einer Rede zur ›sino-japanischen Freundschaft‹ besonders hervorhob: »In seiner Zeit in Japan hat der Abt Yinyuan nicht nur die Lehren buddhistischer Sūtras verbreitet, sondern auch fortschrittliche Kultur, Wissenschaft und Technik und so einen wichtigen Einfluss auf die wirtschaftliche und soziale Entwicklung Japans in der Edo-Zeit ausgeübt« (zit. nach: *Dagong bao*, 24. 5. 2015). Xi leitete daraus die »unzertrennbaren kulturellen Beziehungen und historischen Verbindungen der beiden Völker« ab. Daraufhin wurde der Abt des Kōfuku-ji nach China eingeladen, eine Delegation chinesischer Mönche fuhr eingedenk Yinyuans Überfahrt mit dem Schiff nach Japan, und der Manpuku-ji bereitet zum 350. Todestag von Yinyuan im Jahr 2023 eine große Zeremonie mit chinesischen Gästen vor. Noch immer scheint die Religion China und Japan über politische Gräben hinweg zu verbinden.

32 Vgl. dazu Horton Sharf 2004, die den Erfolg dieser Malerei u. a. auf den historisch günstigen Zeitpunkt zurückführt: »Ōbaku's florescence in Japan is in fact conveniently sandwiched between two eras of Western-style art – the era of Nanban-school painting of the ›Christian century‹ (ca. 1542–1639) and the era of Dutch-school painting that followed renewed European contact (from ca. 1720)« (S. 304). Wahrscheinlich ließe sich diese Beobachtung auf die gesamte Welle chinesischer Kultur und Technik übertragen, die letzte, bevor sich Japan endgültig der westlichen Wissenschaft verschrieb.

33 Das eindrucksvollste Zeugnis dieser Befragungen sind Nakagawa Chūeis 1799 publizierten *Nachrichten von den Sitten der Qing* (*Shinzoku kibun*), die in mehreren Bänden Bilder und detaillierte Beschreibungen von Gebräuchen, Architektur, Möbeln und anderen Alltagsgegenständen, Kleidung, Frisuren usw. bieten (vgl. Abb. S. 256).

34 Interessanterweise gehörte zur ›Japonisierung‹ des *Shuihu zhuan* auch die ›Konfuzianisierung‹ des Stoffes. V. a. Santō Kyōden und Kyokutei Bakin war es ein Anliegen, der ruchlosen Räubergeschichte eine moralisch korrekte Botschaft zu unterlegen, in der Recht und Unrecht klar unterschieden wurden. Zum Einfluss chinesischer Literatur in der Edo-Zeit vgl. Asō 1955; speziell zur Rezeption des *Shuihu zhuan* vgl. Hedberg 2019.

35 Zu diesem »unprecedented ›*I Ching* boom‹ in East Asian political history« vgl. v.a. Ng Wai-ming 2000 (Zitat: 66) sowie, kritisch, Nosco 2001.

36 Der Name stammt aus den indo-iranischen Sprachen. In Sanskrit-Texten wurde das chinesische Reich, vermutlich nach dem weit im Westen gelegenen Staat Qin (vgl. *Songshi* 490, 14104), ›Cina‹ oder ›Maha-cina‹ (›Groß-Cina‹) genannt. In chinesischen Übersetzungen wurde daraus ›Zhina‹, welches auf Japanisch wiederum ›Shina‹ ausgesprochen wird. Sowohl in China als auch in Japan war der Name außerhalb der buddhistischen Tradition jedoch ungebräuchlich gewesen.

37 Die vermutlich früheste Erwähnung dieser ›Umkehrung von Kultur und Barbarei‹ erscheint schon 1674 in einem Vorwort zu Berichten chinesischer Händler aus Nagasaki (*Tōsen fūsetsugaki*), wo es heißt, dass der letzte Ming-Kaiser gestorben sei und die letzten Vertreter chinesischer Kultur »nur noch einen Winkel im Süden behaupten, während die Tartaren in der Mittleren Ebene ihr Unwesen treiben: So ist die Kultur in einen Zustand von Barbarei umgeschlagen« (zit. nach: Hayashi u.a. 1958, Bd. 1, 1). Ausführliche Dokumentationen dieses Diskurses bieten Hayashi u.a. 1958 sowie Yang 2012, bes. Bd. 2.

38 Einen etwas verwegeneren Argumentationsstrang lieferte Hirata Atsutane. Er stimmte mit Norinaga darin überein, dass chinesische Begriffe die japanische Tradition kontaminiert hätten, meinte aber, dass diese Begriffe – wie überhaupt alle Kultur – ursprünglich aus Japan gekommen, in China vulgarisiert worden und dann in korrupter Form wieder zurückgekehrt seien. »Japan ist die Wurzel der Welt«, behauptete Atsutane, »daher ist Japan allen anderen Ländern in jeder Hinsicht überlegen« (zit. nach: Hansen 2008, 106). Folglich seien auch die Mythologien anderer Länder nur Abklatsche der japanischen: Die Schöpfergötter Izanagi und Izanami etwa, von denen das *Kojiki* berichtet, seien im Westen als Adam und Eva bekannt geworden (ebd.). Ähnliche Überlegungen wurden von chinesischen Gelehrten im späten 19. Jh. vorgetragen, die nachzuweisen versuchten, dass westliche Wissenschaften ihren Ursprung in China hätten, um so die Überlegenheit der chinesischen Kultur zu beweisen.

## Fliehender Horizont

1 Zur japanischen Rezeption des Opiumkriegs vgl. van Gulik 1940, Wakabayashi 1992, Wang Xiaoqiu 2007, 1–51, und Dower 2010.

2 Die Sitte, (verheirateten) Frauen die Zähne mit einer Mischung aus Galläpfeln, Eisen, Tee oder Essig schwarz zu färben (*ohaguro*), gab es in Japan schon vor

der Heian-Zeit. Zunächst war sie auf den Adel beschränkt, breitete sich aber in der Edo-Zeit im ganzen Volk aus. In Nordchina war das Zähneschwärzen unbekannt, doch in Südostasien, Vietnam, Taiwan und in Teilen Südchinas wurde es durchaus praktiziert. Luo Sen mag geschwärzte Zähne aus der Gegend von Kanton gekannt haben. Zu Beginn der Meiji-Zeit, 16 Jahre nach Luo Sens Reise, wurde das Zähneschwärzen in Japan verboten. Die Kaiserin selbst ging mit gutem Beispiel voran, indem sie 1873 damit aufhörte: Fortan sollten japanische Gebisse so weiß glänzen wie die von Europäerinnen.

3 Diese Beobachtungen wurden bestätigt von Rev. S. Wells Williams, der ebenfalls mit Perry in Japan war: »Modesty, judging from what we see, might be said to be unknown, for the women make no attempt to hide the bosom, and every step shows the leg above the knee; while men generally go with the merest bit of rag, and that not always carefully put on. Naked men and women have both been seen in the streets, and uniformly resort to the same bath house, regardless of all decency. Lewd motions, pictures and talk seem to be the common expression of the viler acts and thoughts of the people, and this to such a degree as to disgust everybody« (zit. nach: Miyoshi 1979, 77).

4 Zur Fahrt der *Senzai-maru* siehe Fogel 1995, 79–94, und Fogel 2014. Das Tagebuch von Nōtomi Kaijirō, das von der Shanghai-Reise berichtet, ist nachgedruckt bei Kojima 1997, Bd. 1. Zu weiteren Shanghai-Besuchen von Japanern in den 1860ern siehe Fogel 2015, 276-96.

5 Symbolisch für diese Politik wurde das marmorne Boot, das Cixi als kaiserliches Teehaus für den neuen Sommerpalast bauen ließ. Zur chinesischen Selbststärkungsbewegung vgl. Wright 1957; zu einem Vergleich mit der Meiji-Reform vgl. Beasley 1974.

6 Nicht, dass diese Neuorientierung leicht gewesen wäre. Noch in der frühen Meiji-Zeit musste die Regierung den Japanern die Vorstellung ausreden, »dass die Ausländer wilde Barbaren, Hunde und Schafe« seien und anordnen, »dass sie auf derselben Stufe betrachtet werden wie die Chinesen« (Jansen 1967, 164). Ebenso wie die Chinesen lebten die meisten Japaner im 19. Jh. noch in segmentären Strukturen; in ihren Augen gab es »nur zwei wesentliche Kategorien von Menschen: die *insider* und die *outsider*« (Yamaguchi Masao, zit. nach: Dower 1986, 234).

7 Als Randnotiz sei festgehalten, dass auch danach noch einige Japaner gleicher waren als die anderen: Der alte Hofadel und die *daimyō* wurden ab 1869 offiziell als *kazoku* geführt, als ›kultivierter Stand‹, der erhebliche Privilegien genoss. So, wie einst *Chūka* als Distinktionsmetapher einer Oberschicht diente, die sich

durch Teilhabe an der chinesischen Kultur von den unteren Schichten abheben wollte (S. 231), fungierte *ka* noch immer als honoriges Beiwort für den Adel: Während Japaner das zeitgenössische China unter dem Namen *Shina* zunehmend polemisch herabwürdigten, diente das ›kulturelle‹ China noch immer als Symbol der Erhabenheit. Nicht zufällig waren die fünf Adelstitel der *kazoku* exakt dieselben wie im Alten China.

8 Zu Letzteren vgl. die Beschreibung von Anderson 2006, 35: »The obsolescence of the newspaper on the morrow of its printing … nonetheless, for just this reason, creates this extraordinary mass ceremony: the almost precisely simultaneous consumption (›imagining‹) of the newspaper-as-fiction. We know that particular morning and evening editions will overwhelmingly be consumed between this hour and that, only on this day, not that. … The significance of this mass ceremony – Hegel observed that newspapers serve modern man as a substitute for morning prayers – is paradoxical. It is performed in silent privacy, in the lair of the skull. Yet each communicant is well aware that the ceremony he performs is being replicated simultaneously by thousands (or millions) of others of whose existence he is confident, yet of whose identity he has not the slightest notion. Furthermore, this ceremony is incessantly repeated at daily or half-daily intervals throughout the calendar. What more vivid figure for the secular, historically clocked, imagined community can be envisioned?« Zu japanischen Zeitungen vgl. Huffman 1997.

9 Von dem Siegel wurden mehrere Repliken für verschiedene Museen angefertigt (Fogel 2013, 164). Wahrscheinlich hat auch der chinesische Unternehmer Zhang Jian das Siegel gesehen, als er 1903 das Nationalmuseum in Tōkyō besuchte (Chow 2015). Dieses Museum hinterließ bei Zhang einen derart nachhaltigen Eindruck, dass er 1905 in Nantong, Jiangsu, das erste chinesische Museum gründete. Das Nantong-Museum, zu dem auch ein Zoo und ein botanischer Garten gehörten, war dem Tōkyōter Nationalmuseum getreulich nachgebildet: Seine Anlage war eine Miniatur des Ueno-Parks, die Sammelschwerpunkte waren die gleichen, und japanische Kuratoren führten dort dasselbe Klassifikationssystem ein wie in Tōkyō (Ng 2009, 44 f.; vgl. Qin 2004). Mit dem Begriff der Nation importierte China auch die Institution des Museums aus Japan.

10 Zit. nach: Pyle 1969, 177. Die Situation spiegelt bezeichnenderweise die Verachtung der alten japanischen Elite gegenüber den Bauern wider. So wie Westler die Japaner »als Affen, die fast menschlich sind«, betrachteten, nahmen die Adligen der Heian-Zeit das einfache Volk als ›zweifelhafte Kreaturen‹ (vgl. S. 437, Anm. 11) wahr, »uninteressant, nutzlos und unverständlich«. Auch sie konnten

sich nur lächerlich machen, wenn sie versuchten, die Lebensweise des Adels zu übernehmen. So wie Westler die Japaner in Zeichnungen karikierten, wurden Bauern auf Bildrollen der Heian-Zeit halb so groß wie die ›Guten Menschen‹ und mit grotesk verzerrten Gesichtern dargestellt (vgl. zu alledem Morris 1964, 81–85). Der Vergleich verdeutlicht den Strukturwandel der Gesellschaft: Wo einst die *Schicht*grenzen der Adelsgesellschaft unterschiedliche ›Spezies‹ voneinander trennten, waren es jetzt die *nationalen* Grenzen der Moderne.

11 Insbesondere mangele es Japan an der Fähigkeit, modernes Wissen nicht nur zu rezipieren, sondern selbst Wissen hervorzubringen und aktiv zur Wissenschaft beizutragen. Der Journalist und Staatstheoretiker Nakae Chōmin beklagte noch zu Anfang des 20. Jh., dass Japan »vom Altertum bis zur Gegenwart keine Philosophen besessen« habe, sondern nur »Archäologen, die nach alten Mausoleen suchten und alte Worte studierten«, ohne »wirkliche Kenntnisse über das Universum oder das Leben.« Auch die Denker der Meiji Zeit würden zwar zu Philosophen hochstilisiert, »doch vermitteln sie bloß haargenau das, was sie von europäischen Denkern gelernt haben.« Nakae kommt zu dem trübsinnigen Schluss, dass Japan ein »Volk ohne Philosophie« sei, »irgendwie seicht und oberflächlich« (zit. nach: Jansen 1992, 259 f.). Chinesische Denker sollten diese Klage übernehmen: 1926 schrieb Fu Sinian, China habe »nichts, was sich ›Philosophie‹ nennen lasse« (*Fu Sinian quanji* 7, 38).

12 *Fukuzawa zenshū* 8, 437. Zu Fukuzawas Denken vgl. Blacker 1964; speziell zum *Bunmei ron no gairyaku* vgl. die Übersetzung in Fukuzawa 2008 sowie die Studie von Hwang 2020, Kap. 4.

13 Eine ganz ähnliche Position vertrat Oka Senjin, seines Zeichens ›China-Gelehrter‹ und versiert in den konfuzianischen Klassikern, der 1884/85 fast ein Jahr in China verbrachte und sich schockiert zeigte angesichts der gesellschaftlichen Zerrüttung, die er dort beobachtete. Drei Gifte seien es, die China zerfräßen: Das Opium, von dem auch Gelehrte – sogar der hochgeschätzte Wang Tao – abhängig seien, richte die Menschen körperlich und geistig zugrunde; das Prüfungswesen verschwende Zeit und Talent der besten Köpfe, indem es sie mit unnützem Wissen belaste; und die traditionellen Großfamilien führten zu Verschwendung und Unterwürfigkeit im Namen einer falsch verstandenen ›Folgsamkeit‹. Auch Oka kam zu dem Schluss, dass Japan sich von seinem chinesischen Erbe trennen müsse, um in der modernen Welt zu bestehen. Vgl. Jansen 1992a, 108–110, Fogel 1996, 74–82, sowie ausführlich Ye 2015, 87–143.

14 Der Topos vom ›ewigen Stillstand‹ wurde sowohl von japanischen als auch von chinesischen Intellektuellen vielfach wiederholt. So schrieb Naka Michiyo in

seiner *Gesamtgeschichte Chinas* (*Shina tsūshi*, 1888–90): »Seit den Dynastien Qin und Han vor 2000 Jahren ist das politische System im Wesentlichen das gleiche geblieben; die Kultur ist stagniert, ohne sich zu entwickeln; … der Zustand des chinesischen Volkes ist unverändert, ohne Fort- oder Rückentwicklungen, in den Grenzen einer gleichbleibenden Form geblieben.« Wang Rongbao übertrumpfte das noch, indem er die Stagnation schon in der Zhou-Zeit beginnen ließ: »Seit mehreren Jahrtausenden« habe sich das Leben der Menschen nicht verändert, kurz: »Die vergangene Geschichte Chinas gleicht einem ewigen Stillstand« (»Guomin zhi jinbu yu«, *Jiangsu* 1903.2, 3).

15 Ähnlich beschrieben auch andere Chinesen ihre ersten Eindrücke von Japan. Wang Tao, der auf Einladung japanischer Freunde 1879 nach Japan reiste, zitierte ebenfalls die Legende von Xu Fu. Er verglich die Musik der Geishas mit den Weisen der Tang und Qin, die Frauenfrisuren mit jenen der Tang-Zeit; die hohen Kissen aus Holz oder Porzellan erinnerten ihn an alte Traditionen aus Kanton, die Holzhäuser an die Architektur Westchinas, und die konfuzianische Literatur in Japan ließ ihn vollends jede Fremdheit vergessen (*Fusang youji* 3; vgl. Tsui Wai 2010, 307). Zhou Zuoren schrieb eine Generation später: »Für mich war Japan zur Hälfte ein fremdes Land und zur Hälfte das alte China. Es schien mir, dass das alte China in diesem fremden Land fortlebte« (zit. nach: Kamachi 1981, 59).

16 Die umfangreiche Textsammlung *Mozi*, die dem Mo Di zugeschrieben wird, enthält neben der egalitären Gesellschaftslehre Mo Dis auch Kapitel zur Militärtheorie, zur Logik und diversen anderen Themen. Als radikaler Gegenentwurf zur konfuzianischen Lehre wurde der *Mozi* in der chinesischen Kaiserzeit weitgehend vernachlässigt. Im Zusammenhang mit der These, dass westliche Wissenschaft ihren Ursprung in China habe, wurde er Ende des 19. Jh. wieder interessant. Neben Huang Zunxian haben Gelehrte wie Wang Zhichun, Tang Zhen, Chen Zhi, Zheng Guanying, Zhang Zhidong, Jiang Biao, Tang Caichang u. a. die gleiche Position vertreten.

17 Die weit verbreiteten Farbholzdrucke von Kobayashi Kiyochika, publiziert unter dem Titel *Nippon banzai hyaku sen hyaku shō*, bieten viele Beispiele dieser Propaganda-›Kunst‹ (vgl. auch die Online-Sammlung *Nisshin sensō nishiki-e bijutsukan* unter https://nissinsensonishikie.jimdo.com, 1. 4. 2020). Zu Spottliedern und Cartoons vgl. auch Yang 2012, Bd. 3, 375 ff.; speziell zu Farbholzdrucken vgl. Watt 2012, 88–128.

18 Zum Massaker von Port Arthur vgl. Lone 1994, 154–161, und Paine 2003, 210–216. Dort werden neben dieser »diabolischen Orgie von Mord und Verstümme-

lung, Vergewaltigung, Lust und Raub« (ebd., 211) auch die Gräueltaten manjurisch-chinesischer Truppen an Gefangenen und Zivilbevölkerung beschrieben, die denen der Japaner nicht nachstehen (auch ebd., 171–173).

19 Die ausführlichste Darstellung zu Japanern in Shanghai ist Liu Jianhui 2000 bzw. 2009/10; eine Geschichte in Bildern bietet *Riben qiaomin zai Shanghai*; zu japanischen Malern vgl. Lai 2005; zu den Erinnerungen Hayashi Kyokos siehe Shaw 2010; Fogel 2015 behandelt die frühen Migranten (S. 179–209), die Reisenden der 1860er (276–296), den Japanischen Einwohnerverband (337–368), die japanischen Gemeinden in Shanghai und Harbin im Vergleich (406–430) sowie die japanische Linke in Shanghai (431–454); vgl. auch Fogel 2009, 67–100, zur japanischen Gemeinde im 19. Jh.

20 Tatsächlich hatte Huang das Buch schon 1887 fertiggestellt und das Manuskript an Li Hongzhang und Zhang Zhidong geschickt. Trotz deren Empfehlung wurde es aber nicht gedruckt, und erst 1895 konnte Huang Zunxian eine privat verlegte Ausgabe publizieren (Kamachi 1981, 168 f.). Der Beamte Yuan Chang bemerkte nach seiner – verspäteten – Lektüre des *Riben guozhi*: »Wenn dieses Buch früher publiziert worden wäre, hätten wir uns 200 Millionen Unzen Silber sparen können« (Wang 2014).

21 Drei der einflussreichsten Chinesen des frühen 20. Jh. und ihre Beziehung zu Japan werden monographisch behandelt in Jansen 1954, Fogel 2004a und Itoh 2016; weitere Kurzporträts bieten Wang Xiaoqiu 1996 und Vogel 2019, 419–470.

22 Zhou Zuoren, der wusste, wovon er sprach, hat die Sache ganz anders dargestellt: Japanisch sei »letztendlich eine fremde Sprache; auch wenn sie viele chinesische Zeichen einmischt, nützt uns das tatsächlich wenig« (Fogel 2004, 269). Zwar hat Liang in manchen Punkten recht: Das moderne Japanische hat in der Tat nur 62 verschiedene Silben, die zudem eine recht einfache Struktur haben. Es handelt sich prinzipiell um ›offene‹ Silben mit vokalischem Auslaut, nur Fremdwörter aus dem Chinesischen haben mitunter einen Nasal-Auslaut; im Anlaut kommen nur einfache Konsonanten, keine Konsonantenverbindungen, vor. Zudem ist der sino-japanische Wortschatz tatsächlich größer als der ursprünglich japanische, v. a. bei den Nomina. Aber die Grammatik des Japanischen – v. a. die Morphologie – ist alles andere als ›spärlich‹ und stellt Chinesen vor große Probleme. Japanisch ist für Chinesen eine Fremdsprache, die keineswegs leicht zu lernen ist (S. 33).

23 Das Standardwerk über chinesische Studenten in Japan ist Sanetō 1983; vgl. auch Huang Fu-ch'ing 1982 bzw. 1983 und Harrell 1992.

24 Man muss sich vergegenwärtigen, wie groß die Verständigungsschwierigkeiten zwischen verschiedenen chinesischen ›Dialekten‹ sind: Linguistisch gesehen handelt es sich dabei nämlich nicht um Dialekte, sondern um verschiedene sinitische *Sprachen*, deren Unterschiede in etwa so ausgeprägt sind wie die zwischen den romanischen Sprachen. Paul Kratochvil hat die Situation einmal wie folgt beschrieben: »If speakers of Portuguese, Spanish, French, and Italian coexisted at the moment in a single political unit, if they had been using Latin as their common written form of communication up to the twentieth century, and if they considered, say, French as spoken in Paris as the most popular means of oral communication, they could be, although with a rather large pinch of salt, compared to the speakers of four large dialectical areas in China« (zit. nach: Berger 2003, 35, Anm. 88).

25 Sanetō Keishū kommt in seiner detaillierten Studie bis 1914 auf die folgenden Zahlen:

| Jahr | Studenten | Absolventen |
|---|---|---|
| 1901 | 280 | 40 |
| 1902 | | 30 |
| 1903 | 1000 | 6 |
| 1904 | 1300 | 109 |
| 1905 | 8000 | 15 |
| 1906 | 8000 | 42 |
| 1907 | 7000 | 57 |
| 1908 | 4000 | 623 |
| 1909 | 4000 | 536 |
| 1910 | | 682 |
| 1911 | | 691 |
| 1912 | 1400 | 260 |
| 1913 | 2000 | 416 |
| 1914 | 5000 | 366 |

Dabei handelt es sich, wohlgemerkt, um Abschlüsse von ›Bachelor‹-Studiengängen, die lediglich allgemeines Wissen vermittelten. Nur 3–4 % der Studenten schrieben sich danach für spezialisierte Studiengänge ein, und nur 1 % ging an eine ordentliche Universität (Huang Fu-ch'ing 1982, 75).

26 Das Gebiet des Wissenschaftstransfers von (Europa über) Japan nach China ist in all seinen Verästelungen – von der Übertragung ganzer Disziplinen über Paradigmen und Kategorien bis hin zu einzelnen Themen – noch nicht erschlossen. Zu den oben genannten Beispielen vgl. Gentz 2012 und Shen 2012.

27 Peng Wenzu, ein chinesischer Student in Japan, schrieb 1913 ein ganzes Buch über die ›blinde‹ Übernahme japanischer Begriffe, in dem er auch diese Selbstbezeichnung bitterlich beklagte: »Ich weiß nicht, wo diese beiden Zeichen entstanden sind, aber ich finde sie äußerst merkwürdig. Andere haben unser Land willkürlich so genannt, und unsere Landsleute haben es klaglos angenommen. Sie fanden es sogar schön und überhaupt nicht merkwürdig. Wenn ich sie sehe, kommt es mir nicht anders vor, als hätte ich meine Eltern verloren, ich möchte stumm weinen und empfinde tiefen Hass auf meine Landleute, die dem so blind folgen« (zit. nach: Zhou Zuoren, »Zhina yu Wo«, *Tanhu ji*, 341).

28 Smith 1894. Von der japanischen Übersetzung – *Shinajin kishitsu*, Tōkyō: Hakubunkan shinsha 1896 – wurde kurz darauf eine chinesische angefertigt: *Zhinaren zhi qizhi*, 1903; eine deutsche Übersetzung – *Chinesische Charakterzüge* – war schon 1900 erschienen. Smiths Buch war enorm erfolgreich: In den USA wurde es jahrzehntelang neu aufgelegt, und in China sind in den letzten zwei Jahrzehnten mindestens zwei neue Übersetzungen erschienen.

29 Liang kopierte nicht nur den Stil, sondern oft ganze Aufsätze japanischer Autoren. Besonders die Werke des Publizisten Tokutomi Sohō hatten es ihm derart angetan, dass er vieles davon umstandslos ins Chinesische übertrug – und zwar ohne seine Quellen zu nennen (Ishikawa 1999, 115 und 126, Anm. 21). Auch wenn, bedenkt man Zeit und Umstände, der Vorwurf des Plagiats wohl fehl am Platz ist: Der Einfluss japanischer Denker auf Liang Qichao – und damit auf die Generation von Lesern, die er begeisterte – war längst nicht auf Stilmittel und einzelne Ideen beschränkt.

30 Im letzten Jahrzehnt der Qing entstand in chinesischen Städten eine vielfältige Presselandschaft. Bis Ende 1911 gab es mehr als 150 chinesische Zeitungen und Zeitschriften, von denen gut ein Drittel außerhalb Chinas verlegt wurden (neben Japan v. a. in Hongkong), knapp ein weiteres Drittel allein in Shanghai und die übrigen zum größten Teil in den südöstlichen Küstenstädten: Die geographische Verteilung deutet an, woher die chinesische Presse ihre Anregung nahm.

31 Die Bedeutung dieser neuen Begriffe als Faktoren und Indikatoren epochaler Umbrüche – und damit das Ausmaß des japanischen Einflusses auf das moderne China – wird erst allmählich deutlich. Die Forschung zur chinesischen Begriffsgeschichte hat in den letzten Jahren begonnen, dieses Feld zu erschließen: ein Projekt, das nicht weniger ambitioniert ist als das der *Geschichtlichen Grundbegriffe* von Otto Brunner, Werner Conze und Reinhart Koselleck. Eine kurze Einführung in das Feld bietet Vogelsang 2012; zur Übernahme japanischer Begriffe vgl. Liu 1996 und Shen 2010; speziell zu -Ismen vgl. Spira 2015.

32 Diese Beschreibung verdankt sich den Arbeiten Reinhart Kosellecks, der an den modernen Begriffen, die in Europa zwischen 1750 und 1850 entstanden, ihre inhärente ›Demokratisierung‹, ›Verzeitlichung‹, ›Ideologisierbarkeit‹ und die Tendenz zur ›Politisierung‹ hervorhebt. In ihnen träten ›Erfahrungsraum‹ und ›Erwartungshorizont‹ auseinander: Gerade das mache ihre spezifische Modernität aus. Vgl. Koselleck 1972, 1977 und 1989b. Kosellecks Beobachtungen für die europäische ›Sattelzeit‹, 1750–1850, lassen sich *mutatis mutandis* auf China zwischen 1895 und 1920 übertragen (vgl. Zhang 1999).

33 Im Kaiserlichen Edikt zur Erziehung von 1890 heißt es in aller Deutlichkeit: »Seid folgsam gegenüber Euren Eltern und liebevoll zu Euren Geschwistern; als Ehepartner seid harmonisch, als Freunde zuverlässig; seid respektvoll und bescheiden und voller Fürsorge zu allen« (*Kyōiku ni kansuru chokugo*). – Der Schwerpunkt auf Loyalität, Patriotismus und moralischen Prinzipien in der japanischen Schulbildung wurde von vielen Chinesen anerkennend beschrieben. Einer von ihnen, Liu Tingsheng, folgerte sogar, dass die japanische Hochachtung für Konfuzius und Menzius »gut für deren Fortschritt« sei (Reynolds 1993, 146)!

34 Nicht nur für die ›Entdeckung‹ dieser Denker lieferte Naitō seinen chinesischen Kollegen die Vorarbeit. Auch Gu Jiegangs berühmte Erkenntnis, dass viele alte Überlieferungen Mythen seien, die, »je später das Zeitalter, desto weiter in die Geschichte zurückgriffen«, hatte Naitō Konan vorweggenommen. Eine Methode von Tominaga Nakamoto aufgreifend, mit der dieser die Akkumulation buddhistischer Himmel nachwies, die mit jeder neuen Sekte älter und ehrwürdiger wurden, hatte Naitō Ähnliches für die chinesische Literatur nachgewiesen: Während Konfuzius (im *Lunyu*) nie weiter in die Geschichte verwies als auf den Herzog von Zhou, berief sich Mozi dann auf den Großen Yu, der Jahrhunderte früher gelebt haben soll, und Mengzi übertrumpfte ihn noch, indem er die noch älteren Gestalten Yao und Shun geltend machte. Je jünger die Texte, desto älter die Mythen, auf die sie rekurrieren: Auch diese epochale Erkenntnis der chinesischen Geschichtswissenschaft dürfte aus Japan stammen. Vgl. Fogel 1979 und 2003 sowie Wagner 2019; die grundlegende Monographie zu Naitō Konan ist Fogel 1984.

35 Das galt nicht nur für China, sondern auch für die Westmächte. Ähnlich wie Helen Gardener ein gutes Jahrzehnt zuvor (S. 285), drückte Okakura Kakuzō 1906 sein Befremden darüber aus: »Der Durchschnittseuropäer … pflegte Japan als barbarisch zu betrachten, als es noch in den schönen Künsten des Friedens aufging; er nennt es zivilisiert, seit es begann, auf den mandschurischen Schlachtfeldern Massenmord zu begehen« (Okakura 2002, 6 f.).

36 Wie weit das Gebiet japanischen Interesses reichte, zeigt die Publikation eines fünfbändigen *Official Guide to Eastern Asia* durch die Japanische Eisenbahngesellschaft ab 1908, der neben Japan auch Korea, die Manjurei, China und Südostasien abdeckt. Dort heißt es über die Lage in der Manjurei: »After the restoration of peace, the late combatants have been brought, through a better understanding of each other's aims and plans, to thoroughly co-operate with each other, especially in the management of the Manchurian railways, thus opening a new epoch and peace and prosperity for Manchuria« (Bd. 1, lxxv f.). Die japanische Propagandamaschine war bereits angelaufen.

## Zerbrochener Horizont

1 Uchiyama Kanzō berichtete noch Jahrzehnte später, dass Miyazaki Tōten der am meisten verehrte Japaner in China sei: Die Aufzeichnungen von seinem Kampf für die Chinesische Revolution, *Der Traum von 33 Jahren* (*Sanjūsan nen no yume*), haben in chinesischer Übersetzung 10 Auflagen erreicht. Miyazakis Sohn, Ry*ūsuke*, und dessen Frau, Byakuren, gehörten später zum Freundeskreis von Lu Xun in Shanghai (Fogel 2019, 44).

2 Nach Sun Yat-sens Tod stiftete Umeya vier große Bronzestatuen von Sun, die noch immer in Nanjing, Kanton, Whampoa und Macao stehen: Während der Kulturrevolution bewahrte Zhou Enlai – auch er hatte einst in Japan studiert – sie vor der Zerstörung. 2011 wurde eine Bronzestatue von Umeya, gestiftet von der Stadt Nagasaki, im Shanghaier Shaoxing Park aufgestellt.

3 Auch in Amerika riefen chinesische Studenten dazu auf, heimzukehren und für das Vaterland zu kämpfen, notfalls bis zum Tod. Die Studentenzeitschrift *The Chinese Students' Monthly* widmete 1915 die gesamte März-Ausgabe diesem Thema. Eine detaillierte Beschreibung der Proteste in China bietet Luo 1993; vgl. auch Cohen 2003, Kap. 6.

4 Dieses Thema ist in China bis heute hochsensibel. Ishikawa Yoshihiro, auf dessen Buch *The Formation of the Chinese Communist Party* (2013) die folgenden Ausführungen basieren, beschreibt die »aggressiven Rezensionen« der chinesischen Übersetzung seines Buches, in denen er persönlich angegriffen wurde: »Solche Kommentare drücken den emotionalen Widerstand dagegen aus, dass ein japanischer Autor diese heilige Geschichte – was sie in China in gewissem Sinne ist – der Gründung der Kommunistischen Partei umschreibt« (S. xi).

5 Eine Fußnote der Geschichte blieb die Übernahme der kommunitaristischen Bewegung der ›Neuen Dörfer‹ (*atarashiki mura*) aus Japan. Die von egalitären, pazifistischen und humanistischen Idealen geprägte Kommune, die Mushanokōji Saneatsu 1918 auf Kyūshū gründete, wurde in China v. a. von Zhou Zuoren bekannt gemacht. Er schrieb zunächst einen bewundernden Bericht in *Xin Qingnian* und reiste dann im Sommer 1919 selbst nach Japan, um eine Weile in Mushanokōjis Kommune zu leben: »Wie glücklich die Menschen in Atarashiki mura sind!«, beschrieb er seine Erfahrungen, »ich wünschte, dass alle Menschen in der Welt diese Freude teilen könnten!« Daraufhin wurden ›Neue Dörfer‹ (*xincun*) auch in China zum Ideal einer besseren, gerechten Gesellschaft, in der sich die Menschen gegenseitig helfen, statt sich ›kapitalistisch‹ auszubeuten. Zhou Zuoren und Lu Xun übersetzten Mushanokōji Saneatsus Schriften ins Chinesische; Chen Duxiu, Li Dazhao, Cai Yuanpei, Hu Shi u. a. unterstützten die Bewegung. Doch im Gegensatz zu Japan, wo auch in Kyōto, Ōsaka und an anderen Orten ›Neue Dörfer‹ entstanden, wurde dieses Ideal in China nie umgesetzt: Das Projekt kam nicht über seine theoretische Phase hinaus und endete schon nach wenigen Monaten folgenlos. Vgl. Chapman 1990, 125–133, und Müller 2001.

6 Mehrmals rettete Uchiyama Lu Xun und dessen Familie vor Verfolgungen durch die Schergen der Guomindang und der japanischen Geheimpolizei, indem er ihnen Unterschlupf im Obergeschoss des Buchladens oder in anderen Wohnungen gewährte. Er empfing Post für Lu Xun, verwaltete dessen Werke und Tantiemen, saß an seinem Sterbebett und kümmerte sich nach Lu Xuns Tod um dessen Lebensgefährtin, Xu Guangping. Als Uchiyama Kanzō 1959 nach China zurückkehrte, wurde er als ›alter Freund‹ willkommen geheißen. Er und seine Frau Miki liegen in ihrer zweiten Heimat, Shanghai, begraben. Vgl. zu alledem ausführlich Fogel 2019.

7 Qi Baishi, dessen Gemälde sich zunächst nicht gut verkauften, änderte seinen Stil auf Anraten Chen Shizengs, so dass er dem Wu Changshuos ähnlicher wurde. 1922 brachte Chen einige von Qis Gemälden zu einer Ausstellung in Tōkyō, wo sie viel höhere Preise erzielten als in China (Lai 2006, 71). Der Rest ist Kunstgeschichte. 2017 erzielte eine Serie von Landschaftsgemälden Qi Baishis aus dem Jahr 1925 bei einer Auktion 141 Millionen US$ – der höchste Preis, der je für ein chinesisches Gemälde bezahlt wurde. Zum japanischen Einfluss auf die chinesische Kunst der Republikzeit vgl. Lai 2006, Wong 2006, Matsumoto 2009, Fogel 2012 und Chan 2017.

8 Auch in Korea und auf Taiwan hatten die Japaner konfuzianische Lehren schon als Legitimation kolonialer Herrschaft benutzt. Sie durften sich – implizit oder

explizit – auf die alte Theorie stützen, dass das kulturelle Zentrum Ostasiens sich längst von China nach Japan verschoben habe (S. 231 ff.). Zu Manzhouguo siehe Young 1998, Mitter 2000a und Duara 2003; speziell zum Konfuzianismus als Legitimation für Manzhouguo vgl. Smith 1973, 184–199.

9 Zugleich sorgte sie dafür, dass sich die Japaner den Chinesen so fremd fühlten wie kaum je zuvor. So schrieb der Historiker Tsuda Sōkichi im Kriegsjahr 1938: »Ich bin überzeugt, dass die Leben der Japaner und Chinesen in jeder Hinsicht völlig unterschiedlich sind. … Je mehr man über Japan und China weiß, desto stärker wird das Gefühl, dass die Japaner und die Chinesen in völlig unterschiedlichen Welten leben« (zit. nach: Joos 2004, 13). Tsuda wollte sogar chinesische Zeichen in Japan abschaffen – kein Fetzen der »stinkenden Tradition« Chinas sollte mehr importiert werden. Die Zeiten, in denen Japaner sich dazu bekannten, Schrift und ›Rasse‹ mit den Chinesen gemeinsam zu haben, schienen vorbei zu sein.

10 Gewiss, die Zahlen sind umstritten (vgl. etwa Vogel 2019, 261 f.). Doch angesichts der unstrittigen Grausamkeit dieses Massakers (nur einige ultranationalistische Japaner leugnen es noch) wirkt das Gefeilsche um Statistiken nebensächlich, geradezu pietätlos. Die Diskussion um das Nanjing-Massaker wurde angefacht durch die Forschung von Iris Chang (1997) und die Publikation von John Rabes Tagebüchern (1997); einen kritischen Überblick bietet Fogel 2000.

11 Die Japaner haben dasselbe in allen Gebieten getan, die sie im Zweiten Weltkrieg besetzt hatten; neben chinesischen wurden dabei v. a. koreanische, philippinische u. a. südostasiatische Frauen missbraucht. In Korea haben seit den 1990er Jahren viele dieser ›Trostfrauen‹ (*ianfu*) – so der japanische Euphemismus – eine Entschuldigung und Entschädigung vom japanischen Staat gefordert. 2015 kam es zu einem bilateralen Abkommen, durch das die Frage beigelegt werden sollte – doch noch Ende 2019 klagten die letzten überlebenden ›Trostfrauen‹ vor dem koreanischen Verfassungsgericht dagegen. Vgl. Tanaka 2002, Soh 2008 und Lévy 2012; einen Überblick aller japanischen Kriegsverbrechen mit vielen Literaturangaben bietet Doglia 2011.

12 Für den Hinweis auf Kaji und Nosaka danke ich Herbert Worm (Hamburg). Zu den Aktivitäten der ›Anti-Kriegs-Allianz‹ vgl. Kaji 1982. Zum bemerkenswerten Fall von Nakae Ushikichi, der, angewidert vom japanischen Nationalismus, 1914 nach Peking ging und dort noch die Kriegsjahre verbrachte, indem er sich mit alter chinesischer Geschichte befasste, vgl. Fogel 1989.

13 Kyōto war ursprünglich als Ziel für die zweite amerikanische Atombombe vorgesehen. V. a. einige wichtige Industrien, die dort angesiedelt waren, sowie ihre

Universitäten ließen die Stadt als ideales Ziel erscheinen. Dennoch überzeugte Kriegsminister Henry L. Stimson Präsident Truman am 24. Juli 1945 – weniger als drei Wochen vor Abwurf der Bombe – davon, Kyōto von der Liste zu nehmen: Die Atombombe wurde stattdessen über Nagasaki abgeworfen. Es ist nicht klar, inwieweit Liangs Eingreifen zu dem Beschluss geführt hat. Stimson, der Kyōto mehrmals besucht hatte, mag persönliche Gründe gehabt haben; andere Quellen deuten darauf hin, dass der Kunsthistoriker Langdon Warner Stimson überzeugt hat, Kyōto und Nara zu verschonen. Wie dem auch sei, Liang Qichao hat sich im kulturellen Gedächtnis Chinas und Japans verewigt. 2010, anlässlich des 1300. Jahrestages der Gründung Naras als Hauptstadt, schenkte die Chinesische Akademie für Kulturgüter (Zhongguo wenwu xuehui) der Stadt Nara eine Büste von Liang Sicheng, dem ›Wohltäter der alten Hauptstadt‹.

14 Vgl. etwa die *Geschichte der neuen demokratischen Revolution Chinas* von 1950, wo von einem »unmenschlichen, barbarischen Massaker«, von Vergewaltigungen, »Tötungswettbewerben« und über 300.000 Toten die Rede ist – aber all das in erster Linie als Folge der »Wankelmütigkeit der Chiang-Kai-shek-Clique« (so der Abschnittstitel) dargestellt wird. Das Fazit des Abschnitts lautet: »Und dennoch redete Chiang Kai-shek davon, dass man ›den Feind lieben solle‹, und entließ viele Hauptkriegsverbrecher zurück nach Japan« (*Geming shi*, 198 f.).

15 Zur Heimführung der Kriegsgefangenen vgl. die – stark propagandistische – Darstellung in *Zhong Ri cangsang lu* 1984, 138–143 und 151–154. In der offiziellen Verlautbarung hieß es, man habe »Mitleid mit ihnen, weil sie von Nazi-Militärführern getäuscht und gezwungen« worden seien (ebd., 138). Als Ausdruck ihrer »ewigen Dankbarkeit« haben die Japaner Chiang Kai-shek, dem »Wohltäter Japans«, einen Schrein (den Chūsei jinja in der Präfektur Aichi) errichtet, in dem er wie ein *kami* verehrt wird. Tatsächlich dürften weniger wohltätige als taktische Motive im bevorstehenden Kampf mit der KPCh entscheidend für diesen Schritt gewesen sein. (Auch beim Verzicht auf Reparationen, 1952, sagte Chiang Kai-shek, er wolle ›Unrecht mit Tugend vergelten‹ – obwohl es unter dem Druck der USA geschah; vgl. Itoh 2017, 9 f.). Zu den japanischen ›Lerngemeinschaften‹ vgl. *Zhongri wenhua yu jiaoliu*, Bd. 1, 249–262 (das Zitat aus der Satzung ebd., 257).

16 Auch eine japanische Kommission zur Rechtschreibreform, der auch der große Sinologe Sanetō Keishū (vgl. Lynn 2006) angehörte, besuchte 1960 China. Japan hatte bereits in den 1920ern begonnen, einige chinesische Schriftzeichen zu vereinfachen, und nach dem Krieg eine offizielle Liste mit 1850 ›alltäglichen Schriftzeichen‹ (*tōyō kanji*) vorgelegt, darunter 131 vereinfachte. In China wurde, nach ersten Versuchen in den 1930er Jahren, 1956 eine Liste mit über 500

›Kurzzeichen‹ promulgiert, wobei in einigen Fällen – etwa 国, 学, 点, 体 – die japanische Vereinfachung übernommen wurde. Es lag daher nahe, die Bemühungen um eine Rechtschreibreform zu koordinieren. Dennoch verliefen diese Bemühungen weitgehend erfolglos: nicht nur, weil die Chinesen weitaus mehr Zeichen vereinfachten – heute sind es 2234 im Gegensatz zu 324 in Japan –, sondern auch, weil für das Chinesische und das Japanische *unterschiedliche* Zeichen wichtig waren: Vergleicht man die 1850 häufigsten Schriftzeichen des Japanischen mit den 2000 häufigsten des Chinesischen, so ergibt sich eine Übereinstimmung von nur 1425 Zeichen. Seit in China und Japan die meisten Texte nicht mehr in Literarischem Chinesisch, sondern in der jeweiligen Nationalsprache geschrieben wurden, haben beide eben nicht mehr die ›gleiche Schriftkultur‹ (S. 78 f. und 333). Zu den Schriftreformen vgl. Imafuku 2012; zum Besuch der japanischen Kommission Passin 1963, 50 f.; zur ›Volksdiplomatie‹ ebd., 41–54, sowie Wits 2016 (speziell zur Rolle von Nakajima Kenzō), Radtke 1990, Itoh 2012 und 2016.

17 *Tang Junyi quanji*, Bd. 10, 312 f. (Hervorh. von mir, K.V.). Vgl. dazu Fröhlich 2017, 98 f. Fröhlich weist nach, dass Japan Tang Junyi v. a. durch seine gelungene Verbindung von Moderne und Tradition beeindruckte. Japan sei ihm als eine erfolgreichere Variante von ›China‹ erschienen – als das Land, das China hätte sein können. Damit knüpfte Tang nach dem Zweiten Weltkrieg an die Vorstellungen Kang Youweis und anderer Denker an, die Japan nach dem ersten Sino-Japanischen Krieg als Vorbild für China beschrieben.

18 Der Text ist verfügbar in der außenpolitischen Datenbank der japanischen Regierung (http://worldjpn.grips.ac.jp/documents/texts/JPCH/19680306.D1C.html, 1. 4. 2020). Japans Premierminister Tanaka erzählte Mao Zedong 1972 scherzhaft, Liao Chengzhi sei in Japan so beliebt, dass er, wenn er für das Oberhaus kandidierte, zweifellos gewählt werden würde (»Telegramm der Amerikanischen Botschaft in Tōkyō«, 28. 9. 1972, https://digitalarchive.wilsoncenter.org/document/134380, 1. 4. 2020). Zu Liao Chengzhi und Takasaki Tatsunosuke vgl. Itoh 2012 und 2017 sowie, speziell zu Liao, Radtke 1990 und Wu/Wang 2007.

19 Auch diesem Besuch waren intensive Vorgespräche vorausgegangen, bei denen wiederum Politiker mit persönlichen Beziehungen zum anderen Land zentrale Rollen spielten: Ōkita Saburō, der in der Manjurei aufgewachsen war, Liao Chengzhi, Sun Pinghua und natürlich Zhou Enlai (vgl. Itoh 2017). Originaldokumente der Gespräche von 1972 sind verfügbar im Archiv des Wilson Center unter: https://digitalarchive.wilsoncenter.org/collection/262/sino-japanese-normalization-1972, 1. 4. 2020; vgl. auch Hoppens 2015, 73–98.

20 Das Volumen ausländischer Direktinvestitionen aus Hongkong und Macao war zwar deutlich höher (wobei viele dieser Investoren tatsächlich aus der VR China oder sogar aus Japan kamen), aber technologisch auf niedrigerem Niveau; die USA wiederum, die auch mehr als Japan investierten, schützten sich besser gegen Technologietransfer. Vgl. zu alledem Helbig 2020. Statistiken zu ausländischen Direktinvestitionen bieten Chen/Chang/Zhang 1995; zu Analysen verschiedener Aspekte der wirtschaftlichen Verflechtung vgl. Hilpert/Haak 2002.

21 *Zhongri wenhua yu jiaoliu* 1984–85, Bd. 1, Vorwort (die folgenden Absätze über Literatur und Film stützen sich auf die Aufsätze von Tang Yuemei und Li Zhenglun im selben Band). Zu den Publikationen ab den 1980er Jahren vgl. auch S. 421, Anm. 2. Die zehnbändige Reihe *Riben xuezhe yanjiu Zhongguo shi lunzhu xuanyi* ist 1992 bei Zhonghua shuju erschienen.

22 Die Einzelbände behandeln folgende Themen: die Frage des Angriffskrieges (Bd. 1 und 2), japanische Massaker in Malaysia (Bd. 3), den Militäreinsatz auf den Philippinen (Bd. 4), das Kolonialregime in Korea (Bd. 5), die Frage der Reparationen (Bd. 6), die Zwangsprostitution (Bd. 7), die ›Einheit 731‹ (Bd. 8), das Massaker von Nanjing und die Atombomben (Bd. 9), die Verantwortung für den Krieg (Bd. 10), Sexsklaverei (Bd. 11), die Strategie der ›dreifachen Auslöschung‹ und biologische Kriegsführung (Bd. 12) sowie die Invasion und Unabhängigkeit Indonesiens (Bd. 13).

23 Zur Schulbuchkontroverse vgl. Pestemer-Plöthner 1983, Rose 1998, 21–40, Schneider 2008, Buruma 2009, 189–201. Ienaga Saburō, dessen Schulbuch erstmals 1947 erschienen war, führte wegen der Eingriffe mehr als zwei Jahrzehnte lang Prozesse gegen das japanische Erziehungsministerium, letztlich jedoch ohne Erfolg.

24 Das Nanjing-Massaker war nicht nur in China erstaunlich lange kein Thema, auch in der westlichen Öffentlichkeit war davon wenig bekannt. Band 13 der *Cambridge History of China* (1986) widmet ihm lediglich drei Zeilen (S. 552), und die *Cambridge History of Japan*, Bd. 6 (1988), stellt die Ereignisse alles andere als klar dar: »In December 1937 the city fell, Chiang Kai-shek fled, and the inflamed Japanese soldiery went on a rampage of killing, looting, and raping. The scale of the Shanghai-Nanking campaign is suggested by the casualties incurred in six weeks: There were over 70,000 Japanese killed and wounded and more than 367,000 Chinese casualties« (S. 320) – als ob die »Verluste« von 367.000 Mann in der Schlacht entstanden seien! Erst mit den Publikationen von Iris Chang und John Rabes Tagebuch (beide 1997) wurde das ganze Ausmaß des Massakers weithin bekannt. Zur Pekinger Gedenkhalle und dem neuen historischen Paradigma vgl. Mitter 2000 und Sneider 2013.

25 Das jüngste Beispiel dürfte der Streit um eine Prüfungsfrage in Hongkongs universitären Zulassungsexamen (Diploma of Secondary Education exam) im Mai 2020 gewesen sein. Die Prüflinge sollten aufgrund zweier Quellentexte zu der folgenden Aussage Stellung nehmen: »Japan hat in der Zeit von 1900 bis 1945 mehr Gutes als Schlechtes in China getan«. Die Hongkonger Bildungsbehörde ordnete an, die Frage zu streichen, da sie tendenziös sei und »von umfangreichen und objektiven historischen Tatsachen abweicht«. Chinesische Medien kritisierten, dass die Frage Prüflinge dazu anrege, zu »Verrätern« zu werden (*Hong Kong Free Press*, 16.5.2020).

26 Kostproben dieser Rhetorik finden sich z.B. auf der Webseite der ›Society for the Dissemination of Historical Fact‹ (http://www.sdh-fact.com), wo alternative Fakten über die japanischen ›Trostfrauen‹, das Nanjing-Massaker, den Angriff auf Pearl Harbor u.a. vorgestellt werden. Vgl. auch die Webseite »iRONNA« (http://ironna.jp), die sich auf Themen wie die schlechten chinesischen Manieren, die ›verantwortungslose‹ Politik Xi Jinpings oder die Instrumentalisierung des Tennō im Zweiten Weltkrieg kapriziert, oder die Zeitschrift *Rekishi-Tû* (ab 2018: *WiLL*), die mit Schlagzeilen wie »Die Senkaku-Inseln: Die Invasion des Schurkenstaats hat begonnen« (2010.11), »Der sino-japanische Krieg war keine Invasion!« (2011.3), »Das Nanjing-Massaker ist chinesische Kriegspropaganda« (2012.1) oder »70 Jahre nach dem Krieg braucht es keine Entschuldigung mehr!« (2015.1) aufwartet (http://web-wac.co.jp/magazine/rekishi/, 1.4.2020).

27 Zu diesen und anderen Beispielen vgl. Chen 2014, bes. 53–58. Chen weist darauf hin, dass über 70% dieser Neologismen Wörter der Alltagssprache seien, kein einziges dagegen einen Grundbegriff ausdrücke – ganz im Gegensatz zu der früheren Welle japanischer Lehnwörter (S. 318), die zu fast 64% aus Begriffswörtern und nur zu knapp 9% aus Alltagsvokabular bestanden hätten (ebd., 58f.).

28 So mit Nachdruck Xi Jinping, der 2015 hervorhob, dass »seit 2000 Jahren Frieden und Freundschaft das Hauptthema in den Herzen der Völker beider Länder« sei und dass »die Völker beider Länder voneinander Lehren und Erkenntnisse gewinnen, sich zu jeweils eigenen Entwicklungen anspornen und wichtige Beiträge zum zivilisatorischen Fortschritt der Menschheit leisten« (zit. nach: *Dagong bao*, 24.5.2015; vgl. auch S. 448, Anm. 31). Nicht zufällig besinnen sich chinesische Politiker dieser Freundschaft in einer Zeit, in der das Verhältnis zu den USA zunehmend gespannt ist. Wie die Bedrohung durch die Sowjetunion vor 50 Jahren trägt der Handelskrieg mit den USA 2019/20 dazu bei, dass China und Japan sich politisch wieder annähern.

# Quellen


*Beiwanglu* = *Zhongri beiwanglu maoyi huitan gongbao* 中日备忘录贸易会谈公报, 1968, online: https://worldjpn.grips.ac.jp/documents/texts/JPCH/19680306.D1C.html

*Bianzheng kao* = *Riben bianzheng kao* 日本變政考, von Kang Youwei 康有為, in: *Kang Youwei quanji* 康有為全集, Bd. 4, Beijing 2007.

*Bizhou gaolüe* 敝帚稿畧, von Bao Hui 包恢, in: *Siku quanshu* 四庫全書, Shanghai 1987, Bd. 1178.

»Bo Kang Youwei shu« 駁康有為書, von Zhang Binglin 章炳麟, in: *Xinhai geming qian shinianjian shilun xuanji* 辛亥革命前十年間時論選集, hg. von Zhang Nan 張枏 und Wang Renzhi 王忍之, Bd. 2, Beijing 1960.

*Bohu tong shuzheng* 白虎通疏證, hg. von Chen Li 陳立 und Wu Zeyu 吳則虞, 2 Bde., Beijing 1994.

*Canglang shihua* 滄浪詩話, von Yan Yu 嚴羽, in: *Siku quanshu* 四庫全書, Shanghai 1987, Bd. 1480.

*Dai Nihon shi* 大日本史, hg. von Tokugawa Mitsukuni 徳川光圀, online: https://miko.org/~uraki/kuon/furu/text/dainihonsi/dainihon.htm

*Denryaku* = *Shōtoku taishi denryaku* 聖徳太子伝暦, online: https://dl.ndl.go.jp/info:ndljp/pid/2544996

*Duyang zabian* 杜陽雜編, von Su E 蘇鶚, in: *Siku quanshu* 四庫全書, Shanghai 1987, Bd. 1042.

*Donghua lu* 東華錄, hg. von Jiang Liangji 蔣良驥, Beijing, 1980.

*Fu Sinian quanji* 傅斯年全集, von Fu Sinian 傅斯年, 7 Bde., Changsha 2003.

*Fusang youji* 扶桑遊記, von Wang Tao 王韜, in: *Jindai Zhongguo shiliao congkan* 近代中國史料叢刊, Bd. 614, Taipei 1971.

*Fukuzawa zenshū* = *Fukuzawa Yukichi zenshū* 福澤諭吉全集, 22 Bde., Tōkyō 1958–1971.

*Geming jun* 革命軍, von Zou Rong 鄒容, in: *Xinhai geming qian shinianjian shilun xuanji* 辛亥革命前十年間時論選集, hg. von Zhang Nan 張枏 und Wang Renzhi 王忍之, Bd. 2, Beijing 1960.

*Genji monogatari* 源氏物語, von Murasaki Shikibu 紫式部, in: *Nihon koten bungaku taikei* 日本古典文学大系, Bd. 14–18, Tōkyō 1958.

*Genkō shakusho* 元亨釋書, von Kokan Shiren 虎関師錬, in: *Kokushi taikei*, Bd. 31, Tōkyō 1930.

*Goseimon* = *Goka jō no goseimon* 五箇条の御誓文, in: *Daijōkan nisshi* 太政官日誌 1868, online: https://dl.ndl.go.jp/info:ndljp/pid/787614/39.

*Guoyu jijie* 國語集解, hg. von Xu Yuangao 徐元誥, Beijing 2002.

*Guanzi jiaoshi* 管子校釋, hg. von Yan Changyao 顏昌嶢, Changsha 1996.

*Guixin zazhi* 癸辛雜識, von 周密, in: *Siku quanshu* 四庫全書, Shanghai 1987, Bd. 1040.

*Geming shi* = *Zhongguo xin minzhu zhuyi geming shi* (*chugao*) 中國新民主主義革命史 (初稿), hg. von Hu Hua 胡華, Beijing 1950.

*Gukanshō* 愚管抄, von Jien 慈円, in: *Shintei zōhō Kokushi taikei* 新訂増補国史体系, Bd. 19, Tōkyō 1930.

*Guxi houji* = *Guxi jushi houji* 姑溪居士後集, von Li Zhiyi 李之儀, in: *Siku quanshu* 四庫全書, Shanghai 1987, Bd. 1120.

*Guxi qianji* = *Guxi jushi qianji* 姑溪居士前集, von Li Zhiyi 李之儀, in: *Siku quanshu* 四庫全書, Shanghai 1987, Bd. 1120.

*Han Changli wenji jiaozhu* 韓昌黎文集校注, von Han Yu 韓愈, hg. von Ma Qichang 馬其昶 und Ma Maoyuan 馬茂元, Shanghai 1998.

*Hanshu* 漢書, von Ban Gu 班 固 u. a., in: *Ershisi shi* 二十四史, Bd. 2, Beijing 1997.

*Heike monogatari* 平家物語, in: *Nihon koten bungaku zenshū* 日本古典文学全集, Bd. 29–30, Tōkyō 1973–1975.

*Hou Hanshu* 後漢書, von Fan Yeh 范 曄, in: *Ershisi shi* 二十四史, Bd. 3, Beijing 1997.

*Jiaobin lu kangyi huijiao* 校邠廬抗議· 匯校, von Feng Guifen 馮桂芬, hg. von Kai Vogelsang, Shanghai 2015.

*Jinnō shōtōki* 神皇正統記, von Kitabatake Chikafusa 北畠親房, in: *Nihon koten bungaku taikei* 日本古典文学大系, Bd. 87, Tōkyō 1965.

*Jiu Tangshu* 舊唐書, in: *Ershisi shi* 二十四史, Bd. 10–11, Beijing 1997.

*Jūshichi jō kenpō* 十七条憲法, in: *Gunsho ruijū* 群書類従, Bd 27, Tōkyō 1965.

*Jushi zhuan* 居士傳, von Peng Jiqing 彭際清, in: *Chinese Electronic Tripiṭaka Collection* 漢文大藏經, online: https://cbetaonline.dila.edu.tw/zh/X1646_001

*Kaifūsō* 懐風藻, hg. von Kojima Noriyuki 小島憲之, in: *Nihon koten bungaku taikei* 日本古典文学大系, Bd. 69, Tōkyō 1964.

*Kaigai shinwa* 海外新話, von Mineta Fūkō 嶺田楓江, online: https://archive.wul.waseda.ac.jp/kosho/ri08/ri08_05488.

*Keikokushū* 経国集, hg. von Shigeno no Sadanushi 滋野貞主, online: https://miko.org/~uraki/kuon/furu/text/waka/keikoku/keikoku.htm

*Kojiki* 古事記, in: *Shinpen Nihon koten bungaku zenshū* 新編日本古典文学全集, Bd. 1, Tōkyō 2004.

*Kokin wakashū* 古今和歌集, in: *Nihon koten bungaku zenshū* 日本古典文学全集, Bd. 7, Tōkyō 1971.

*Konkō myōkyō* 金光明経, in: *Chinese Electronic Tripiṭaka Collection* 漢文大藏經, online: https://cbetaonline.dila.edu.tw/zh/T0663_001

*Kūgeshū* 空華集, von Gidō Shūshin 義堂周信, in: *Gozan bungaku zenshū* 五山文學全集 , Bd. 2, Kyōto 1973.

*Kyōiku ni kansuru chokugo* 教育二關スル勅語, 1890, online: https://www.mext.go.jp/b_menu/hakusho/html/others/detail/1317936.htm

*Laozi jiaoshi* 老子校釋, hg. von Zhu Qianzhi 朱謙之, Beijing 1984.

*Liji zhengyi* 禮記正義, hg. von Kong Yingda 孔穎 [= *Shisan jing zhushu*], Shanghai 2009.

*Lunyu zhengyi* 論語正義, hg. von Liu Baonan 劉寶楠, 2 Bde, Beijing 1998.

*Makura no sōshi* 枕草子, von Sei Shōnagon 清少納言, in: *Koten Nihon bungaku zenshū* 古典日本文學全集, Bd. 11, Tōkyō 1962.

*Manshūkoku kenkoku sengen* 滿州国建国宣言, 1932, online: https://www.jacar.archives.go.jp/aj/meta/default

*Minki Soshun ikō* 明極楚俊遺稿, von Minki Soshun 明極楚俊, in: *Gozan bungaku zenshū* 五山文學全集, Bd. 3, Kyōto 1973.

*Mingshi* 明史, in: *Ershisi shi* 二十四史, Bd. 19–20, Beijing 1997.

*Naobi no mitama* 直毘靈, von Motoori Norinaga 本居宣長, Tōkyō 1921.

*Nihon banzai hyaku sen hyaku shō* 日本萬歳百撰百笑, von Kobayashi Kiyochika 小林清親 und Koppi Dōjin 骨皮道人 [= Nishimori Takeki 西森武城], o.O. 1895.

*Nihon shoki* 日本書紀, in: *Shinpen Nihon koten bungaku zenshū* 新編日本古典文学全集, Bd. 2–4, Tōkyō 2004.

*Nittō gyōki = Nittō guhō junrei gyōki* 入唐求法巡禮行記, von Ennin 圓仁, in: *Chinese Electronic Tripiṭaka Collection* 漢文大藏經, online: https://cbetaonline.dila.edu.tw/zh/B0095_001

*On Diplomacy*, von Mao Zedong, Beijing 1998.

*Ōnin ki* 應仁記, in: *Gunsho ruijū* 群書類従, Bd 20, Tōkyō 1952.

*Ouyang quanji = Ouyang Xiu quanji* 歐陽修全集, hg. von Li Yian 李逸安, 6 Bde. Beijing 2001.

*Qinding xianfa dagang* 欽定憲法大綱, 1908, online: https://baike.baidu.com/item/钦定宪法大纲.

*Qingyi bao* 清議報, 12 Bde., Taipei 1967.

*Quan Songwen* 全宋文, 50 Bde., Chengdu 1994.

*Quan Tangwen* 全唐文, 20 Bde., Taipei 1979.

*Quan Tangshi* 全唐诗, 25 Bde., Beijing 1985.

*Quanxue pian* 勸學篇, von Zhang Zhidong 張之洞, in: *Zhang Wenxiang gong quanji* 張文襄公全集, Bd. 6, Taipei 1963.

*Rangaku kotohajime* 蘭学事始, von Sugita Genpaku 杉田玄白, in: *Bunmei genryū sōsho* 文明源流叢書, Bd. 1, Tōkyō 1913–1914.

*Riben guan = Wode Riben guan* 我的日本觀, von Dai Jitao 戴季陶, in: *Dai Jitao xiansheng wencun*, 戴季陶先生文存, hg. von Chen Tianxi 陳天錫, 2 Bde., Taipei 1968, Bd. 2.

*Riben guozhi* 日本國志, von Huang Zunxian 黃遵憲, in: *Jindai Zhongguo shiliao congkan xuji* 近代中國史料叢刊續輯, Bd. 96 (1–2), Taipei 1974.

*Riben kaolüe* 日本國考略, von Xue Jun 薛俊, in: *Congshu jicheng* 叢書集成, Bd. 3278, Shanghai 1936.

*Riben lun* 日本論, von Dai Jitao 戴季陶, in: *Dai Jitao xiansheng wencun*, 戴季陶先生文存, hg. von Chen Tianxi 陳天錫, 2 Bde., Taipei 1968, Bd. 2.

*Riben riji* 日本日記, von Luo Sen 羅森, in: *Zaoqi Riben youji wuzhong* 早期日本游记五种, hg. von Wang Xiaoqiu 王晓秋 und Shi Peng 史鹏, Hunan 1983.

*Riben zashi shi* 日本雜事詩, von Huang Zunxian 黃遵憲, in: *Jindai Zhongguo shiliao congkan xuji* 近代中國史料叢刊續輯, Bd. 95, Taipei 1974.

*Ritsuryō no gige* 律、令義解, hg. von Kuroita Katsumi, Tōkyō 1939.

*Ryūnichi kaiko: Ichi Chūgoku anakisuto no hansei* 留日回顧：一中国アナキストの半生, von Jing Meijiu 景梅九, üb. von Ōtaka Iwao 大高巖 und Hatano Tarō 波多野太郎, Tōkyō 1966.

*Sancai tuhui* 三才圖會, von Wang Qi 王圻, 64 Bde., o.O. 1607.

*Sanguo zhi* 三國志, von Chen Shou 陳壽, in: *Ershisi shi* 二十四史, Bd. 3, Beijing 1997.

*Shakai gentō = Shakai gentō hyaku sen hyaku shō* 社会幻灯百撰百笑, von Kobayashi Kiyochika 小林 清親 und Koppi Dōjin 骨皮道人 [= Nishimori Takeki 西森武城], o.O., o.J., online: https://dl.ndl.go.jp/info:ndljp/pid/1302283?tocOpened=1

*Shanhai jing jiaoyi* 山海經校譯, hg. von Yuan Ke 袁珂, Shanghai 1985.

*Shanhai zakki* 上海雑記, von Nōtomi Kaijirō 納富介次郎, in: *Bakumatsu Meiji Chūgoku kenbunroku shūsei* 幕末明治中国見聞録集成, hg. von Kojima Shinji 小島晋治, Bd. 1, Tōkyō 1997.

*Shangjun shu zhuizhi* 商君書錐指, hg. von Jiang Lihong 蔣禮鴻, Beijing 1996.

*Shengyu guangxun* 聖諭廣訓, in: *Siku quanshu* 四庫全書, Bd. 717, Shanghai 1987.

*Shidō* 士道, von Yamaga Sokō 山鹿素行, in: *Nihon shisō taikei* 日本思想大系, Bd. 32, Tōkyō 1970.

*Shiji* 史記, von Sima Qian 司馬遷, in: *Ershisi shi* 二十四史, Bd. 1, Beijing 1997.

*Shintō denju* 神道伝授, von Hayashi Razan 林羅山, hg. von Taira Shigemichi 平重道, in: *Nihon shisō taikei* 日本思想大系, Bd. 39, Tōkyō 1972.

*Shinzoku kibun* 清俗紀聞, von Nakagawa Chūei 中川忠英, 2 Bde., Tōkyō 1966.

*Shishi leiyuan* 事實類苑, von Jiang Shaoyu 江少虞, in: *Siku quanshu* 四庫全書, Bd. 874, Shanghai 1987.

*Shoku Nihongi* 続日本紀, hg. von Naoki Kōjirō 直木孝次郎, 4 Bde., Tōkyō 1986.

*Shoku kōgi = Shoku Nihon kōgi* 続日本後紀, hg. von Fujiwara no Yoshifusa 藤原良房, Fujiwara no Yoshimi 藤原良相 und Tomo no Yoshio 伴善男, online: https://zh.wikisource.org/wiki/續日本後紀

*Shūgi washo* 集義和書, von Kumazawa Banzan 熊沢蕃山, in: *Nihon shisō taikei* 日本思想大系, Bd. 30, Tōkyō 1971.

*Shuyu zhouzi lu* 殊域周咨錄, von Yan Congjian 嚴從簡, https://archive.org/details/02086903.cn.

*Songchuang mengyu* 松窗夢語, von Zhang Han 張瀚, Shanghai 1986.
*Songshi* 宋史, in: *Ershisi shi* 二十四史, Bd. 14–16, Beijing 1997.
*Songshu* 宋書, von Shen Yue 沈約, in: *Ershisi shi* 二十四史, Bd. 5, Beijing 1997.
*Song Yuan xue'an* 宋元學案, von Huang Zongxi 黃宗羲, 3 Bde., Taipei 1961.
*Sorai shū* 徂徠集, von Ogyū Sorai 荻生徂徠, hg. von Nishida Tai'ichirō 西田太一郎, in: *Nihon shisō taikei* 日本思想大系, Bd. 36, Tōkyō 1973.
*Sun Zhongshan quanji* 孫中山全集, von Sun Yat-sen 孫逸仙, 11 Bde., Beijing 1981.
*Taizu shilu* = *Ming Taizu shilu* 明太祖實錄, 8 Bde., Taipei 1962.
*Tang Junyi quanji* 唐君毅全集, 30 Bde., Taipei 1984–91.
*Tanglü shuyi* 唐律疏議, hg. von Liu Junwen 劉俊文, Beijing 1983.
*Tanhu ji* 談虎集, von Zhou Zuoren 周作人, in: *Zhou Zuoren zibian ji* 周作人自編集, Bd. 6, Beijing 2011.
*Tansoku roku* = *Gaijō tansoku roku* 外城探測録, von Takasugi Shinsaku 高杉晋作, in: *Kaikoku* 開国, hg. von Tanaka Akira 田中彰 [= *Nihon kindai shisō taikei* 日本近代思想体系, Bd. 1], Tōkyō 1991.
*Tongjian qianbian* = *Zizhi tongjian qianbian* 資治通鑑前編, von Jin Lüxiang 金履祥, in: *Siku quanshu* 四庫全書, Bd. 332, Shanghai 1987.
*Weishu* 魏書, von Wei Shou 魏收, in: *Ershisi shi* 二十四史, Bd. 6, Beijing 1997.
*Wenxuan* 文選, hg. von Xiao Tong 蕭統, 6 Bde., Shanghai 1996.
*Woshan xing* 倭扇行, von Zhu Yuanzhang 朱元璋, in: *Da Ming Taizu gao huangdi yuzhi wenji* 大明太祖高皇帝御製文集 19, online: https://zh.m.wikisource.org/zh-hans/倭扇行
*Xinmin shuo* 新民說, von Liang Qichao 梁啟超, in: *Yinbing shi zhuanji* 飲冰室專集 4 [= *Yinbing shi heji* 飲冰室合集, Bd. 6], Beijing 2011.
*Xin Tangshu* 新唐書, hg. von Ouyang Xiu u. a., in: *Ershisi shi* 二十四史, Bd. 11–12, Beijing 1997.
*Xuanhe huapu* 宣和畫譜, in: *Siku quanshu* 四庫全書, Bd. 813, Shanghai 1987.
*Yaotang zawen* 藥堂雜文, von Zhou Zuoren 周作人, in: *Zhou Zuoren zibian ji* 周作人自編集, Bd. 22, Beijing 2011.
*Yijing* = *Zhouyi jijie zuanshu* 周易集解纂疏, hg. von Li Daoping 李道平, Beijing 1994.
*Yinbing wenji* = *Yinbing shi wenji* 飲冰室文集, von Liang Qichao 梁啟超, in: *Yinbing shi heji* 飲冰室合集, Bd. 1–5, Beijing 2011.
*Yinghuan zhilüe* 瀛環志略, von Xu Jiyu 徐繼畬, 2 Bde., Taipei 1968.
*Yoshida zenshū* = *Yoshida Shōin zenshū* 吉田松陰全集, 10 Bde., Tōkyō 1936.
*Yuanshi* 元史, in: *Ershisi shi* 二十四史, Bd. 18, Beijing 1997.
*Zeiyūroku* 贅肬録, von Hibino Teruhiro 日比野輝寛, in: *Bakumatsu Meiji Chūgoku kenbunroku shūsei* 幕末明治中国見聞録集成, hg. von Kojima Shinji 小島晋治, Bd. 1, Tōkyō 1997.
*Zhanguo ce* 戰國策, hg. von Liu Xiang 劉向, 3 Bde., Shanghai 1985.

*Zhongri tiaogui* = *Zhongri xiuhao tiaogui* 中日修好條規/*Nisshin shūkō jōki* 日清修好條規, 1871, online: https://www.jacar.go.jp/goshomei/pdf/18710913001.pdf

*Zongzhang* = *Zhongguo tongmeng hui zongzhang* 中國同盟會總章, 1906, in: *Sun Wen xuanji* 孫文選集, hg. von Huang Yan 黄彦, Bd. 2, Guangzhou 2006.

*Zuozhuan* = *Chunqiu Zuozhuan zhu* 春秋左傳注, hg. von Yang Bojun 楊伯峻. 4 Bde. Beijing: Zhonghua shuju, 1981.

# Literatur


Abe Ryūichi 安部龍一: »Saichō and Kūkai: A Conflict of Interpretations«, in: *Japanese Journal of Religious Studies* 22.1–2 (1995), 103–137.

Ders.: *The Weaving of Mantra: Kūkai and the Construction of Esoteric Buddhist Discourse*, New York 1999.

Adachi Noboru/Kakuda Tsuneo/Takahashi Ryohei/Kanzawa-Kiriyama Hideaki/Shinoda Ken'ichi: »Ethnic Derivation of the Ainu Inferred From Ancient Mitochondrial DNA Data«, in: *American Journal of Physical Anthropology* 165.1 (2018), 139–148.

Adolphson, Mikael/Edward Kamens/Stacie Matsumoto (Hg.): *Heian Japan: Centers and Peripheries*, Honolulu 2007.

An Yuan 安源: »›Yuanshi wuyu‹ yu Zhongguo gudai wenhua ›源氏物语‹与中国古代文化‹«, in: *Zhongri wenhua yu jiaoliu* 1984–85, Bd. 2, 57–71.

Anderson, Benedict: *Imagined Communities: Reflections on the Origin and Spread of Nationalism*, London/New York 2006.

Antoni, Klaus J.: »Kokutai – Das ›Nationalwesen‹ als japanische Utopie«, in: *Saeculum* 38.2–3 (1987), 266–282.

Ders.: »Momotarō (The Peach Boy) and the Spirit of Japan: Concerning the Function of a Fairy Tale in Japanese Nationalism of the Early Shōwa Age«, in: *Asian Folklore Studies* 50 (1991), 155–188.

Ders.: *Kojiki: Aufzeichnung alter Begebenheiten*, Berlin 2012.

Asō Isoji 麻生磯次: *Edo bungaku to Ch*ūgoku bungaku 江戸文学と中国文学, Tōkyō 1955.

von Bälz, Erwin: *Das Leben eines deutschen Arztes im erwachenden Japan: Tagebücher, Briefe, Berichte*, Stuttgart1931.

Barnes, Gina L.: *The Rise of Civilization in East Asia: The Archaeology of China, Korea and Japan*, London 1999.

Barrett, Timothy H.: *The Woman who Discovered Printing*, New Haven 2008.

de Bary, William Theodore (Hg.): *Sources of Japanese Tradition*. 2 Bde., New York 2001/15.

Batten, Bruce: *Gateway to Japan: Hakata in War and Peace, 500–1300*, Honolulu 2006.

Beasley, W. G.: »Self-strengthening and Restoration: Chinese and Japanese Responses to the West in the Mid-Nineteenth Century«, in: *Acta Asiatica* 26 (1974), 91–107.

Bechert, Heinz/Richard Gombrich (Hg.): *Die Welt des Buddhismus*. München 1984.

Benl, Oscar (Übers.): *Genji-monogatari: Die Geschichte vom Prinzen Genji. Altjapanischer Liebesroman, verfaßt von der Hofdame Murasaki*. 2 Bde., Zürich 1992.

Benn, Charles: *China's Golden Age: Everyday Life in the Tang Dynasty*, Oxford 2002.

Benn, James A.: *Tea in China: A Religious and Cultural History*. Honolulu 2015.

Berger, Louis Jacques Willem: *The Overseas Chinese in Seventeenth Century Nagasaki*, Diss., Harvard Univ. 2003.

Birrell, Anne: *Chinese Mythology: An Introduction*, Baltimore/London 1993.

Blacker, Carmen: *The Japanese Enlightenment: A Study of the Writings of Fukuzawa Yukichi*, Cambridge 1964.

Blümmel, Maria-Verena: »Die Dominanz des Kaiserhofs vom Ende des 7. bis zum 12. Jahrhundert«, in: Kreiner 2010, 52–93.

Bock, Felicia G.: *Classical Learning and Taoist Practices in Early Japan. With a Translation of Books XVI and XX of the Engi-Shiki*, Tempe, Arizona 1985.

Bohner, Hermann: »Shōtoku Taishi«, in: *Mitteilungen der Deutschen Gesellschaft für Natur- und Völkerkunde Ostasiens* 29.C (1936), 1–50.

Borgen, Robert: »The Japanese Mission to China, 801–806«, in: *Monumenta Nipponica* 37.1 (1982), 1–25.

Ders.: »Jōjin's Travels from Center to Center (with Some Periphery in between)«, in: Adolphson u. a. 2007, 384–413.

Botsman, Daniel V.: *Punishment and Power in the Making of Modern Japan*, Princeton 2005.

Boxer, Charles R.: *The Christian Century in Japan, 1549–1650*, Berkeley 1951.

Brockey, Liam Matthew: *Journey to the East: The Jesuit Mission to China, 1579–1724*, Cambridge, MA 2008.

von Brück, Michael: *Einführung in den Buddhismus*, Frankfurt/M. 2007.

Buruma, Ian: *The Wages of Guilt: Memories of War in Germany and Japan*, London 2009.

Byas, Hugh: *Government by Assassination*. New York 1942.

Cai Kaisong 蔡开松: »Hunan baoweiju lunshu« 湖南保卫局述论, in: *Jindaishi yanjiu* 1990.1, 109–24.

Chaffee, John W.: *The Thorny Gates of Learning in Sung China: A Social History of Examinations*, Albany 1995.

Chamberlain, Basil Hall: *ABC der japanischen Kultur: Ein historisches Wörterbuch*. übers. v. Bernhard Kellermann, Zürich 1990.

Chan, Pedith Pui: *The Making of a Modern Art World: Institutionalisation and Legitimisation of Guohua in Republican Shanghai*, Leiden 2017.

Chang, Iris: *The Rape of Nanking: The Forgotten Holocaust of World War II*, New York 1997.

Chapman, Nancy Elizabeth: *Zhou Zuoren and Japan*, Diss., Princeton Univ. 1990.

Chen Chung/Lawrence Chang/Zhang Yimin: »The Role of Foreign Direct Investment in China's Post- 1978 Economic Development«, in: *World Development* 23.4 (1995), 691–703.

Chen Haijing: *A Study of Japanese Loanwords in Chinese*, MA-Thesis, Oslo Univ. 2014.

Chen Xiejun 陳燮君/Chen Kelun 陳克倫: *Jianzhen he Konghai: Zhong-Ri wenhua jiaoliu de jianzheng* 鑒真和空海：中日文化交流的見證, Shanghai 2010.

Ching, Julia: »Chu Shun-shui, 1600–82. A Chinese Confucian Scholar in Tokugawa Japan«, in: *Monumenta Nipponica* 30.2 (1975), 177–191.

Chow Chun-kei: »The Influence of Zhang Jian's 1903 Trip to Japan on the Nantong Museum«, in: *Sino-Japanese Studies* 22 (2015), 1–13.

Cobbing, Andrew (Hg.): *Hakata: The Cultural Worlds of Northern Kyushu*, Leiden 2013.

Cohen, Paul A.: *China Unbound: Evolving Perspectives on the Chinese Past*, London/New York 2003.

Collcutt, Martin: *Five Mountains: The Rinzai Zen Monastic Institution in Medieval Japan*, Cambridge, MA 1981.

Como, Michael: *Silla Immigrants and the Early Shōtoku Cult: Ritual and the Poetics of Power in Early Yamato*, Diss., Stanford Univ. 2000.

Craig, J. Marshall: *Visions of China, Korea, and Japan in the East Asian War, 1592–1598*, Diss., Pembroke Univ. 2015.

Dai He 戴禾/Zhang Yingli 张英莉: »Zhongguo gudai shengchan jishu zai Riben de chuanbo he yingxiang 中国古代生产技术在日本的传播和影响«, in: *Lishi yanjiu* 历史研究 5 (1984), 152–167.

Deal, William E.: »Hagiography and History: The Image of Prince Shōtoku«, in: *Religions of Japan in Practice*, hg. v. George J. Tanabe, Princeton 1999, 316 ff.

Deeg, Max (Übers.): *Das Lotos-Sūtra*, Darmstadt 2007.

Dettmer, Hans A.: *Der Yōrō-Kodex*, Wiesbaden 2009.

Dikötter, Frank: *The Age of Openness: China before Mao*, Berkeley 2008.

Dirlik, Arif: »Chinese History and the Question of Orientalism«, in: *History and Theory* 35.4 (1996), 96–118.

Doglia, Arnaud: »Japanese mass violence and its victims in the Fifteen Years War (1931–45)«, in: *Online Encyclopedia of Mass Violence*, hg. v. Claire Andrieu u. a.: http://www.massviolence.org/Article?id_article=566, 2011.

Döll, Steffen: *Im Osten des Meeres: Chinesische Emigrantenmönche und die frühen Institutionen des japanischen Zen-Buddhismus*, Stuttgart 2010.

Donath, Andreas (Übers.): *Bo Dschü-I: Gedichte*, Wiesbaden 1960.

Dougill, John: *Kyoto: A Cultural History*, Oxford 2006.

Dower, John W.: *War without Mercy: Race and Power in the Pacific War*, New York 1986.

Ders.: »The Opium War in Japanese Eyes: An Illustrated 1849 ›Story from Overseas‹«. Massachusetts Institute of Technology Visualizing Cultures, 2010 [online: https://visualizingcultures.mit.edu/opium_wars_japan/index.html].

Dreyer, June Teufel: *Middle Kingdom and Empire of the Rising Sun: Sino-Japanese Relations, Past and Present*, Oxford 2016.

Duara, Prasenjit: *Sovereignty and Authenticity: Manchukuo and the East Asian Modern*, Lanham 2003.

Dudbridge, Glen: *The Legend of Miaoshan*, Oxford 2004.

Dumoulin, Heinrich: *Geschichte des Zen-Budhismus*. 2 Bde., Bern 1985/86.

Eberstein, Bernd, Ruth Cremerius, Reinhard Emmerich, Rainer Falkenberg, Foon-Ming Liew-Herres, Manfred Saller und Eva-Maria Torres: »Kang Youweis ›Eingabe der Prüfungskandidaten‹ – Ein Dokument der Reformbewegung«, in: *Oriens Extremus* 27 (1980), 33–54.

Elias, Norbert: *Über den Prozeß der Zivilisation*, Bern/München 1969.

Elisonas, Jurgis: »The inseparable trinity: Japan's relations with China and Korea«, in: *The Cambridge History of Japan*, Bd. 4 (1991), 235–300.

Ders./J.P. Lamers (Übers.): *The Chronicle of Lord Nobunaga*, Leiden 2011.

Etō Shinkichi: »China's international relations 1911–1931«, in: *The Cambridge History of China, Volume 13: Republican China 1912–1949, Part 2* (1986), 74–115.

von Falkenhausen, Lothar: *Chinese Society in the Age of Confucius: (1000–250 BC)*, Los Angeles 2006.

Finer, Samuel E.: *The History of Government: From the Earliest Times*. 3 Bde., Oxford 1997.

Fischer, Peter: *Studien zur Entwicklungsgeschichte des Mappō-Gedankens und zum Mappō-tōmyō-ki*, Hamburg 1976.

Florenz, Karl: *Nihongi oder Japanische Annalen*, Tōkyō 1892–97.

Ders.: *Japanische Mythologie: Nihongi, ›Zeitalter der Götter‹*, Tōkyō 1901.

Fogel, Joshua A.: »On the ›Rediscovery‹ of the Chinese Past: Ts'ui Shu and Related Cases«, in: *Perspectives on a Changing China*, hg. v. Joshua A. Fogel und William T. Rowe, Boulder 1979, 219–236.

Ders.: *Politics and Sinology: The Case of Naitō Konan (1866–1934)*, Cambridge, MA 1984.

Ders.: *Nakae Ushikichi in China: The Mourning of Spirit*, Cambridge, MA 1989.

Ders.: *The Cultural Dimension of Sino-Japanese Relations: Essays on the Nineteenth and Twentieth Centuries*, Armonk/London 1995.

Ders.: *The Literature of Travel in the Japanese Rediscovery of China: 1862–1945*, Stanford 1996.

Ders.: (Hg.): *The Nanjing Massacre in History and Historiography*, Berkeley 2000.

Ders. (Hg.): *Sagacious Monks and Bloodthirsty Warriors: Chinese Views of Japan in the Ming-Qing Period*, Norwalk 2002.

Ders.: »Chinese Understanding of the Japanese Language from Ming to Qing«, in: ders. 2002[a], 63–87.

Ders.: »Naitō Konan (1866–1934) and Chinese Historiography«, in: *Historiography East & West* 1.1 (2003), 136–153.

Ders. (Hg.): *Late Qing China and Meiji Japan: Political and Cultural Aspects*, Norwalk, CT 2004.

Ders.: *The Role of Japan in Liang Qichao's Introduction of Modern Western Civilization to China*, Berkeley 2004a.

Ders.: *Articulating the Sinosphere: Sino-Japanese Relations in Space and Time*, Cambridge, MA 2009.

Ders. (Hg.): *The Role of Japan in Modern Chinese Art*, Berkeley 2012.

Ders.: *Japanese Historiography and the Gold Seal of 57 C.E.: Relic, Text, Object, Fake*, Leiden 2013.

Ders.: *Maiden Voyage: The Senzaimaru and the Creation of Modern Sino-Japanese Relations*, Oakland 2014.

Ders.: *Between China and Japan: The Writings of Joshua Fogel*, Leiden 2015.

Ders.: *A Friend in Deed: Lu Xun, Uchiyama Kanzō, and the Intellectual World of Shanghai on the Eve of War*, Ann Arbor 2019.

Foucault, Michel.: *Die Ordnung des Diskurses*, übers. v. Walter Seitter, Frankfurt/M. 2000.

Frings, Jutta (Hg.): *Dschingis Khan und seine Erben: Das Weltreich der Mongolen, Ausstellungskatalog*, München 2005.

Fröhlich, Thomas: *Tang Junyi: Confucian Philosophy and the Challenge of Modernity*, Leiden 2017.

Ders./Liu Yishan (Hg.): *Taiwans unvergänglicher Antikolonialismus: Jiang Weishui und der Widerstand gegen die japanische Kolonialherrschaft*, Bielefeld 2011.

Fuchs, Peter: »Vom Zweitlosen: Paradoxe Kommunikation im Zen-Buddhismus«, in: Niklas Luhmann/Peter Fuchs: *Reden und Schweigen*, Frankfurt/M. 1989, 46–69.

Führer, Bernhard: »›The Text of the Classic and the Commentaries Deviates Greatly from Current Editions‹: A Case Study of the *Siku quanshu* Version of Huang Kan's *Lunyu yishu*«, in: *Zensur: Text und Autorität in China in Geschichte und Gegenwart*, hg. v. Bernhard Führer, Wiesbaden 2003, 19–38.

Fukuzawa Yukichi: *An Outline of a Theory of Civilization*, übers. v. David A. Dilworth u. G. Cameron Hurst, New York 2008.

Gadamer, Hans-Georg: *Wahrheit und Methode: Grundzüge einer philosophischen Hermeneutik*, Tübingen 1990.

Ge Xin 葛新: *Zhong Ri youhao shilüe* 中日友好史略, Shanghai 1992.

Genpaku Sugita: *Dawn of Western Science in Japan (Rangaku kotohajime)*, übers. v. Ryōzō Matsumoto, Tōkyō 1969.

Gentz, Joachim: »Es bleibt alles in der Familie: Eine Geschichte von Reisen in philosophischen Kreisen«, in: *Reisen im Zwischenraum: Zur Interkulturalität von Kulturwissenschaft. FS Helmolt Vittinghoff*, hg. v. F. Ehmcke u. M. Müller, Würzburg 2012, 55–88.

von Glahn, Richard: »The Ningbo-Hakata Merchant Network and the Reorientation of East Asian Maritime Trade, 1150–1350«, in: *Harvard Journal of Asiatic Studies* 74.2 (2014), 249–279.

Gluck, Carol: *Japan's Modern Myths: Ideology in the Late Meiji Period*, Princeton 1985.

Goodman, Grant K.: *Japan: The Dutch Experience*, London 1986.

Goodrich, Luther Carrington: *The Literary Inquisition of Ch'ien-lung*, New York 1966.

Götze, Heinz: *Bokuseki: Pinselspuren*, Tōkyō 1979.

Groner, Paul: *Saichō: The Establishment of the Japanese Tendai School*, Honolulu 2000.

*Guanxi daxue Dongya haiyu jiaoliushi yanjiu congkan / Kansai daigaku Tō-A kaiiki kōryūshi kenkyū sōkan* 關西大學東亞海域交流史研究叢刊, hg. v. Matsuura Akira 松浦章. 11 Bde., Taipei 2010–19.

Bd. 1: *Ming Qing yilai Dongya haiyu jiaoliushi* 明清以來東亞海域交流史;

Bd. 2–3: *Jindai Dongya haiyu jiaoliushi* 近代東亞海域交流史;

Bd. 4: *Jindai Dongya haiyu wenhua jiaoliushi* 近代東亞海域文化交流史;

Bd. 5: *Jindai Dongya haiyu jingmao jiaoliushi* 近代東亞海域經貿交流史;

Bd. 6: *Jindai Dongya haiyu jiaoliushi – Wanqing zhi zhanqian shiqi* 近代東亞海域交流史 – 晚清至戰前時期;

Bd. 7: *Jindai Dongya haiyu jiaoliu*: *Hangyun, hainan, wokou* 近代東亞海域交流：航運・海難・倭寇;

Bd. 8: *Jindai Dongya haiyu jiaoliu*: *Hangyun, shangye, renwu* 近代東亞海域交流：航運・商業・人物;

Bd. 9: *Jindai Dongya haiyu jiaoliu*: *Hangyun, Taiwan, yuye* 近代東亞海域交流：航運・臺灣・漁業;

Bd. 10: *Jindai Dongya haiyu jiaoliu*: *Waijiao, maoyi, wulu* 近代東亞海域交流：外交・貿易・物流;

Bd. 11: *Jindai Dongya haiyu jiaoliu*: *Chanye yu haiyang wenhua* 近代東亞海域交流：產業與海洋文化.

van Gulik, R. H.: »Kakkaron 隔靴論: A Japanese Echo of the Opium War«, in: *Monumenta Serica* 4.2 (1940), 478–545.

Gunn, Geoffrey C.: *World Trade Systems of the East and West: Nagasaki and the Asian Bullion Trade Networks*, Leiden 2018.

Guttmann, Allen/Lee Thompson: *Japanese Sports: A History*. Honolulu 2001.

Guy, R. Kent: *The Emperor's Four Treasuries: Scholars and the State in the Late Ch'ien-lung Era*, Cambridge, MA 1987.

ter Haar, Barend: »The Sutra of the Five Lords: Manuscript and oral tradition«, in: *Studies in Chinese Religions* 1.2 (2015), 172–197.

Habermas, Jürgen: *Strukturwandel der Öffentlichkeit*, Frankfurt/M. 1996.

Hakeda Yoshito: *Kūkai: Major Works*, New York 1972.

Hang Xing: *Conflict and Commerce in Maritime East Asia: The Zheng Family and the Shaping of the Modern World, c. 1620–1720*, Cambridge 2015.

Hansen, Wilburn: *When Tengu Talk: Hirata Atsutane's Ethnography of the Other World*, Honolulu 2008.

Hao Xiangman 郝祥満. *Diaoran yu Songchu de Zhongri Fofa jiaoliu* 奝然与宋初的中日佛法交流, Beijing 2012.

Harada Jirō: *English Catalogue of Treasures in the Imperial Repository Shōsōin*, Tōkyō 1932.

Harootunian, Harry D.: »The Functions of China in Tokugawa Thought«, in: Iriye Akira 1980, 9–36.

Harrell, Paula: *Sowing the Seeds of Change: Chinese Students, Japanese Teachers, 1895–1905*, Stanford 1992.

Haußer, Jutta (Hg.): *Wakan – Japans interkultureller Monolog mit China zwischen Sehnsucht, Ablehnung und Pragmatismus*, Hamburg 2004.

Dies.: »Der Drachenpalast und das Schatzkästlein – Wahrnehmung von Fremdem und Eigenem in den Erzähl- und Bildwelten von Urashima Tarō«, in: dies. 2004[a], 37–54.

Hawley, Samuel: *The Imjin War: Japan's Sixteenth-Century Invasion of Korea and Attempt to Conquer China*, o.O. 2014.

Hayashi Shunsai 林春勝/Hayashi Nobutatsu 林信篤/Ura Renichi 浦廉一 (Hg.): *Ka'i Hentai* 華夷變態. 3 Bde., Tōkyō1958.

He Yinan: *Overcoming Shadows of the Past: Post-Conflict Interstate Reconciliation in East Asia and Europe*, Diss., Massachusetts Institute of Technology 2004.

Hedberg, William C.: *The Japanese Discovery of Chinese Fiction: The Water Margin and the Making of a National Canon*, New York 2019.

Heé, Nadin: *Gewalt, Wissen und Zivilisierung: Japanische Kolonialherrschaft in Taiwan, 1895–1945*, Diss., FU Berlin 2010.

Heine, Steven: *From Chinese Chan to Japanese Zen*, Oxford 2018.

Ders./Dale S. Wright (Hg.): *Zen Classics: Formative Texts in the History of Zen Buddhism*, Oxford 2006.

Helbig, Thomas: *Der Beitrag Japans zum chinesischen Wirtschaftswunder – FDI und Technologietransfer*, Hausarbeit, Univ. Hamburg 2020.

Hess, Laura E.: *The Reimportation from Japan to China of the Kong Commentary to the Classic of Filial Piety*, Diss., Univ. Washington 1994.

*Higashi Ajia no naka no Nihon rekishi* 東アジアのなかの日本歴史. 13 Bde. Tōkyō 1988–90.

Bd. 1: Shen Ren'an 沈仁安: *Wakoku to Higashi Ajia* 倭国と東アジア;

Bd. 2: Wang Jinlin 王金林: *Nara bunka to Tō bunka* 奈良文化と唐文化;

Bd. 3: Zhang Yuxiang 張玉祥: *Shokuhō seiken to Higashi Ajia* 織豊政権と東アジア;

Bd. 4: Ren Hongzhang 任鴻章: *Kinsei Nihon to Nitchū bōeki* 近世日本と日中貿易;

Bd. 5: Wang Jiahua 王家驊: *Nitchū Jugaku no hikaku* 日中儒学の比較;
Bd. 6: Lü Wanhe 呂萬和: *Meiji Ishin to Chūgoku* 明治維新と中国;
Bd. 7: Zhou Qiqian 周啟乾: *Meiji no keizai hatten to Chūgoku* 明治の経済発展と中国;
Bd. 8: Ma Jiajun 馬家駿/Tang Zhongnan 湯重南: *Nitchū kindaika no hikaku* 日中近代化の比較;
Bd. 9: Yu Xintun 俞辛焞: *Son Bun no kakumei undō to Nihon* 孫文の革命運動と日本;
Bd. 10: Wan Feng 萬峰: *Nihon Fashizumu no kōbō* 日本ファシズムの興亡;
Bd. 11: Yi Xianshi 易顯石: *Nihon no tairiku seisaku to Chūgoku Tōhoku* 日本の大陸政策と中国東北;
Bd. 12: Wu Anlu 武安陸/Xiong Dayun 熊達雲: *Chūgokujin no Nihon kenkyūshi* 中国人の日本研究史;
Bd. 13: Shen Caibin 沈才彬: *Tennō to Chūgoku kōtei* 天皇と中国皇帝。

Hilpert, Hanns-Günther/René Haak (Hg.): *Japan and China: Cooperation, Competition and Conflict*, New York 2002.

Hinsch, Bret: *The Rise of Tea Culture in China: The Invention of the Individual*, Lanham, MD 2016.

Hsiung, James C. (Hg.): *China and Japan at Odds: Deciphering the Perpetual Conflict*, New York 2007.

Holcombe, Charles: »Ritsuryō Confucianism«, in: *Harvard Journal of Asiatic Studies* 57.2 (1997), 543–573.

Honda Katsuichi 本多勝一: *Chūgoku no tabi* 中国の旅, Tōkyō 1977.

Ders.: *The Nanjing Massacre: A Japanese Journalist Confronts Japan's National Shame*, hg. v. Frank Gibney, übers. v. Karen Sandness, Armonk, N.Y 1999.

Hoppens, Robert: *The China Problem in Postwar Japan: Japanese National Identity and Sino-Japanese Relations*, London 2015.

Horton Sharf, Elizabeth: »Ōbaku Zen Portrait Painting and Its Sino-Japanese Heritage«, in: *Images in Asian Religions: Texts and Contexts*, hg. v. Phyllis Granoff u. Koichi Shinohara, Vancouver/Toronto 2004, S. 290–345.

*Hōryū-ji to shiruku rōdo bukkyō bunka* 法隆寺とシルクロード仏教文化, Hōryū-ji 1988.

Howe, Christopher (Hg.): *China and Japan: History, Trends, and Prospects*, Oxford 1996.

Huang Chun-chieh/John Allen Tucker (Hg.): *Dao Companion to Japanese Confucian Philosophy*, Dordrecht 2014.

Huang Fu-ch'ing: *Chinese Students in Japan in the Late Ch'ing Period*, übers. v. Katherine P. K. Whitaker, Tōkyō 1982.

Ders.: 黄福慶. *Qingmo liuri xuesheng* 清末留日學生, Taipei 1983.

Huffman, James L.: *Creating a Public: People and Press in Meiji Japan*, Honolulu 1997.

Hwang Minhyuk: *Fukuzawa Yukichi's Bourgeois Liberalism: The Betrayal of the East Asian Enlightenment*, London 2020.

Illig, Heribert: *Das erfundene Mittelalter: Die größte Zeitfälschung der Geschichte*, Düsseldorf 1996.

Imafuku, Kevin: *Contrasting Approaches to Chinese Character Reform: A Comparative Analysis of the Simplification of Chinese Characters in Japan and China*, MA-Thesis, Univ. Hawai'i 2012.

Iriye Akira (Hg.): *The Chinese and the Japanese: Essays in Political and Cultural Interactions*, Princeton 1980.

Ishikawa Yoshihiro 石川禎浩: »Ryō Keichō to bunmei no shiza 梁啓超と文明の視座«, in: Ryō Keichō: *Seiyō kindai shisō juyō to Meiji Nihon* 梁啓超：西洋近代思想受容と明治日本, hg. von Hazama Naoki 狭間直樹, Kyōto 1999, 106–31.

Ders.: *The Formation of the Chinese Communist Party*, New York 2013.

Itoh Mayumi: *Pioneers of Sino-Japanese Relations: Liao and Takasaki*, New York 2012.

Dies.: *The Origins of Contemporary Sino-Japanese Relations: Zhou Enlai and Japan*, London 2016.

Dies.: *The Making of China's Peace with Japan: What Xi Jinping Should Learn from Zhou Enlai*, London 2017.

Jansen, Marius B.: *The Japanese and Sun Yat-sen*, Stanford 1954.

Ders.: »Japanese Views of China During the Meiji Period«, in: *Approaches to Modern Chinese History*, hg. v. Albert Feuerwerker, Rhoads Murphey u. Mary C. Wright, Berkeley/Los Angeles 1967, 163–189.

Ders.: »Japan and the Chinese Revolution of 1911«, in: *The Cambridge History of China, Volume 11: Late Ch'ing, 1800–1911, Part 2* (1980), 339–374.

Ders.: »Some Continuities in Meiji Views of China«, in: Tam Yue-him 1985, Bd. 3, 243–256.

Ders.: »Die japanische Erfahrung des Wandels«, in: *Kulturen der Achsenzeit II: Ihre institutionelle und kulturelle Dynamik. Teil 1: China, Japan*, hg. v. Shmuel Eisenstadt, übers. v. Ruth Achlama, Frankfurt/M. 1992, S. 242–262.

Ders.: *China in the Tokugawa World*, Cambridge, MA 1992a.

Jin Peiyi 金培懿: *Riben ruxue zhi shehui shijian* 日本儒學之社會實踐, Taipei 2018.

Johnson, Wallace: *The T'ang Code, Vol. I: General Principles*, Princeton 1979.

Ders.: *The T'ang Code, Volume II: Specific Articles*, Princeton 2014.

Joos, Joël: »A Stinking Tradition: Tsuda Sōkichi's View of China«, in: *East Asian History* 28 (2004), 1–26.

Kaji Wataru 鹿地亘 (Hg.): *Nihon jinmin hansen dōmei tōsō shiryō* 日本人民反戦同盟闘争資料, Tōkyō 1982.

Kamachi Noriko: *Reform in China: Huang Tsun-hsien and the Japanese Model*, Cambridge, MA 1981.

Kase Hideaki/Sekihei Hei: *Japan and China: How Different They Are!*, Society for the Dissemination of Historical Fact, 2012.

Katō Shigeshi 加藤繁: *Shina keizaishi kōshō* 支那経済史考証, Tōkyō 1952/53.

Keaveney, Christopher T.: *The Subversive Self in Modern Chinese Literature: The Creation Society's Reinvention of the Japanese Shishōsetsu*, New York 2004.

Keene, Donald: »The Sino-Japanese War of 1894–95 and Its Cultural Effects in Japan«, in: *Tradition and Modernization in Japanese Culture*, hg. v. Donald H. Shively, Princeton 1971, 121–175.

Ders.: »Literature«, in: Tiedemann 1974, 375–421.

Khayutina, Maria (Hg.): *Qin: Der unsterbliche Kaiser und seine Terrakottakrieger*, Zürich 2013.

Kidder, Edward J:. »The Earliest Societies in Japan«, in: *The Cambridge History of Japan, Volume 1: Ancient Japan*, hg. v. Delmer M. Brown, Cambridge 1993, 50–107.

Kinoshita Masashi 木下正史: *Fujiwara kyō: Yomigaeru Nihon saisho no tojō* 藤原京: よみがえる日本最初の都城, Tōkyō 2003.

Kirkland, Russell: *Taoism: The Enduring Tradition*, London 2004.

Kleine, Christoph: *Der Buddhismus in Japan: Geschichte, Lehre, Praxis*, Tübingen 2011.

Ko, Dorothy: *Cinderella's Sisters: A Revisionist History of Footbinding*, Berkeley 2007.

Kornicki, Peter: *The Book in Japan: A Cultural History from the Beginnings to the Nineteenth Century*, Honolulu 2001.

Koselleck, Reinhart: »Einleitung«, in: *Geschichtliche Grundbegriffe: Historisches Lexikon zur politisch-sozialen Sprache in Deutschland*, hg. v. Otto Brunner, Werner Conze u. Reinhart Koselleck, Stuttgart 1972, Bd. 1, XIII–XXVII.

Ders.: »›Neuzeit‹. Zur Semantik moderner Bewegungsbegriffe«, in: *Studien zum Beginn der modernen Welt*, hg. v. R. Koselleck, Stuttgart 1977, 264–299.

Ders.: *Vergangene Zukunft: Zur Semantik geschichtlicher Zeiten*, Frankfurt/M. 1989.

Ders.: »Historia Magistra Vitae. Über die Auflösung des Topos im Horizont neuzeitlich bewegter Geschichte«, in: ders. 1989[a], 38–66.

Ders.: »›Erfahrungsraum‹ und ›Erwartungshorizont‹ – Zwei historische Kategorien«, in: ders. 1989[b], 349–375.

Kreiner, Josef (Hg.): *Kleine Geschichte Japans*, Stuttgart 2010.

Lach, Donald. F.: *Asia in the Making of Europe*. 3 Bde. in 9 Teil-Bdn., Chicago 1965–94.

LaFleur, William: *The Karma of Words: Buddhism and the Literary Arts in Medieval Japan*, Berkeley 1984.

Lai Kuo-sheng: *Learning new Painting from Japan and Maintaining National Pride in Early Twentieth Century China, with Focus on Chen Shizheng (1876–1923)*, Diss., Univ. Maryland 2006.

Lai Yu-chih: *Ren Bonian (1840–1850) and Japanese Culture in Shanghai, 1842–1895*, Diss., Yale Univ. 2005.

Levine, Stephen: *Becoming Kuan Yin: The Evolution of Compassion*, Boston 2013.

Lévy, Christine: »The Japanese Imperial Army's ›Comfort Women‹: Political Implications and the Gender of Memory«, in: *Online Encyclopedia of Mass Violence*, hg. v. Claire Andrieu u. a.: http://www.massviolence.org/Article?id_article=566, 2012.

Lewin, Bruno (Hg.): *Kleines Wörterbuch der Japanologie*, Wiesbaden 1968.

Ders.: *Der koreanische Anteil am Werden Japans*, Opladen 1976.

Ders.: *Abriß der japanischen Grammatik*, Wiesbaden 2003.

Lu Yan: *Re-understanding Japan: Chinese Perspectives, 1895–1945*, Honolulu 2004.

Lewis, James Bryant (Hg.): *The East Asian War, 1592–1598: International Relations, Violence, and Memory*, London 2015.

Liu Baimin 劉百閔 (Hg.): *Zhong-Ri wenhua lunji* 中日文化論集. 2 Bde., Taipei 1955.

Liu Jianhui 劉建輝: *Mato Shanhai: Nihon chishikijin no ›kindai‹ taiken* 魔都上海:日本知識人の「近代」体験, Tōkyō 2000.

Ders.: »Demon Capital Shanghai: The ›Modern‹ Experience of Japanese Intellectuals«, übers. v. Joshua A. Fogel, 9 Teile, *Sino-Japanese Studies* 16–17 (2009/10).

Liu, Lydia H.: *Translingual Practice: Literature, National Culture, and Translated Modernity – China, 1900–1937*, Stanford 1996.

Liu Yuzhen 劉雨珍: »Yō Kihi 楊貴妃«, in: *Nitchū bunka kōryū sōsho* 1995–98, Bd. 10, 400–422.

Lone, Stewart: *Japan's First Modern War: Army and Society in the Conflict with China, 1894–95*, Basingstoke, Hampshire 1994.

Luhmann, Niklas: *Die Wirtschaft der Gesellschaft*, Frankfurt/M. 1989.

Ders.: *Die Gesellschaft der Gesellschaft*. 2 Bde., Frankfurt/M. 1997.

Luo Zhitian: »National Humiliation and National Assertion: The Chinese Response to the Twenty-One Demands«, in *Modern Asian Studies* 27.2 (1993), 297–319.

Lynn, Richard John: »Sanetō Keishū and the History of Early Modern Chinese-Japanese Cultural Relations«, in: *Historical Consciousness, Historiography, and Modern Japanese Values*, hg. v. James C. Baxter, Kyōtō 2006, 129–141.

Major, John S./Sarah A. Queen/Andrew Seth Meyer/Harold D. Roth (Hg.). *The Huainanzi: A Guide to the Theory and Practice of Government in Early Han China*, New York 2010.

Maruyama Masao: *Studies in the Intellectual History of Tokugawa Japan*, übers. v. Hane Mikiso, Princeton 1974.

Matsumoto Toyoko: *The Convergence of Western and Chinese Traditions in the New Guohua Painting of China: The Impact of Study Abroad in Japan*, MA-Thesis, Univ. Hawai'i 2009.

McDermott, Joseph: *A Social History of the Chinese Book: Books and Literati Culture in Late Imperial China*, Hong Kong 2006.

Meccarelli, Marco: »Chinese Painters in Nagasaki: Style and Artistic Contaminatio during the Tokugawa Period (1603–1868)«, in: *Ming Qing Studies* 2015, 175–236.

Meech-Pekarik, Julia: *The World of the Meiji Print: Impressions of a New Civilization*, New York 1986.

Merson, John: *Straßen nach Xanadu: China und Europa und die Entstehung der modernen Welt*, Hamburg 1989.

Miller, Roy Andrew: »Some Japanese Influences on Chinese Classical Scholarship of the Ch'ing Period«, in: *Journal of the American Oriental Society* 72.2 (1952), 56–67.

Mitter, Rana: »Behind the Scenes at the Museum: Nationalism, History and Memory in the Beijing War of Resistance Museum 1987–1997«, in: *The China Quarterly* 161 (2000), 279–93.

Mitter, Rana: *The Manchurian Myth: Nationalism, Resistance, and Collaboration in Modern China*, Berkeley 2000[a].

Ders..: *China's War with Japan, 1937–1945: The Struggle for Survival*, London 2013.

Mori Katsumi 森克己: *Mori Katsumi chosaku senshū* 森克己著作選集. 6 Bde., Tōkyō 1975–76.

Mori Kimiyuki 森公章: *Kentōshi no kōbō: Higashi Ajia no rekishi no shisha* 遣唐使の光芒: 東アジアの歴史の使者, Tōkyō 2010.

Moritomo Kazushige: »*Chanoyu* in Hakata: Zen, *Karamono*, and the Reception of Tea Ceremony«, in: Cobbing 2013, 83–118.

Morris, Ivan: *The World of the Shining Prince: Court Life in Ancient Japan*, Oxford 1964.

Mosher, Gouverneur: *Kyoto: A Contemplative Guide*, Rutland/Tōkyō 1964.

Miyoshi Masao: *As We Saw Them: The First Japanese Embassy to the United States (1860)*, Berkeley 1979.

Müller, Gotelind: »Atarashiki mura versus Xincun«, in: Stefan Wild/Hartmut Schild (Hg.): *Akten des 27. Deutschen Orientalistentages*, Würzburg 2001, 685–694.

Munsterberg, Hugo: »The Art of Japan«, in Tiedemann 1974, 329–374.

Nachod, Oskar: *Geschichte von Japan, Zweiter Band: Die Übernahme der chinesischen Kultur (645 bis ca. 850)*. 2 Teilbde., Leipzig 1929–30.

Nakai, Kate Wildman: »The Naturalization of Confucianism in Tokugawa Japan: The Problem of Sinocentrism«, in: *Harvard Journal of Asiatic Studies* 40.1 (1980), 157–199.

*Nanto jūdaiji ōkagami* 南都十大寺大鏡 [*Catalogue of Art Treasures of Ten Great Temples of Nara*], hg. v. Tōkyō bijutsu gakkō 東京美術學校. 28 Bde., Tōkyō 1932–38.

Narsimhan, Sushila: *Japanese Perceptions of China in the Nineteenth Century – The Influence of Fukuzawa Yukichi*, New Delhi 1999.

Naumann, Nelly: *Die Mythen des alten Japan*, München 1996.

Nawa Yumio 名和弓雄: *Gōmon keibatsu shi* 拷問刑罰史, Tōkyō 2012.

Needham, Joseph (Hg.): *Science and Civilisation in China*. 24 Bde., Cambridge 1954 ff.

Ng Kwok-wai, »The Wa–Kan Configuration of Music Culture in Heian (794–1185) Japan: The Case of Chinese Music Theory«, in: *Asia Major* 33.1 (2020), 33–63.

Ng Wai-ming: *The I Ching in Tokugawa Thought and Culture*, Honolulu 2000.

Ders.: »Zhang Jian's Nantong Project and the Meiji Japanese Model«, in: *Sino-Japanese Studies* 16 (2009), 37–47.

*Nitchū bunka kōryū sōsho* 日中文化交流叢書, hg. v. Nakanishi Susumu 中西進 u. Zhou Yiliang 周一良. 10 Bde., Tōkyō 1995–98.
Bd. 1: *Rekishi* 歴史, hg. v. Ōba Osamu 大庭脩 u. Wang Xiaoqiu 王曉秋;
Bd. 2: *Hōritsu seido* 法律制度, hg. v. Ikeda On 池田温 u. Liu Junwen 劉俊文;
Bd. 3: *Shisō* 思想, hg. v. Minamoto Ryōen 源了圓 u. Yan Shaotang 嚴紹璗;
Bd. 4: *Shūkyō* 宗教, hg. v. Minamoto Ryōen 源了圓 u. Yang Zengwen 楊曾文;
Bd. 5: *Minzoku* 民俗, hg. v. Miyata Noboru 宮田登 u. Ma Xingguo 馬興國;
Bd. 6: *Bungaku* 文学, hg. v. Nakanishi Susumu 中西進 u. Yan Shaotang 嚴紹璗;
Bd. 7: *Geijutsu* 芸術, hg. v. Uehara Shōichi 上原昭一 u. Wang Yong 王勇;
Bd. 8: *Kagaku gijutsu* 科学技術, hg. v. Yoshida Tadashi 吉田忠 u. Li Tingju 李廷擧;
Bd. 9: *Tenseki* 典籍, hg. v. Ōba Osamu 大庭脩 u. Wang Yong 王勇;
Bd. 10: *Jinbutsu* 人物, hg. v. Nakanishi Susumu 中西進 u. Wang Yong 王勇.

›*Nitchū rekishi kyōdō kenkyū*‹ *hōkokusho* 「日中歴史共同研究」報告書, hg. v. Kitaoka Shin'ichi 北岡伸一 u. Bu Ping 步平. 2 Bde., Tōkyō 2014.

Nosco, Peter (Hg.): *Confucianism and Tokugawa Culture*, Princeton 1984.

Ders. (Rez.): »*The I Ching in Tokugawa Thought and Culture* by Wai-ming Ng«, in: *Harvard Journal of Asiatic Studies* 61.2 (2001), 489–494.

*Official Guide to Eastern Asia*. 5 Bde., hg. v. The Department of Railways. Tōkyō 1920. [Bd. 1: *Chōsen & Manchuria, Siberia*; Bd. 2 u. 3: *Japan*; Bd. 4: *China*; Bd. 5: *East Indies*.]

Okakura Kakuzō: *Das Buch vom Tee*, übers. v. Horst Hammitzsch, Frankfurt/M. 2002.

Oláh, Csaba: *Räuberische Chinesen und tückische Japaner: Die diplomatischen Beziehungen zwischen China und Japan im 15. und 16. Jahrhundert*, Wiesbaden 2009.

Ooms, Herman: *Imperial Politics and Symbolics in Ancient Japan: The Tenmu Dynasty, 650–800*, Honolulu 2009.

Paine, Sarah C. M.: *The Sino-Japanese War of 1894–1895: Perceptions, Power, and Primacy*, Cambridge 2003.

Paramore, Kiri: *Japanese Confucianism: A Cultural History*, Cambridge 2016.

Passin, Herbert: *China's Cultural Diplomacy*, New York 1963.

Pestemer-Plöthner, Richard: »Der japanisch-chinesisch-koreanische Schulbuchstreit«, in: *Internationale Schulbuchforschung* 5.1 (1983), 76–81.

Picken, Laurence, u. a. (Hg.): *Music from the Tang Court*, 7 Bde., London und Cambridge, 1981–2000.

Piggott, Joan R.: *Tōdai-ji and the Nara Imperium*, Diss., Stanford Univ. 1987.

Ders.: *The Emergence of Japanese Kingship*, Stanford 1997.

Pollack, David: *The Fracture of Meaning: Japan's Synthesis of China from the Eighth through the Eighteenth Centuries*, Princeton 1986.

Polo, Marco: *Il Milione: Die Wunder der Welt*, übers. v. Elise Guignard, Zürich 1983.

Price, T. Douglas/Gary M. Feinman: *Images of the Past*, New York 2010.

Pyle, Kenneth B: *The New Generation in Meiji Japan: Problems of Cultural Identity, 1885–1895*, Stanford 1969.

Qin Shao: »Exhibiting the Modern: The Creation of the First Chinese Museum, 1905–1930«, in: *The China Quarterly* 179 (2004), 684–702.

Rabe, John: *Der gute Deutsche von Nanking*, hg. v. Erwin Wickert, Stuttgart 1997.

Radtke, Kurt Werner: *China's Relations with Japan, 1945–83: The Role of Liao Chengzhi*, New York 1990.

Reischauer, Edwin O.: *Ennin's Diary: The Record of a Pilgrimage to China in Search of the Law*, New York 1955.

Ders.: *Die Reisen des Mönchs Ennin: Neun Jahre im China des 9. Jahrhunderts*, übers. v. Annelotte Piper, Stuttgart 1963.

Reynolds, Douglas R.: »A Golden Decade Forgotten: Japan-China Relations, 1898–1907«, in: *The Transactions of the Asiatic society of Japan* 4.2 (1987), 93–153.

Ders.: *China, 1898–1912: The Xinzheng Revolution and Japan*, Boston 1993.

*Riben cang Hanji shanben shuzhi shumu jicheng* 日本藏漢籍善本書志書目集成, hg. v. Jia Guirong 賈貴榮, Beijing 2003.

*Riben qiaomin zai Shanghai (1870–1945)* 日本侨民在上海 *(1870–1945)*, hg. v. Takatsuna Hirofumi 高綱博文 u. Chen Zuen 陈祖恩, Shanghai 2000.

*Riben xuezhe yanjiu Zhongguo shi lunzhu xuanyi* 日本学者研究中国史论著选译, hg. v. Liu Junwen 刘俊文. 10 Bde., Beijing 1992.

Richey, Jeffrey L. (Hg.): *Daoism in Japan: Chinese Traditions and Their Influence on Japanese Religious Culture*, London/New York 2015.

Roeck, Bernd: *Der Morgen der Welt: Geschichte der Renaissance*, München 2017.

Rose, Caroline: *Interpreting History in Sino-Japanese Relations: A case study in political decision-making*, London/New York 1998.

Ross, Andrew C.: *A Vision Betrayed: The Jesuits in Japan and China, 1542–1742*, Maryknoll 1994.

Sahlins, Marshall: *Stone Age Economics*, Chicago/New York 1972.

Said, Edward W.: *Orientalism*, London 2003.

Sanetō Keishū, 實藤恵秀: *Nihon bunka no Shina e no eikyō* 日本文化の支那への影響, Tōkyō 1940.

Sanetō Keishū, 實藤恵秀: *Zhongguoren liuxue Riben shi* 中国人留学日本史 , übers. v. Tan Ruqian 谭汝谦 u. Lin Qiyan 林启彦, Beijing 1983.

Sansom, George: *A History of Japan*. 3 Bde., London 1958–64.

Schafer, Edward H.: *The Golden Peaches of Samarkand: A Study of T'ang Exotics*, Berkeley 1963.

Schneider, Claudia: »The Japanese History Textbook Controversy in East Asian Perspective«, in: *The Annals of the American Academy of Political and Social Science* 617 (2008), 107–122.

Schurmann, Franz/Orville Schell (Hg.): *The China Reader*. 3 Bde., New York 1967–68 [Bd. 1: *Imperial China*; Bd. 2: *Republican China*; Bd. 3: *Communist China*].

Seckel, Dietrich: *Buddhistische Kunst Ostasiens*, Stuttgart 1957.

Seeley, Christopher: *A History of Writing in Japan*, Leiden 1991.

Seidensticker, Edward (Übers.): *The Tale of Genji*, New York 1976.

Sen Sōshitsu XV: *The Japanese Way of Tea: From Its Origin in China to Sen Rikyū*. übers. v. V. Dixon Morris, Honolulu 1998.

Seraphim, Franziska: »People's Diplomacy: The Japan-China Friendship Association and Critical War Memory in the 1950s«, in: *The Asia-Pacific Journal* 5.8 (2007), 1–19.

Seyock, Barbara: *Auf den Spuren der Ostbarbaren: Zur Archäologie protohistorischer Kulturen in Südkorea und Westjapan*, Münster 2004.

Shapinsky, Peter D.: *Lords of the Sea: Pirates, Violence, and Commerce in Late Medieval Japan*, Ann Arbor 2014.

Shaw, May-yi: *Wartime Diaspora: The Reworking of Cultural and National Identity Among Chinese and Japanese Writers in 1930s and 1940s Wartime China*, Diss., Harvard Univ. 2010.

Shen Guowei 沈国威: *Jindai Zhong-Ri cihui jiaoliu yanjiu: Hanzi xinci de chuangzhi, rongshou yu gongxiang* 近代中日词汇交流研究：汉子新词的创制、容受与共享, Beijing 2010.

Shen Kuiyi: »The Japanese Impact on the Construction of Chinese Art History as a Modern Field«, in: Fogel 2012, 228–241.

Shibuichi Daiki: »The Yasukuni Shrine Dispute and the Politics of Identity in Japan: Why All the Fuss?«, in: *Asian Survey* 45.2 (2005), 197–215.

Shively, Donald H. (Hg.): *Tradition and Modernization in Japanese Culture*, Princeton 1971.

Smith, Arthur H.: *Chinese Characteristics*, New York 1894.

Smith, Warren W.: *Confucianism in Modern Japan. A Study of Conservatism in Japanese Intellectual History*, Tōkyō 1973.

Smits, Ivo: »Heian canons of Chinese poetry: *Wakan rōeishū* and Bai Juyi«, in: *The Cambridge History of Japanese Literature* (2016), 184–192.

Sneider, Daniel: »Textbooks and Patriotic Education: Wartime Memory Formation in China and Japan«, in: *Asia-Pacific Review* 20.1 (2013), 35–54.

Snodgrass, Judith: *Presenting Japanese Buddhism to the West: Orientalism, Occidentalism, and the Columbian Exposition*, Chapel Hill/London 2003.

So Kwan-wai: *Japanese Piracy in Ming China During the 16th Century*, East Lansing 1975.

Soh, Chunghee Sarah: *The Comfort Women: Sexual Violence and Postcolonial Memory in Korea and Japan*, Chicago 2008.

Song Yuelun 宋越倫: *Zhongri minzu wenhua jialiushi* 中日民族文化交流史, Taipei 1966 [jap. Übers. Tōkyō 1971].

Soper, Alexander C.: »The Rise of Yamato-e«, in: *Art Bulletin* 24.4 (1942), 351–379.

Speiser, Werner: *Die Kunst Ostasiens*, Berlin 1956.

Spira, Ivo.: *A Conceptual History of Chinese -Isms: The Modernization of Ideological Discourse, 1895–1925*, Leiden 2015.

Steinhardt, Nancy Shatzman: *Chinese Imperial City Planning*, Honolulu 1990.

Stevens, John: *The Marathon Monks of Mount Hiei*, Brattleboro, VT 2013.

Stolte, Hans: »Motoori Norinaga: *Naobi no Mitama* 直毘霊. Geist der Erneuerung«, in: *Monumenta Nipponica* 2.1 (1939), 193–211.

Strand, David: *Rickshaw Beijing: City People and Politics in the 1920s*, Berkeley 1989.

Sun Yat-sen: *China and Japan: Natural Friends – Unnatural Enemies: A Guide for China's Foreign Policy*, hg. v. T'ang Leang-li, Shanghai 1941.

Suzuki, Daisetz Teitaro: *Zen und die Kultur Japans*, Hamburg 1958.

Tackett, Nicolas: *The Origins of the Chinese Nation: Song China and the Forging of an East Asian World Order*, Cambridge 2017.

Tam Yue-him (Hg.): *Sino-Japanese Cultural Interchange: Papers of the International Symposium on Sino-Japanese Cultural Interchange*. 3 Bde., Hong Kong 1985 [Bd. 1: *Aspects of Archaeology and Art History*; Bd. 2: *Aspects of Literature and Language Learning*; Bd. 3: *The Economic and Intellectual Aspects*].

Tan Ruqian 谭汝谦/Lin Qiyan 林启彦 (Hg.): *Zhongguoren liuxue Riben shi* 中国人留学日本史, Beijing 1983.

Tanaka Yuki: *Japan's Comfort Women: Sexual Slavery and Prostitution during World War II and the US Occupation*, London 2002.

*Tempelschätze des heiligen Berges Daigo-ji: Der geheime Buddhismus in Japan*, hg. v. Kunst- und Ausstellungshalle der Bundesrepublik Deutschland, München u.a. 2008.

*The Cambridge History of China*, hg. v. Denis C. Twitchett u. John K. Fairbank. 16 Bde., Cambridge 1986–2019.

*The Cambridge History of Japan*, hg. v. John Whitney Hall, Marius B. Jansen, Madoka Kanai u. Denis C. Twitchett. 6 Bde., Cambridge 1989–99.

*The Cambridge History of Japanese Literature*, hg. v. Shirane Haruo, Suzuki Tomi u. David Lurie, Cambridge 2016.

Thilo, Thomas: *Chang'an: Metropole Ostasiens und Weltstadt des Mittelalters 583–904*. 2 Bde., Wiesbaden 1997/2006.

Tiedemann, Arthur E. (Hg.): *An Introduction to Japanese Civilization*, Lexington, MA 1974.

Tomiya Itaru 冨谷至: *Kan no Wa no Na no kokuō kara Nihonkoku tennō e: Kokugō ›Nihon‹ to shōgō ›tennō‹ no tanjō* 漢倭奴国王から日本国天皇へ：国号「日本」と称号「天皇」の誕生, Kyōto 2018.

Tsui Wai: *A Study of Wang Tao's (1828–1897)* Manyou Suilu *and* Fusang Youji *with Reference to Late Qing Chinese Foreign Travels*, Diss., Univ. Edinburgh 2010.

Tsunoda Ryūsaku/L. Carrington Goodrich: *Japan in the Chinese Dynastic Histories. Later Han Through Ming Dynasties*, South Pasadena 1951.

Ueda Takeshi 上田雄: *Kentōshi zenkōkai* 遣唐使全航海, Tōkyō 2006.

von Verschuer, Charlotte: *Les relations officielles du Japon avec la Chine aux VIII^e et IX^e siècles*. Genf/Paris 1985.

Dies.: *Le commerce entre le Japon, la Chine et la Corée à l'époque médiévale, VII^e–XVI^e siècle*, Paris 2014.

Vivier, Brian Thomas: *Chinese Foreign Trade, 960–1276*, Diss., Yale Univ. 2008.

Vogel, Ezra F.: *China and Japan: Facing History*, Cambridge, MA/London 2019.

Vogelsang, Kai: »Conceptual History: A Short Introduction«, in: *Oriens Extremus* 51 (2012), 9–24.

Ders. (Übers.): *Shangjun shu: Schriften des Fürsten von Shang*, Stuttgart 2017.

Ders.: *Geschichte Chinas*, Stuttgart [6]2019.

Wagner, Rudolf G: »The Global Context of a Modern Chinese Quandary«, in: *Monumenta Serica*, 67:2 (2019), 441–504.

Wakabayashi, Bob Tadashi: »Opium, Expulsion, Sovereignty: China's Lessons for Bakumatsu Japan«, in: *Monumenta Nipponica* 47.1 (1992), 1–25.

Waley, Arthur (Übers.): *The Tale of Genji: A Novel in Six Parts by Lady Murasaki*, London 1935.

Walley, Akiko: *Constructing the Dharma King: The Hōryūji Shaka Triad and the Birth of the Prince Shōtoku Cult*, Leiden 2015.

Wang Chong: *Interpreting Zheng Chenggong: The Politics of Dramatizing a Historical Figure in Japan, China, and Taiwan (1700–1963)*, Saarbrücken 2008.

Wang Jianmin 王建民: *Zhong-Ri wenhua jiaoliu shi* 中日文化交流史, Beijing 2007.

Wang Jiwu 王輯五: *Zhongguo Riben jiaotong shi* 中國日本交通史, Hongkong 1963 [1937].

Wang Ping: *Aching for Beauty: Footbinding in China*, New York 2002.

Wang Xiaoqiu 王曉秋: *Zhong Ri wenhua jiaoliu shihua* 中日文化交流史話, Beijing 1996.

Ders.: *Jindai Zhongguo yu Riben: Hudong yu yingxiang* 近代中国与日本—互动与影响, Beijing 2007.

Ders.: »Huang Zunxian ji qi zhuzuo Riben guozhi« 黄遵宪及其著作《日本国志》, in: *Qingshi jingjian* 1 (2014), online: http://www.qinghistory.cn/magazine-free/html/31/207/content/245.shtml

Wang Yi-T'ung: *Official Relations Between China And Japan, 1368–1549*, Cambridge, MA 1953.

Wang Yong: »Realistic and Fantastic Images of ›Dwarf Pirates‹: The Evolution of Ming Dynasty Perceptions of the Japanese. [übers. v. Laura E. Hess]«, in: Fogel 2002, 17–41.

Wang Zhenping 王貞平: *Han-Tang zhongri guanxi lun* 漢唐中日關係論, Taipei 1997.

Ders.: *Ambassadors From the Islands of Immortals: China-Japan Relations in the Han-Tang Period*, Honolulu 2005.

Watanabe Mitsuo 渡邊三男: »Minmatsu no Nihon shōkaisho *Nihon ikkan* ni tsuite 明末の日本紹介書「日本一鑑」について«, in: *Komazawa daigaku kenkyū kiyō* 13 (1955), 144–169.

Watson, Burton (Üb.): *The Tales of the Heike*, hg. von Haruo Shirane, New York 2006.

Watt, Justus A.: *Discursive Transformation: Public Perception, Anti-Chinese Public Discourse, and the Deterioration of Sino-Japanese Relations in the Meiji Period*, MA-Thesis, Univ. Nevada 2012.

Wedemeyer, André: *Japanische Frühgeschichte. Untersuchungen zur Chronologie und Territorialverfassung von Altjapan bis zum 5. Jahrh. n. Chr*, Tōkyō 1930.

Weiers, Michael (Hg.): *Die Mongolen: Beiträge zu ihrer Geschichte und Kultur*, Darmstadt 1986.

Welter, Albert: »Zen Buddhism as the Ideology of the Japanese State: Eisai and the *Kōzen gokokuron*«, in: In Heine/Wright 2006, 65–112.

Whiting, Allen S.: *China Eyes Japan*, Berkeley/Los Angeles 1989.

Wits, Casper: »Cultural Relations within Sino-Japanese ›People's Diplomacy‹: Nakajima Kenzō and the Japan-China Cultural Exchange Association«, in: *Sino-Japanese Studies* 23 (2016), 1–30.

Wong, Aida Yuen: *Parting the Mists: Discovering Japan and the Rise of National-style Painting in Modern China*, Honolulu 2006.

Worm, Herbert: »Die Polizei als Kindermädchen der Nation. Anmerkungen zur Modernisierung der Meiji-Polizei«, in: *Oriens Extremus* 33 (1990), 141–52.

Wright, Mary C.: *The Last Stand of Chinese Conservatism: The T'ung-Chih Restoration, 1862–1874*, Stanford 1957.

Wu Jiang: *Leaving for the Rising Sun: Chinese Zen Master Yinyuan and the Authenticity Crisis in Early Modern East Asia*, Oxford 2015.

Wu Xuewen 吴学文/Wang Junyan 王俊彦: *Liao Chengzhi yu Riben* 廖承志与日本, Beijing 2007.

Xia Yingyuan 夏応元: »Ransei no bunka denpasha« 乱世の文化伝播者«, in: *Nitchū bunka kōryū sōsho*, Bd. 10 (1996), 251–306.

Yabuki Susumu 矢吹晋: »Tanaka Kakuei no meiwaku, Mō Takutō no meiwaku, Shōwa tennō no meiwaku« 田中角栄の迷惑、毛沢東の迷惑、昭和天皇の迷惑, in: *China Quarterly*, o.J., online: http://www.21ccs.jp/china_quarterly/China_Quarterly_01.html

Yahuda, Michael: *Sino-Japanese Relations after the Cold War: Two Tigers Sharing a Mountain*, London 2014.

Yan Shaodang 严绍璗: *Hanji zai Riben de liubu yanjiu* 汉籍在日本的流布研究, Nanjing 1991.

Ders.: *Ricang Hanji shanben shulu* 日藏汉籍善本书录. 3 Bde., Beijing 2007.

Yanagi Soetsu: *The Beauty of Everyday Things*. übers. v. Michael Brase, London 2018.

Yang Dongliang 楊棟樑 (Hg.): *Jindai yilai Riben de Zhongguo guan* 近代以來日本的中國觀. 6 Bde., Nanjing 2012.

Bd. 1: *Zonglun* 總論, v. Yang Dongliang 楊棟樑;

Bd. 2: *1603–1840*, v. Zhao Deyu 趙德宇, Xiang Qing 向卿 u. Guo Li 郭麗;

Bd. 3: *1840–1895*, v. Liu Yuebing 劉岳兵;

Bd. 4: *1895–1945*, v. Wang Meiping 王美平 u. Song Zhiyong 宋志勇;

Bd. 5: *1945–1972*, v. Ma Zhensuo 馬振鎖, Qiao Linsheng 喬林生 u. Wulan Tuya 烏蘭圖雅;

Bd. 6: *1972–2010*, v. Tian Qingli 田慶立 u. Cheng Yongming 程永明.

Ye Yangxi 叶楊曦: *Mingzhi Riben Hanwen Zhongguo xingji yanjiu: Jindai Zhong-Ri wenhua jiaoliu yu zhishi zhuanxing* 明治日本漢文中國行紀研究——近代中日文化交流與知識轉型, Diss., Hongkong: Chinese Univ. 2015.

Young, Louise: *Japan's Total Empire: Manchuria and the Culture of Wartime Imperialism*, Berkeley 1998.

Yü Chün-fang: *Kuan-yin: The Chinese Transformation of Avalokitesvara*, New York 2001.

Yu Yousun 余又蓀: *Song Yuan Zhongri guanxi shi* 宋元中日關係史, Taipei 1964.

Ders.: *Sui Tang Wudai Zhongri guanxi shi* 隋唐五代中日關係史 Taipei 1964[a].

Zachmann, Urs Matthias: *China and Japan in the Late Meiji Period: China Policy and the Japanese Discourse on National Identity, 1895–1904*, London/New York 2009.

Zhang Hao 張灝: »Zhongguo jindai sixiangshi de zhuanxing shidai 中國近代思想史的轉型時代«, in: *Ershiyi shiji* 52 (1999), 29–39.

Zheng Liangsheng 鄭樑生: *Zhongri guanxishi yanjiu lunji* 中日關係史研究論集. 14 Bde., Taipei 1990–2009.

Zhong Ri cangsang lu 中日滄桑錄: [= The Change of Relation between Japan and the Republic of China], hg. v. Zhu Jiangyuan 朱蔣元, Taipei 1984.

*Zhongri guanxi shi lunji* 中日关系史论集. 2 Bde., Jilin 1982–84.

*Zhongri wenhua jiaoliu shi lunwen ji* 中日文化交流史论文集, Beijing 1982.

*Zhongri wenhua yu jiaoliu* 中日文化与交流, hg. v. Beijing shi shehui kexue yanjiusuo guoji wenti yanjiushi 北京市社会科学研究所国际问题研究室. 2 Bde., Beijing 1984–85.

Zhou Xun 周迅: »*Siku quanshu* suoshou de Ribenren zhuzuo 「四库全书」所收的日本人著作«, in: *Zhongri wenhua yu jiaoliu* 1984–85, Bd. 2, 143–151.

Zweig, Stefan: »Geschichtsschreibung von morgen«, in: ders.: *Die Monotonisierung der Welt: Aufsätze und Vorträge*, hg. v. Volker Michels, Frankfurt/M. 1988, 16–36

# Register

Die hervorgehobenen Zahlen beziehen sich auf Stellen, an denen der jeweilige Begriff besonders prominent behandelt wird.

# Dank

Eine Geschichte der sino-japanischen Kulturbeziehungen über zwei Jahrtausende zu schreiben, ist eine Aufgabe, die ein einzelner Wissenschaftler – auch, ja vielleicht gerade ein Sinologe – allein kaum bewältigen kann. Nur deshalb habe ich mich trotzdem an diese Aufgabe gewagt, weil ich nie allein war. Stets hatte ich Freunde und Kolleginnen um mich, die mir bereitwillig Hinweise, Anregungen und Unterstützung gegeben haben. Ihnen sei herzlich gedankt: Stefan Christ, Ruth Cremerius, Thomas Fröhlich, Barend ter Haar, Ishikawa Yoshihiro, Uta Lauer, Lin Shaoyang, Miyazaki Noboru, Ni Shaofeng, Greg Smits, Tomiya Itaru, Herbert Worm und Philipp Ziefle. Auch den Studentinnen und Studenten, die viele Aspekte dieser Geschichte mit mir diskutiert haben, sei gedankt. Sie alle haben kleinere und größere Steinchen zu dem Mosaik beigetragen, das allmählich vor meinen Augen entstanden ist: Ohne sie hätte ich dieses Buch nicht vollenden können. Vor allem aber gilt mein Dank Alfred Klemm vom Kröner Verlag, ohne den ich dieses Buch gar nicht erst *begonnen* hätte: Er hatte die Idee einer sino-japanischen Geschichte, und er hat ihre langwierige Entstehung umsichtig und mit der Geduld eines Bodhisattvas begleitet. Am Ende bleibt eigentlich nur eins, was sich der Autor wirklich ganz allein anrechnen darf, nämlich alle verbleibenden Fehler und Schwächen dieses Buches.

# Weitere Titel aus dem Programm

Shangjun shu

**Schriften des Fürsten von Shang**

Übersetzt und herausgegeben von Kai Vogelsang

In diesem chinesischen Machiavelli, der hier erstmals auf Deutsch vorliegt, finden sich frappierend moderne Gedanken. Noch heute, nach über 2000 Jahren, liefert das *Shangjun shu* wichtige Stichworte für die chinesische Politik. Wer also China besser verstehen möchte, wird hier fündig.

400 Seiten. Leinen mit Schutzumschlag. ISBN 978 3 520 16801 6

Axel Michaels

**Geschichte und Kultur Nepals**

Die erste deutsche Geschichte Nepals des bekannten Südasien-Experten Axel Michaels handelt von der Entwicklung der kulturellen, gesellschaftlichen und politischen Vielfalt Nepals und erzählt daher nicht eine, sondern viele Geschichten: die Geschichte des Wassers, der Elefanten oder der Schamanentrommel, die Geschichte von Dynastien, Traditionen, Ritualen, Festen, Handwerken oder Künsten, die bis heute weitgehend unverändert bestehen, denn in Nepal scheint tatsächlich die Zeit (und damit die Geschichte) bisweilen stehengeblieben zu sein. Wer hier nicht an der Oberfläche verharren, sondern in die bunte Vielfalt der nepalischen Geschichte und Gegenwart eintauchen möchte, liegt mit diesem Buch goldrichtig.

510 Seiten. 27 Abbildungen, 3 Karten. Festeinband. ISBN 978 3 520 21201 6